오르비학원은

모든 시스템이 수험생 중심으로 더 강화됩니다.

모든 시설이 최고의 결과가 나올 수 있도록 설계됩니다.

집중을 위해 오르비학원이 수험생 옆으로 다가갑니다.

오르비학원과 시작하면

원하는 대학문이 가장 빠르게 열립니다.

전화 : 02-522-0207 문자 전용 : 010-9124-0207 주소 : 강남구 삼성로 61길 15 (은마사거리 도보 3분)

인간은 결과 앞에서 무력해도 과정 앞에서 무적이다.
- 김지석 -

KIMJISUK

- 서울대학교 수학교육과 졸업 (영문학 부전공)
- 초등학교 수학 30점을 넘어본 적이 없는 수포자
- 꾸준한 성적 향상으로 서울대 수학교육과 졸업, EBS-i 강사

- 현) EBS-i 강사
- 현) 오르비 강사
- 전) 공신닷컴(gongsin.com) 대표멘토
- 전) 미국 Lehi High School 교사인턴
  『대박타점 공부법』 저자

- MBC 〈오늘의 아침〉 출연
- 여성중앙 〈공신 멘토링〉 멘토
- 동아일보 〈신나는 공부〉 코너 인터뷰
- 조인스TV 〈열려라 공부〉 출연
- 메가TV 〈수능공부법〉 수리영역 공부법 강의
- 한겨레 신문 보도
- 중앙일보 〈공부 개조 프로젝트〉 자문 멘토
- tvN 〈80일만에 서울대 가기〉 출연
- KBS 〈세상의 아침〉 출연
- KBS 〈생방송 오늘〉 출연
- 신동아 〈'1등 코드'를 찾아서〉 출연
- MBC 〈경제 매거진〉 출연
- KBS 〈취재파일4321〉 출연
- MBC 〈베란다쇼〉 출연

수학의 단권화의 여러분.

많은 친구들이 많은 문제를 풀지만
저마다 실력이 제각각인 이유는
그들의 문제풀이 '양'의 차이를 넘어서
본질적으로 그들의 '실력' 차이라고 볼 수 있어요.

그 실력은 바로, 탄탄한 개념을 갖고 있느냐
없느냐에 달려 있답니다.

성적 향상을 위해 문제를 푸는 노력도
모든 개념을 자유자재로 쓸 수 있을 때
그 효과가 발휘돼요.

하지만, 많은 친구들은
개념을 등한시 한 채
많은 문제풀이를 통해 개념을 메꾸려고 하죠.

그러니 누구는 성적향상을 경험하고,
누구는 성적이 매번 제자리인 것을 경험하죠.

여러분.
수학의 단권화를 선택했고,
수학의 단권화를 마스터 한다면,
적어도 여러분들은 풀어낸 문제만큼의
실력이 쑥쑥 오를 거예요.

수학개념의 유기적 연결성을
수학의 단권화로 체험해보고
문제풀이에 적용해 보세요.

수학의 단권화가 여러분들을
더 나은 수학의 세계로 이끌어 줄 겁니다.

김지석

CONTENTS

수학의단권화

지석쌤의 고등 수학 개념 Map

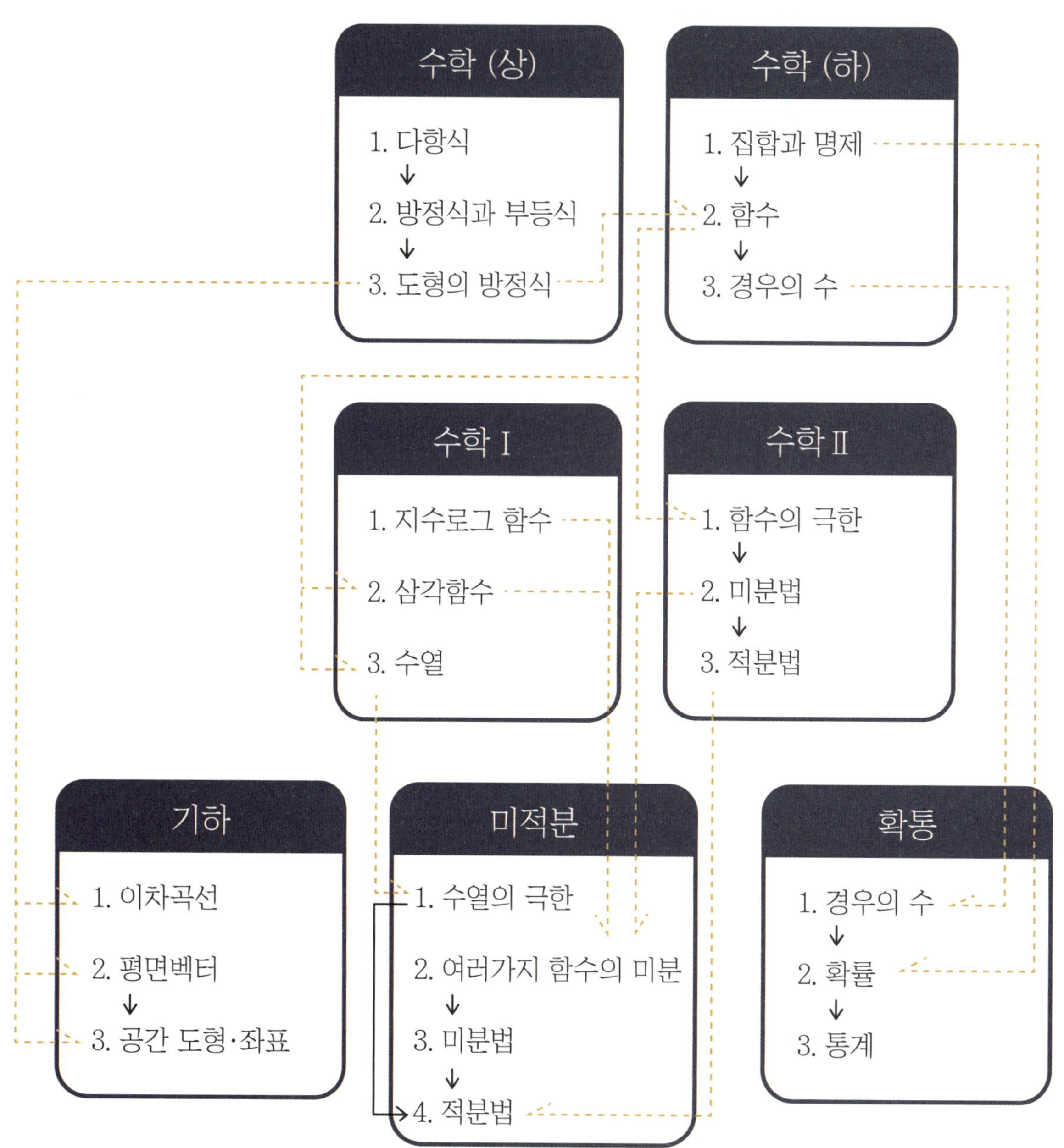

개념 Map 활용법 TIP

〈수학의 단권화〉 뒷부분 단원을 공부하다가 이해가 잘 안가는 부분이 있다면, 앞부분 내용 중에 빵꾸난 것이 있을 가능성이 큽니다. 공부하고 있던 단원을 이해하는데 필요한 앞 단원을 찾아보고 싶을 때에도 이 개념 Map을 통해 찾을 수 있어요.

수학의 단권화 공부법

① 인강으로 공부하기

(https://class.orbi.co.kr)

인강으로 공부

『수학의 단권화』는 '빈칸책'과 '김지석의 필기노트'로 구성되어 있습니다. '빈칸책'은 필기가 빈칸으로 되어 있고 '김지석의 필기노트'는 필기가 예쁜 손글씨로 채워져 있어요.

빈칸책과 오르비 인강으로 수학의 단권화를 공부하세요!

인강으로 공부하기 TIP

수학의 단권화를 독학 하다가 학습이 막히는 부분만 골라서 강의를 활용해도 좋아요. 해당 부분만 지석T의 '연구'에 대한 설명을 듣고 손글씨 책에다가 필기를 한 후 복습을 열심히 하시면 된답니다!

② 혼자서 공부하기

[STEP]1 내 손으로 단권화 노트 만들기

'김지석의 필기노트'에 채워진 필기를 보고 개념을 머릿속으로 정리하면서,
'빈칸책'에 내 손으로 직접 필기를 따라 채워보세요.
'빈간책'에 나만의 단권화 개념노트가 만들어집니다.

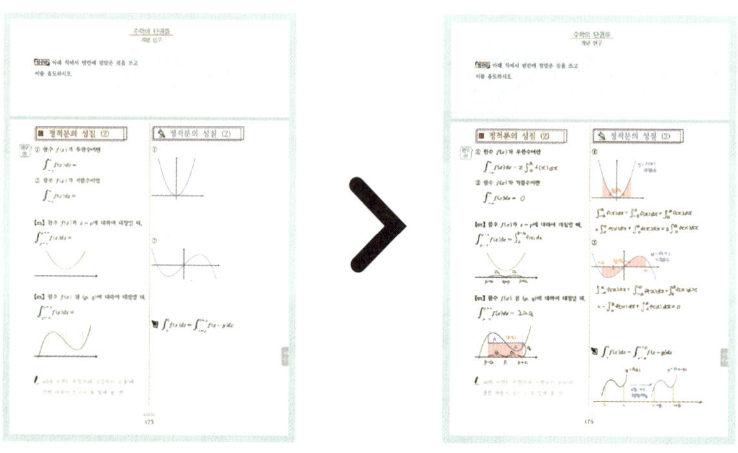

[STEP]2 개념연구 LIST로 2차 복습하기

교재 뒤쪽에 복습 프로그램으로 [개념연구 LIST]를 만들어놨어요.
복습 프로그램 - [개념연구 LIST]는 앞에서 단권화한 개념연구를
물어보는 설문지로 복습해보세요.

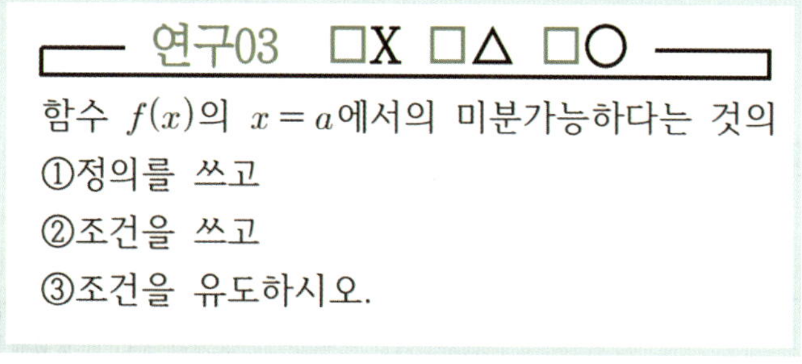

① 그 질문에 대한 답을 한번 써보자.

② 잘 모르겠는 것들은 앞에서 정리한 개념노트에서 찾아보자.
(개념노트 위쪽 부분에 뒤에 개념연구LIST와 같은 질문있어요!)

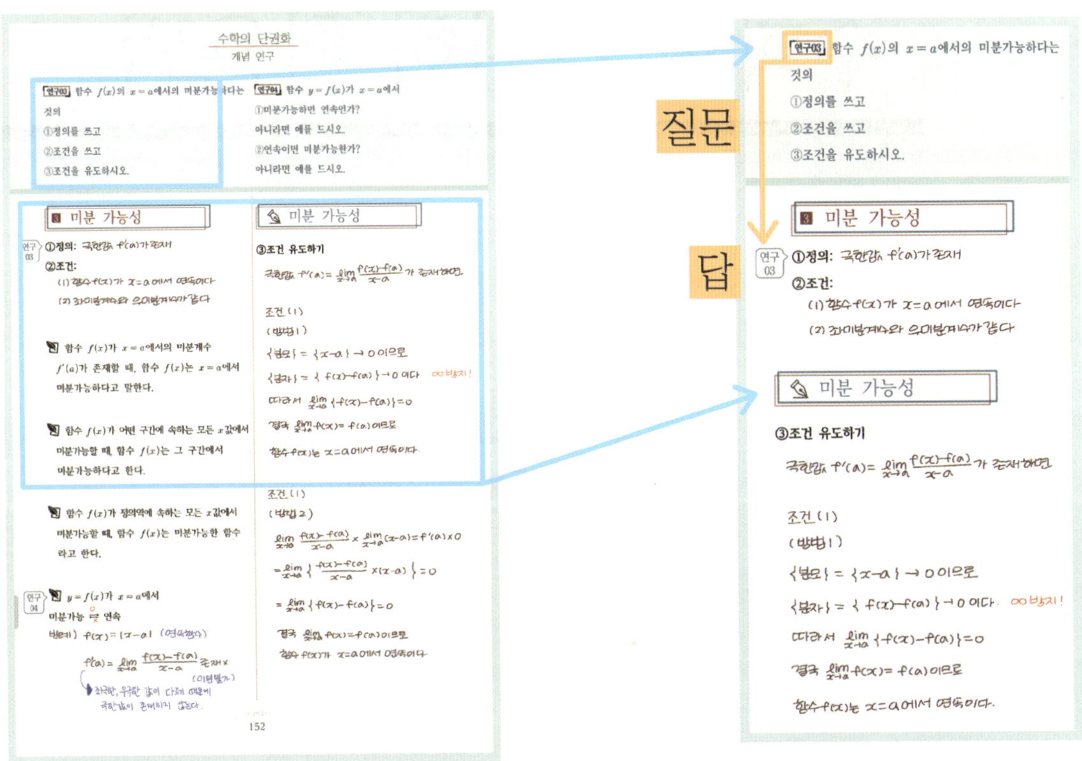

③ 나의 개념 이해도를 체크해보자!

　　　□X(아에 생각이 안남)　□△(봤는데 잘 생각 안남)　□○(완성)

④ ☑X → ☑△ → ☑○ 될 때까지 복습하자!

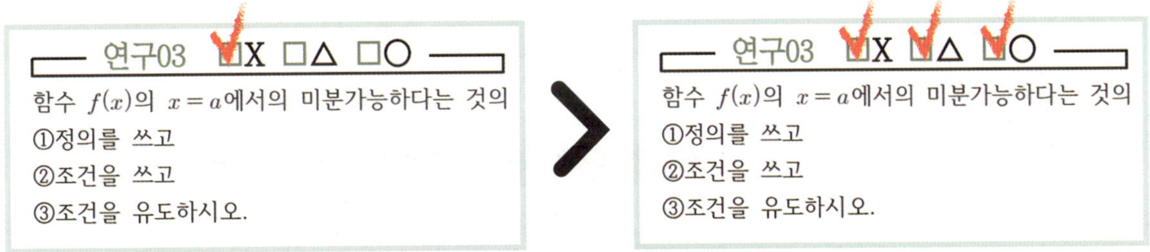

[STEP]1　내 손으로 단권화 노트 만들기 TIP

단순히 글자만 따라 쓰는게 아니라 내용을 이해하고 음미하면서,
개념의 흐름을 머릿속에 담는다는 느낌으로 내 손을 직접 쓰면서
개념을 정리하면 내 머릿속에 개념이 완벽히 정립할 수 있어요.

손글씨에 자신 없는 친구들은 빈칸책에 필기해보고
김지석의 필기노트로 복습해도 좋습니다!

수학의 단권화 활용법

1 단권화 7일 Planner

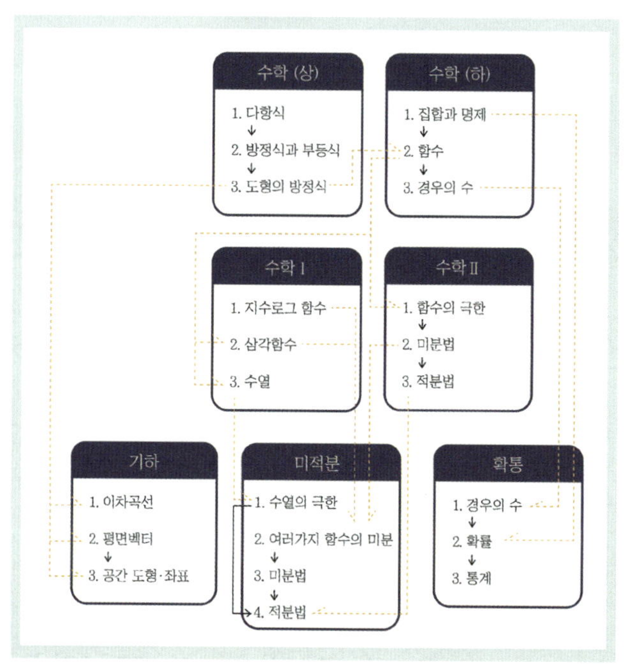

2 고등수학 개념 MAP

3 9종 교과서 모두 담아

「교과서 학습 목표」

1.함수의 극한

☐ 함수의 극한의 뜻을 안다.
☐ 함수의 극한에 대한 성질을 이해하고, 여러 가지 함수의 극한값을 구할 수 있다.
☐ 함수의 연속의 뜻을 안다.
☐ 연속함수의 성질을 이해하고, 이를 활용할 수 있다.

3.적분법

☐ 부정적분의 뜻을 안다.
☐ 함수의 실수배 합, 차의 부정적분을 알고, 다항함수의 부정적분을 구할 수 있다.
☐ 정적분의 뜻을 안다.
☐ 부정적분과 정적분의 관계를 이해하고, 이를 이용하여 정적분을 구할 수 있다.
☐ 곡선으로 둘러싸인 도형의 넓이를 구할 수 있다.

4

[연구]를 통한
개념확장

5

직접 만드는
단권화

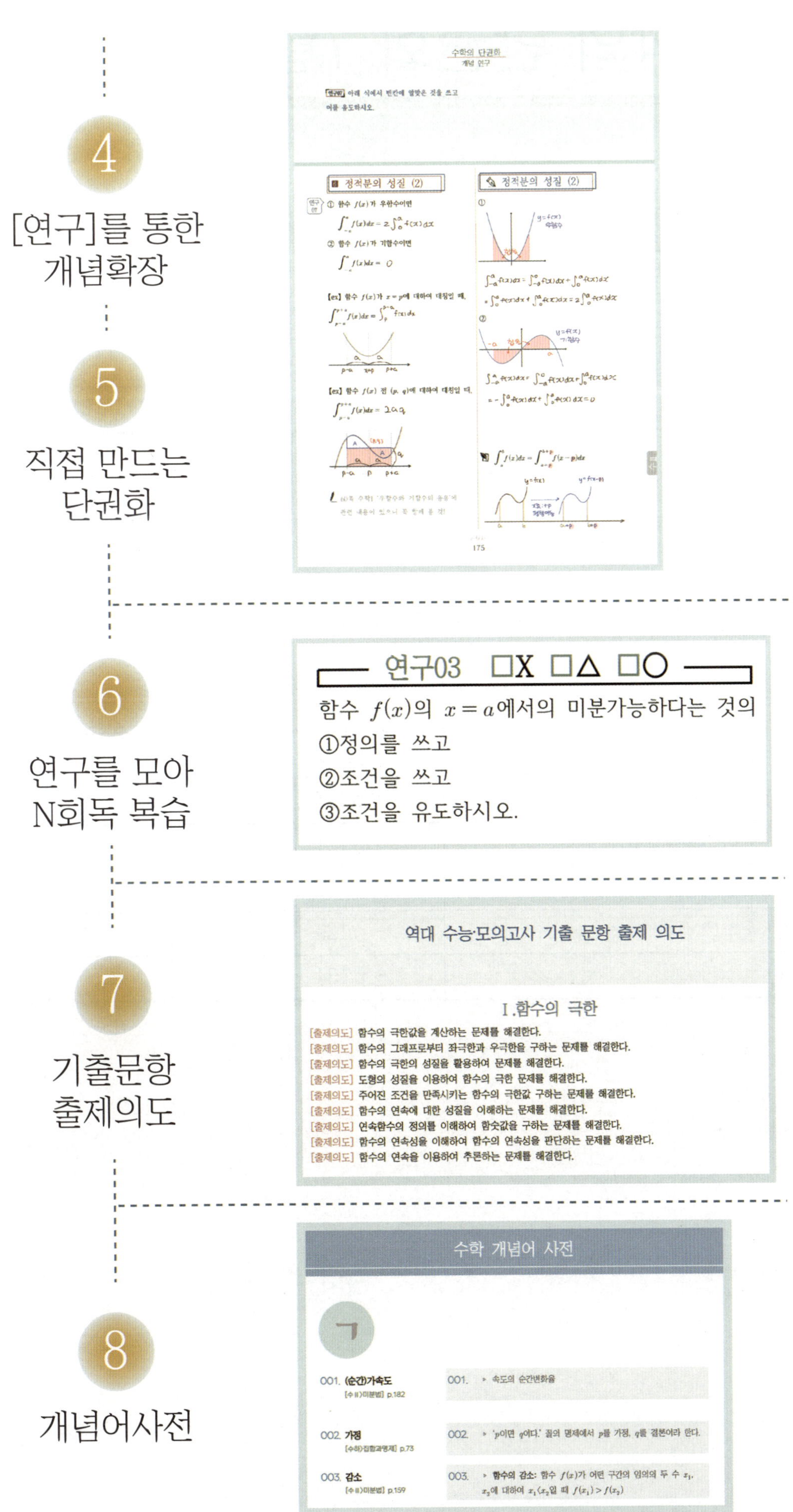

6

연구를 모아
N회독 복습

7

기출문항
출제의도

8

개념어사전

수학의 단권화 7일 완성 Planner

수학 (상)(하)			공부할 범위	수강날짜	본문복습	연구복습
1일	1강	도형의 방정식 (1)	p.41 ~ p.44			
	2강	도형의 방정식 (2)	~ p.48			
	3강	도형의 방정식 (3)	~ p.55			
2일	4강	도형의 방정식 (4)	~ p.60			
	5강	함수 (1)	p.79 ~ p.84			
	6강	함수 (2)	~ p.91			

수학 I			공부할 범위	수강날짜	본문복습	연구복습
3일	7강	지수함수와 로그함수 (1)	p.98 ~ p.100			
	8강	지수함수와 로그함수 (2)	~ p.109			
	9강	삼각함수 (1)	~ p.112			
	10강	삼각함수 (2)	~ p.116			
4일	11강	삼각함수 (3)	~ p.121			
	12강	삼각함수 (4)	~ p.125			
	13강	수열 (1)	~ p.129			
	14강	수열 (2)	~ p.134			

수학 Ⅱ			공부할 범위	수강날짜	본문복습	연구복습
5일	15강	함수의 극한 (1)	p.138 ~ p.142			
	16강	함수의 극한 (2)	~ p.145			
	17강	함수의 극한 (3)	~ p.149			
	18강	미분법 (1)	~ p.153			
6일	19강	미분법 (2)	~ p.155			
	20강	미분법 (3)	~ p.158			
	21강	미분법 (4)	~ p.163			
	22강	미분법 (5)	~ p.168			
7일	23강	적분법 (1)	~ p.172			
	24강	적분법 (2)	~ p.176			
	25강	적분법 (3)	~ p.181			
	26강	적분법 (4)	~ p.183			

확률과 통계			공부할 범위	수강날짜	본문복습	연구복습
선택 1일	1강	경우의 수 (1)	p.92 ~ p.94			
	2강	경우의 수 (2)	~ p.95			
선택 2일	3강	경우의 수 (3)	p.186~ p.187			
	4강	경우의 수 (4)	~ p.190			
	5강	경우의 수 (5)	~ p.193			
	6강	확률	~ p.197			
선택 3일	7강	통계 (1)	~ p.199			
	8강	통계 (2)	~ p.201			
	9강	통계 (3)	~ p.207			
	10강	통계 (4)	~ p.208			

수학 실력 쌓기 황금룰

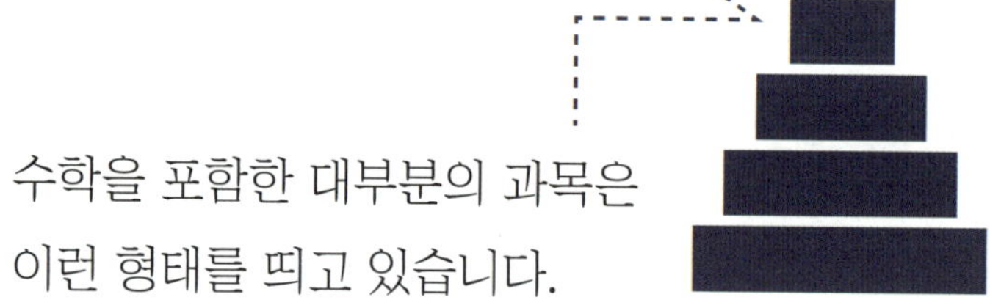

수학을 포함한 대부분의 과목은
이런 형태를 띄고 있습니다.

자세히 들여다보면 이런 색깔로 나뉘어 있고,
아래부터 '개념 〉 문제풀이 〉 고난도 문제풀이〉
최상위 문제풀이' 라고 나뉘어져 있다고 봅시다.

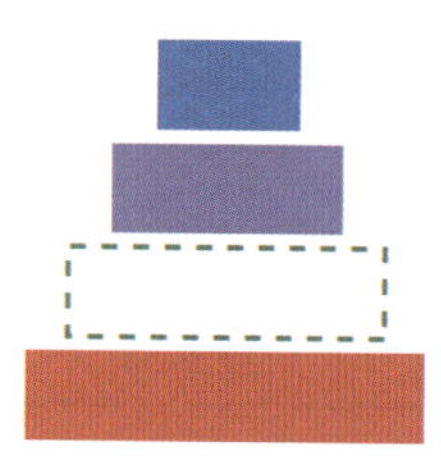

만약에 초록색 부분이 없다고 해봐요.
그렇다면 과목의 형태를 유지할 수 있을까요?
아니요, 절대 할 수 없습니다. 이게 바로, 대부분의
수험생들이 1년 내내 하는 실수입니다.

충분한 개념 숙지와 각 단계에 맞는 이해도가 통달 되었을 때,
비로소 높은 탑을 쌓을 수 있게 되는 거죠.

성적을 잘 받는 주변 친구가 어려운
문제풀이인 보라 문풀을 풀고 있나요?

그 친구는 이미 빨간색 〉 초록색 학습을 하고 난 다음 보라색 문제를 풀었을 때
효과가 있는 것이지, 보라색 문풀을 했다고 효과를 느꼈다고 보기 어렵습니다.

내가 만약, 개념도 별로 없는 상태에서 공부하면

이런 구조를 띠면서 일년 내내 수학공부를 하면서 헤매다가
끝이 날 겁니다. 더군다나, "내가! 꿋꿋이 버티고! 험난한!
상황을! 이겨내면! 나도! 쟤처럼! 잘 할 수! 있어!!!!!!!" 라고
자기 최면만 걸다가 1년이 끝나 버립니다. 어렵고 고통스러운
기분은 덤이구요.

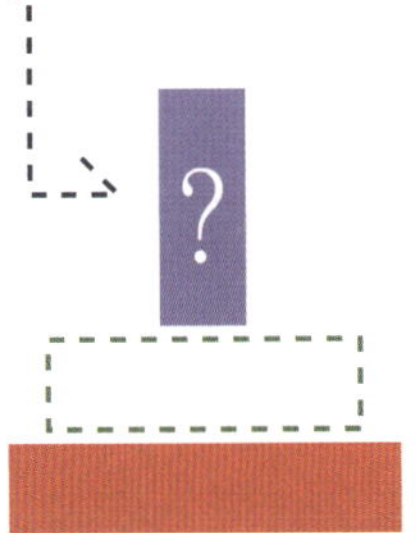

상위권이 되기 위해서 상위권 수준의 문제를 주구장창 푼다고 실력이 올라가지
않습니다. 상위권이 되기 위해서 개념만 주구장창 해도 결국 탑을 높게 쌓아 올릴
수 없어서 실패합니다.

수학의 단권화를 처음부터 전부 씹어먹겠다는 생각보다 여러번! 자주! 봐주세요.

① 단기간 (7일 플랜 집중완성)으로 빠르게 채워서 수학의 단권화 완성하기
② 충분한 문제풀이의 양을 확보해서 틀릴 때 마다 내가 틀린 단원을 수학의
　 단권화에 표시하기 (포스트잇 플래그 추천)
③ 틀린 문제를 오답하고, 틀린 문제 복습하고, 수학의 단권화에서 해당 내용
　 개념 복습하기

7일 플랜대로 7일만 하고 끝! 하고 책장 속에 모셔두지 말고, 수학의 단권화를
모두 채운 건 [수학의 단권화]를 오로지 완성했다고 볼 수 없어요.
문제풀이를 하면서 틈틈이 수학의 단권화를 쳐다보고 읽어보기로 우리 약속해요.

나의 약점이 어디인지 파악하고, 그 부분을 탄탄히 다져 놓는다면 어느새 보다
튼튼한 수학실력을 가진 여러분들이 되실 수 있습니다.

꿈꾸는 자에게 길이 될,
김지석

(더 많은 김지석의 칼럼을 보고 싶다면 orbi.kr에서 김지석을 팔로우!)

수학 (상)

「교과서 학습 목표」

1. 다항식

☐ 다항식의 덧셈과 뺄셈을 할 수 있다.

☐ 다항식의 곱셈과 나눗셈을 할 수 있다.

☐ 항등식의 의미를 이해한다.

☐ 나머지정리의 의미를 이해하고,
　이를 활용하여 문제를 해결할 수 있다.

☐ 다항식의 인수분해를 할 수 있다.

2. 방정식과 부등식

☐ 복소수의 뜻을 알고, 그 성질을 이해하고,
　사칙계산을 할 수 있다.

☐ 이차방정식의 실근과 허근의 뜻을 안다.

☐ 이차방정식에서 판별식의 의미를 이해하고,
　이를 설명할 수 있다.

☐ 이차방정식에서 근과 계수의 관계를 이해한다.

☐ 이차함수와 이차방정식의 관계를 이해한다.

☐ 이차함수의 그래프와 직선의 위치 관계를
　이해한다.

☐ 이차함수의 최대, 최소를 이해하고,
　이를 활용할 수 있다.

☐ 간단한 삼차방정식과 사차방정식을 풀 수 있다.

☐ 미지수가 2개인 연립이차방정식을 풀 수 있다.

☐ 부등식의 성질을 이해하고, 절댓값을
　포함한 일차부등식을 풀 수 있다.

☐ 이차함수와 이차부등식의 관계를 이해하고,
　이차부등식과 연립이차부등식을 풀 수 있다.

3. 도형의 방정식

☐ 두 점 사이의 거리를 구할 수 있다.

☐ 선분의 내분과 외분을 이해하고,
　내분점과 외분점의 좌표를 구할 수 있다.

☐ 여러 가지 직선의 방정식을 구할 수 있다.

☐ 두 직선의 평행 조건과 수직 조건을 이해한다.

☐ 점과 직선 사이의 거리를 구할 수 있다.

☐ 원의 방정식을 구할 수 있다.

☐ 좌표평면에서 원과 직선의
　위치 관계를 이해한다.

☐ 평행이동의 의미를 이해한다.

☐ 원점, x축, y축, 직선 $y = x$에 대한
　대칭이동의 의미를 이해하고,
　이를 설명할 수 있다.

「수학(상)」 Ⅰ. 다항식

❶ 식의 분류 - 유리식/무리식

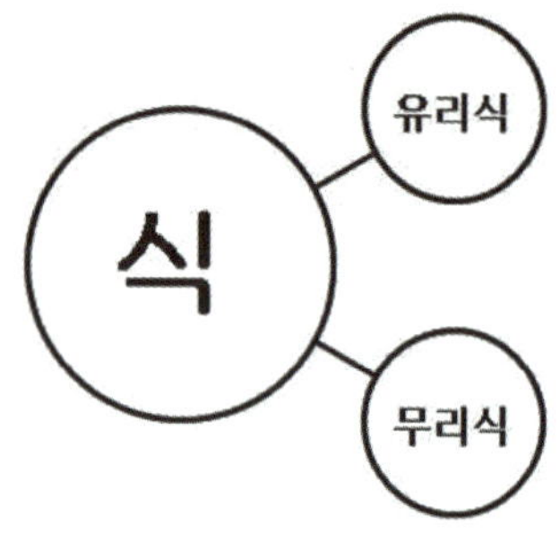

(1) **유리식:** 두 다항식 A, B에 대하여

$\dfrac{A}{B}(B \neq 0)$의 꼴로 나타내어지는 식

① **단항식(항)** : 문자와 수의 곱

② **다항식:** 단항식 또는 단항식들의 합

(2) **무리식:** 유리식으로 나타낼 수 없는 식

❷ 식의 분류 - 등식/부등식

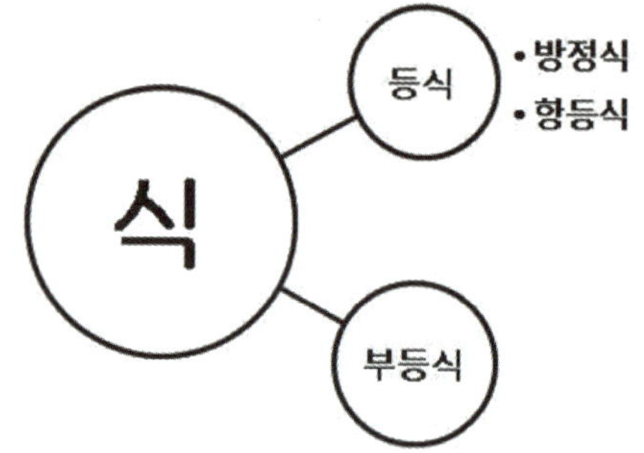

(1) **등식:** 등호(=)로 연결 된 식

① **방정식:** 문자를 포함한 등식에서,

그 문자에 특정한 수만 대입할 때

성립하는 식

근 : 특정한 수. 문자에 대입하면

식이 성립한다.

② **항등식** : 문자를 포함하는 등식에서

그 문자에 어떤 값을 대입해도

항상 성립하는 등식

(2) **부등식:** 부등호를 써서 수나 식의 값의

대소 관계를 나타낸 것

③ 다항식의 뜻

　　　: 문자와 수의 곱

　　: 단항식 또는 단항식들의 합

　　　: 단항식에서 주목하는 문자가
곱해진 개수

　　　　: 다항식에서 주목하는 문자에
대하여 차수가 가장 높은 항의 차수

: 단항식에서 주목하는 문자를 제외한
　　나머지 부분

　: 주목하는 문자를 포함하지 않은 항

　: 주목하는 문자에 대한 차수가 같은 항

✎ 다항식의 뜻

【ex】 $2x^2y - 3yz + 4$

(1) x에 대한 식에서의 차수 :

(2) y에 대한 식에서의 차수 :

(3) x에 대한 식에서의 상수항 :

(4) x^2의 계수 :

(5) y의 계수 :

④ 다항식의 덧셈과 곱셈

다항식 A, B, C에 대하여

① 덧셈 교환법칙 $A + B = B + A$

② 덧셈 결합법칙 $(A + B) + C = A + (B + C)$

③ 곱셈 교환법칙 $AB = BA$

④ 곱셈 결합법칙 $(AB)C = A(BC)$

⑤ 곱셈 분배법칙 $A(B + C) = AB + AC$

$$(A + B)C = AC + BC$$

✎ 다항식의 곱셈

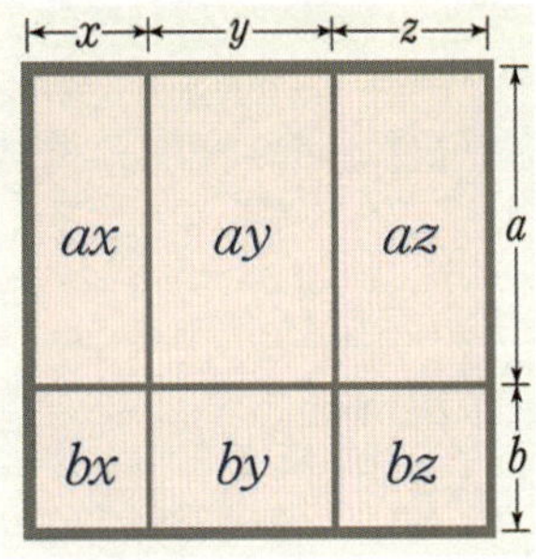

$$(a+b)(x+y+z) = ax + ay + az + bx + by + bz$$

연구01 아래는 곱셈 공식의 일부이다.
곱셈 공식의 나머지부분을 쓰시오.

연구 01

5 곱셈 공식

① $(a+b)^2 =$

② $(a-b)^2 =$

③ $(a+b)(a-b) =$

④ $(x+a)(x+b) =$

⑤ $(ax+b)(cx+d) =$

⑥ $(a+b)^3 =$

⑦ $(a+b)(a^2-ab+b^2) =$

⑧ $(a-b)(a^2+ab+b^2) =$

연구02 x에 관한 사차이상의 다항식 A에 대하여,

①이차식으로 나눈 나머지

②삼차식으로 나눈 나머지

의 형태를 쓰시오.

---

6 다항식의 나눗셈

다항식 A를 다항식 $B(\neq 0)$로 나누었을 때의 몫을 Q, 나머지를 R라 하면

$$A = BQ + R$$

몫 나머지

몫(Quotient)
나머지(Remainder)

$[R$의 차수$] < [B(\neq 0)$의 차수$]$

연구 02

이차식으로 나눈 나머지:

삼차식으로 나눈 나머지:

7 조립제법

다항식 $P(x)$를 $x - \alpha$로 나눌 때, 다항식 $P(x)$의 계수와 α만을 이용하여 몫과 나머지를 구하는 방법을 조립제법이라고 한다.

$$(3x^3 \quad +4x^2 \quad +5x \quad +6) \div (x-2)$$

2	3	4	5	6
		6	20	50
	3	10	25	56

몫: $3x^2 + 10x + 25$ 나머지: 56

✎ 다항식의 나눗셈

8 항등식의 성질

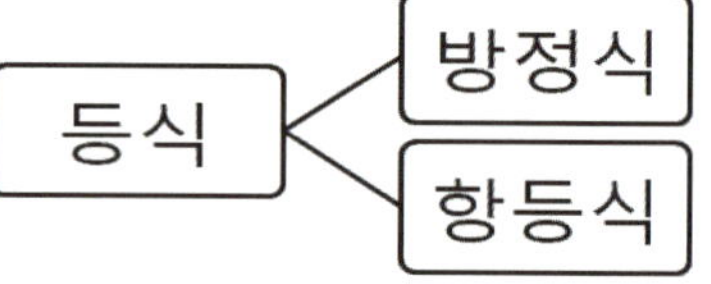

: 문자를 포함한 등식에서, 그 문자에
특정한 수만 대입할 때 성립하는 식
: 문자를 포함하는 등식에서, 그 문자에
어떤 값을 대입해도 항상 성립하는 등식

아래 식이 x에 대한 항등식이라면,

① $ax + b = 0 \quad \Leftrightarrow$

② $ax + b = cx + d \quad \Leftrightarrow$

: 항등식의 성질을 이용해, 계수의
값을 구하는 것
①계수비교 : 양변의 같은 차수를 비교하여
계수를 구함
②수치대입 : 양변의 문자에 적당한 수를
대입하여 계수를 구함

✎ 항등식의 성질

연구03 다항식 $f(x)$를 일차식 $x-\alpha$로 나누었을 때 나머지의 값을 쓰고 이를 유도하시오.

연구04 $f(x)$가 $x-\alpha$로 나누어떨어질 때, $f(\alpha)$의 값을 쓰시오.

9 나머지정리와 인수정리

연구 03 **나머지정리:**
다항식 $f(x)$를 일차식 $x-\alpha$로 나누었을 때 나머지는

연구 04 **인수정리:**
$f(x)$가 $x-\alpha$로 나누어떨어지면 $f(\alpha)=0$이면 $f(x)$가 $x-\alpha$로 나누어떨어진다.

나머지정리와 인수정리

$f(x)$를 $(x-\alpha)$로 나누었을 때의 몫을 $Q(x)$, 나머지를 R이면

10 인수분해

: 곱을 이루는 각 다항식

: 하나의 다항식을 여러 다항식의 곱으로 나타내는 것. 전개의 역 과정

① $(a+b)^2 = a^2 + 2ab + b^2$

② $(a-b)^2 = a^2 - 2ab + b^2$

③ $(a+b)(a-b) = a^2 - b^2$

④ $(x+a)(x+b) = x^2 + (a+b)x + ab$

⑤ $(ax+b)(cx+d) = acx^2 + (ad+bc)x + bd$

⑥ $(a+b)^3 = a^3 + 3a^2b + 3ab^2 + b^3$
$\quad\quad = a^3 + b^3 + 3ab(a+b)$

⑦ $(a+b)(a^2 - ab + b^2) = a^3 + b^3$

⑧ $(a-b)(a^2 + ab + b^2) = a^3 - b^3$

「수학(상)」 Ⅱ.방정식과 부등식

연구01 빈칸에 알맞은 것을 쓰시오.

1 수의 분류

연구 01

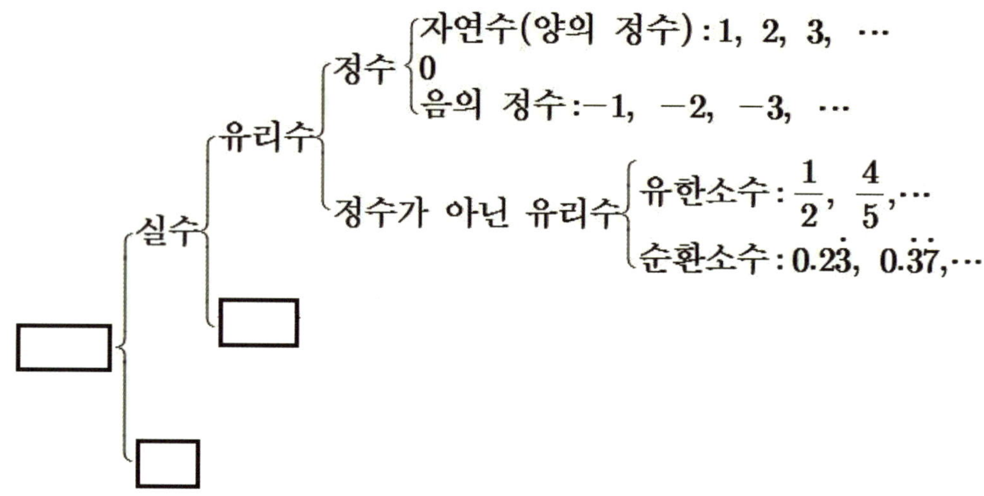

: 정수 m, n에 대하여 $\dfrac{n}{m}$ $(m \neq 0)$꼴로

나타낼 수 있는 수

: 정수 m, n에 대하여 $\dfrac{n}{m}$ $(m \neq 0)$꼴로

나타낼 수 없는 수

연구02 허수단위 i의 뜻을 쓰시오.

25

2 복소수의 뜻

연구 02

허수단위 i:

$$(x^2 = -1 \text{의 근. 즉, } i^2 = -1)$$

복소수: 두 실수 a, b에 대하여

$a + bi$ 꼴로 나타낸 수.

$$\underline{a} + \underline{b}i$$

복소수가 서로 같을 조건:

(단, a, b, c, d가 실수)

① $a + bi = c + di \Leftrightarrow$

② $a + bi = 0 \Leftrightarrow$

[연구03] 아래 복소수의 연산의 식을 완성하시오.

[연구04] $z = a + bi$ 라고 할 때 아래 식을 완성하시오.

① $z + \bar{z} =$

② $z \times \bar{z} =$

---

3 복소수의 연산

✎ 복소수의 연산

i를 문자와 같이 취급하고,

$i^2 = -1$로 계산한다.

[연구 03]

① 덧셈 $(a + bi) + (c + di) =$

② 뺄셈 $(a + bi) - (c + di) =$

③ 곱셈 $(a + bi)(c + di) =$

④ 나눗셈 $(a + bi) \div (c + di) =$

4 켤레복소수

✎ 켤레복소수

$\overline{a + bi} = a - bi$

$a + bi$의 허수부분의 부호를 바꾼 복소수

$z = a + bi$라고 할 때

[연구 04]

① $z + \bar{z} =$

② $z \times \bar{z} =$

연구05 $a > 0$일 때 $-a$의 제곱근은 $\pm\sqrt{a}\,i$인
이유를 쓰시오.

5 음수의 제곱근

$a > 0$일 때

연구 05

✎ 음수의 제곱근

6 방정식

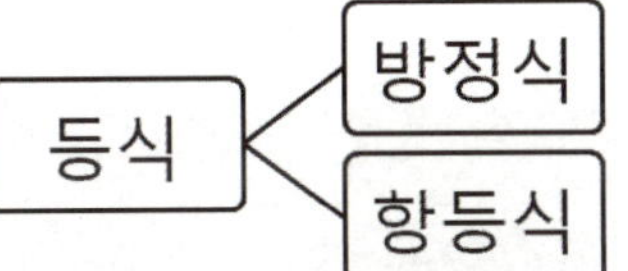

: 문자를 포함한 등식에서,
문자에 특정한 수만 대입할 때 성립하는 식
: 특정한 수. 문자에 대입하면 식이 성립한다.
: 실수인 근
: 허수인 근
: 문자를 포함한 등식에서, 문자에
어떤 값을 넣어도 항상 성립하는 등식.

연구06 이차방정식 $ax^2 + bx + c = 0$ $(a \neq 0)$의
근의 공식을 쓰고, 이를 유도하시오.

7 이차방정식의 풀이

이차방정식 $ax^2 + bx + c = 0$ $(a \neq 0)$

①인수분해

연구
06 ②근의 공식

✎ 이차방정식의 풀이

연구07 이차방정식 $ax^2 + bx + c = 0$ $(a \neq 0)$의 판별식 D를 쓰고, 판별식의 부호에 따른 근의 종류를 쓰시오.

연구08 이차방정식 $ax^2 + bx + c = 0$ $(a \neq 0)$의 판별식 D의 부호에 따라 이차방정식의 근이 실근 2개, 중근, 허근 2개로 결정되는 이유를 쓰시오.

연구09 아래 근과 계수와의 관계의 식을 완성하고 이를 유도하시오.

---

8 판별식

연구 07

이차방정식 $ax^2 + bx + c = 0$ $(a \neq 0)$에서 근의 종류는

① $D > 0$:

② $D = 0$:

③ $D < 0$:

✎ $ax^2 + 2b'x + c = 0$일 때, (b가 짝수일 때)

✎ 판별식

연구 08

$x = \dfrac{-b \pm \sqrt{b^2 - 4ac}}{2a} = \dfrac{-b \pm \sqrt{D}}{2a}$ 근이므로

① $D > 0$:

② $D = 0$:

③ $D < 0$:

【ex】 $x = \dfrac{-3 \pm \sqrt{D}}{2}$

　① $D = 1$

　② $D = 0$

　③ $D = -1$

---

9 근과 계수의 관계

연구 09

이차방정식 $ax^2 + bx + c = 0$ $(a \neq 0)$의 두 근을 α, β라 하면

① $\alpha + \beta =$

② $\alpha\beta =$

✎ 근과 계수와의 관계

【ex】$x^2 + 2x + 3 = 0$　【ex】$2x^2 + 4x + 6 = 0$

① $\alpha + \beta =$

② $\alpha\beta =$

[연구10] 삼차방정식 $ax^3 + bx^2 + cx + d = 0$ $(a \neq 0)$의 세 근을 α, β, γ라 할 때, 아래 근과 계수와의 관계의 식을 완성하고 이를 유도하시오.

[연구11] 이차방정식 $ax^2 + bx + c = 0$ $(a \neq 0)$의
① a, b, c가 유리수이면
한 근이 $g + h\sqrt{k}$이면 [　　　　]도 근이다.
(단, g, h는 유리수이고 $h \neq 0$, $\sqrt{k}$는 무리수)
② a, b, c가 실수이면 (단, $h \neq 0$)
한 근이 $g + hi$ 이면 [　　　　]도 근이다.
(단, g, h는 실수이고 $h \neq 0$)

❿ 삼차방정식의 근과 계수의 관계

삼차방정식 $ax^3 + bx^2 + cx + d = 0$ $(a \neq 0)$의 세 근을 α, β, γ라 하면

연구 10
① $\alpha + \beta + \gamma =$

② $\alpha\beta + \beta\gamma + \gamma\alpha =$

③ $\alpha\beta\gamma =$

✎ 삼차방정식의 근과 계수의 관계

【ex】$2x^3 + 12x^2 + 22x + 6 = 0$
① $\alpha + \beta + \gamma =$
② $\alpha\beta + \beta\gamma + \gamma\alpha =$
③ $\alpha\beta\gamma =$

⓫ 켤레근(세트)

이차방정식 $ax^2 + bx + c = 0$ $(a \neq 0)$의

연구 11
① a, b, c가 유리수이면
한 근이 $g + h\sqrt{k}$이면
(단, g, h는 유리수이고 $h \neq 0$, $\sqrt{k}$는 무리수)

② a, b, c가 실수이면
한 근이 $g + hi$ 이면
(단, g, h는 실수이고 $h \neq 0$)

✎ 켤레근(세트)

【ex】

$1 - i$　→

$2 - \sqrt{2}$　→

2　→

연구12 이차함수 $y = ax^2 + bx + c$의 꼭짓점의 좌표를 쓰고, 이를 유도하시오.

12 이차함수의 그래프

① $y = ax^2$ $(a \neq 0)$　　꼭짓점 $(0, 0)$

$a > 0$	$a < 0$

② $y = ax^2 + bx + c$ $(a \neq 0)$

a.완전제곱꼴　　　　b.인수분해꼴

$y = a(x - m)^2 + n$	$y = a(x - \alpha)(x - \beta)$

연구 12 ✎ $y = ax^2 + bx + c$의 꼭짓점의 좌표

✎ 이차함수의 그래프

【ex】 $y = 2x^2$, 　$y = 1x^2$, 　$y = \dfrac{1}{2}x^2$

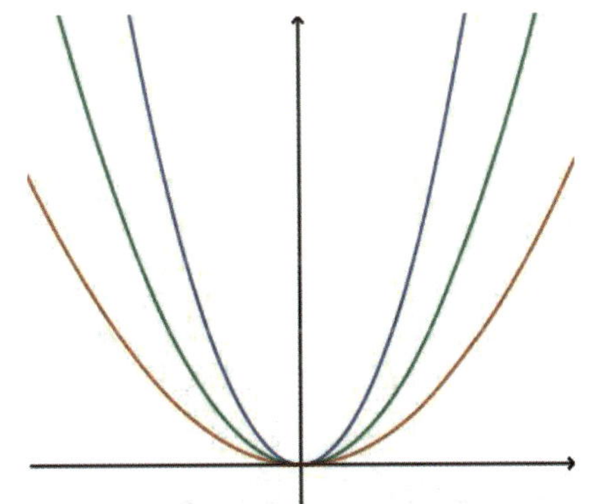

【ex】 $y = 3x^2 + 6x - 9$의 꼭짓점

완전제곱꼴:

인수분해꼴:

➤ $y = ax^2 + bx + c$의 **꼭짓점의 좌표**

연구13 이차함수 $y = ax^2 + bx + c$의 그래프와 x축의 위치 관계에 따른, 이차방정식 $ax^2 + bx + c = 0$의 판별식 $D = b^2 - 4ac$의 부호를 쓰고, 그 이유를 쓰시오.

① D [　] 0 : 서로 다른 두 점에서 만난다.

② D [　] 0 : 한 점에서 만난다(접한다).

③ D [　] 0 : 만나지 않는다.

🔳 이차함수와 이차방정식의 관계

이차방정식 $ax^2 + bx + c = 0$의

판별식 $D = b^2 - 4ac$일 때,

이차함수 $y = ax^2 + bx + c$의 그래프와

x축의 위치 관계는

연구 13

① 　　　 : 서로 다른 두 점에서 만난다.

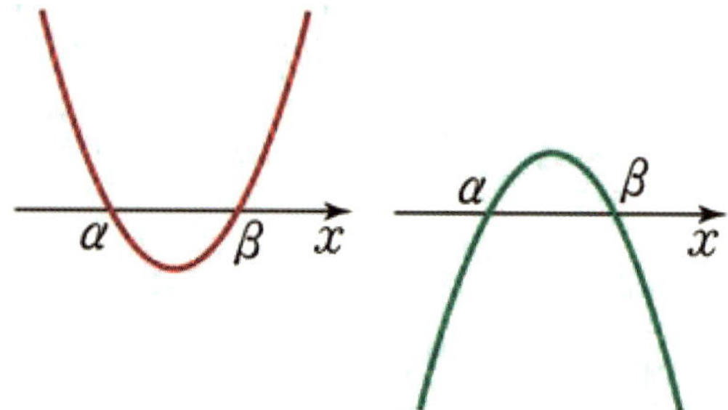

② 　　　 : 한 점에서 만난다(접한다).

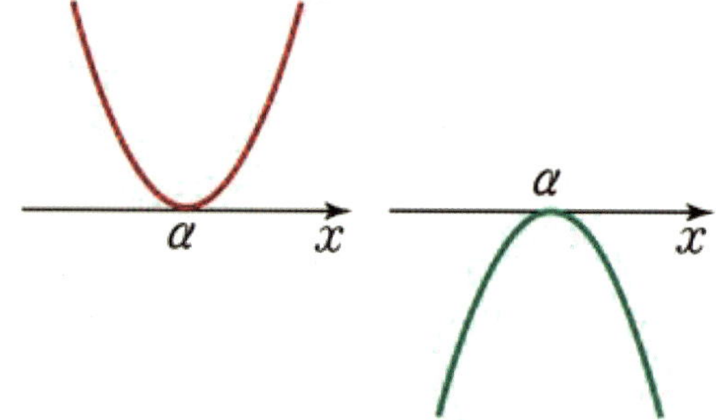

③ 　　　 : 만나지 않는다.

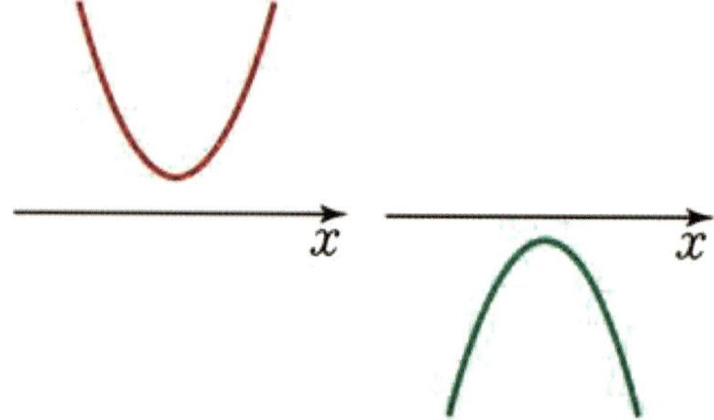

✎ 이차함수와 이차방정식의 관계

연구14 **두 함수 $y=f(x)$와 $y=g(x)$의 그래프의 교점을 구할 때, $f(x)=g(x)$의 식을 계산하면 구할 수 있는 이유를 쓰시오.**

14 이차함수와 직선 사이의 관계

이차함수 $y=ax^2+bx+c$의 그래프와 직선 $y=mx+n$의 위치 관계는 이차방정식

$$ax^2+bx+c=mx+n$$

$$\Leftrightarrow ax^2+(b-m)x+c-n=0$$

의 판별식을 D라고 할 때

① $D>0$:

② $D=0$:

③ $D<0$:

두 그래프의 교점 구하기

연구 14

두 함수 $y=f(x)$와 $y=g(x)$의 그래프의 교점을 구할 때, $f(x)=g(x)$의 식을 계산하면 구할 수 있는 이유는?

$y=f(x)$를 만족시키는 $(x,\ y)$의 모임과 $y=g(x)$를 만족시키는 $(x,\ y)$의 모임은 다르다. 그런데 두 그래프의 교점의 좌표는 두 식을 동시에 만족시키는 공통된 $(x,\ y)$이다.
따라서 교점에서는 $y=f(x)$의 문자 x, 문자 y와 $y=g(x)$의 문자 x, 문자 y는 같은 문자로 계산을 하는 것이 성립한다.

15 이차함수의 최대, 최소

①범위가 없을 때

②범위가 있을 때

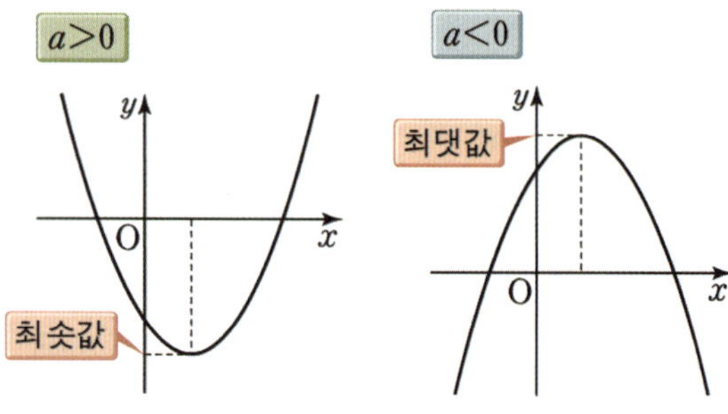

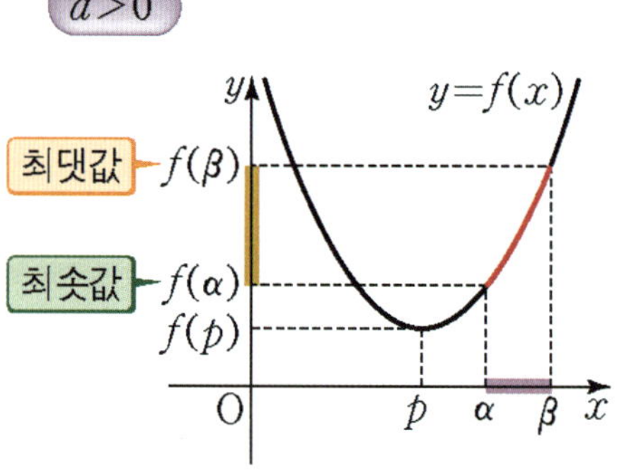

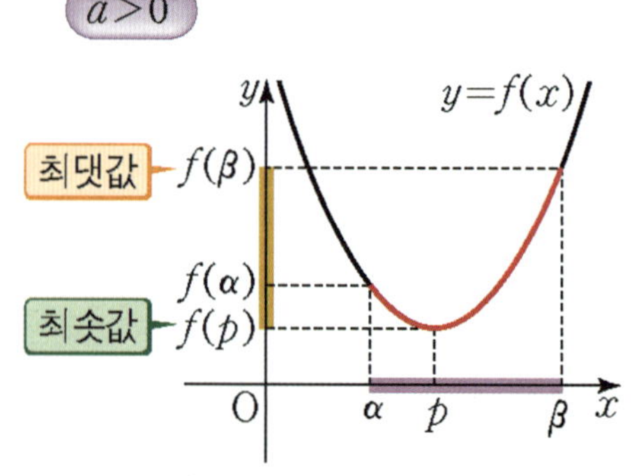

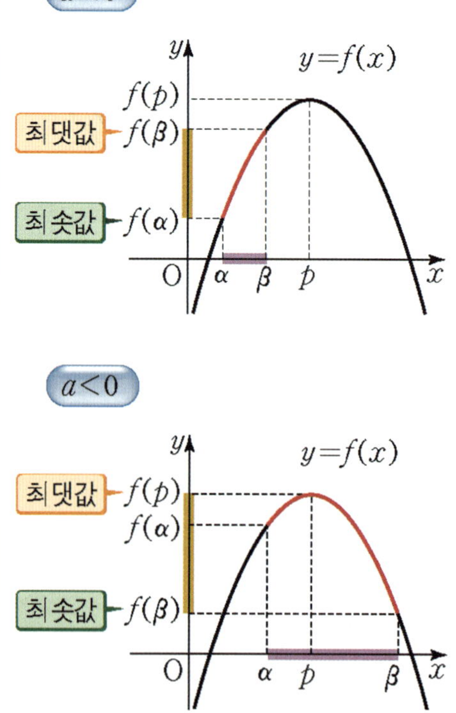

16 고차방정식 풀이

①인수분해

②치환

연구15 연립일차방정식 $\begin{cases} ax + by + c = 0 \\ a'x + b'y + c' = 0 \end{cases}$

에서 아래 조건이 성립할 때의 해의 개수를 쓰시오.

① $\dfrac{a}{a'} \neq \dfrac{b}{b'}$

② $\dfrac{a}{a'} = \dfrac{b}{b'} = \dfrac{c}{c'}$

③ $\dfrac{a}{a'} = \dfrac{b}{b'} \neq \dfrac{c}{c'}$

🔢 연립 일차방정식의 부정, 불능

연립일차방정식 $\begin{cases} ax + by + c = 0 \\ a'x + b'y + c' = 0 \end{cases}$ 에서

연구 15

① $\dfrac{a}{a'} \neq \dfrac{b}{b'}$:

② $\dfrac{a}{a'} = \dfrac{b}{b'} = \dfrac{c}{c'}$:

③ $\dfrac{a}{a'} = \dfrac{b}{b'} \neq \dfrac{c}{c'}$:

✒ 연립 일차방정식의 부정, 불능

【ex】

$\begin{cases} 2x + y - 4 = 0 \\ x - y - 2 = 0 \end{cases}$

$\begin{cases} 2x + y - 4 = 0 \\ 4x + 2y - 8 = 0 \end{cases}$

$\begin{cases} 2x + y - 4 = 0 \\ 4x + 2y + 6 = 0 \end{cases}$

18 연립 일차방정식

문자수를 줄여나간다!

식3, 문자3

→식2, 문자2

→식1, 문자1

19 부정방정식

방정식의 개수가 미지수의 개수보다 적은 경우 해가 무수히 많아서 해를 정할 수 없는 경우의 방정식

인수×인수＝정수(자연수)

20 부등식의 기본 성질

부등식: 부등호를 써서 수나 식의 값의 대소 관계를 나타낸 것

✏ 허수에 대해서는 대소 관계를 생각하지 않으므로 부등식에 포함된 모든 문자는 실수를 나타내는 것으로 한다.

① $a > b$, $b > c$이면 $a > c$

② $a > b$이면 $a + c > b + c$, $a - c > b - c$

③ $a > b$, $c > 0$이면 $ac > bc$, $\dfrac{a}{c} > \dfrac{b}{c}$

④ $a > b$, $c < 0$이면 $ac < bc$, $\dfrac{a}{c} < \dfrac{b}{c}$

✎ 부정방정식

【ex】 $xy - 3x + 2y + 1 = 0$, x, y는 정수

【ex】 $-2 \qquad -\dfrac{1}{2}$

연구16 $|x| \leq a \iff -a \leq x \leq a$임을
유도하시오.

---

21 절댓값 부등식

연구
16

절댓값: 수직선 위에서 원점으로부터 어떤 수를
나타내는 점까지의 거리

절댓값 안이 0이 되는 곳에서 구간을 나누어 푼다.

$$(단, \ 0 < a < b)$$

① $|x| \leq a \iff$

② $|x| \geq a \iff$

③ $a \leq |x| \leq b \iff$

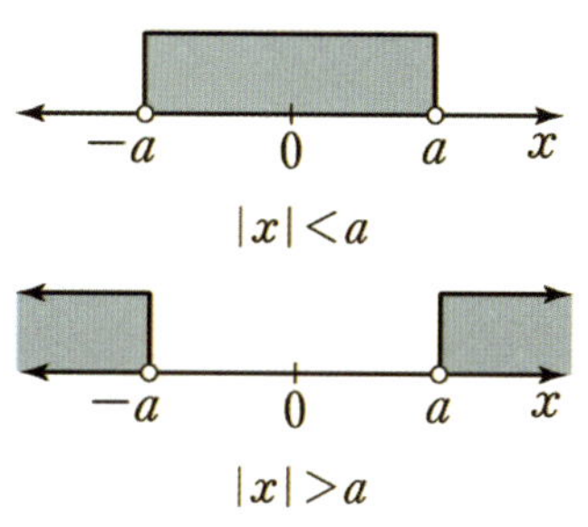

✎ 절댓값 부등식

22 이차부등식

① $(x-\alpha)(x-\beta) > 0 \Leftrightarrow$

② $(x-\alpha)(x-\beta) < 0 \Leftrightarrow$

✎ 이차부등식

$y = (x-\alpha)(x-\beta)$

$\oplus$

$\ominus$

		α		β	
$(x-\alpha)$					
$(x-\beta)$					
$(x-\alpha)(x-\beta)$					

【연구17】 이차함수 $y = ax^2 + bx + c$에 대하여, 빈칸에 알맞은 x의 값이나 범위를 쓰시오.

【연구18】 모든 실수 x에 대하여 $ax^2 + bx + c > 0$일 조건을 2가지 쓰시오.

23 이차함수의 부등식활용

연구 17

$(a > 0)$	$D > 0$	$D = 0$	$D < 0$
$y = f(x)$ 그래프			
$f(x) = 0$			
$f(x) > 0$			
$f(x) \geq 0$			
$f(x) < 0$			
$f(x) \leq 0$			

연구 18

모든 실수 x에 대하여

$ax^2 + bx + c > 0$일 조건은

연립부등식

여러 가지 부등식이 뭉쳤을 때

【ex】 연립부등식

i) $3 \leq x \leq 5$

ii) $x \leq 2, \ x \geq 4$

iii) $x \geq 1$

「수학(상)」   Ⅲ.도형의 방정식

연구01 두 점 $A(x_1,\ y_1)$, $B(x_2,\ y_2)$사이의

거리 $\overline{AB}= \sqrt{(x_2-x_1)^2+(y_2-y_1)^2}$ 임을

유도하시오.

미리 알아야 할 단원
수학(상) – 2.방정식과 부등식

▣ 두 점 사이의 거리

연구 01

✎ 두 점 사이의 거리

① 수직선 위의 두 점 $A(x_1)$, $B(x_2)$사이의 거리

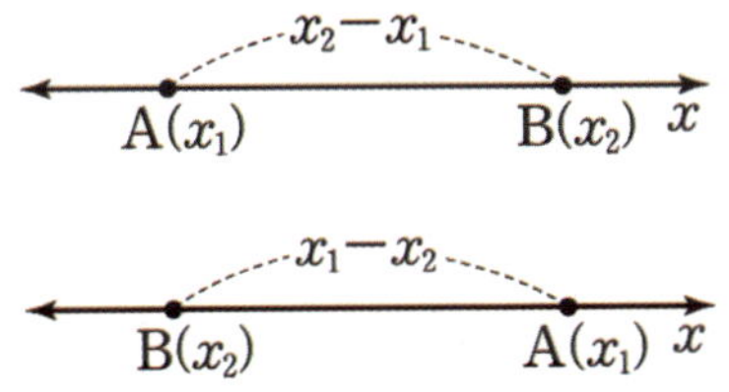

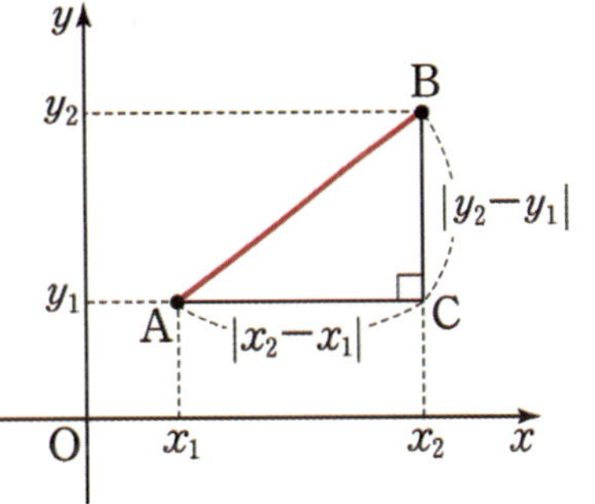

②좌표평면 위의 두 점 사이의 거리

두 점 $A(x_1,\ y_1)$, $B(x_2,\ y_2)$사이의 거리

2 내분과 외분의 뜻

내분: 수직선 위에서 선분 AB 위의 점 P 에
대하여 (단, $m > 0$, $n > 0$)

$$\overline{AP} : \overline{PB} = m : n$$

일 때, 점 P는 선분 AB를 $m : n$으로
내분한다고 하며, 점 P를 선분 AB의
내분점이라고 한다.

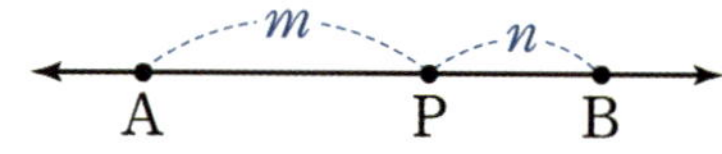

외분: 수직선 위에서 선분 AB의 연장선 위의 점
Q에 대하여 (단, $m > 0$, $n > 0$, $m \neq n$)

$$\overline{AQ} : \overline{QB} = m : n$$

일 때, 점 Q는 선분 AB를 $m : n$으로
외분한다고 하며, 점 Q를 선분 AB의
외분점이라고 한다.

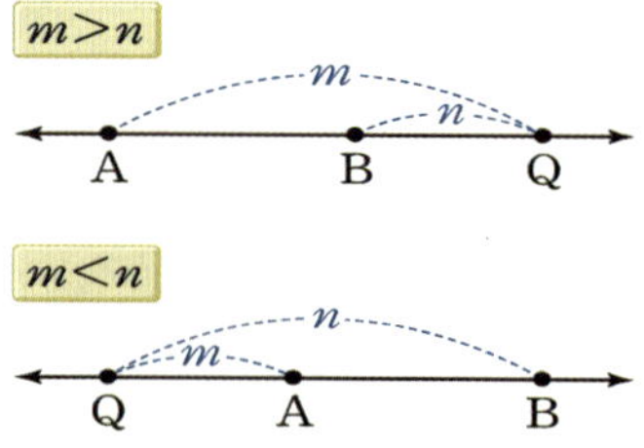

✎ 내분과 외분의 뜻

연구02 수직선 위의 두 점 $A(x_1)$, $B(x_2)$를 이은 선분 AB를 $m : n$으로 내분하는 점 P를 유도하시오.

연구03 수직선 위의 두 점 $A(x_1)$, $B(x_2)$를 이은 선분 AB를 $m : n$으로 외분하는 점 Q를 유도하시오.

---

❸ 수직선 위의 내분점과 외분점

수직선 위의 두 점 $A(x_1)$, $B(x_2)$에 대하여 선분 AB를 $m : n (m > 0,\ n > 0)$으로

연구 02 ① 내분하는 점 P의 좌표는

연구 03 ② 외분하는 점 Q의 좌표는 (단, $m \neq n$)

✎ 수직선 위의 내분점과 외분점

① **내분점의 좌표**

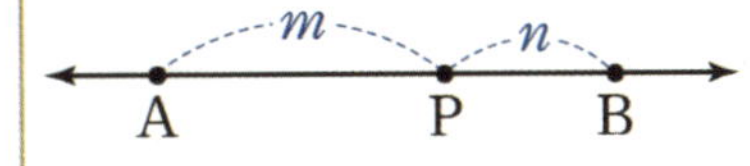

② **외분점의 좌표**

$m > n$

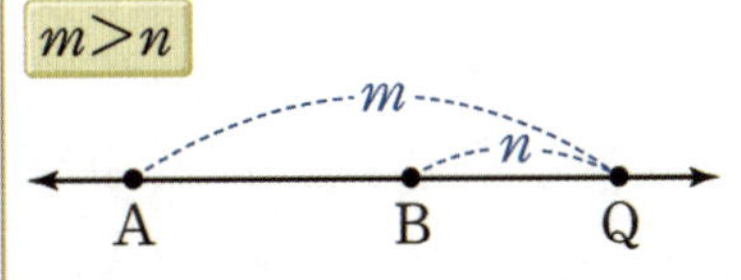

[연구04] 좌표평면 위의 세 점 $A(x_1,\ y_1)$, $B(x_2,\ y_2)$, $C(x_3,\ y_3)$을 꼭짓점으로 하는 삼각형 ABC의 무게중심 G의 좌표를 유도하시오.

▣ 좌표평면 위의 내분점과 외분점

좌표평면 위의 두 점 $A(x_1,\ y_1)$, $B(x_2,\ y_2)$에 대하여 선분 AB를 $m:n(m>0,\ n>0)$으로
①내분하는 점 P의 좌표는

②외분하는 점 Q의 좌표는 (단, $m\neq n$)

③선분 AB의 중점 M은

✎ 좌표평면 위의 내분점과 외분점

①내분점 P   ②외분점 Q

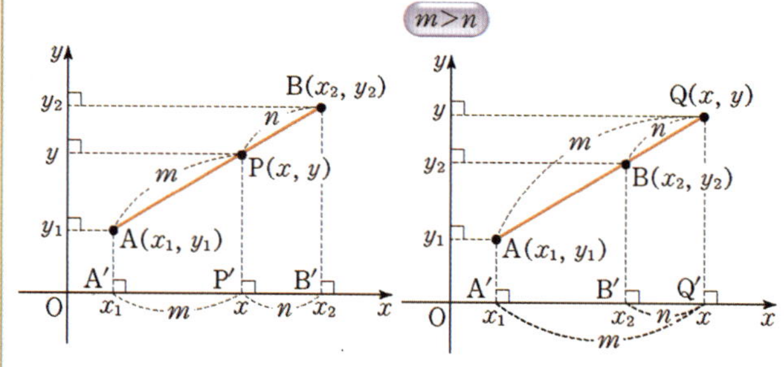

④무게중심의 좌표

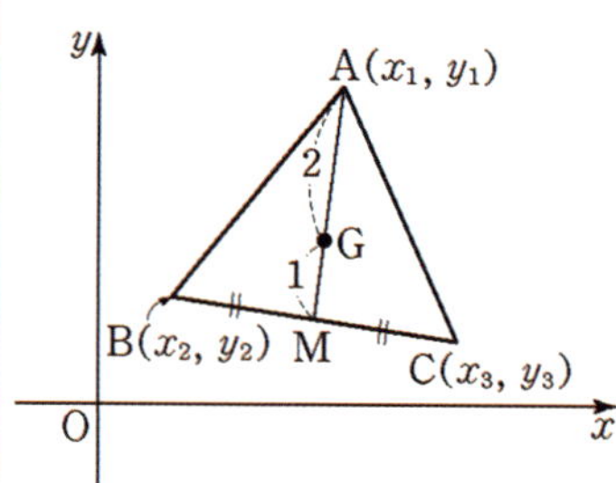

[연구 04] ④무게중심의 좌표
좌표평면 위의 세 점 $A(x_1,\ y_1)$, $B(x_2,\ y_2)$, $C(x_3,\ y_3)$을 꼭짓점으로 하는 삼각형 ABC의 무게중심 G의 좌표

5 직선의 기울기

A. 수평면에 대해 경사면이 기울어진 정도

B. x값의 변화량에 대한 y값의 변화량의 비율

C. $y = mx + n$의 x계수 m

✎ 직선의 기울기

①밑변이 같고 높이가 다를 때

②높이가 같고 밑변이 다를 때

③밑변과 높이의 비율이 같을 때

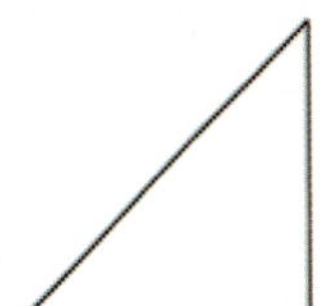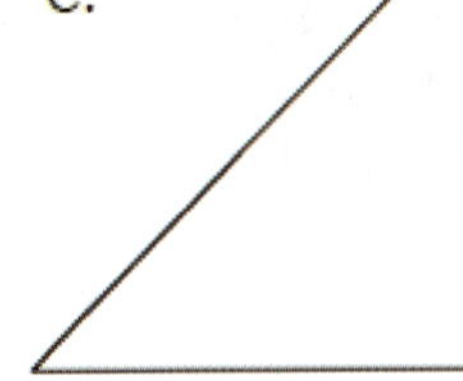

[연구05] 빈칸에 알맞은 직선의 기울기의 값을 쓰시오.

✎ 기울기와 각도

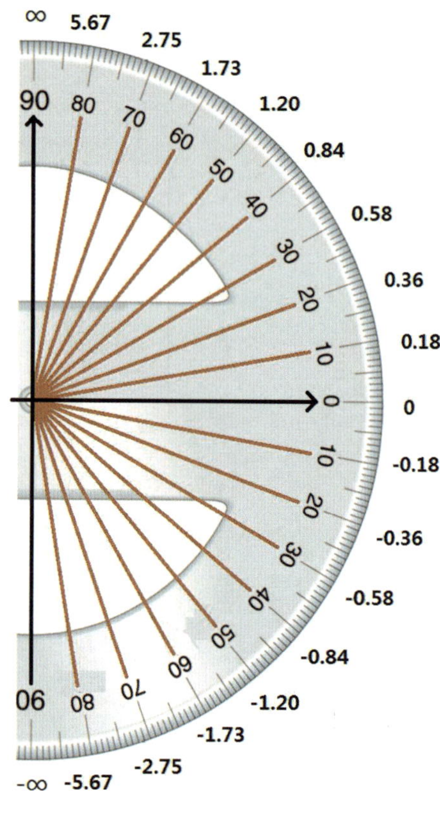

✎ 기울기와 각도

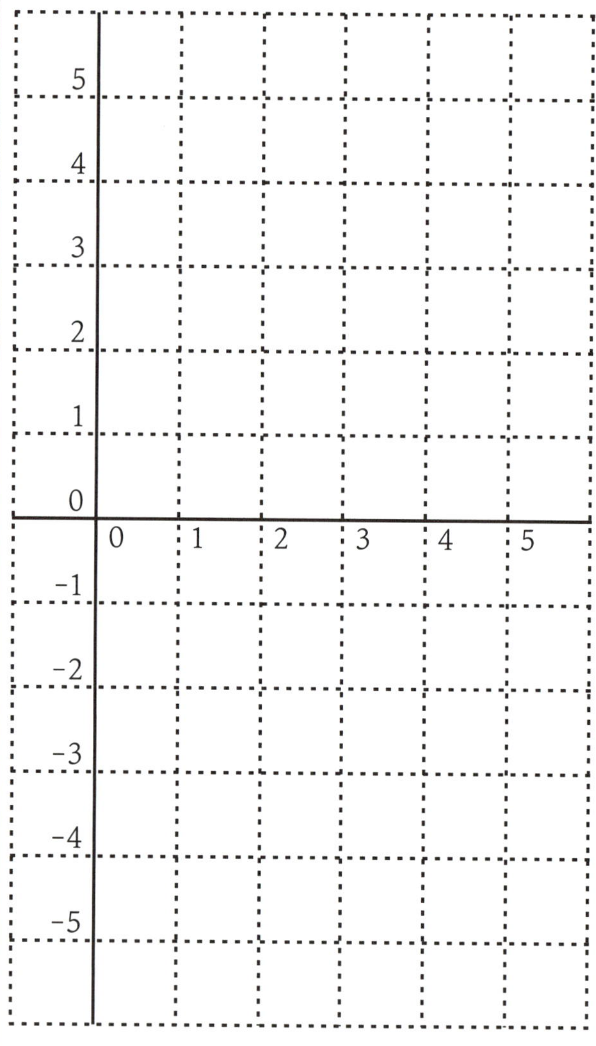

	직선과 x축 이루는 각	직선의 기울기
연구 05	$60°$	
	$45°$	
	$30°$	
	$0°$	
	$-30°$	
	$-45°$	
	$-60°$	

연구06 점 $A(x_1,\ y_1)$을 지나고 기울기가 m인 직선의 방정식이 무엇인지 쓰고, 이를 유도하시오.

연구07 x절편이 a이고 y절편이 b인 직선의 방정식을 쓰시오.

---

6 직선의 방정식

연구 06 ①점 $A(x_1,\ y_1)$을 지나고

기울기가 m인 직선의 방정식은

②서로 다른 두 점 $A(x_1,\ y_1)$, $B(x_2,\ y_2)$를 지나는 직선의 방정식은 (단, $x_1 \neq x_2$)

③기울기가 m이고,

y절편이 n인 직선의 방정식은

④$y = k$ 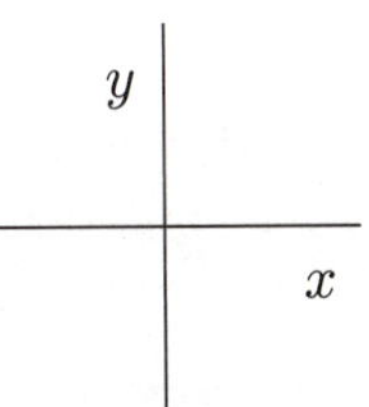　　　$x = k$ 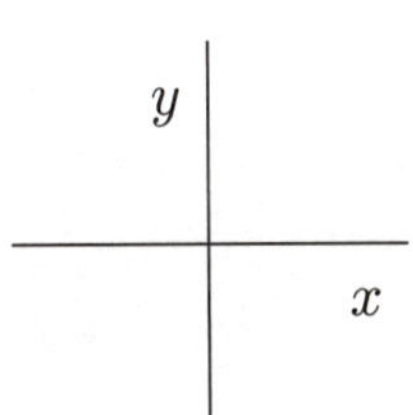

⑤$ax + by + c = 0$

연구 07 ⑥x절편이 a이고 y절편이 b인 직선의 방정식은

(단, $a \neq 0,\ b \neq 0$)

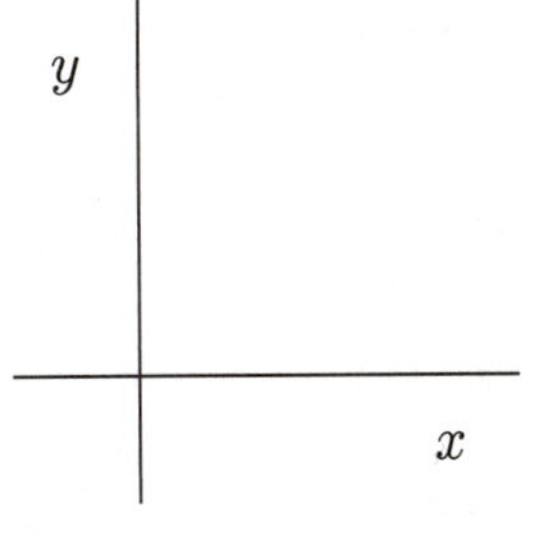

✎ 직선의 방정식

직선 l 위에 점 A와 다른 임의의 한 점을 $P(x,\ y)$라 하면

x절편: 그래프가 x축과 만나는 점의 x좌표

y절편: 그래프가 y축과 만나는 점의 y좌표

[연구08] 아래는 두 직선의 위치관계에 대한 표이다. 각 위치 관계마다 빈칸에 알맞은 식을 쓰시오

[연구09] 두 직선 $y=mx+n$, $y=m'x+n'$의 그래프가 수직이 되기 위한 조건을 쓰고, 이를 유도하시오.

７ 두 직선의 위치관계

연구 08

	$y=mx+n$ $y=m'x+n'$	$ax+by+c=0$ $a'x+b'y+c'=0$
평행		
일치		
수직		
한 점 만남		

두 직선의 위치관계

연구 09

두 직선의 수직 조건 유도

[연구10] 점 $(x_1,\ y_1)$과 직선 $ax+by+c=0$ 사이의 거리의 값을 쓰시오.

[연구11] 평행한 두 직선 $ax+by+c_1=0$, $ax+by+c_2=0$ 사이의 거리의 값을 쓰고, 이를 유도하시오.

⬛ 점과 직선 사이의 거리

연구 10 ① 점 $(x_1,\ y_1)$과 직선 $ax+by+c=0$ 사이의 거리는

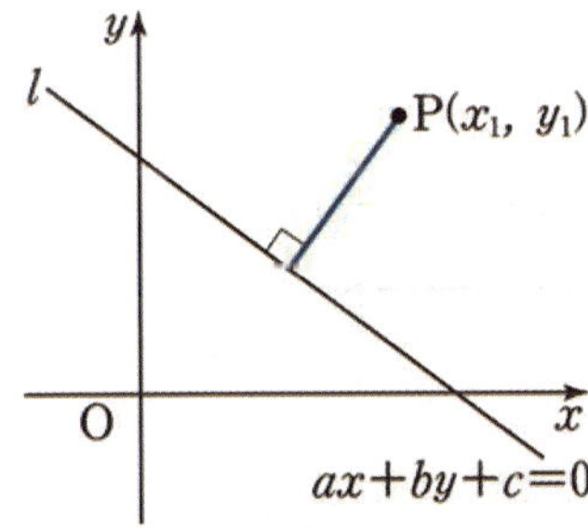

연구 11 ② 평행한 두 직선

$ax+by+c_1=0,\ ax+by+c_2=0$ 사이의 거리는

✎ 점과 직선 사이의 거리

① 점 $(x_1,\ y_1)$과 직선 $ax+by+c=0$ 사이의 거리는

i)

ii)

iii)

iv)

(계산)

i) 직선 l의 기울기가 $-\dfrac{a}{b}$ 이므로

  PH의 기울기는 $\dfrac{b}{a}$

ii) PH : $y-y_1=\dfrac{b}{a}(x-x_1)$

iii) $l : ax+by+c=0$ 와

  PH : $y-y_1=\dfrac{b}{a}(x-x_1)$ 를 연립

$\rightarrow\ x=\dfrac{b^2 x_1 - aby_1 - ac}{a^2+b^2}$

iv) $x-x_1=\dfrac{-a(ax_1+by_1+c)}{a^2+b^2}$

  $y-y_1=\dfrac{-b(ax_1+by_1+c)}{a^2+b^2}$

$\overline{\text{PH}}=\sqrt{(x-x_1)^2+(y-y_1)^2}$

$\quad=\sqrt{\dfrac{(a^2+b^2)(ax_1+by_1+c)^2}{(a^2+b^2)^2}}$

$\quad=\dfrac{|ax_1+by_1+c|}{\sqrt{a^2+b^2}}$

[연구12] 중심이 (a, b), 반지름 길이가 r인 원의
방정식을 쓰고, 이를 유도하시오.

▣ 9 원의 방정식

정의: 특정한 한 점으로부터,
그 점과 같은 거리에 있는 점들의 집합

[연구 12] ①중심이 (a, b), 반지름 길이가 r인 원의 방정식

②중심이 $(0, 0)$, 반지름 길이가 r인 원의 방정식

③원의 방정식의 일반형

✎ 원의 방정식

①중심이 (a, b), 반지름 길이가 r인 원의 방정식

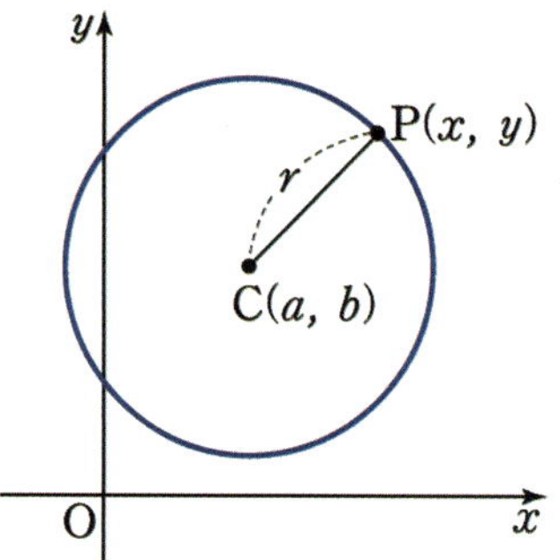

③원의 방정식의 일반형

$$x^2 + y^2 + Ax + By + C = 0$$

$$\left(x + \frac{A}{2}\right)^2 + \left(y + \frac{B}{2}\right)^2 = \frac{A^2 + B^2 - 4C}{4}$$

[연구13] 중심이 (a, b)인 원이 있다 이 원이 아래
조건을 만족시킬 때의 원의 방정식을 쓰시오.

①x축에 접함

②y축에 접함

③x축, y축에 접함 (단, $a, b > 0$)

---

10 원이 x축 또는 y축에 접할 때

연구 13

①x축에 접함

②y축에 접함

③x축, y축에 접함

원이 x축 또는 y축에 접할 때

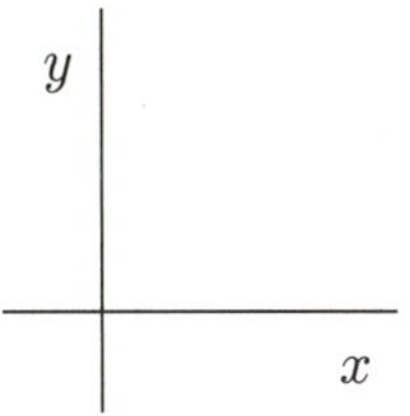

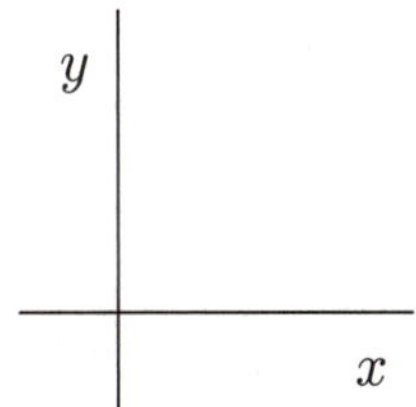

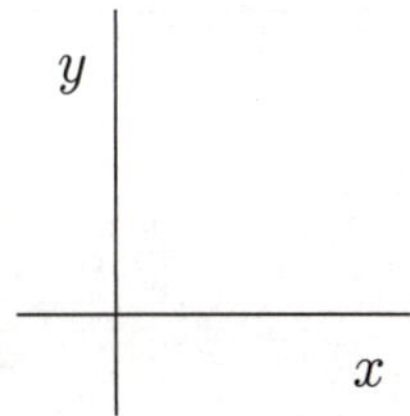

[연구14] 두 원의 중심사이의 거리가 d이고 반지름이 각각 R, r일 때$(R > r)$, 아래 위치 관계에 따른 d, R, r의 관계식을 쓰시오.

[연구15] 원의 중심과 직선사이의 거리가 d, 반지름의 길이가 r일 때, 원과 직선의 교점의 개수를 쓰시오.

⑪ 두 원의 위치관계

두 원의 중심사이의 거리가 d이고
반지름이 각각 R, r일 때 $(R > r)$

연구 14
① 만나지 않음
② 한 점에서 만난다(외접)
③ 서로 다른 두 점에서 만남
④ 한 점에서 만남(내접)
⑤ 한 원이 다른 원에 포함

⑫ 원과 직선의 위치 관계

원의 중심과 직선사이의 거리가 d,
반지름의 길이가 r일 때,

연구 15
① $d < r$:
② $d = r$:
③ $d > r$:

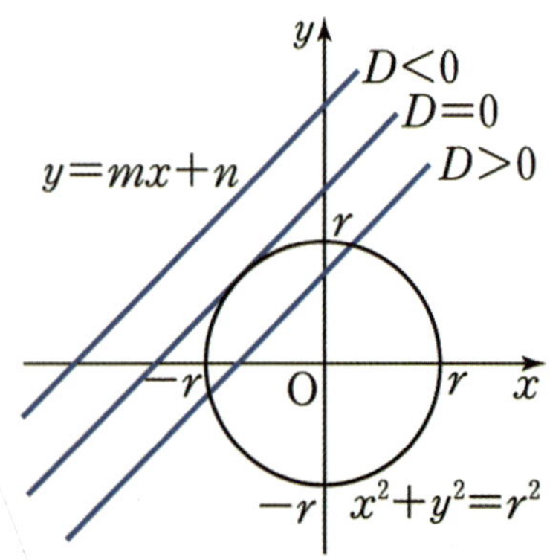

✎ 두 원의 위치관계

		R-r	R+r	

✎ 원과 직선의 위치 관계

연구16 원 $x^2+y^2=r^2$에서 기울기 m인 접선의 방정식을 쓰고, 이를 유도하시오.

연구17 원 $x^2+y^2=r^2$ 위의 점 $(x_1,\ y_1)$에서의 접선의 방정식을 쓰고, 이를 유도하시오.

⑬ 원의 접선의 방정식

✎ 원의 접선의 방정식

연구16 ① 원 $x^2+y^2=r^2$에서 기울기 m인 접선의 방정식

① 원 $x^2+y^2=r^2$에서 기울기 m인 접선의 방정식

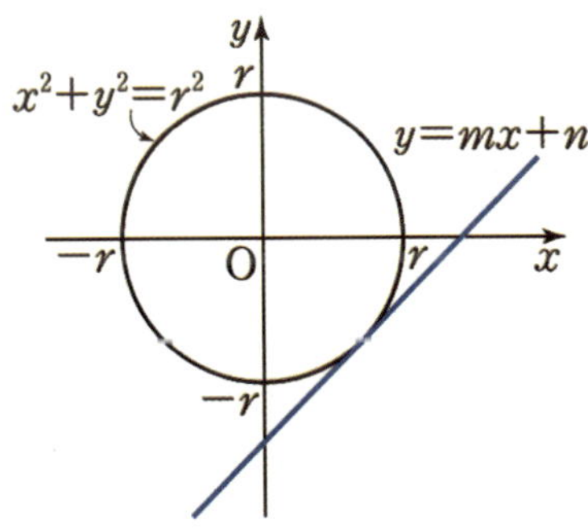

연구17 ② 원 $x^2+y^2=r^2$ 위의 점 $(x_1,\ y_1)$에서의 접선

② 원 $x^2+y^2=r^2$ 위의 점 $(x_1,\ y_1)$에서의 접선

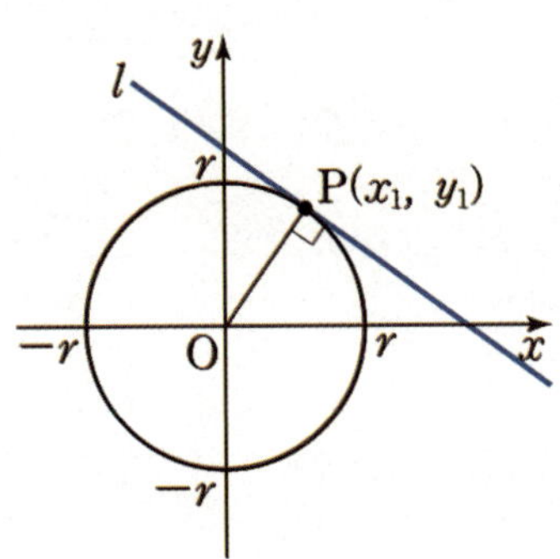

[연구18] x축의 방향으로 a만큼,

y축의 방향으로 b만큼

평행이동 한 것을 쓰시오.

① 점 이동   P$(x,\ y)\ \rightarrow$

② 도형 이동 $f(x,\ y)=0\ \rightarrow$

14 평행이동

x축의 방향으로 a만큼,

y축의 방향으로 b만큼 평행이동

[연구 18] ① 점 이동

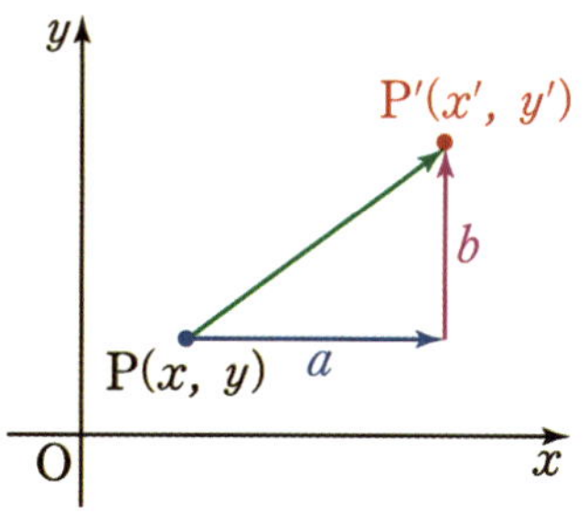

② 도형 이동

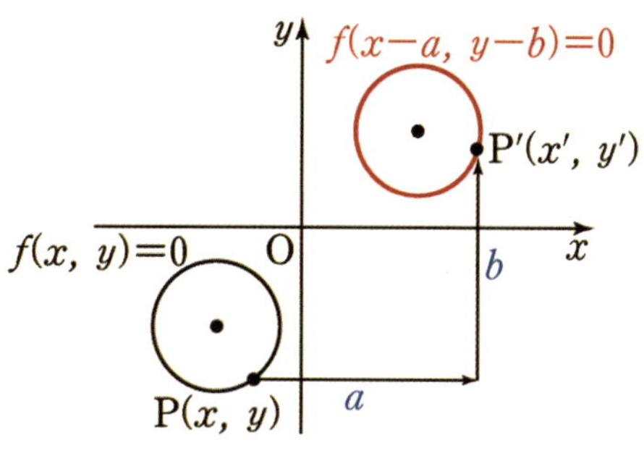

✎ 평행이동

【ex】 x축 : +3, y축 : -2 평행이동

[점] $(2,\ 0) \rightarrow (\quad ,\quad)$

[도형] $x^2+y^2=4$

[연구19] 함수 $y = f(x)$의 그래프가 주기가 p인

함수일 때, 성립하는 식을 쓰시오.

55

---

15 주기함수

연구
19

$y = f(x)$의 그래프가 주기가 p인 함수일 때
아래 식이 성립한다.

【ex】$f(x) = -x^2 + 1 \ (-1 \leq x < 1)$이고

$f(x+2) = f(x)$ 일 때

$y = f(x)$의 그래프

✎ 주기함수

16 대칭이동

① 선에 대한 대칭

개념	대칭된 그래프 vs 대칭인 그래프
	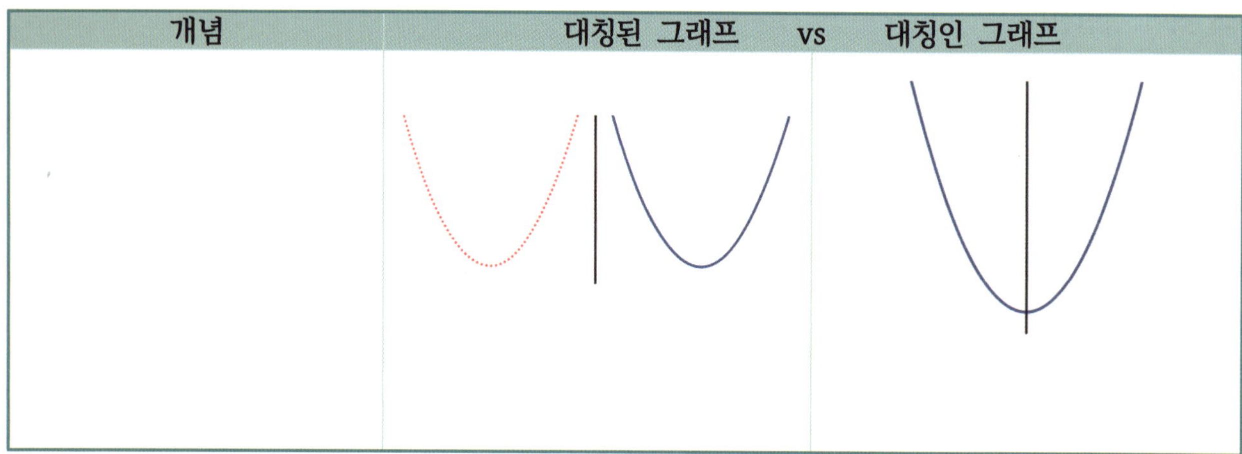

② 점에 대한 대칭

개념	대칭된 그래프 vs 대칭인 그래프
	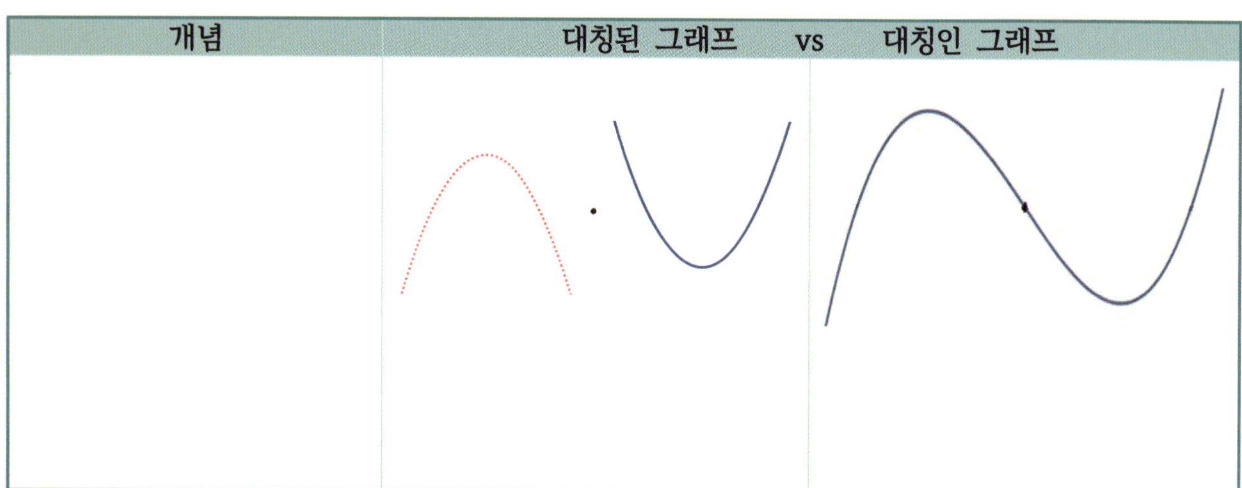

점대칭과 회전

연구20 대칭 이동한 점 $(x,\ y)$의 좌표와,

도형 $f(x,\ y)=0$의 방정식을 구하고자 한다.

빈칸에 알맞은 것을 쓰시오.

③ 대칭이동된 도형의 좌표와 방정식

다음과 같이 대칭 이동한 점 $(x,\ y)$의 좌표와,

도형 $f(x,\ y)=0,\ y=f(x)$의 방정식

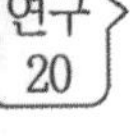

대칭	P$(x,\ y)$	$f(x,\ y)=0$	$y=f(x)$
x축			
y축			
원점			
$y=x$			
$x=a$			
$y=b$			
점$(a,\ b)$			

x축, y축, 원점 대칭	$y=x$ 대칭	$x=a,\ y=b,$ 점$(a,\ b)$

[연구21] $f(x) = f(-x)$가 성립할 때, 함수 $y = f(x)$의 그래프는 어떤 형태인지 쓰고, $y = f(x)$가 다항함수일 경우 어떤 항으로 구성되어있는지를 쓰시오.

[연구22] $f(a+x) = f(a-x)$일 때, $y = f(x)$의 그래프는 어떤 형태인가?

[연구23] $f(x) = f(2a-x)$일 때, $y = f(x)$의 그래프는 어떤 형태인가?

☑ 17 y축 대칭함수(우함수)

연구 21
① $y = f(x)$의 그래프가 y축 대칭일 때 아래 식이 성립한다.

② 다항함수에서 우함수는

【ex】 $y = 2$, $y = x^2 + 1$, $\quad y = x^4 + 2x^2 + 3$

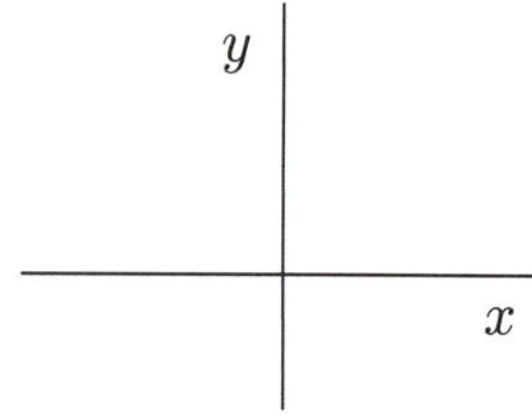 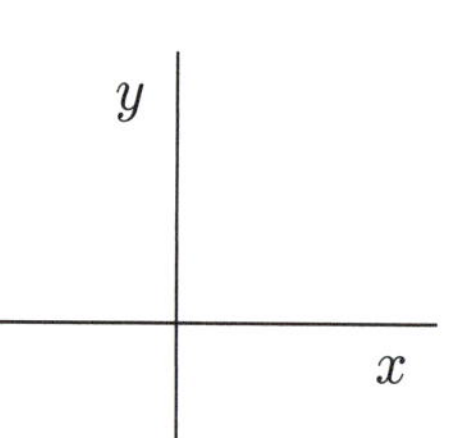

연구 22
③ $f(a+x) = f(a-x)$일 때,

연구 23
④ $f(x) = f(2a-x)$일 때,

✎ y축 대칭함수(우함수)

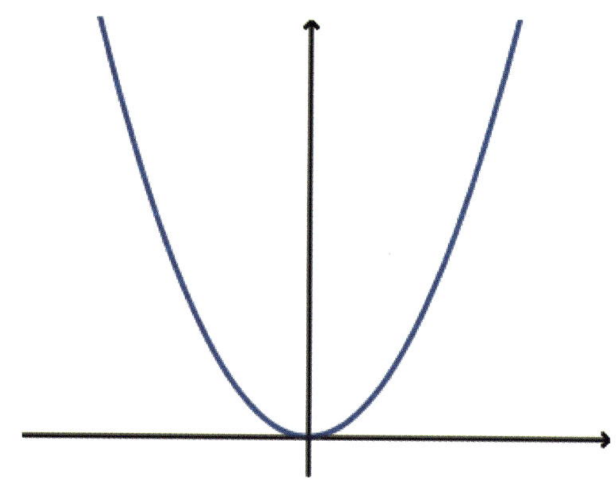

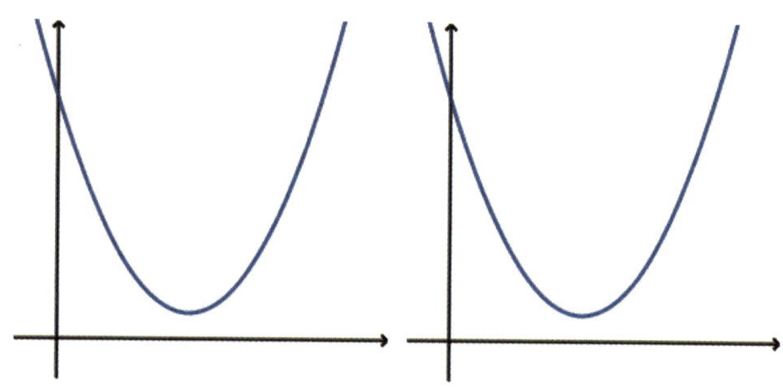

[연구24] $f(x) = -f(-x)$가 성립할 때, 함수 $y = f(x)$의 그래프는 어떤 형태인지 쓰고, $y = f(x)$가 다항함수일 경우 어떤 항으로 구성되어있는지 쓰시오.

[연구25] $\dfrac{f(a+x)+f(a-x)}{2} = b$ 일 때, $y = f(x)$의 그래프는 어떤 형태인가?

18 원점 대칭함수(기함수)

[연구 24] ① $y = f(x)$의 그래프가 원점 대칭일 때 아래 식이 성립한다.

② 다항함수에서 기함수는

【ex】 $y = x$, $y = x^3$, $y = x^3 + 2x$

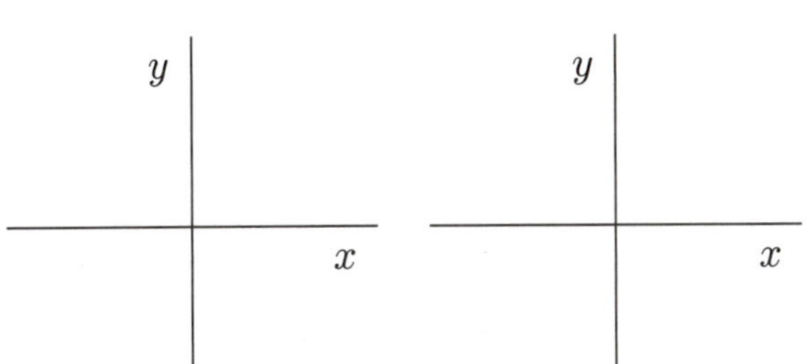

[연구 25] ③ $\dfrac{f(a+x)+f(a-x)}{2} = b$ 일 때,

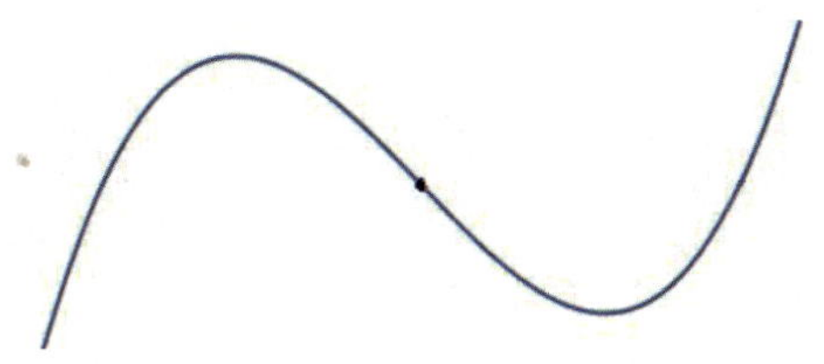

✎ 우함수/기함수 판별하는 법

✎ 원점 대칭함수(기함수)

【ex】 $y = x^3 + 4x^2 + 2x + 1$ 우함수? 기함수?

🖋 우함수와 기함수의 응용

- {우함수}×{기함수}={기함수}

- {$x=a$ 대칭 함수}×{$(a,\ 0)$ 대칭 함수}={$(a,\ 0)$ 대칭 함수}

- ({우함수})′={기함수} → $\int${기함수}={우함수}

- ({기함수})′={우함수} → $\int${우함수}={기함수}+C

- ({$x=a$ 대칭 함수})′={$(a,\ 0)$ 대칭 함수} → $\int${$(a,\ 0)$ 대칭 함수}={$x=a$ 대칭 함수}

- ({$(a,\ 0)$ 대칭 함수})′={$x=a$ 대칭 함수} → $\int${$x=a$ 대칭 함수}={$(a,\ 0)$ 대칭 함수}+C

🖊 위에는 우함수 기함수에 대한 고난도 문제에서
자주 출제되는 중요한 연산을 모은 것이다.
위에 적은 것만큼은 꼭 숙지하자.
이 이외에도 우함수 기함수에 대한
+, -, ×, ÷, ∘, 미분, 적분 등의 연산으로
다양한 조합이 출제 될 수 있다.
그러나 모든 조합들을 열거하며 미리 외우는 것은 실전적이지가 못하고
앞 페이지의 [우함수/기함수 판별하는 법]을 활용해 판별할 수 있으면 된다.

수학 (하)

1.집합과 명제

□ 집합의 개념을 이해하고, 집합을 표현할 수 있다.

□ 두 집합 사이의 포함 관계를 이해한다.

□ 집합의 연산을 할 수 있다.

□ 명제와 조건의 뜻을 알고,
   '모든', '어떤'을 포함한 명제를 이해한다.

□ 명제의 역과 대우를 이해한다.

□ 필요조건과 충분조건을 이해한다.

□ 절대부등식의 의미를 이해하고,
   간단한 절대부등식을 증명할 수 있다.

□ 대우를 이용한 증명법과 귀류법을 이해한다.

2.함수

□ 함수의 뜻을 알고, 그 그래프를 이해한다.

□ 함수의 합성을 이해하고, 합성함수를 구할 수 있다.

□ 역함수의 뜻을 알고,
   주어진 함수의 역함수를 구할 수 있다.

□ 유리함수 의 그래프를 그릴 수 있고,
   그 그래프의 성질을 이해한다.

□ 무리함수 의 그래프를 그릴 수 있고,
   그 그래프의 성질을 이해한다.

3.경우의 수

□ 합의 법칙과 곱의 법칙을 이해하고,
   이를 이용하여 경우의 수를 구할 수 있다.

□ 순열의 뜻을 알고, 순열의 수를 구할 수 있다.

□ 조합의 뜻을 알고, 조합의 수를 구할 수 있다.

「수학(하)」 Ⅰ.집합과 명제

1 집합의 뜻

: 대상을 명확히 구분할 수 있는 것들의 모임

: 집합을 이루고 있는 대상 하나하나

: a는 집합 A의 원소이다
(a는 집합 A에 속한다)

: a는 집합 A의 원소가 아니다
(a는 집합 A에 속하지 않는다)

: 모든 원소를 { }안에 나열하는 방법

: 조건으로 원소가 갖는 성질을
나타내는 방법

: 집합을 나타낸 그림

: 원소를 하나도 가지지 않는
집합을 말한다. { }= ∅

✐ {∅}는 ∅ 라는 원소를 하나 가지고
있으므로 공집합이 아니다.

: 집합 A의 원소의 개수

✎ 집합의 뜻

【ex】집합
5 이하의 자연수의 모임
작은 수의 모임

【ex】홀수의 집합을 A

【ex】10 이하의 짝수의 집합

② 부분집합

정의: $x \in A$이면 $x \in B$일 때,

　　　A는 B의 부분집합이다

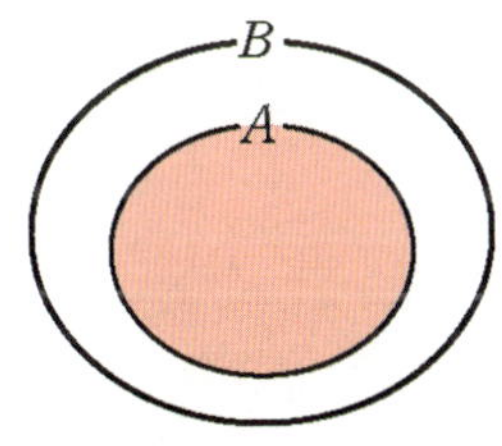

✎ 부분집합이 아닐 때:

①공집합 $\varnothing$ 는 모든 집합의 부분집합

②집합 A는 자기 자신 A의 부분집합

③$A \subset B$이고 $B \subset A$이면

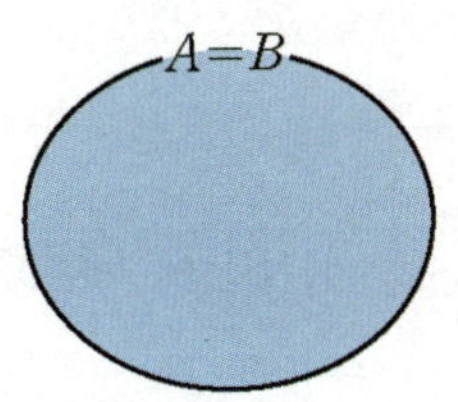

④진부분집합:

⑤$A \subset B$이고 $B \subset C$이면

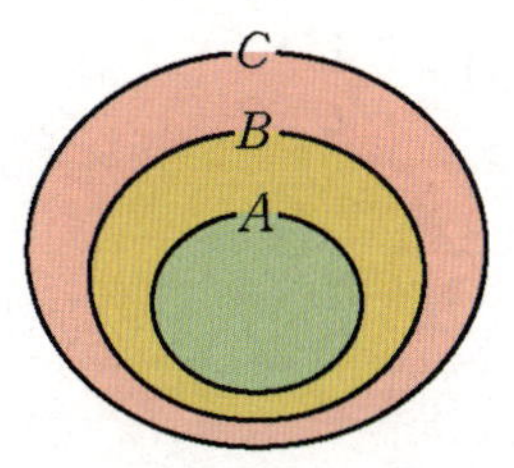

✎ 부분집합

【ex】

{3, 6, 9}　　{3, 6, 9, 12}

{1, 2, 3}　　{1, 3, 5, 7}

{3, 6, 9, 12}　　{3, 6, 9, 12}

$\varnothing$　　{3, 6, 9, 12}

③ 집합의 연산

: $A \cup B = \{x \mid x \in A \text{ 또는 } x \in B\}$

: $A \cap B = \{x \mid x \in A \text{ 이고 } x \in B\}$

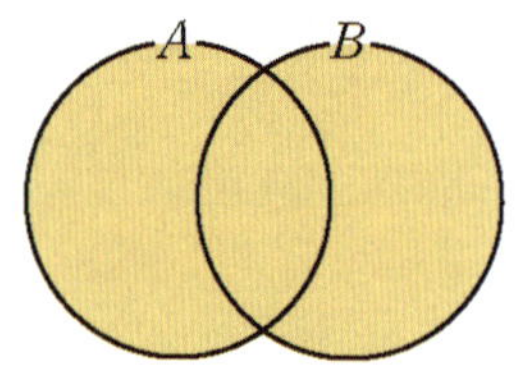
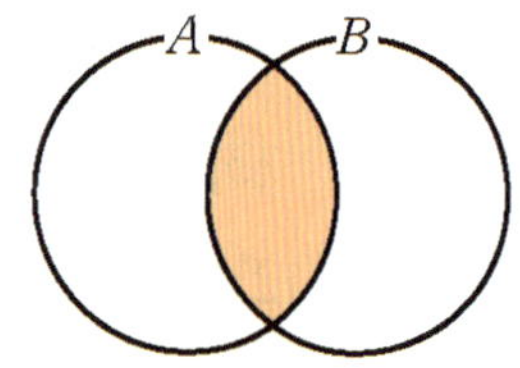

✒ **서로소:** 두 집합 A, B에 공통인 원소가 하나도 없을 때, 두 집합의 관계

$$A \cap B = \varnothing$$

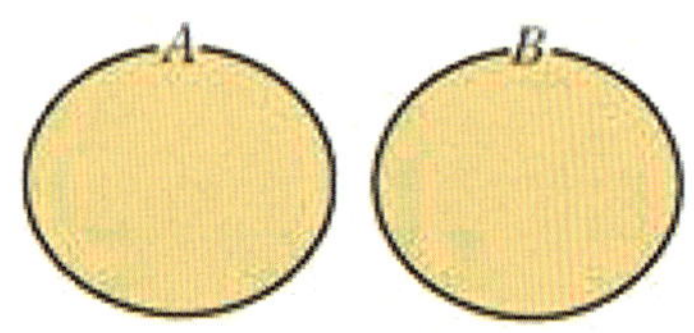

: $A - B = \{x \mid x \in A \text{ 이고 } x \notin B\}$

: $A^c = \{x \mid x \in U \text{ 이고 } x \notin A\}$

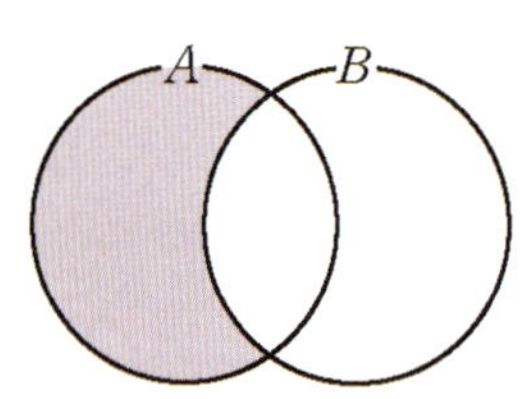
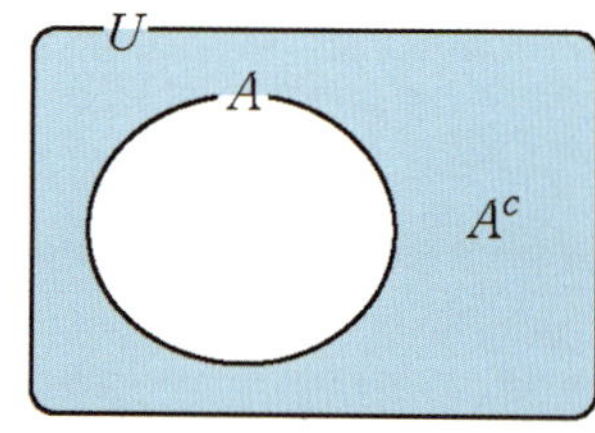

✒ **전체집합:** 주어진 집합에 대하여 그것의 부분집합만을 생각할 때 처음에 주어진 집합을 전체집합이라 하고, 기호 U로 나타낸다

✎ 집합의 연산

【ex】 합집합, 교집합

$A = \{2, 4, 6\}$, $B = \{1, 2, 3, 6\}$일 때,

【ex】 차집합

$A = \{2, 4, 6, 8, 10\}$, $B = \{1, 2, 4, 8\}$에 대하여

【ex】 여집합

전체집합 $U = \{1, 2, 3, 4, 5, 6, 7, 8, 9\}$

부분집합 $A = \{1, 3, 5, 7, 9\}$

U에 대한 A의 여집합은

$\boxed{\text{연구01}}$ 전체집합 U와 집합 A에 대하여 빈칸에

알맞은 기호를 쓰시오.

▇ 차집합, 여집합의 성질

$\boxed{\text{연구}01}$

① $A \cup A^c =$

② $A \cap A^c =$

③ $(A^c)^c =$

④ $A - \varnothing =$

⑤ $A - A =$

⑥ $\varnothing^{\,c} =$

⑦ $U^c =$

⑧ $A - B =$

✎ 차집합, 여집합의 성질

⑦ $A - B = A \cap B^c$

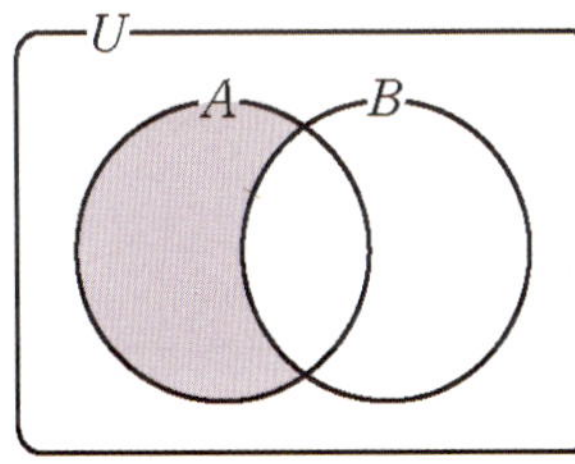

$A - B$

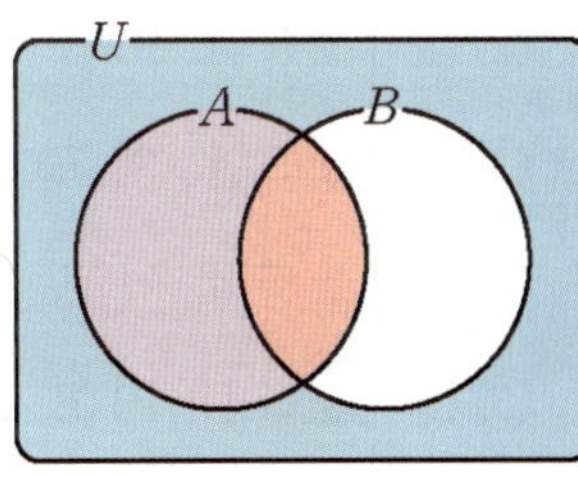

$A \cap B^c$

[연구02] 두 집합 A, B에 대하여 빈칸에 알맞은 기호를 쓰시오.

[연구03] 두 집합 A, B에 대하여 $A \subset B$이 성립할 때 빈칸에 알맞은 것을 쓰시오.

[연구04] 두 집합 A, B가 서로소일 때 빈칸에 알맞은 것을 쓰시오.

연구 02 ▶ 🖋 **집합의 기호**

① $x \in A$이면 $x \in B$이다 $\Leftrightarrow$

② $\{x \mid x \in A$ 또는 $x \in B\} =$

③ $\{x \mid x \in A$ 이고 $x \in B\} =$

④ $\{x \mid x \in A$ 이고 $x \notin B\} =$

⑤ $\{x \mid x \in U$ 이고 $x \notin A\} =$

연구 03 ▶ 🖋 $A \subset B$이 **성립할 때**

① $A \cup B =$

② $A \cap B =$

③ $A - B =$

④ $B^c \subset$

⑤ $A^c \cup B =$

연구 04 ▶ 🖋 두 집합 A, B가 **서로소일 때**

① $A \cap B =$

② $n(A \cap B) =$

③ $A - B =$

④ $B - A =$

⑤ $A \subset$

⑥ $B \subset$

🖋 벤다이어그램의 일반적인 표현

$A = \{a,\ b,\ c\},\ B = \{d,\ e\}$

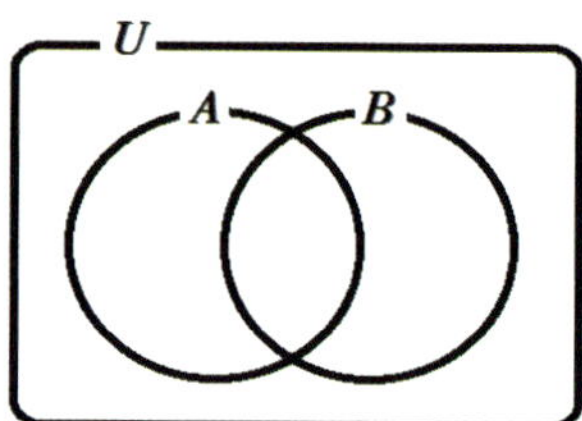

$A = \{a,\ b,\ c\},\ B = \{a,\ b,\ c,\ d,\ e\}$

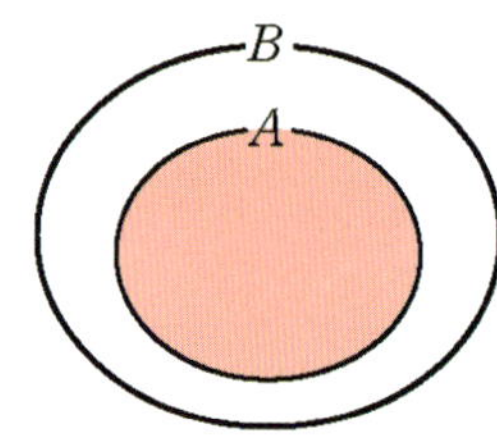
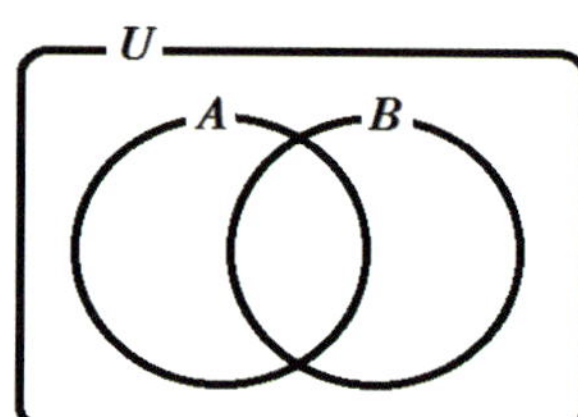

$A = \{a,\ b\},\ B = \{a,\ b\}$

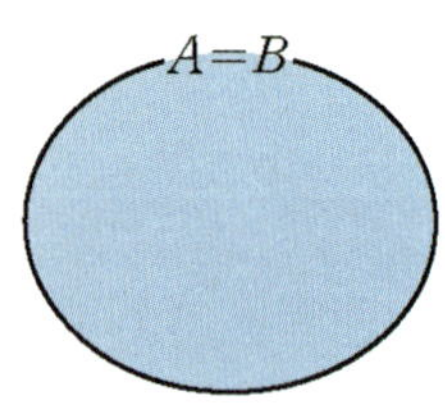
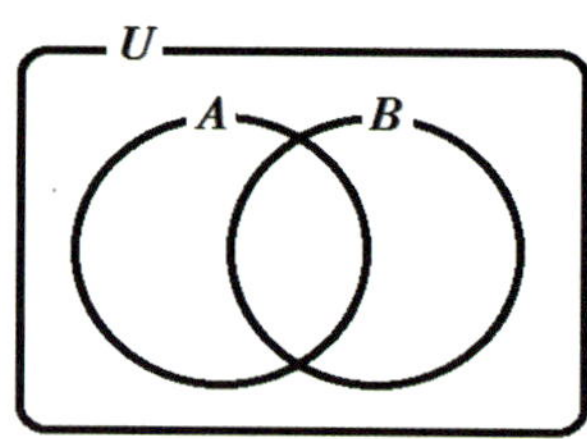

① 개념을 유도할 때

② 고난도 문제에서

　두 집합사이의 관계를 모르는 상태에서 벤다이어그램을 그려서 문제를 풀 때

연구05 세 집합 A, B, C에 대하여 빈칸에 알맞은 것을 쓰고, 이를 밴다이어그램을 이용해 설명하시오.

- 결합법칙 $(A \cup B) \cup C =$ [   ]
- 분배법칙 $A \cap (B \cup C) =$ [   ]
- 드모르간의 법칙 $(A \cup B)^c =$ [   ]

---

5 집합의 연산법칙

① 교환법칙:

연구 05

② 결합법칙:

③ 분배법칙:

④ 드모르간의 법칙:

✎ 집합의 연산법칙

① 교환법칙

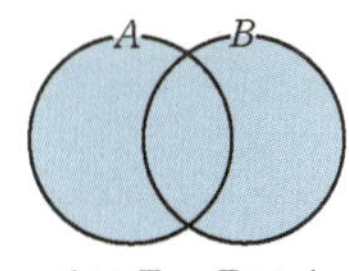
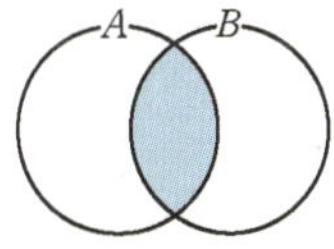

$A \cup B = B \cup A$ $A \cap B = B \cap A$

② 결합법칙

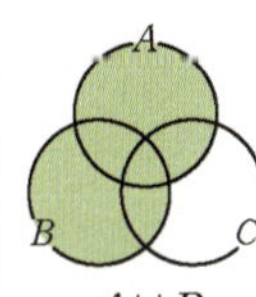
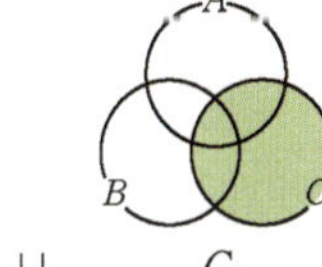

$A \cup B$ $\cup$ C $=$ $(A \cup B) \cup C$

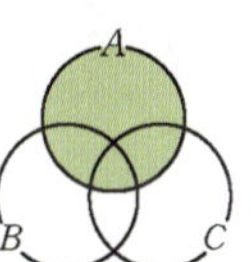
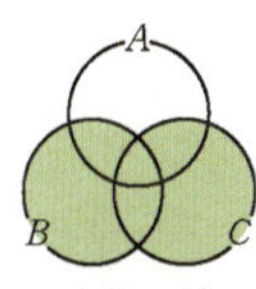
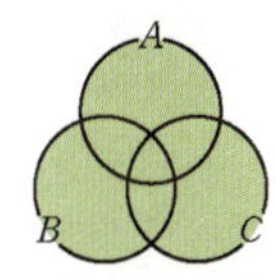

A $\cup$ $(B \cup C)$ $=$ $A \cup (B \cup C)$

③ 분배법칙

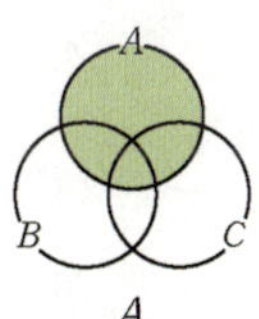

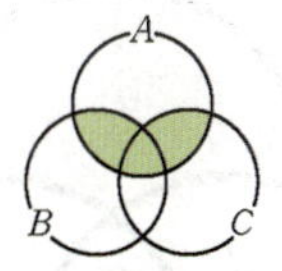

A $\cap$ $(B \cup C)$ $=$ $A \cap (B \cup C)$

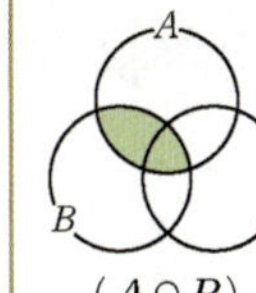
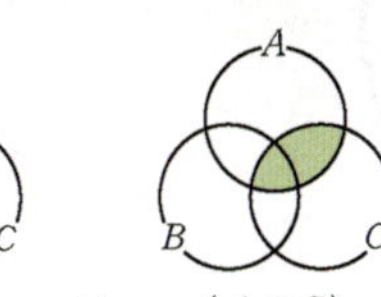

$(A \cap B)$ $\cup$ $(A \cap C)$ $=$ $(A \cap B) \cup (A \cap C)$

④ 드모르간의 법칙

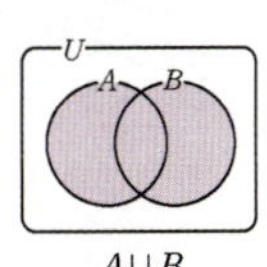
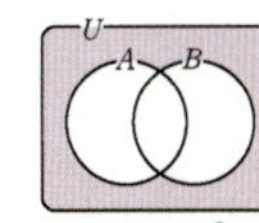

$A \cup B$ $(A \cup B)^c$

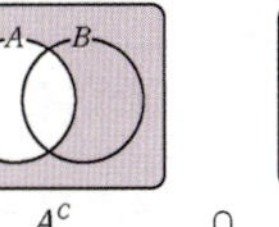
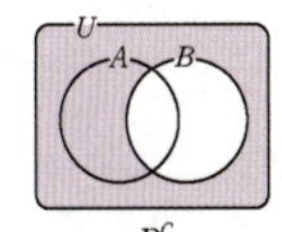
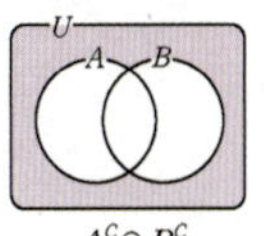

A^c $\cap$ B^c $=$ $A^c \cap B^c$

연구06 원소의 개수가 n개인 집합에서
①부분집합의 개수를 쓰고,
　그 이유를 설명하시오.
②진부분집합의 개수를 쓰시오.

연구07 두 집합 A, B에 대하여 빈칸에
알맞은 것을 쓰고, 이를 밴다이어그램을 이용해
설명하시오.
· $n(A \cup B) = n(A) + n(B) - [\quad]$
· $n(A \cup B \cup C) = n(A) + n(B) + n(C) - [\quad]$

6 집합의 개수

원소의 개수가 n개인 집합에서

연구 06 ①부분집합의 개수:

②진부분집합의 개수:

③ $n(A^c)$

연구 07 ④ $n(A \cup B)$

⑤ $n(A - B)$

⑥ $n(A \cup B \cup C)$

⑥ $n(A \cup B \cup C)$

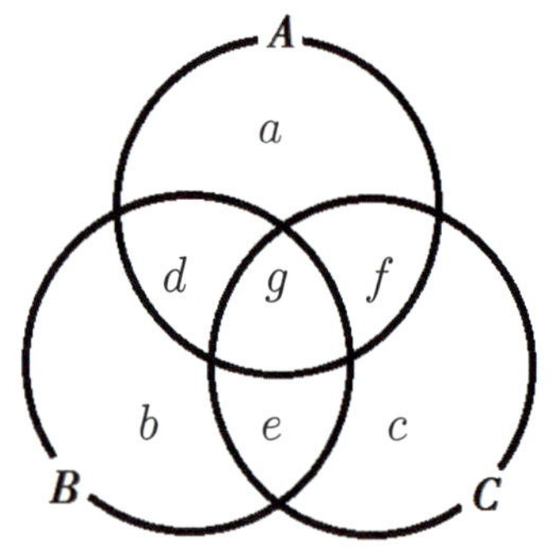

✎ 집합의 개수

원소가 n개인 집합의 부분집합은 아래와 같이
각 원소가 포함되는지 여부로 결정된다.
각 원소마다 포함과 포함되지 않는 것으로 2가지
선택이 있으므로
2가지 선택이 n번 있다. 따라서 부분집합을
만드는 경우의 수는 2^n가지이다.

【ex】 집합 $\{a, b, c\}$의 부분집합

④ $n(A \cup B)$

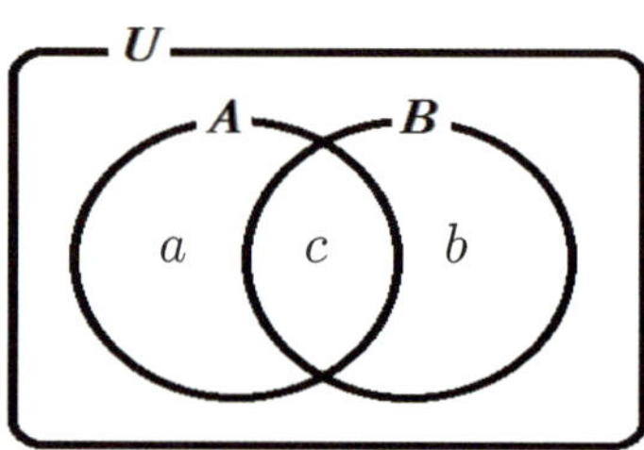

연구08 명제의 뜻을 쓰시오.

연구09 'p이면 q이다.' 꼴의 명제에서
p를 [   ], q를 [   ]이라 한다.
빈칸에 알맞은 것을 쓰시오.

연구10 명제나 조건을 부정할 때, 표현이 바뀌는
것으로 짝지어지도록 빈칸에 알맞은 것을 쓰시오.

7 명제의 뜻

연구 08   : 참, 거짓을 판별할 수 있는 문장이나 식
명제의 부정: 명제 p에 대하여 'p가 아니다'를
p의 부정이라 하며 $\sim p$로 나타낸다. 명제 p가
참이면 $\sim p$는 거짓이고, 명제 p가
거짓이면 $\sim p$는 참이다.

연구 09 **가정과 결론**: 'p이면 q이다.' 꼴의 명제에서 p를
가정, q를 결론이라 한다.

$$p \longrightarrow q$$

      : 명제 'p이면 q이다'의 기호
      : 명제 $p \rightarrow q$가 참인 걸 나타내는 기호
      : $p \Rightarrow q$이고 $q \Rightarrow p$임을 나타내는 기호
      : 용어의 뜻을 간결하고 명확하게 정한 문장
      : 명제의 가정으로부터 정의 또는 이미
옳다고 밝혀진 성질을 근거로 하여 결론을
논리적으로 이끌어 내어 그 명제가 참임을
설명하는 과정
      : 참임이 증명된 명제 중에서 기본이 되는
것이나 다른 명제를 증명할 때 이용할 수 있는
중요한 명제.

부정

연구 10

p	$\sim p$
이다	아니다

명제의 뜻

【ex】 명제, 명제의 참과 거짓
(1) 12는 3의 배수이다.
(2) $2 + 5 = 8$
(3) 광주는 큰 도시이다.
(4) 정삼각형은 이등변삼각형이다.

【ex】 명제, 명제의 부정
(1) $\sqrt{2}$ 는 무리수이다.

(2) $-2 + 4 \neq 2$

【ex】 명제의 가정과 결론
'$x = 7$이면 $3x + 2 = 25$이다.'

【ex】 정의
정삼각형: 세 변의 길이가 모두 같은 삼각형
이등변삼각형: 두 변의 길이가 같은 삼각형

[연구11] 조건의 뜻을 쓰시오.

[연구12] 진리집합의 뜻을 쓰시오.

[연구13] 각 조건에 대한 진리집합이 짝지어지도록 빈칸에 알맞은 것을 쓰시오.

8 조건의 뜻

[연구 11] : 포함하고 있는 변수의 값에 따라 참, 거짓이 정해지는 문장이나 식

[연구 12] : 전체집합의 원소 중에서 조건을 참이 되게 하는 모든 원소의 집합

조건의 부정: 조건 p에 대하여 'p가 아니다.'를 조건 p의 부정이라 하고, 명제의 부정과 마찬가지로 기호로 $\sim p$와 같이 나타낸다.

조건의 부정에 대한 진리집합:

조건 p를 참이 되게 하는 모든 원소의 집합을 P라고 하면 $\sim p$의 진리집합은 P^c이다.

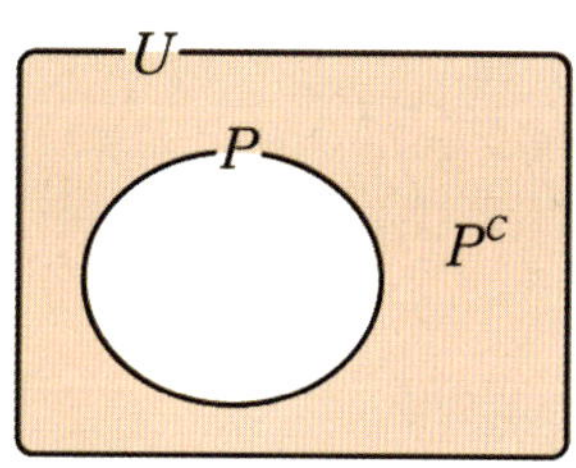

[연구 13] 조건과 진리집합

p, q	P, Q
$\sim p$	
p or q	
p and q	
$p \rightarrow q$	

✎ 조건의 뜻

【ex】 조건, 진리집합, 조건의 부정

(1) x는 16의 약수이다.

(2) 17은 소수이다.

(3) $2 + 5 = 9$

(4) $x - 3 \leq 7$

연구14 두 조건 p, q에 대하여 부정이 무엇인지
쓰고 그 이유를 쓰시오.
① 조건 'p 또는 q'의 부정:
② 조건 'p 이고 q'의 부정:

두 조건 p, q에 대하여

연구
14

① 조건 'p 또는 q'의 부정:

② 조건 'p 이고 q'의 부정:

두 조건 p, q에 대하여
전체집합 U에서 두 조건 p, q의 진리집합을
각각 P, Q라고 하자.

① 조건 'p 또는 q'의 부정:

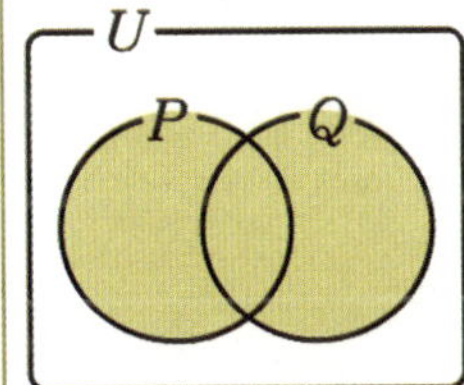
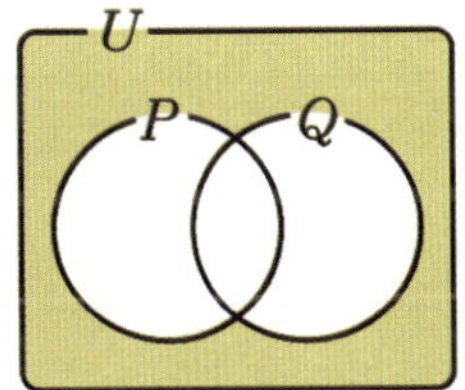

② 조건 'p 이고 q'의 부정:

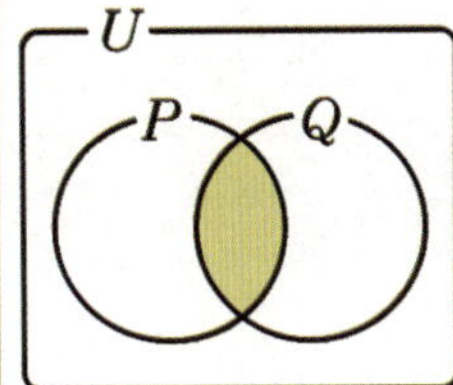
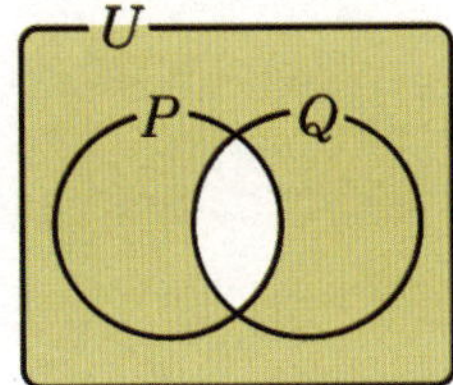

[연구15] 명제 '모든 x에 대하여 p이다'가 참일 때, 조건 p의 진리집합 P가 만족하는 식을 쓰시오.

[연구16] 명제 '모든 x에 대하여 p이다'의 부정을 쓰시오.

[연구17] 명제 '어떤 x에 대하여 p이다'가 참일 때, 조건 p의 진리집합 P가 만족하는 식을 쓰시오.

[연구18] 명제 '어떤 x에 대하여 p이다'의 부정을 쓰시오.

---

9 명제 – 모든, 어떤

조건 p의 진리집합을 P라 할 때

[연구 15] [연구 16]
① '모든 x에 대하여 p이다'
　a.명제가 참:
　b.명제의 부정:

[연구 17] [연구 18]
② '어떤 x에 대하여 p이다'
　a.명제가 참:
　b.명제의 부정:

✎ 명제 – 모든, 어떤

【ex】 '모든 실수 x에 대하여 $x-1 \geq 0$이다.'

【ex】 '어떤 실수 x에 대하여 $x-1 \geq 0$이다.'

연구19 빈칸에 알맞은 기호를 쓰시오.

두 조건 p, q의 진리집합을 각각 P, Q라 할 때

명제 $p \to q$는 참이면 P [　　] Q 이다.

🔟 명제-가정과 결론의 진리집합

두 조건 p, q의 진리집합을 각각 P, Q라 할 때

연구
19

① $P \subset Q$이면 명제 $p \to q$는 참이다.

　명제 $p \to q$는 참이면 $P \subset Q$이다.

② $P \not\subset Q$이면 명제 $p \to q$는 거짓이다.

　명제 $p \to q$는 거짓이면 $P \not\subset Q$이다.

✎ **반례**: 명제 $p \to q$가 거짓임을 보일 때에는 조건 p는 참이 되게 하지만 조건 q는 거짓이 되게 하는 원소의 예를 들어도 된다. 이와 같은 예를 반례라고 한다.

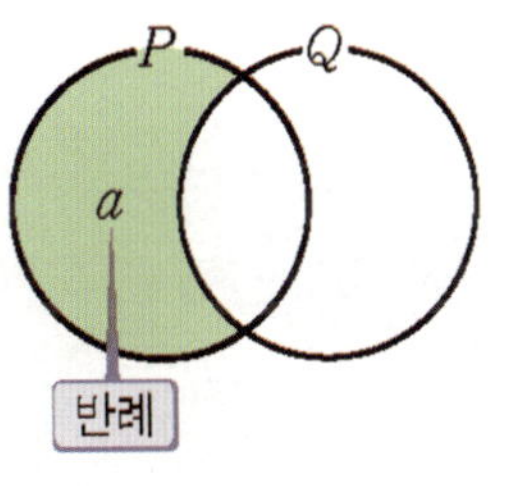

✎ 명제-가정과 결론의 진리집합

【ex】 n이 5의 약수이면 n은 10의 약수이다.

【ex】 n이 6의 약수이면 n은 3의 약수이다.

[연구20] 빈칸에 알맞은 기호와 문장을 쓰시오.

[연구21] 빈칸에 [역/대우] 중 알맞은 것을 쓰시오.

어떤 명제가 참이면 그 [   ]도 참이다.

어떤 명제가 거짓이면 그 [   ]도 거짓이다.

⑪ 명제- 역, 대우

역: 주어진 명제의 가정과 결론을
서로 바꾸어 놓은 명제

대우: 주어진 명제의 가정과 결론을
각각 부정하여 서로 바꾸어 놓은 명제

연구 20

명제	$p \rightarrow q$	p이면 q이다
역		
대우		

연구 21 · 명제와 그 대우는 동치:

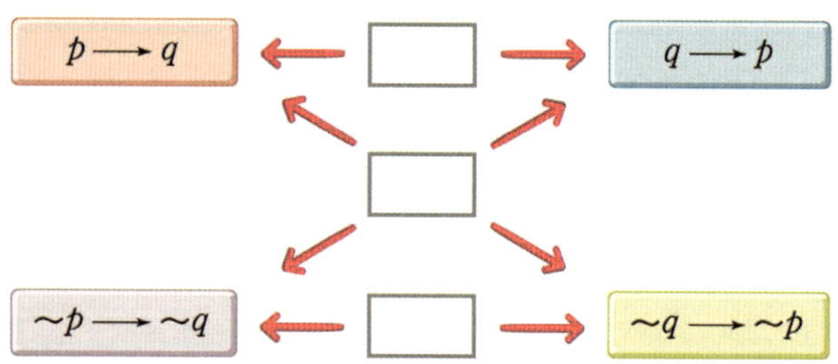

✎ 명제- 역, 대우

【ex】 '$x = 1$이면 $|x| = 1$이다.'

연구22 두 조건 p, q에 대하여 빈칸에 알맞은
용어를 쓰시오.

① $p \Rightarrow q$일 때,

  p는 q이기 위한 [   ]

  q는 p이기 위한 [   ]

② $p \Leftrightarrow q$일 때,

  p는 q이기 위한 [   ]

  q는 p이기 위한 [   ]

🔲 명제 - 필요조건과 충분조건

조건 p를 만족하는 진리집합을 P
조건 q를 만족하는 진리집합을 Q라 할 때,

연구 22

① $p \Rightarrow q$일 때, 즉 $P \subset Q$일 때

② $p \Leftrightarrow q$일 때, 즉 $P = Q$일 때

✒ 명제 - 필요조건과 충분조건

【ex】

'$p : n$은 5의 약수이다.'

'$q : n$은 10의 약수이다.'

【ex】 $p : x = 1$, $q : |x| = 1$ 일 때,

(1) $p \rightarrow q$이기 위해서 추가 조건 필요 없음

   p는 q이기 위한 충분조건

(2) $q \rightarrow p$이기 위해서 추가 조건 필요함 (예 $x > 0$)

   q는 p이기 위한 필요조건

【ex】 두 실수 x, y에 대하여 두 조건 p, q가
다음과 같을 때, p는 q이기 위한 무슨 조건인지
말하여라.

(1) $p : x > 5$, $q : x > 2$

(2) $p : x^2 = y^2$, $q : x = y$

(3) $p : 3x - 2 = 4$, $q : x = 2$

🔢 절대부등식

정의: 문자를 포함한 부등식에서 그 문자가 가질 수 있는 어떠한 실수 값을 대입해도 항상 성립하는 부등식

부등식의 증명에 이용되는 실수의 성질:
임의의 실수 a, b에 대하여

연구23 $\dfrac{a+b}{2} \geq \sqrt{ab}$ 가 성립함을 유도하시오.

---

14 산술평균 ≥ 기하평균

✎ 산술평균 ≥ 기하평균

연구23 ① 식

②도형

15 여러 가지 부등식

①산술평균 ≥ 기하평균 ≥ 조화평균

②코쉬-슈바르츠 부등식

실수 $a,\ b,\ x,\ y$에 대하여

✎ 여러 가지 부등식

【ex】$-5 \leq x \leq 1,\ -4 \leq y \leq 2$일 때

$x+y,\ x-y,\ xy$의 범위

16 여러 가지 증명법

①대우를 이용한 증명

명제와 그 명제의 대우는 참, 거짓이 일치하므로
어떤 명제가 참임을 증명할 때,
그 명제의 대우가 참임을 증명해도 된다.

②귀류법

주어진 명제의 결론을 부정하면 가정에
모순되거나 이미 참이라고 알려진 사실에
모순됨을 유도하여 주어진 명제가 참임을
증명하는 방법

③삼단논법

$p \to q$이고 $q \to r$이면 $p \to r$이다.

「수학(하)」 Ⅱ.함수

미리 알아야 할 단원
수학(상) – 3.도형의 방정식

1 함수의 뜻

: 집합 X의 원소가 집합 Y의 원소와 짝이 되는 것을 집합 X에서 집합 Y로의 대응이라고 한다.

: 집합 X의 모든 원소 각각에 대하여 집합 Y의 원소가 하나씩 대응할 때, 이 대응관계 f를 집합 X에서 Y로의 함수라하고, 기호로는 $f : X \rightarrow Y$ 로 나타낸다.

: 집합 X

: 집합 Y

$y = f(x)$: 함수 f에 의하여 정의역 X의 원소 x가 공역 Y의 원소 y와 대응할 때, 기호 $y = f(x)$로 나타낸다. 이때, $f(x)$를 x에 대한 함숫값이라고 한다.

: 함숫값의 집합, $\{f(x)|x \in X\}$

📝 주로 정의역과 공역이

실수의 (부분)집합인 함수를 다룬다.

📝 정의역과 공역이 각각 같은 두 함수 $f : X \rightarrow Y$, $g : X \rightarrow Y$에서 정의역의 모든 원소 x에 대하여 $f(x) = g(x)$일 때, 두 함수 f와 g는 서로 같다고 하고, 기호로 $f = g$라고 한다.

✒ 함수의 뜻

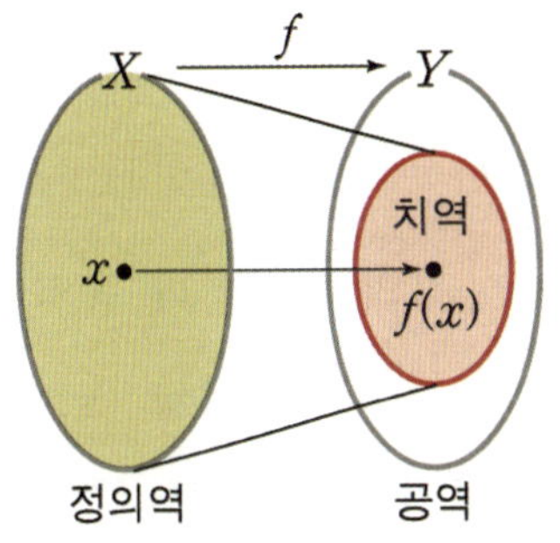

【ex】 다음 대응 중에서 함수인 것을 찾고, 그 함수의 정의역, 공역, 치역을 각각 말하여라.

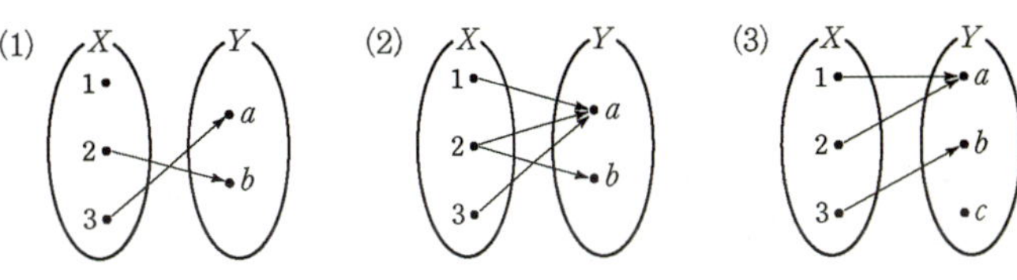

【ex】정의역이 $\{-1,\ 0,\ 1\}$인

두 함수 $f(x) = x$, $g(x) = x^3$는 같은가?

연구01 '정의역의 서로 다른 원소에 대하여,

그 함숫값이 서로 다를 때의 함수'의

①용어 ②식 을 쓰시오.

---

② 함수의 그래프

집합 G를 함수 $y = f(x)$의 그래프라 한다.

$G = \{ (x, f(x)) \mid x \in X,\ y \in Y \}$

✎ 함수 $y = f(x)$의 정의역과 공역이 실수 전체의 집합일 때, 모든 순서쌍 $(x,\ f(x))$를 좌표평면 위에 나타낸 것을 함수의 그래프라고 부르기도 한다.

✎ 함수 판별법

③ 일대일 함수

연구 01 정의역의 서로 다른 원소에 대하여 그 함숫값이 서로 다를 때의 함수

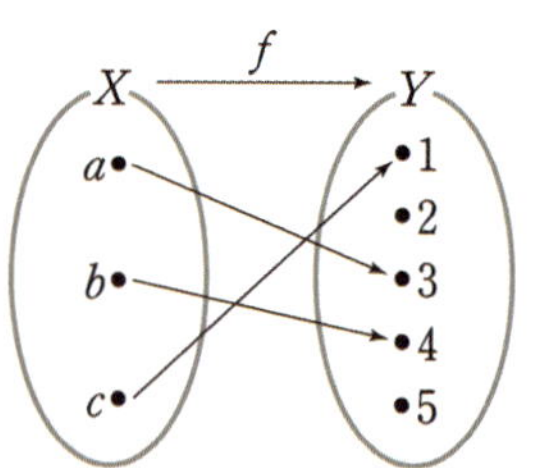

✎ 일대일 함수 판별법

✎ 함수의 그래프

함수, 함수가 아닌 것

(1)
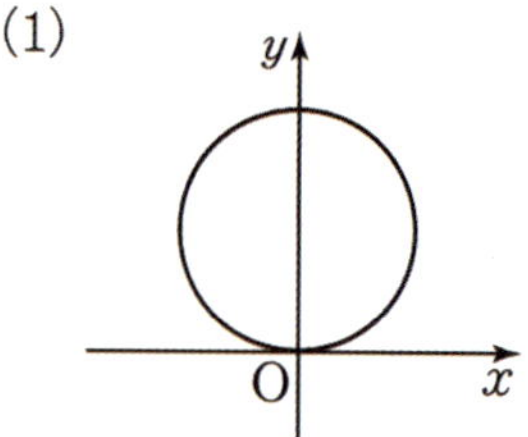

(2)
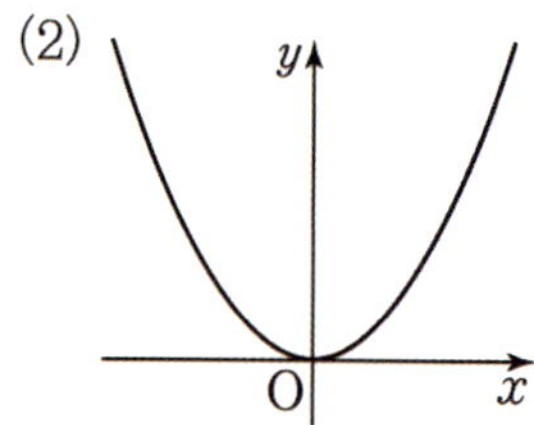

✎ 일대일 함수의 그래프

[{실수}→{실수} 연속 함수일 때의 그래프]

(O) y	(X) y
x	x

연구02 '일대일 함수이고, 치역과 공역이 같은 함수'가 무엇인지 알맞은 '용어'를 쓰시오.

연구03 '정의역 X의 모든 원소 x가 공역 Y의 오직 하나의 원소에만 대응될 때의 함수'의
①용어   ②식 을 쓰시오.

4 일대일 대응

연구
02

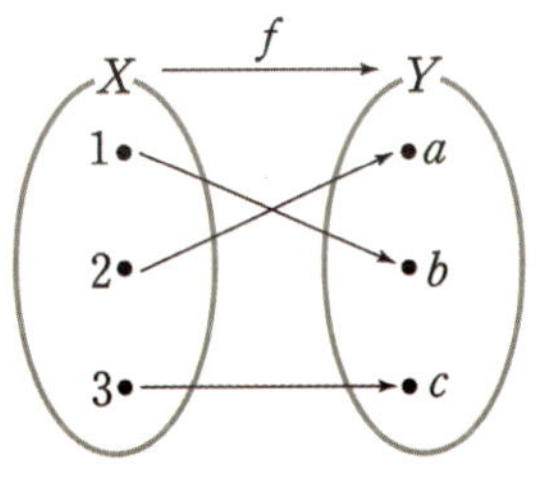

5 상수함수

연구
03

정의역 X의 모든 원소 x가 공역 Y의 오직 하나의 원소에만 대응될 때의 함수

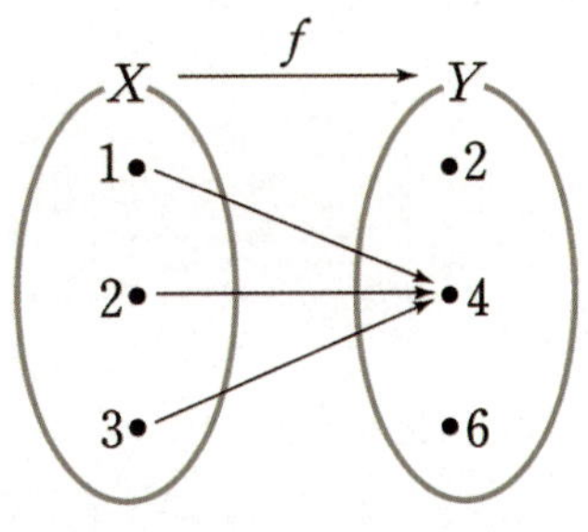

✎ 상수함수의 그래프

[{실수}→{실수} 연속 함수일 때의 그래프]

(O) y (X) y

                   x x

연구04 '정의역과 공역이 같고,

정의역의 임의의 원소에 그 자신을

대응시키는 함수'의

①용어 ②식 을 쓰시오.

6 항등함수

연구 04 정의역과 공역이 같고, 정의역의 임의의 원소에

그 자신을 대응시키는 함수

$$f : X \to X, \quad f(x) = x$$

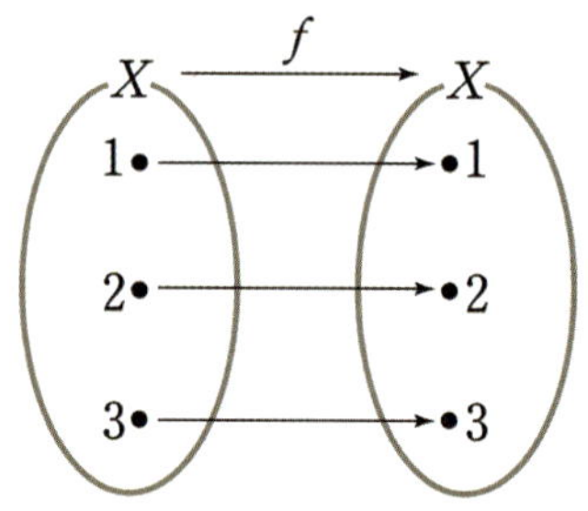

항등함수의 그래프

[{실수}→{실수} 연속 함수일 때의 그래프]

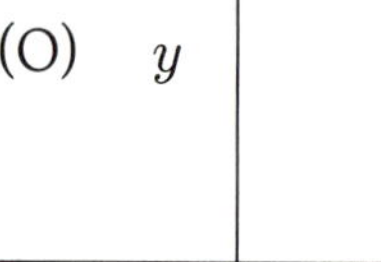

7 합성함수

두 함수 $f : X \to Y$, $g : Y \to Z$가 주어졌을 때
X의 각 원소 x에 대하여 Z의 원소 $g(f(x))$를
대응시키는 새로운 함수를 f와 g의 합성함수라
하고 $g \circ f$ 로 나타낸다.

$$(g \circ f)(x) = g(f(x))$$

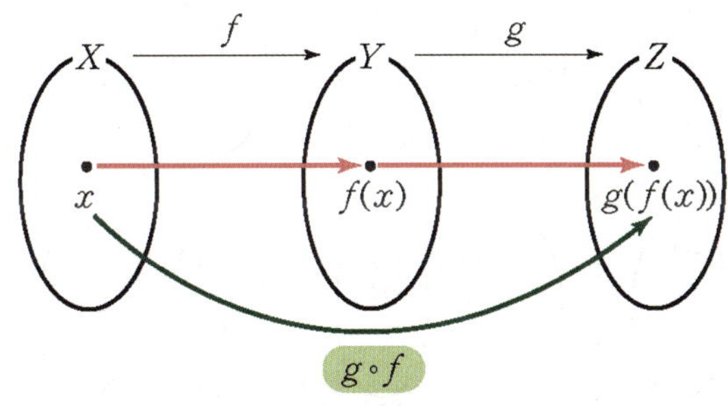

✎ 합성함수

세 집합 $X = \{1,\ 2,\ 3\}$, $Y = \{4,\ 5,\ 6\}$,
$Z = \{7,\ 8,\ 9\}$에 대하여 두 함수
$f : X \to Y$, $g : Y \to Z$가 다음과 같이
주어졌다고 하자.

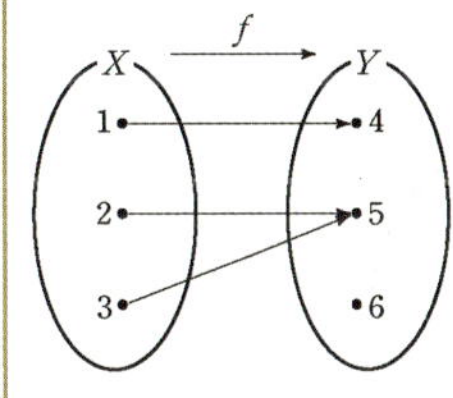 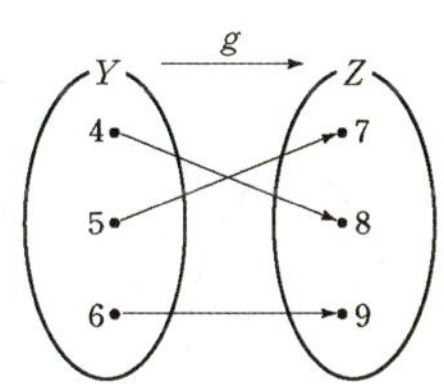

8 합성함수의 성질

✎ 합성함수의 성질

③ $f \circ I = I \circ f = f$ (I는 항등함수)

【ex】$I(x) = x,\ f(x) = 2x + 1$

연구05 함수 f의 역함수 f^{-1}는,

함수 f가 [   ]일 때 존재한다.

9 역함수

함수 $f : X \to Y$가 일대일 대응이고,

Y의 원소 y에 대하여

$y = f(x)$인 X의 원소 x에 대응시키면

Y에서 X로의 함수가 얻어진다.

$$f^{-1} : Y \to X, \quad x = f^{-1}(y)$$

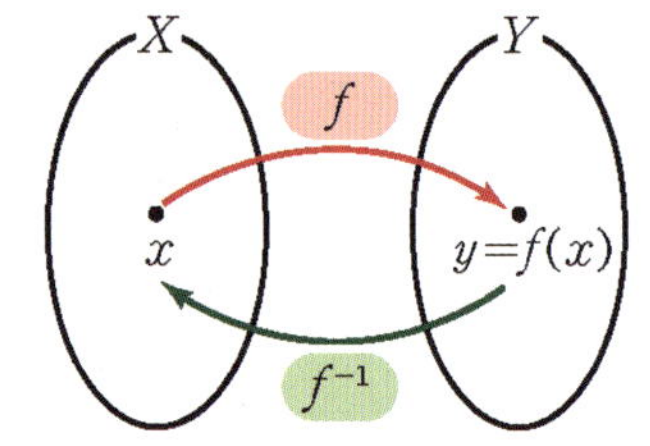

연구 05 함수 f의 역함수 f^{-1}는,

함수 f가 일대일 대응일 때 존재한다.

역함수

【ex】

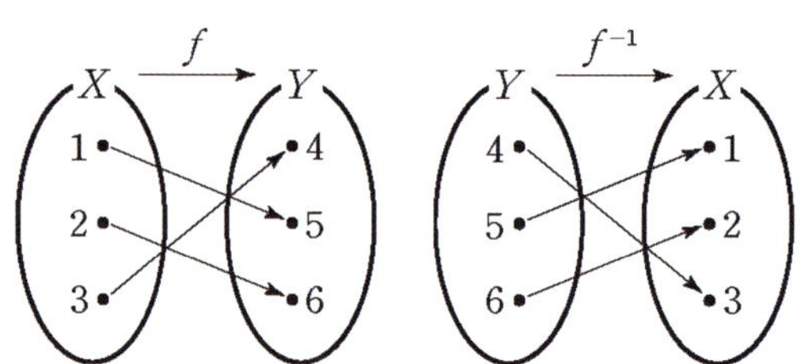

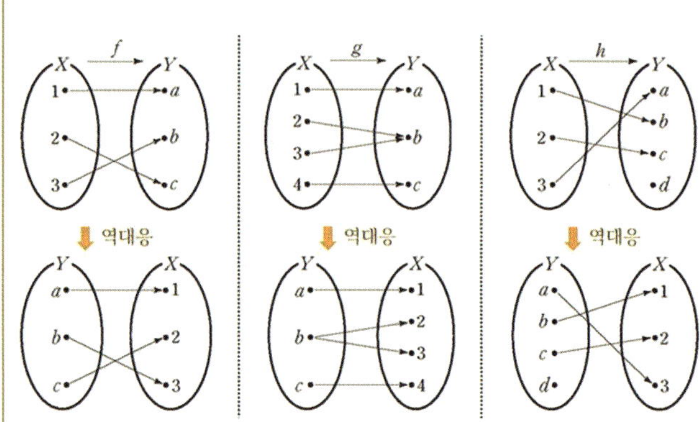

10 역함수 구하는 방법

일반적으로 함수를 나타낼 때,

정의역의 원소를 x, 공역의 원소를 y로

나타내므로 역함수 $x = f^{-1}(y)$에서

x, y를 서로 바꾸어

$y = f^{-1}(x)$와 같이 나타낸다.

역함수 구하는 방법

【ex】$y = 3x - 1$

(x, y)	$y = 3x - 1$	$x = 3y - 1$	(x, y)
(,)			(,)
(,)			(,)
(,)			(,)
(,)			(,)

연구06 빈칸에 알맞은 것을 쓰시오.

① $f(a) = b \Leftrightarrow f^{-1}(b) =$

② $f^{-1} \circ f(x) = f \circ f^{-1}(x) =$

③ $(f^{-1})^{-1} =$

④ $(g \circ f)^{-1} =$

연구07 $y = f(x)$, $y = f^{-1}(x)$의 그래프는 직선 [   ]에 대하여 대칭이다.

연구08 아래 명제의 참 거짓을 판별하시오.

① f와 $y = x$의 교점은 f와 f^{-1}의 교점이다.

② f와 f^{-1}의 교점은 f와 $y = x$의 교점이다.

---

⑪ 역함수의 성질

연구 06

⑫ 역함수의 그래프

연구 07 $y = f(x)$ 그래프와 $y = f^{-1}(x)$는 직선 $y = x$에 대하여 대칭이다.

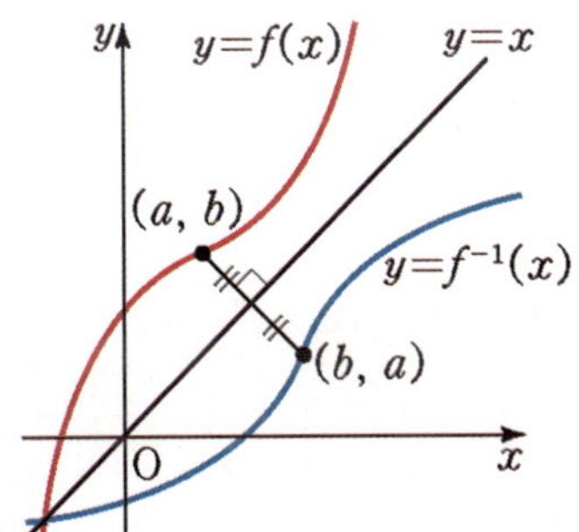

연구 08 f와 $y = x$의 교점 $\rightleftarrows$ f와 f^{-1}의 교점

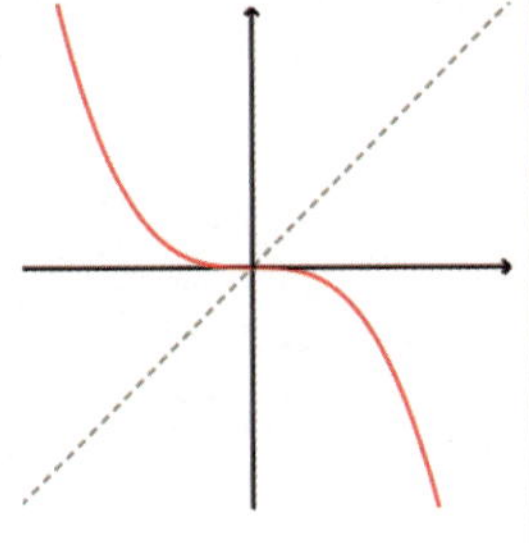

🖋 역함수의 성질

④ $(g \circ f)^{-1} = f^{-1} \circ g^{-1}$

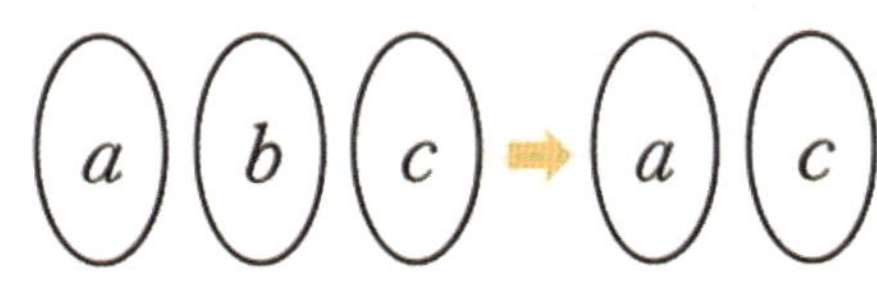

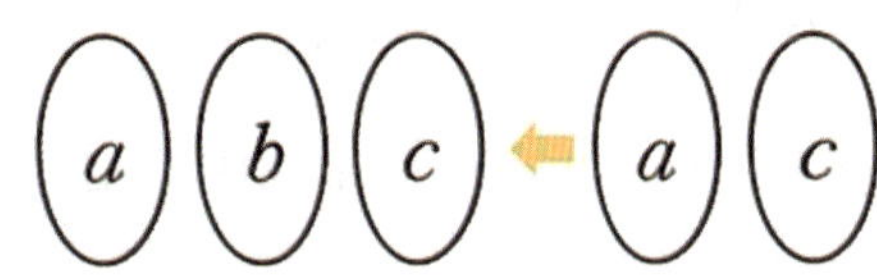

🖋 역함수의 그래프

【ex】$y = x^2 \ (x \geq 0)$

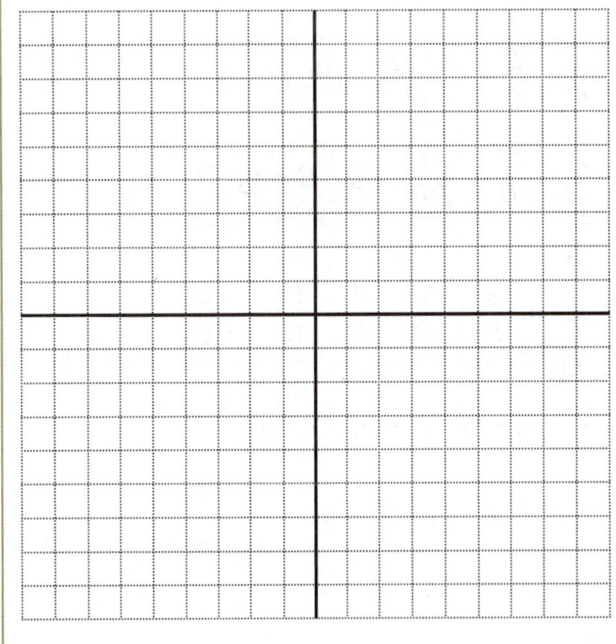

⓭ 유리식

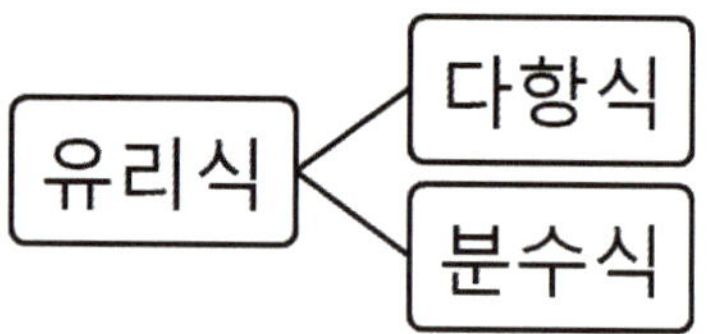

유리식: 두 다항식 A, B에 대하여

$\dfrac{A}{B}(B \neq 0)$의 꼴로 나타내어지는 식

① $\dfrac{A}{B} = \dfrac{A \times C}{B \times C}$

② $\dfrac{A}{B} = \dfrac{A \div C}{B \div C}$

③ $\dfrac{A}{C} + \dfrac{B}{C} = \dfrac{A+B}{C}$

④ $\dfrac{A}{C} - \dfrac{B}{C} = \dfrac{A-B}{C}$ (단, $C \neq 0$)

⑤ $\dfrac{A}{B} \times \dfrac{C}{D} = \dfrac{AC}{BD}$ (단, $B \neq 0$, $D \neq 0$)

⑥ $\dfrac{\frac{A}{B}}{\frac{C}{D}} = \dfrac{A}{B} \div \dfrac{C}{D} = \dfrac{A}{B} \times \dfrac{D}{C} = \dfrac{AD}{BC}$

 (단, $B \neq 0$, $C \neq 0$, $D \neq 0$)

⑦ $\dfrac{1}{AB} = \dfrac{1}{B-A}\left(\dfrac{1}{A} - \dfrac{1}{B}\right)$

⓮ 유리식과 비례식

$$a : b = c : d \iff \dfrac{a}{b} = \dfrac{c}{d} \iff ad = bc$$

연구09 아래는 $y = \dfrac{k}{x}$ 형태의 식으로 표현되는

함수의 그래프이다. k는 $-3, -2, -1, 1, 2, 3$

중 하나의 값을 갖을 때, A, B, C, D, E, F

그래프 마다 알맞은 k값을 짝지으시오.

---

15 유리함수

정의 : x에 관한 유리식인 함수

분수함수 : x에 관한 분수식인 함수

① $y = \dfrac{k}{x}$의 그래프 $(k \neq 0)$

$k > 0$	$k < 0$
y / x	y / x

a.정의역:

　치역:

b.점근선:

c.대칭:

유리함수

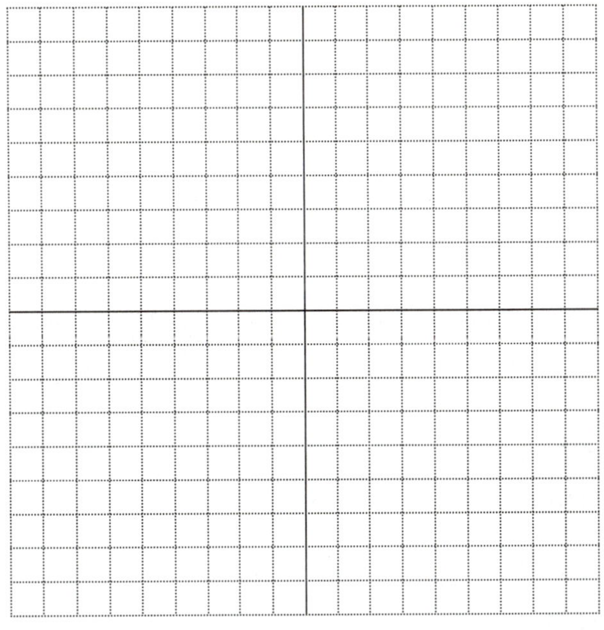

(1) $y = \dfrac{4}{x}$ 　　(2) $y = -\dfrac{4}{x}$

연구
09 $y = \dfrac{k}{x}$ 그래프 k는 $-3, -2, -1, 1, 2, 3$

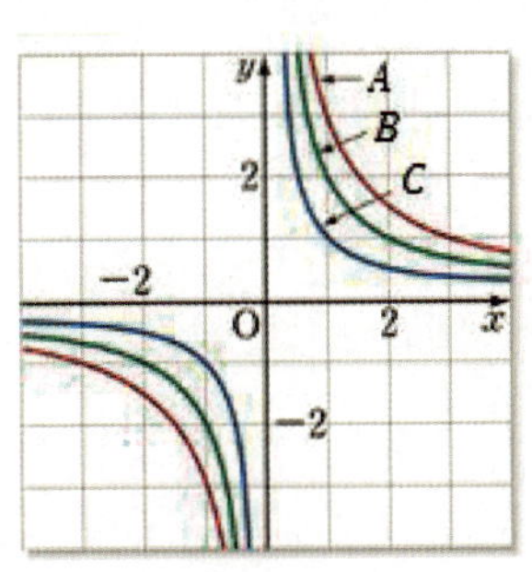

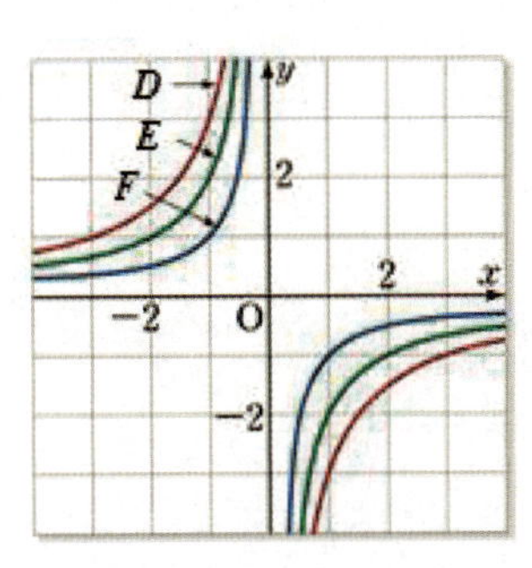

연구10 함수 $y = \dfrac{k}{x-p} + q$에서 아래 사항에 알맞은 것을 쓰시오.

② $y = \dfrac{k}{x-p} + q$의 그래프 $(k \neq 0)$

【ex】$y = \dfrac{2x}{x-2}$

k>0

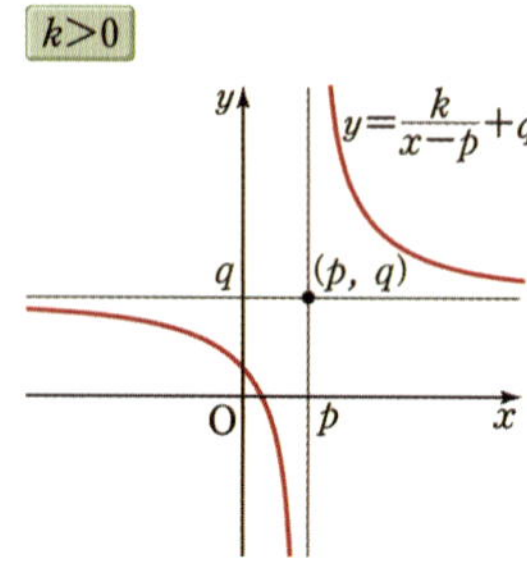

k<0

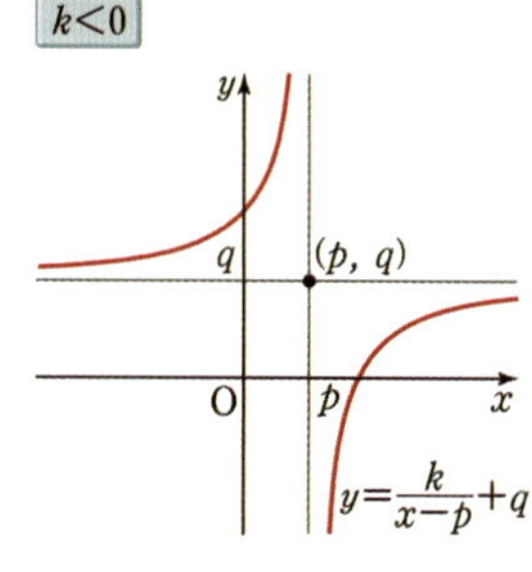

연구 10

a.정의역:

 치역:

b.점근선:

c.대칭:

✎ 유리함수 그리기

16 무리식

정의: 근호 안에 문자를 포함하는 식 중에서 유리식으로 나타낼 수 없는 식

분모의 유리화: 분모를 근호가 없는 식으로 변형하는 것

① $\dfrac{b}{\sqrt{a}} = \dfrac{b\sqrt{a}}{\sqrt{a}\,\sqrt{a}} = \dfrac{b\sqrt{a}}{a}$

② $\dfrac{c}{\sqrt{a}-\sqrt{b}} = \dfrac{c(\sqrt{a}+\sqrt{b})}{(\sqrt{a}-\sqrt{b})(\sqrt{a}+\sqrt{b})}$

$\qquad = \dfrac{c(\sqrt{a}+\sqrt{b})}{a-b}$

③ $\dfrac{c}{\sqrt{a}+\sqrt{b}} = \dfrac{c(\sqrt{a}-\sqrt{b})}{(\sqrt{a}+\sqrt{b})(\sqrt{a}-\sqrt{b})}$

$\qquad = \dfrac{c(\sqrt{a}-\sqrt{b})}{a-b}$

[연구11] 아래의 A, B, C, D는

$y = \sqrt{x}$, $y = -\sqrt{x}$, $y = \sqrt{-x}$, $y = -\sqrt{-x}$

중 하나의 그래프이다. A, B, C, D가 나타내는

방정식을 알맞게 짝지으시오.

17 무리함수

정의: x에 관한 무리식인 함수

① $y = \sqrt{x}$ 의 그래프

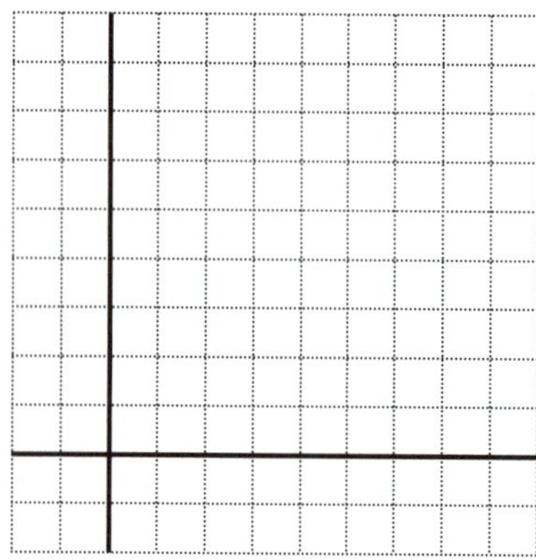

a.정의역:

　치역 :

b.대칭 :

무리함수

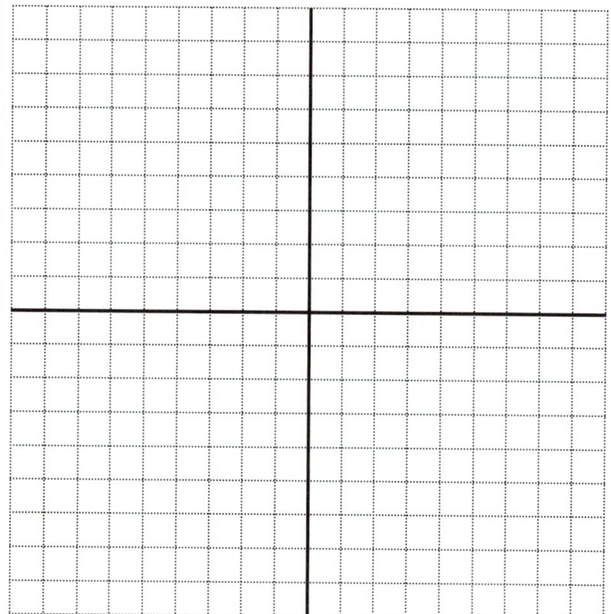

(1) $y = \sqrt{x}$　　　　(2) $y = -\sqrt{x}$

(3) $y = \sqrt{-x}$　　　　(4) $y = -\sqrt{-x}$

[연구 11] 📝 그래프 맞는 것 찾기

$y = \sqrt{x}$, $y = -\sqrt{x}$, $y = \sqrt{-x}$, $y = -\sqrt{-x}$

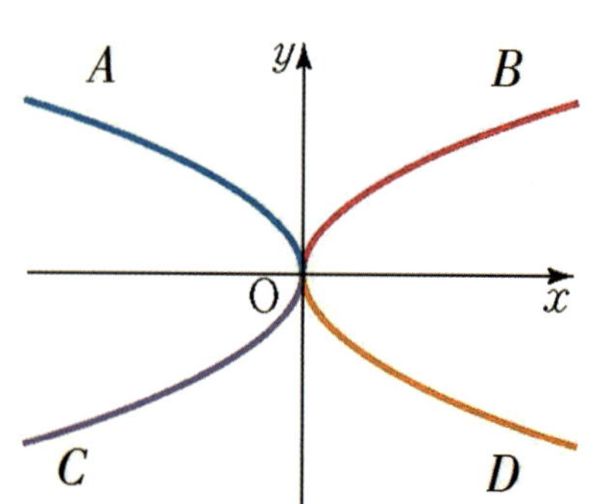

연구12 함수 $y = \sqrt{ax}$ 와 함수 $y = \dfrac{x^2}{a} \, (x \geq 0)$의

그래프는 어떤 관계에 있는지 쓰시오.

---

② $y = \sqrt{ax}$ 의 그래프 $(a \neq 0)$

$a > 0$	$a < 0$
y / x	y / x

③ $y = \sqrt{ax + b} + c$의 그래프 $(a \neq 0)$

$a > 0$	$a < 0$
y / x	y / x

연구
12

대칭:

「수학(하)」 Ⅲ.경우의 수

미리 알아야 할 단원
수학(하) – 1.집합과 명제

1 경우의 수

어떤 사건이 일어날 수 있는 모든 가지 수
①빠짐없이 ②중복되지 않게 구해야 한다.

2 합의 법칙 $m+n$

$n(A \cup B) = n(A) + n(B) - n(A \cap B)$

두 사건 A, B가 동시에/함께 일어나지 않고,
사건 A가 일어나는 경우의 수가 m가지이고,
사건 B가 일어나는 경우의 수가 n가지이면,
사건 A또는 B가 일어나는 경우의 수는
$m+n$ 가지이다.

✎ A와 B가 동시에 일어나는 경우가 l가지 있을 때
A또는 B가 일어나는 경우의 수 :

3 곱의 법칙 $m \times n$

두 사건 A, B에 대하여
A가 일어나는 경우의 수가 m가지이고,
그 각각에 대하여,
B가 일어나는 경우의 수가 n가지일 때,
A, B가 잇달아 일어나는 경우의 수는
$m \times n$가지이다.

✎ 곱의 법칙

(1)수형도(사전식 배열)　　(2)표(순서쌍)

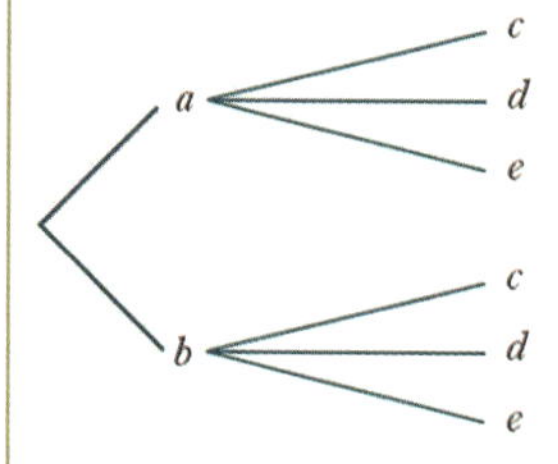

	a	b
c		
d		
e		

✎ 식의 곱셈
각 인수에서 한 항씩 뽑아서 곱한 것을 더한 것
Q.$(a+b)(c+d+e)$의 항의 개수?

【ex】

Q1.옷 한 개만 고르기

Q2.상의 한 게, 하의 한 개 고르기

연구01 자연수 N을 소인수 분해 한 것이 $N = x^a y^b z^c$ (x, y, z는 서로소)일 때, N의 약수의 개수는 몇 개인가? 또 약수의 총합은 얼마인가?

연구02 서로 다른 n개에서 r개를 택하여 이들의 순서를 생각하여 일렬로 배열하는 순열의 값은?

---

4 약수의 개수와 총합

연구 01
$N = x^a y^b z^c$의 약수 (단, x, y, z는 서로소)

① N의 약수의 개수 :

② N의 약수의 총합 :

✎ 약수의 개수와 총합

$144 = 2^4 3^2$의 양의 약수

① 약수의 개수
② 약수의 총합

	3^0	3^1	3^2
2^0			
2^1			
2^2			
2^3			
2^4			

5 순열 $_n P_r$

연구 02
서로 다른 n개에서 r개를 택하여 이들의 순서를 생각하여 일렬로 배열하는 경우의 수

🖋 문제 해결 법

- 함께X → 합
- 함께O → 곱
- 까다로운 것부터
- 이웃O → 한 덩어리
- 이웃X → 사이사이
- 순서가 정해진 것 → 한 가지
- 돼 = 전체 - 안돼
  - ① 안 되는 것이 명시
  - ② 유형이 너무 많을 때
    (적어도~, ~이상, ~이하)

연구03 서로 다른 n개에서 r개를 택하는 경우의 수는?

연구04 $_n\mathrm{C}_r = \dfrac{_n\mathrm{P}_r}{r!}$ 인 이유를 쓰시오.

---

6 조합 $_n\mathrm{C}_r$

연구 03 순서를 생각하지 않고, 서로 다른 n개에서 r개를 택하는 경우의 수

(=같은 것이 있는 순열)

✑ 조합

(1) [40명 중 반장1,부반장1,삼장1 뽑기]

(2) [40명 중 3명을 뽑고]&[반장1,부반장1,삼장1 배치]

↳어차피 결과의 경우의 수는 같다

연구 04 ✑ $_n\mathrm{C}_r = \dfrac{_n\mathrm{P}_r}{r!}$ 인 이유는?

서로 다른 r개의 순서를 정하는 방법은 $r!$이다.

그런데 $_n\mathrm{P}_r$은 서로 다른 n개에서 r개를 택하고,

이 r개의 순서를 생각하여

배열하는 방법의 수인 것에 비해,

$_n\mathrm{C}_r$은 서로 다른 n개에서

r개를 택하기만 하는 것이다.

따라서 $_n\mathrm{C}_r \times r! = {_n\mathrm{P}_r}$이다.

8 분할과 분배

①**분할**: 서로 다른 n개를

p, q, r개$(p+q+r=n)$의

3 묶음으로 나누는 방법의 수

②**분배**: 분할된 3 묶음을 서로 다른 자리에

배치하는 방법의 수

(분할의 방법의 수)$\times 3!$

✎ 분할과 분배

[9명] A B C D E F G H I

①대표 4명을 뽑는다(   )

[9명] A B C D E F G H I

②청소:3 숙제:3 집:3

③(3, 3, 3) 조 나누기

[9명] A B C D E F G H I

④(4, 4, 1) 조 나누기

수학 Ⅰ

「교과서 학습 목표」

1.지수·로그 함수

☐ 거듭제곱과 거듭제곱근의 뜻을 알고,
  그 성질을 이해한다.
☐ 지수가 유리수, 실수까지 확장될 수 있음을
  이해한다.
☐ 지수법칙을 이해하고,
  이를 이용하여 식을 간단히 나타낼 수 있다.
☐ 로그의 뜻을 알고, 그 성질을 이해한다.
☐ 상용로그를 이해하고, 이를 활용할 수 있다.
☐ 지수함수와 로그함수의 뜻을 안다.
☐ 지수함수와 로그함수의 그래프를 그릴 수 있고,
  그 성질을 이해한다.
☐ 지수함수와 로그함수를 활용하여
  문제를 해결할 수 있다.

2.삼각함수

☐ 일반각과 호도법의 뜻을 안다.
☐ 삼각함수의 뜻을 알고, 사인함수, 코사인함수,
  탄젠트함수의 그래프를 그릴 수 있다.
☐ 사인법칙과 코사인법칙을 이해하고,
  이를 활용할 수 있다.

3.수열

☐ 수열의 뜻을 안다.
☐ 등차수열의 뜻을 알고, 일반항, 첫째항부터
  제n항까지의 합을 구할 수 있다.
☐ 등비수열의 뜻을 알고, 일반항, 첫째항부터
  제n항까지의 합을 구할 수 있다.
☐ $\sum$의 뜻을 알고, 그 성질을 이해하고,
  이를 활용할 수 있다.
☐ 여러 가지 수열의 첫째항부터
  제n항까지의 합을 구할 수 있다.
☐ 수열의 귀납적 정의를 이해한다.
☐ 수학적 귀납법의 원리를 이해한다.
☐ 수학적 귀납법을 이용하여 명제를 증명할 수 있다.

「수학Ⅰ」 Ⅰ.지수·로그 함수

연구01 빈칸에 알맞은 것을 쓰시오.

연구02 $a \neq 0$이고, n이 양의 정수일 때

$\cdot\ a^0 = 1$　　$\cdot\ a^{-n} = \dfrac{1}{a^n}$　을 유도하시오.

■ 지수법칙

연구 01 $a > 0,\ b > 0$일 때, 임의의 실수 $m,\ n$에 대하여

① $a^m a^n =$

② $(a^m)^n =$

③ $(ab)^n =$

④ $a^m \div a^n =$

연구 02 ⑤ $a^0 =$

⑥ $a^{-n} =$

🖎 지수의 확장과 밑수의 축소

a^n	
밑수	지수

✎ 지수법칙

① $4^3 4^2 = (4 \cdot 4 \cdot 4) \cdot (4 \cdot 4) = 4^5 = 4^{3+2}$

② $(4^3)^2 = (4 \cdot 4 \cdot 4) \cdot (4 \cdot 4 \cdot 4) = 4^6 = 4^{3 \times 2}$

③ $(3 \cdot 4)^2 = (3 \cdot 4) \cdot (3 \cdot 4) = (3 \cdot 3) \cdot (4 \cdot 4)$

　$= 3^2 4^2$

④ $4^3 \div 4^2 = \dfrac{4 \cdot 4 \cdot 4}{4 \cdot 4} = 4^1 = 4^{3-2}$

$a^{-2},\ a^{-1},\ a^0,\ a^1,\ a^2,\ a^3$

연구03 a의 n제곱근을 빈칸에 쓰시오.

연구04 다음을 제곱근 기호를 이용해 표현하시오.

② 거듭제곱과 거듭제곱근

①a 의 n 거듭제곱: 실수 a 를 n 번 곱한 a^n

　　　　　(a 는 밑, n 는 지수)

②a 의 n 제곱근: $x^n = a$ 가 되는 x

　　　　　(n 제곱해서 a 가 되는 것)

$x^n = a$	n이 홀수	n이 짝수
$a > 0$		
$a = 0$		
$a < 0$		

연구 03

$$\sqrt{a^2} = |a| = \begin{cases} a & (a \geq 0) \\ -a & (a < 0) \end{cases}$$

a의 n제곱근 중 음수를 쓰시오.

✎ 거듭제곱근

②a 의 n 제곱근

 a.n 이 홀수인 경우　　b.n 이 짝수인 경우

【ex】 다음을 제곱근 기호를 이용해 표현하시오.

연구 04

(1) 64의 2제곱근 중 음수 :

(2) 64의 3제곱근 중 음수 :

(3) -64의 3제곱근 중 음수 :

(4) -64의 2제곱근 중 음수 :

(5) 64의 2제곱근 중 양수 :

(6) 64의 3제곱근 중 양수 :

(7) -64의 3제곱근 중 양수 :

(8) -64의 2제곱근 중 양수 :

연구05 $a > 0$, $b > 0$이고 m, n이 2 이상의
자연수일 때 다음을 유도하시오.

3 거듭제곱근의 성질

✎ 거듭제곱근의 성질

연구 05 > $a > 0$, $b > 0$이고 m, n이 2이상의 자연수일 때,

① $\sqrt[n]{a}\ \sqrt[n]{b} = \sqrt[n]{ab}$

② $\dfrac{\sqrt[n]{a}}{\sqrt[n]{b}} = \sqrt[n]{\dfrac{a}{b}}$

③ $\left(\sqrt[n]{a}\right)^m = \sqrt[n]{a^m}$

④ $\sqrt[m]{\sqrt[n]{a}} = \sqrt[mn]{a}$

⑤ $\sqrt[n]{a^m} = \sqrt[np]{a^{mp}}$ (p는 양의 정수)

⑥ $a^{\frac{m}{n}} = \sqrt[n]{a^m}$

[연구06] $a > 0$, $a \neq 1$이고 $N > 0$일 때 $a^x = N$
을 로그를 이용하여 표현하시오.

[연구07] $\log_a N$에서 밑수조건과 진수조건을 쓰고
이 두 조건이 있어야 하는 이유를 쓰시오.

4 로그의 정의

연구
06

$a > 0$, $a \neq 1$, $N > 0$일 때,

①밑수조건(a) :
②진수조건(N) :

✑ 밑수조건/진수조건

연구
07

밑수조건과 진수조건이 있어야 하는 이유.

[연구08] $a > 0$, $a \neq 1$, $x > 0$, $y > 0$이고 k가 임의의 실수일 때 다음 로그의 성질을 유도하시오.

① $\log_a 1 = 0$, $\log_a a = 1$

② $\log_a xy = \log_a x + \log_a y$

③ $\log_a \dfrac{x}{y} = \log_a x - \log_a y$

④ $\log_a x^k = k \log_a x$

---

5 로그의 성질

[연구 08]

$a > 0$, $a \neq 1$, $x > 0$, $y > 0$일 때

① $\log_a 1 = 0$, $\log_a a = 1$

② $\log_a xy = \log_a x + \log_a y$

③ $\log_a \dfrac{x}{y} = \log_a x - \log_a y$

④ $\log_a x^k = k \log_a x$ (k는 실수)

⑤ $\log_a b = \dfrac{\log_c b}{\log_c a}$ (b, c는 양수이고 $c \neq 1$)

⑥ $\log_{a^m} x^n = \dfrac{n}{m} \log_a x$

⑦ $a^{\log_c x} = x^{\log_c a}$

✎ 로그의 성질

⑤ $\log_a b = \dfrac{\log_c b}{\log_c a}$ (b, c는 양수이고 $c \neq 1$)

⑥ $\log_{a^m} x^n = \dfrac{n}{m} \log_a x$

⑦ $a^{\log_c x} = x^{\log_c a}$

---

6 상용로그

정의:

수	0	1	2	3	4	5	6	7	8	9
1.0	.0000	.0043	.0086	.0128`	.0170	.0212	.0253	.0294	.0334	.0374
1.1	.0414	.0453	.0492	.0531	.0569	.0607	.0645	.0682	.0719	.0755
1.2	.0792	.0828	.0864	.0899	.0934	.0969	.1004	.1038	.1072	.1106
1.3	.1139	.1173	.1206	.1239	.1271	.1303	.1335	.1367	.1399	.1430
1.4	.1461	.1492	.1523	.1553	.1584	.1614	.1644	.1673	.1703	.1732
1.5	.1761	.1790	.1818	.1847	.1875	.1903	.1931	.1959	.1987	.2014
1.6	.2041	.2068	.2095	.2122	.2148	.2175	.2201	.2227	.2253	.2279
1.7	.2304	.2330	.2355	.2380	.2405	.2430	.2455	.2480	.2504	.2529
1.8	.2553	.2577	.2601	.2625	.2648	.2672	.2695	.2718	.2742	.2765
1.9	.2788	.2810	.2833	.2856	.2878	.2900	.2923	.2945	.2967	.2989
2.0	.3010	.3032	.3054	.3075	.3096	.3118	.3139	.3160	.3181	.3201
2.1	.3222	.3243	.3263	.3284	.3304	.3324	.3345	.3365	.3385	.3404
2.2	.3424	.3444	.3464	.3483	.3502	.3522	.3541	.3560	.3579	.3598
2.3	.3617	.3636	.3655	.3674	.3692	.3711	.3729	.3747	.3766	.3784
2.4	.3802	.3820	.3838	.3856	.3874	.3892	.3909	.3927	.3945	.3962
2.5	.3979	.3997	.4014	.4031	.4048	.4065	.4082	.4099	.4116	.4133
2.6	.4150	.4166	.4183	.4200	.4216	.4232	.4249	.4265	.4281	.4298
2.7	.4314	.4330	.4346	.4362	.4378	.4393	.4409	.4425	.4440	.4456
2.8	.4472	.4487	.4502	.4518	.4533	.4548	.4564	.4579	.4594	.4609
2.9	.4624	.4639	.4654	.4669	.4683	.4698	.4713	.4728	.4742	.4757
3.0	.4771	.4786	.4800	.4814	.4829	.4843	.4857	.4871	.4886	.4900
3.1	.4914	.4928	.4942	.4955	.4969	.4983	.4997	.5011	.5024	.5038
3.2	.5051	.5065	.5079	.5092	.5105	.5119	.5132	.5145	.5159	.5172
3.3	.5185	.5198	.5211	.5224	.5237	.5250	.5263	.5276	.5289	.5302
3.4	.5315	.5328	.5340	.5353	.5366	.5378	.5391	.5403	.5416	.5428
3.5	.5441	.5453	.5465	.5478	.5490	.5502	.5514	.5527	.5539	.5551
3.6	.5563	.5575	.5587	.5599	.5611	.5623	.5635	.5647	.5658	.5670
3.7	.5682	.5694	.5705	.5717	.5729	.5740	.5752	.5763	.5775	.5786
3.8	.5798	.5809	.5821	.5832	.5843	.5855	.5866	.5877	.5888	.5899
3.9	.5911	.5922	.5933	.5944	.5955	.5966	.5977	.5988	.5999	.6010
4.0	.6021	.6031	.6042	.6053	.6064	.6075	.6085	.6096	.6107	.6117
4.1	.6128	.6138	.6149	.6160	.6170	.6180	.6191	.6201	.6212	.6222
4.2	.6232	.6243	.6253	.6263	.6274	.6284	.6294	.6304	.6314	.6325
4.3	.6335	.6345	.6355	.6365	.6375	.6385	.6395	.6405	.6415	.6425
4.4	.6435	.6444	.6454	.6464	.6474	.6484	.6493	.6503	.6513	.6522
4.5	.6532	.6542	.6551	.6561	.6571	.6580	.6590	.6599	.6609	.6618
4.6	.6628	.6637	.6646	.6656	.6665	.6675	.6684	.6693	.6702	.6712
4.7	.6721	.6730	.6739	.6749	.6758	.6767	.6776	.6785	.6794	.6803
4.8	.6812	.6821	.6830	.6839	.6848	.6857	.6866	.6875	.6884	.6893
4.9	.6902	.6911	.6920	.6928	.6937	.6946	.6955	.6964	.6972	.6981
5.0	.6990	.6998	.7007	.7016	.7024	.7033	.7042	.7050	.7059	.7067
5.1	.7076	.7084	.7093	.7101	.7110	.7118	.7126	.7135	.7143	.7152
5.2	.7160	.7168	.7177	.7185	.7193	.7202	.7210	.7218	.7226	.7235
5.3	.7243	.7251	.7259	.7267	.7275	.7284	.7292	.7300	.7308	.7316
5.4	.7324	.7332	.7340	.7348	.7356	.7364	.7372	.7380	.7388	.7396

수	0	1	2	3	4	5	6	7	8	9
5.5	.7404	.7412	.7419	.7427	.7435	.7443	.7451	.7459	.7466	.7474
5.6	.7482	.7490	.7497	.7505	.7513	.7520	.7528	.7536	.7543	.7551
5.7	.7559	.7566	.7574	.7582	.7589	.7597	.7604	.7612	.7619	.7627
5.8	.7634	.7642	.7649	.7657	.7664	.7672	.7679	.7686	.7694	.7701
5.9	.7709	.7716	.7723	.7731	.7738	.7745	.7752	.7760	.7767	.7774
6.0	.7782	.7789	.7796	.7803	.7810	.7818	.7825	.7832	.7839	.7846
6.1	.7853	.7860	.7868	.7875	.7882	.7889	.7896	.7903	.7910	.7917
6.2	.7924	.7931	.7938	.7945	.7952	.7959	.7966	.7973	.7980	.7987
6.3	.7993	.8000	.8007	.8014	.8021	.8028	.8035	.8041	.8048	.8055
6.4	.8062	.8069	.8075	.8082	.8089	.8096	.8102	.8109	.8116	.8122
6.5	.8129	.8136	.8142	.8149	.8156	.8162	.8169	.8176	.8182	.8189
6.6	.8195	.8202	.8209	.8215	.8222	.8228	.8235	.8241	.8248	.8254
6.7	.8261	.8267	.8274	.8280	.8287	.8293	.8299	.8306	.8312	.8319
6.8	.8325	.8331	.8338	.8344	.8351	.8357	.8363	.8370	.8376	.8382
6.9	.8388	.8395	.8401	.8407	.8414	.8420	.8426	.8432	.8439	.8445
7.0	.8451	.8457	.8463	.8470	.8476	.8482	.8488	.8494	.8500	.8506
7.1	.8513	.8519	.8525	.8531	.8537	.8543	.8549	.8555	.8561	.8567
7.2	.8573	.8579	.8585	.8591	.8597	.8603	.8609	.8615	.8621	.8627
7.3	.8633	.8639	.8645	.8651	.8657	.8663	.8669	.8675	.8681	.8686
7.4	.8692	.8698	.8704	.8710	.8716	.8722	.8727	.8733	.8739	.8745
7.5	.8751	.8756	.8762	.8768	.8774	.8779	.8785	.8791	.8797	.8802
7.6	.8808	.8814	.8820	.8825	.8831	.8837	.8842	.8848	.8854	.8859
7.7	.8865	.8871	.8876	.8882	.8887	.8893	.8899	.8904	.8910	.8915
7.8	.8921	.8927	.8932	.8938	.8943	.8949	.8954	.8960	.8965	.8971
7.9	.8976	.8982	.8987	.8993	.8998	.9004	.9009	.9015	.9020	.9025
8.0	.9031	.9036	.9042	.9047	.9053	.9058	.9063	.9069	.9074	.9079
8.1	.9085	.9090	.9096	.9101	.9106	.9112	.9117	.9122	.9128	.9133
8.2	.9138	.9143	.9149	.9154	.9159	.9165	.9170	.9175	.9180	.9186
8.3	.9191	.9196	.9201	.9206	.9212	.9217	.9222	.9227	.9232	.9238
8.4	.9243	.9248	.9253	.9258	.9263	.9269	.9274	.9279	.9284	.9289
8.5	.9294	.9299	.9304	.9309	.9315	.9320	.9325	.9330	.9335	.9340
8.6	.9345	.9350	.9355	.9360	.9365	.9370	.9375	.9380	.9385	.9390
8.7	.9395	.9400	.9405	.9410	.9415	.9420	.9425	.9430	.9435	.9440
8.8	.9445	.9450	.9455	.9460	.9465	.9469	.9474	.9479	.9484	.9489
8.9	.9494	.9499	.9504	.9509	.9513	.9518	.9523	.9528	.9533	.9538
9.0	.9542	.9547	.9552	.9557	.9562	.9566	.9571	.9576	.9581	.9586
9.1	.9590	.9595	.9600	.9605	.9609	.9614	.9619	.9624	.9628	.9633
9.2	.9638	.9643	.9647	.9652	.9657	.9661	.9666	.9671	.9675	.9680
9.3	.9685	.9689	.9694	.9699	.9703	.9708	.9713	.9717	.9722	.9727
9.4	.9731	.9736	.9741	.9745	.9750	.9754	.9759	.9763	.9768	.9773
9.5	.9777	.9782	.9786	.9791	.9795	.9800	.9805	.9809	.9814	.9818
9.6	.9823	.9827	.9832	.9836	.9841	.9845	.9850	.9854	.9859	.9863
9.7	.9868	.9872	.9877	.9881	.9886	.9890	.9894	.9899	.9903	.9908
9.8	.9912	.9917	.9921	.9926	.9930	.9934	.9939	.9943	.9948	.9952
9.9	.9956	.9961	.9965	.9969	.9974	.9978	.9983	.9987	.9991	.9996

연구09 다음은 지수함수 $y = a^x$ $(a > 0,\ a \neq 1)$ 의 성질이다. 그래프를 그리고 빈칸을 채우시오.

---

7 지수함수

지수함수 $y = a^x$의 그래프 $(a > 0,\ a \neq 1)$

$a > 1$	$0 < a < 1$
y x	y x

연구 09

①정의역:

 치역:

②$a > 1$일 때,

 $0 < a < 1$일 때,

③a값과 관계없이 지나는 점:

 그래프 그릴 때 활용할 점:

④점근선:

⑤$y = a^x$와 $y = \left(\dfrac{1}{a}\right)^x$의 그래프의 관계:

✎ 지수함수

(1) $y = 2^x$ (2) $y = 2^{-x}$

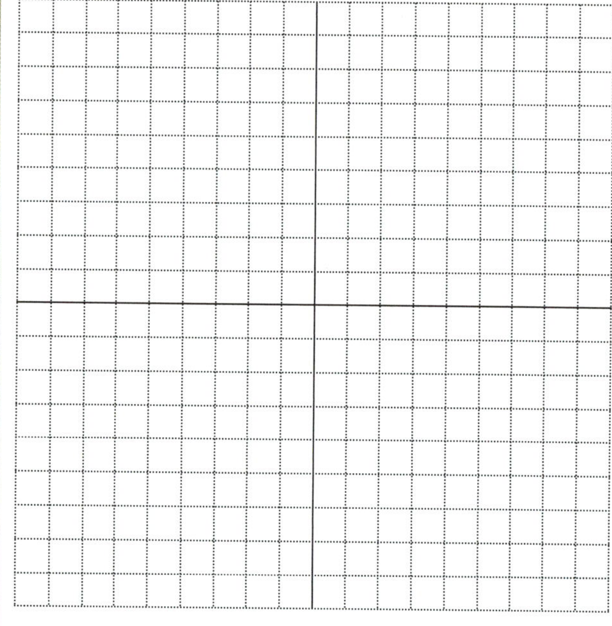

$\begin{cases} y = 2^x \\ y = 3^x \end{cases}$

$\begin{cases} y = \left(\dfrac{1}{2}\right)^x \\ y = \left(\dfrac{1}{3}\right)^x \end{cases}$

연구10 다음은 로그함수

$y = \log_a x \ (a > 0, \ a \neq 1)$의 성질이다.

그래프를 그리고 빈칸에 알맞은 말을 쓰시오.

8 로그함수

로그함수 $y = \log_a x$의 그래프

$(a > 0, \ a \neq 1, \ x > 0)$

$a > 1$	$0 < a < 1$
y ⋅ x	y ⋅ x

연구 10

①정의역:

　치역 :

②$a > 1$일 때,

　$0 < a < 1$일 때,

③a값과 관계없이 지나는 점:

✎ 그래프 그릴 때 활용할 점:

④점근선 :

⑤$y = \log_a x$와 $y = \log_{\frac{1}{a}} x$의 그래프의 관계:

⑥함수 $y = a^x$과 $y = \log_a x$의 관계:

✎ 로그함수

$(1)\, y = \log_2 x$　　　　$(2)\, y = -\log_2 x$

$\begin{cases} y = \log_2 x \\ y = \log_3 x \end{cases}$

$\begin{cases} y = \log_{\frac{1}{2}} x \\ y = \log_{\frac{1}{3}} x \end{cases}$

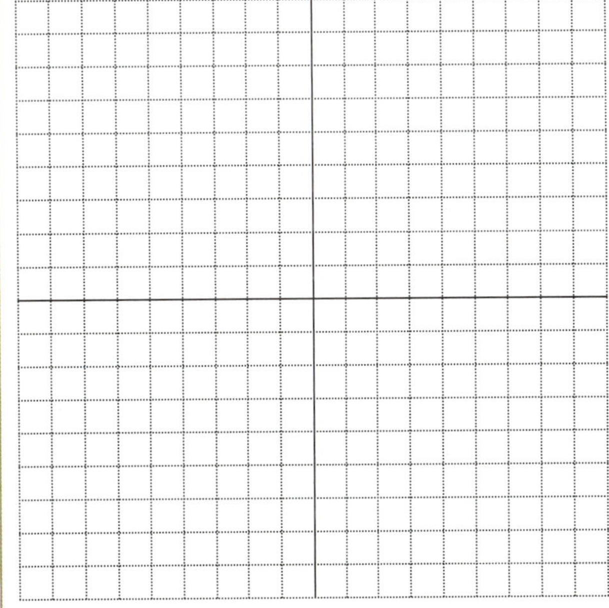

연구11 빈칸에 알맞은 부등식을 쓰시오.

· 임의의 실수 x에 대하여 a^x [   ] 0

· $a > 1$일 때, $a^{x_1} < a^{x_2} \Leftrightarrow$

· $0 < a < 1$일 때, $a^{x_1} < a^{x_2} \Leftrightarrow$

---

9 지수방정식과 지수부등식

①지수방정식의 풀이

연구 11 ②지수부등식의 성질

　　a.임의의 실수 x에 대하여

　　b.$a > 1$일 때,

　　c.$0 < a < 1$일 때,

지수방정식과 지수부등식

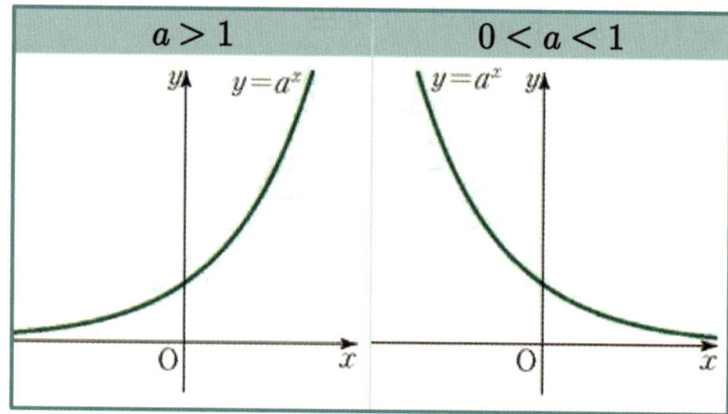

연구12 $a > 0$, $a \neq 1$이고 x_1, $x_2 > 0$일 때

빈칸에 알맞은 부등식을 쓰시오.

· $a > 1$일 때, $\log_a x_1 < \log_a x_2 \Leftrightarrow$

· $0 < a < 1$일 때, $\log_a x_1 < \log_a x_2 \Leftrightarrow$

---

10 로그방정식과 로그부등식

① 로그방정식의 성질

연구 12 > ② 로그부등식의 성질

  a. $a > 1$일 때,

  b. $0 < a < 1$일 때,

✎ 로그방정식과 로그부등식

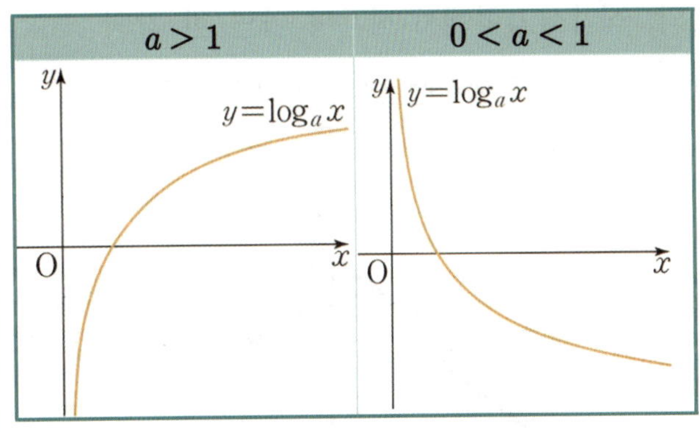

「수학Ⅰ」　Ⅱ.삼각함수

미리 알아야 할 단원
수학(상) − 3.도형의 방정식
수학(하) − 2.함수

1 삼각비의 뜻

정의: 직각삼각형에서 직각이 아닌 한 각의
크기에 따라 정해지는 변의 길이의 비의 값

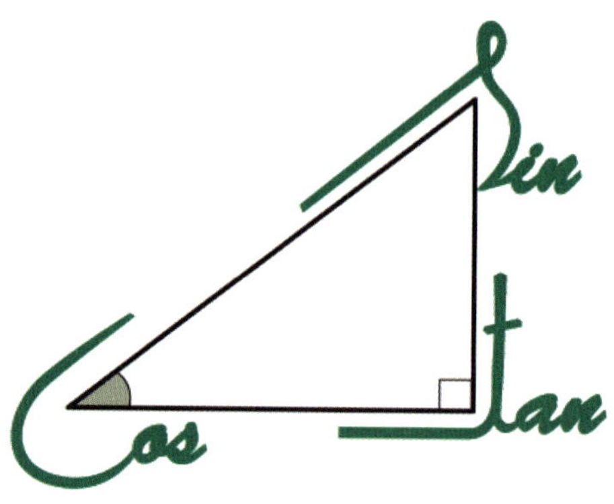

∠A의 사인　: $\sin A = \dfrac{(높이)}{(빗변)}$

∠A의 코사인: $\cos A = \dfrac{(밑변)}{(빗변)}$

∠A의 탄젠트: $\tan A = \dfrac{(높이)}{(밑변)}$

✎ 삼각비의 뜻

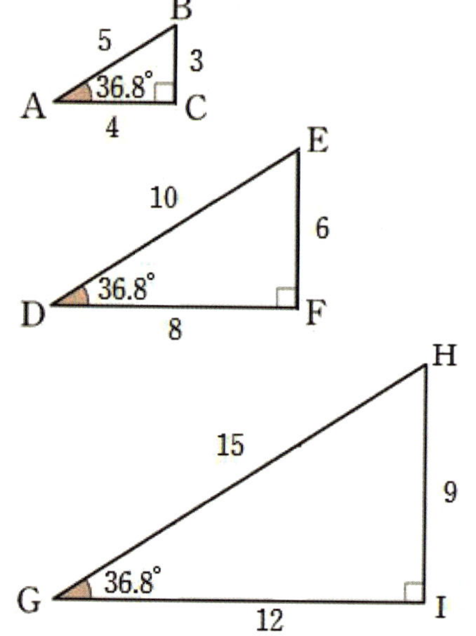

$\dfrac{(높이)}{(빗변)} =$

$\dfrac{(밑변)}{(빗변)} =$

$\dfrac{(높이)}{(밑변)} =$

연구01 빈칸에 알맞은 삼각비의 값을 쓰시오.

② 삼각비의 값

연구
01

①특수각의 삼각비

삼각비 A	0°	30°	45°	60°	90°
sin A					
cos A					
tan A					

②단위원과 삼각비

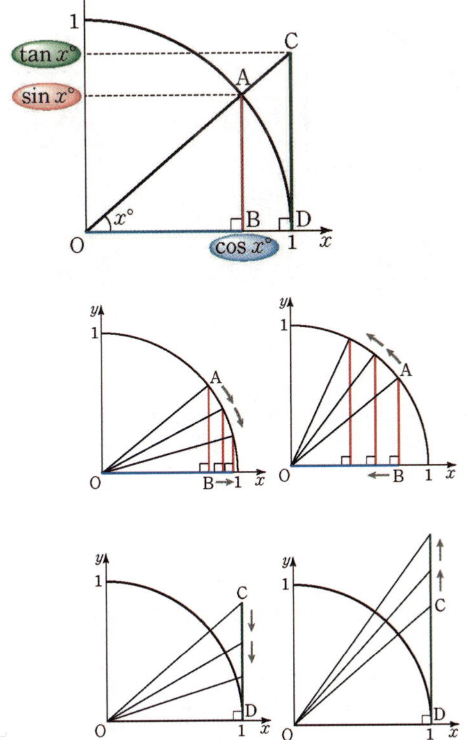

✎ 삼각비의 값

①특수각의 삼각비

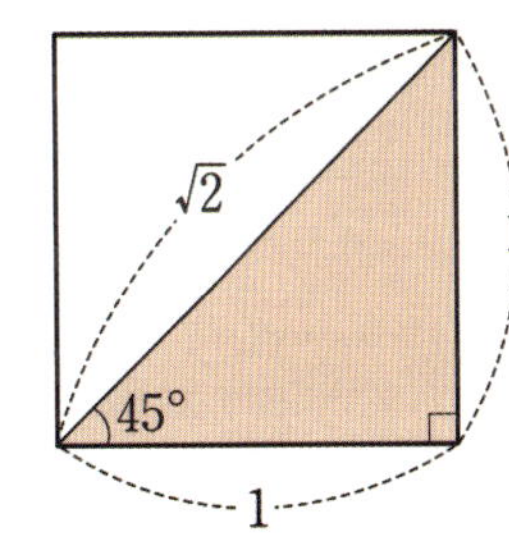

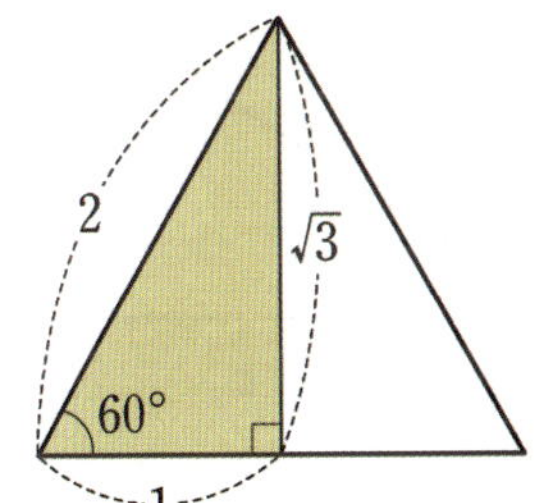

②단위원과 삼각비

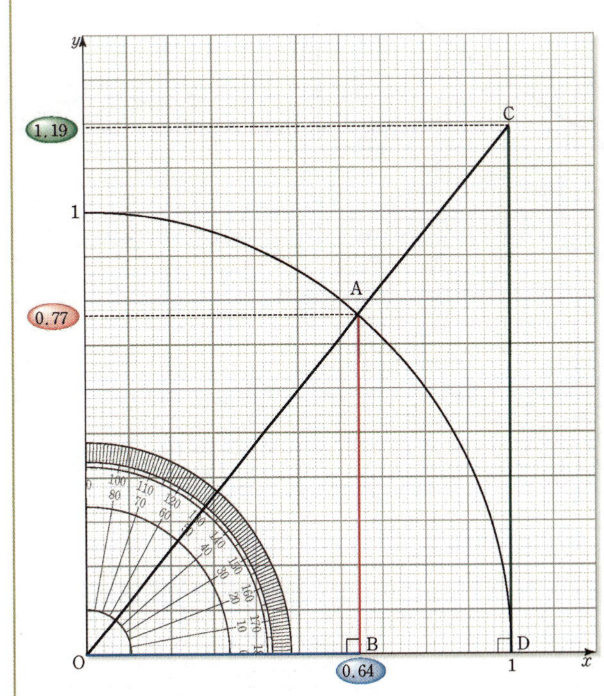

[연구02] △ABC에서 ∠A $= \theta$라고 할 때, 나머지
두 변의 길이를 주어진 길이와 θ에 대한
삼각비를 이용해 표현하시오.

③ 삼각비의 활용

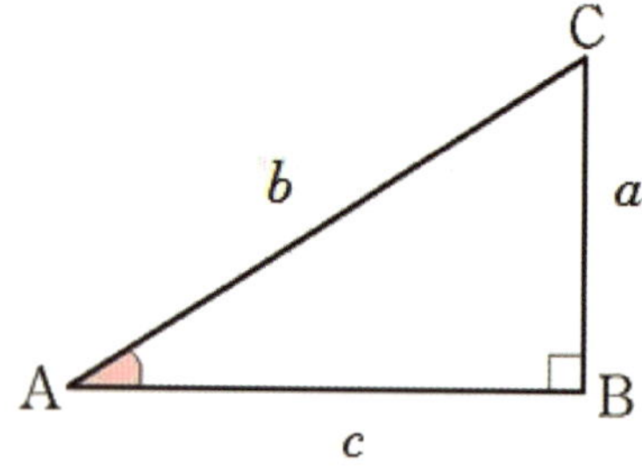

② 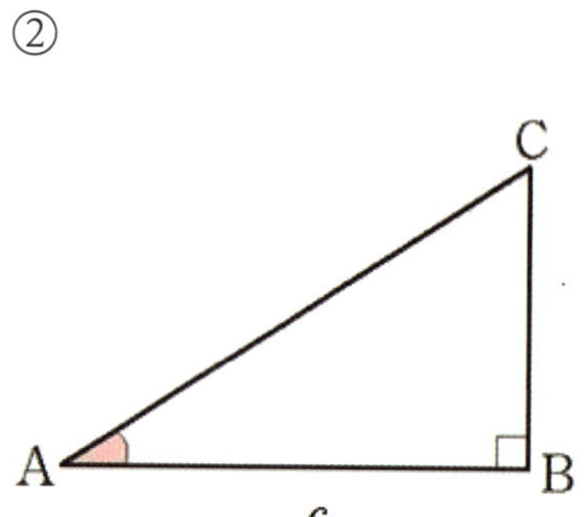

연구02 ① 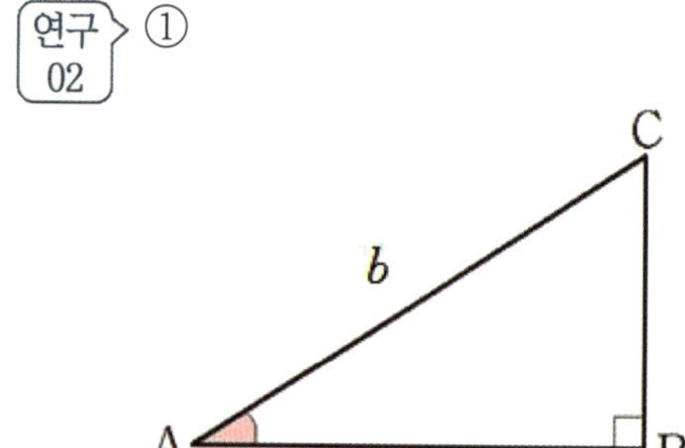

③ 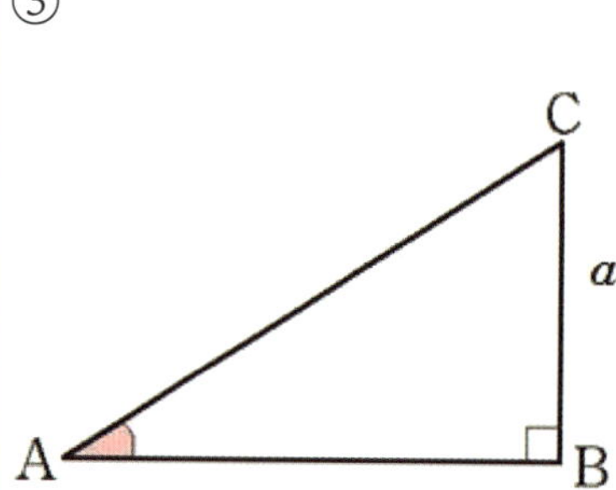

4 일반각

시초선 OX와 동경 OP가 나타내는 한 각의 크기를 $\alpha°$라 하면 $\angle XOP$의 크기는 일반적으로 아래와 같이 나타낼 수 있다.

$$360°×n+\alpha° \quad (\text{단, } n\text{은 정수})$$

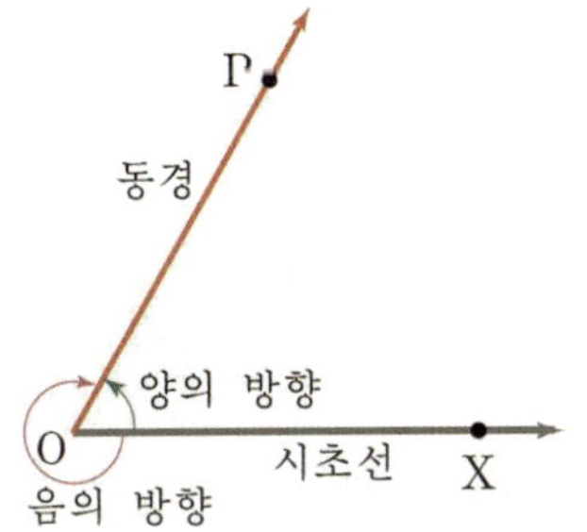

동경 OP의 위치가 주어져도 $\angle XOP$의 크기는 하나로 결정되지 않는다.

사분면

2사분면	1사분면
$(-, +)$	$(+, +)$
3사분면	4사분면
$(-, -)$	$(+, -)$

일반각

【ex】

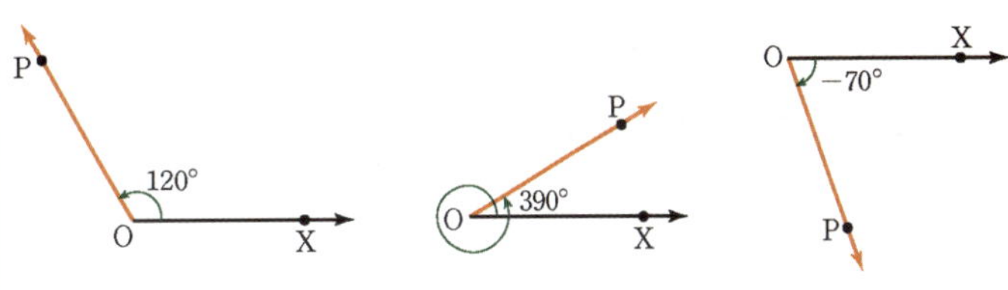

【ex】

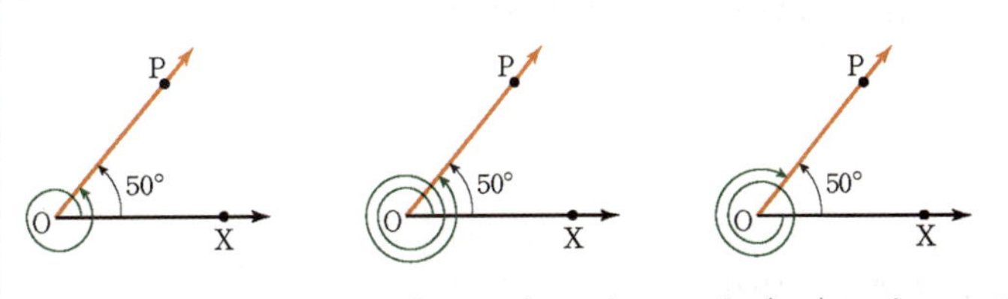

$$360°×1+50°=410° \qquad 360°×2+50°=770° \qquad 360°×(-2)+50°=-670°$$

연구03 중심각 크기 θ를 반지름 길이 r와 호의 길이 l에 관한 식으로 쓰시오.

연구04 1(라디안)을 60분법 각도로 얼마인지, $1°$가 호도법 각도로 얼마인지를 쓰시오.

연구05 부채꼴의 넓이 S를 중심각 크기 θ, 반지름 길이 r, 호의 길이 l를 사용하여 표현하고 이를 유도하시오.

연구06 다음 60분법 각도에 같은 호도법 각도를 빈칸에 쓰시오.

---

5 호도법

연구 03 r:반지름 길이, θ:중심각 크기,
l:호 길이, S:원 넓이

연구 04 ①60분법과 호도법의 사이의 관계

②호의 길이:

연구 05 ③넓이:

✎ 단위는 곱셈이다.

✎ 각도의 실수화.

  π는 각도의 단위가 아니라 3.14… 실수

연구 06

30°	45°	60°	90°	120°	135°	150°	180°

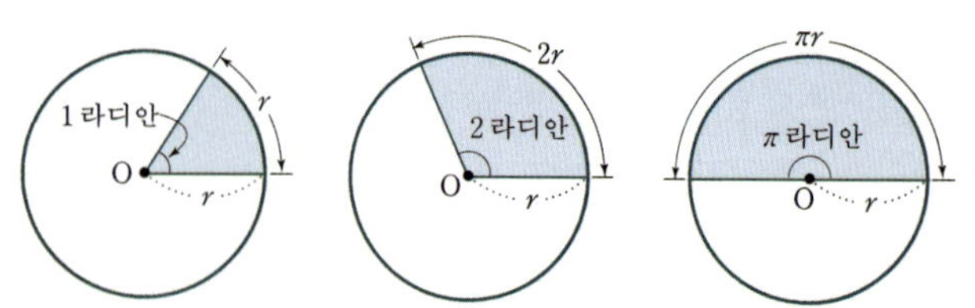

✎ 호도법

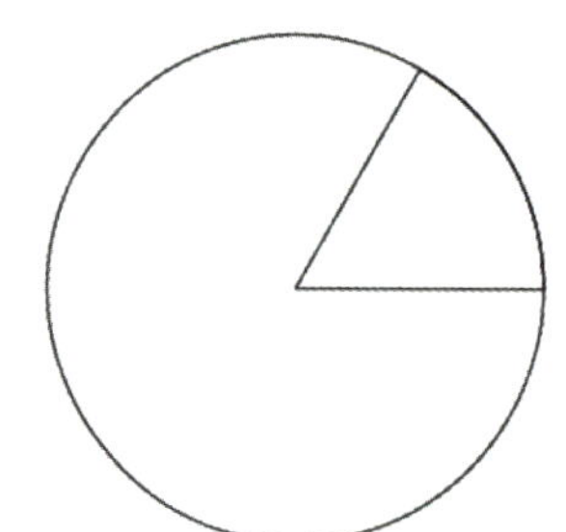

①60분법과 호도법의 사이의 관계

③넓이

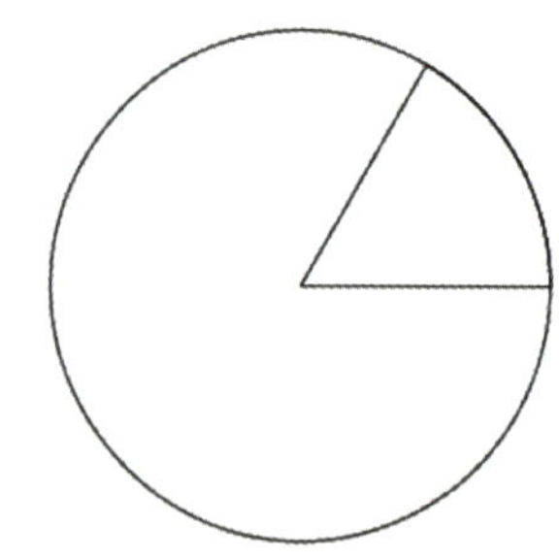

연구07 좌표평면에서 x축의 양의 방향을 시초선으로 할 때, 점 $P(x,y)$에 대하여 동경 OP의 각도가 θ이고 $r=\sqrt{x^2+y^2}$일 때 $\sin\theta$, $\cos\theta$, $\tan\theta$의 값을 쓰시오.

연구08 θ가 동경 OP에 대한 각이고 점 $P(x,y)$가 각 사분면에 있을 때의 $\sin\theta$, $\cos\theta$, $\tan\theta$의 부호를 아래의 빈칸에 쓰시오.

---

6 삼각함수의 정의

연구 07 좌표평면에서 x축의 양의 방향을 시초선으로 할 때, 점 $P(x,y)$에 대하여 동경 OP의 각도가 θ이고 $r=\sqrt{x^2+y^2}$일 때

$$\sin\theta = \frac{y}{r}, \quad \cos\theta = \frac{x}{r}, \quad \tan\theta = \frac{y}{x}$$

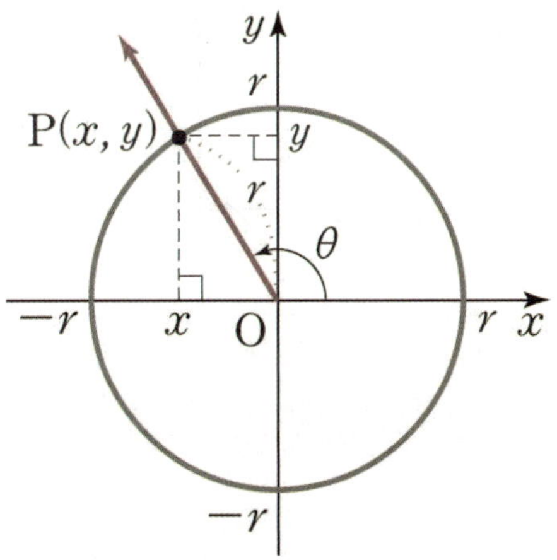

①삼각함수의 부호

✎ 삼각함수의 정의

연구 08 ①삼각함수의 부호

사분면	x	y	$\sin\theta = \dfrac{y}{r}$	$\cos\theta = \dfrac{x}{r}$	$\tan\theta = \dfrac{y}{x}$
1					
2					
3					
4					

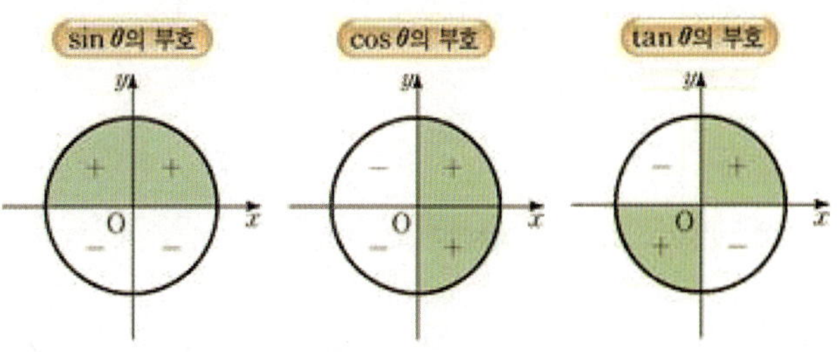

연구09 다음 삼각함수 사이의 관계를 유도하시오.

① $\tan\theta = \dfrac{\sin\theta}{\cos\theta}$

② $\sin^2\theta + \cos^2\theta = 1$

연구10 중심이 원점 O이고 반지름의 길이가 r인 원 위에 있는 점 P에 대하여, 동경 OP의 각이 θ일 때, 점 P의 좌표를 쓰시오.

---

7 삼각함수 사이의 관계

연구 09

🖋 주의!

$(\sin\theta)^2 = \sin\theta^2$

$(\sin\theta)^2 = \sin^2\theta$

$\sin(\theta^2) = \sin\theta^2$

✎ 삼각함수 사이의 관계

연구 10

$P(x,\ y),\ r = \sqrt{x^2 + y^2}$ 일 때,

$\sin\theta = \dfrac{y}{r},\ \cos\theta = \dfrac{x}{r},\ \tan\theta = \dfrac{y}{x}$ 이다.

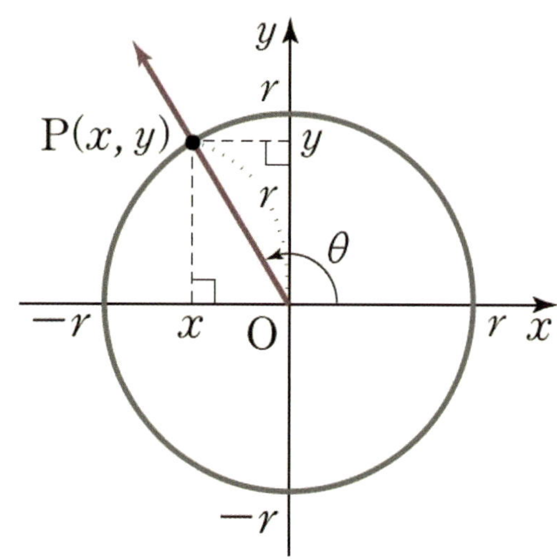

[연구11] 아래 단위원에 표시되어 있는

모든 60분법 각도에 대하여

① 호도법 각   ② 점의 좌표를 모두 쓰시오.

[연구12] 아래 표에 알맞은 값을 쓰시오.

연구
11

🖋 단위원 (원점으로 중심으로 하고 반지름의 길이가 1인 원)

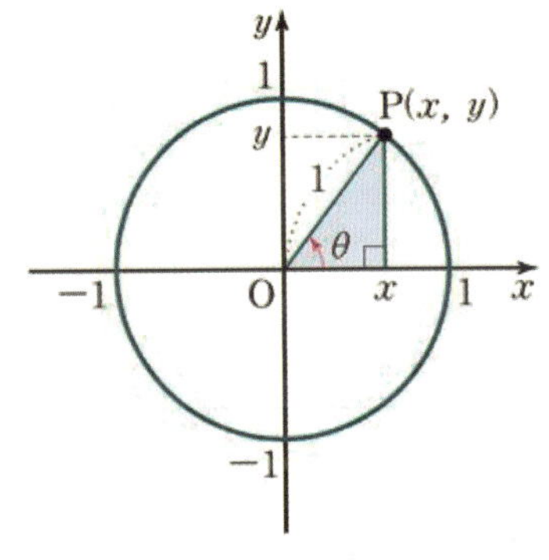

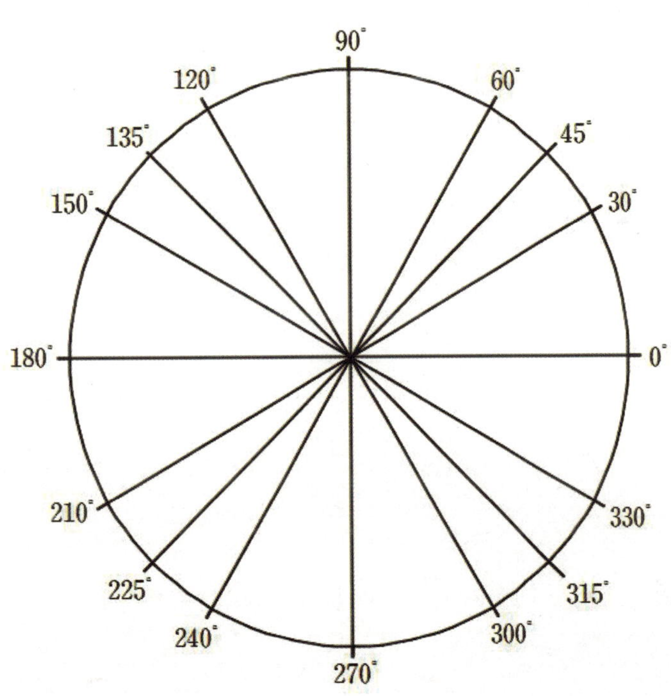

연구
12

θ	0	$\dfrac{\pi}{6}$	$\dfrac{\pi}{3}$	$\dfrac{\pi}{2}$	$\dfrac{2\pi}{3}$	$\dfrac{5\pi}{6}$	π	$\dfrac{7\pi}{6}$	$\dfrac{4\pi}{3}$	$\dfrac{3\pi}{2}$	$\dfrac{5\pi}{3}$	$\dfrac{11\pi}{6}$	2π
$\sin\theta$													
$\cos\theta$													

[연구13] 함수 $y = \sin x$의 그래프에서 아래 사항에 알맞은 것을 쓰시오.

a.정의역:　　　　b.치 역:

c.주 기:　　　　d.대칭성:

---

⑧ 삼각함수의 그래프

① $y = \sin x$의 그래프

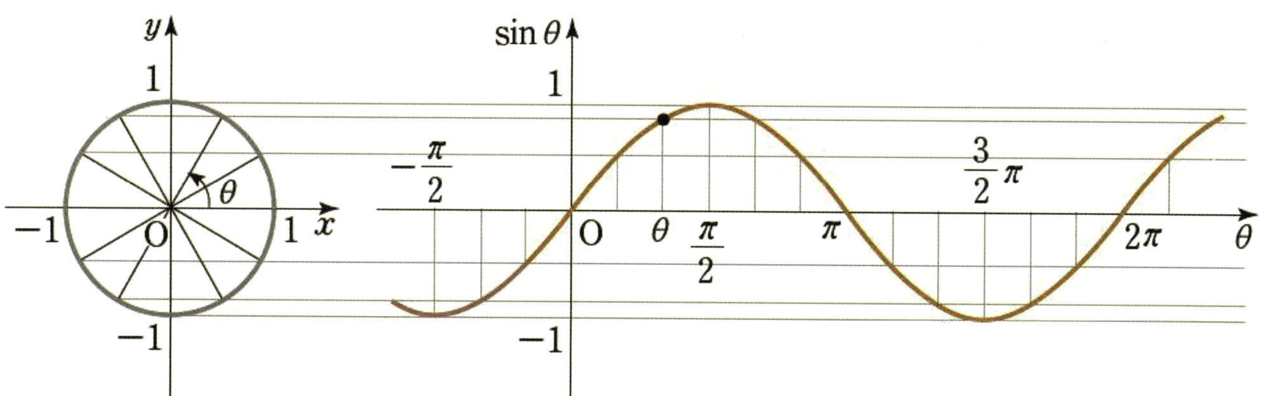

연구 13

a.정의역:

b.치 역:

c.주 기:

d.대칭성:

📝 주기성과 대칭성

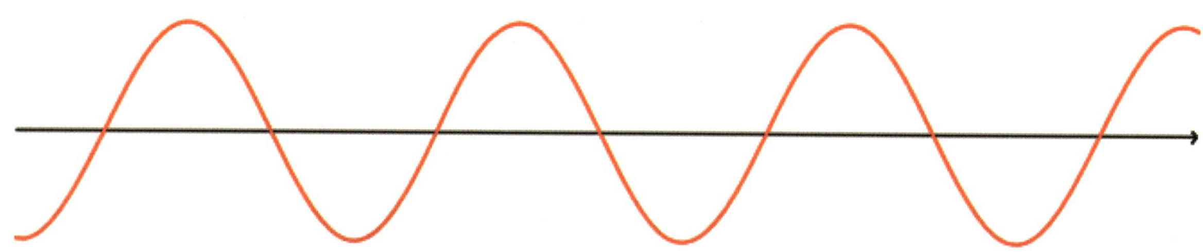

[연구14] 함수 $y = \cos x$의 그래프에서 아래 사항에 알맞은 것을 쓰시오.

a.정의역:　　　b.치　역:

c.주　기:　　　d.대칭성:

[연구15] 두 함수 $y = \sin x$와 $y = \cos x$의 그래프는 [　　　　]이동 관계이다.

② $y = \cos x$의 그래프

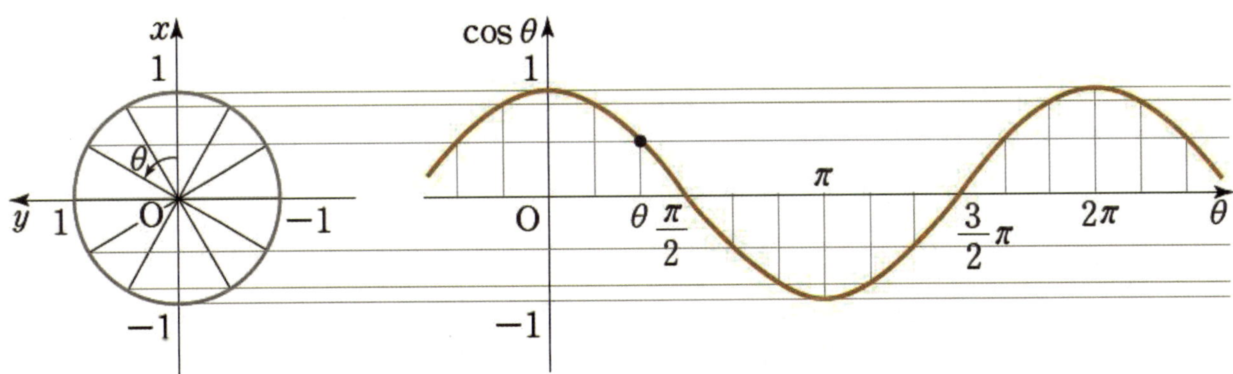

연구 14 〉 a.정의역:

b.치　역:

c.주　기:

d.대칭성:

연구 15 〉 $y = \sin x$와 $y = \cos x$의 그래프의 관계

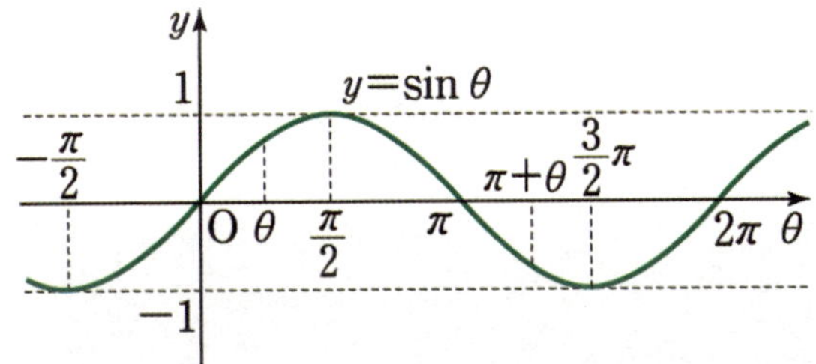

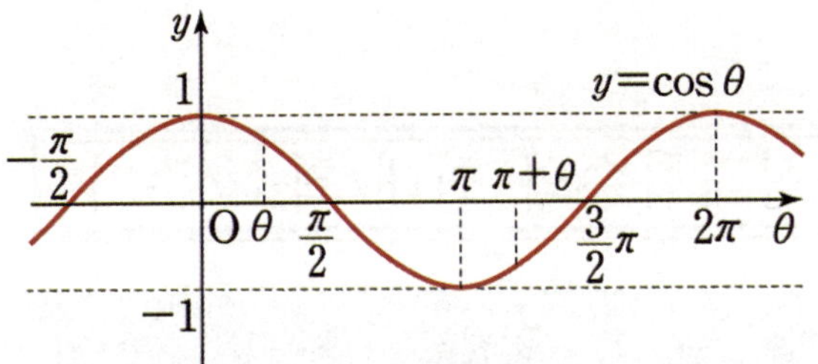

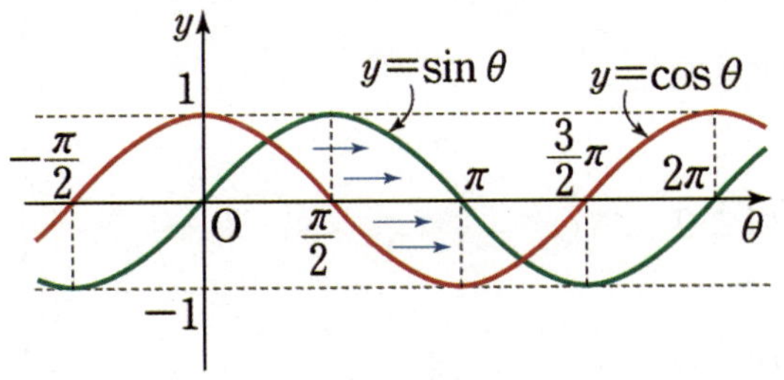

[연구16] 함수 $y = \tan x$의 그래프에서 아래 사항에 알맞은 것을 쓰시오.

a.정의역:　　　b.치　역:

c.주　기:　　　d.대칭성:

[연구17] 빈칸에 알맞은 것을 쓰시오.

함　수	최댓값	최솟값	주 기
$a\sin(bx+\alpha)+c$			
$a\cos(bx+\alpha)+c$			
$a\tan(bx+\alpha)+c$			

③ $y = \tan x$의 그래프

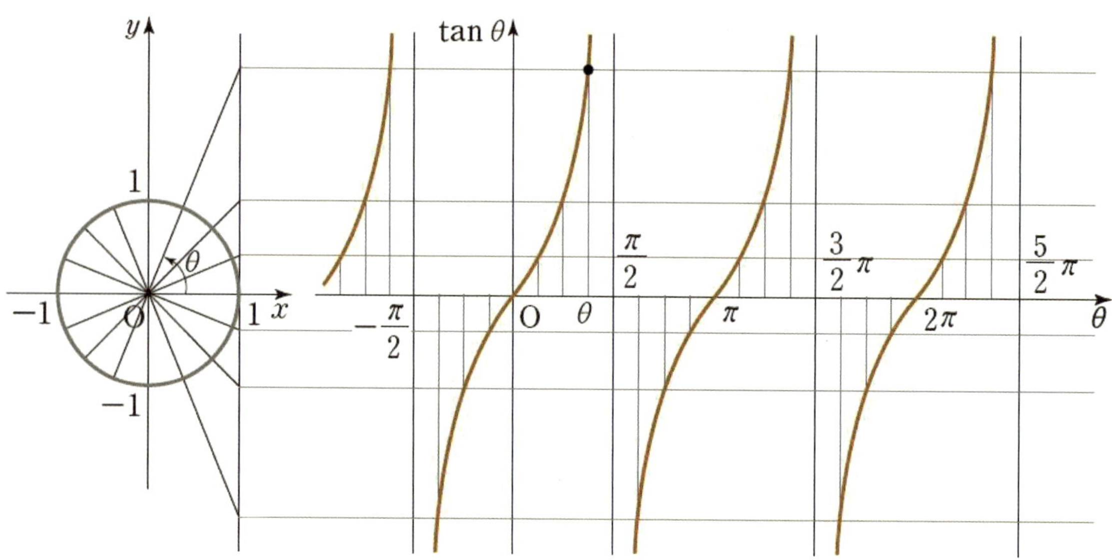

[연구16]

a.정의역:

b.치　역:

c.주　기:

d.대칭성:

⑨ 삼각함수의 최대/최소/주기

[연구17]

함　수	최댓값	최솟값	주 기
$a\sin(bx+\alpha)+c$			
$a\cos(bx+\alpha)+c$			
$a\tan(bx+\alpha)+c$			

[연구18] $y=f(x)$의 그래프에 대한 $y=f(px)$의 그래프의 특징을 쓰시오.

[연구19] $y=f(x)$의 그래프에 대한 $y=pf(x)$의 그래프의 특징을 쓰시오.

✎ $f(x)=f(x+p)$ 그래프

$f(x)=-\sqrt{1-x^2}\ (-1\le x<1)$

이고 $f(x)=f(x+2)$

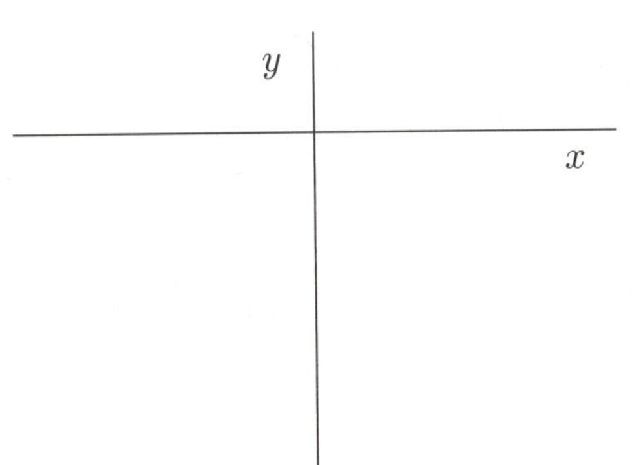

✎ $y=f(px)$ 그래프

[연구 18] $y=f(x)$의 그래프에 대한 $y=f(px)$의 그래프의 특징:

$x^2+(y+1)^2=1$

$(2x)^2+(y+1)^2=1$

$(\frac{1}{2}x)^2+(y+1)^2=1$

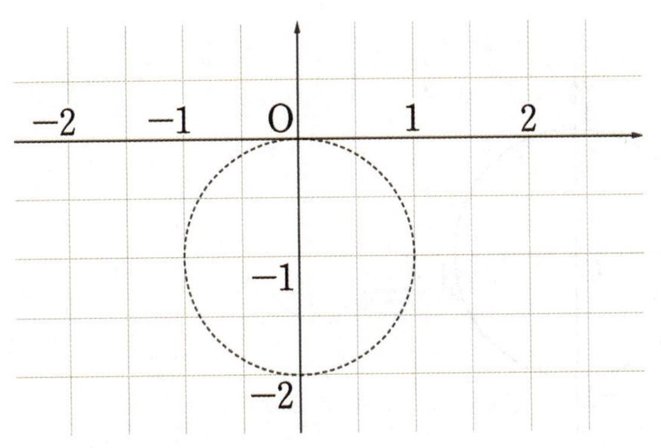

✎ $y=pf(x)$ 그래프

[연구 19] $y=f(x)$의 그래프에 대한 $y=pf(x)$의 그래프의 특징:

$y=x^2$

$y=(2x)^2$

$y=\left(\dfrac{1}{2}x\right)^2$

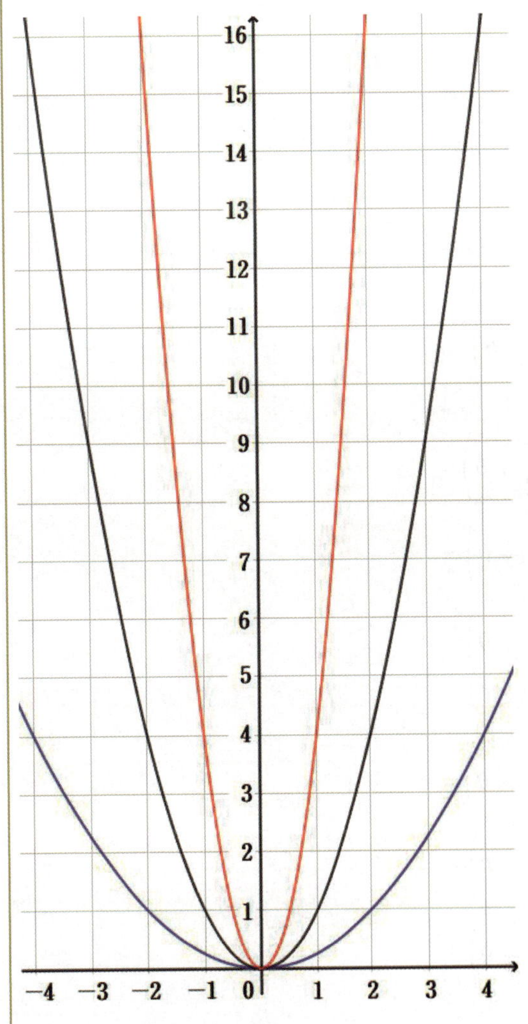

연구20~24 빈칸에 알맞은 것을 쓰고 이 식이
성립하는 이유를 단위원을 이용해 표현하시오.

⑩ 삼각함수의 성질

① $\sin(2n\pi + \theta) =$
   $\cos(2n\pi + \theta) =$
   $\tan(2n\pi + \theta) =$

연구 20 ② $\sin(-\theta) =$
   $\cos(-\theta) =$
   $\tan(-\theta) =$

연구 21 ③ $\sin(\pi + \theta) =$
   $\cos(\pi + \theta) =$
   $\tan(\pi + \theta) =$

연구 22 ④ $\sin(\pi - \theta) =$
   $\cos(\pi - \theta) =$
   $\tan(\pi - \theta) =$

연구 23 ⑤ $\sin\left(\dfrac{\pi}{2} + \theta\right) =$
   $\cos\left(\dfrac{\pi}{2} + \theta\right) =$
   $\tan\left(\dfrac{\pi}{2} + \theta\right) =$

연구 24 ⑥ $\sin\left(\dfrac{\pi}{2} - \theta\right) =$
   $\cos\left(\dfrac{\pi}{2} - \theta\right) =$
   $\tan\left(\dfrac{\pi}{2} - \theta\right) =$

✎ 삼각함수의 성질

②   ③

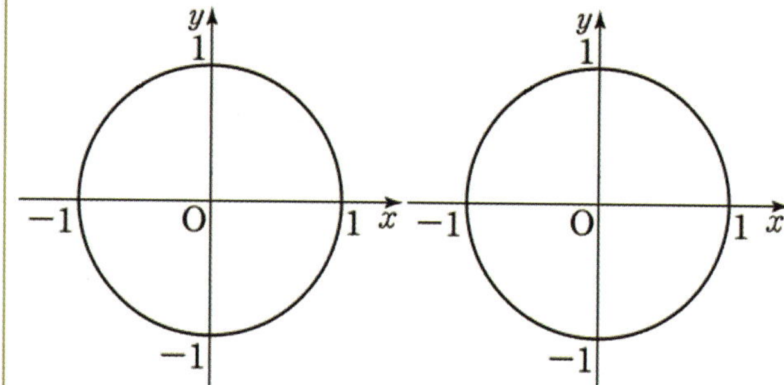

④   ⑤

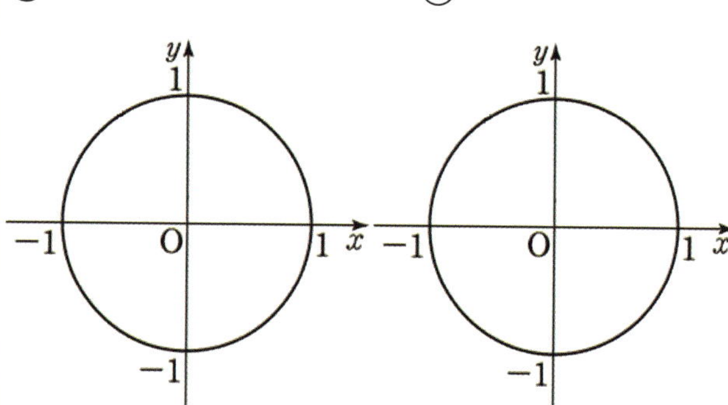

⑥

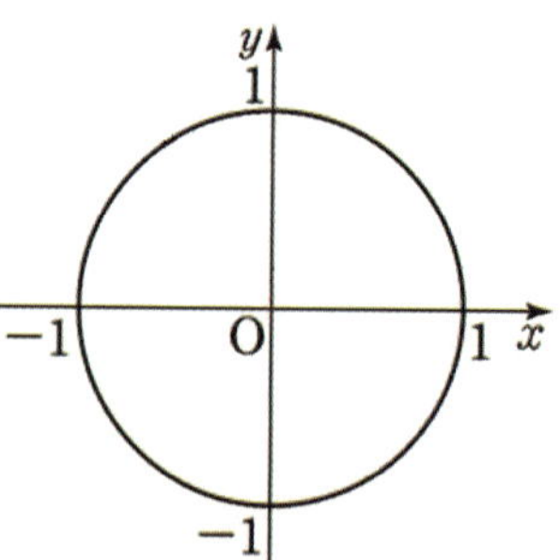

Ⅲ 삼각함수의 변환

$$\boxed{}\left(\dfrac{\pi}{2}\times n\pm\theta\right)=\pm\boxed{}(\theta)$$

① 종류 : n이 짝수→그대로 $\sin\to\cos$
　　　　 n이 홀수→바꿈 $\cos\to\sin$
　　　　　　　　　　　　　 $\tan\to\cot$

② 부호 : θ가 예각일 때를 기준으로

　　　　$\boxed{}\left(\dfrac{\pi}{2}\times n\pm\theta\right)$의 부호를 붙인다.

　　　　(사분면 활용)

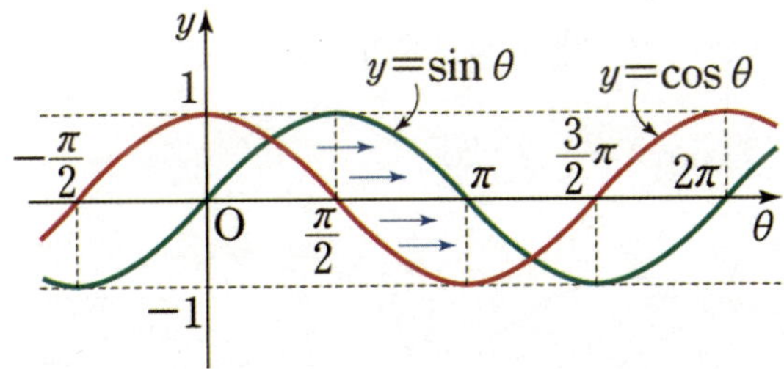

⑫ 삼각방정식/삼각부등식

① 그래프 이용

② 단위원 이용　$\cos x = X$로, $\sin x = Y$ 치환

✎ 삼각함수의 변환

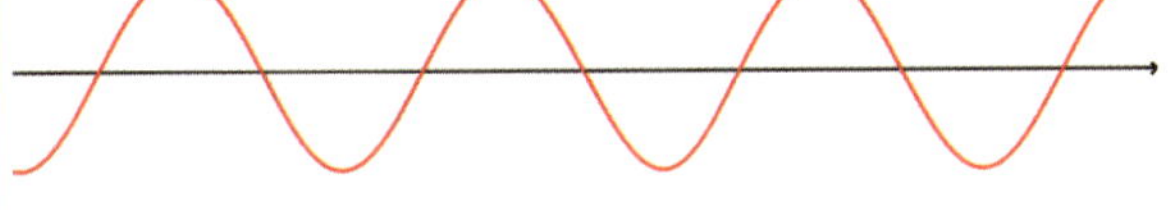

짝수 칸 이동:

홀수 칸 이동:

반 칸 이동:

$$\sin\left(\dfrac{\pi}{2}\times짝\pm\theta\right)=\pm\sin\theta$$

$$\sin\left(\dfrac{\pi}{2}\times 2k-\theta\right)=\sin\left\{-\left(\theta-\dfrac{\pi}{2}\times 2k\right)\right\}$$

$$=-\sin\left(\theta-\dfrac{\pi}{2}\times 2k\right)$$

$$=-(\pm\sin\theta)=\pm\sin\theta$$

$$\sin\left(\dfrac{\pi}{2}\times홀\pm\theta\right)=\pm\cos\theta$$

연구25 △ABC에서 아래 사인법칙이 성립함을 유도하시오. (단, R는 외접원의 반지름)

$$\frac{a}{\sin A} = \frac{b}{\sin B} = \frac{c}{\sin C} = 2R$$

13 사인법칙

△ABC에서

$$\frac{a}{\sin A} = \frac{b}{\sin B} = \frac{c}{\sin C} = 2R$$

(단, R는 외접원의 반지름)

① $\sin A = \dfrac{a}{2R}, \ \sin B = \dfrac{b}{2R}, \ \sin C = \dfrac{c}{2R}$

② $a : b : c = \sin A : \sin B : \sin C$

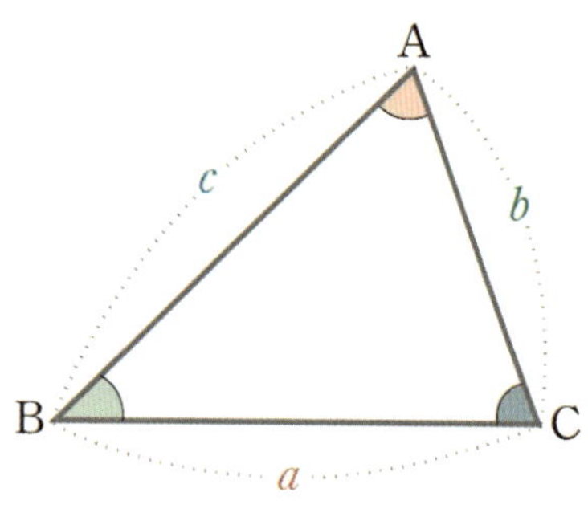

✎ 사인법칙

연구 25

(i) $A < 90°$ 일 때

∠BCA′$= 90°$가 되도록 원 위에 점 A′을 잡으면 $A = A′$이고 $\overline{BA′} = 2R$이므로

$$\sin A = \sin A′ = \frac{a}{2R}$$

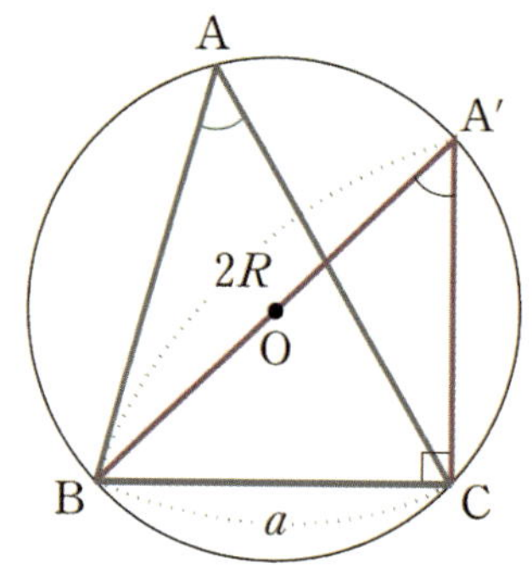

(ii) $A = 90°$ 일 때 $a = 2R$이므로

$$\sin A = \sin 90° = 1 = \frac{a}{2R}$$

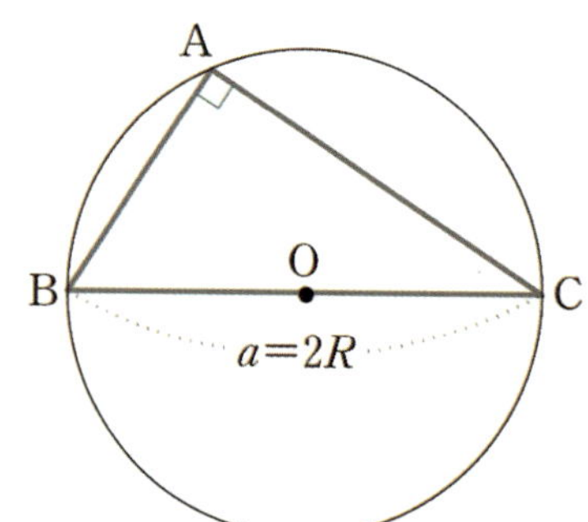

[연구26] $\triangle ABC$에 대하여 사인법칙을 활용하여

① b를 이용해 a를 표현하시오.

② c를 이용해 a를 표현하시오.

[연구 26] **✎ 사인법칙의 실전 적용**

(iii) $A > 90\,^\circ$ 일 때

$\angle BCA' = 90\,^\circ$ 가 되도록 원 위에 점 A'을 잡으면

$A = 180\,^\circ - A'$ 이고 $\overline{BA'} = 2R$ 이므로

$$\sin A = \sin(180\,^\circ - A') = \sin A' = \frac{a}{2R}$$

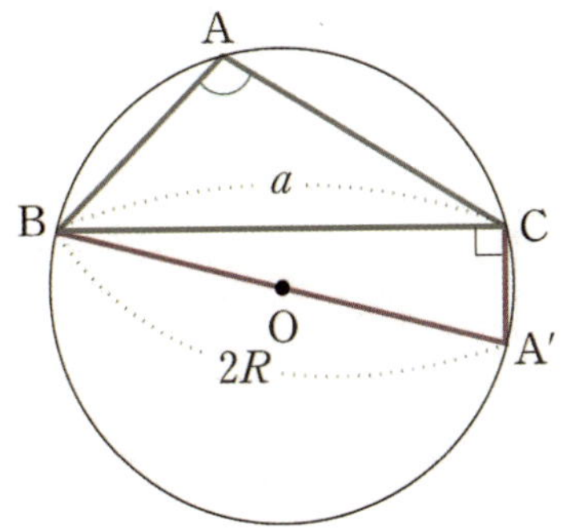

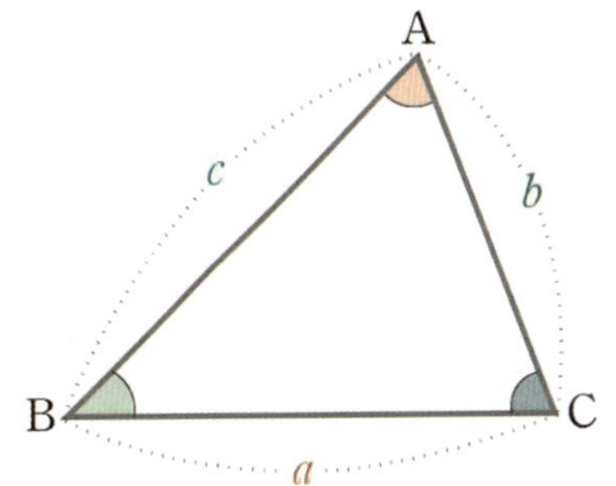

(i), (ii), (iii)에서 $\angle A$의 크기에 관계없이

$\sin A = \dfrac{a}{2R}$, 즉 $\dfrac{a}{\sin A} = 2R$가 성립한다.

같은 방법으로 $\dfrac{b}{\sin B} = 2R$, $\dfrac{c}{\sin C} = 2R$이다.

따라서 $\dfrac{a}{\sin A} = \dfrac{b}{\sin B} = \dfrac{c}{\sin C} = 2R$이다.

[연구27] △ABC 에서 아래 코사인법칙이 성립함을
유도하시오.

$$b^2 = a^2 + c^2 - 2ac\cos B$$

14 코사인법칙

△ABC 에서

$$a^2 = b^2 + c^2 - 2bc\cos A \;\Leftrightarrow\; \cos A = \frac{b^2 + c^2 - a^2}{2bc}$$

$$b^2 = c^2 + a^2 - 2ca\cos B \;\Leftrightarrow\; \cos B = \frac{a^2 + c^2 - b^2}{2ac}$$

$$c^2 = a^2 + b^2 - 2ab\cos C \;\Leftrightarrow\; \cos C = \frac{a^2 + b^2 - c^2}{2ab}$$

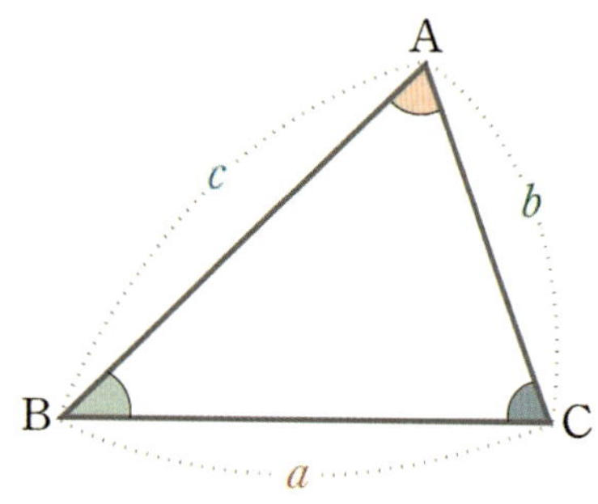

✎ 코사인법칙

연구 27

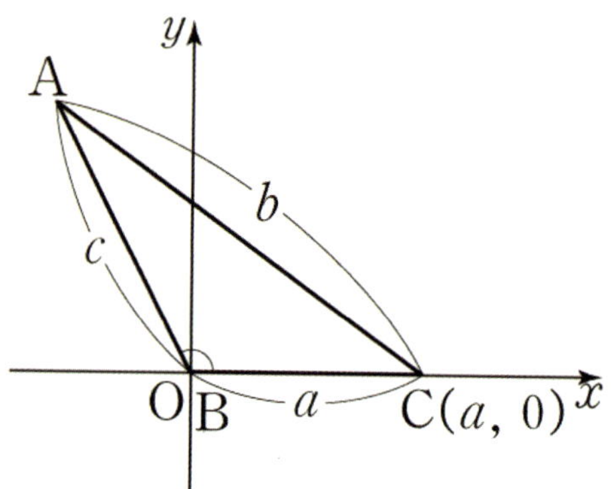

연구28 △ABC가 아래와 같은 조건을 만족시킬 때, △ABC의 넓이를 쓰시오.

① 밑변 a와 높이 h가 주어질 때

② 두 변의 길이와 그 낀 각을 알 때

③ 내접원의 반지름 r과 세 변이 주어질 때

④ 외접원의 반지름 R과 세 변이 주어질 때

⑤ 세 변의 길이를 알 때 (헤론의 공식)

---

15 삼각형의 넓이

연구 28

① 밑변과 높이가 주어질 때

② 두 변의 길이와 그 낀 각을 알 때

③ 내접원의 반지름 r과 세 변이 주어질 때

④ 외접원의 반지름 R과 세 변이 주어질 때

⑤ 세 변의 길이를 알 때 (헤론의 공식)

✎ 삼각형의 넓이

(ⅰ) B가 예각인 경우

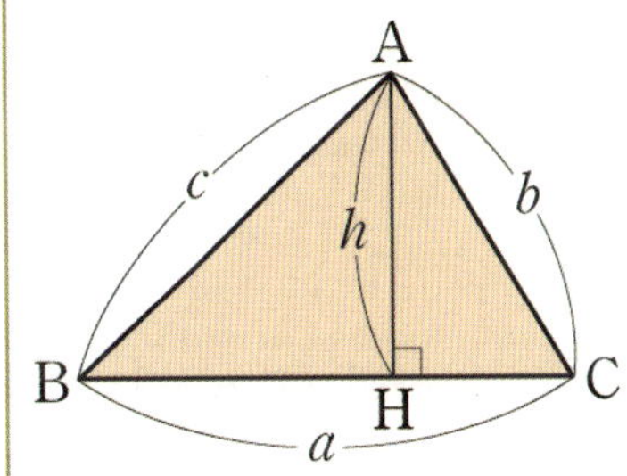

(ⅱ) B가 둔각인 경우

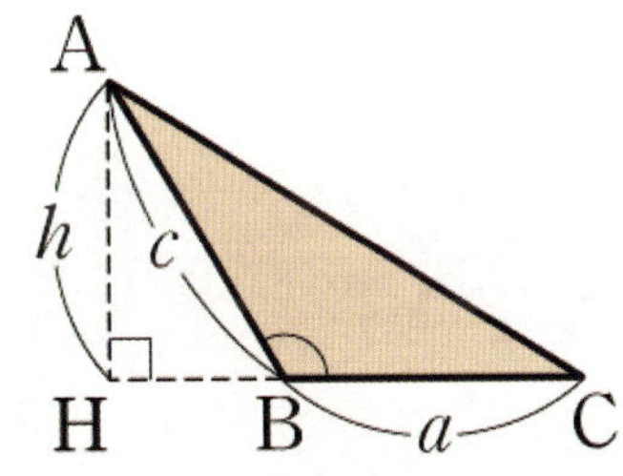

「수학Ⅰ」 Ⅲ.수열

연구01 등차수열의 정의를 쓰시오.

연구02 첫째항이 a이고, 공차가 d인 등차수열 $\{a_n\}$의 일반항 a_n의 식을 유도하시오.

연구03 b가 a와 c의 등차중항일 때 성립하는 식을 쓰고 이를 유도하시오.

■ 수열의 뜻

$$a_1 , a_2 , a_3 \cdots , a_n , \cdots$$

: 수의 나열

: 수열을 이루는 각각의 수

: 수열의 각 항을 일반적으로 나타냄

② 등차수열

연구 01 정의:

공차:

연구 02 일반항:

연구 03 등차중항:

【ex】 $a_1 = -1$, 공차 4.

a_n?

【ex】 $a_4 = 2$, $a_{11} = 16$.

공차?

✎ 등차수열

일반항:

등차중항:

[연구04] 등차수열 $\{a_n\}$의 첫째항부터 제 n항까지의 합 S_n을 유도하시오.

[연구05] 일반항 a_n과 수열 $\{a_n\}$의 첫째항부터 제n항까지의 합 S_n의 관계를 쓰시오.

③ 등차수열의 합

연구 04 공차가 d인 등차수열의 첫째항부터 n항까지의 합

【ex】 $a_1 = -1$, 공차 4. S_n?

④ 일반항과 합의 관계

연구 05

✎ 등차수열의 합

✎ 일반항과 합의 관계

연구06 등비수열의 정의를 쓰시오.

연구07 첫째항이 a이고, 공비가 r인 등비수열
$\{a_n\}$의 일반항 a_n의 식을 유도하시오.

연구08 b가 a와 c의 등비중항일 때, 성립하는
식을 쓰고 이를 유도하시오.

5 등비수열

연구 06 > 정의:

공비:

연구 07 > 일반항:

연구 08 > 등비중항:

등비수열

일반항:

등비중항:

원리합계

a를 $p\%$ 증가시키면 :

a를 $p\%$씩 n번 증가시키면 :

a를 $p\%$씩 n번 감소시키면 :

원리합계

【ex】 100원, 이자 10%

[연구09] 첫째항이 a이고, 공비가 r인 등비수열의 첫째항부터 제n항까지의 합 S_n을 유도하시오.

[연구10] 아래 시그마식을 +기호로 풀어서 쓰시오.

① $\displaystyle\sum_{k=1}^{n} a_k$ ② $\displaystyle\sum_{n=1}^{k} a_n$ ③ $\displaystyle\sum_{k=1}^{n} a_n$ ④ $\displaystyle\sum_{n=1}^{k} a_k$

---

6 등비수열의 합

✎ 등비수열의 합

연구 09 첫째항이 a 공비가 r인 등비수열의 n항까지의 합

① $r \neq 1$이면

② $r = 1$ 이면

7 합의 기호 Σ의 뜻

✎ 합의 기호 Σ의 뜻

수열 $\{a_n\}$에서 첫째항부터 제 n항까지의 합

수열 $\{a_n\}$의 첫째항부터 n항까지의 합을 기호로 나타내면?

수열 $\{b_n\}$의 첫째항부터 n항까지의 합을 기호로 나타내면?

$a_5 + a_6 + a_7 + \cdots + a_{12}$을 기호로 나타내면?

연구 10 【ex】 아래 시그마 식을 +기호로 풀어서 쓰시오.

① $\displaystyle\sum_{k=1}^{n} a_k =$

② $\displaystyle\sum_{n=1}^{k} a_n =$

③ $\displaystyle\sum_{k=1}^{n} a_n =$

④ $\displaystyle\sum_{n=1}^{k} a_k =$

새로운 기호가 필요하다!

① 어떤 수열인지?

② 몇 번째 항부터 몇 번째 항까지 더하는지?

연구11 다음을 유도하시오.　　　　　　　　　　**연구12** 빈칸에 알맞은 값을 쓰시오.

---

8 Σ의 성질

연구11

① $\displaystyle\sum_{k=1}^{n}(a_k+b_k)=\sum_{k=1}^{n}a_k+\sum_{k=1}^{n}b_k$

② $\displaystyle\sum_{k=1}^{n}(a_k-b_k)=\sum_{k=1}^{n}a_k-\sum_{k=1}^{n}b_k$

③ $\displaystyle\sum_{k=1}^{n}ca_k=c\sum_{k=1}^{n}a_k$ (단, c는 상수)

④ $\displaystyle\sum_{k=1}^{n}c=cn$

연구12 【ex】 빈칸에 알맞은 값을 쓰시오.

① $\displaystyle\sum_{k=1}^{n}a_k=\sum_{k=1}^{n-1}a_k+[\qquad]$

① $\displaystyle\sum_{k=1}^{n}a_k=\sum_{k=1}^{m}a_k+\sum_{k=[\quad]}^{n}a_k$ (단, $m<n$)

③ $\displaystyle\sum_{k=1}^{n}a_{k+m}=\sum_{k=[\quad]}^{[\quad]}a_k$

④ $\displaystyle\sum_{k=1}^{2n}a_k=\sum_{k=1}^{[\quad]}a_{2k-1}+\sum_{k=1}^{[\quad]}a_{2k}$

✎ Σ의 성질

① $\displaystyle\sum_{k=1}^{n}(a_k+b_k)$

② $\displaystyle\sum_{k=1}^{n}(a_k-b_k)$

③ $\displaystyle\sum_{k=1}^{n}ca_k$

④ $\displaystyle\sum_{k=1}^{n}c$

[연구13] 빈칸에 알맞은 식을 쓰시오.

① $\displaystyle\sum_{k=1}^{n} k =$ 　　② $\displaystyle\sum_{k=1}^{n} k^2 =$

③ $\displaystyle\sum_{k=1}^{n} k^3 =$

[연구14] $\dfrac{1}{A \cdot B} = \dfrac{1}{B-A}\left(\dfrac{1}{A} - \dfrac{1}{B}\right)$ 를 유도하시오.

[연구15] 아래 식을 계산하시오.

① $\displaystyle\sum_{k=1}^{n} kn^2 =$ 　　② $\displaystyle\sum_{n=1}^{k} kn^2 =$

---

⑨ 자연수의 거듭제곱의 합

① $\displaystyle\sum_{k=1}^{n} k =$

② $\displaystyle\sum_{k=1}^{n} k^2 =$

③ $\displaystyle\sum_{k=1}^{n} k^3 =$

$$\sum_{k=1}^{n} (a_k - a_{k+1}) = a_1 - a_{n+1}$$

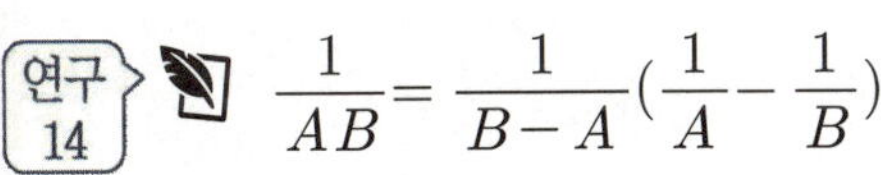

연구 14 　$\dfrac{1}{AB} = \dfrac{1}{B-A}\left(\dfrac{1}{A} - \dfrac{1}{B}\right)$

연구 15 　**【ex】** 아래 식을 계산하시오.

① $\displaystyle\sum_{k=1}^{n} kn^2 =$

② $\displaystyle\sum_{n=1}^{k} kn^2 =$

✎ 자연수의 거듭제곱의 합

① 등차수열의 합의 공식을 이용하면

② $(k+1)^3 - k^3 = 3k^2 + 3k + 1$

→ $k=1$일 때, $\quad 2^3 - 1^3 = 3 \cdot 1^2 + 3 \cdot 1 + 1$

$k=2$일 때, $\quad 3^3 - 2^3 = 3 \cdot 2^2 + 3 \cdot 2 + 1$

$k=3$일 때, $\quad 4^3 - 3^3 = 3 \cdot 3^2 + 3 \cdot 3 + 1$

$$\vdots \qquad\qquad \vdots$$

$k=n$일 때, $(n+1)^3 - n^3 = 3n^2 + 3n + 1$

→ $(n+1)^3 - 1^3$

$\quad = 3(1^2 + 2^2 + \cdots + n^2) + 3(1 + 2 + \cdots + n)$

$\qquad\qquad\qquad\qquad + (1 + 1 + \cdots + 1)$

$\quad = 3\displaystyle\sum_{k=1}^{n} k^2 + 3 \cdot \dfrac{n(n+1)}{2} + n$

→ $\displaystyle\sum_{k=1}^{n} k^2 = \dfrac{1}{3}\left\{(n+1)^3 - 3 \cdot \dfrac{n(n+1)}{2} - n - 1\right\}$

$\qquad\qquad = \dfrac{n(n+1)(2n+1)}{6}$

[연구16] 수학적 귀납법이 무엇인지 서술하시오.

[연구17] 수열의 귀납적 정의가 무엇인지 서술하시오.

[연구18] 등차수열의 점화식 2가지를 쓰시오.

[연구19] 등비수열의 점화식 2가지를 쓰시오.

⑩ 수학적 귀납법

연구 16 〉 자연수 n에 대하여 명제 $P(n)$이 성립함을 보이려 할 때

✎ 수학적 귀납법

⑪ 수열의 귀납적 정의(점화식)

연구 17 〉 첫째항과 이웃하는 두 항 사이의 관계식으로 수열을 정의하는 것

연구 18 〉 ✎ 등차수열의 점화식

연구 19 〉 ✎ 등비수열의 점화식

역대 수능·모의고사 기출 문항 출제 의도

Ⅰ.지수·로그 함수

[출제의도] 거듭제곱근의 정의를 이용하여 조건을 만족시키는 미지수의 값을 구하는 문제를 해결한다.
[출제의도] 지수법칙을 이용하여 식의 값을 계산하는 문제를 해결한다.
[출제의도] 로그의 성질을 이용하여 식의 값을 계산하는 문제를 해결한다.
[출제의도] 지수함수의 그래프 이해하는 문제를 해결한다.
[출제의도] 지수함수의 그래프 이용하여 주어진 부등식의 참, 거짓을 판별하는 문제를 해결한다.
[출제의도] 지수가 포함된 방정식과 부등식의 해를 구하는 문제를 해결한다.
[출제의도] 로그함수의 그래프 이해하는 문제를 해결한다.
[출제의도] 로그함수의 그래프 이용하여 주어진 부등식의 참, 거짓을 판별하는 문제를 해결한다.
[출제의도] 로그가 포함된 방정식과 부등식의 해를 구하는 문제를 해결한다.
[출제의도] 지수함수와 로그함수의 그래프의 대칭 관계를 이용하여 문제를 해결한다.

Ⅱ.삼각함수

[출제의도] 호도법을 활용하여 문제를 해결한다.
[출제의도] 삼각함수의 정의를 이해하는 문제를 해결한다.
[출제의도] 삼각함수 사이의 관계를 이해하는 문제를 해결한다.
[출제의도] 삼각함수의 성질을 이해하여 주어진 조건을 만족시키는 값을 구하는 문제를 해결한다.
[출제의도] 삼각함수의 그래프를 이해하여 교점의 개수를 구하는 문제를 해결한다.
[출제의도] 삼각함수의 주기성을 이용하여 주어진 조건을 만족시키는 자연수의 개수를 구하는 문제를 해결한다.
[출제의도] 삼각함수의 최댓값과 최솟값을 구하는 문제를 해결한다.
[출제의도] 삼각함수가 포함된 방정식과 부등식의 해를 구하는 문제를 해결한다.
[출제의도] 사인법칙을 이용하여 삼각형의 외접원의 반지름의 길이를 구하는 문제를 해결한다.
[출제의도] 사인법칙과 코사인법칙을 이용하여 선분의 길이를 구하는 문제를 해결한다.
[출제의도] 사인법칙과 코사인법칙을 이용하여 삼각형의 넓이 구하는 문제를 해결한다.

Ⅲ.수열

[출제의도] 등차수열과 등비수열의 일반항을 구하는 문제를 해결한다.
[출제의도] 등차수열과 등비수열의 공차와 공비를 구하는 문제를 해결한다.
[출제의도] 등차수열과 등비수열의 합을 이용하여 문제를 해결한다.
[출제의도] 등차중항과 등비중항을 이용하여 수열의 항의 값을 구하는 문제를 해결한다.
[출제의도] 도형에 활용된 수열에 관련된 문제를 해결한다.
[출제의도] 주어진 두 수열의 관계를 이해하여 수열의 항의 값을 구하는 문제를 해결한다.
[출제의도] 수열의 합과 일반항 사이의 관계를 이용하여 문제를 해결한다.
[출제의도] 합의 기호의 성질을 이용하여 수열의 합을 구하는 문제를 해결한다.
[출제의도] 자연수의 거듭제곱의 합을 계산하여 값을 구하는 문제를 해결한다.
[출제의도] 수열의 귀납적 정의를 이용하여 수열의 항을 구하는 문제를 해결한다.
[출제의도] 수학적 귀납법을 이용하여 명제를 증명하는 문제를 해결한다.

수학 II

「교과서 학습 목표」

1.함수의 극한

☐ 함수의 극한의 뜻을 안다.

☐ 함수의 극한에 대한 성질을 이해하고,
여러 가지 함수의 극한값을 구할 수 있다.

☐ 함수의 연속의 뜻을 안다.

☐ 연속함수의 성질을 이해하고,
이를 활용할 수 있다.

2. 미분법

☐ 미분계수의 뜻을 알고, 그 값을 구할 수 있다.

☐ 미분계수의 기하학적 의미를 안다.

☐ 미분가능성과 연속성의 관계를 이해한다.

☐ 함수 $y = x^n$ (n은 양의 정수)의
도함수를 구할 수 있다.

☐ 함수의 실수배, 합, 차, 곱의 미분법을 알고,
다항함수의 도함수를 구할수 있다.

☐ 접선의 방정식을 구할 수 있다.

☐ 함수에 대한 평균값 정리를 이해한다.

☐ 함수의 증가와 감소, 극대와 극소를
판정하고 설명할 수 있다.

☐ 함수의 그래프의 개형을 그릴 수 있다.

☐ 방정식과 부등식에 활용할 수 있다.

☐ 속도와 가속도에 대한 문제에 활용할 수 있다.

3.적분법

☐ 부정적분의 뜻을 안다.

☐ 함수의 실수배 합, 차의 부정적분을 알고,
다항함수의 부정적분을 구할 수 있다.

☐ 정적분의 뜻을 안다.

☐ 부정적분과 정적분의 관계를 이해하고,
이를 이용하여 정적분을 구할 수 있다.

☐ 곡선으로 둘러싸인 도형의 넓이를 구할 수 있다.

☐ 정적분을 활용하여
속도와 거리에 대한 문제를 해결할 수 있다.

「수학Ⅱ」 Ⅰ.함수의 극한

미리 알아야 할 단원
수학(상) − 3.도형의 방정식
수학(하) − 2.함수

▣ 1 극한의 개념

: ∞ 한없이 커지는 상태를 나타내는
기호
: 어떠한 변수가 어떤 일정한 수에 한없이
가까워지는 일
: 수렴하지 않음
: 그 일정한 수.

▣ 2 함수의 수렴 (1)

함수 $f(x)$에서 x가 한없이 커질 때,
$f(x)$의 값이 일정한 값 α에
한없이 가까워지면,
$f(x)$는 α에 수렴한다고 한다.

✎ 함수의 수렴 (1)

연구01 $x = a$에서 함수 $f(x)$의 극한값 α가
존재한다는 것의 기호와 뜻을 쓰시오.

---

3 함수의 수렴 (2)

연구 01 함수 $f(x)$에서 x가 a가 아닌 값을 가지면서
a에 한없이 가까워 질 때,
$f(x)$의 값이 일정한 값 α에 한없이 가까워지면,
$f(x)$는 α에 수렴한다고 한다. α를 $x = a$에서
$f(x)$의 극한값 또는 극한이라고 한다.

✎ $x \to a$ 는 x의 값이 a에 한 없이 가까워짐을
뜻하므로 $x \neq a$이다.

✎ 함수의 수렴 (2)

【ex】 $f(x) = \dfrac{x^2 - 1}{x - 1}$

【ex】 $f(x) = \begin{cases} x + 1 & (x \neq 1) \\ 3 & (x = 1) \end{cases}$ 일 때

$$f(1) = \qquad \lim_{x \to 1} f(x) =$$

4 함수의 발산

함수 $f(x)$에서 x가 a가 아닌 값을 가지면서 a에 한없이 가까워 질 때, $f(x)$의 절대 값이 한없이 커질 때 무한대로 발산한다고 한다.

$$\lim_{x \to a} f(x) = \begin{cases} \infty & \Rightarrow \ 양의무한대로 \ 발산 \\ -\infty & \Rightarrow \ 음의무한대로 \ 발산 \end{cases}$$

$x \to a$ 를 $x \to a-$, $x \to a+$, $x \to \infty$, $x \to -\infty$ 로 바꾸어도 성립

함수의 발산

【ex】 $f(x) = \dfrac{1}{|x|}$ 【ex】 $f(x) = -\dfrac{1}{|x|}$

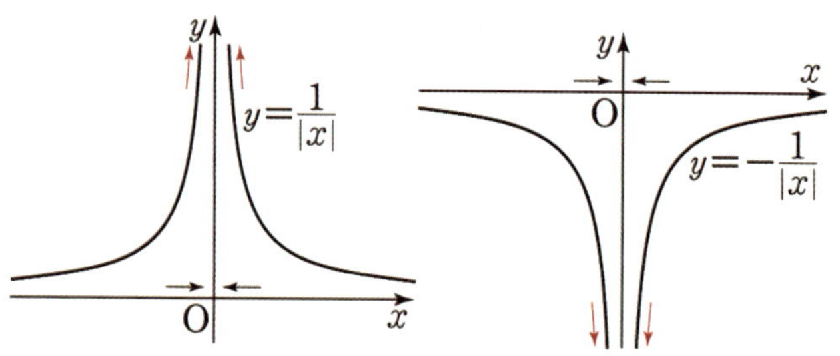

5 좌극한과 우극한

: x가 a보다 작으면서
a에 한없이 가까워진다.

: x가 a보다 크면서
a에 한없이 가까워진다.

①좌극한

x가 a보다 작으면서 a에 한없이 가까워질 때,
$f(x)$가 일정한 값 α에 한없이 가까워진다.

②우극한

x가 a보다 크면서 a에 한없이 가까워질 때,
$f(x)$가 일정한 값 α에 한없이 가까워진다.

③극한값의 존재

✎ 좌극한과 우극한

【ex】 $f(x) = \begin{cases} -x & (x \leq 1) \\ x-1 & (x > 1) \end{cases}$

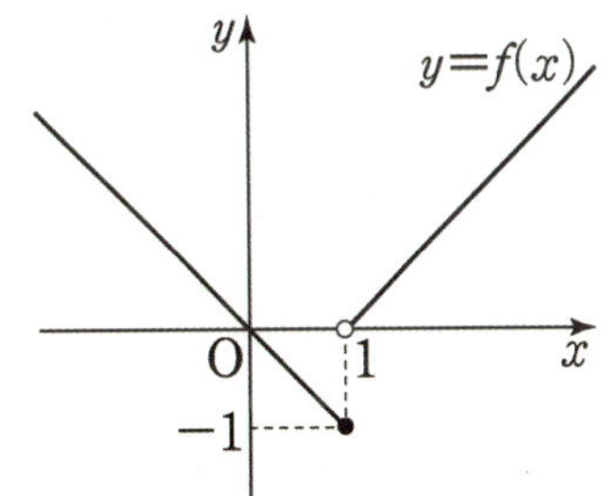

$\displaystyle \lim_{x \to 1-} f(x) =$

$\displaystyle \lim_{x \to 1+} f(x) =$

$\displaystyle \lim_{x \to 1} f(x)$

【ex】

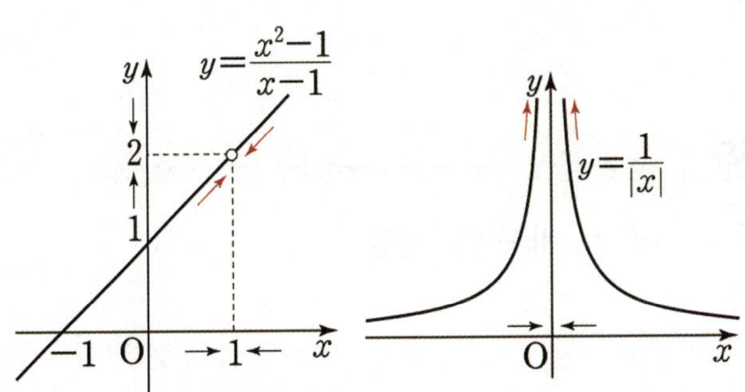

연구02 아래 함수의 극한의 성질이 성립할 조건을 쓰시오.

연구03 $\lim\limits_{x \to a} f(x) = \alpha$, $\lim\limits_{x \to a} g(x) = \beta$일 때,

- $f(x) < g(x)$이면 $\lim\limits_{x \to a} f(x)$ [　] $\lim\limits_{x \to a} g(x)$이다.

- $f(x) < h(x) < g(x)$이고 $\alpha = \beta$ 이면

$\lim\limits_{x \to a} h(x) = [\quad]$ 이다.

6　함수의 극한에 관한 성질

연구 02

① $\lim\limits_{x \to a} cf(x) = c\lim\limits_{x \to a} f(x) = c\alpha$ (단, c는 상수)

② $\lim\limits_{x \to a}\{f(x) + g(x)\} = \lim\limits_{x \to a} f(x) + \lim\limits_{x \to a} g(x) = \alpha + \beta$

③ $\lim\limits_{x \to a}\{f(x) - g(x)\} = \lim\limits_{x \to a} f(x) - \lim\limits_{x \to a} g(x) = \alpha - \beta$

④ $\lim\limits_{x \to a} f(x)g(x) = \lim\limits_{x \to a} f(x)\lim\limits_{x \to a} g(x) = \alpha\beta$

⑤ $\lim\limits_{x \to a} \dfrac{f(x)}{g(x)} = \dfrac{\lim\limits_{x \to a} f(x)}{\lim\limits_{x \to a} g(x)} = \dfrac{\alpha}{\beta}$ (단, $\beta \neq 0$)

연구 03

⑥ $f(x) < g(x)$이면

⑦ $f(x) < h(x) < g(x)$이고 $\alpha = \beta$ 이면

✎ $x \to a$ 를 $x \to a-$, $x \to a+$, $x \to \infty$, $x \to -\infty$ 로 바꾸어도 성립

✎　함수의 극한에 관한 성질

[연구04] 다음 가정에 대한 결론으로 알맞은 것을 쓰고 이를 유도하시오.

① $\lim\limits_{x \to a} \dfrac{f(x)}{g(x)} = \alpha$ 이고 $\lim\limits_{x \to a} g(x) = 0$ 이면

② $\lim\limits_{x \to a} \dfrac{f(x)}{g(x)} = \alpha \neq 0$ 이고 $\lim\limits_{x \to a} f(x) = 0$ 이면

③ $\lim\limits_{x \to a} f(x) = \infty$ 이고 $\lim\limits_{x \to a} f(x)g(x) = \alpha$ 이면

---

7 극한의 성질의 활용

✎ 극한의 성질의 활용

연구 04

① $\lim\limits_{x \to a} \dfrac{f(x)}{g(x)} = \alpha$ 이고 $\lim\limits_{x \to a} g(x) = 0$ 이면

② $\lim\limits_{x \to a} \dfrac{f(x)}{g(x)} = \alpha \neq 0$ 이고 $\lim\limits_{x \to a} f(x) = 0$ 이면

③ $\lim\limits_{x \to a} f(x) = \infty$ 이고 $\lim\limits_{x \to a} f(x)g(x) = \alpha$ 이면

8 함수의 극한 문제를 풀 때

부정꼴을 → 확정꼴로 바꿔야 한다.

식을 수렴하는 형태로 바꾸는 게 핵심

① $\dfrac{\infty}{\infty}$: 분모 분자를 (최)고차항으로 나눈다.

② $\infty - \infty$: 최고차항으로 묶는다.

③ $\sqrt{\infty} - \infty$: 유리화

④ $\infty \times 0$: 통분, 인수분해, 약분

⑤ $\dfrac{0}{0}$: 약분

분수의 크기

$$\text{분수} = \frac{\text{분자}}{\text{분모}} \qquad \text{분수} = \frac{\text{분자}}{\text{분모}}$$

$$\text{분수} = \frac{\text{분자}}{\text{분모}} \qquad \text{분수} = \frac{\text{분자}}{\text{분모}}$$

【ex】

$$\frac{1}{10000}, \ \frac{1}{1000}, \ \frac{1}{100}, \ \frac{1}{10}, \ \frac{1}{1}, \ \frac{1}{0.1}, \ \frac{1}{0.01}, \ \frac{1}{0.001}, \ \frac{1}{0.0001}$$

✎ 함수의 극한 문제를 풀 때

부정꼴 vs 확정꼴

$\infty + \infty \to$	$0+0\to$	$0+a\to$	$\infty+a\to$	$\infty+0\to$
$\infty - \infty \to$	$0-0\to$	$0-a\to$	$\infty-a\to$	$\infty-0\to$
$\infty \times \infty \to$	$0\times 0\to$	$0\times a\to$	$\infty\times a\to$	$\infty\times 0\to$
$\dfrac{\infty}{\infty}\to$	$\dfrac{0}{0}\to$	$\dfrac{a}{0}\to$	$\dfrac{\infty}{a}\to$	$\dfrac{\infty}{0}\to$
		$\dfrac{0}{a}\to$	$\dfrac{a}{\infty}\to$	$\dfrac{0}{\infty}\to$

【ex】 $x \to \infty$ 일 때

$\infty + \infty \to$	$\dfrac{0}{0}\to$	$\infty \times 0 \to$
$x + 2x =$		$x \times \dfrac{1}{x} =$
$2x + x =$	$\dfrac{\left(\frac{1}{x}\right)}{\left(\frac{1}{x}\right)} =$	
$x + x^2 =$		$x \times \dfrac{1}{x^2} =$
$\infty - \infty \to$		$x^2 \times \dfrac{1}{x} =$
$x - 2x =$	$\dfrac{\left(\frac{1}{x}\right)}{\left(\frac{1}{x^2}\right)} =$	
$2x - x =$		
$x - x =$		
$\dfrac{\infty}{\infty} \to$	$\dfrac{\left(\frac{1}{x^2}\right)}{\left(\frac{1}{x}\right)} =$	
$\dfrac{x}{x} =$		
$\dfrac{x^2}{x} =$		
$\dfrac{x}{x^2} =$		

[연구05] 함수 $f(x)$가 $x=a$에서 연속이 되도록
하는 조건을 쓰시오.

---

9 $f(x)$가 $x=a$에서 연속

연구 05

10 연속함수의 뜻

어떤 구간에 속하는 모든 점에서 연속일 때,
함수가 그 구간에서 연속 또는 연속함수라고
한다.

$[a,\ b]$

$[a,\ b)$

$(a,\ b]$

$(a,\ b)$

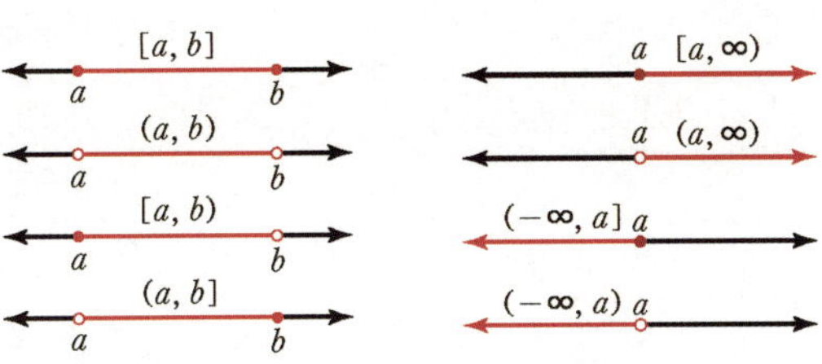

$f(x)$: 폐구간 $[a,b]$에서 연속

✎ $f(x)$가 $x=a$에서 연속

①   ②   ③

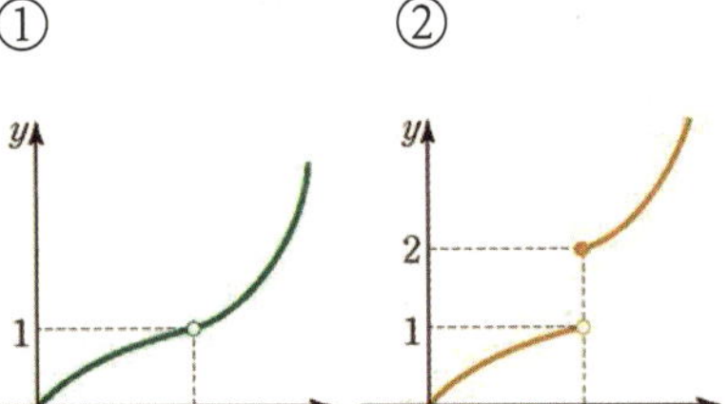

연구06 $x = a$ 에서 연속인 두 함수 $f(x)$, $g(x)$에
대하여 다음 함수도 $x = a$에서 연속임을
유도하시오.

❚❚ 연속함수의 성질

연구 06

$f(x)$와 $g(x)$가 $x = a$에서 연속이면,
다음 함수도 $x = a$에서 연속이다.

① $y = f(x) \pm g(x)$

② $y = cf(x)$ (단, c는 상수)

③ $y = f(x)g(x)$

④ $y = \dfrac{f(x)}{g(x)}$ $(g(a) \neq 0)$

✒ $f(x)$가 $x = a$에서 연속이고
$g(x)$가 $x = f(a)$에서 연속이면
$g(f(x))$는 $x = a$에서 연속

✎ 연속함수의 성질

[연구07] 함수 $f(x)$가 $x = a$에서만 불연속이고 함수 $g(x)$가 연속함수일 때, 함수 $f(x)g(x)$가 실수 전체에서 연속이기 위해 성립하는 조건을 쓰고 이를 유도하시오. ($x = a$에서 $f(x)$의 좌극한, 우극한이 각각 존재는 경우만 유도하자)

[연구08] 연속함수 $g(x)$와 $h(x)$에 대하여, 함수

$$f(x) = \begin{cases} g(x) & (x \leq a) \\ h(x) & (x > a) \end{cases}$$

가 실수 전체에서 연속일 조건을 쓰고 이를 유도하시오.

연구
07

연구
08

연구09 최대·최소의 정리를 쓰시오.

---

12 최대·최소 정리

✎ 최대·최소 정리

연구
09
함수 $f(x)$가 폐구간 $[a,\ b]$에서 연속이면,
$f(x)$는 이 구간에서 반드시 최댓값과 최솟값을
가진다.

[연구10] 사잇값 정리를 쓰시오.

[연구11] 함수 $f(x)$가 폐구간 $[a, b]$에서 연속이고
$f(a) \times f(b) < 0$일 때, 성립하는 것을 쓰시오.

⓭ 사잇값 정리

[연구 10] 함수 $f(x)$가 폐구간 $[a, b]$에서 연속이고
$f(a) \neq f(b)$이면, $f(a)$와 $f(b)$ 사이의 임의의
값 k에 대하여 다음을 만족시키는 c가 열린구간
(a, b)에 적어도 하나 존재한다.

$$f(c) = k$$

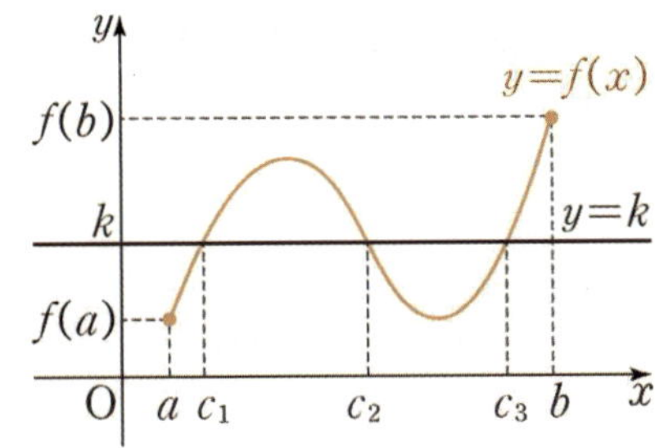

[연구 11] 함수 $f(x)$가 폐구간 $[a, b]$에서 연속이고
$f(a) \times f(b) < 0$이면?

✎ 사잇값 정리

「수학Ⅱ」 Ⅱ.미분법

연구01 함수 $y = f(x)$에서 x의 값이 a에서 b까지 변할 때 평균변화율을 구하시오.

1 평균변화율

연구 01

함수 $y = f(x)$ 에서 x의 값이 a에서 b까지 변할 때의 평균변화율은

x의 증분 Δx에 대한 y의 증분 Δy의 비율
$(\Delta x = b - a,\ \Delta y = f(b) - f(a))$

✎ 평균변화율

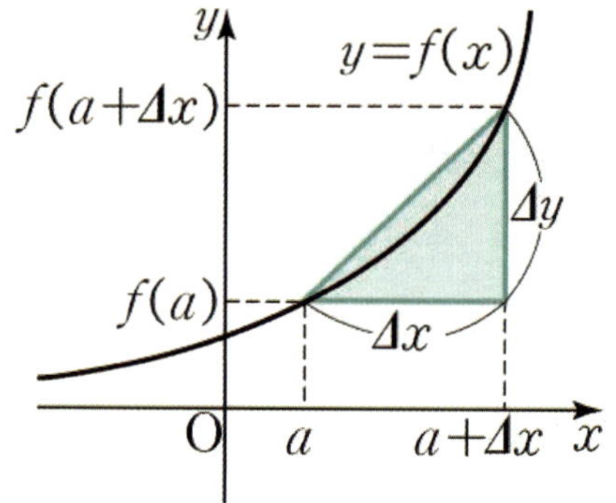

[연구02] 함수 $f(x)$의 $x = a$에서의

①미분계수 ②좌미분계수 ③우미분계수

를 쓰시오.

---

2 미분계수

함수 $f(x)$의 $x = a$에서의

[연구 02] ①미분계수 (순간변화율)

②좌미분계수:

③우미분계수:

기하학적인 의미:

✑ 미분계수

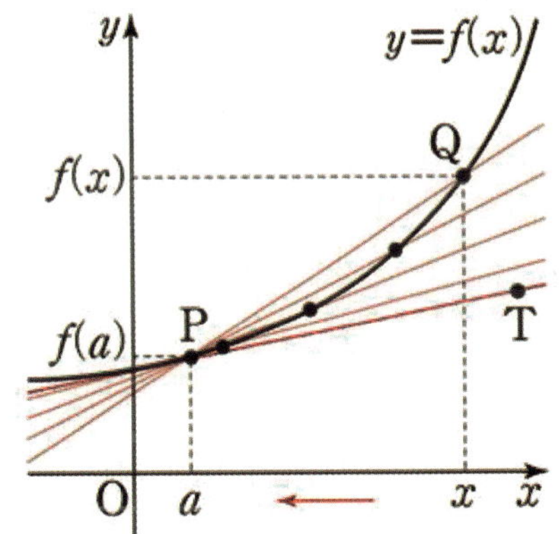

함수 $f(x)$의 $x = a$에서의 좌극한

함수 $f(x)$의 $x = a$에서의 좌미분계수

함수 $g(x) = \dfrac{f(x) - f(a)}{x - a}$의 $x = a$에서의 좌극한

[연구03] 함수 $f(x)$의 $x = a$에서의 미분가능하다는 것의

①정의를 쓰고

②조건을 쓰고

③조건을 유도하시오.

[연구04] 함수 $y = f(x)$가 $x = a$에서

①미분가능하면 연속인가?

아니라면 예를 드시오.

②연속이면 미분가능한가?

아니라면 예를 드시오.

③ 미분 가능성

연구 03
①정의:
②조건:

함수 $f(x)$가 $x = a$에서의 미분계수 $f'(a)$가 존재할 때, 함수 $f(x)$는 $x = a$에서 미분가능하다고 말한다.

함수 $f(x)$가 어떤 구간에 속하는 모든 x값에서 미분가능할 때, 함수 $f(x)$는 그 구간에서 미분가능하다고 한다.

함수 $f(x)$가 정의역에 속하는 모든 x값에서 미분가능할 때, 함수 $f(x)$는 미분가능한 함수라고 한다.

연구 04
$y = f(x)$가 $x = a$에서

미분가능 $\rightleftarrows$ 연속

✎ 미분 가능성

③조건 유도하기

연구05 미분가능한 함수 $g(x)$와 $h(x)$에 대하여, 함수

$$f(x) = \begin{cases} g(x) & (x \le a) \\ h(x) & (x > a) \end{cases}$$

가 실수 전체에서 미분가능할 조건을 쓰고 이를 유도하시오.

연구06 함수 $y = f(x)$의 도함수의 기호와 정의를 쓰시오.

---

④ 도함수

i 함수 $f(x)$에서 도함수 $f'(x)$를 구하는 것을 $f(x)$를 x에 대하여 '미분한다'고 하고, 그 계산법을 '미분법'이라 한다.

연구 06 ⟩ $y = f(x)$가 미분가능한 함수일 때

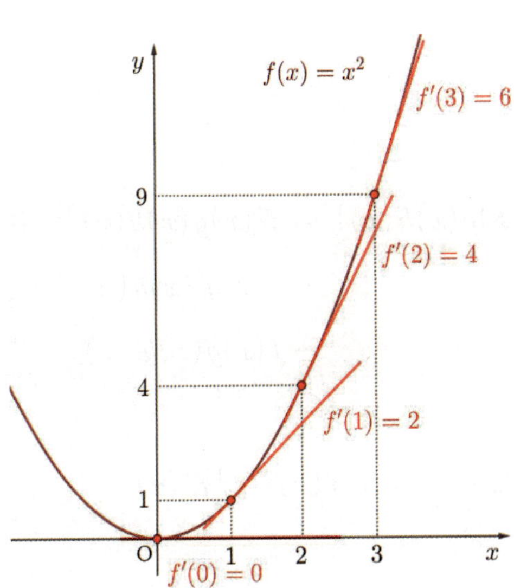

연구07 미분가능한 두 함수 $f(x)$, $g(x)$에 대하여
아래 식이 성립함을 유도하시오.

$① \{c\}' = 0$

$② \{x^n\}' = nx^{n-1}$

$③ \{cf(x)\}' = cf'(x)$

---

5 미분법의 공식

연구 07 미분가능한 두 함수 $f(x)$, $g(x)$에 대하여

$① \{c\}' = 0$

$② \{x^n\}' = nx^{n-1}$

$③ \{cf(x)\}' = cf'(x)$

$④ \{f(x) + g(x)\}' = f'(x) + g'(x)$

$⑤ \{f(x) - g(x)\}' = f'(x) - g'(x)$

$⑥ \{f(x)g(x)\}' = f'(x)g(x) + f(x)g'(x)$

$$⑦ \{f(x)g(x)h(x)\}' = f'(x)g(x)h(x) \\ + f(x)g'(x)h(x) \\ + f(x)g(x)h'(x)$$

$⑧ (\{f(x)\}^n)' = n\{f(x)\}^{n-1}f'(x)$

✎ 미분법의 공식

④$\{f(x)+g(x)\}' = f'(x)+g'(x)$

⑤$\{f(x)-g(x)\}' = f'(x)-g'(x)$　　　　⑥$\{f(x)g(x)\}' = f'(x)g(x)+f(x)g'(x)$

연구08 곡선 $y = f(x)$ 위의 점 $(a, f(a))$에서의 접선의 방정식을 쓰시오.

연구09 최대·최소의 정리를 쓰시오.

연구10 사이값 정리를 쓰시오.

---

6 접선의 방정식

연구 08 곡선 $y = f(x)$ 위의 점 $P(a, f(a))$ 에서의 접선의 방정식은

i '사잇값의 정리'가
'롤의 정리'와 '평균값의 정리'와는 관계가 없지만,
'c가 열린구간 (a, b)에 적어도 하나
존재한다'는
결론이 비슷하니 잘 비교해서 보자.
그래야 실전에서 잘 쓸 수 있다!

연구 09 최대·최소의 정리

연구 10 사이값 정리

[연구11] 롤의 정리를 쓰시오   **[연구12]** 롤의 정리를 유도하시오.

7 롤의 정리

연구 11 함수 $f(x)$가 폐구간 $[a,\ b]$에서 연속이고

개구간 $(a,\ b)$에서 미분가능할 때,

$f(a)=f(b)$이면

$f'(c)=0\ (a<c<b)$인 c가 개구간 $(a,\ b)$에

적어도 하나 존재한다.

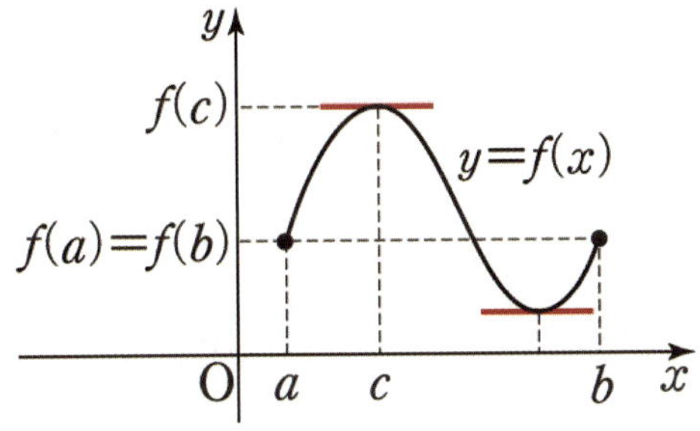

✎ 롤의 정리

연구 12

[연구13] 평균값의 정리를 쓰시오.

[연구14] 평균값의 정리를 유도하시오.

[연구15] 함수 $f(x)$가 어떤 구간에서

①증가한다는 것의 정의를 쓰시오.

②감소한다는 것의 정의를 쓰시오.

8 평균값의 정리

연구 13 함수 $f(x)$가 폐구간 $[a, b]$에서 연속이고 개구간 (a, b)에서 미분가능하면

$$\frac{f(b)-f(a)}{b-a}=f'(c) \quad (\text{단, } a<c<b)$$

인 c가 개구간 (a, b) 안에 적어도 하나 존재한다.

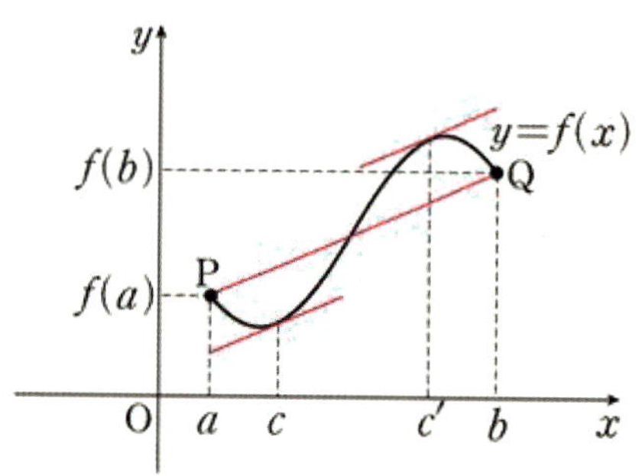

✎ 평균값의 정리

연구 14

[연구16] 함수 $f(x)$가 어떤 구간에서 미분가능하고, 그 구간의 모든 x에 대하여 $f'(x) > 0$이면 $f(x)$는 이 구간에서 증가함을 유도하시오.

[연구17] 미분가능한 함수 $f(x)$에 대하여 다음 명제의 참 거짓을 판별하시오.

① $y = f(x)$가 증가함수이면 $f'(x) > 0$이다.

② $f'(x) > 0$이면 $y = f(x)$가 증가함수이다.

③ $y = f(x)$가 증가함수이면 $f'(x) \geq 0$이다.

④ $f'(x) \geq 0$이면 $y = f(x)$가 증가함수이다.

---

9 함수의 증가와 감소

함수 $f(x)$가 어떤 구간의 임의의 두 수 $x_1,\ x_2$에 대하여

연구 15 **함수의 증가:**

함수의 감소:

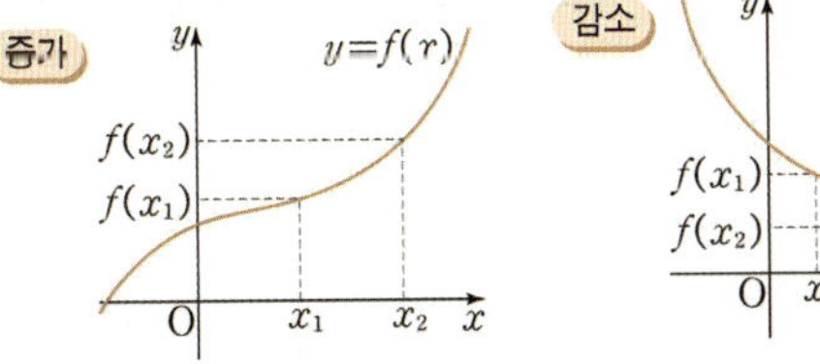

함수 $f(x)$가 어떤 구간에서 미분가능하고, 그 구간에서

연구 16 ① $f'(x) > 0$이면

② $f'(x) < 0$이면

연구 17 $f(x)$ 증가 $\rightleftarrows$ $f'(x) > 0$

$f(x)$ 증가 $\rightleftarrows$ $f'(x) \geq 0$

함수의 증가와 감소

연구18 삼차함수 $y = f(x)$에 대하여 도함수 $y = f'(x)$의 그래프가 다음과 같을 때 알맞은 그래프 개형을 그리시오.

연구 18 ✒ 3차함수의 그래프 개형

$f(x) = ax^3 + bx^2 + cx + d$ 일 때, $f'(x) = 3ax^2 + 2bx + c$ 이므로

$(a > 0)$	$D > 0$	$D = 0$	$D < 0$
$y = f'(x)$ 그래프			
$y = f(x)$ 그래프			

$(a < 0)$	$D > 0$	$D = 0$	$D < 0$
$y = f'(x)$ 그래프			
$y = f(x)$ 그래프			

① 대칭성

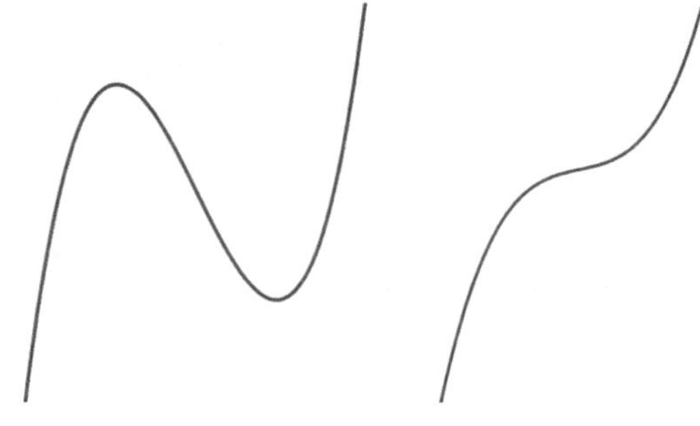

② $\sqrt{3}:1$

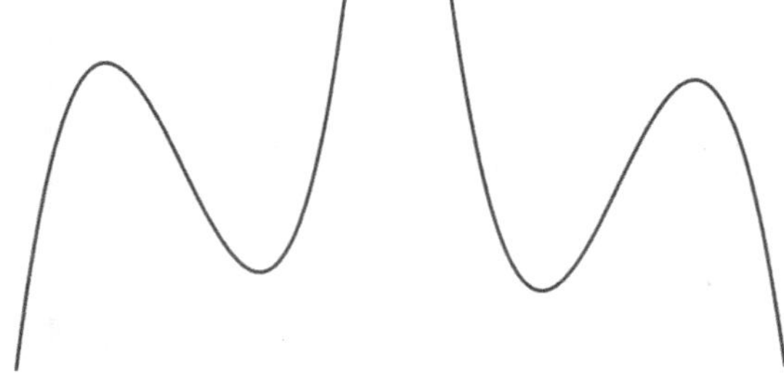

③ $2:1$

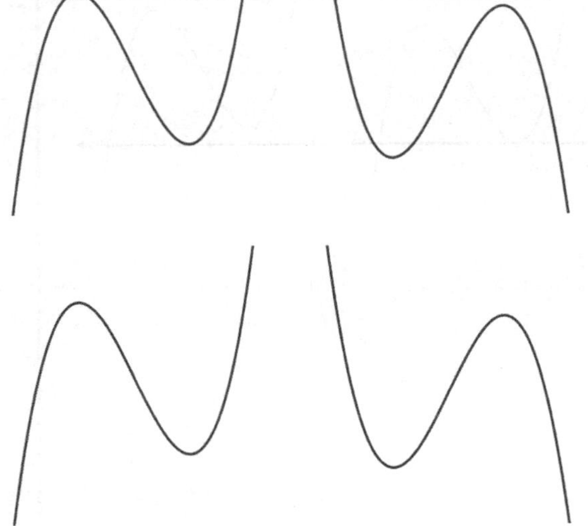

④ 확장

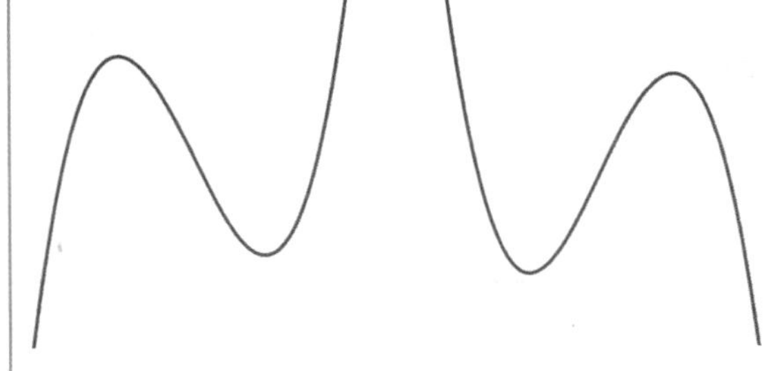

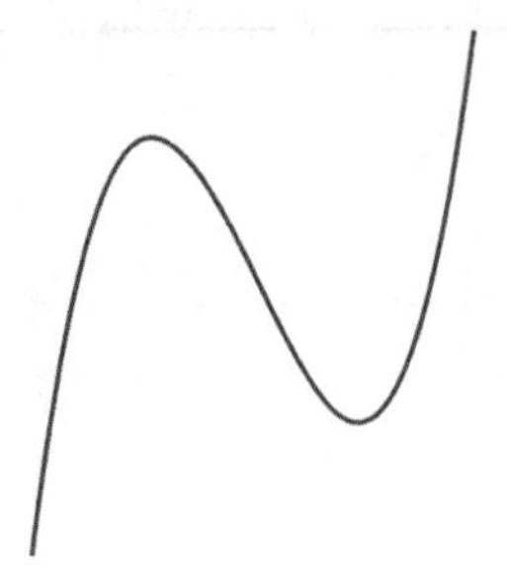

📝 4차함수의 그래프 개형

$f(x) = ax^4 + bx^3 + cx^2 + dx + e$ 일 때, $f'(x) = 4ax^3 + 3bx^2 + 2cx + d$ 이므로

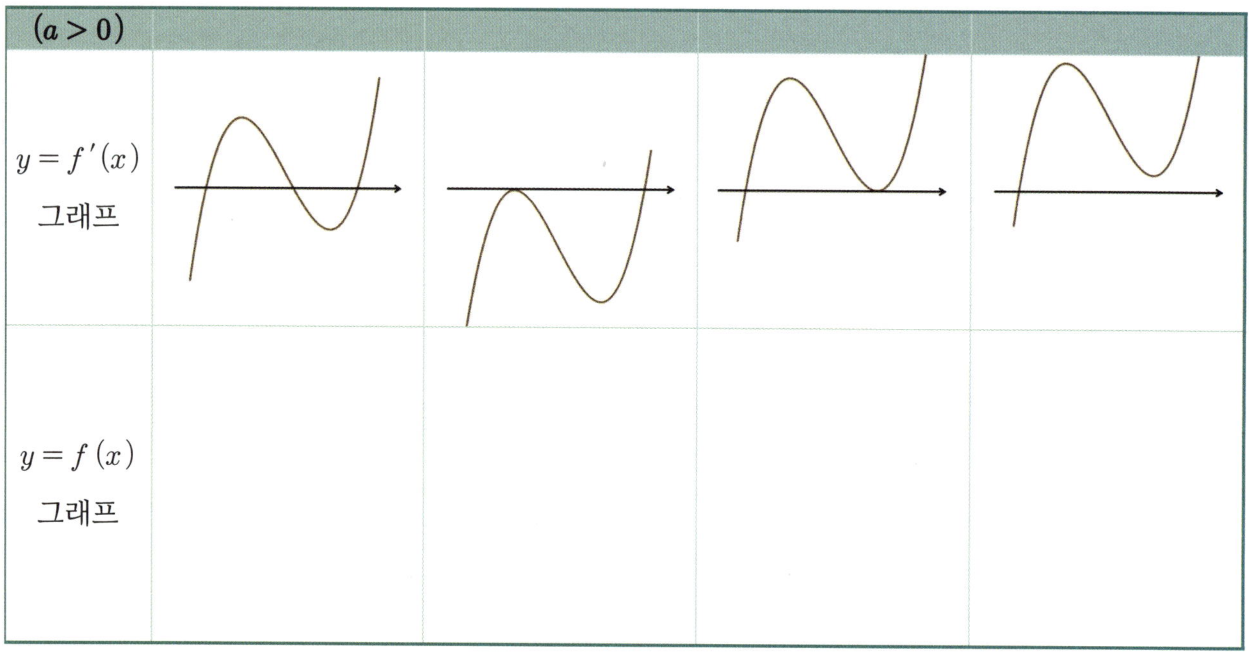

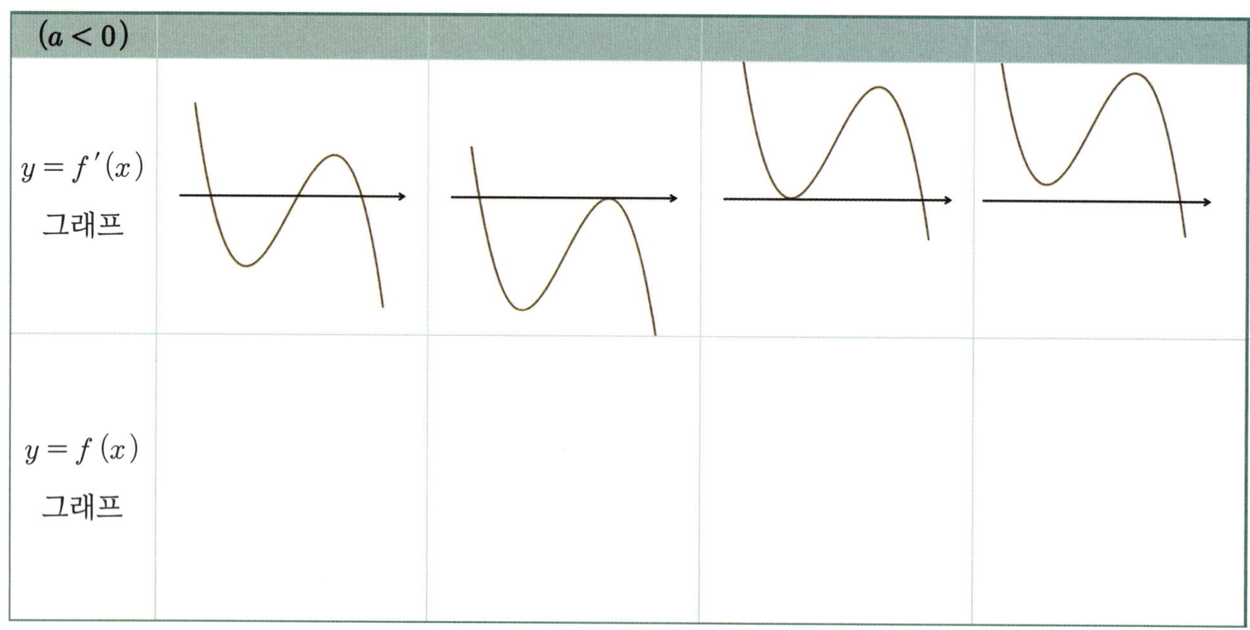

[연구19] 다항함수 $f(x)$가 아래와 같이 표현될 때, $x = \alpha$ 좌우에서 $f(x)$ 그래프의 부호변화 여부를 쓰시오. (단, $g(\alpha) \neq 0$)

① $f(x) = (x - \alpha)^{\text{짝}} g(x)$

② $f(x) = (x - \alpha)^{\text{홀}} g(x)$

[연구20] 다항함수 $f(x)$의 그래프가 $x = a$에서 x축에 접할 때, $f(x) = (x - a)^2 g(x)$이 성립함을 유도하시오.

---

① 대칭성

② $\sqrt{2} : 1$

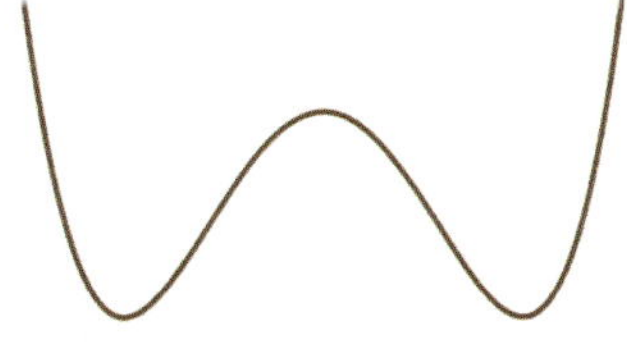

③ $3 : 1$

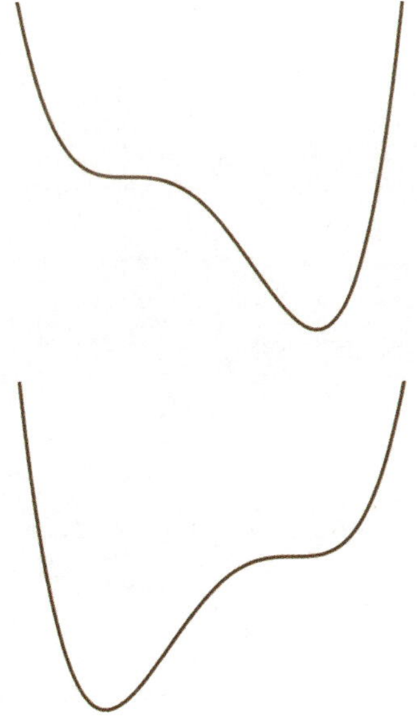

연구 19 ▶ **인수의 차수와 그래프 부호 변화**

$$f(x) = (x - \alpha)^{\text{짝}} g(x) \quad \text{vs} \quad f(x) = (x - \alpha)^{\text{홀}} g(x)$$

연구 20 ▶ $f(x)$의 그래프가 $x = a$에서 x축에 접한다.

$\Leftrightarrow f(a) = 0,\ f'(a) = 0$

$\Leftrightarrow f(x) = (x - a)^2 g(x)$ (단, $f(x)$는 다항함수)

✎ 부호를 활용한 그래프 개형

(1) $y = a(x - \alpha)(x - \beta)$

(2) $y = a(x - \alpha)^2$

(3) $y = a(x - \alpha)(x - \beta)(x - \gamma)$

(4) $y = a(x - \alpha)(x - \beta)^2$

(5) $y = a(x - \alpha)^2(x - \beta)$

(6) $y = a(x - \alpha)^3$

(7) $y = a(x-\alpha)(x-\beta)(x-\gamma)(x-\delta)$

(8) $y = a(x-\alpha)(x-\beta)(x-\gamma)^2$

(9) $y = a(x-\alpha)(x-\beta)^2(x-\gamma)$

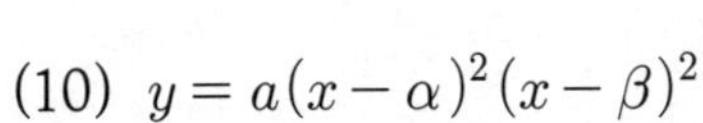

(10) $y = a(x-\alpha)^2(x-\beta)^2$

(11) $y = a(x-\alpha)(x-\beta)^3$

(12) $y = a(x-\alpha)^3(x-\beta)$

(13) 다음은 $y = x^3$과 $y = x^4$의 그래프의 일부이다.
$y = x^3$에 해당되는 부분과 $y = x^4$에 해당되는
부분으로 알맞은 것을 짝지으시오.

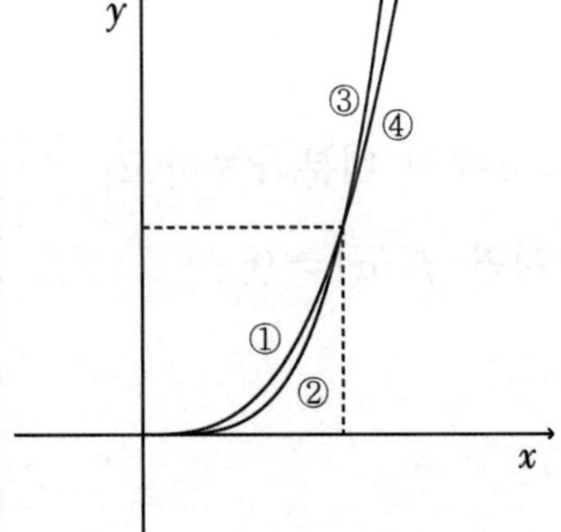

연구21 함수의 극대와 극소의 정의를 쓰시오.

연구22 함수 $f(x)$가 $x = a$에서 미분가능하고, $x = a$에서 극값을 가지면 $f'(a) = 0$임을 유도하시오.

🔟 함수의 극대와 극소

함수 $f(x)$가 $x = a$를 포함하는 어떤 열린구간에 속하는 모든 x에 대하여

연구
21

: $f(a) \geq f(x)$일 때,

$f(x)$는 $x = a$에서 극대라고 한다.

: 극대일 때의 함수값. $f(a)$

: $f(a) \leq f(x)$일 때,

$f(x)$는 $x = a$에서 극소라고 한다.

: 극소일 때의 함수값. $f(a)$

: 극댓값과 극솟값을 통틀어

극값이라 한다.

(함수의 증감이 바뀌는 점에서의 값)

연구
22

①함수 $y = f(x)$가 $x = a$에서 미분가능하고,

$x = a$에서 극값을 가지면 $f'(a) = 0$

②$f'(a) = 0$이고,

$x = a$의 좌우에서 $f'(x)$의 부호가

✎ 함수의 극대와 극소

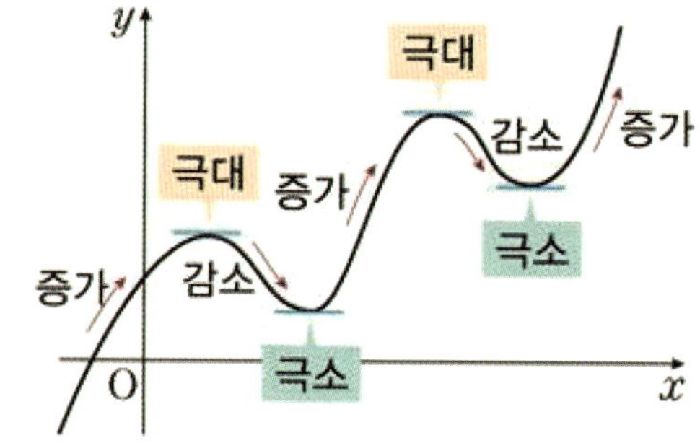

[연구23] 다음 명제의 참 거짓을 판별하시오.

① $x=a$에서 $f(x)$가 극값을 가지면 $f'(a)=0$이다.

② $f'(a)=0$이면 $x=a$에서 $f(x)$가 극값을 가진다.

연구 20

✎ $x=a$에서 $f(x)$가 극값 $\rightarrow$ $f'(a)=0$

✎ $x=a$에서 $f(x)$가 극값 $\leftarrow$ $f'(a)=0$

✎ $x=a$에서 $f(x)$가 극값 $\rightleftarrows$ $f'(x)$ 부호변화
(단, 상수 구간이 없을 경우)

연구24 삼차함수 $f(x)$가 극값을 가질 때,

아래 경우마다 $f(x)=0$의 근의 종류를 쓰시오.

① (극댓값)×(극솟값)<0

② (극댓값)×(극솟값)$=0$

③ (극댓값)×(극솟값)>0

---

11 방정식에의 활용

방정식 $f(x)=0$의 실근은

함수 $y=f(x)$의 그래프와

x축($y=0$)과의 교점의 x좌표이다.

방정식 $f(x)=g(x)$의 실근은 두 함수

$y=f(x)$, $y=g(x)$의 그래프의 교점의

x좌표이다.

연구 21 삼차함수 $f(x)$가 극값을 가질 때,

① (극댓값)×(극솟값)<0 →

② (극댓값)×(극솟값)$=0$ →

③ (극댓값)×(극솟값)>0 →

12 부등식에의 활용

①어떤 구간에서 부등식 $f(x)>0$이

성립함을 보이려면

주어진 구간에서 $y=f(x)$의

최솟값>0임을 보이면 된다.

②어떤 구간에서 부등식 $f(x)>g(x)$이

성립함을 보이려면

$h(x)=f(x)-g(x)$로 놓고,

주어진 구간에서 $y=h(x)$의

최솟값>0임을 보이면 된다.

✎ 방정식에의 활용

i 교과서 미분 단원 후반부에 있는 <속도와 가속도> 내용은 학습의 효율성을 위해 적분 단원의 <속도와 거리>내용과 통합하여 적분단원 마지막에 배치하였다.

「수학Ⅱ」 Ⅲ.적분법

미리 알아야 할 단원
수학2 – 2.미분법

1 부정적분

정의 : 함수 $f(x)$를 도함수로 가지는 함수.
즉, $F'(x) = f(x)$ 가 되는 함수 $F(x)$를 $f(x)$의
부정적분(원시함수)라 한다.

✎ 부정적분

$$\{x^2\}' = 2x \quad \rightarrow \quad \int 2x\,dx =$$

$$\{x^2 + 1\}' = 2x \quad \rightarrow \quad \int 2x\,dx =$$

$$\{x^2 + 33\}' = 2x \quad \rightarrow \quad \int 2x\,dx =$$

연구01 두 함수 $f(x)$, $g(x)$에 대하여 다음이 성립함을 유도하시오.

① $\displaystyle\int x^n\,dx = \frac{x^{n+1}}{n+1} + C$ (단, n은 자연수)

② $\displaystyle\int k\,f(x)\,dx = k\int f(x)\,dx$ (단, k는 상수)

③ $\displaystyle\int \{f(x)+g(x)\}\,dx = \int f(x)\,dx + \int g(x)\,dx$

④ $\displaystyle\int \{f(x)-g(x)\}\,dx = \int f(x)\,dx - \int g(x)\,dx$

---

❷ 부정적분의 성질

① $\displaystyle\int x^n\,dx = \frac{x^{n+1}}{n+1} + C$ (단, n은 자연수) 〔연구 01〕

✎ $\displaystyle\int dx = x + c$

② $\displaystyle\int k\,f(x)\,dx = k\int f(x)\,dx$ (단, k는 상수)

③ $\displaystyle\int \{f(x)+g(x)\}\,dx = \int f(x)\,dx + \int g(x)\,dx$

④ $\displaystyle\int \{f(x)-g(x)\}\,dx = \int f(x)\,dx - \int g(x)\,dx$

✎ $\displaystyle\int \{f(x)g(x)\}\,dx \neq \int f(x)\,dx \int g(x)\,dx$

✒ 부정적분의 성질

연구02 $\{F(x)\}' = f(x)$일 때 $F(b) - F(a)$의

기하학적인 의미를 쓰시오.

(단, $f(x) > 0,\ b > a$)

▣ 정적분(미적분의 기본정리)

연구 02

함수 $f(x)$가 폐구간 $[a,b]$에서 연속이고 $f(x)$의 한 부정적분을 $F(x)$라고 할 때,

▪ 부정적분 $\displaystyle\int f(x)dx$ 는

정적분 $\displaystyle\int_a^b f(x)dx$ 는

▪ 정적분의 값은 아래끝 a, 위끝 b 만으로 결정되므로 적분변수와는 관계가 없다. (But 부정적분은 변수와 관계가 있다)

$$\int_a^b f(x)dx = \int_a^b f(t)dt = \int_a^b f(y)dy = \cdots$$

✎ 정적분(미적분의 기본정리)

$\{F(x)\}' = f(x)$일 때 $F(b) - F(a)$의 기하학적인 의미 (단, $f(x) > 0,\ b > a$)

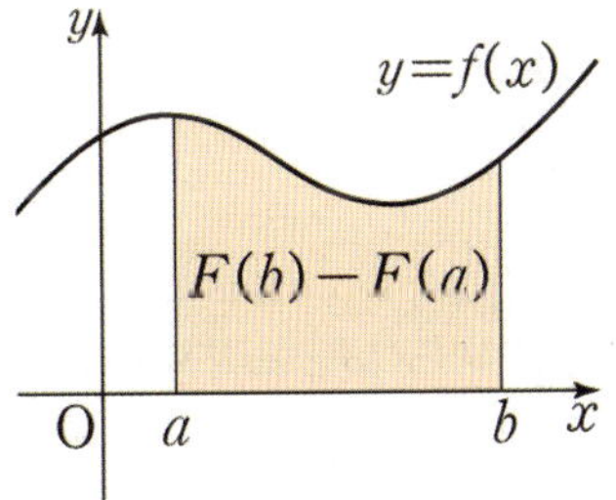

▪ 도함수의 넓이는 원시함수의 높이차

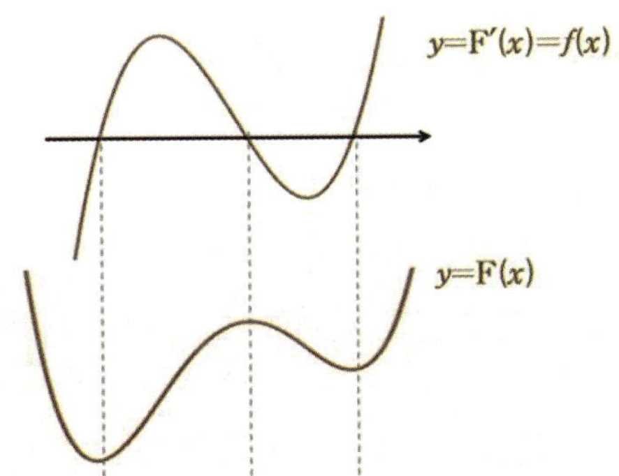

【ex】 $\displaystyle\int tx^2 dx$ vs $\displaystyle\int tx^2 dt$

연구03 함수 $f(x)$가 연속이고 $S(t)$가 $y=f(x)$와 x축 및 $x=a$와 $x=t$로 둘러싸인 도형의 넓이라고 하자(단, $t \geq a$). $f(x) \geq 0$일 때

$$\int_a^t f(x)dx = S(t)$$ 임을 유도하시오.

---

4 정적분의 의미

함수 $f(x)$가 연속이고 $S(t)$가 $y=f(x)$와 x축 및 $x=a$와 $x=t$로 둘러싸인 도형의 넓이라고 하자. (단, $t \geq a$)

① $f(x) \geq 0$일 때 $\displaystyle\int_a^t f(x)dx = S(t)$

② $f(x) \leq 0$일 때 $\displaystyle\int_a^t f(x)dx = -S(t)$

③ 함수 $f(x)$가 양인 부분의 넓이를 S_1, $f(x)$가 음인 부분의 넓이를 S_2라고 하자.

$$\int_a^b f(x)dx = S_1 - S_2$$

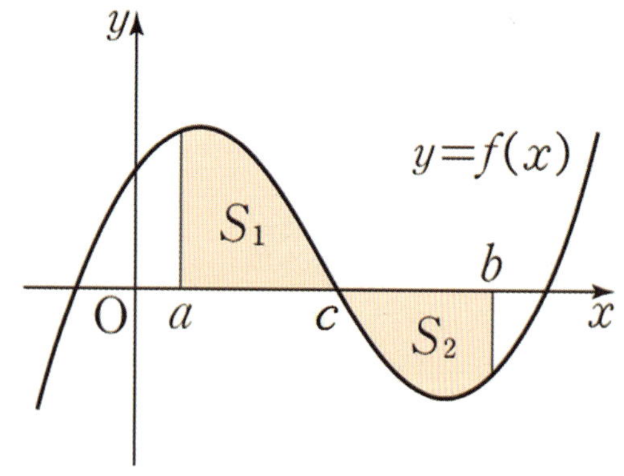

✎ 정적분의 의미

① $f(x) \geq 0$일 때

연구 03

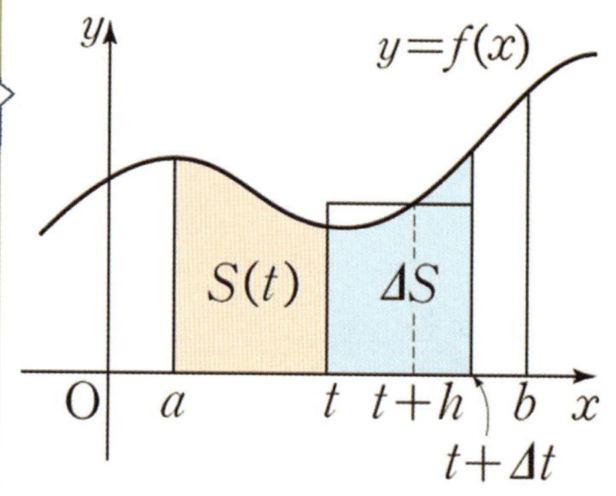

[연구04] 함수 $f(x)$가 연속이고 $S(t)$가 $y=f(x)$와 x축 및 $x=a$와 $x=t$로 둘러싸인 도형의 넓이라고 하자(단, $t \geq a$). $f(x) \leq 0$일 때

$$\int_a^t f(x)dx = -S(t)$$ 임을 유도하시오.

[연구05] 함수 $y=f(x)$의 그래프가 아래 그림과 같을 때 $\int_a^b f(x)dx = S_1 - S_2$임을 유도하시오.

(단, S_1은 양인 부분의 넓이, S_2는 음인 부분의 넓이)

연구 04 ② $f(x) \leq 0$일 때

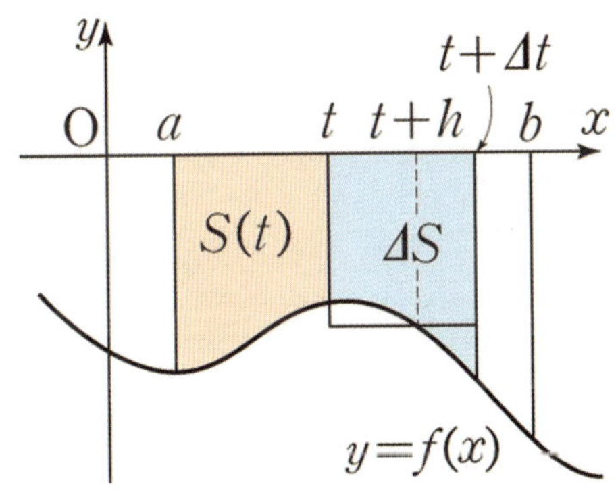

연구 05 ③ $f(x)$는 닫힌 구간 $[a, c]$에서 $f(x) \geq 0$이고, 닫힌 구간 $[c, b]$에서 $f(x) \leq 0$이다.

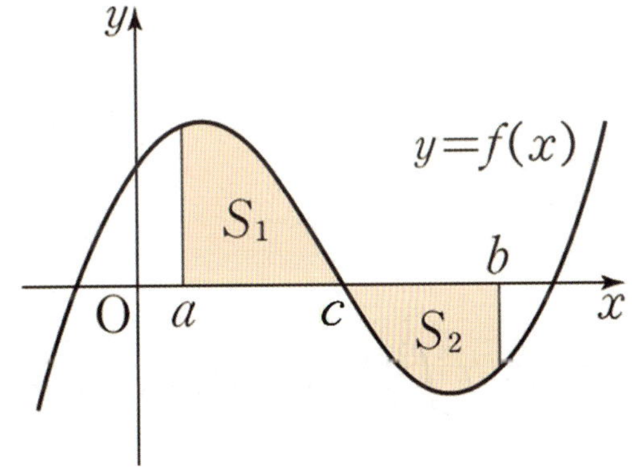

연구06 두 함수 $f(x)$, $g(x)$가 세 실수 a, b, c를
포함하는 구간에서 연속일 때 다음을 유도하시오.

5 정적분의 성질 (1)

① $\displaystyle\int_{a}^{a} f(x)\,dx = 0$

② $\displaystyle\int_{a}^{b} f(x)\,dx = -\int_{b}^{a} f(x)\,dx$

③ $\displaystyle\int_{a}^{b} k\,f(x)\,dx = k\int_{a}^{b} f(x)\,dx$ (단, k 는 상수)

④ $\displaystyle\int_{a}^{b} \{\,f(x)+g(x)\,\}\,dx = \int_{a}^{b} f(x)\,dx + \int_{a}^{b} g(x)\,dx$

⑤ $\displaystyle\int_{a}^{b} \{\,f(x)-g(x)\,\}\,dx = \int_{a}^{b} f(x)\,dx - \int_{a}^{b} g(x)\,dx$

⑥ $\displaystyle\int_{a}^{b} f(x)\,dx = \int_{a}^{c} f(x)\,dx + \int_{c}^{b} f(x)\,dx$

✎ 정적분의 성질 (1)

연구 06

[연구07] 아래 식에서 빈칸에 알맞은 것을 쓰고
이를 유도하시오.

---

6 정적분의 성질 (2)

[연구 07]

① 함수 $f(x)$ 가 우함수이면

$$\int_{-a}^{a} f(x)\,dx =$$

② 함수 $f(x)$ 가 기함수이면

$$\int_{-a}^{a} f(x)\,dx =$$

【ex】 함수 $f(x)$가 $x = p$에 대하여 대칭일 때,

$$\int_{p-a}^{p+a} f(x)\,dx =$$

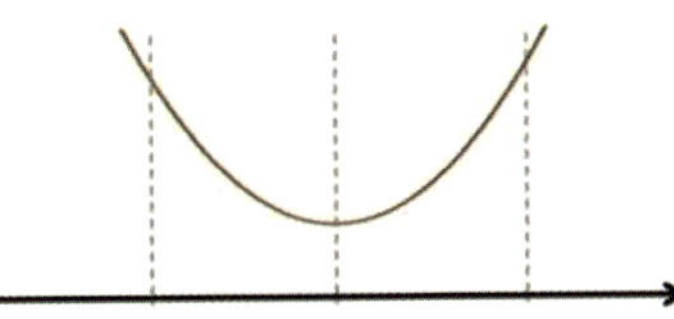

【ex】 함수 $f(x)$ 점 $(p,\ q)$에 대하여 대칭일 때,

$$\int_{p-a}^{p+a} f(x)\,dx =$$

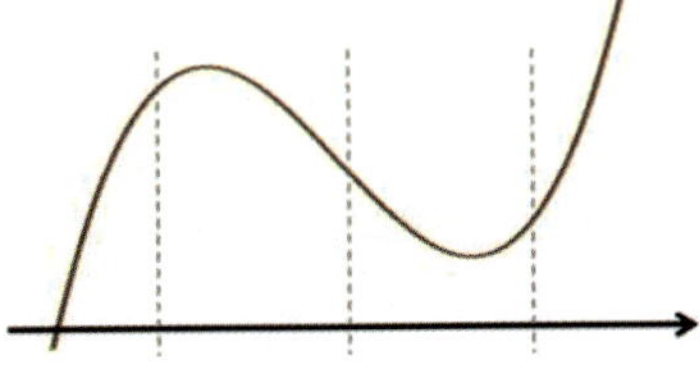

60쪽 수학1 '우함수와 기함수의 응용'에
관련 내용이 있으니 꼭 함께 볼 것!

✎ 정적분의 성질 (2)

①

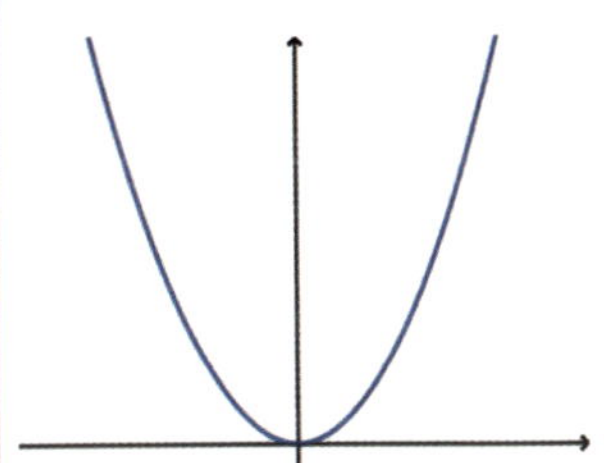

②

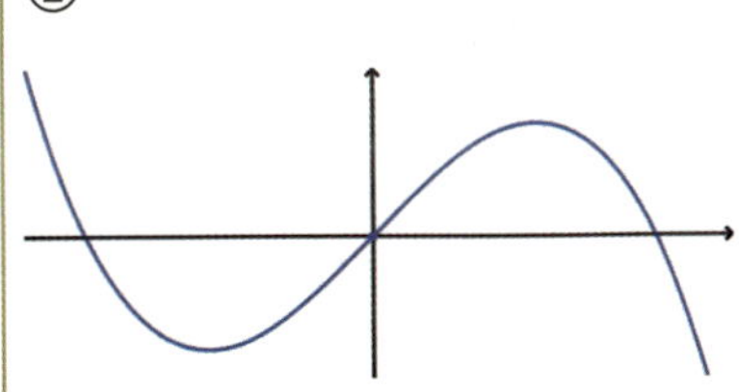

$$\int_{a}^{b} f(x)\,dx = \int_{a+p}^{b+p} f(x-p)\,dx$$

연구08 아래 식에서 빈칸에 알맞은 것을 쓰고
이를 유도하시오.

---

⑦ 정적분의 성질 (3)

① $\dfrac{d}{dx}\displaystyle\int_{a}^{x} f(t)\,dt =$

② $\displaystyle\lim_{x \to a}\dfrac{1}{x-a}\int_{a}^{x} f(t)\,dt =$

③ $\displaystyle\int_{\alpha}^{\beta} a(x-\alpha)(x-\beta)\,dx =$

④ $\displaystyle\int_{\alpha}^{\beta} a(x-\alpha)^2(x-\beta)\,dx =$

✎ 문제에서 $g(x) = \displaystyle\int_{a}^{x} f(t)\,dt$가 나왔을 때

【ex】

【ex】

✎ 정적분의 성질 (3)

연구 08

[연구09] 함수 $f(x)$가 구간 $[a, b]$에서 연속일 때, 곡선 $y = f(x)$와 x축 및 두 직선 $x = a,\ x = b$로 둘러싸인 도형의 넓이 S는

$$S = \int_a^b |f(x)|\,dx$$

임을 유도하시오.

---

8 곡선과 x축으로 둘러싸인 도형의 넓이

구간 $[a, b]$에서 연속인 함수 $y = f(x)$와 x축 및 $x = a$, $x = b$로 둘러싸인 도형의 넓이 S는

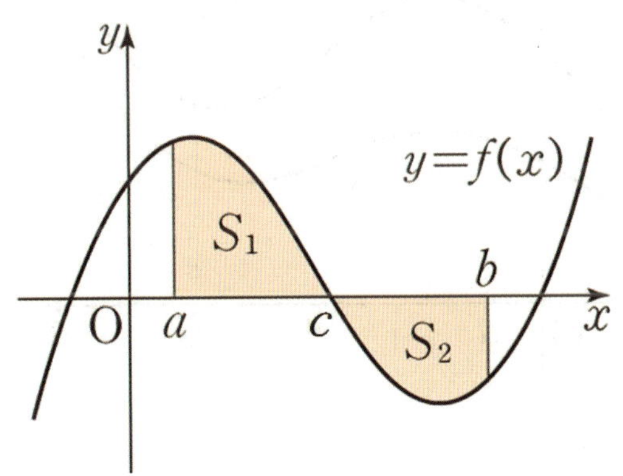

✎ 곡선과 x축으로 둘러싸인 도형의 넓이

함수 $f(x)$가

연구 09 ▷ 닫힌 구간 $[a, c]$에서 $f(x) \geq 0$이고,

닫힌 구간 $[c, b]$에서 $f(x) \leq 0$라고 하자.

[연구10] 구간 $[a, b]$에서 연속인 두 곡선

$y=f(x)$, $y=g(x)$ 및 두 직선 $x=a$, $x=b$로

둘러싸인 도형의 넓이 S는

$$S=\int_a^b |f(x)-g(x)|\,dx$$임을 유도하시오.

---

9 두 곡선으로 둘러싸인 도형의 넓이

두 곡선 $y=f(x)$와 $y=g(x)$ 및 두 직선

$x=a$, $x=b$ (단, $a<b$)로 둘러싸인 도형의 넓이

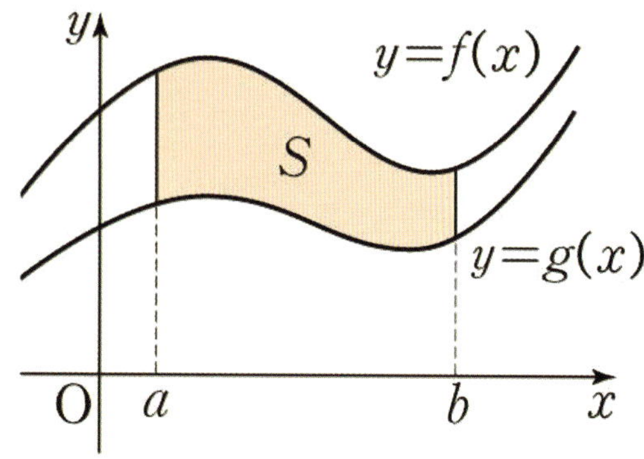

✎ 두 곡선으로 둘러싸인 도형의 넓이

연구10 (i) 구간 $[a, b]$에서 $0 \le g(x) \le f(x)$일 때

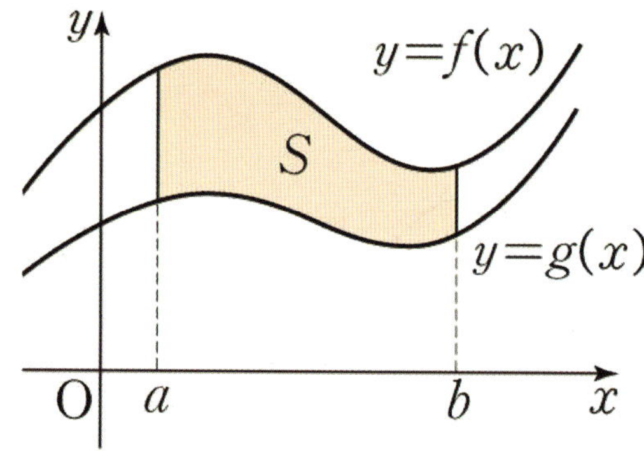

(ii) 구간 $[a, b]$에서 $g(x) \leq f(x)$이고
$g(x)$ 또는 $f(x)$가 음의 값을 가질 때

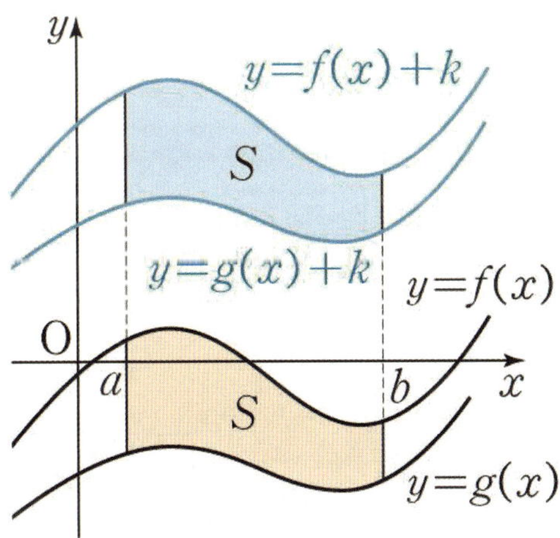

(iii) 닫힌 구간 $[a, c]$에서 $f(x) \geq g(x)$이고,
닫힌 구간 $[c, b]$에서 $f(x) \leq g(x)$일 때,

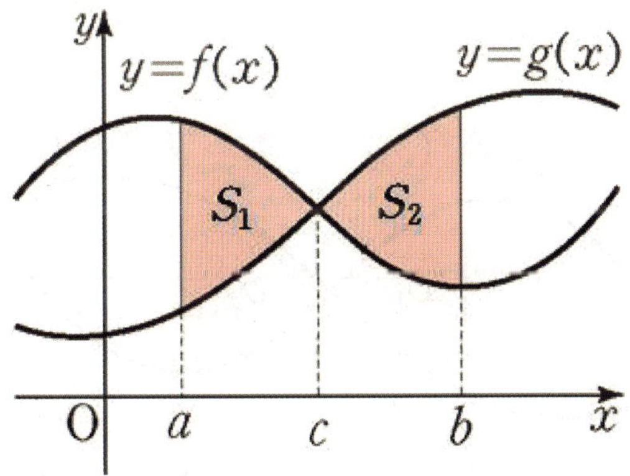

$\boxed{\text{연구11}}$ 두 함수 $y=f(x)$와 $y=g(x)$에 대하여
그래프가 아래 그림과 같을 때
다음 식이 성립함을 유도하시오.

$$\int_a^b \{f(x)-g(x)\}dx = S_1 - S_2$$

$\boxed{10}$ 두 함수의 차의 적분

두 함수 $y=f(x)$와 $y=g(x)$에 대하여
닫힌 구간 $[a,\ c]$에서 $f(x) \geq g(x)$이고,
닫힌 구간 $[c,\ b]$에서 $f(x) \leq g(x)$이다.

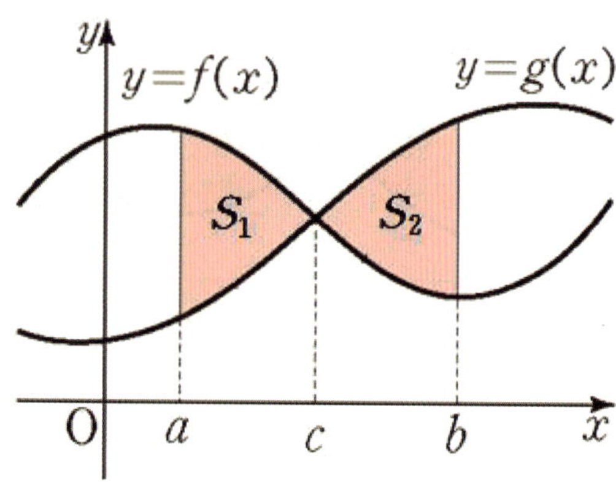

$$\int_a^b \{f(x)-g(x)\}dx = S_1 - S_2$$

$\boxed{\text{✎ 두 함수의 차의 적분}}$

연구
11

[연구12] 함수 $x = g(y)$가 연속이고 $S(t)$가
$x = g(y)$와 y축 및 두 직선 $y = b$, $y = t$로
둘러싸인 도형의 넓이라고 하자. $x = g(y) \geq 0$일
때 $\displaystyle\int_b^t g(y)\,dy = S(t)$ 임을 유도하시오.

---

⑪ 곡선과 y축으로 둘러싸인 도형의 넓이

함수 $x = g(y)$가 연속이고 $S(t)$가 $x = g(y)$와
y축 및 두 직선 $y = b$, $y = t$로 둘러싸인 도형의
넓이라고 하자.

① $x = g(y) \geq 0$일 때 $\displaystyle\int_b^t g(y)\,dy = S(t)$

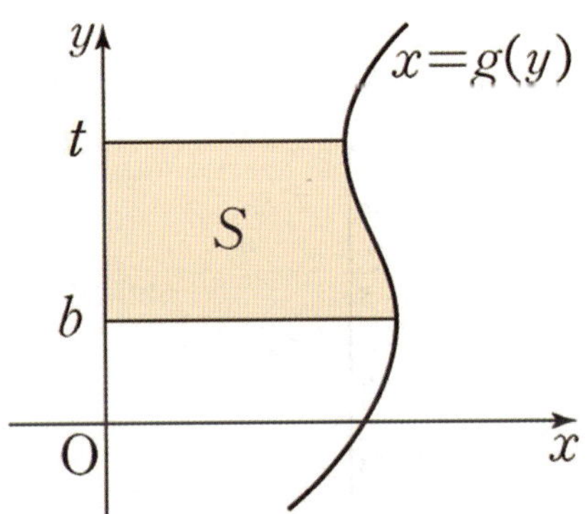

② $x = g(y) \leq 0$일 때 $\displaystyle\int_b^t g(y)\,dy = -S(t)$

함수 $x = g(y)$가 양인 부분의 넓이를 S_1,
$x = g(y)$가 음인 부분의 넓이를 S_2라고 하자.

③ $\displaystyle\int_b^c g(y)\,dy = S_1 - S_2$

④ $\displaystyle\int_b^c |g(y)|\,dy = S_1 + S_2 = S$

✐ 곡선과 y축으로 둘러싸인 도형의 넓이

① $x = g(y) \geq 0$일 때 $\displaystyle\int_b^t g(y)\,dy = S(t)$

연구 12

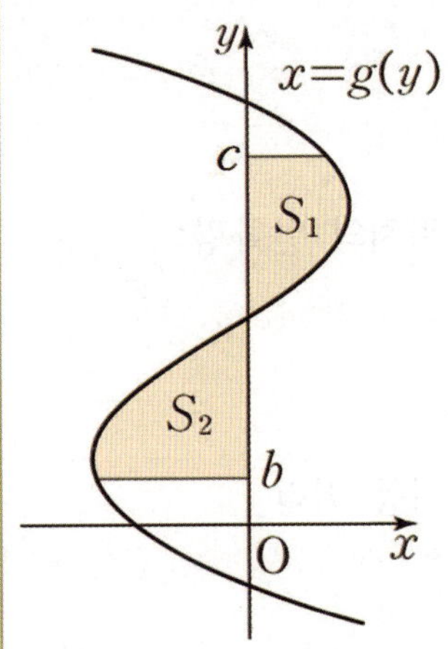

⑫ 직선 위의 운동

위치(좌표), 이동 거리

위치변화량

$$: \text{이동 거리의 평균변화율} = \frac{\text{이동 거리}}{\text{시간변화량}}$$

$$: \text{위치의 평균변화율} = \frac{\text{위치의 변화량}}{\text{시간변화량}}$$

: 속도의 절댓값(거리의 변화율)

: 위치의 순간변화율

: 속도의 평균변화율

: 속도의 순간변화율

시각	위치	속도	속력	가속도
t	$S(t)$	$v(t)$	$|v(t)|$	$a(t)$

① 시각 t에서 $t+\Delta t$까지의 점 P의 평균속도:

② 시각 t에서의 점 P의 속도:

③ 시각 t에서의 점 P의 가속도:

④ 시각 t에서의 위치:

⑤ $t=a$에서 $t=b$까지의 위치의 변화량:

⑥ $t=a$에서 $t=b$까지의 이동 거리:

✎ 직선 위의 운동 (1)

🖋 운동방향=속도부호

$v(t)$가 양(+)이면 +방향으로 움직이고,

$v(t)$가 음(−)이면 −방향으로 움직인다.

운동방향	위치(좌표)	속도부호

【ex】

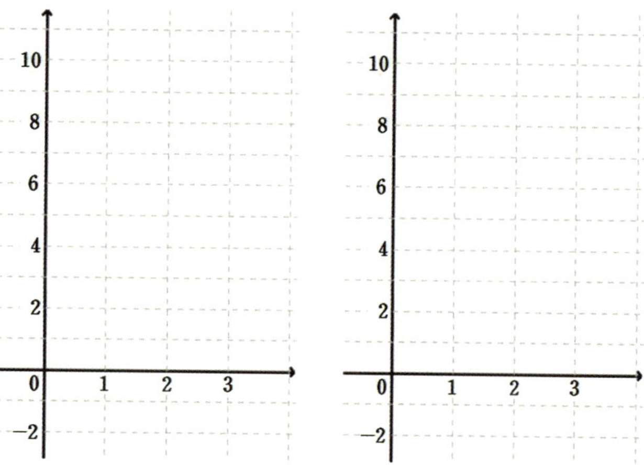

✎ 직선 위의 운동 (2)

【ex】 위치$= S(t) = -5t^2 + 30t$

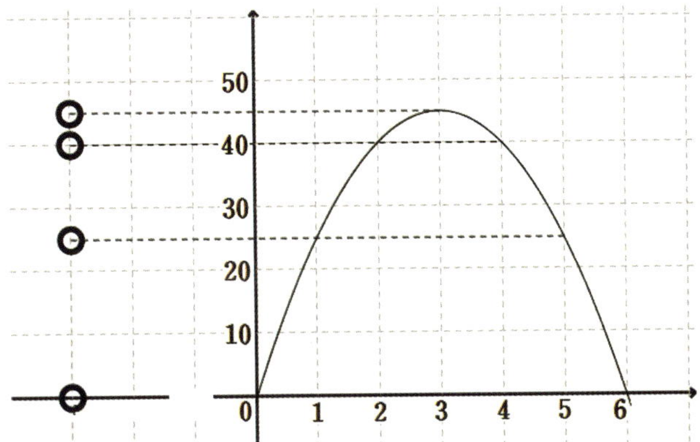

속도$= v(t) = -10t + 30$ 가속도$= a(t) = -10$

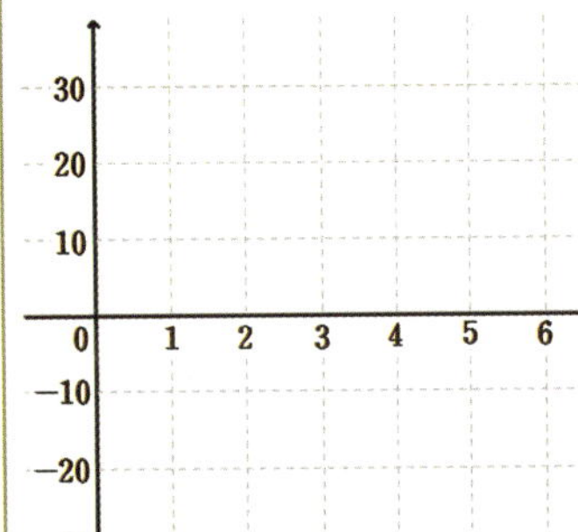
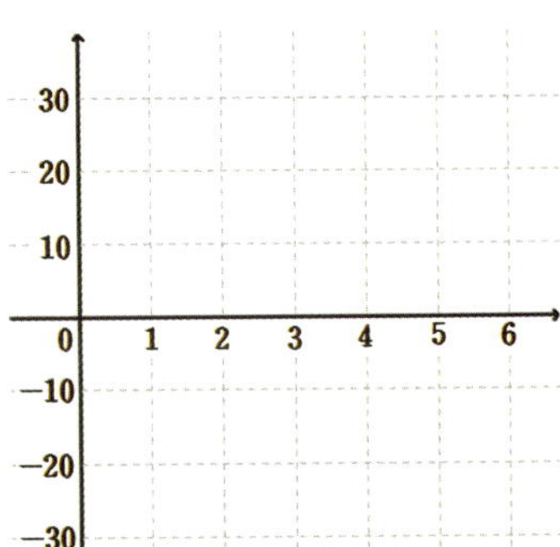

① 평균속도

$$\{1 \sim 2\text{초}\} = \frac{S(2) - S(1)}{2 - 1}$$

$$= \frac{40 - 25}{2 - 1} = 15 [m/s]$$

$$\{1 \sim (1 + \triangle t)\text{초}\} = \frac{S(1 + \triangle t) - S(1)}{(1 + \triangle t) - 1}$$

$$= 20 - 5\triangle t$$

② (순간)속도

$$\{1\text{초}\} = \lim_{\triangle t \to 0}(20 - 5\triangle t) = 20$$

$$\{t\text{초}\} = S'(t) = v(t)$$

④ 위치   ⑤ 위치변화

$$\int_1^2 v(t)dt = [S(t)]_1^2 = S(2) - S(1)$$

$$= 40 - 25 = 15$$

$$S(2) = S(1) + \int_1^2 v(t)dt$$

$$S(t) = S(t_0) + \int_{t_0}^t v(t)dt$$

*평균가속도

$$\{1 \sim 2\text{초}\} = \frac{v(2) - v(1)}{2 - 1}$$

$$= \frac{10 - 20}{2 - 1} = -10$$

③ 순간가속도

$$\{t\text{초}\} = \lim_{\triangle t \to 0}\frac{v(t + \triangle t) - v(t)}{t + \triangle t - t} = v'(t) = a(t)$$

⑥ 이동거리

$$\int_2^4 v(t)dt = S(4) - S(2) = 0$$

$$= \int_2^4 |v(t)| dt = \int_2^3 v(t)dt + \int_3^4 -v(t)dt$$

$$= \{S(3) - S(2)\} - \{S(4) - S(3)\}$$

$$= 5 - (-5) = 10$$

역대 수능·모의고사 기출 문항 출제 의도

Ⅰ.함수의 극한

[출제의도] 함수의 극한값을 계산하는 문제를 해결한다.
[출제의도] 함수의 그래프로부터 좌극한과 우극한을 구하는 문제를 해결한다.
[출제의도] 함수의 극한의 성질을 활용하여 문제를 해결한다.
[출제의도] 도형의 성질을 이용하여 함수의 극한 문제를 해결한다.
[출제의도] 주어진 조건을 만족시키는 함수의 극한값 구하는 문제를 해결한다.
[출제의도] 함수의 연속에 대한 성질을 이해하는 문제를 해결한다.
[출제의도] 연속함수의 정의를 이해하여 함숫값을 구하는 문제를 해결한다.
[출제의도] 함수의 연속성을 이해하여 함수의 연속성을 판단하는 문제를 해결한다.
[출제의도] 함수의 연속을 이용하여 추론하는 문제를 해결한다.

Ⅱ.미분법

[출제의도] 미분계수의 정의를 이해하여 미분계수의 값을 구하는 문제를 해결한다.
[출제의도] 미분계수의 정의를 이해하여 미지수의 값을 구하는 문제를 해결한다.
[출제의도] 함수의 곱의 미분법을 이용하여 미분계수를 구하는 문제를 해결한다.
[출제의도] 도함수를 이용하여 부등식과 관련된 문제를 해결한다.
[출제의도] 도함수를 이용하여 미분가능한 함수의 성질을 추론하는 문제를 해결한다.
[출제의도] 접선의 방정식을 이용하여 문제를 해결한다.
[출제의도] 접선을 이용하여 주어진 부등식을 만족시키는 함수를 구하는 문제를 해결한다.
[출제의도] 평균변화율과 미분계수를 이용하여 미지수의 값을 구하는 문제를 해결한다.
[출제의도] 함수의 증가, 감소와 도함수의 관계를 이용하여 미지수의 값을 구하는 문제를 해결한다.
[출제의도] 함수의 그래프를 이용하여 함수의 극댓값과 극솟값을 구하는 문제를 해결한다.
[출제의도] 미분을 이용하여 함수가 극대일 조건을 이해하는 문제를 해결한다.
[출제의도] 미분을 이용하여 주어진 방정식이 실근을 가질 조건을 구하는 문제를 해결한다.
[출제의도] 조건을 만족시키는 함수의 그래프를 추론하여 극댓값을 구하는 문제를 해결한다.
[출제의도] 미분을 이용하여 속도와 가속도에 대한 문제를 해결한다.

Ⅲ.적분법

[출제의도] 부정적분을 이용하여 함숫값을 구하는 문제를 해결한다.
[출제의도] 부정적분과 정적분의 성질을 이용하여 함숫값을 구한다.
[출제의도] 정적분의 성질을 이용하여 함수의 미정계수를 구하는 문제를 해결한다.
[출제의도] 정적분을 이용하여 곡선과 x축으로 둘러싸인 부분의 넓이를 구하는 문제를 해결한다.
[출제의도] 정적분을 이용하여 곡선과 직선으로 둘러싸인 부분의 넓이를 구하는 문제를 해결한다.
[출제의도] 정적분과 미분의 관계를 이용하여 함숫값 구하는 문제를 해결한다.
[출제의도] 평행이동을 이용하여 정의된 함수의 그래프를 추론하여 정적분의 값을 구한다.
[출제의도] 함수의 연속성과 적분의 성질을 이용하여 문제를 해결한다.
[출제의도] 주어진 조건을 만족시키는 함수를 구한 후 정적분의 값을 구하는 문제를 해결한다.
[출제의도] 수직선 위를 움직이는 점의 속도가 주어져 있을 때 위치를 구하는 문제를 해결한다.
[출제의도] 속도와 거리의 성질을 이용하여 거리 구하는 문제를 해결한다.

확률과 통계

「교과서 학습 목표」

1.경우의 수

☐ 원순열, 중복순열, 같은 것이 있는 순열을
  이해하고, 그 순열의 수를 구할 수 있다.

☐ 중복조합을 이해하고,
  그 조합의 수를 구할 수 있다.

☐ 이항정리를 이해한다.

☐ 이항정리를 이용하여
  여러 가지 문제를 해결할 수 있다.

2.확률

☐ 통계적 확률과 수학적 확률의 의미를 이해한다.

☐ 확률의 기본 성질을 이해한다.

☐ 확률의 덧셈정리를 이해하고, 이를 활용할 수 있다.

☐ 여사건의 확률의 뜻을 알고, 이를 활용할 수 있다.

☐ 조건부확률의 뜻을 알고, 이를 구할 수 있다.

☐ 확률의 곱셈정리를 이해하고,
  이를 활용할 수 있다.

☐ 사건의 독립과 종속의 의미를 이해하고,
  이를 설명할 수 있다.

3.통계

☐ 확률변수와 확률분포의 뜻을 안다.

☐ 이산확률변수의 기댓값(평균)과 표준편차를
  구할 수 있다.

☐ 이항분포의 뜻을 알고, 평균과 표준편차를
  구할 수 있다.

☐ 정규분포의 뜻을 알고, 그 성질을 이해한다.

☐ 모집단과 표본의 뜻을 알고,
  표본평균과 모평균의 관계를 이해한다.

☐ 모평균을 추정하고, 그 결과를 해석할 수 있다.

「확률과 통계」 Ⅰ.경우의 수

연구01 서로 다른 n개를 원형으로 배열하는 순열의 값은?

연구02 n개 중에 서로 같은 것이 각각 p개, q개, $\cdots$, r개씩 있을 때, n개를 모두 택하여 만들 수 있는 순열의 값은?

◼ 원순열

연구 01 서로 다른 n개를 원형으로 배열하는 순열의 수
(단, 회전하여 일치하는 것은 같은 것으로 본다.)

✒ 원순열

(기준 잡을 수 있는 경우의 수)
×(나머지는 그냥 순열)

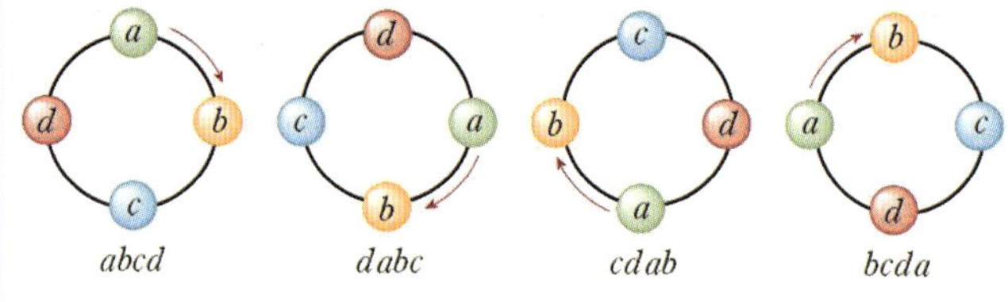

◼ 같은 것이 있는 순열

연구 02 n개 중에 서로 같은 것이
각각 p개, q개, $\cdots$, r개씩 있을 때
(단, $n = p + q + \cdots + r$)
n개를 모두 택하여 만들 수 있는 순열의 수는

✒ 같은 것이 있는 순열

$[a_1,\ a_2,\ b]$
$[a,\ a,\ b]$

$[a,\ a,\ a,\ b,\ b]$ $\qquad$ $[a_1,\ a_2,\ a_3,\ b_1,\ b_2]$

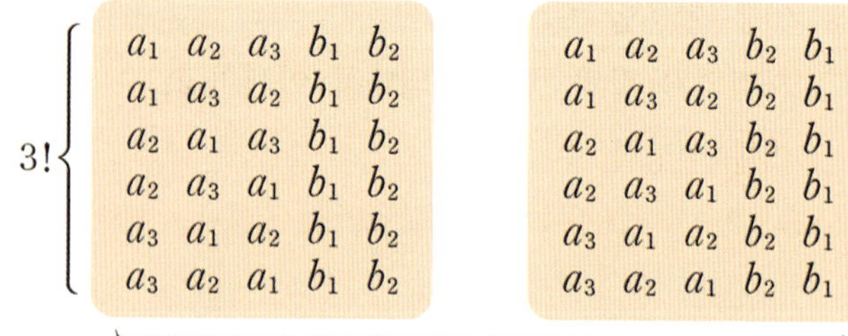

[연구03] 서로 다른 n개 중에서 중복을 허용하여
r개를 택하는 순열의 값은?

[연구04] 서로 다른 n개에서 중복을 허용하여
r개를 택하는 조합의 값을 쓰시오.

[연구05] 빈칸에 알맞은 것을 쓰시오.

③ 중복순열

연구 03 〉 서로 다른 n개 중에서 중복을 허용하여 r개를
택하는 순열

④ 중복조합

연구 04 〉 서로 다른 n개에서 중복을 허용하여 r개를
택하는 조합의 경우의 수

✎ 중복조합

연구 05 〉 서로 다른 n개에서 중복을 허용하여 r개를
택하는 조합의 경우의 수
=서로 [같은/다른] [   ]개의 상자에
서로 [같은/다른] [   ]개의 물건을 넣는 경우의 수
=서로 [같은/다른] [   ]개의 칸막이와
서로 [같은/다른] [   ]개의 동그라미를 배열하는
경우의 수

【ex】세 종류의 필기도구 연필, 색연필, 볼펜을
파는 문구점에서 5개의 필기도구를 사는 경우의
수를 구하여라.

🖋 중복순열 vs 중복조합 vs 분할

✏ 문제 상황 1

통 3개에 / 공 6개를 / 빈 통 / 넣는다.

① 다른 / 다른 / Ok

② 다른 / 다른 / No

③ 다른 / 같은 / Ok

④ 다른 / 같은 / No

⑤ 같은 / 다른 / Ok

⑥ 같은 / 다른 / No

⑦ 같은 / 같은 / Ok

⑧ 같은 / 같은 / No

✏ 문제 상황 2

3개에서 6개를 / 중복 선택 / 자리에 배치한다.

① 다른 / Ok / 다른

② 다른 / Ok / 같은

✏ 문제 상황 3

4개에서 2개를 / 중복 선택 / 자리에 배치한다.

① 다른 / Ok / 다른

② 다른 / Ok / 같은

③ 다른 / No / 다른

④ 다른 / No / 같은

---

① **중복순열** $_n\Pi_r$

서로 다른 n개에서
중복을 허용하여 r개를 택하여
이들의 순서를 생각하여 일렬로 배열하는 것

② **중복조합** $_nH_r$

서로 다른 n개에서
중복을 허용하여 r개를 택하는 조합

③ **분할**

서로 다른 n개를 r개의 묶음으로 나누는 방법의 수

④ **순열** $_nP_r$

서로 다른 n개에서 r개를 택하여

이들의 순서를 생각하여 일렬로 배열하는 경우의 수

⑤ **조합** $_nC_r$

순서를 생각하지 않고, 서로 다른 n개에서

r개를 택하는 경우의 수

①

$_n\Pi_r$

ex) $_3\Pi_6$

1	2	3	4	5	6

[ ]통 [ ]공

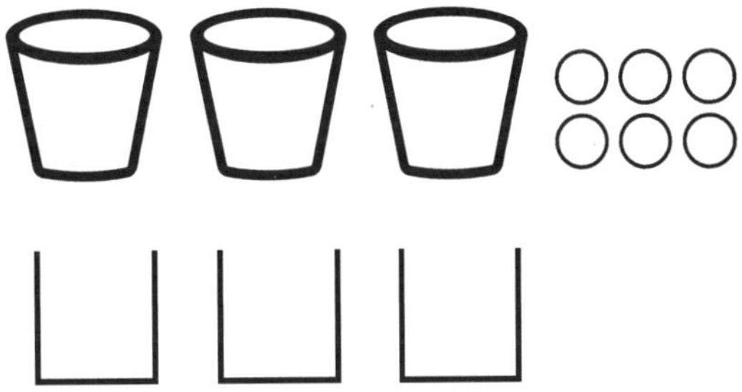

②

$_n\mathrm{H}_r$

ex) $_3\mathrm{H}_6$

[ ]통 [ ]공

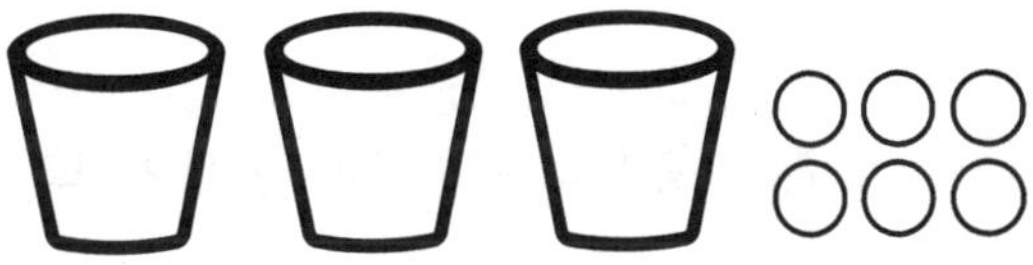

③

n개를

r개로

분할

ex) 6개를 3개로 분할

1	2	3	4	5	6

[ ]통 [ ]공

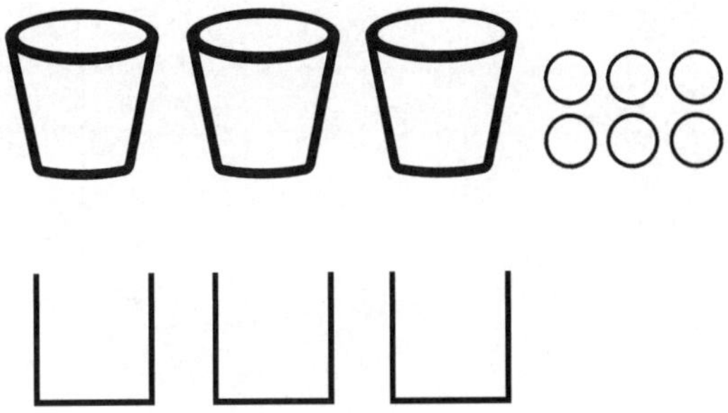

🖋 경우의 수 ⊞ ⊟ ⊠ ⊡

⊞ A 또는 B가 일어날 때 (함께X)

⊟ 전체에서 안 되는 것 제외할 때

⊠ A, B가 모두 일어날 때 (함께O)

   (다른 자리에 다른 물건을 배치할 때)

⊡ (출제자의 주관이) 여러 가지였던 걸

   한 종류로 보고 1번만 셀 때

🖋 개수 세기

①경우의 수: 주관적 개수 = 종류의 수

②확률: 객관적 개수

(전체 개수)=(종류의 수)X(한 종류에 몇 개)

$$(종류의\ 수) = \frac{(전체\ 개수)}{(한\ 종류에\ 몇\ 개)}$$

⇒ (전체 개수)를

(한 종류가 되는 것의 개수)로 나누면

(종류의 수)=(경우의 수)가 나온다!

⇒ 몇 개가 한 종류니?

✎ ⊟분석

{순열}	{조합}	{몇 개가 한 종류니?}
서로 다른 n개	서로 다른 n개	r개 끼리
r개 선택	r개 선택	자리 바꾸는 것을
다른 자리 배치		(경우의 수= $r!$)
		한 종류로 본다!

{순열}	{원순열}	{몇 개가 한 종류니?}
서로 다른 n개	서로 다른 n개	회전해서 겹치는 것을
다른 자리 배치	원형 배치	(경우의 수= n)
		한 종류로 본다!

{순열}	{같은 것 순열}	{몇 개가 한 종류니?}
서로 다른 n개	$p,q,\cdots,r$개	같은 것끼리 자리
다른 자리 배치	같은 것	바꾸는 것을
	다른 자리 배치	(경우의수
		$= p!q!\cdots r!$)
		한 종류로 본다!

{분할&분배}	{분할}	{몇 개가 한 종류니?}
9명을	9명을	팀끼리
다른 자리	3개 팀 나누기	자리 바꾸는 것을
배치된		(경우의 수= 3!)
3개 팀 나누기		한 종류로 본다!

[연구07] n이 자연수일 때 $(a+b)^n$를 이항정리를 활용하여 전개한 식을 쓰시오.

---

5 이항정리

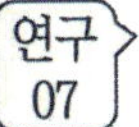

$(a+b)^n$

$= {}_nC_0 a^0 b^n + {}_nC_1 a^1 b^{n-1} + \cdots + {}_nC_r a^r b^{n-r} + \cdots + {}_nC_n a^n b^0$

✎ 이항정리

 식의 곱셈이란?

각 인수에서 한 항씩 뽑아서 곱한 것을 더한 것이다.

$(a+b)(c+d+e)$

6 이항정리의 성질

① 이항계수는 좌우대칭이다. $\Leftrightarrow {}_nC_r = {}_nC_{n-r}$

② 파스칼의 삼각형 ${}_{n-1}C_{r-1} + {}_{n-1}C_r = {}_nC_r$

$n=0$: 1
$n=1$: $1 \quad 1$
$n=2$: $1 \quad 2 \quad 1$
$n=3$: $1 \quad 3 \quad 3 \quad 1$
$n=4$: $1 \quad 4 \quad 6 \quad 4 \quad 1$
$n=5$: $1 \quad 5 \quad 10 \quad 10 \quad 5 \quad 1$

$\Rightarrow$

1
${}_1C_0 \quad {}_1C_1$
${}_2C_0 \quad {}_2C_1 \quad {}_2C_2$
${}_3C_0 \quad {}_3C_1 \quad {}_3C_2 \quad {}_3C_3$
${}_4C_0 \quad {}_4C_1 \quad {}_4C_2 \quad {}_4C_3 \quad {}_4C_4$
${}_5C_0 \quad {}_5C_1 \quad {}_5C_2 \quad {}_5C_3 \quad {}_5C_4 \quad {}_5C_5$

③ ${}_nC_0 + {}_nC_1 + {}_nC_2 + \cdots + {}_nC_n = 2^n$

　(부분집합의 개수)

④ ${}_nC_0 - {}_nC_1 + {}_nC_2 - {}_nC_3 + \cdots + (-1)^n {}_nC_n = 0$

⑤ n이 홀수일 때

$${}_nC_0 + {}_nC_2 + {}_nC_4 + \cdots + {}_nC_{n-1}$$

$$= {}_nC_1 + {}_nC_3 + {}_nC_5 + \cdots + {}_nC_n = 2^{n-1}$$

⑥ n이 짝수일 때

$${}_nC_0 + {}_nC_2 + {}_nC_4 + \cdots + {}_nC_n$$

$$= {}_nC_1 + {}_nC_3 + {}_nC_5 + \cdots + {}_nC_{n-1} = 2^{n-1}$$

연구08 다음 식을 유도하시오.

① 이항계수는 좌우대칭이다. $\Leftrightarrow {}_n\mathrm{C}_r = {}_n\mathrm{C}_{n-r}$

② 파스칼의 삼각형 ${}_{n-1}\mathrm{C}_{r-1} + {}_{n-1}\mathrm{C}_r = {}_n\mathrm{C}_r$

③ ${}_n\mathrm{C}_0 + {}_n\mathrm{C}_1 + {}_n\mathrm{C}_2 + \cdots + {}_n\mathrm{C}_n = 2^n$

④ ${}_n\mathrm{C}_0 - {}_n\mathrm{C}_1 + {}_n\mathrm{C}_2 - {}_n\mathrm{C}_3 + \cdots + (-1)^n\,{}_n\mathrm{C}_n = 0$

⑤ n이 홀수일 때

$${}_n\mathrm{C}_0 + {}_n\mathrm{C}_2 + {}_n\mathrm{C}_4 + \cdots + {}_n\mathrm{C}_{n-1}$$
$$= {}_n\mathrm{C}_1 + {}_n\mathrm{C}_3 + {}_n\mathrm{C}_5 + \cdots + {}_n\mathrm{C}_n = 2^{n-1}$$

✎ 이항정리의 성질

연구
08

「확률과 통계」 Ⅱ.확률

미리 알아야 할 단원
수학(하) – 1.집합과 명제
확통 – 1.경우의 수

1 확률의 뜻

  : 동일한 조건 아래 반복될 수 있으며 그 결과가 우연에 의하여 결정되는 실험이나 관찰

  : 어떤 시행에서 일어날 수 있는 모든 결과들의 집합

  : 표본공간의 부분집합

  : 한 개의 원소로 이루어진 사건

  : 두 사건 A, B가 동시에 일어나지 않을 때 이 두 사건을 배반사건이라 함.

  : 표본공간 S에 대하여 사건 A가 일어나지 않을 사건

※ $A \cup B$: $A \cap B$: $\varnothing$:

  : 하나의 시행에서 일어날 수 있는 사건 전체를 S라 할 때, 일어날 수 있는 모든 경우의 수는 $n(S)$이고, 사건 A가 일어날 경우의 수는 $n(A)$라 하자.
이 때, 이 시행에서 기본적인 사건들이 같은 정도로 기대된다고 하면

$$P(A) = \frac{n(A)}{n(S)}$$

  : 어떤 시행을 n번 반복할 때 사건 A가 r_n번 일어날 때,

n을 충분히 크게 함에 따라 상대도수 $\dfrac{r_n}{n}$이 일정한 값 P에 가까워지면 P를 사건 A가 일어날 통계적 확률이라 함.

✎ 확률의 뜻

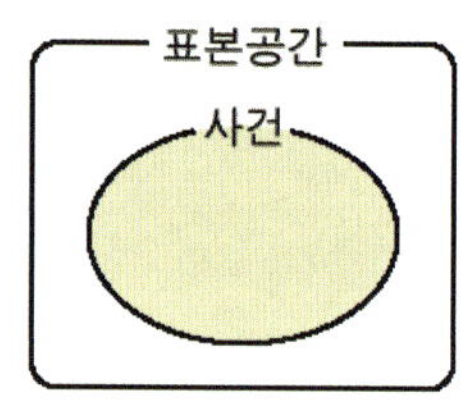

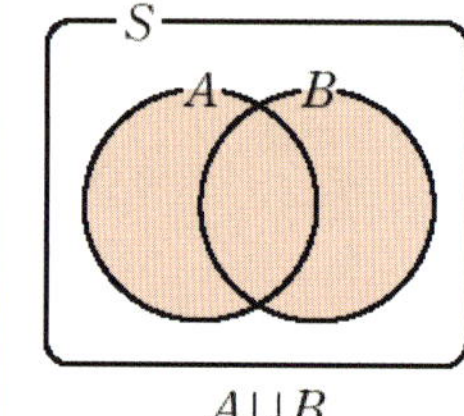

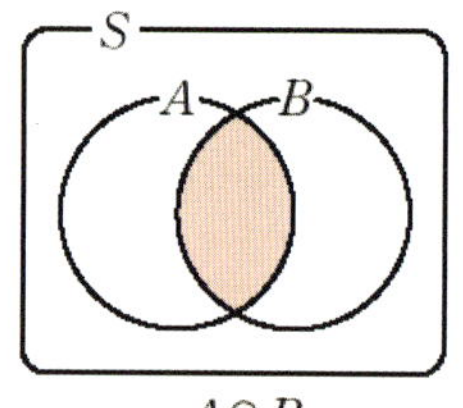

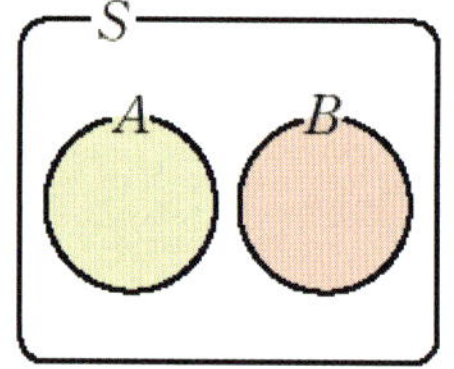

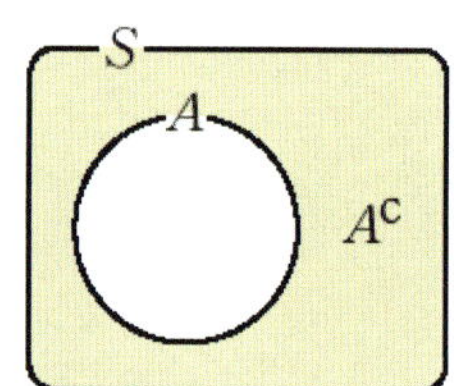

✐ 통계적 확률

동전 한 개를 던질 때, 앞면이 나오는 상대도수

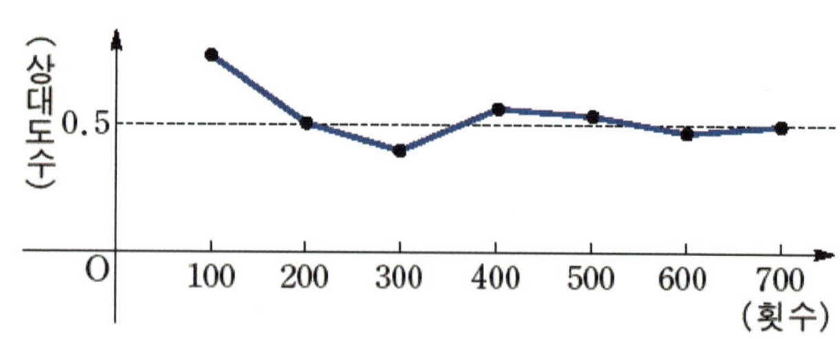

[연구01] 다음을 유도하시오.

① 임의의 사건 A에 대하여 $0 \le P(A) \le 1$

② 반드시 일어나는 사건 S에 대하여 $P(S) = 1$

③ 절대로 일어나지 않는 사건 $\varnothing$에 대하여
$$P(\varnothing) = 0$$

[연구02] 두 사건 A, B에 대하여 다음을 보이시오.

① $P(A \cup B) = P(A) + P(B) - P(A \cap B)$

② $P(A \cup B) = P(A) + P(B)$ ($A \cap B = \varnothing$일 때)

③ $P(A^C) = 1 - P(A)$

■2 확률의 기본 성질

연구 01

① 임의의 사건 A에 대하여

② 반드시 일어나는 사건 S에 대하여

③ 절대로 일어나지 않는 사건 $\varnothing$에 대하여

✎ 확률의 기본 성질

■3 확률의 덧셈정리

연구 02

사건 A 또는 B가 일어날 확률,

사건 A, B중 적어도 한쪽이 일어날 확률

✎ 확률의 덧셈정리

◤ 여사건의 확률:

사건 A가 일어나지 않을 확률

[연구03] 두 사건 A, B에 대하여 아래 식이 성립함을 유도하시오. (단, $P(A) \neq 0$)

$$P(B|A) = \frac{P(A \cap B)}{P(A)}$$

[연구04] 두 사건 A, B에 대하여 아래 식이 성립함을 유도하시오.

(단, $P(A) \neq 0$, $P(B) \neq 0$)

$$P(A \cap B) = P(A)P(B|A) = P(B)P(A|B)$$

4 조건부 확률

> 연구
> 03

두 사건 A, B에 대하여 사건A가 일어났다는 조건 아래, 사건B가 일어날 확률을 사건A가 일어났을 때의 사건B의 조건부 확률이라 함.
(단, $P(A) > 0$)

✎ 조건부 확률

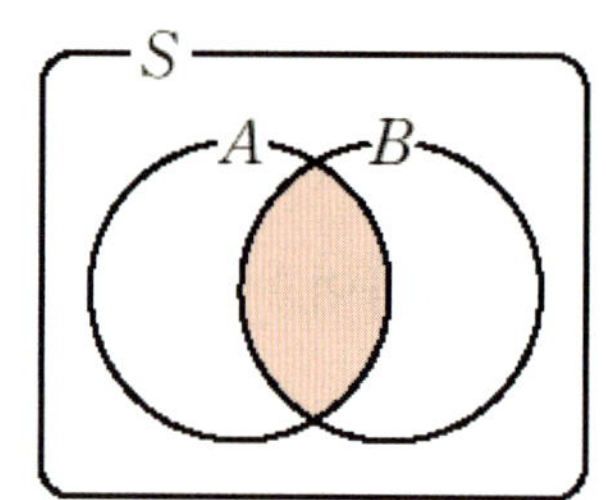

5 확률의 곱셈정리

> 연구
> 04

두 사건 A, B가 동시에 일어날 확률은

✎ 확률의 곱셈정리

[연구05] 두 사건 A, B에 대하여
($P(A) \neq 0$, $P(B) \neq 0$)
① 서로 독립인 것의 정의를 쓰시오.
② 두 사건이 서로 독립일 때,
$P(A \cap B) = P(A)P(B)$이 성립함을 유도하시오.

[연구06] 한 번의 시행에서 사건 A가 일어날 확률이 p일 때, n번의 독립시행에서 사건 A가 일어나는 횟수가 r일 확률을 쓰시오.

---

6 사건의 독립과 종속

[연구 05]

독립: 사건A의 발생여부가 사건B가
일어날 확률에 영향을 주지 않을 때,
두 사건 A, B는 서로 독립이다.

종속: 사건A의 발생 여부에 따라 사건B가
일어날 확률이 달라질 때
사건A와 사건 B는 종속이다.

7 독립시행의 확률

[연구 06]

정의: 한 번의 시행에서
사건 A가 일어날 확률이 p일 때,
n번의 독립시행에서
사건 A가 일어나는 횟수를
r이라 하면
이때의 확률 P_r은

✎ 사건의 독립과 종속

✎ 독립시행의 확률

【ex】 4회중 2회 성공할 확률

(성공: 주사위 던져서 3배수)

1회	2회	3회	4회

「확률과 통계」 Ⅲ.통계

[연구01] 이산확률변수 X의 평균

$E(X)$의 정의를 쓰시오.

미리 알아야 할 단원
확통 - 2.확률

1 확률변수의 뜻

: 표본공간의 각 원소에 하나의 실수값을 대응시켜주는 것.

: 유한 개의 값 $x_1, \cdots, x_n$을 가지는 확률변수

: 어떤 구간의 모든 실수값을 가지는 확률변수

: 확률변수 X가 가지는 값과 그 값을 가질 확률과의 대응 관계

: 이산확률변수가 정의역인 확률함수

: 연속확률변수가 정의역인 확률함수

2 이산확률분포의 성질

① $0 \leq P(X = x_i) = p_i \leq 1$

② $\displaystyle\sum_{i=1}^{n} p_i = p_1 + p_2 + \cdots + p_n = 1$

③ $\displaystyle P(x_a \leq X \leq x_b) = \sum_{i=a}^{b} P(X = x_i)$

3 평균

✎ 이산확률분포의 성질

식: $P(X = x_i) = p_i$ (단, $i = 1, 2, \cdots, n$)

표:

X	x_1	x_2	$\cdots$	x_i	$\cdots$	x_n	합계
$P(X=x_i)$	p_1	p_2	$\cdots$	p_i	$\cdots$	p_n	1

그래프:

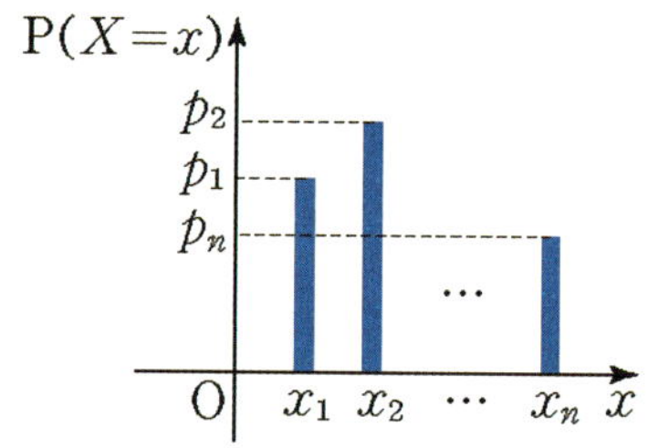

✎ 평균

등급	1등	2등	3등	꼴등	합계
상금	10000	5000	1000	0	
장수	1	5	55	39	100
$P(X=x)$	$\dfrac{1}{100}$	$\dfrac{5}{100}$	$\dfrac{55}{100}$	$\dfrac{39}{100}$	1

연구
01

연구02 이산확률변수 X의

분산 $\mathrm{V}(X)$과 표준편차 $\sigma(X)$의 정의를 쓰시오.

4 분산과 표준편차

연구 02 분산: $\mathrm{V}(X)$

표준편차: $\sigma(X) = \sqrt{\mathrm{V}(X)}$

확률변수가 조작됐을 때의 확률분포

X	x_1	x_2	$\cdots$	x_i	$\cdots$	x_n	합계
$\mathrm{P}(X=x_i)$	p_1	p_2	$\cdots$	p_i	$\cdots$	p_n	1

$X-m$							합계
							1

$(X-m)^2$							합계
							1

확률과 통계 과목에서 Σ 사용

개정 교육과정에서 수학1을 학습하지 않고
확률과 통계를 학습하는 경우를 가정하여
교과서에서 수열의 합 기호 Σ를 사용하지 않고
+…+만을 이용하여 표현한다.
하지만 현실적으로 수학1을 하지 않은 채로
확률과 통계를 학생은 없을 것이다.
따라서 +…+만을 이용하여 개념을 유도하는 건
지극히 비효율적이고 현실에 맞지 않다.
그래서 본 책에서는 개념유도과정에서
Σ 기호를 사용하였다.

분산과 표준편차

1반 성적

1반	68	69	70	71	72
편차					
편차^2					
확률					
분산					

2반 성적

2반	60	65	70	75	80
편차					
편차^2					
확률					
분산					

1반 보너스 +10점

1반	78	79	80	81	82
편차					
편차^2					
확률					
분산					

1반 점수 2배

1반	136	138	140	142	144
편차					
편차^2					
확률					
분산					

Q1. 아이들 점수를 모두 10점씩 보너스로
준다면 반 평균은? 반 분산은?

Q2. 아이들 점수를 모두 2배씩 해준다면
반 평균은? 반 분산은?

연구03 다음을 유도하시오.

① $E(aX+b)=aE(X)+b$

② $V(aX+b)=a^2V(X)$

③ $\sigma(aX+b)=|a|\sigma(X)$

④ $V(X)=E(X^2)-\{E(X)\}^2$

---

5 평균/분산/표준편차의 성질

연구 03

$E(X)$ 평균, $V(X)$ 분산, $\sigma(X)$ 표준편차

① $E(aX+b)=aE(X)+b$

② $V(aX+b)=a^2V(X)$

③ $\sigma(aX+b)=|a|\sigma(X)$

④ $V(X)=E(X^2)-\{E(X)\}^2$

⑤ $E(X^2)=V(X)+\{E(X)\}^2$

✎평균/분산/표준편차의 성질

$y_i=ax_i+b$

$\rightarrow\ P(Y=y_i)=P(X=x_i)=p_i$

[연구04] 이항분포의 정의를 쓰고 식으로 표현하시오.

[연구05] 확률변수 X가 B$(n,\ p)$을 따를 때,
① E(X) ② V(X) ③ $\sigma(X)$
를 쓰시오.

[연구06] '큰 수의 법칙'을 쓰시오.

---

6 이항분포 B(n,p)

[연구 04] 이항분포의 정의:

한 번의 시행에서

사건 A가 일어날 확률이 p일 때,

n번의 독립시행에서

사건 A가 일어나는 횟수를

확률변수 X라 하면

이때의 확률분포를 이항분포라고 한다.

[연구 05]
① **평균**:

② **분산**:

③ **표준편차**:

7 큰 수의 법칙

[연구 06] 어떤 시행에서 사건 A가 일어나는 수학적 확률이 p이고, n번의 독립시행에서 사건 A가 일어나는 횟수를 X라고 하면, 임의의 양수 h에 대하여 n의 값이 한없이 커질수록

$$P\left(\left|\frac{X}{n}-p\right|<h\right)$$ 는 1에 한 없이 가까워진다.

✎ 이항분포 B(n,p)

독립시행의 확률 정의:

한 번의 시행에서

사건 A가 일어날 확률이 p일 때,

n번의 독립시행에서

사건 A가 일어나는 횟수를

r이라 하면

이때의 확률 P_r은

$$P_r = {}_n\mathrm{C}_r p^r q^{n-r}\ (q=1-p)$$

이항분포의 표현

① 식: $P(X=x) = {}_n\mathrm{C}_x\, p^x q^{n-x}\ (q=1-p)$

② 표:

X	0	1	$\cdots$	x	$\cdots$	n	계
$P(X=x)$	${}_n\mathrm{C}_0\, p^0 q^n$	${}_n\mathrm{C}_1\, p^1 q^{n-1}$	$\cdots$	${}_n\mathrm{C}_x\, p^x q^{n-x}$	$\cdots$	${}_n\mathrm{C}_n\, p^n q^0$	1

③ 기호: B$(n,\ p)$

✎ 큰 수의 법칙

【ex】 $X \sim \mathrm{B}\left(n,\ \dfrac{1}{6}\right)$, $P\left(\left|\dfrac{X}{n}-\dfrac{1}{6}\right|<0.1\right)$

(i) $n=10$: $P\left(\left|\dfrac{X}{10}-\dfrac{1}{6}\right|<0.1\right)=0.614$

(ii) $n=30$: $P\left(\left|\dfrac{X}{30}-\dfrac{1}{6}\right|<0.1\right)=0.784$

(iii) $n=50$: $P\left(\left|\dfrac{X}{50}-\dfrac{1}{6}\right|<0.1\right)=0.946$

8 연속확률분포

: 어떤 구간의 모든 실수값을

가지는 확률변수

: 연속확률변수가 정의역인 확률함수

구간 $\alpha \le x \le \beta$의 모든 값을 가지는

연속확률변수 X의 확률밀도함수 $f(x)$의 성질

① $f(x) \ge 0$

② $y = f(x)$의 그래프와 x축 사이의 넓이는 1

③ $\mathrm{P}(a \le X \le b)$는 구간 $a \le x \le b$에서

$\quad y = f(x)$의 그래프와 x축 사이의 넓이

✎ 연속확률분포

통계: 확률을 몽땅 다 하기

확률분포: 확률변수 → 확률 대응(함수 관계)

이산확률분포	vs	연속확률분포
변수:		변수:
함수:		함수:
대표예시)		대표예시)
표		표
X: x_1 x_2 $\cdots$ x_n / p_1 p_2 $\cdots$ p_n		
그래프		그래프
그래프에서 확률의 값을 나타내는 것은?		그래프에서 확률의 값을 나타내는 것은?
$\mathrm{P}(X = x_i) =$		$\mathrm{P}(X = x_i) =$
$\mathrm{P}(x_i \le X \le x_j)$		$\mathrm{P}(x_i \le X \le x_j)$

[연구07] 확률밀도함수 $f(x)$가 정규분포를 따를 때 $f(x)$의 그래프의 특징으로 알맞은 것을 쓰시오.

⑨ 정규분포

자연현상이나 사회현상을 측정할 때, 그 확률밀도함수가 그림과 같은 종 모양에 가까운 경우가 많다. 연속확률변수 X의 확률밀도함수 $f(x)$가

$$f(x) = \frac{1}{\sqrt{2\pi}\,\sigma} e^{-\frac{(x-m)^2}{2\sigma^2}} \quad (e = 2.718\cdots)$$

와 같을 때, X의 분포를 정규분포라고 한다.

: 확률변수 X가 평균 m, 분산 σ^2인 정규분포를 따른다.

연구 07 ①대칭성:

　점근선:

②곡선과 x축 사이의 넓이:

③m이 일정할 때의 곡선의 모양

　σ값이 커지면:

　σ값이 작아지면:

④σ가 일정할 때, m이 변하면:

⑤$\mathrm{P}(a \leq X \leq b)$:

✎ 정규분포

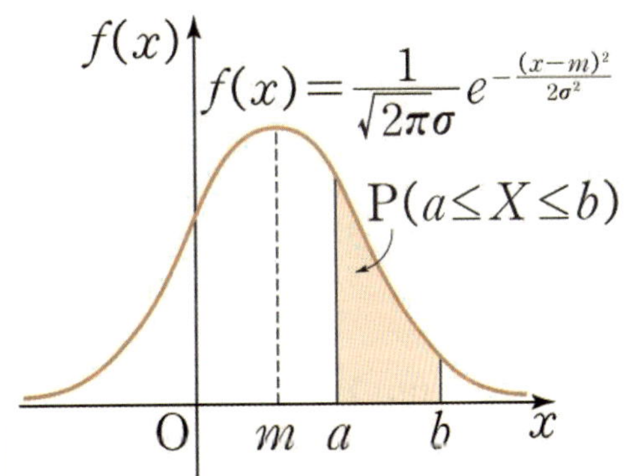

③ 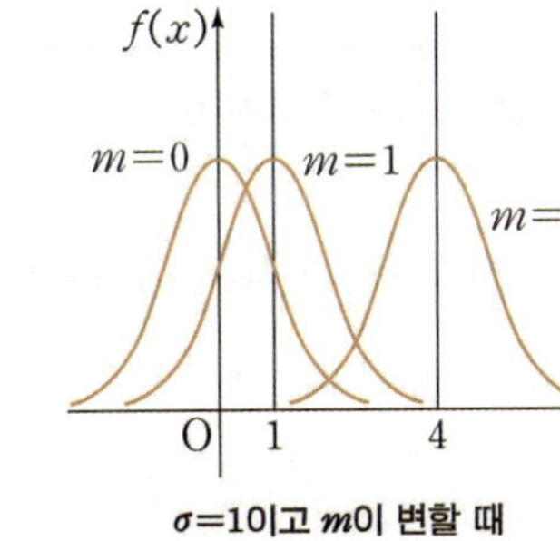

$m=0$이고 σ가 변할 때

④

$\sigma=1$이고 m이 변할 때

연구08 확률변수 X가 $N(m, \sigma^2)$을 따를 때, $Z = \dfrac{X-m}{\sigma}$이면 확률변수 Z가 $N(0, 1)$을 따르는 이유를 쓰시오.

연구09 확률변수 X가 이항분포 $B(n, p)$를 따를 때 n이 충분히 크면 X는 근사적으로 [　　]분포 [　　　　　]을 따른다.

10 표준정규분포

연구 08

정의: 정규분포 $N(0, 1^2)$

　　평균이 $m=0$, 표준편차가 $\sigma=1$인 정규분포

　　　: 확률변수 X가 정규분포 $N(m, \sigma^2)$을 따를 때, 확률변수 Z를 $Z = \dfrac{X-m}{\sigma}$라 하면 Z는 표준정규분포 $N(0, 1^2)$을 따른다.

✎ 표준정규분포

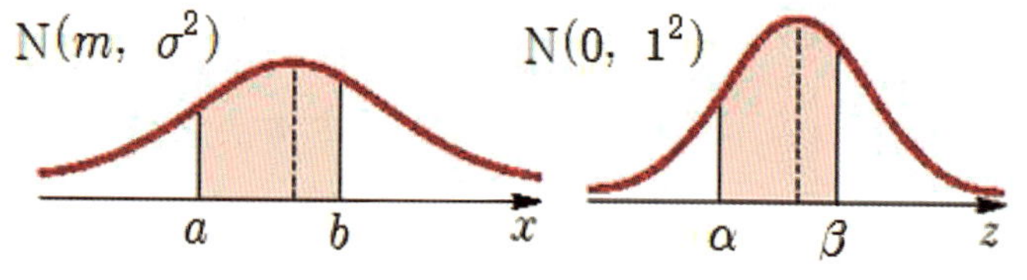

11 이항분포와 정규분포의 관계

연구 09

확률변수 X가 이항분포 $B(n, p)$를 따를 때 n이 충분히 크면 X는 근사적으로

(평균:$E(X) = np$　　분산:$V(X) = npq$)

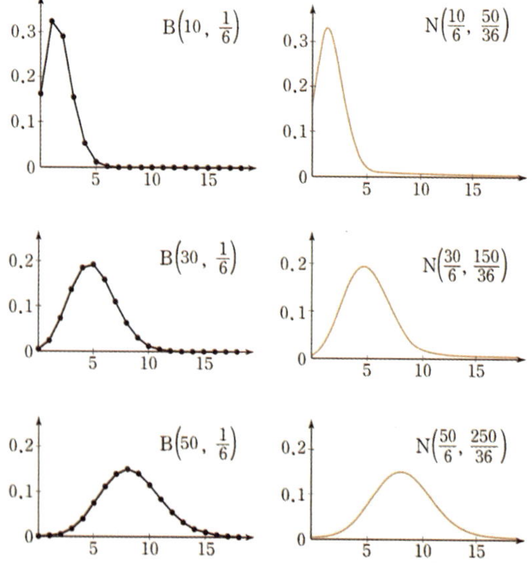

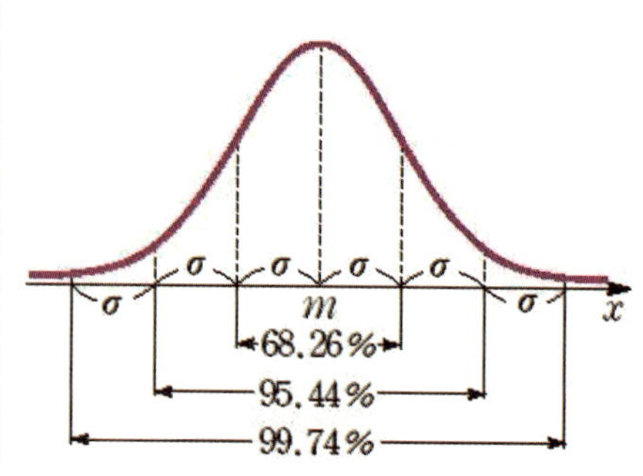

표준정규분포표

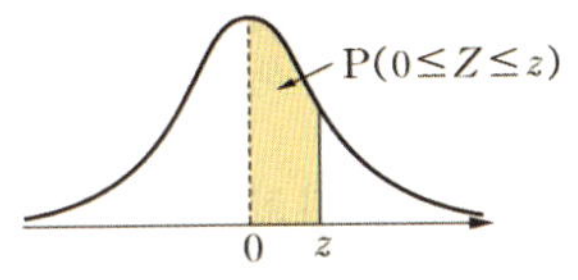

z	0	1	2	3	4	5	6	7	8	9
0.0	.0000	.0040	.0080	.0120	.0160	.0199	.0239	.0279	.0319	.0359
0.1	.0398	.0438	.0478	.0517	.0557	.0596	.0636	.0675	.0714	.0753
0.2	.0793	.0832	.0871	.0910	.0948	.0987	.1026	.1064	.1103	.1141
0.3	.1179	.1217	.1255	.1293	.1331	.1368	.1406	.1443	.1480	.1517
0.4	.1554	.1591	.1628	.1664	.1700	.1736	.1772	.1808	.1844	.1879
0.5	.1915	.1950	.1985	.2019	.2054	.2088	.2123	.2157	.2190	.2224
0.6	.2257	.2291	.2324	.2357	.2389	.2422	.2454	.2486	.2518	.2549
0.7	.2580	.2611	.2642	.2673	.2704	.2734	.2764	.2794	.2823	.2852
0.8	.2881	.2910	.2939	.2967	.2995	.3023	.3051	.3078	.3106	.3133
0.9	.3159	.3186	.3212	.3238	.3264	.3289	.3315	.3340	.3365	.3389
1.0	.3413	.3438	.3461	.3485	.3508	.3531	.3554	.3577	.3599	.3621
1.1	.3643	.3665	.3686	.3708	.3729	.3749	.3770	.3790	.3810	.3830
1.2	.3849	.3869	.3888	.3907	.3925	.3944	.3962	.3980	.3997	.4015
1.3	.4032	.4049	.4066	.4082	.4099	.4115	.4131	.4147	.4162	.4177
1.4	.4192	.4207	.4222	.4236	.4251	.4265	.4279	.4292	.4306	.4319
1.5	.4332	.4345	.4357	.4370	.4382	.4394	.4406	.4418	.4429	.4441
1.6	.4452	.4463	.4474	.4484	.4495	.4505	.4515	.4525	.4535	.4545
1.7	.4554	.4564	.4573	.4582	.4591	.4599	.4608	.4616	.4625	.4633
1.8	.4641	.4649	.4656	.4664	.4671	.4678	.4686	.4693	.4699	.4706
1.9	.4713	.4719	.4726	.4732	.4738	.4744	.4750	.4756	.4761	.4767
2.0	.4772	.4778	.4783	.4788	.4793	.4798	.4803	.4808	.4812	.4817
2.1	.4821	.4826	.4830	.4834	.4838	.4842	.4846	.4850	.4854	.4857
2.2	.4861	.4864	.4868	.4871	.4875	.4878	.4881	.4884	.4887	.4890
2.3	.4893	.4896	.4898	.4901	.4904	.4906	.4909	.4911	.4913	.4916
2.4	.4918	.4920	.4922	.4925	.4927	.4929	.4931	.4932	.4934	.4936
2.5	.4938	.4940	.4941	.4943	.4945	.4946	.4948	.4949	.4951	.4952
2.6	.4953	.4955	.4956	.4957	.4959	.4960	.4961	.4962	.4963	.4964
2.7	.4965	.4966	.4967	.4968	.4969	.4970	.4971	.4972	.4973	.4974
2.8	.4974	.4975	.4976	.4977	.4977	.4978	.4979	.4980	.4980	.4981
2.9	.4981	.4982	.4983	.4983	.4984	.4984	.4985	.4985	.4986	.4986
3.0	.4987	.4987	.4987	.4988	.4988	.4989	.4989	.4989	.4990	.4990
3.1	.4990	.4991	.4991	.4991	.4992	.4992	.4992	.4992	.4993	.4993
3.2	.4993	.4993	.4994	.4994	.4994	.4994	.4994	.4995	.4995	.4995
3.3	.4995	.4995	.4996	.4996	.4996	.4996	.4996	.4996	.4996	.4997

연구10 크기 n인 임의표본을 $X_1, X_2, \cdots, X_n$라

할 때 다음 값을 쓰시오.

① 표본의 평균

② 표본의 표준편차

⑫ 통계적 추정

　　　: 통계 조사에서 대상으로 삼은 집단 전체를 조사하는 것

　　　: 대상으로 삼은 집단의 일부를 조사하는 것

　: 통계조사에서 대상이 되는 집단 전체

: 표본조사를 하는 경우 조사하기 위하여 모집단에서 추출한 부분집합

　　　: 표본의 원소의 개수

　: 모집단에서 편중되지 않게, 무작위로 추출

　: 임의추출에 의하여 만들어진 표본

　: 한 번 추출된 원소를 다시 되돌려 놓은 후 다음 원소를 뽑음

　　　: 되돌려 놓지 않고 다음 원소를 뽑음

⑬ 모집단과 표본의 분포

모평균: $\mathrm{E}(X) = m$.

모표준편차: $\sigma(X) = \sigma$

임의추출한 크기가 n인 표본

$X_1, X_2, \cdots, X_n$에서

연구10 **표본평균:**

표본표준편차:

✎ 통계적 추정

모집단의 분포: 　　모평균　　　　　모표준편차

전교생 점수

표본(집단)의 분포: 　표본평균　　　표본표준편차

5반 점수

표본평균의 분포: 　표본평균의 평균　표본평균의 표준편차

반별 평균 점수

[연구11] 빈칸에 알맞은 것을 쓰시오.

[연구12] 빈칸에 알맞은 것을 쓰시오.

[연구13] 표본의 크기 n, 표본평균 $\overline{X}$
- 모집단의 분포가 정규분포 $N(m, \sigma^2)$이면
  $\overline{X}$는 어떤 분포를 따르는가?
- 모집단의 분포가 정규분포가 아니면
  $\overline{X}$는 근사적으로 어떤 분포를 따르는가?
  (단, 표본의 크기 n이 충분히 크다.)

⒁ 표본평균의 분포

연구 11 ① 모평균 m, 모표준편차 σ인 모집단에서
크기 n인 임의표본을 복원추출할 때,

표본평균의 평균 :

표본평균의 표준편차 :

표본평균의 분산 :

연구 13 ② 모집단의 분포가 정규분포이면
$\overline{X}$는 정규분포 $N\left(m, \dfrac{\sigma^2}{n}\right)$을 따른다.

③ 모집단의 분포가 정규분포가 아닐 때도
표본의 크기 n이 충분히 크면
$\overline{X}$의 분포는 근사적으로
정규분포 $N\left(m, \dfrac{\sigma^2}{n}\right)$를 따른다.

✎ 표본평균의 분포

연구 12 아래는 확률변수 X에 대한 확률분포이다.

X	1	2	3	4	합계
$P(x)$	$\dfrac{1}{4}$	$\dfrac{1}{4}$	$\dfrac{1}{4}$	$\dfrac{1}{4}$	1

이 분포를 모집단의 확률분포로 하여 복원추출로
만든 크기가 2인 표본의 평균을 $\overline{X}$라고 하자. 이
때, $\overline{X}$의 확률분포를 표로 나타내시오.

X_2 \ X_1	1	2	3	4
1				
2				
3				
4				

$$\overline{X} = \frac{X_1 + X_2}{2}$$

$\overline{X}$								합계
$P(\overline{x})$								1

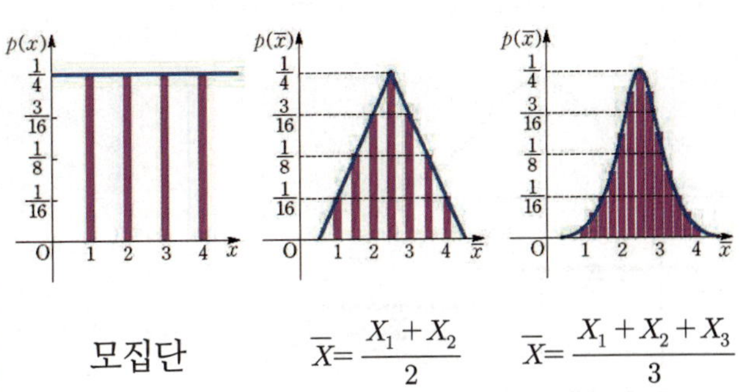

[연구14] 평균이 m이고 표준편차가 σ인 정규분포를 따르는 모집단에서 임의추출한 크기 n인 표본 X_1, X_2, $\cdots$, X_n의 평균을 $\overline{X}$라고 할 때 다음을 구하시오.

① 모평균 m의 신뢰도 95 %인 신뢰구간:

② 신뢰구간의 길이:

③ 오차한계:

---

15 모평균의 추정

연구 14 ▷ 크기가 n인 표본의 평균이 $\overline{x}$이고,
모표준편차가 σ일 때

모평균의 95%신뢰구간:

모평균의 99%신뢰구간:

신뢰구간의 길이:

오차한계:

✎ 일반적으로 $\overline{X}$는 확률변수를 나타내고 $\overline{x}$는 상수를 나타낸다.

✎ **신뢰도의 의미**

크기 n인 표본을 여러 번 추출하여
신뢰구간을 만들 때,
모평균 m을 포함하는 것이 약 95%이다.

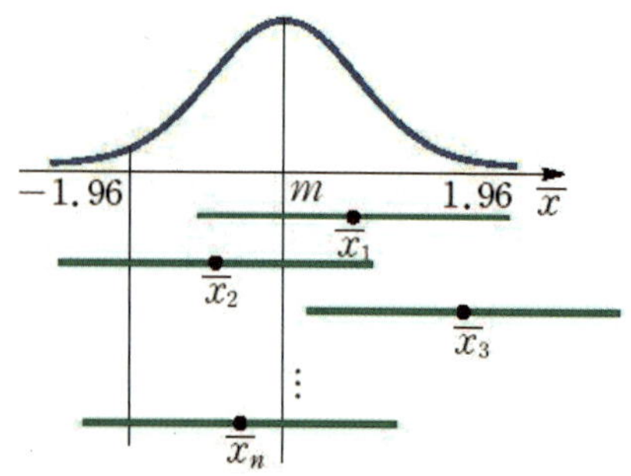

✎ 모평균의 추정

역대 수능·모의고사 기출 문항 출제 의도

Ⅰ.경우의 수

[출제의도] 같은 것이 있는 순열을 이용하여 문제를 해결한다.

[출제의도] 원순열을 이용하여 문제를 해결한다.

[출제의도] 중복순열을 이해하여 경우의 수를 구하는 문제를 해결한다.

[출제의도] 중복조합을 이용하여 조건을 만족시키는 경우의 수를 구하는 문제를 해결한다.

[출제의도] 중복순열과 중복조합의 값을 계산하는 문제를 해결한다.

[출제의도] 이항정리를 이용하여 전개식의 계수를 구하는 문제를 해결한다.

Ⅱ.확률

[출제의도] 확률의 뜻 이해하는 문제를 해결한다.

[출제의도] 확률의 덧셈정리를 이용하여 확률을 구하는 문제를 해결한다.

[출제의도] 여사건의 확률을 이용하여 문제를 해결한다.

[출제의도] 조건부확률을 이용하여 확률을 구하는 문제를 해결한다.

[출제의도] 사건의 종속과 독립을 이해하는 문제를 해결한다.

[출제의도] 독립시행의 확률을 이용하여 실생활 문제를 해결한다.

Ⅲ.통계

[출제의도] 확률분포가 표로 주어진 이산확률변수의 평균과 분산을 구하는 문제를 해결한다.

[출제의도] 이항분포를 따르는 확률변수의 평균과 분산을 구하는 문제를 해결한다.

[출제의도] 이항분포의 분산을 이용하여 시행 횟수를 구하는 문제를 해결한다.

[출제의도] 확률밀도함수의 그래프를 이용하여 확률을 구하는 문제를 해결한다.

[출제의도] 정규분포의 성질을 이해하여 문제를 해결한다.

[출제의도] 정규분포와 표준정규분포표를 이용하여 확률을 구하는 문제를 해결한다.

[출제의도] 표본평균의 확률분포를 이용하여 확률을 구하는 문제를 해결한다.

[출제의도] 표본평균을 이용하여 모평균의 신뢰구간을 구하는 문제를 해결한다.

① 수능 문제의 출제 의도 파악이 잘된다 !

수능은 교과개념을 제대로 이해했는지 확인하기 위해 내는 것이라 문제풀이과정을 개념유도과정과 유사하게 출제한다. 개념 연구를 하면 문제 풀 때 출제자의 의도에 맞게 접근법을 금방 찾아내게 된다!

② 문제에 개념 적용이 잘된다!

맨날 해설지를 보면서 "아! 그렇구나"해도 직접 풀지는 못하는 학생들!
백지에 유도과정을 쓸 줄 모르니까 문제에 개념을 어떻게 쓸 줄 모르지!

③ 여러가지 공식이 적용된 최고난도 문제풀이가 잘된다!

A, B, C 세 가지 공식을 따로 알고 있으면 공식을 하나만 적용하는 단순계산문제 밖에 못푼다!
A→B→C로 유도되는 과정을 알아야 A, B, C공식이 모두 적용되는 문제에서 식을 어떻게 조합하고 합쳐야 풀 수 있는지를 알 수 있다!

놓쳤던 1%를 채운다!
상위 1%의 3초 개념 점검!
수능과 논술을 한번에!

개념 연구

개념 연구 학습법

- Step1. 개념 연구의 질문을 읽으며 답을 모르는 문항을 찾아내고 ·표시를 한다.
  (이것이 너의 개념이 빵구난 부분!)

- Step2. 수학의 단권화 개념 총정리에서 √표시에 해당하는 개념을 찾아본다.
  (책에 전부다 표시되어 있어!)

- Step3. 백지에 완벽한 답을 쓸 수 있을 때까지 √표시 질문들을 계속 복습한다.
  (그럼 너는 진정한 개념 마스터!)

나의 개념 이해도를 ☑체크해보자! □X □△ □완성○

수학(상) Ⅰ.다항식

━ 연구01 □X □△ □○ ━

아래는 곱셈 공식의 일부이다.
곱셈 공식의 나머지부분을 쓰시오.

① $(a+b)^2 =$
② $(a-b)^2 =$
③ $(a+b)(a-b) =$
④ $(x+a)(x+b) =$
⑤ $(ax+b)(cx+d) =$
⑥ $(a+b)^3 =$
⑦ $(a+b)(a^2-ab+b^2) =$
⑧ $(a-b)(a^2+ab+b^2) =$

정답 ▷ p.20

━ 연구02 □X □△ □○ ━

x에 관한 사차이상의 다항식 A에 대하여,
①이차식으로 나눈 나머지
②삼차식으로 나눈 나머지
의 형태를 쓰시오.

정답 ▷ p.21

━ 연구03 □X □△ □○ ━

다항식 $f(x)$를 일차식 $x-\alpha$로 나누었을 때
나머지의 값을 쓰고 이를 유도하시오.

정답 ▷ p.23

━ 연구04 □X □△ □○ ━

$f(x)$가 $x-\alpha$로 나누어떨어질 때, $f(\alpha)$의 값을
쓰시오.

정답 ▷ p.23

수학(상) Ⅱ.방정식과 부등식

━ 연구01 □X □△ □○ ━

빈칸에 알맞은 것을 쓰시오.

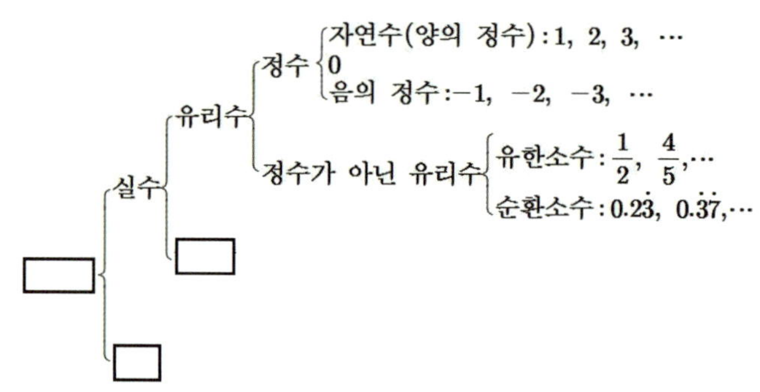

정답 ▷ p.24

━ 연구02 □X □△ □○ ━

허수단위 i의 뜻을 쓰시오.

정답 ▷ p.25

━ 연구03 □X □△ □○ ━

아래 복소수의 연산의 식을 완성하시오.
①덧셈 $(a+bi)+(c+di) =$
②뺄셈 $(a+bi)-(c+di) =$
③곱셈 $(a+bi)(c+di) =$
④나눗셈 $(a+bi) \div (c+di) =$

정답 ▷ p.26

━ 연구04 □X □△ □○ ━

$z = a+bi$라고 할 때 아래 식을 완성하시오.
① $z+\bar{z} =$
② $z \times \bar{z} =$

정답 ▷ p.26

☑X ➡ ☑△ ➡ ☑완성○ 될 때까지 복습하자!

── 연구05 □X □△ □○ ──

$a > 0$일 때 $-a$의 제곱근은 $\pm \sqrt{a}\,i$인 이유를 쓰시오.

정답 ▷ p.27

── 연구06 □X □△ □○ ──

이차방정식 $ax^2 + bx + c = 0 \ (a \neq 0)$의 근의 공식을 쓰고, 이를 유도하시오.

정답 ▷ p.28

── 연구07 □X □△ □○ ──

이차방정식 $ax^2 + bx + c = 0 \ (a \neq 0)$의 판별식 D를 쓰고, 판별식의 부호에 따른 근의 종류를 쓰시오.

① $D > 0$:

② $D = 0$:

③ $D < 0$:

정답 ▷ p.29

── 연구08 □X □△ □○ ──

이차방정식 $ax^2 + bx + c = 0 \ (a \neq 0)$의 판별식 D의 부호에 따라 이차방정식의 근이 실근 2개, 중근, 허근 2개로 결정되는 이유를 쓰시오.

정답 ▷ p.29

── 연구09 □X □△ □○ ──

이차방정식 $ax^2 + bx + c = 0 \ (a \neq 0)$의 두 근을 α, β라 할 때, 아래 근과 계수와의 관계의 식을 완성하고 이를 유도하시오.

① $\alpha + \beta = \boxed{}$

② $\alpha\beta = \boxed{}$

정답 ▷ p.29

── 연구10 □X □△ □○ ──

삼차방정식 $ax^3 + bx^2 + cx + d = 0 \ (a \neq 0)$의 세 근을 α, β, γ라 할 때, 아래 근과 계수와의 관계의 식을 완성하고 이를 유도하시오.

① $\alpha + \beta + \gamma = \boxed{}$

② $\alpha\beta + \beta\gamma + \gamma\alpha = \boxed{}$

③ $\alpha\beta\gamma = \boxed{}$

정답 ▷ p.29

── 연구11 □X □△ □○ ──

이차방정식 $ax^2 + bx + c = 0 \ (a \neq 0)$의

① a, b, c가 유리수이면
한 근이 $g + h\sqrt{k}$이면 $\boxed{}$도 근이다.
(단, g, h는 유리수이고 $h \neq 0$, $\sqrt{k}$는 무리수)

② a, b, c가 실수이면
한 근이 $g + hi$이면 $\boxed{}$도 근이다.
(단, g, h는 실수이고 $h \neq 0$)

정답 ▷ p.30

나의 개념 이해도를 ☑체크해보자! □X □△ □완성○

연구12 □X □△ □○

이차함수 $y = ax^2 + bx + c$의 꼭짓점의 좌표를 쓰고, 이를 유도하시오.

정답 ▷ p.31

연구13 □X □△ □○

이차함수 $y = ax^2 + bx + c$의 그래프와 x축의 위치 관계에 따른, 이차방정식 $ax^2 + bx + c = 0$의 판별식 $D = b^2 - 4ac$의 부호를 쓰고, 그 이유를 쓰시오.

① $D\ [\ \ ]\ 0$: 서로 다른 두 점에서 만난다.
② $D\ [\ \ ]\ 0$: 한 점에서 만난다(접한다).
③ $D\ [\ \ ]\ 0$: 만나지 않는다.

정답 ▷ p.32

연구14 □X □△ □○

두 함수 $y = f(x)$와 $y = g(x)$의 그래프의 교점을 구할 때, $f(x) = g(x)$의 식을 계산하면 구할 수 있는 이유를 쓰시오.

정답 ▷ p.33

연구15 □X □△ □○

연립일차방정식 $\begin{cases} ax + by + c = 0 \\ a'x + b'y + c' = 0 \end{cases}$ 에서 아래 조건이 성립할 때의 해의 개수를 쓰시오.

① $\dfrac{a}{a'} \neq \dfrac{b}{b'}$

② $\dfrac{a}{a'} = \dfrac{b}{b'} = \dfrac{c}{c'}$

③ $\dfrac{a}{a'} = \dfrac{b}{b'} \neq \dfrac{c}{c'}$

정답 ▷ p.36

연구16 □X □△ □○

$|x| \leq a \ \Leftrightarrow\ -a \leq x \leq a$ 임을 유도하시오.

정답 ▷ p.38

연구17 □X □△ □○

이차함수 $y = ax^2 + bx + c$에 대하여, 빈칸에 알맞은 x의 값이나 범위를 쓰시오.

($a > 0$)	$D > 0$	$D = 0$	$D < 0$
$y = f(x)$ 그래프			
$f(x) = 0$			
$f(x) > 0$			
$f(x) \geq 0$			
$f(x) < 0$			
$f(x) \leq 0$			

정답 ▷ p.40

연구18 □X □△ □○

모든 실수 x에 대하여 $ax^2 + bx + c > 0$일 조건을 2가지 쓰시오.

정답 ▷ p.40

☑X ➡ ☑△ ➡ ☑완성○ 될 때까지 복습하자!

수학(상)
Ⅲ.도형의 방정식

연구01　□X □△ □○

두 점 $A(x_1, y_1)$, $B(x_2, y_2)$ 사이의 거리
$\overline{AB} = \sqrt{(x_2-x_1)^2 + (y_2-y_1)^2}$ 임을 유도하시오.

정답 ▷ p.41

연구02　□X □△ □○

수직선 위의 두 점 $A(x_1)$, $B(x_2)$를 이은 선분 AB를 $m : n$으로 내분하는 점 P를 유도하시오.

정답 ▷ p.43

연구03　□X □△ □○

수직선 위의 두 점 $A(x_1)$, $B(x_2)$를 이은 선분 AB를 $m : n$으로 외분하는 점 Q를 유도하시오.

정답 ▷ p.43

연구04　□X □△ □○

좌표평면 위의 세 점 $A(x_1, y_1)$, $B(x_2, y_2)$, $C(x_3, y_3)$을 꼭짓점으로 하는 삼각형 ABC의 무게중심 G의 좌표를 유도하시오.

정답 ▷ p.44

연구05　□X □△ □○

빈칸에 알맞은 직선의 기울기의 값을 쓰시오.

직선과 x축 이루는 각	직선의 기울기
$60°$	
$45°$	
$30°$	
$0°$	
$-30°$	
$-45°$	
$-60°$	

정답 ▷ p.45

연구06　□X □△ □○

점 $A(x_1, y_1)$을 지나고 기울기가 m인 직선의 방정식이 무엇인지 쓰고, 이를 유도하시오.

정답 ▷ p.47

나의 개념 이해도를 ☑체크해보자! □X □△ □완성○

연구07   □X □△ □○

x절편이 a이고 y절편이 b인 직선의 방정식을 쓰시오.

정답 ▷ p.47

연구08   □X □△ □○

아래는 두 직선의 위치관계에 대한 표이다. 각 위치 관계마다 빈칸에 알맞은 식을 쓰시오

위치 관계	$y = mx + n$ $y = m'x + n'$	$ax + by + c = 0$ $a'x + b'y + c' = 0$
일치		
평행		
한 점 만남		
수직		

정답 ▷ p.48

연구09   □X □△ □○

두 직선 $y = mx + n$, $y = m'x + n'$의 그래프가 수직이 되기 위한 조건을 쓰고, 이를 유도하시오.

정답 ▷ p.48

연구10   □X □△ □○

점 $(x_1,\ y_1)$과 직선 $ax + by + c = 0$사이의 거리의 값을 쓰시오.

정답 ▷ p.49

연구11   □X □△ □○

평행한 두 직선 $ax + by + c_1 = 0$, $ax + by + c_2 = 0$ 사이의 거리의 값을 쓰고, 이를 유도하시오.

정답 ▷ p.49

연구12   □X □△ □○

중심이 $(a,\ b)$, 반지름 길이가 r인 원의 방정식을 쓰고, 이를 유도하시오.

정답 ▷ p.50

☑X ➡ ☑△➡ ☑완성○ 될 때까지 복습하자!

연구13　□X □△ □○

중심이 $(a,\ b)$인 원이 있다 이 원이 아래 조건을
만족시킬 때의 원의 방정식을 쓰시오.
① x축에 접함
② y축에 접함
③ x축, y축에 접함 (단, $a,\ b > 0$)

정답 ▷ p.51

연구14　□X □△ □○

두 원의 중심사이의 거리가 d이고 반지름이 각각
$R,\ r$일 때$(R > r)$, 아래 위치 관계에 따른 d,
$R,\ r$의 관계식을 쓰시오.
① 만나지 않음
② 한 점에서 만난다(외접)
③ 서로 다른 두 점에서 만남
④ 한 점에서 만남(내접)
⑤ 한 원이 다른 원에 포함

정답 ▷ p.52

연구15　□X □△ □○

원의 중심과 직선사이의 거리가 d,
반지름의 길이가 r일 때,
원과 직선의 교점의 개수를 쓰시오.
① $d < r$:
② $d = r$:
③ $d > r$:

정답 ▷ p.52

연구16　□X □△ □○

원 $x^2 + y^2 = r^2$에서 기울기 m인 접선의
방정식을 쓰고, 이를 유도하시오.

정답 ▷ p.53

연구17　□X □△ □○

원 $x^2 + y^2 = r^2$ 위의 점 $(x_1,\ y_1)$에서의 접선의
방정식을 쓰고, 이를 유도하시오.

정답 ▷ p.53

연구18　□X □△ □○

x축의 방향으로 a만큼,
y축의 방향으로 b만큼 평행이동 한 것을 쓰시오.
① 점 이동　　$\mathrm{P}(x,\ y)\ \to$
② 도형 이동 $f(x,\ y) = 0\ \to$

정답 ▷ p.54

연구19　□X □△ □○

함수 $y = f(x)$의 그래프가 주기가 p인 함수일
때, 성립하는 식을 쓰시오.

정답 ▷ p.54

나의 개념 이해도를 ☑체크해보자! □X □△ □완성○

연구20 □X □△ □○

대칭 이동한 점 (x, y)의 좌표와, 도형
$f(x, y) = 0$의 방정식을 구하고자 한다.
빈칸에 알맞은 것을 쓰시오.

대칭	$P(x, y)$	$f(x, y) = 0$	$y = f(x)$
x축			
y축			
원점			
$y = x$			
$x = a$			
$y = b$			
점(a, b)			

정답 ▷ p.57

연구21 □X □△ □○

$f(x) = f(-x)$가 성립할 때, 함수 $y = f(x)$의
그래프는 어떤 형태인지 쓰고,
$y = f(x)$가 다항함수일 경우 어떤 항으로
구성되어있는지를 쓰시오.

정답 ▷ p.58

연구22 □X □△ □○

$f(a + x) = f(a - x)$일 때, $y = f(x)$의 그래프는
어떤 형태인가?

연구23 □X □△ □○

$f(x) = f(2a - x)$일 때, $y = f(x)$의 그래프는
어떤 형태인가?

정답 ▷ p.58

연구24 □X □△ □○

$f(x) = -f(-x)$가 성립할 때,
함수 $y = f(x)$의 그래프는 어떤 형태인지 쓰고,
$y = f(x)$가 다항함수일 경우 어떤 항으로
구성되어있는지 쓰시오.

정답 ▷ p.59

연구25 □X □△ □○

$\dfrac{f(a + x) + f(a - x)}{2} = b$ 일 때,

$y = f(x)$의 그래프는 어떤 형태인가?

정답 ▷ p.59

☑X ➡ ☑△ ➡ ☑완성○ 될 때까지 복습하자!

수학(하)
Ⅰ.집합과 명제

── 연구01 ☐X ☐△ ☐○ ──

전체집합 U와 집합 A에 대하여 빈칸에 알맞은 기호를 쓰시오.

① $A \cup A^c = \boxed{}$

② $A \cap A^c = \boxed{}$

③ $(A^c)^c = \boxed{}$

④ $A - \varnothing = \boxed{}$

⑤ $A - A = \boxed{}$

⑥ $\varnothing^c = \boxed{}$

⑦ $U^c = \boxed{}$

⑧ $A - B = A \cap \boxed{}$

$\qquad = \boxed{} - (A \cap B)$

$\qquad = (A \cup B) - \boxed{}$

정답 ▷ p.65

── 연구02 ☐X ☐△ ☐○ ──

두 집합 A, B에 대하여 빈칸에 알맞은 기호를 쓰시오.

① $x \in A$이면 $x \in B$이다 ⇔ $\boxed{}$

② $\{x \mid x \in A$ 또는 $x \in B\} = \boxed{}$

③ $\{x \mid x \in A$ 이고 $x \in B\} = \boxed{}$

④ $\{x \mid x \in A$ 이고 $x \notin B\} = \boxed{}$

⑤ $\{x \mid x \in U$ 이고 $x \notin A\} = \boxed{}$

정답 ▷ p.66

── 연구03 ☐X ☐△ ☐○ ──

두 집합 A, B에 대하여 $A \subset B$이 성립할 때 빈칸에 알맞은 것을 쓰시오.

① $A \cup B = \boxed{}$

② $A \cap B = \boxed{}$

③ $A - B = \boxed{}$

④ $B^c \subset \boxed{}$

⑤ $A^c \cup B = \boxed{}$

정답 ▷ p.66

── 연구04 ☐X ☐△ ☐○ ──

두 집합 A, B가 서로소일 때 빈칸에 알맞은 것을 쓰시오.

① $A \cap B = \boxed{}$

② $n(A \cap B) = \boxed{}$

③ $A - B = \boxed{}$

④ $B - A = \boxed{}$

⑤ $A \subset \boxed{}$

⑥ $B \subset \boxed{}$

정답 ▷ p.66

── 연구05 ☐X ☐△ ☐○ ──

세 집합 A, B, C에 대하여 빈칸에 알맞은 것을 쓰고, 이를 밴다이어그램을 이용해 설명하시오.

• 결합법칙 $(A \cup B) \cup C = \boxed{}$

• 분배법칙 $A \cap (B \cup C) = \boxed{}$

• 드모르간의 법칙 $(A \cup B)^c = \boxed{}$

정답 ▷ p.67

나의 개념 이해도를 ☑체크해보자! □X □△ □완성○

연구06 □X □△ □○

원소의 개수가 n개인 집합에서
①부분집합의 개수를 쓰고, 그 이유를
설명하시오.
②진부분집합의 개수를 쓰시오.

정답 ▷ p.68

연구07 □X □△ □○

두 집합 A, B에 대하여 빈칸에 알맞은 것을
쓰고, 이를 밴다이어그램을 이용해 설명하시오.
- $n(A \cup B) = n(A) + n(B) - \boxed{}$
- $n(A \cup B \cup C) = n(A) + n(B) + n(C) - \boxed{}$

정답 ▷ p.68

연구08 □X □△ □○

명제의 뜻을 쓰시오.

정답 ▷ p.69

연구09 □X □△ □○

'p이면 q이다.' 꼴의 명제에서
p를 $\boxed{}$, q를 $\boxed{}$이라 한다.
빈칸에 알맞은 것을 쓰시오.

정답 ▷ p.69

연구10 □X □△ □○

명제나 조건을 부정할 때, 표현이 바뀌는 것으로
짝지어지도록 빈칸에 알맞은 것을 쓰시오.

p	$\sim p$
이다	
<	
>	
=	
이고, and	
모든	

정답 ▷ p.69

연구11 □X □△ □○

조건의 뜻을 쓰시오.

정답 ▷ p.70

연구12 □X □△ □○

진리집합의 뜻을 쓰시오.

정답 ▷ p.70

연구13 □X □△ □○

각 조건에 대한 진리집합이 짝지어지도록 빈칸에
알맞은 것을 쓰시오.

p, q	P, Q
$\sim p$	
p or q	
p and q	
$p \rightarrow q$	

정답 ▷ p.70

☑X ➡ ☑△ ➡ ☑완성○ 될 때까지 복습하자!

연구14 □X □△ □○

두 조건 p, q에 대하여 부정이 무엇인지 쓰고 그 이유를 쓰시오.
① 조건 'p 또는 q'의 부정:
② 조건 'p 이고 q'의 부정:

정답 ▷ p.71

연구15 □X □△ □○

명제 '모든 x에 대하여 p이다'가 참일 때, 조건 p의 진리집합 P가 만족하는 식을 쓰시오.

정답 ▷ p.72

연구16 □X □△ □○

명제 '모든 x에 대하여 p이다'의 부정을 쓰시오.

정답 ▷ p.72

연구17 □X □△ □○

명제 '어떤 x에 대하여 p이다'가 참일 때, 조건 p의 진리집합 P가 만족하는 식을 쓰시오.

정답 ▷ p.72

연구18 □X □△ □○

명제 '어떤 x에 대하여 p이다'의 부정을 쓰시오.

정답 ▷ p.72

연구19 □X □△ □○

빈칸에 알맞은 기호를 쓰시오.
두 조건 p, q의 진리집합을 각각 P, Q라 할 때
명제 $p \rightarrow q$는 참이면 $P \square Q$이다.

정답 ▷ p.73

연구20 □X □△ □○

빈칸에 알맞은 기호와 문장을 쓰시오.

명제	$p \rightarrow q$	p이면 q이다
역		
대우		

정답 ▷ p.74

연구21 □X □△ □○

빈칸에 역/대우 중 알맞은 것을 쓰시오.
어떤 명제가 참이면 그 □도 참이다.
어떤 명제가 거짓이면 그 □도 거짓이다.

정답 ▷ p.74

연구22 □X □△ □○

두 조건 p, q에 대하여 빈칸에 알맞은 것을 쓰시오.
① $p \Rightarrow q$일 때,
　p는 q이기 위한 □
　q는 p이기 위한 □
② $p \Leftrightarrow q$일 때,
　p는 q이기 위한 □
　q는 p이기 위한 □

정답 ▷ p.75

연구23 □X □△ □○

$\dfrac{a+b}{2} \geq \sqrt{ab}$가 성립함을 유도하시오.

정답 ▷ p.77

나의 개념 이해도를 ☑체크해보자! □X □△ □완성○

수학(하)
Ⅱ.함수

── 연구01   □X □△ □○ ──

'정의역의 서로 다른 원소에 대하여, 그 함숫값이 서로 다를 때의 함수'의
①용어 ②식을 쓰시오.

정답 ▷ p.80

── 연구02   □X □△ □○ ──

'일대일 함수이고, 치역과 공역이 같은 함수'가 무엇인지 알맞은 용어를 쓰시오.

정답 ▷ p.81

── 연구03   □X □△ □○ ──

'정의역 X의 모든 원소 x가 공역 Y의 오직 하나의 원소에만 대응될 때의 함수'의
①용어 ②식을 쓰시오.

정답 ▷ p.81

── 연구04   □X □△ □○ ──

'정의역과 공역이 같고, 정의역의 임의의 원소에 그 자신을 대응시키는 함수'의
①용어 ②식을 쓰시오.

정답 ▷ p.82

── 연구05   □X □△ □○ ──

함수 f의 역함수 f^{-1}는, 함수 f가 ⬚일 때 존재한다.

정답 ▷ p.84

── 연구06   □X □△ □○ ──

빈칸에 알맞은 것을 쓰시오.
① $f(a) = b \Leftrightarrow f^{-1}(b) = $ ⬚
② $f^{-1} \circ f(x) = f \circ f^{-1}(x) = $ ⬚
③ $(f^{-1})^{-1} = $ ⬚
④ $(g \circ f)^{-1} = $ ⬚

정답 ▷ p.85

☑X ➡ ☑△➡ ☑완성○ 될 때까지 복습하자!

연구07 □X □△ □○

$y = f(x)$, $y = f^{-1}(x)$의 그래프는
직선 ☐에 대하여 대칭이다.

정답 ▷ p.85

연구08 □X □△ □○

아래 명제의 참 거짓을 판별하시오.
① f와 $y = x$의 교점은 f와 f^{-1}의 교점이다.
② f와 f^{-1}의 교점은 f와 $y = x$의 교점이다.

정답 ▷ p.85

연구09 □X □△ □○

아래는 $y = \dfrac{k}{x}$ 형태의 식으로 표현되는 함수의
그래프이다. k는 -3, -2, -1, 1, 2, 3 중
하나의 값을 갖을 때, A, B, C, D, E, F
그래프 마다 알맞은 k값을 짝지으시오.

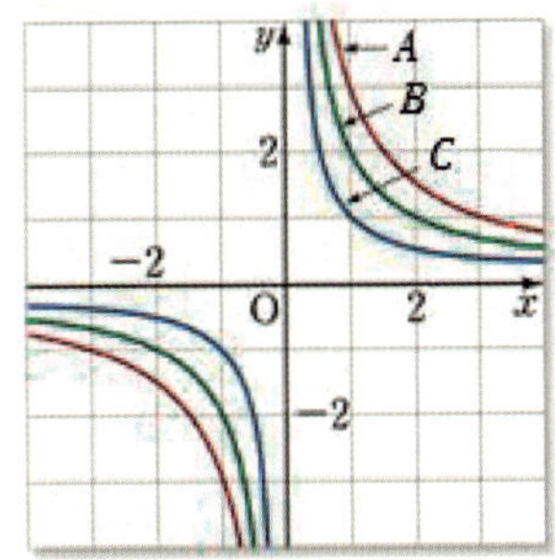
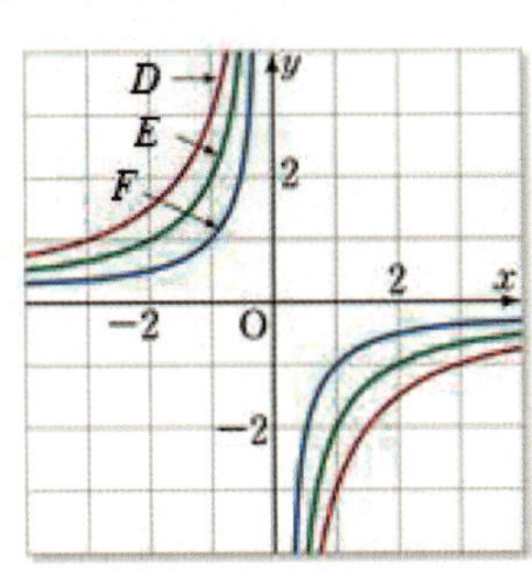

정답 ▷ p.87

연구10 □X □△ □○

함수 $y = \dfrac{k}{x - p} + q$에서 아래 사항에 알맞은
것을 쓰시오.
a.정의역:
　치역:
b.점근선:
c.대칭:

정답 ▷ p.88

연구11 □X □△ □○

아래의 A, B, C, D는 $y = \sqrt{x}$, $y = -\sqrt{x}$,
$y = \sqrt{-x}$, $y = -\sqrt{-x}$ 중 하나의 그래프이다.
A, B, C, D가 나타내는 방정식을 알맞게
짝지으시오.

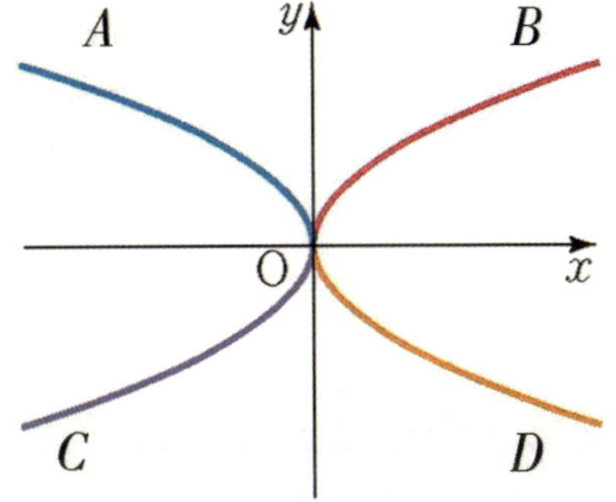

정답 ▷ p.90

연구12 □X □△ □○

함수 $y = \sqrt{ax}$ 와 함수 $y = \dfrac{x^2}{a}\,(x \geq 0)$의
그래프는 어떤 관계에 있는지 쓰시오. (단,
$a \neq 0$)

정답 ▷ p.91

나의 개념 이해도를 ☑체크해보자! □X □△ □완성○

수학(하)
Ⅲ.경우의 수

수학 Ⅰ
Ⅰ.지수함수와 로그함수

── 연구01   □X □△ □○ ──

자연수 N을 소인수 분해 한 것이
$N = x^a y^b z^c (x, \ y, \ z$는 서로소)일 때, N의
약수의 개수는 몇 개인가? 또 약수의 총합은
얼마인가?

정답 ▷ p.93

── 연구02   □X □△ □○ ──

서로 다른 n개에서 r개를 택하여 이들의 순서를
생각하여 일렬로 배열하는 순열의 값은?

정답 ▷ p.93

── 연구03   □X □△ □○ ──

서로 다른 n개에서 r개를 택하는 경우의 수는?

정답 ▷ p.94

── 연구04   □X □△ □○ ──

$_nC_r = \dfrac{_nP_r}{r!}$ 인 이유를 쓰시오.

정답 ▷ p.94

── 연구01   □X □△ □○ ──

$a > 0, \ b > 0$일 때, 임의의 실수 $m, \ n$에 대하여
다음 식이 성립한다. 빈칸에 알맞은 것을 쓰시오.

① $a^m a^n =$

② $(a^m)^n =$

③ $(ab)^n =$

④ $a^m \div a^n =$

⑤ $a^0 =$

⑥ $a^{-n} =$

정답 ▷ p.98

── 연구02   □X □△ □○ ──

$a \neq 0$이고, n이 양의 정수일 때 다음을
유도하시오.

• $a^0 = 1$

• $a^{-n} = \dfrac{1}{a^n}$

정답 ▷ p.98

☑X ➡ ☑△ ➡ ☑완성○ 될 때까지 복습하자!

연구03 □X □△ □○

a의 n제곱근을 빈칸에 쓰시오.

$x^n = a$	n이 홀수	n이 짝수
$a > 0$		
$a = 0$		
$a < 0$		

정답 ▷ p.99

연구04 □X □△ □○

다음을 제곱근 기호를 이용해 표현하시오.
(1) 64의 2제곱근 중 음수 :
(2) 64의 3제곱근 중 음수 :
(3) -64의 3제곱근 중 음수 :
(4) -64의 2제곱근 중 음수 :
(5) 64의 2제곱근 중 양수 :
(6) 64의 3제곱근 중 양수 :
(7) -64의 3제곱근 중 양수 :
(8) -64의 2제곱근 중 양수 :

정답 ▷ p.99

연구05 □X □△ □○

$a > 0$, $b > 0$이고 m, n이 2 이상의 자연수일 때 다음을 유도하시오.

① $\sqrt[n]{a}\,\sqrt[n]{b} = \sqrt[n]{ab}$

② $\dfrac{\sqrt[n]{b}}{\sqrt[n]{a}} = \sqrt[n]{\dfrac{b}{a}}$

③ $\left(\sqrt[n]{a}\right)^m = \sqrt[n]{a^m}$

④ $\sqrt[m]{\sqrt[n]{a}} = \sqrt[mn]{a}$

⑤ $\sqrt[n]{a^m} = \sqrt[np]{a^{mp}}$ (p는 양의 정수)

⑥ $a^{\frac{m}{n}} = \sqrt[n]{a^m}$

정답 ▷ p.100

연구06 □X □△ □○

$a > 0$, $a \neq 1$이고 $N > 0$일 때 $a^x = N$ 을 로그를 이용하여 표현하시오.

정답 ▷ p.101

연구07 □X □△ □○

$\log_a N$에서 밑수조건 $a > 0$, $a \neq 1$과 진수조건 $N > 0$이 있어야 하는 이유를 쓰시오.

정답 ▷ p.101

나의 개념 이해도를 ☑체크해보자! □X □△ □완성○

── 연구08 □X □△ □○ ──

$a > 0$, $a \neq 1$, $x > 0$, $y > 0$이고 k가 임의의 실수일 때 다음 로그의 성질을 유도하시오.

① $\log_a 1 = 0$, $\log_a a = 1$

② $\log_a xy = \log_a x + \log_a y$

③ $\log_a \dfrac{x}{y} = \log_a x - \log_a y$

④ $\log_a x^k = k \log_a x$

⑤ $\log_a b = \dfrac{\log_c b}{\log_c a}$ (b, c는 양수이고 $c \neq 1$)

⑥ $\log_{a^m} x^n = \dfrac{n}{m} \log_a x$

⑦ $a^{\log_c x} = x^{\log_c a}$

정답 ▷ p.102

── 연구09 □X □△ □○ ──

다음은 지수함수 $y = a^x$ $(a > 0, a \neq 1)$의 성질이다. 그래프를 그리고 빈칸을 채우시오.

①정의역:

 치역:

②$a > 1$일 때, [   ]함수

 $0 < a < 1$일 때, [   ]함수

③a값과 관계없이 지나는 점:

❖ 그래프 그릴 때 활용할 점:

④점근선:

⑤$y = a^x$와 $y = \left(\dfrac{1}{a}\right)^x$의 그래프의 관계:

정답 ▷ p.106

── 연구10 □X □△ □○ ──

다음은 로그함수

$y = \log_a x$ $(a > 0, a \neq 1)$의 성질이다. 그래프를 그리고 빈칸에 알맞은 말을 쓰시오.

①정의역:

 치역:

②$a > 1$일 때, [   ]함수

 $0 < a < 1$일 때, [   ]함수

③a값과 관계없이 지나는 점:

❖ 그래프 그릴 때 활용할 점:

④점근선:

⑤$y = \log_a x$와 $y = \log_{\frac{1}{a}} x$의 그래프의 관계:

⑥함수 $y = a^x$과 $y = \log_a x$의 관계:

정답 ▷ p.107

── 연구11 □X □△ □○ ──

빈칸에 알맞은 부등호를 쓰시오.

• 임의의 실수 x에 대하여 $a^x \boxed{} 0$

• $a > 1$일 때, $a^{x_1} < a^{x_2} \Leftrightarrow$

• $0 < a < 1$일 때, $a^{x_1} < a^{x_2} \Leftrightarrow$

정답 ▷ p.108

── 연구12 □X □△ □○ ──

$a > 0$, $a \neq 1$이고 x_1, $x_2 > 0$일 때 빈칸에 알맞은 부등식을 쓰시오.

• $a > 1$일 때,

$$\log_a x_1 < \log_a x_2 \Leftrightarrow$$

• $0 < a < 1$일 때,

$$\log_a x_1 < \log_a x_2 \Leftrightarrow$$

정답 ▷ p.109

☑X ➡ ☑△➡ ☑완성○ 될 때까지 복습하자!

수학 I
Ⅱ.삼각함수

── 연구01 ☐X ☐△ ☐○ ──

빈칸에 알맞은 것을 쓰시오.

삼각비 \ A	0°	30°	45°	60°	90°
$\sin A$					
$\cos A$					
$\tan A$					

정답 ▷ p.111

── 연구02 ☐X ☐△ ☐○ ──

$\angle B = 90°$ 인 $\triangle ABC$에서 $\angle A = \theta$라고 할 때, 나머지 두 변의 길이를 주어진 길이와 θ에 대한 삼각비를 이용해 표현하시오.

① ②

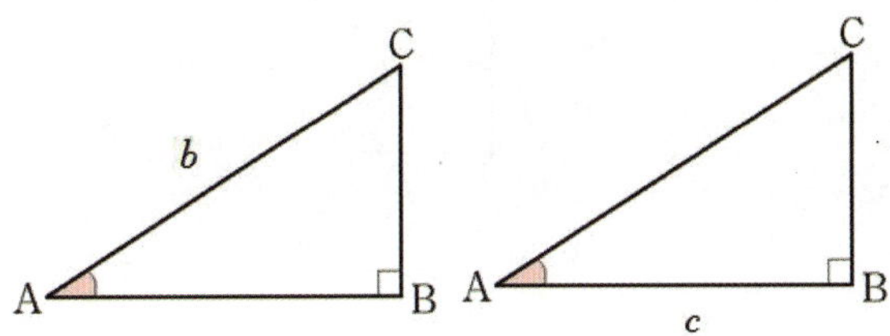

③

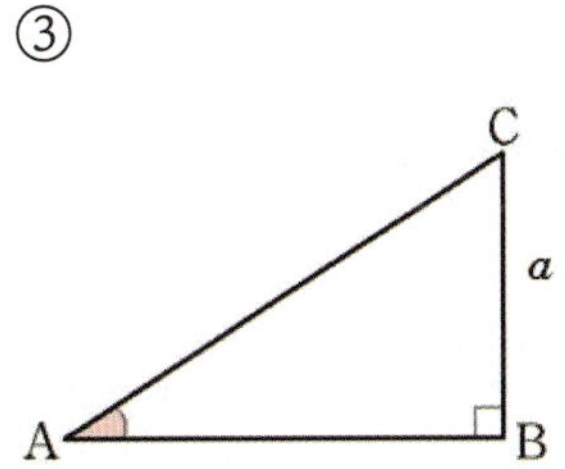

정답 ▷ p.112

── 연구03 ☐X ☐△ ☐○ ──

중심각 크기 θ를 반지름 길이 r와 호의 길이 l에 관한 식으로 쓰시오.

정답 ▷ p.114

── 연구04 ☐X ☐△ ☐○ ──

1(라디안)을 60분법 각도로 얼마인지, $1°$ 가 호도법 각도로 얼마인지를 쓰시오.

정답 ▷ p.114

── 연구05 ☐X ☐△ ☐○ ──

부채꼴의 넓이 S를 중심각 크기 θ, 반지름 길이 r, 호의 길이 l를 사용하여 표현하고 이를 유도하시오.

정답 ▷ p.114

나의 개념 이해도를 ☑체크해보자! □X □△ □완성○

── 연구06 □X □△ □○ ──

다음 60분법 각도에 같은 호도법 각도를 빈칸에 쓰시오.

30˚	45˚	60˚	90˚	120˚	135˚	150˚	180˚

정답 ▷ p.114

── 연구07 □X □△ □○ ──

좌표평면에서 x축의 양의 방향을 시초선으로 할 때, 점 $P(x, y)$에 대하여 동경 OP의 각도가 θ이고 $r = \sqrt{x^2 + y^2}$일 때 $\sin\theta$, $\cos\theta$, $\tan\theta$의 값을 쓰시오.

정답 ▷ p.115

── 연구08 □X □△ □○ ──

θ가 동경 OP에 대한 각이고 점 $P(x, y)$가 각 사분면에 있을 때의 $\sin\theta$, $\cos\theta$, $\tan\theta$의 부호를 아래의 빈칸에 쓰시오.

사분면	$\sin\theta$	$\cos\theta$	$\tan\theta$
1			
2			
3			
4			

정답 ▷ p.115

── 연구09 □X □△ □○ ──

다음 삼각함수 사이의 관계를 유도하시오.

① $\tan\theta = \dfrac{\sin\theta}{\cos\theta}$

② $\sin^2\theta + \cos^2\theta = 1$

정답 ▷ p.116

── 연구10 □X □△ □○ ──

중심이 원점 O이고 반지름의 길이가 r인 원 위에 있는 점 P에 대하여, 동경 OP의 각이 θ일 때, 점 P의 좌표를 쓰시오.

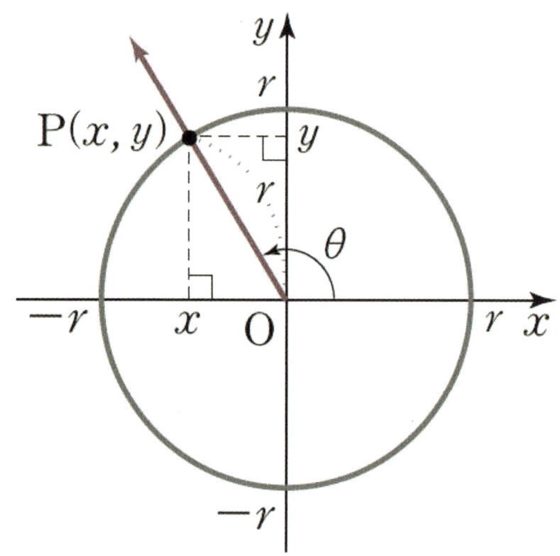

정답 ▷ p.117

☑X ➡ ☑△➡ ☑완성○ 될 때까지 복습하자!

─ 연구11 □X □△ □○ ─

아래 단위원에 표시되어 있는 모든 60분법
각도에 대하여
① 호도법 각   ② 점의 좌표
를 모두 쓰시오.

정답 ▷ p.117

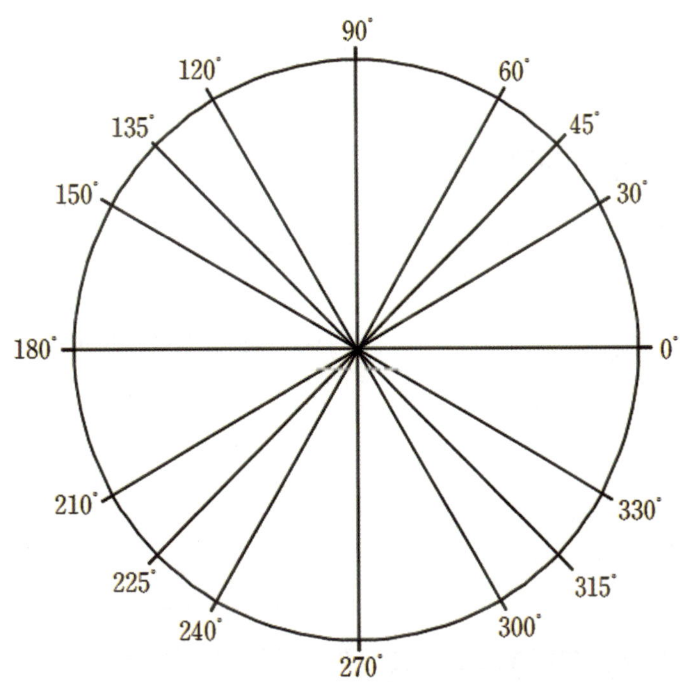

─ 연구12 □X □△ □○ ─

아래 표에 알맞은 값을 쓰시오.

θ	0	$\dfrac{\pi}{6}$	$\dfrac{\pi}{3}$	$\dfrac{\pi}{2}$	$\dfrac{2\pi}{3}$	$\dfrac{5\pi}{6}$	π	$\dfrac{7\pi}{6}$	$\dfrac{4\pi}{3}$	$\dfrac{3\pi}{2}$	$\dfrac{5\pi}{3}$	$\dfrac{11\pi}{6}$	2π
$\sin\theta$													
$\cos\theta$													

정답 ▷ p.117

나의 개념 이해도를 ☑체크해보자! □X □△ □완성○

연구13 □X □△ □○

함수 $y = \sin x$의 그래프에서 아래 사항에 알맞은 것을 쓰시오.

a.정의역:

b.치 역:

c.주 기:

d.대칭성:

정답 ▷ p.118

연구14 □X □△ □○

함수 $y = \cos x$의 그래프에서 아래 사항에 알맞은 것을 쓰시오.

a.정의역:

b.치 역:

c.주 기:

d.대칭성:

정답 ▷ p.119

연구15 □X □△ □○

두 함수 $y = \sin x$와 $y = \cos x$의 그래프는 □□□□ 이동 관계이다.

정답 ▷ p.119

연구16 □X □△ □○

함수 $y = \tan x$의 그래프에서 아래 사항에 알맞은 것을 쓰시오.

a.정의역:

b.치 역:

c.주 기:

d.대칭성:

정답 ▷ p.119

연구17 □X □△ □○

빈칸에 알맞은 것을 쓰시오.

함 수	최댓값	최솟값	주 기
$a\sin(bx+\alpha)+c$			
$a\cos(bx+\alpha)+c$			
$a\tan(bx+\alpha)+c$			

정답 ▷ p.120

연구18 □X □△ □○

$y = f(x)$의 그래프에 대한 $y = f(px)$의 그래프의 특징을 쓰시오.

정답 ▷ p.121

연구19 □X □△ □○

$y = f(x)$의 그래프에 대한 $y = pf(x)$의 그래프의 특징을 쓰시오.

정답 ▷ p.121

연구20 □X □△ □○

빈칸에 알맞은 것을 쓰고 이 식이 성립하는 이유를 단위원을 이용해 표현하시오.

$\sin(-\theta) = \boxed{}$

$\cos(-\theta) = \boxed{}$

$\tan(-\theta) = \boxed{}$

정답 ▷ p.122

☑X ➡ ☑△ ➡ ☑완성○ 될 때까지 복습하자!

연구21 □X □△ □○

빈칸에 알맞은 것을 쓰고 이 식이 성립하는
이유를 단위원을 이용해 표현하시오.

$\sin(\pi+\theta)=\boxed{}$

$\cos(\pi+\theta)=\boxed{}$

$\tan(\pi+\theta)=\boxed{}$

정답 ▷ p.122

연구22 □X □△ □○

빈칸에 알맞은 것을 쓰고 이 식이 성립하는
이유를 단위원을 이용해 표현하시오.

$\sin(\pi-\theta)=\boxed{}$

$\cos(\pi-\theta)=\boxed{}$

$\tan(\pi-\theta)=\boxed{}$

정답 ▷ p.122

연구23 □X □△ □○

빈칸에 알맞은 것을 쓰고 이 식이 성립하는
이유를 단위원을 이용해 표현하시오.

$\sin\left(\dfrac{\pi}{2}+\theta\right)=\boxed{}$

$\cos\left(\dfrac{\pi}{2}+\theta\right)=\boxed{}$

$\tan\left(\dfrac{\pi}{2}+\theta\right)=\boxed{}$

정답 ▷ p.122

연구24 □X □△ □○

빈칸에 알맞은 것을 쓰고 이 식이 성립하는
이유를 단위원을 이용해 표현하시오.

$\sin\left(\dfrac{\pi}{2}-\theta\right)=\boxed{}$

$\cos\left(\dfrac{\pi}{2}-\theta\right)=\boxed{}$

$\tan\left(\dfrac{\pi}{2}-\theta\right)=\boxed{}$

정답 ▷ p.122

연구25 □X □△ □○

$\triangle ABC$에서 아래 사인법칙이 성립함을
유도하시오. (단, R는 외접원의 반지름)

$$\frac{a}{\sin A}=\frac{b}{\sin B}=\frac{c}{\sin C}=2R$$

($\triangle ABC$의 각이 예각일 때만 유도하면 됩니다.)

정답 ▷ p.122

연구26 □X □△ □○

$\triangle ABC$에 대하여 사인법칙을 활용하여

① b를 이용해 a를 표현하시오.

② c를 이용해 a를 표현하시오.

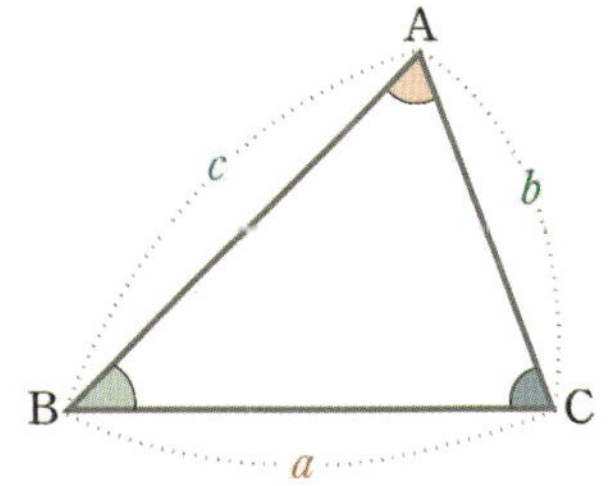

정답 ▷ p.124

연구27 □X □△ □○

$\triangle ABC$에서 아래 코사인법칙이 성립함을
유도하시오.

$$b^2=a^2+c^2-2ac\cos B$$

정답 ▷ p.126

연구28 □X □△ □○

$\triangle ABC$가 아래와 같은 조건을 만족시킬 때,
$\triangle ABC$의 넓이를 쓰시오.

①밑변 a와 높이 h가 주어질 때

②두 변의 길이와 그 낀 각을 알 때

③내접원의 반지름 r과 세 변이 주어질 때

④외접원의 반지름 R과 세 변이 주어질 때

⑤세 변의 길이를 알 때 (헤론의 공식)

정답 ▷ p.127

나의 개념 이해도를 ☑체크해보자! □X □△ □완성○

수학 I
Ⅲ.수열

—— 연구01 □X □△ □○ ——

등차수열의 정의를 쓰시오.

정답 ▷ p.128

—— 연구02 □X □△ □○ ——

첫째항이 a이고, 공차가 d인 등차수열 $\{a_n\}$의 일반항 a_n의 식을 유도하시오.

정답 ▷ p.128

—— 연구03 □X □△ □○ ——

b가 a와 c의 등차중항일 때 성립하는 식을 쓰고 이를 유도하시오.

정답 ▷ p.128

—— 연구04 □X □△ □○ ——

등차수열 $\{a_n\}$의 첫째항부터 제 n항까지의 합 S_n을 유도하시오.

정답 ▷ p.129

—— 연구05 □X □△ □○ ——

일반항 a_n과 수열 $\{a_n\}$의 첫째항부터 제n항까지의 합 S_n의 관계를 쓰시오.

정답 ▷ p.129

—— 연구06 □X □△ □○ ——

등비수열의 정의를 쓰시오.

정답 ▷ p.130

—— 연구07 □X □△ □○ ——

첫째항이 a이고, 공비가 r인 등비수열 $\{a_n\}$의 일반항 a_n의 식을 유도하시오.

정답 ▷ p.130

—— 연구08 □X □△ □○ ——

b가 a와 c의 등비중항일 때, 성립하는 식을 쓰고 이를 유도하시오.

정답 ▷ p.130

—— 연구09 □X □△ □○ ——

첫째항이 a이고, 공비가 r인 등비수열의 첫째항부터 제n항까지의 합 S_n을 유도하시오.

정답 ▷ p.131

—— 연구10 □X □△ □○ ——

아래 시그마 식을 +기호로 풀어서 쓰시오.

① $\displaystyle\sum_{k=1}^{n} a_k =$

② $\displaystyle\sum_{n=1}^{k} a_n =$

③ $\displaystyle\sum_{k=1}^{n} a_n =$

④ $\displaystyle\sum_{n=1}^{k} a_k =$

정답 ▷ p.132

☑X ➡ ☑△ ➡ ☑완성○ 될 때까지 복습하자!

─ 연구11 □X □△ □○ ─

다음을 유도하시오.

① $\displaystyle\sum_{k=1}^{n}(a_k+b_k)=\sum_{k=1}^{n}a_k+\sum_{k=1}^{n}b_k$

② $\displaystyle\sum_{k=1}^{n}(a_k-b_k)=\sum_{k=1}^{n}a_k-\sum_{k=1}^{n}b_k$

③ $\displaystyle\sum_{k=1}^{n}ca_k=c\sum_{k=1}^{n}a_k$ (단, c는 상수)

④ $\displaystyle\sum_{k=1}^{n}c=cn$

정답 ▷ p.132

─ 연구12 □X □△ □○ ─

아래 빈칸에 알맞은 값을 쓰시오.

① $\displaystyle\sum_{k=1}^{n}a_k=\sum_{k=1}^{n-1}a_k+[\qquad]$

① $\displaystyle\sum_{k=1}^{n}a_k=\sum_{k=1}^{m}a_k+\sum_{k=[\ \ ]}^{n}a_k$ (단, $m<n$)

③ $\displaystyle\sum_{k=1}^{n}a_{k+m}=\sum_{k=[\ \ ]}^{[\ \ ]}a_k$

④ $\displaystyle\sum_{k=1}^{2n}a_k=\sum_{k=1}^{[\ \ ]}a_{2k-1}+\sum_{k=1}^{[\ \ ]}a_{2k}$

정답 ▷ p.132

─ 연구13 □X □△ □○ ─

빈칸에 알맞은 식을 쓰시오.

① $\displaystyle\sum_{k=1}^{n}k=\boxed{\qquad}$

② $\displaystyle\sum_{k=1}^{n}k^2=\boxed{\qquad}$

③ $\displaystyle\sum_{k=1}^{n}k^3=\boxed{\qquad}$

정답 ▷ p.133

─ 연구14 □X □△ □○ ─

$\dfrac{1}{A\cdot B}=\dfrac{1}{B-A}\left(\dfrac{1}{A}-\dfrac{1}{B}\right)$를 유도하시오.

정답 ▷ p.133

─ 연구15 □X □△ □○ ─

아래 시그마 식을 계산하시오.

① $\displaystyle\sum_{k=1}^{n}kn^2=$

② $\displaystyle\sum_{n=1}^{k}kn^2=$

정답 ▷ p.133

─ 연구16 □X □△ □○ ─

수학적 귀납법이 무엇인지 서술하시오.

정답 ▷ p.134

─ 연구17 □X □△ □○ ─

수열의 귀납적 정의가 무엇인지 서술하시오.

정답 ▷ p.134

─ 연구18 □X □△ □○ ─

등차수열의 점화식 2가지를 쓰시오.

정답 ▷ p.134

─ 연구19 □X □△ □○ ─

등비수열의 점화식 2가지를 쓰시오.

정답 ▷ p.134

나의 개념 이해도를 ☑체크해보자! □X □△ □완성○

> ## 수학Ⅱ
> # Ⅰ.함수의 극한

── 연구01 □X □△ □○ ──

$x=a$에서 함수 $f(x)$의 극한값 α가 존재한다는 것의 뜻을 쓰시오.

정답 ▷ p.139

── 연구02 □X □△ □○ ──

아래 함수의 극한의 성질이 성립할 조건을 쓰시오.

① $\lim\limits_{x \to a} kf(x) = k \lim\limits_{x \to a} f(x)$ (단, k는 상수)

② $\lim\limits_{x \to a} \{f(x)+g(x)\} = \lim\limits_{x \to a} f(x) + \lim\limits_{x \to a} g(x)$

③ $\lim\limits_{x \to a} \{f(x)-g(x)\} = \lim\limits_{x \to a} f(x) - \lim\limits_{x \to a} g(x)$

④ $\lim\limits_{x \to a} f(x)g(x) = \lim\limits_{x \to a} f(x) \cdot \lim\limits_{x \to a} g(x)$

⑤ $\lim\limits_{x \to a} \dfrac{f(x)}{g(x)} = \dfrac{\lim\limits_{x \to a} f(x)}{\lim\limits_{x \to a} g(x)}$

(단, $g(x) \neq 0$, $\lim\limits_{x \to a} g(x) \neq 0$)

정답 ▷ p.142

── 연구03 □X □△ □○ ──

$\lim\limits_{x \to a} f(x) = \alpha$, $\lim\limits_{x \to a} g(x) = \beta$ (수렴할 때)일 때, 빈칸에 알맞은 것을 쓰시오.

- $f(x) < g(x)$이면 $\lim\limits_{x \to a} f(x) \boxed{} \lim\limits_{x \to a} g(x)$이다.

- $f(x) < h(x) < g(x)$이고 $\alpha = \beta$ 이면 $\lim\limits_{x \to a} h(x) = \boxed{}$이다.

정답 ▷ p.142

── 연구04 □X □△ □○ ──

다음 가정에 대한 결론으로 알맞은 것을 쓰고 이를 유도하시오.

① $\lim\limits_{x \to a} \dfrac{f(x)}{g(x)} = \alpha$ 이고 $\lim\limits_{x \to a} g(x) = 0$ 이면

② $\lim\limits_{x \to a} \dfrac{f(x)}{g(x)} = \alpha \neq 0$ 이고 $\lim\limits_{x \to a} f(x) = 0$ 이면

③ $\lim\limits_{x \to a} f(x) = \infty$ 이고 $\lim\limits_{x \to a} f(x)g(x) = \alpha$ 이면

정답 ▷ p.143

── 연구05 □X □△ □○ ──

함수 $f(x)$가 $x=a$에서 연속이 되도록 하는 조건을 쓰시오.

정답 ▷ p.145

☑X ➡ ☑△ ➡ ☑완성○ 될 때까지 복습하자!

연구06 □X □△ □○

$x=a$ 에서 연속인 두 함수 $f(x)$, $g(x)$에 대하여 다음 함수도 $x=a$에서 연속임을 유도하시오.

① $y=f(x) \pm g(x)$

② $y=cf(x)$ (단, c는 상수)

③ $y=f(x)g(x)$

④ $y=\dfrac{f(x)}{g(x)}$ $(g(a) \neq 0)$

정답 ▷ p.146

연구07 □X □△ □○

함수 $f(x)$가 $x=a$에서만 불연속이고 함수 $g(x)$가 연속함수일 때, 함수 $f(x)g(x)$가 실수 전체에서 연속이기 위해 성립하는 조건을 쓰고 이를 유도하시오. ($x=a$에서 $f(x)$의 좌극한, 우극한이 각각 존재는 경우만 유도하자.)

정답 ▷ p.147

연구08 □X □△ □○

함수 $g(x)$와 $h(x)$가 연속함수일 때, 함수

$$f(x) = \begin{cases} g(x) & (x \leq a) \\ h(x) & (x > a) \end{cases}$$

가 실수 전체에서 연속일 조건을 쓰고 이를 유도하시오.

정답 ▷ p.147

연구09 □X □△ □○

최대·최소의 정리를 쓰시오.

정답 ▷ p.148

연구10 □X □△ □○

사이값 정리를 쓰시오.

정답 ▷ p.149

연구11 □X □△ □○

함수 $f(x)$가 폐구간 $[a, b]$에서 연속이고 $f(a) \times f(b) < 0$일 때, 성립하는 것을 쓰시오.

정답 ▷ p.149

나의 개념 이해도를 ☑체크해보자! □X □△ □완성○

수학 Ⅱ

Ⅱ. 미분법

── 연구01 □X □△ □○ ──

함수 $y = f(x)$에서 x의 값이 a에서 b까지 변할 때 평균변화율을 구하시오.

정답 ▷ p.150

── 연구02 □X □△ □○ ──

함수 $f(x)$의 $x = a$에서의
① 미분계수
② 좌미분계수
③ 우미분계수 를 쓰시오.

정답 ▷ p.151

── 연구03 □X □△ □○ ──

함수 $f(x)$의 $x = a$에서의 미분가능하다는 것의
① 정의를 쓰고
② 조건을 쓰고
③ 조건을 유도하시오.

정답 ▷ p.152

── 연구04 □X □△ □○ ──

함수 $y = f(x)$가 $x = a$에서
① 미분가능하면 연속인가? 아니라면 예를 드시오.
② 연속이면 미분가능한가? 아니라면 예를 드시오.

정답 ▷ p.152

── 연구05 □X □△ □○ ──

미분가능한 함수 $g(x)$와 $h(x)$에 대하여, 함수
$$f(x) = \begin{cases} g(x) & (x \leq a) \\ h(x) & (x > a) \end{cases}$$
가 실수 전체에서 미분가능할 조건을 쓰고 이를 유도하시오.

정답 ▷ p.153

── 연구06 □X □△ □○ ──

함수 $y = f(x)$의 도함수의 기호와 정의를 쓰시오.

정답 ▷ p.153

── 연구07 □X □△ □○ ──

미분가능한 두 함수 $f(x)$, $g(x)$에 대하여 아래 식이 성립함을 유도하시오.
① $\{c\}' = 0$
② $\{x^n\}' = nx^{n-1}$
③ $\{cf(x)\}' = cf'(x)$
④ $\{f(x) + g(x)\}' = f'(x) + g'(x)$
⑤ $\{f(x) - g(x)\}' = f'(x) - g'(x)$
⑥ $\{f(x)g(x)\}' = f'(x)g(x) + f(x)g'(x)$

정답 ▷ p.154

── 연구08 □X □△ □○ ──

곡선 $y = f(x)$ 위의 점 $(a, f(a))$에서의 접선의 방정식을 쓰시오.

정답 ▷ p.156

☑X ➡ ☑△➡ ☑완성○ 될 때까지 복습하자!

연구09　□X □△ □○

최대·최소의 정리를 쓰시오.

정답 ▷ p.156

연구10　□X □△ □○

사이값 정리를 쓰시오.

정답 ▷ p.156

연구11　□X □△ □○

롤의 정리를 쓰시오

정답 ▷ p.157

연구12　□X □△ □○

롤의 정리를 유도하시오.

정답 ▷ p.157

연구13　□X □△ □○

평균값의 정리를 쓰시오.

정답 ▷ p.158

연구14　□X □△ □○

평균값의 정리를 유도하시오.

정답 ▷ p.158

연구15　□X □△ □○

함수 $f(x)$가 어떤 구간에서

①증가한다는 것의 정의를 쓰시오.

②감소한다는 것의 정의를 쓰시오.

정답 ▷ p.159

연구16　□X □△ □○

함수 $f(x)$가 어떤 구간에서 미분가능하고, 그 구간의 모든 x에 대하여 $f'(x) > 0$이면 $f(x)$는 이 구간에서 증가함을 유도하시오.

※ $f'(x) < 0$이면 $f(x)$는 이 구간에서 감소한다.

정답 ▷ p.159

연구17　□X □△ □○

미분가능한 함수 $f(x)$에 대하여 다음 명제의 참 거짓을 판별하시오.

①$y = f(x)$가 증가함수이면 $f'(x) > 0$이다.

②$f'(x) > 0$이면 $y = f(x)$가 증가함수이다.

③$y = f(x)$가 증가함수이면 $f'(x) \geq 0$이다.

④$f'(x) \geq 0$이면 $y = f(x)$가 증가함수이다.

정답 ▷ p.159

나의 개념 이해도를 ☑체크해보자! □X □△ □완성○

연구18 □X □△ □○

삼차함수 $y = f(x)$에 대하여 도함수
$y = f'(x)$의 그래프가 다음과 같을 때 알맞은
그래프 개형을 그리시오.

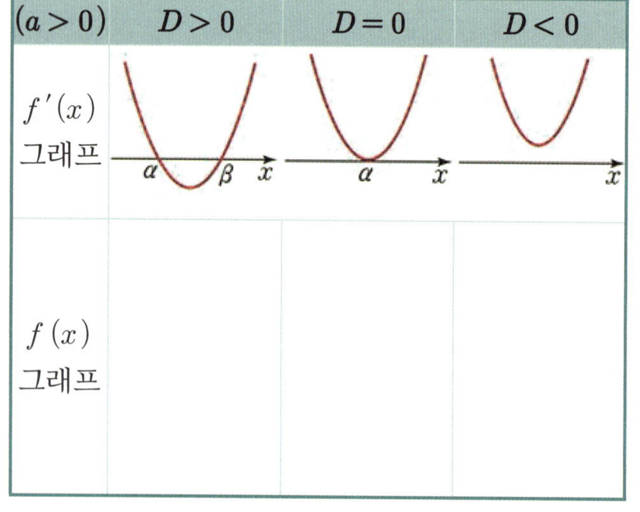

정답 ▷ p.160

연구19 □X □△ □○

다항함수 $f(x)$가 아래와 같이 표현될 때, $x = \alpha$
좌우에서 $f(x)$ 그래프의 부호변화 여부를
쓰시오. (단, $g(\alpha) \neq 0$)
① $f(x) = (x - \alpha)^{짝} g(x)$
② $f(x) = (x - \alpha)^{홀} g(x)$

정답 ▷ p.163

연구20 □X □△ □○

다항함수 $f(x)$의 그래프가 $x = a$에서 x축에
접할 때, $f(x) = (x - a)^2 g(x)$이 성립함을
유도하시오.

정답 ▷ p.163

연구21 □X □△ □○

함수의 극대와 극소의 정의를 쓰시오.

정답 ▷ p.166

연구22 □X □△ □○

함수 $f(x)$가 $x = a$에서 미분가능하고,
$x = a$에서 극값을 가지면 $f'(a) = 0$임을
유도하시오.

정답 ▷ p.166

연구23 □X □△ □○

다음 명제의 참 거짓을 판별하시오.
① $x = a$에서 $f(x)$가 극값을 가지면
　$f'(a) = 0$이다.
② $f'(a) = 0$이면
　$x = a$에서 $f(x)$가 극값을 가진다.

정답 ▷ p.167

연구24 □X □△ □○

삼차함수 $f(x)$가 극값을 가질 때,
아래 경우마다 $f(x) = 0$의 근의 종류를 쓰시오.
① (극대값)×(극소값)<0
② (극대값)×(극소값)=0
③ (극대값)×(극소값)>0

정답 ▷ p.168

☑X ➡ ☑△ ➡ ☑완성○ 될 때까지 복습하자!

수학 Ⅱ
Ⅲ.적분법

─ 연구01 □X □△ □O ─

두 함수 $f(x)$, $g(x)$에 대하여 다음이 성립함을 유도하시오.

① $\displaystyle\int x^n \, dx = \dfrac{x^{n+1}}{n+1} + C$ (단, n은 자연수)

② $\displaystyle\int k f(x) \, dx = k\int f(x) \, dx$ (단, k는 상수)

③ $\displaystyle\int \{ f(x)+g(x) \} \, dx = \int f(x) \, dx + \int g(x) \, dx$

④ $\displaystyle\int \{ f(x)-g(x) \} \, dx = \int f(x) \, dx - \int g(x) \, dx$

정답 ▷ p.170

─ 연구02 □X □△ □O ─

$\{F(x)\}' = f(x)$일 때 $F(b) - F(a)$의 기하학적인 의미를 쓰시오. (단, $f(x) > 0$, $b > a$)

정답 ▷ p.171

─ 연구03 □X □△ □O ─

함수 $f(x)$가 연속이고 $S(t)$가 $y = f(x)$와 x축 및 $x = a$와 $x = t$로 둘러싸인 도형의 넓이라고 하자(단, $t \geq a$). $f(x) \geq 0$일 때

$$\int_a^t f(x) \, dx = S(t)$$ 임을 유도하시오.

(단, $\displaystyle\int_a^b f(x) \, dx = [F(x)]_a^b = F(b) - F(a)$ 이다)

정답 ▷ p.172

─ 연구04 □X □△ □O ─

함수 $f(x)$가 연속이고 $S(t)$가 $y = f(x)$와 x축 및 $x = a$와 $x = t$로 둘러싸인 도형의 넓이라고 하자(단, $t \geq a$). $f(x) \leq 0$일 때

$$\int_a^t f(x) \, dx = -S(t)$$ 임을 유도하시오.

정답 ▷ p.173

나의 개념 이해도를 ☑체크해보자! □X □△ □완성○

── 연구05 □X □△ □○ ──

함수 $y = f(x)$의 그래프가 아래 그림과 같을 때 $\int_a^b f(x)dx = S_1 - S_2$임을 유도하시오. (단, S_1은 양인 부분의 넓이, S_2는 음인 부분의 넓이)

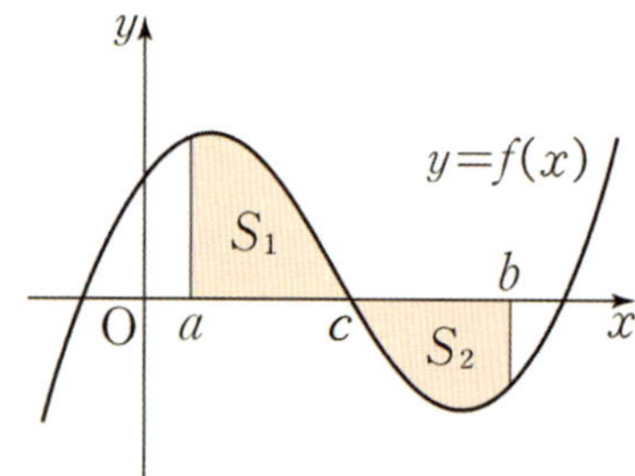

정답 ▷ p.173

── 연구06 □X □△ □○ ──

두 함수 $f(x)$, $g(x)$가 세 실수 a, b, c를 포함하는 구간에서 연속일 때 다음을 유도하시오.

① $\displaystyle\int_a^a f(x)\,dx = 0$

② $\displaystyle\int_a^b f(x)\,dx = -\int_b^a f(x)\,dx$

③ $\displaystyle\int_a^b k f(x)\,dx = k\int_a^b f(x)\,dx$ (단, k는 상수)

④ $\displaystyle\int_a^b \{f(x)+g(x)\}\,dx = \int_a^b f(x)\,dx + \int_a^b g(x)\,dx$

⑤ $\displaystyle\int_a^b \{f(x)-g(x)\}\,dx = \int_a^b f(x)\,dx - \int_a^b g(x)\,dx$

정답 ▷ p.174

── 연구07 □X □△ □○ ──

아래 식에서 빈칸에 알맞은 것을 쓰고 이를 유도하시오.

① 함수 $f(x)$가 우함수이면

$$\int_{-a}^a f(x)\,dx = \boxed{}$$

② 함수 $f(x)$가 기함수이면

$$\int_{-a}^a f(x)\,dx = \boxed{}$$

정답 ▷ p.175

── 연구08 □X □△ □○ ──

아래 식에서 빈칸에 알맞은 것을 쓰고 이를 유도하시오.

① $\dfrac{d}{dx}\displaystyle\int_a^x f(t)\,dt = \boxed{}$

② $\displaystyle\lim_{x \to a}\frac{1}{x-a}\int_a^x f(t)\,dt = \boxed{}$

③ $\displaystyle\int_\alpha^\beta a(x-\alpha)(x-\beta)\,dx = \boxed{}$

정답 ▷ p.176

── 연구09 □X □△ □○ ──

함수 $f(x)$가 구간 $[a,\ b]$에서 연속일 때, 곡선 $y = f(x)$와 x축 및 두 직선 $x = a$, $x = b$로 둘러싸인 도형의 넓이 S는 $S = \displaystyle\int_a^b |f(x)|\,dx$ 임을 유도하시오. (단, $f(x)$는 닫힌 구간 $[a,\ c]$에서 $f(x) \geq 0$이고, 닫힌 구간 $[c,\ b]$에서 $f(x) \leq 0$이다.)

정답 ▷ p.177

☑X ➡ ☑△ ➡ ☑완성○ 될 때까지 복습하자!

연구10 ☐X ☐△ ☐○

구간 $[a, b]$에서 연속인 두 곡선 $y=f(x)$, $y=g(x)$ 및 두 직선 $x=a$, $x=b$로 둘러싸인 도형의 넓이 S는 $S=\displaystyle\int_a^b |f(x)-g(x)|\,dx$임을 유도하시오.

정답 ▷ p.178

연구12 ☐X ☐△ ☐○

함수 $x=g(y)$가 연속이고 $S(t)$가 $x=g(y)$와 y축 및 두 직선 $y=b$, $y=t$로 둘러싸인 도형의 넓이라고 하자. $x=g(y) \geq 0$일 때

$$\int_b^t g(y)\,dy = S(t)$$

임을 유도하시오.

정답 ▷ p.181

연구11 ☐X ☐△ ☐○

두 함수 $y=f(x)$와 $y=g(x)$에 대하여 그래프가 아래 그림과 같을 때, 다음 식이 성립함을 유도하시오.

$$\int_a^b \{f(x)-g(x)\}\,dx = S_1 - S_2$$

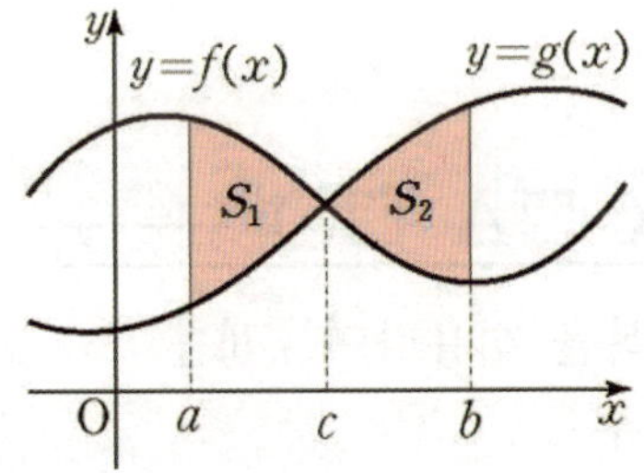

정답 ▷ p.180

연구13 ☐X ☐△ ☐○

시각 t에서의 위치를 $S(t)$, 속도를 $v(t)$, 가속도를 $a(t)$라고 하자.

① 시각 t에서 $t+\Delta t$까지의 점 P의 평균속도를 위치 $S(t)$를 이용해 표현하시오.

② 시각 t에서의 점 P의 속도를 위치 $S(t)$를 이용해 표현하시오.

③ 시각 t에서의 점 P의 가속도를 속도 $v(t)$를 이용해 표현하시오.

④ 시각 t에서의 위치를 속도 $v(t)$와 위치 $S(t_0)$를 이용해 표현하시오.

⑤ $t=a$에서 $t=b$까지의 위치의 변화량을 속도 $v(t)$를 이용해 표현하시오.

⑥ $t=a$에서 $t=b$까지의 이동 거리를 속도 $v(t)$를 이용해 표현하시오.

정답 ▷ p.182

나의 개념 이해도를 ☑체크해보자! □X □△ □완성○

확률과 통계
I.경우의 수

— 연구01   □X □△ □○ —

서로 다른 n개를 원형으로 배열하는 순열의
값은?

정답 ▷ p.186

— 연구02   □X □△ □○ —

n개 중에 서로 같은 것이 각각 p개, q개,
$\cdots$, r개씩 있을 때, n개를 모두 택하여 만들 수
있는 순열의 값은?

정답 ▷ p.186

— 연구03   □X □△ □○ —

서로 다른 n개 중에서 중복을 허용하여 r개를
택하는 순열의 값은?

정답 ▷ p.187

— 연구04   □X □△ □○ —

서로 다른 n개에서 중복을 허용하여 r개를
택하는 조합의 값을 쓰시오.

정답 ▷ p.187

— 연구05   □X □△ □○ —

서로 다른 n개에서 중복을 허용하여 r개를
택하는 조합의 경우의 수
=서로 [같은/다른] [   ]개의 상자에
서로 [같은/다른] [   ]개의 물건을 넣는 경우의 수
=서로 [같은/다른] [   ]개의 칸막이와
서로 [같은/다른] [   ]개의 동그라미를 배열하는
경우의 수

정답 ▷ p.187

☑X ➡ ☑△ ➡ ☑완성○ 될 때까지 복습하자!

── 연구06 □X □△ □○ ──

각 문제 상황에 맞는 공식을 쓰시오. 정답 ▷ p.188

문제 상황 1

① 다른 종류의 통 3개에 다른 종류의 공 6개를 넣는 경우의 수를 구하시오. (단, 빈 통이 있을 수 있다.)

② 다른 종류의 통 3개에 다른 종류의 공 6개를 넣는 경우의 수를 구하시오. (단, 빈 통이 없도록 한다.)

③ 다른 종류의 통 3개에 같은 종류의 공 6개를 넣는 경우의 수를 구하시오. (단, 빈 통이 있을 수 있다.

④ 다른 종류의 통 3개에 같은 종류의 공 6개를 넣는 경우의 수를 구하시오. (단, 빈 통이 없도록 한다.)

⑤ 같은 종류의 통 3개에 다른 종류의 공 6개를 넣는 경우의 수를 구하시오. (단, 빈 통이 있을 수 있다.)

⑥ 같은 종류의 통 3개에 다른 종류의 공 6개를 넣는 경우의 수를 구하시오. (단, 빈 통이 없도록 한다.)

⑦ 같은 종류의 통 3개에 같은 종류의 공 6개를 넣는 경우의 수를 구하시오. (단, 빈 통이 있을 수 있다.)

⑧ 같은 종류의 통 3개에 같은 종류의 공 6개를 넣는 경우의 수를 구하시오. (단, 빈 통이 없도록 한다.)

문제 상황 2

① 다른 3개에서 중복 허용해 6개를 선택하여 다른 자리에 배치하는 경우의 수를 구하시오.

② 다른 3개에서 중복 허용해 6개를 선택하여 같은 자리에 배치하는 경우의 수를 구하시오.

문제 상황 3

① 다른 4개에서 중복 허용해 2개를 선택하여 다른 자리에 배치하는 경우의 수를 구하시오.

② 다른 4개에서 중복 허용해 2개를 선택하여 같은 자리에 배치하는 경우의 수를 구하시오.

③ 다른 4개에서 중복 없이 2개를 선택하여 다른 자리에 배치하는 경우의 수를 구하시오.

④ 다른 4개에서 중복 없이 2개를 선택하여 같은 자리에 배치하는 경우의 수를 구하시오.

── 연구07 □X □△ □○ ──

n이 자연수일 때 $(a+b)^n$를 이항정리를 활용하여 전개한 식을 쓰시오.

정답 ▷ p.191

── 연구08 □X □△ □○ ──

다음 식을 유도하시오.

① 이항계수는 좌우대칭이다. $\Leftrightarrow {}_nC_r = {}_nC_{n-r}$

② 파스칼의 삼각형 ${}_{n-1}C_{r-1} + {}_{n-1}C_r = {}_nC_r$

③ ${}_nC_0 + {}_nC_1 + {}_nC_2 + \cdots + {}_nC_n = 2^n$

④ ${}_nC_0 - {}_nC_1 + {}_nC_2 - {}_nC_3 + \cdots + (-1)^n {}_nC_n = 0$

⑤ n이 홀수일 때

$${}_nC_0 + {}_nC_2 + {}_nC_4 + \cdots + {}_nC_{n-1}$$
$$= {}_nC_1 + {}_nC_3 + {}_nC_5 + \cdots + {}_nC_n = 2^{n-1}$$

정답 ▷ p.192

나의 개념 이해도를 ☑체크해보자! □X □△ □완성○

확률과 통계
Ⅱ.확률

── 연구01   □X □△ □○ ──

다음을 유도하시오.
① 임의의 사건 A에 대하여 $0 \le P(A) \le 1$
② 반드시 일어나는 사건 S에 대하여 $P(S) = 1$
③ 절대로 일어나지 않는 사건 $\varnothing$에 대하여
　$P(\varnothing) = 0$

정답 ▷ p.195

── 연구02   □X □△ □○ ──

두 사건 A, B에 대하여 다음을 보이시오.
① $P(A \cup B) = P(A) + P(B) - P(A \cap B)$
② $P(A \cup B) = P(A) + P(B)$
　$(A \cap B = \varnothing$ 일 때$)$
③ $P(A^C) = 1 - P(A)$

정답 ▷ p.195

── 연구03   □X □△ □○ ──

두 사건 A, B에 대하여 아래 식이 성립함을
유도하시오. (단, $P(A) \ne 0$)

$$P(B|A) = \frac{P(A \cap B)}{P(A)}$$

정답 ▷ p.196

── 연구04   □X □△ □○ ──

두 사건 A, B에 대하여 아래 식이 성립함을
유도하시오. (단, $P(A) \ne 0$, $P(B) \ne 0$)

$$P(A \cap B) = P(A)P(B|A) = P(B)P(A|B)$$

정답 ▷ p.196

── 연구05   □X □△ □○ ──

두 사건 A, B에 대하여
$(P(A) \ne 0$, $P(B) \ne 0)$
① 서로 독립인 것의 정의를 쓰시오.
② 두 사건이 서로 독립일 때,
$P(A \cap B) = P(A)P(B)$이 성립함을 유도하시오.

정답 ▷ p.197

── 연구06   □X □△ □○ ──

한 번의 시행에서 사건 A가 일어날 확률이 p일
때, n번의 독립시행에서 사건 A가 일어나는
횟수가 r일 확률을 쓰시오.

정답 ▷ p.197

☑X ➡ ☑△➡ ☑완성○ 될 때까지 복습하자!

확률과 통계
Ⅲ.통계

연구01　□X □△ □○

이산확률변수 X의 평균 $\mathrm{E}(X)$의 정의를 쓰시오.

정답 ▷ p.198

연구02　□X □△ □○

이산확률변수 X의
분산 $\mathrm{V}(X)$과 표준편차 $\sigma(X)$의 정의를 쓰시오.

정답 ▷ p.199

연구03　□X □△ □○

다음을 유도하시오.
① $\mathrm{E}(aX+b)=a\mathrm{E}(X)+b$
② $\mathrm{V}(aX+b)=a^2\mathrm{V}(X)$
③ $\sigma(aX+b)=|a|\sigma(X)$
④ $\mathrm{V}(X)=\mathrm{E}(X^2)-\{\mathrm{E}(X)\}^2$

정답 ▷ p.200

연구04　□X □△ □○

이항분포의 정의를 쓰고 식으로 표현하시오.

정답 ▷ p.201

연구05　□X □△ □○

확률변수 X가 $\mathrm{B}(n,\ p)$을 따를 때,
① $\mathrm{E}(X)$,　② $\mathrm{V}(X)$,　③ $\sigma(X)$ 를 쓰시오.

정답 ▷ p.201

연구06　□X □△ □○

'큰 수의 법칙'을 쓰시오.

정답 ▷ p.201

연구07　□X □△ □○

확률밀도함수 $f(x)$가 정규분포를 따를 때
$f(x)$의 그래프의 특징으로 알맞은 것을 쓰시오.
① 대칭성:
　점근선:
② 곡선과 x축 사이의 넓이:
③ m이 일정할 때의 곡선의 모양
　σ값이 커지면:
　σ값이 작아지면:
④ σ가 일정할 때, m이 변하면:
⑤ $P(a \leq X \leq b)$:

정답 ▷ p.203

나의 개념 이해도를 ☑체크해보자! □X □△ □완성○

━ 연구08　□X □△ □○ ━

확률변수 X가 $N(m, \sigma^2)$을 따를 때,

$Z = \dfrac{X-m}{\sigma}$ 이면 확률변수 Z가 $N(0, 1)$을 따르는

이유를 쓰시오.

정답 ▷ p.204

━ 연구09　□X □△ □○ ━

확률변수 X가 이항분포 $B(n, p)$를 따를 때
n이 충분히 크면 X는 근사적으로
[　　　]분포 [　　　　　　]을 따른다.

정답 ▷ p.204

━ 연구10　□X □△ □○ ━

크기 n인 임의표본을 $X_1, X_2, \cdots, X_n$라 할 때
다음 값을 쓰시오.
①표본의 평균
②표본의 표준편차

정답 ▷ p.206

━ 연구11　□X □△ □○ ━

모평균 m, 모표준편차 σ인 모집단에서
　크기 n인 임의표본을 복원추출할 때,
· 표본평균의 평균 :
· 표본평균의 표준편차 :
· 표본평균의 분산 :

정답 ▷ p.206

━ 연구12　□X □△ □○ ━

아래는 확률변수 X에 대한 확률분포이다.

X	1	2	3	4	합계
$P(X=x)$	$\dfrac{1}{4}$	$\dfrac{1}{4}$	$\dfrac{1}{4}$	$\dfrac{1}{4}$	1

이 분포를 모집단의 확률분포로 하여 복원추출로
만든 크기가 2인 표본의 평균을 $\overline{X}$라고 하자. 이
때, $\overline{X}$의 확률분포를 표로 나타내시오.

정답 ▷ p.207

━ 연구13　□X □△ □○ ━

평균이 m이고 분산이 σ^2인 모집단에서 크기
n인 임의 표본을 복원 추출할 때,
표본평균을 $\overline{X}$라고 하자.
· 모집단의 분포가 정규분포 $N(m, \sigma^2)$이면
$\overline{X}$는 어떤 분포를 따르는가?
· 모집단의 분포가 정규분포가 아니면 $\overline{X}$는
근사적으로 어떤 분포를 따르는가?
　　(단, 표본의 크기 n이 충분히 크다.)

정답 ▷ p.207

━ 연구14　□X □△ □○ ━

평균이 m이고 표준편차가 σ인 정규분포를
따르는 모집단에서 임의추출한 크기 n인 표본
$X_1, X_2, \cdots, X_n$의 평균을 $\overline{X}$라고 할 때 다음을
구하시오.
①모평균 m의 신뢰도 95%인 신뢰구간:
②신뢰구간의 길이:
③오차한계:

정답 ▷ p.208

수학 개념어 사전

수학 개념어 사전 학습법

- Step1. self Test!
  〈빈칸책〉에서 오른쪽 설명에 맞는 개념어를 생각나는 대로 적어본다.

- Step2. 채점하기
  〈답지책〉을 보고 틀린 개념어는 ✓체크하고 단권화 노트에서 해당 페이지를 정독한다.

- Step3. 복습 하기
  [step2]에서 체크한 개념어를 수시로 읽으며 체화한다.

- 문제를 풀다 막히는 단어가 있을 때, 수학 개념어 사전을 참조하기!
  개념어 사전에서 뜻을 찾아보고! 꼭 수학의 단권화 본문을 한 번 훑어보기!

001.

[수Ⅱ〉미분법] p.182

001. ▷ 속도의 순간변화율

002.

[수하〉집합과명제] p.73

002. ▷ 'p이면 q이다.' 꼴의 명제에서 p를 지칭하는 용어

003.

[수Ⅱ〉미분법] p.159

003. ▷ 함수 $f(x)$에 대하여, 어떤 구간의 임의의 두 수 x_1, x_2에 대하여 $x_1 < x_2$일 때 $f(x_1) > f(x_2)$가 성립하면, 함수 $f(x)$는 그 구간에서 □□라고 한다.

004.

[확통〉경우의수] p.186

004. ▷ n개 중에 서로 같은 것이 각각 p개, q개, $\cdots$, r개씩 있을 때 (단, $n = p + q + \cdots + r$)

n개를 모두 택하여 만들 수 있는 순열의 수는 $\dfrac{n!}{p!q!\cdots r!}$

005.

[수Ⅱ〉함수의극한] p.145

005. ▷ $\{x \mid a < x < b\}$ (열린구간과 동일)

006.

[수Ⅰ〉지수로그함수] p.99

006. ▷ a의 n 거듭제곱: 실수 a를 n번 곱한 a^n

007.

[수Ⅰ〉지수로그함수] p.99

007. ▷ a의 n 제곱근: $x^n = a$가 되는 x (n 제곱해서 a가 되는 것) (방정식 $x^n = a$의 근)

008.

[수하〉집합과명제] p.73

008. ▷ 'p이면 q이다.' 꼴의 명제에서 q를 지칭하는 용어

009.

[수하〉경우의수] p.92

009. ▷ 어떤 사건이 일어날 수 있는 모든 가지 수.
① 빠짐없이 ② 중복되지 않게 구해야 한다.

010.

[수상〉다항식] p.21

010. ▷ 단항식에서 주목하는 문자를 제외한 나머지 부분

011.

[수상〉다항식] p.22

011. ▷ 양변의 같은 차수를 비교하여 계수를 구함

012.

012. ▷ 두 사건 A와 B가 동시에 일어나는 사건 (교집합과 동일)

013.

013. ▷ 두 사건 A, B에 대하여
A가 일어나는 경우의 수가 m가지이고, 그 각각에 대하여,
B가 일어나는 경우의 수가 n가지일 때,
A,B가 잇달아 일어나는 경우의 수는 $m \times n$가지이다.

014.

014. ▷ 등비수열에서 곱해지는 일정한 수

015.

015. ▷ 어떤 시행에서 절대로 일어나지 않는 사건 (공집합과 동일)

016.

016. ▷ 등차수열에서 더해지는 일정한 수

017.

017. ▷ $\{x \mid x \in A \ \text{이고} \ x \in B\}$

018.

018. ▷ 닫힌구간, 열린구간, 반닫힌구간, 반열린구간을
통틀어 부르는 말

019.

019. ▷ 주어진 명제의 결론을 부정하면 가정에 모순되거나 이미
참이라고 알려진 사실에 모순됨을 유도하여 주어진 명제가
참임을 증명하는 방법

020.

020. ▷ 극댓값과 극솟값을 통틀어 부르는 용어

021.

021. ▷ 함수 $f(x)$가 $x = a$를 포함하는 어떤 열린구간에 속하는 모든
x에 대하여 $f(a) \geq f(x)$일 때, $f(x)$는 $x = a$에서 □□라고
한다.

022.

022. ▷ 극대일 때의 함숫값

023.

023. ▷ 함수 $f(x)$가 $x = a$를 포함하는 어떤 열린구간에 속하는 모든
x에 대하여 $f(a) \leq f(x)$일 때, $f(x)$는 $x = a$에서 □□라고
한다.

024.

024. ▹ 극소일 때의 함숫값

025.

025. ▹ 어떠한 변수가 어떤 일정한 수에 한없이 가까워질 때, 그 일정한 수

026.

026. ▹ 방정식에서 문자에 대입하면 식이 성립되는 특정한 수

027.

027. ▹ 이차방정식 $ax^2 + bx + c = 0 \ (a \neq 0)$의 두 근을 α, β라 하면

① $\alpha + \beta = -\dfrac{b}{a}$, ② $\alpha\beta = \dfrac{c}{a}$

▹ 삼차방정식 $ax^3 + bx^2 + cx + d = 0 \ (a \neq 0)$의 세 근을 α, β, γ라 하면

① $\alpha + \beta + \gamma = -\dfrac{b}{a}$, ② $\alpha\beta + \beta\gamma + \gamma\alpha = \dfrac{c}{a}$, ③ $\alpha\beta\gamma = -\dfrac{d}{a}$

028.

028. ▹ 한 개의 원소로 이루어진 사건

029.

029. ▹ 이차방정식 $ax^2 + bx + c = 0$의 근을 구하는 공식

$$x = \frac{-b \pm \sqrt{b^2 - 4ac}}{2a}$$

030.

030. ▹ $\mathrm{P}\,(X = x_i) = p_i$ (단, $i = 1, 2, \cdots, n$)라고 할 때,

$$\sum_{i=1}^{n} x_i p_i \ (\text{평균과 동일})$$

031.

031. ▹ 수평면에 대해 경사면이 기울어진 정도
▹ x값의 변화량에 대한 y값의 변화량의 비율

032.

032. ▹ 원점에 대하여 대칭인 함수

033.
[중학수학]

033. ▷ 다항식에서, 차수가 높은 항부터 차례로 낮은 차의 항으로 쓰는 일

034.
[수상〉다항식] p.23

034. ▷ 다항식 $f(x)$를 일차식 $x-\alpha$로 나누었을 때 나머지는 $R=f(\alpha)$이다.

035.
[수상〉도형의방정식] p.42

035. ▷ 수직선 위에서 선분 AB 위의 점 P에 대하여
(단, $m>0$, $n>0$) $\overline{\mathrm{AP}}:\overline{\mathrm{PB}}=m:n$ 일 때,
점 P는 선분 AB를 $m:n$으로 □□한다고 하며,
점 P를 선분 AB의 □□점이라고 한다.

036.
[중학수학]

036. ▷ 내접원의 중심 (모든 각의 이등분선이 만나는 점)

037.
[수상〉도형의방정식] p.52

037. 도형이 다른 도형과 접할 때, 안쪽에서 접하는 것 (↔외접)

038.
[중학수학]

038. ▷ 비례식에서, 안쪽에 있는 두 항. a:b=c:d에서 b와 c (↔외항)

039.
[수상〉다항식] p.19

039. ▷ 단항식들의 합

040.
[수Ⅰ〉삼각함수] p.117

040. ▷ 원점으로 중심으로 하고 반지름의 길이가 1인 원

041.
[수상〉다항식] p.19

041. ▷ 문자와 수의 곱 (항과 동일)

042.
[수Ⅱ〉함수의극한] p.145

042. ▷ $\{x \mid a \le x \le b\}$ (폐구간과 동일)

043.
[수하〉함수] p.79

043. ▷ 집합 X의 원소가 집합 Y의 원소와 짝이 되는 것을 집합 X에서 집합 Y로의 □□이라고 한다.

044.
[수상〉도형의방정식] p.56

044. ▷ 도형을 주어진 점 또는 직선에 대하여 대칭인 도형으로 옮기는 것

045.
[수Ⅱ〉미분법] p.153

045. ▷ 미분가능한 함수 $y = f(x)$의 정의역에서 각 원소 x에 미분계수 $f'(x)$를 대응시켜 만든 새로운 함수

046.
[확통〉확률] p.197

046. ▷ 사건 A의 발생여부가 사건 B가 일어날 확률에 영향을 주지 않을 때, 두 사건 A, B는 서로 □□이다. $P(B) = P(B \mid A)$

047.
[확통〉확률] p.197

047. ▷ 한 번의 시행에서 사건 A가 일어날 확률이 p일 때, n번의 독립시행에서 사건 A가 일어나는 횟수를 r이라 하면 이때의 확률 P_r은 $P_r = {}_nC_r p^r q^{n-r} \ (q = 1 - p)$

048.
[수Ⅰ〉삼각함수] p.113

048. ▷ 일반각에서 각의 크기를 결정하는 선

049.
[수상〉다항식] p.19

049. ▷ 주목하는 문자에 대한 차수가 같은 항

050.
[수하〉집합과명제] p.67

050. ▷ $(A \cup B)^c = A^c \cap B^c, \ (A \cap B)^c = A^c \cup B^c$

051.
[수Ⅰ〉수열] p.130

051. ▷ 첫째항부터 각 항의 바로 앞의 항에 일정한 수를 곱하여 만들어진 수열

052.
[수Ⅰ〉수열] p.130

052. ▷ 세 수 a, b, c가 등비수열을 이룰 때, b를 a와 c의 □□이라고 한다.

053.
[수상〉다항식] p.18

053. ▷ 등호(=)로 연결 된 식

054.

[수 I >수열] p.128

054. ▷ 첫째항에 차례로 일정한 수를 더하여 만들어진 수열

055.

[수 I >수열] p.128

055. ▷ 세수 a, b, c가 등차수열을 이룰 때, b를 a와 c의 □□이라고 한다.

ㄹ

056.

[수 I >삼각함수] p.114

056. ▷ 호도법의 단위

057.

[수 I >지수로그함수] p.101

057. ▷ 거듭제곱의 식 $a^x = N$를 지수를 중심으로 $x = \log_a N$로 표현하는 기호

058.

[수 II >미분법] p.157

058. ▷ 함수 $f(x)$가 폐구간 $[a, b]$에서 연속이고 개구간 (a, b)에서 미분가능할 때,
$f(a) = f(b)$이면 $f'(c) = 0$ $(a < c < b)$인 c가 개구간 (a, b)에 적어도 하나 존재한다.

ㅁ

059.

[수하>집합과명제] p.69

059. ▷ 참, 거짓을 판별할 수 있는 문장이나 식

060.

[확통>통계] p.206

060. ▷ 모집단의 분산

061.

[확통>통계] p.206

061. ▷ 통계조사에서 대상이 되는 집단 전체

062.

[확통〉통계] p.206

062. ▷ 모집단의 평균

063.

[확통〉통계] p.206

063. ▷ 모집단의 표준편차

064.

[중학수학]

064. ▷ 삼각형의 세 개의 꼭짓점에서 대변에 내린 중선은 한 점에서 만나게 되고 이때의 교점. 각각의 중선의 길이를 2 : 1로 내분하는 점이기도 하다.

065.

[수상〉방정식과부등식] p.24

065. ▷ 정수 m, n에 대하여 $\dfrac{n}{m}\,(m \neq 0)$꼴로 나타낼 수 없는 수

066.

[수하〉함수] p.89

066. ▷ 유리식으로 나타낼 수 없는 식

067.

[수하〉함수] p.89

067. ▷ x에 관한 무리식인 함수

068.

[수Ⅱ〉함수의극한] p.138

068. ▷ 한없이 커지는 상태를 나타내는 기호

069.

[수Ⅱ〉미분법] p.151

069. ▷ 함수 $f(x)$의 $x = a$에서의 미분계수는 (순간변화율과 동일)
$$f'(a) = \lim_{\Delta x \to 0} \frac{\Delta y}{\Delta x} = \lim_{\Delta x \to 0} \frac{f(a+\Delta x)-f(a)}{a+\Delta x - a} = \lim_{x \to a} \frac{f(x)-f(a)}{x-a}$$

070.

[수Ⅱ〉미분법] p.153

070. ▷ 미분가능한 어떤 함수에서 그 도함수를 구하는 계산법

071.

[수Ⅱ〉미분법] p.153

071. ▷ 미분가능한 어떤 함수에서 그 도함수를 구하는 일

072.

[수상〉다항식] p.22

072. ▷ 항등식의 성질을 이용해, 계수의 값을 구하는 것

073.

[수Ⅰ〉지수로그함수] p.98

073. ▷ a^n 꼴에서 a
      ▷ $\log_a N$ 꼴에서 a

074.

074. ▷ $\{x\,|\,a \le x < b\},\ \{x\,|\,a < x \le b\}$

075.

075. ▷ 어떤 명제가 참이 아님을 증명하기 위해 필요한 예

076.

076. ▷ 수렴하지 않음

077.

077. ▷ 문자를 포함한 등식에서, 그 문자에 특정한 수만 대입할 때 성립하는 식

078.

078. ▷ 두 사건 A, B가 동시에 일어나지 않을 때 이 두 사건을 배반사건이라 함. (두 집합의 서로소와 동일)

079.

079. ▷ 분자 또는 분모에 또 다른 분수식을 포함한 유리식

$$\dfrac{\dfrac{A}{B}}{\dfrac{C}{D}} = \dfrac{A}{B} \div \dfrac{C}{D} = \dfrac{A}{B} \times \dfrac{D}{C} = \dfrac{AD}{BC}$$

080.

080. ▷ 집합을 나타낸 그림

081.

081. ▷ 곡선의 오목과 볼록이 바뀌는 지점

082.

082. ▷ 변화율 $=\dfrac{\text{변화량}}{\text{변화량}}$

▷ $B = f(A)$일 때, A에 대한 B의 (순간)변화율 :

$$\lim_{\Delta A \to 0} \frac{\Delta B}{\Delta A} = \lim_{\Delta A \to 0} \frac{f(A + \Delta A) - f(A)}{A + \Delta A - A}$$

083.

083. ▷ 두 실수 a, b에 대하여 $a + bi$ 꼴로 나타낸 수

084.

[확통〉통계] p.206

084. ▹ 한 번 추출된 원소를 다시 되돌려 놓은 후 다음 원소를 뽑음

085.

[수상〉방정식과부등식] p.39

085. ▹ 부등호를 써서 수나 식의 값의 대소 관계를 나타낸 것

086.

[수하〉집합과명제] p.63

086. ▹ $x \in A$이면 $x \in B$일 때, A는 B의 □□이다. $A \subset B$ 또는 $B \supset A$

087.

[수하〉집합과명제] p.69

087. ▹ 명제(or조건) p에 대하여 'p가 아니다'를 p의 □□이라 하며 $\sim p$로 나타낸다.

088.

[수상〉방정식과부등식] p.36

088. ▹ 방정식에서 해가 무수히 많음

089.

[수상〉방정식과부등식] p.37

089. ▹ 방정식의 개수가 미지수의 개수보다 적은 경우 해가 무수히 많아서 해를 정할 수 없는 경우의 방정식

090.

[수Ⅱ〉적분법] p.169

090. ▹ 함수 $f(x)$를 도함수로 가지는 함수. 즉, $F'(x) = f(x)$ 가 되는 함수 $F(x)$를 $f(x)$의 □□라 한다.

091.

[중학수학]

091. ▹ 원의 두 반지름과 그 호로 둘러싼 도형

092.

[수하〉경우의수] p.95

092. ▹ 분할된 묶음을 서로 다른 자리에 배치하는 방법의 수

093.

[확통〉통계] p.199

093. ▹ $P(X = x_i) = p_i$ (단, $i = 1, 2, \cdots, n$) 라고 할 때, $E\left((X-m)^2\right) = \sum_{i=1}^{n} (x_i - m)^2 p_i$의 값

094.

[수하〉함수] p.87

094. ▹ x에 관한 분수식인 함수

095.

[수하〉경우의수] p.95

095. ▹ 서로 다른 n개를 k개의 묶음으로 나누는 방법의 수

096.

[수상〉방정식과부등식] p.36

096. ▹ 방정식에서 해가 없음

ㅅ

105.
[수Ⅰ]〉삼각함수] p.110

105. ▹ 직각삼각형에서 직각이 아닌 한 각의 크기에 따라 정해지는 변의 길이의 비의 값

106.
[수Ⅰ]〉삼각함수] p.115

106. ▹ sin, cos, tan 등의 함수를 통틀어 부르는 함수

107.
[수하]〉집합과명제] p.78

107. ▹ $p \to q$이고 $q \to r$이면 $p \to r$이다.

108.
[수하]〉함수] p.81

108. ▹ 정의역 X의 모든 원소 x가 공역 Y의 오직 하나의 원소에만 대응될 때의 함수 $f(x) = c$

109.
[수상]〉다항식] p.19

109. ▹ 주목하는 문자를 포함하지 않은 항

110.
[수Ⅰ]〉지수로그함수] p.103

110. ▹ 밑이 10인 로그 $\log_{10} N = \log N$

111.
[수하]〉집합과명제] p.64

111. ▹ 집합: 두 집합 A, B에 공통인 원소가 하나도 없을 때, 두 집합의 관계
▹ 약수 배수: 두 자연수가 공약수가 1밖에 없을 때, 두 수의 관계

112.
[중학수학]

112. ▹ 약수가 1과 자기 자신뿐인 자연수

113.
[수Ⅱ]〉미분법] p.182

113. ▹ 시간에 대한 위치의 순간변화율

114.
[수Ⅱ]〉미분법] p.182

114. ▹ 속도의 절댓값

115.
[수Ⅱ]〉함수의극한] p.138

115. ▹ 어떠한 변수가 어떤 일정한 수에 한없이 가까워지는 일

116.
[수Ⅰ]〉수열] p.128

116. ▹ 수의 나열

117.

117. ▷ 첫째항과 이웃하는 두 항 사이의 관계식으로 수열을 정의하는 것

118.

118. ▷ 양변의 문자에 적당한 수를 대입하여 계수를 구함

119.

119. ▷ 자연수 n에 대하여 명제 $P(n)$이 성립함을 보이려 할 때
① $P(1)$이 성립함을 보인다.
② $P(k)$가 성립한다고 가정할 때 $P(k+1)$이 성립함을 보인다.
⇒ 명제 $P(n)$은 모든 자연수 n에 대하여 성립한다.

120.

120. ▷ 하나의 시행에서 일어날 수 있는 사건 전체를 S라 할 때, 일어날 수 있는 모든 경우의 수는 $n(S)$이고, 사건 A가 일어날 경우의 수는 $n(A)$라 하자. 이 때, 이 시행에서 기본적인 사건들이 같은 정도로 기대된다고 하면

$$P(A) = \frac{n(A)}{n(S)}$$

121.

121. ▷ 미분계수와 동일

122.

122. ▷ 서로 다른 n개에서 r개를 택하여 이들의 순서를 생각하여 일렬로 배열하는 경우의 수

123.

123. ▷ 복소수 $a+bi$에서 실수부분 $a=0$이고 허수부분 $b \neq 0$인 허수. (bi 꼴)

124.

124. ▷ 수열의 합을 나타내는 기호

125.

125. ▷ 일반각에서 기준이 되는 선

126.

126. ▷ 동일한 조건 아래 반복될 수 있으며 그 결과가 우연에 의하여 결정되는 실험이나 관찰

127.

127. ▷ 실수인 근

128.
[수상〉방정식과부등식] p.24

128. ▷ 유리수와 무리수의 총칭 (↔허수)

129.
[수상〉방정식과부등식] p.25

129. ▷ 복소수 $a+bi$에서 실수 a

ㅇ

130.
[수상〉방정식과부등식] p.25

130. ▷ 제곱하여 -1이 되는 수

131.
[중학수학]

131. ▷ 분수의 분모와 분자를 공약수로 나누어 간단히 만듦

132.
[중학수학]

132. ▷ 어떤 정수를 나누어 떨어지게 하는 0이 아닌 정수

133.
[확통〉확률] p.194

133. ▷ 표본공간 S에 대하여 사건 A가 일어나지 않을 사건 (여집합과 동일)

134.
[수하〉집합과명제] p.64

134. ▷ $\{x \mid x \in U$ 이고 $x \notin A\}$

135.
[수하〉집합과명제] p.74

135. ▷ 주어진 명제의 가정과 결론을 서로 바꾸어 놓은 명제

136.
[수하〉함수] p.84

136. ▷ 함수 $f : X \to Y$가 일대일 대응이고, Y의 원소 y에 대하여 $y = f(x)$인 X의 원소 x에 대응시키면 Y에서 X로의 함수가 얻어진다. $f^{-1} : Y \to X,\ x = f^{-1}(y)$

137.
[수상〉방정식과부등식] p.36

137. ▷ 2개 이상의 미지수를 포함하는 2개 이상의 방정식의 쌍이 주어지고, 미지수가 주어진 모든 방정식을 동시에 만족할 것이 요구되어 있을 때, 이 방정식의 쌍

138.

138. ▷ 2개 이상의 미지수를 포함하는 2개 이상의 부등식의 쌍이 주어지고, 미지수가 주어진 모든 부등식을 동시에 만족할 것이 요구되어 있을 때, 이 부등식의 쌍

139.

139. ▷ 함수 $f(x)$가 $x=a$에서
① $f(a)$가 존재, ② $\lim\limits_{x \to a} f(x)$가 존재, ③ $\lim\limits_{x \to a} f(x) = f(a)$

140.

140. ▷ 모든 점에서 연속일 때의 함수

141.

141. ▷ 어떤 구간의 모든 실수값을 가지는 확률변수

142.

142. ▷ $\{x \mid a < x < b\}$ (개구간과 동일)

143.

143. ▷ 다항식에서, 차수가 낮은 항부터 차례로 높은 차의 항으로 쓰는 일

144.

144. ▷ 식의 제곱 형태로 표현된 식. (식)^2 꼴

145.

145. ▷ 수직선 위에서 선분 AB의 연장선 위의 점 Q에 대하여 (단, $m > 0,\ n > 0,\ m \neq n$)
$$\overline{AQ} : \overline{QB} = m : n$$
일 때, 점 Q는 선분 AB를 $m : n$으로 □□한다고 하며, 점 Q를 선분 AB의 □□이라고 한다.

146.

146. ▷ 외접원의 중심. 모든 변의 수직이등분선이 만나는 점.

147. 외점

147. ▷ 도형이 다른 도형과 접할 때, 바깥쪽에서 접하는 것 (↔내접)

148.

148. ▷ 비례식에서 양 끝에 있는 두 개의 항. 즉 a:b=c:d의 a와 d (↔내항)

149.

149. ▷ x가 a보다 크면서 a에 한없이 가까워질 때 $f(x)$가 일정한 값 α에 한없이 가까워지는 경우, 그 α값

150.
[수상〉도형의방정식] p.58

150. ▷ y축에 대하여 대칭인 함수

151.
[수상〉도형의방정식] p.50

151. ▷ 특정한 한 점으로부터, 그 점과 같은 거리에 있는 점들의 집합

152.
[수하〉집합과명제] p.62

152. ▷ 집합을 이루고 있는 대상 하나하나

153.
[수하〉집합과명제] p.62

153. ▷ 모든 원소를 { }안에 나열하는 방법

154.
[확통〉경우의수] p.186

154. ▷ 서로 다른 n개를 원형으로 배열하는 순열의 수 (단, 회전하여 일치하는 것은 같은 것으로 본다.) $(n-1)!$

155.
[수상〉방정식과부등식] p.24

155. ▷ 정수 m, n에 대하여 $\dfrac{n}{m}\,(m \neq 0)$꼴로 나타낼 수 있는 수

156.
[수하〉함수] p.86

156. ▷ 두 다항식 A, B에 대하여 $\dfrac{A}{B}(B \neq 0)$의 꼴로 나타내어지는 식

157.
[수하〉함수] p.87

157. ▷ x에 관한 유리식인 함수

158.
[수Ⅰ〉삼각함수] p.114

158. ▷ 원의 둘레를 360등분 하여 각 혹에 대한 중심각의 크기를 1도로 정의하여 각의 크기를 나타내는 방법

159.
[확통〉통계] p.198

159. ▷ 유한 개의 값 $x_1,\ \cdots,\ x_n$을 가지는 확률변수

160.
[확통〉경우의수] p.191

160. ▷ 자연수 n에 대하여 $(a+b)^n$의 전개식에서 각 항의 계수

161.
[확통〉통계] p.201

161. ▷ 한 번의 시행에서 사건 A가 일어날 확률이 p일 때, n번의 독립시행에서 사건 A가 일어나는 횟수를 확률변수 X라 할 때, 이때의 확률분포
$$P(X=x) = {}_nC_x\, p^x q^{n-x} \ (q=1-p)$$

162.

[확통〉경우의수] p.191

162. ▷ 자연수 n에 대하여 $(a+b)^n$의 전개식을 조합의 수를 이용하여 나타내는 정리

163.

[수상〉다항식] p.23

163. ▷ 곱을 이루는 각 다항식

164.

[수상〉다항식] p.23

164. ▷ 하나의 다항식을 여러 다항식의 곱으로 나타내는 것. 전개의 역 과정

165.

[수상〉다항식] p.23

165. ▷ $f(x)$가 $x-\alpha$로 나누어떨어지면 $f(\alpha)=0$ & $f(\alpha)=0$이면 $f(x)$가 $x-\alpha$로 나누어떨어진다.

166.

[수하〉함수] p.81

166. ▷ ①일대일 함수이고, ②치역과 공역이 같은 함수

167.

[수하〉함수] p.80

167. ▷ 정의역의 서로 다른 원소에 대하여 그 함숫값이 서로 다를 때의 함수
$$x_1 \neq x_2 \rightarrow f(x_1) \neq f(x_2)$$

168.

[수 I 〉삼각함수] p.113

168. ▷ 시초선 OX와 동경 OP가 나타내는 한 각의 크기를 $\alpha°$ 라 하면 $\angle XOP$의 크기를 아래와 같이 일반적으로 나타내는 것
$$360°\times n+\alpha° \quad (단, n은 정수)$$

169.

[수 I 〉수열] p.128

169. ▷ 수열의 각 항을 일반적으로 나타냄

170.

[확통〉통계] p.206

170. ▷ 모집단에서 편중되지 않게, 무작위로 추출

171.

[확통〉통계] p.206

171. ▷ 임의추출에 의하여 만들어진 표본

172.
[중학수학]

172. ▷ 어떤 일정한 조건을 만족시키는 점들의 집합

173.
[수Ⅱ〉적분법] p.169

173. ▷ 부정적분과 정적분을 통틀어 부르는 말

174.
[확통〉통계] p.206

174. ▷ 통계 조사에서 대상으로 삼은 집단 전체를 조사하는 것

175.
[수하〉집합과명제] p.64

175. ▷ 주어진 집합에 대하여 그것의 부분집합만을 생각할 때 처음에 주어진 집합을 □□이라 하고, 기호 U로 나타낸다.

176.
[수하〉집합과명제] p.76

176. ▷ 문자를 포함한 부등식에서 그 문자가 가질 수 있는 어떠한 실수 값을 대입해도 항상 성립하는 부등식

177.
[수상〉방정식과부등식] p.38

177. ▷ 수직선 위에서 원점으로부터 어떤 수를 나타내는 점까지의 거리 (+값)

178.
[수상〉도형의방정식] p.47

178. ▷ x절편: 그래프가 x축과 만나는 점의 x좌표
▷ y절편: 그래프가 y축과 만나는 점의 y좌표

179.
[수하〉함수] p.87

179. ▷ 곡선 위의 점이 한없이 가까워지는 직선

180.
[수Ⅰ〉수열] p.134

180. ▷ 첫째항과 이웃하는 두 항 사이의 관계식으로 수열을 정의하는 것

181.
[확통〉통계] p.203

181. ▷ 자연현상이나 사회현상을 측정할 때, 그 확률밀도함수가 그림과 같은 종 모양에 가까운 경우가 많다. 연속확률변수 X의 확률밀도함수 $f(x)$가 아래와 같을 때, X의 분포

$$f(x) = \frac{1}{\sqrt{2\pi}\,\sigma} e^{-\frac{(x-m)^2}{2\sigma^2}} \quad (e = 2.718\cdots)$$

182.

182. ▷ 참임이 증명된 명제 중에서 기본이 되는 것이나 다른 명제를 증명할 때 이용할 수 있는 중요한 명제

183.

183. ▷ 용어의 뜻을 간결하고 명확하게 정한 문장

184.

184. ▷ 함수 $f : X \to Y$에서 집합 X

185.

185. ▷ 함수 $f(x)$가 폐구간 $[a, b]$에서 연속이고 $f(x)$의 한 부정적분을 $F(x)$라고 할 때,

$$\int_a^b f(x)\,dx = [F(x)]_a^b = F(b) - F(a)$$

186.

186. ▷ 포함하고 있는 변수의 값에 따라 참, 거짓이 정해지는 문장이나 식

187.

187. ▷ 두 사건 A, B에 대하여 사건 A가 일어났다는 조건 아래, 사건 B가 일어날 확률 (단, $P(A) > 0$)

$$P(A|B) = \frac{n(A \cap B)}{n(A)} = \frac{P(A \cap B)}{P(A)}$$

188.

188. ▷ 조건으로 원소가 갖는 성질을 나타내는 방법 $\{x \mid x$의 조건$\}$

189.

189. ▷ 다항식 $P(x)$를 $x - \alpha$로 나눌 때, 다항식 $P(x)$의 계수와 α만을 이용하여 몫과 나머지를 구하는 방법

190.

190. ▷ 순서를 생각하지 않고, 서로 다른 n개에서 r개를 택하는 경우의 수

191.

191. ▷ 사건 A의 발생 여부에 따라 사건 B가 일어날 확률이 달라질 때 사건 A와 사건 B는 □□이다. $P(B) \neq P(B \mid A)$

192.

192. ▷ x가 a보다 작으면서 a에 한없이 가까워질 때 $f(x)$가 일정한 값 α에 한없이 가까워지는 경우, 그 α 값

193.

193. ▷ 어떤 주기를 가지고 함숫값이 반복되는 함수. $y = f(x)$의 그래프가 주기가 p인 함수일 때 아래 식이 성립한다.

$$f(x + p) = f(x)$$

194.

[중학수학]

194. ▹ 2차 이상의 방정식이 2개 이상의 같은 근(해)을 가질 때,
이 근을 일컫는 말

195.

[확통>경우의수] p.187

195. ▹ 서로 다른 n개 중에서 중복을 허용하여 r개를 택하는 순열
$$_n\Pi_r = n \times n \times \cdots \times n = n^r$$

196.

[확통>경우의수] p.187

196. ▹ 서로 다른 n개에서 중복을 허용하여 r개를 택하는 조합의
경우의 수 $_nH_r = {}_{n+r-1}C_r$

197.

[중학수학]

197. ▹ 삼각형의 한 꼭짓점과 그 대변의 중점을 이은 선분

198.

[수Ⅱ>미분법] p.159

198. ▹ 함수 $f(x)$에 대하여, 어떤 구간의 임의의 두 수 x_1, x_2에
대하여 $x_1 \langle x_2$일 때 $f(x_1) < f(x_2)$가 성립하면, 함수 $f(x)$는 그
구간에서 □□라고 한다.

199.

[수하>집합과명제] p.71

199. ▹ 명제의 가정으로부터 정의 또는 이미 옳다고 밝혀진 성질을
근거로 하여 결론을 논리적으로 이끌어 내어물전 그 명제가
참임을 설명하는 과정

200.

[수Ⅰ>지수로그함수] p.98

200. ▹ a^n 꼴에서 n

201.

[수하>집합과명제] p.70

201. ▹ 전체집합의 원소 중에서 조건을 참이 되게 하는 모든 원소의
집합

202.

[수하>집합과명제] p.63

202. ▹ $A \subset B$이고 $A \neq B$이면, A는 B의 □□

203.

[수Ⅰ>지수로그함수] p.101

203. ▹ $\log_a N$ 꼴에서 N

204.

[수하>집합과명제] p.62

204. ▹ 대상을 명확히 구분할 수 있는 것들의 모임

205.

[수상〉다항식] p.19

206.

[수하〉집합과명제] p.64

207.

[중학수학]

208.

[수Ⅱ〉함수의극한] p.148

209.

[중학수학]

210.

[확통〉통계] p.208

211.

[수하〉집합과명제] p.75

212.

[수하〉함수] p.79

205.   ▷ 단항식에서 주목하는 문자가 곱해진 개수

206.   ▷ $\{x \mid x \in A$ 이고 $x \notin B\}$

207.   ▷ 0이 아닌 두 개 이상의 정수의 공통되는 약수 중에서 가장 큰 수

208.   ▷ 함수 $f(x)$가 폐구간 $[a, b]$에서 연속이면, $f(x)$는 이 구간에서 반드시 최댓값과 최솟값을 가진다.

209.   ▷ 2개 이상의 수의 공배수 가운데서 최소인 것

210.   ▷ 표본을 조사해 얻은 정보를 이용하여 모집단의 특징을 나타내는 값을 추측하는 것

211.   ▷ $p \Rightarrow q$일 때, p는 q이기 위한 □□

212.   ▷ 함숫값의 집합 $\{f(x) \mid x \in X\}$

213.

[수상〉방정식과부등식] p.30

213.   ▷ 이차방정식 $ax^2 + bx + c = 0 \ (a \neq 0)$의
① a, b, c가 유리수이면 한 근이 $g + h\sqrt{k}$이면 $g - h\sqrt{k}$도 근이다.
(단, g, h는 유리수이고 $h \neq 0$, $\sqrt{k}$는 무리수)
② a, b, c가 실수이면 한 근이 $g + hi$ 이면 $g - hi$도 근이다.
(단, g, h는 실수이고 $h \neq 0$)

214.

214. ▷ $a+bi$의 허수부분의 부호를 바꾼 복소수. $\overline{a+bi} = a-bi$

215.

215. ▷ 좌표평면에서 x축의 양의 방향을 시초선으로 할 때, 점 $P(x,y)$에 대하여 동경 OP의 각도가 θ이고 $r = \sqrt{x^2+y^2}$일 때, $\dfrac{x}{r}$의 값

216.

216. ▷ $\triangle ABC$에서 $a^2 = b^2 + c^2 - 2bc\cos A$

217.

217. ▷ 실수 a, b, x, y에 대하여
$$(a^2+b^2)(x^2+y^2) \geq (ax+by)^2$$
(단, 등호는 $a : b = x : y$일 때, 성립)

218.

218. ▷ 어떤 시행에서 사건 A가 일어나는 수학적 확률이 p이고, n번의 독립시행에서 사건 A가 일어나는 횟수를 X라고 하면, 임의의 양수 h에 대하여 n의 값이 한없이 커질수록
$$P\left(\left|\frac{X}{n}-p\right| < h\right)$$는 1에 한 없이 가까워진다.

219.

219. ▷ 좌표평면에서 x축의 양의 방향을 시초선으로 할 때, 점 $P(x,y)$에 대하여 동경 OP의 각도가 θ일 때, $\dfrac{y}{x}$의 값

220.

220. ▷ 어떤 시행을 n번 반복할 때 사건 A가 r_n번 일어날 때, n을 충분히 크게 함에 따라 상대도수 $\dfrac{r_n}{n}$이 일정한 값 P에 가까워지면 P를 사건 A가 일어날 □□이라 함

221.

221. ▷ $_{n-1}C_{r-1} + _{n-1}C_r = _nC_r$ 가 성립하는 이항계수의 성질을 삼각형 형태로 표현한 것

222.

222. ▷ 이차방정식 $ax^2 + bx + c = 0$의 근의 종류를 판별하는 공식 $D = b^2 - 4ac$

223.

223. ▷ $P(X = x_i) = p_i$ (단, $i = 1, 2, \cdots, n$)라고 할 때, $\sum_{i=1}^{n} x_i p_i$ (기댓값과 동일)

224.

224. ▷ 함수 $f(x)$가 폐구간 $[a, b]$에서 연속이고 개구간 (a, b)에서 미분가능하면 아래 조건을 만족하는 c가 개구간 (a, b) 안에 적어도 하나 존재한다.
$$\frac{f(b) - f(a)}{b - a} = f'(c) \text{ (단, } a < c < b)$$

225.

225. ▷ 함수 $y = f(x)$ 에서 x의 값이 a에서 b까지 변할 때 아래의 값
$$\frac{\Delta y}{\Delta x} = \frac{f(b) - f(a)}{b - a} = \frac{f(a + \Delta x) - f(a)}{a + \Delta x - a}$$

226.

226. ▷ 위치의 평균변화율 $= \dfrac{\text{위치의 변화량}}{\text{시간변화량}}$

227.

227. ▷ 이동 거리의 평균변화율 $= \dfrac{\text{이동 거리}}{\text{시간변화량}}$

228.

228. ▷ 도형을 일정한 방향으로 일정한 거리만큼 이동하는 것

229.

229. ▷ $\{x \mid a \leq x \leq b\}$ (닫힌구간과 동일)

230.

230. ▷ 표본조사를 하는 경우 조사하기 위하여 모집단에서 추출한 부분집합

231.

231. ▷ 어떤 시행에서 일어날 수 있는 모든 결과들의 집합

232.

232. ▷ $S^2 = \dfrac{1}{n-1}\displaystyle\sum_{i=1}^{n}(X_i - \overline{X})^2$

233.

233. ▷ 표본의 원소의 개수

234.

234. ▷ 대상으로 삼은 집단의 일부를 조사하는 것.

235.

235. ▷ 모집단에서 임의추출한 크기가 n인 표본 $X_1, X_2, \cdots, X_n$에서

$$\overline{X} = \dfrac{1}{n}(X_1 + X_2 + \cdots + X_n) = \dfrac{1}{n}\sum_{i=1}^{n}X_i$$

236.

236. ▷ 표본평균의 분포에서의 평균

237.

237. ▷ 표본평균의 분포에서의 분산

238.

238. ▷ 표본평균의 분포에서의 표준편차

239.

239. ▷ 모집단에서 임의추출한 크기가 n인 표본 $X_1, X_2, \cdots, X_n$에서

$$S = \sqrt{S^2} = \sqrt{\dfrac{1}{n-1}\sum_{i=1}^{n}(X_i - \overline{X})^2}$$

240.

240. ▷ 평균이 $m=0$, 표준편차가 $\sigma=1$인 정규분포

241.

241. ▷ $P(X = x_i) = p_i$ (단, $i = 1, 2, \cdots, n$) 라고 할 때,

$$\sqrt{E\big((X-m)^2\big)} = \sqrt{\sum_{i=1}^{n}(x_i - m)^2 p_i}$$

242.

242. ▷ 정규분포 $N(m, \sigma^2)$를 따르는 확률변수 X를 표준정규분포 $N(0, 1^2)$를 따르는 확률변수 Z로 바꾸는 것

243.
[수하〉집합과명제] p.75

243. ▷ $p \Rightarrow q$일 때, q는 p이기 위한 □□

244.
[수하〉집합과명제] p.75

244. ▷ $p \Leftrightarrow q$일 때, p는 q이기 위한 필요충분조건이고 q는 p이기 위한 □□

ㅎ

245.
[수하〉함수] p.79

245. ▷ 집합 X의 모든 원소 각각에 대하여 집합 Y의 원소가 하나씩 대응할 때, 이 대응관계 f를 집합 X에서 Y로의 □□라 하고, 기호로는 $f : X \to Y$ 로 나타낸다.

246.
[수Ⅱ〉함수의극한] p.139

246. ▷ 함수 $f(x)$에서 x가 a가 아닌 값을 가지면서 a에 한없이 가까워 질 때, $f(x)$의 값이 일정한 값 α에 한없이 가까워지는 경우, 그 α값

247.
[수하〉함수] p.79

247. ▷ 함수 f에 의하여 정의역 X의 원소 x가 공역 Y의 원소 y와 대응할 때, 기호 $y = f(x)$로 나타낸다. 이때, $f(x)$를 x에 대한 □□이라고 한다.

248.
[확통〉확률] p.194

248. ▷ 두 사건 A 또는 B가 일어나는 사건 (합집합과 동일)

249.
[수하〉함수] p.83

249. ▷ 두 함수 $f : X \to Y$, $g : Y \to Z$가 주어졌을 때 X의 각 원소 x에 대하여 Z의 원소 $g(f(x))$를 대응시키는 새로운 함수를 f와 g의 합성함수라 하고 $g \circ f$ 로 나타낸다. $(g \circ f)(x) = g(f(x))$

250.
[수하〉경우의수] p.92

250. ▷ 두 사건 A, B가 동시에/함께 일어나지 않고, 사건 A가 일어나는 경우의 수가 m가지이고, 사건 B가 일어나는 경우의 수가 n가지이면, 사건 A또는 B가 일어나는 경우의 수는 $m + n$ 가지이다.

251.
[수하〉집합과명제] p.64

251. ▷ $\{x \mid x \in A \ \text{또는} \ x \in B\}$

252.
[수상〉다항식] p.19

252. ▷ 다항식의 항 [수상〉다항식] p.17 : 문자와 수의 곱
▷ 수열의 항 [수Ⅰ〉수열] p.126 : 수열을 이루는 각각의 수

253.

253. ▹ 문자를 포함하는 등식에서 그 문자에 어떤 값을 대입해도 항상 성립하는 등식

254.

254. ▹ 정의역과 공역이 같고, 정의역의 임의의 원소에 그 자신을 대응시키는 함수

$$f : X \rightarrow X, \quad f(x) = x$$

255.

255. ▹ 허수인 근

256.

256. ▹ 복소수 $a + bi$에서 허수부분 $b \neq 0$인 수

257.

257. ▹ 제곱하여 -1이 되는 수

258.

258. ▹ 복소수 $a + bi$에서 실수 b

259.

259. ▹ $\triangle \mathrm{ABC}$의 넓이 S는

$$S = \sqrt{s(s-a)(s-b)(s-c)} \quad (단, \ s = \frac{a+b+c}{2})$$

260.

260. ▹ 부채꼴에서 중심각의 크기를 $\dfrac{호의 길이}{반지름}$로 나타내는 방법

261.

261. ▹ '수학적 확률'과 '통계적 확률' 통틀어 부르는 말

262.

262. ▹ 연속확률변수가 정의역인 확률함수

263.

263. ▹ 표본공간의 각 원소에 하나의 실수값을 대응시켜주는 것.

264.

264. ▹ 확률변수 X가 가지는 값과 그 값을 가질 확률과의 대응 관계

265.

265. ▹ 이산확률변수가 정의역인 확률함수

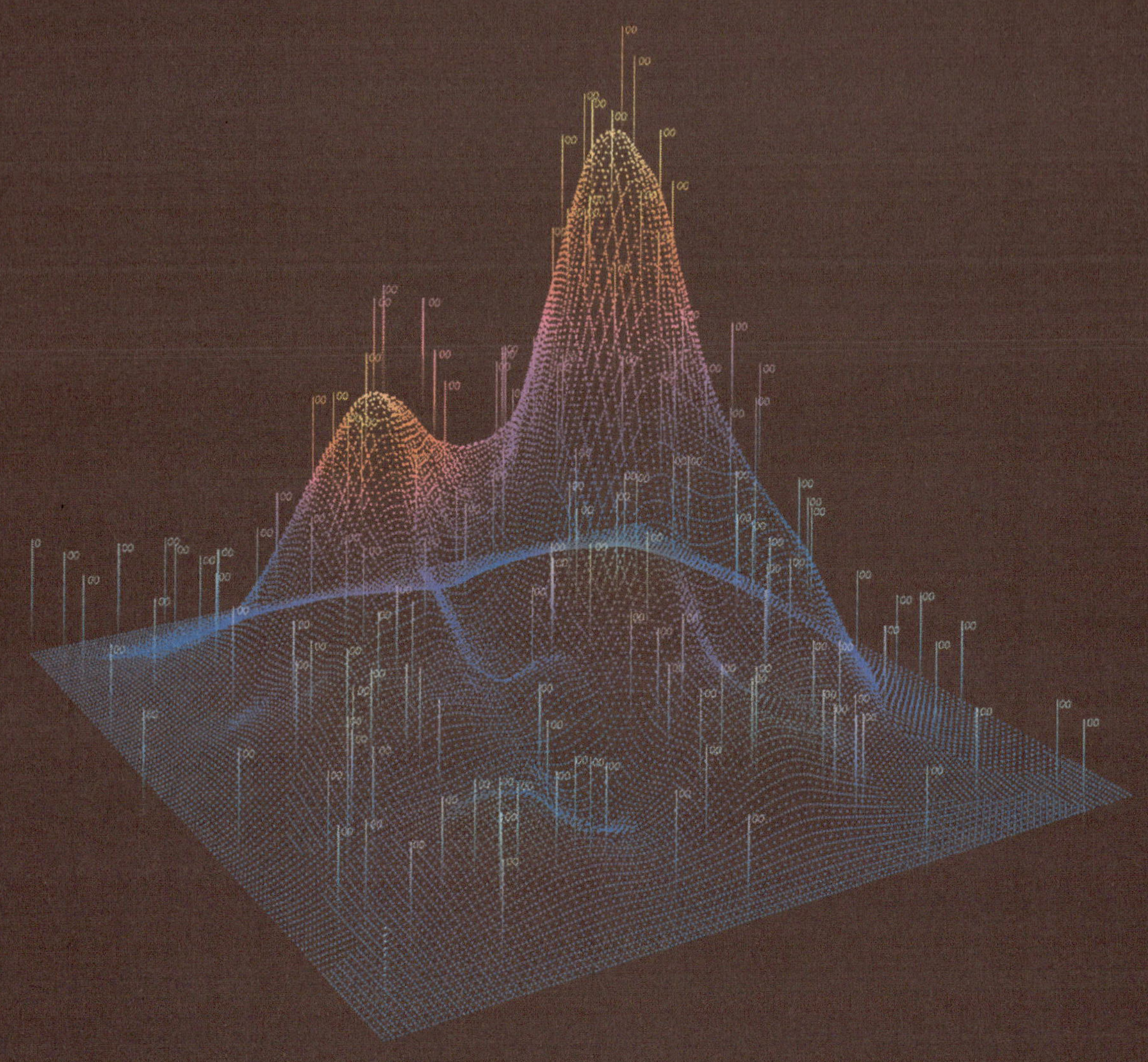
평가원 Big-Data x 풀컬러 손해설

서울대 수교과 x EBS-i x Orbi

Kim Ji Suk Free Pass

국내 주요대학 합격 시 100% 환급

Kim Ji Suk – Curriculum

수학의 단권화

"개념간의 연결고리, 밑 빠진 독 수리하게 해주셔서 고마워요."

#독학 #인강 #과목당 3일완성 #하루 3시간30분
#개념+실전개념

수능 한권

"풀컬러 손해설과 데이터 분석으로 한 눈에 흡수되는 평가원"

#독학 #인강 #과목당 6일완성 #하루 3시간30분
#문제풀이 #기출정리

도형의 필연성

"도형분석 15가지 도구정리, 수능 도형 총론"

#독학 #인강 #7시간완성 #수능도형의 모든 것

그래프 테크닉

"[수Ⅱ] [미적분] 미분법 적분법 고난도 문항"

#인강 #과목당 9시간 완성 #그래프 초고난도까지 #그래프 스킬 #그래프 도구정리

고난도 정신

"고난도 테마별 약점 극복"

#인강 #14번 #15번 #21번 #22번 #29번 #30번

경향 13 Minor Trend

경향13 수능 출제 난이도

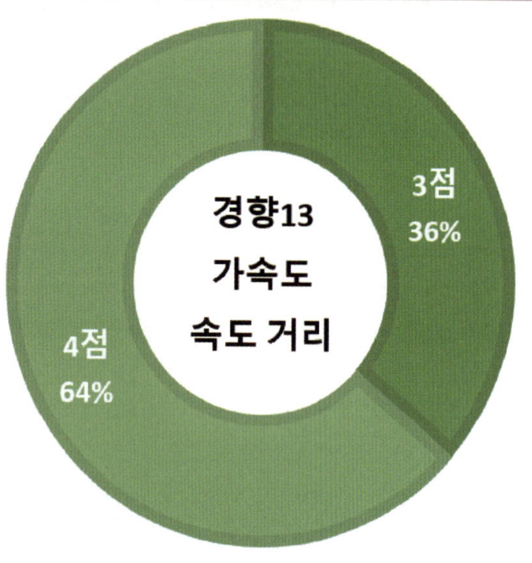

경향13 수능별 데이터 (1)

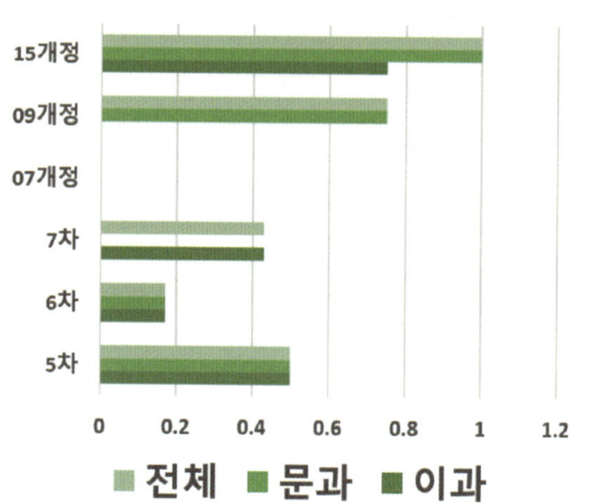

COMMENT

7차 교육과정 전후로 종종 나오다가 11수능에서 고난도 문항이 나온 뒤 나오지 않았다. 하지만 09개정 교육과정에서 종종 쉽게 출제되다가 15개정 교육과정에서 매해 4점 문제로 출제되면서 완전히 부활한 경향이다. 22수능에서 고난도 문항이 출제되었고 평가원 모의고사와 수능에서 계속 출제되었으니 반드시 알아야 한다. 개념을 탄탄하게 공부하는 것이 무엇보다 중요하다. 워크북 문항까지 빠짐없이 풀어보자.

경향13 수능 출제 전망

■■■■■
15개정 교육과정 적분 중요도 상승
현재까지 100% 출제

경향13 수능별 데이터 (2)

현교육과정
경향13 수능중요도

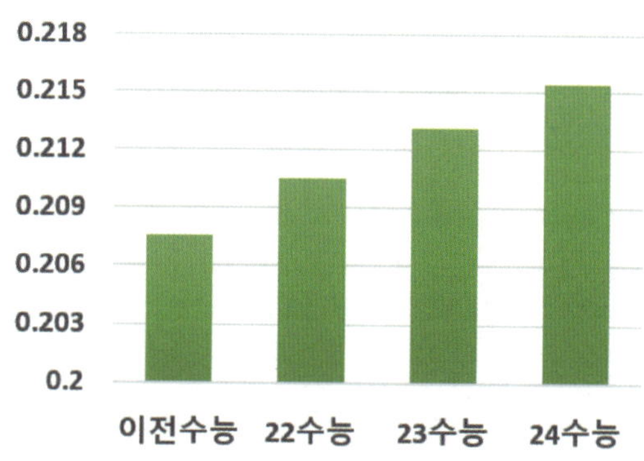

경향13 적분법 단원 내 출제 비율

21.54%

수능을 한 권에

경향13 대표문제분석 064

64. [2005년 수능 (가)형 4번]
다음은 '가'지점에서 출발하여 '나'지점에 도착할 때까지
직선 경로를 따라 이동한 세 자동차 A, B, C의 시간 t 에
따른 속도 v 를 각각 나타낸 그래프이다.

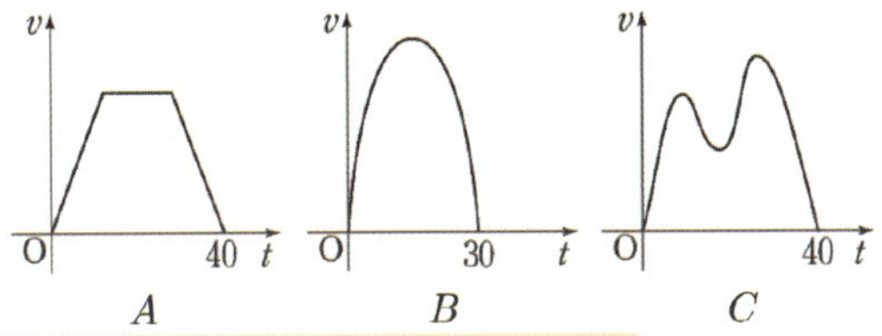

'가'지점에서 출발하여 '나'지점에 도착할 때까지의 상황에
대한 <보기>의 설명 중 옳은 것을 모두 고른 것은? [3점]

[보 기]

ㄱ. A와 C의 평균속도는 같다.
ㄴ. B와 C 모두 가속도가 0인 순간이
   적어도 한 번 존재한다.
ㄷ. A, B, C 각각의 속도 그래프와 t 축으로
   둘러싸인 영역의 넓이는 모두 같다.

① ㄱ ② ㄷ ③ ㄱ, ㄴ ④ ㄴ, ㄷ ⑤ ㄱ, ㄴ, ㄷ

A, B, C의 속도의 식을 각각
$f(t)$, $g(t)$, $h(t)$라 하자.

ㄱ. (참)
A와 C의 위치변화량, 이동시간이 같으므로 평균속도는 같다.

ㄴ. (참)

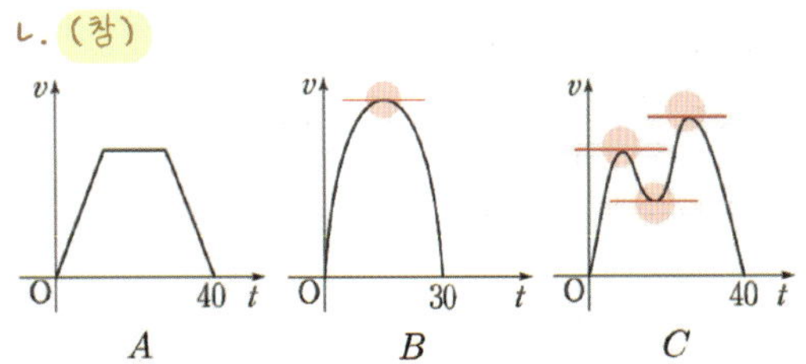

$g'(t)=0$, $h'(t)=0$일 때 가속도$=0$
∴ B는 한 번, C는 세 번 존재

ㄷ. (참)
속도 그래프와 t 축으로 둘러싸인 영역의 넓이
⇔ 이동거리
세 그래프 모두 운동방향(=속도의 부호)
이 바뀌지 않으므로 이동거리와 위치변화량이 일치한다.
위치변화량이 모두 같으므로 둘러싸인 영역의 넓이는 모두
같다.

Analysis

식 없이 그래프 개형만 주어진 만큼, 계산해서 푸는 것이
아니라고 처음부터 인식해야 한다. 시간-속도 그래프
해석만으로 풀어야 한다.

수능한권

복습	1회	2회	3회	4회	5회
채점 O△X					

1등급

123. [2022년 9월 (공통) 14번]

최고차항의 계수가 1이고 $f(0)=0$, $f(1)=0$인 삼차함수 $f(x)$에 대하여 함수 $g(t)$를

$$g(t) = \int_{t}^{t+1} f(x)dx - \int_{0}^{1} |f(x)|dx$$

라 할 때, <보기>에서 옳은 것만을 있는 대로 고른 것은? [4점]

< 보 기 >

ㄱ. $g(0)=0$이면 $g(-1)<0$이다.

ㄴ. $g(-1)>0$이면 $f(k)=0$을 만족시키는 $k<-1$인 실수 k가 존재한다.

ㄷ. $g(-1)>1$이면 $g(0)<-1$이다.

① ㄱ ② ㄱ, ㄴ ③ ㄱ, ㄷ
④ ㄴ, ㄷ ⑤ ㄱ, ㄴ, ㄷ

함수 $f(x)$는 최고차항의 계수가 1이고 $f(0)=0$, $f(1)=0$이므로

$$f(x) = x(x-1)(x-k)$$

ⅰ) $k<0$인 경우

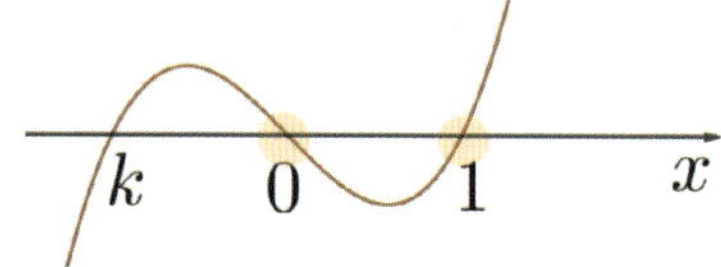

ⅱ) $k=0$인 경우

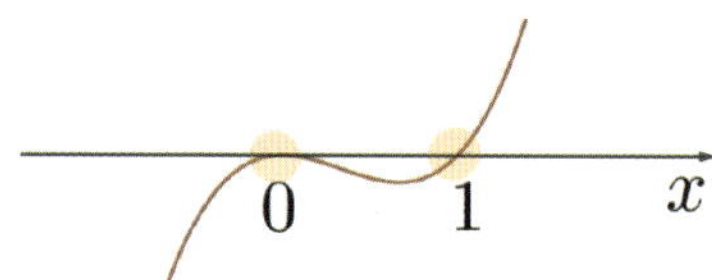

ⅲ) $0<k<1$인 경우

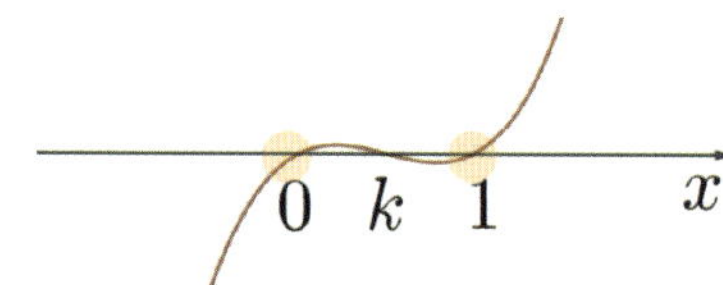

ⅳ) $k=1$인 경우

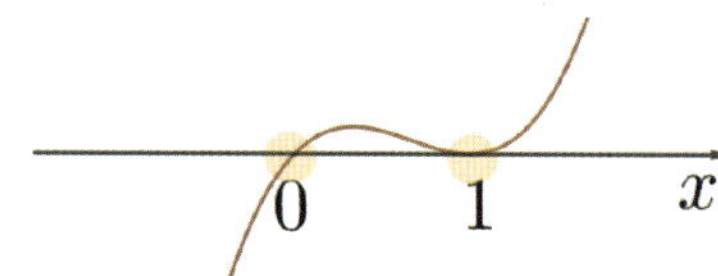

ⅴ) $k>1$인 경우

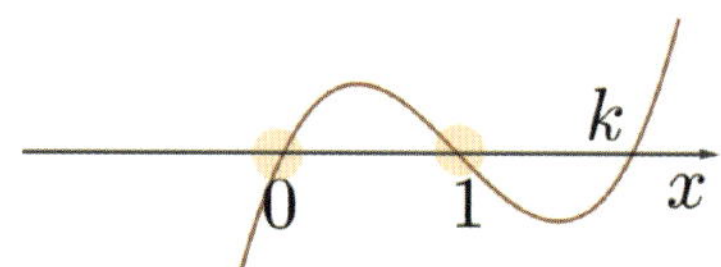

수능을 한 권에

ㄱ. (참)

$$g(0) = \int_0^1 f(x)dx - \int_0^1 |f(x)|dx = 0$$

$$\Leftrightarrow \int_0^1 f(x)dx = \int_0^1 |f(x)|dx$$

$\therefore\ 0 \le x \le 1$일 때 $f(x) \ge 0$이므로
함수 $y = f(x)$의 그래프의 개형은 아래와 같다.

ⅳ) $k = 1$인 경우

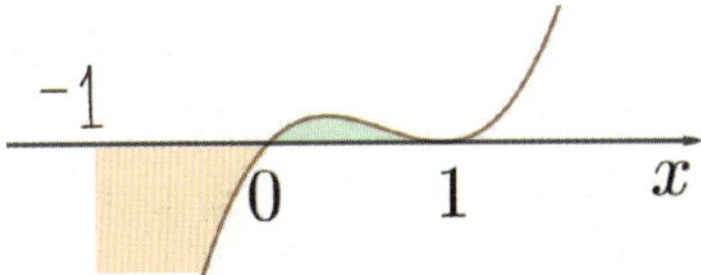

ⅴ) $k > 1$인 경우

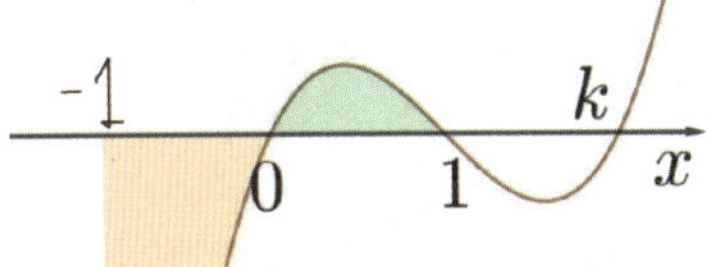

$$g(-1) = \int_{-1}^0 f(x)dx - \int_0^1 |f(x)|dx < 0$$

$$\Leftrightarrow \underset{\ominus}{\int_{-1}^0 f(x)dx} < \underset{\oplus}{\int_0^1 |f(x)|dx}$$

ㄴ. (참)

$$g(-1) = \int_{-1}^0 f(x)dx - \int_0^1 |f(x)|dx > 0$$

$$\Leftrightarrow \overset{\oplus}{\int_{-1}^0 f(x)dx} > \overset{\oplus}{\int_0^1 |f(x)|dx} \ge 0$$

ⅰ) $k < 0$인 경우

$k = -1$이면 삼차함수의 대칭성에 의해 S_1, S_2 두 넓이가

같다. $\displaystyle\int_{-1}^0 f(x)dx = \int_0^1 |f(x)|dx$

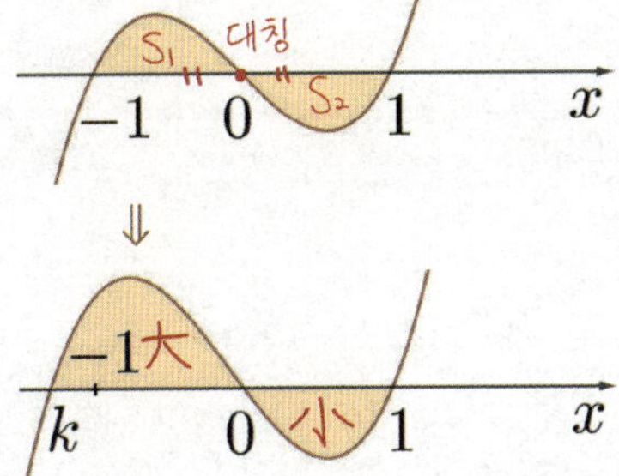

$\therefore\ k < -1$인 실수 k가 존재

ㄷ. (참)

$g(-1) > 0$이면 $0 \le x \le 1$일 때 $f(x) \le 0$이므로

$$g(-1) = \int_{-1}^0 f(x)dx - \int_0^1 |f(x)|dx > 1$$

$$= \int_{-1}^0 f(x)dx + \int_0^1 f(x)dx = \int_{-1}^1 f(x)dx$$

$$= \int_{-1}^1 x(x-1)(x-k)dx$$

$$= \int_{-1}^1 \{x^3 - (k+1)x^2 + kx\}dx$$

$$= 2\int_0^1 \{-(k+1)x^2\}dx$$

$$= 2\left[-\frac{k+1}{3}x^3\right]_0^1$$

$$= -\frac{2(k+1)}{3} > 1$$

$$\therefore\ k < -\frac{5}{2}$$

$$q(0) = \int_0^1 f(x)dx - \int_0^1 |f(x)|dx$$

$$= \int_0^1 f(x)dx + \int_0^1 f(x)dx = 2\int_0^1 f(x)dx$$

$$= 2\int_0^1 \{x^3 - (k+1)x^2 + ax\}dx$$

$$= 2\left[\frac{1}{4}x^4 - \frac{k+1}{3}x^3 + \frac{k}{2}x^2\right]_0^1$$

$$= 2\left(\frac{1}{4} - \frac{k+1}{3} + \frac{k}{2}\right)$$

$$= \frac{2k-1}{6} < \frac{2\left(-\frac{5}{2}\right)-1}{6} = -1$$

수능한권

수능 도형의 모든것 6시간 완성
도형의
필연성
김지석

수능 도형에 필요한 15가지 도구정리

중학도형부터 초고난도 도형문제까지

도형총론 + 고난도 연습문제

풀컬러 손해설로 독학 6시간 완성

기간한정 전자책 1,000원

상 장

종 목 : 수학의 단권화   성 명 :

　　위 학생은 강인한 끈기와 인내로 마침내
수학의 단권화를 완성하여 수능 대박의
초석이 되는 탄탄한 개념을 다졌고 수능 날
대박을 터트릴 예정이기에 이 상장을 주어
격하게 칭찬합니다.

년　월　일

너를 응원하는 김지석

Editor_ Jelly, Anne, Piter, Henry
Designer _ 박봄이
이 책은 아모레퍼시픽의 아리따글꼴을 사용하여 디자인 되었습니다.

인간은 결과 앞에서 무력해도 과정 앞에서 무적이다.
- 김지석 -

KIMJISUK

- 서울대학교 수학교육과 졸업 (영문학 부전공)
- 초등학교 수학 30점을 넘어본 적이 없는 수포자
- 꾸준한 성적 향상으로 서울대 수학교육과 졸업, EBS-i 강사

> - 현) EBS-i 강사
> - 현) 오르비 강사
> - 전) 공신닷컴(gongsin.com) 대표멘토
> - 전) 미국 Lehi High School 교사인턴
> 『대박타점 공부법』 저자

- MBC 〈오늘의 아침〉 출연
- 여성중앙 〈공신 멘토링〉 멘토
- 동아일보 〈신나는 공부〉 코너 인터뷰
- 조인스TV 〈열려라 공부〉 출연
- 메가TV 〈수능공부법〉 수리영역 공부법 강의
- 한겨레 신문 보도
- 중앙일보 〈공부 개조 프로젝트〉 자문 멘토
- tvN 〈80일만에 서울대 가기〉 출연
- KBS 〈세상의 아침〉 출연
- KBS 〈생방송 오늘〉 출연
- 신동아 〈'1등 코드'를 찾아서〉 출연
- MBC 〈경제 매거진〉 출연
- KBS 〈취재파일4321〉 출연
- MBC 〈베란다쇼〉 출연

수학의 단권화의 여러분.

많은 친구들이 많은 문제를 풀지만
저마다 실력이 제각각인 이유는
그들의 문제풀이 '양'의 차이를 넘어서
본질적으로 그들의 '실력' 차이라고 볼 수 있어요.

그 실력은 바로, 탄탄한 개념을 갖고 있느냐
없느냐에 달려 있답니다.

성적 향상을 위해 문제를 푸는 노력도
모든 개념을 자유자재로 쓸 수 있을 때
그 효과가 발휘돼요.

하지만, 많은 친구들은
개념을 등한시 한 채
많은 문제풀이를 통해 개념을 메꾸려고 하죠.

그러니 누구는 성적향상을 경험하고,
누구는 성적이 매번 제자리인 것을 경험하죠.

여러분.
수학의 단권화를 선택했고,
수학의 단권화를 마스터 한다면,
적어도 여러분들은 풀어낸 문제만큼의
실력이 쑥쑥 오를 거예요.

수학개념의 유기적 연결성을
수학의 단권화로 체험해보고
문제풀이에 적용해 보세요.

수학의 단권화가 여러분들을
더 나은 수학의 세계로 이끌어 줄 겁니다.

김지석

수학의단권회

지석쌤의 고등 수학 개념 Map

개념 Map 활용법 TIP

〈수학의 단권화〉 뒷부분 단원을 공부하다가 이해가 잘 안가는 부분이 있다면, 앞부분 내용 중에 빵꾸난 것이 있을 가능성이 큽니다. 공부하고 있던 단원을 이해하는데 필요한 앞 단원을 찾아보고 싶을 때에도 이 개념 Map을 통해 찾을 수 있어요.

수학의 단권화 공부법

① 인강으로 공부하기

(https://class.orbi.co.kr)

인강으로 공부

『수학의 단권화』는 '빈칸책'과 '김지석의 필기노트'로 구성되어 있습니다. '빈칸책'은 필기가 빈칸으로 되어 있고 '김지석의 필기노트'는 필기가 예쁜 손글씨로 채워져 있어요.

빈칸책과 오르비 인강으로 수학의 단권화를 공부하세요!

인강으로 공부하기 TIP

수학의 단권화를 독학 하다가 학습이 막히는 부분만 골라서 강의를 활용해도 좋아요. 해당 부분만 지석T의 '연구'에 대한 설명을 듣고 손글씨 책에다가 필기를 한 후 복습을 열심히 하시면 된답니다!

② 혼자서 공부하기

'김지석의 필기노트'에 채워진 필기를 보고 개념을 머릿속으로 정리하면서,
'빈칸책'에 내 손으로 직접 필기를 따라 채워보세요.
'빈간책'에 나만의 단권화 개념노트가 만들어집니다.

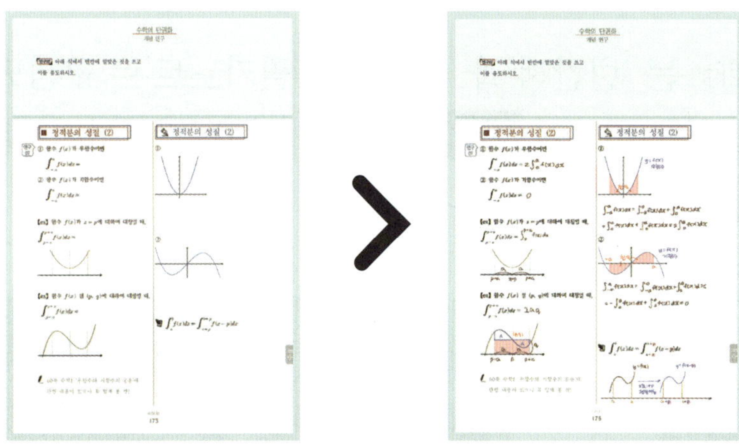

교재 뒤쪽에 복습 프로그램으로 [개념연구 LIST]를 만들어놨어요.
복습 프로그램 - [개념연구 LIST]는 앞에서 단권화한 개념연구를
물어보는 설문지로 복습해보세요.

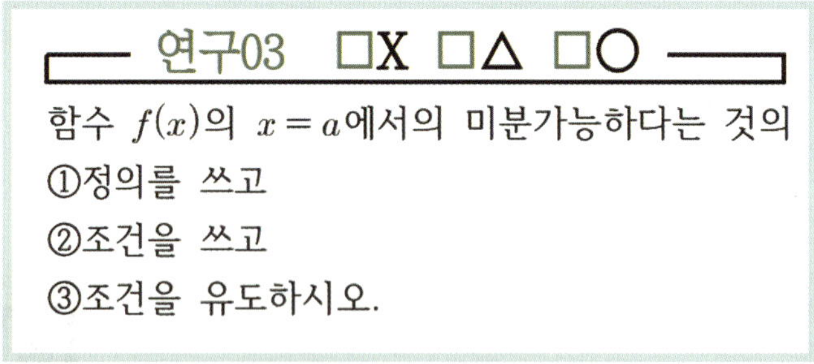

① 그 질문에 대한 답을 한번 써보자.

② 잘 모르겠는 것들은 앞에서 정리한 개념노트에서 찾아보자.
(개념노트 위쪽 부분에 뒤에 개념연구LIST와 같은 질문있어요!)

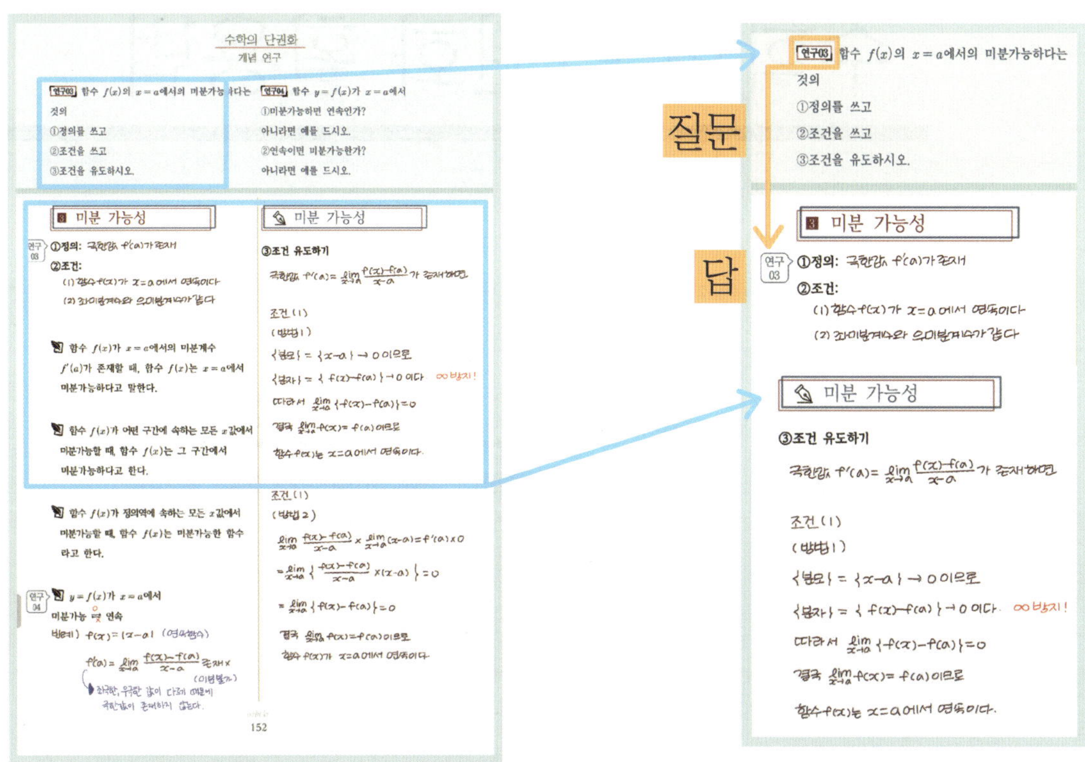

③ 나의 개념 이해도를 체크해보자!

　　□X(아예 생각이 안남)　□△(봤는데 잘 생각 안남)　□○(완선)

④ ☑X → ☑△ → ☑○ 될 때까지 복습하자!

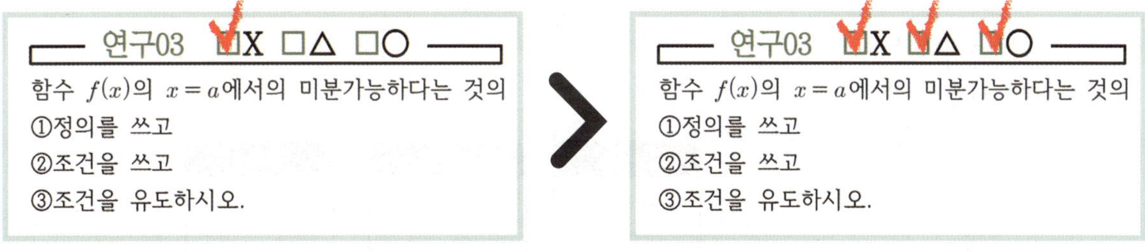

[STEP]1 내 손으로 단권화 노트 만들기 TIP

단순히 글자만 따라 쓰는게 아니라 내용을 이해하고 음미하면서, 개념의 흐름을 머릿속에 담는다는 느낌으로 내 손을 직접 쓰면서 개념을 정리하면 내 머릿속에 개념이 완벽히 정립할 수 있어요.

손글씨에 자신 없는 친구들은 빈칸책에 필기해보고 김지석의 필기노트로 복습해도 좋습니다!

수학의 단권화 활용법

1 단권화 7일 Planner

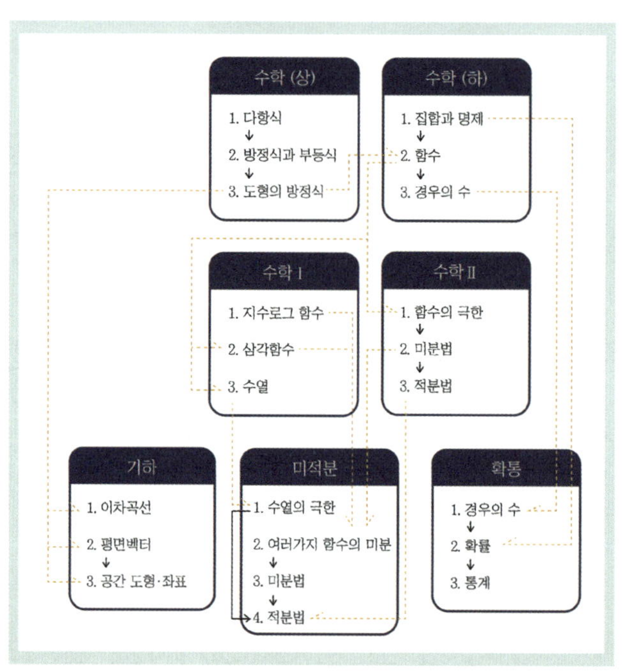

수학의 단권화 7일 완성 Planner

		수학 (상)(하)	수강날짜	본문복습	연구복습
1일	1강	도형의 방정식 (1)			
	2강	도형의 방정식 (2)			
	3강	도형의 방정식 (3)			
2일	4강	도형의 방정식 (4)			
	5강	함수 (1)			
	6강	함수 (2)			

2 고등수학 개념 MAP

수학 (상)
1. 다항식
↓
2. 방정식과 부등식
↓
3. 도형의 방정식

수학 (하)
1. 집합과 명제
↓
2. 함수
↓
3. 경우의 수

수학 I
1. 지수로그 함수
2. 삼각함수
3. 수열

수학 II
1. 함수의 극한
2. 미분법
3. 적분법

기하
1. 이차곡선
2. 평면벡터
↓
3. 공간 도형·좌표

미적분
1. 수열의 극한
2. 여러가지 함수의 미분
3. 미분법
↓
4. 적분법

확통
1. 경우의 수
↓
2. 확률
↓
3. 통계

3 9종 교과서 모두 담아

「교과서 학습 목표」

1.함수의 극한

☐ 함수의 극한의 뜻을 안다.
☐ 함수의 극한에 대한 성질을 이해하고, 여러 가지 함수의 극한값을 구할 수 있다.
☐ 함수의 연속의 뜻을 안다.
☐ 연속함수의 성질을 이해하고, 이를 활용할 수 있다.

3.적분법

☐ 부정적분의 뜻을 안다.
☐ 함수의 실수배 합, 차의 부정적분을 알고, 다항함수의 부정적분을 구할 수 있다.
☐ 정적분의 뜻을 안다.
☐ 부정적분과 정적분의 관계를 이해하고, 이를 이용하여 정적분을 구할 수 있다.
☐ 곡선으로 둘러싸인 도형의 넓이를 구할 수 있다.

4

[연구]를 통한
개념확장

5

직접 만드는
단권화

6

연구를 모아
N회독 복습

7

기출문항
출제의도

8

개념어사전

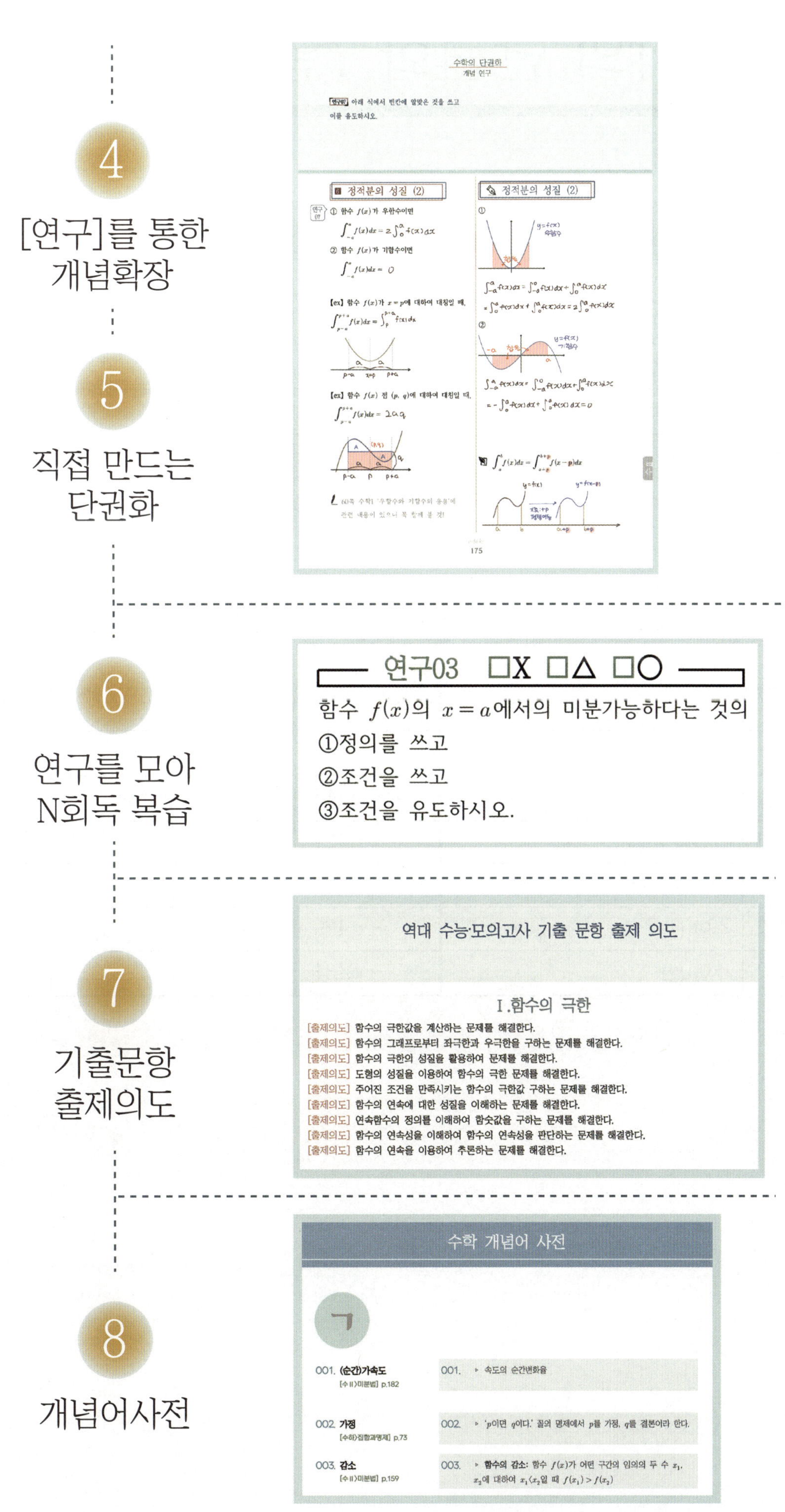

수학의 단권화 7일 완성 Planner

수학 (상)(하)			공부할 범위	수강날짜	본문복습	연구복습
1일	1강	도형의 방정식 (1)	p.41 ~ p.44			
	2강	도형의 방정식 (2)	~ p.48			
	3강	도형의 방정식 (3)	~ p.55			
2일	4강	도형의 방정식 (4)	~ p.60			
	5강	함수 (1)	p.79 ~ p.84			
	6강	함수 (2)	~ p.91			

수학 I			공부할 범위	수강날짜	본문복습	연구복습
3일	7강	지수함수와 로그함수 (1)	p.98 ~ p.100			
	8강	지수함수와 로그함수 (2)	~ p.109			
	9강	삼각함수 (1)	~ p.112			
	10강	삼각함수 (2)	~ p.116			
4일	11강	삼각함수 (3)	~ p.121			
	12강	삼각함수 (4)	~ p.125			
	13강	수열 (1)	~ p.129			
	14강	수열 (2)	~ p.134			

수학 Ⅱ			공부할 범위	수강날짜	본문복습	연구복습
5일	15강	함수의 극한 (1)	p.138 ~ p.142			
	16강	함수의 극한 (2)	~ p.145			
	17강	함수의 극한 (3)	~ p.149			
	18강	미분법 (1)	~ p.153			
6일	19강	미분법 (2)	~ p.155			
	20강	미분법 (3)	~ p.158			
	21강	미분법 (4)	~ p.163			
	22강	미분법 (5)	~ p.168			
7일	23강	적분법 (1)	~ p.172			
	24강	적분법 (2)	~ p.176			
	25강	적분법 (3)	~ p.181			
	26강	적분법 (4)	~ p.183			

확률과 통계			공부할 범위	수강날짜	본문복습	연구복습
선택 1일	1강	경우의 수 (1)	p.92 ~ p.94			
	2강	경우의 수 (2)	~ p.95			
선택 2일	3강	경우의 수 (3)	p.186~ p.187			
	4강	경우의 수 (4)	~ p.190			
	5강	경우의 수 (5)	~ p.193			
	6강	확률	~ p.197			
선택 3일	7강	통계 (1)	~ p.199			
	8강	통계 (2)	~ p.201			
	9강	통계 (3)	~ p.207			
	10강	통계 (4)	~ p.208			

수학 실력 쌓기 황금룰

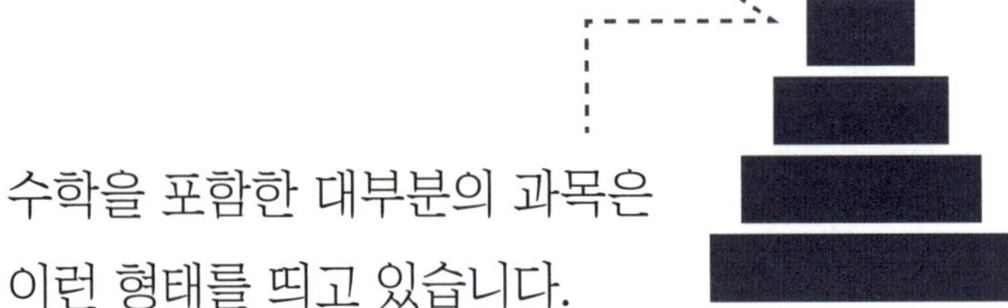

수학을 포함한 대부분의 과목은
이런 형태를 띄고 있습니다.

자세히 들여다보면 이런 색깔로 나뉘어 있고,
아래부터 '개념 〉 문제풀이 〉 고난도 문제풀이〉
최상위 문제풀이' 라고 나뉘어져 있다고 봅시다.

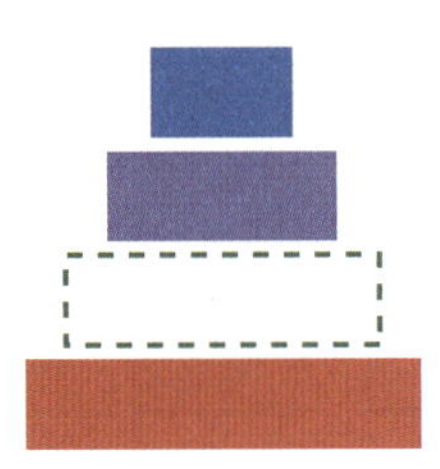

만약에 초록색 부분이 없다고 해봐요.
그렇다면 과목의 형태를 유지할 수 있을까요?
아니요, 절대 할 수 없습니다. 이게 바로, 대부분의
수험생들이 1년 내내 하는 실수입니다.

충분한 개념 숙지와 각 단계에 맞는 이해도가 통달 되었을 때,
비로소 높은 탑을 쌓을 수 있게 되는 거죠.

성적을 잘 받는 주변 친구가 어려운
문제풀이인 보라 문풀을 풀고 있나요?

문풀2

그 친구는 이미 빨간색 〉 초록색 학습을 하고 난 다음 보라색 문제를 풀었을 때
효과가 있는 것이지, 보라색 문풀을 했다고 효과를 느꼈다고 보기 어렵습니다.

내가 만약, 개념도 별로 없는 상태에서 공부하면

이런 구조를 띠면서 일년 내내 수학공부를 하면서 헤매다가
끝이 날 겁니다. 더군다나, "내가! 꿋꿋이 버티고! 험난한!
상황을! 이겨내면! 나도! 쟤처럼! 잘 할 수! 있어!!!!!!!!" 라고
자기 최면만 걸다가 1년이 끝나 버립니다. 어렵고 고통스러운
기분은 덤이구요.

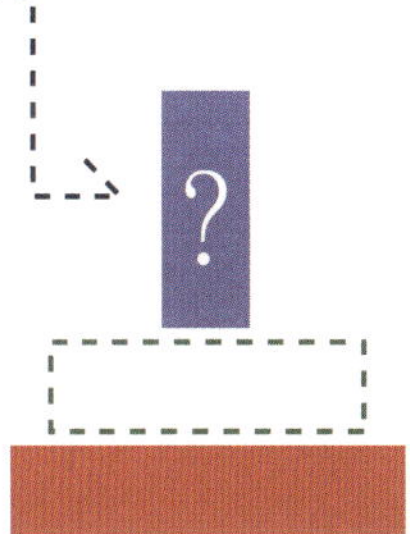

상위권이 되기 위해서 상위권 수준의 문제를 주구장창 푼다고 실력이 올라가지
않습니다. 상위권이 되기 위해서 개념만 주구장창 해도 결국 탑을 높게 쌓아 올릴
수 없어서 실패합니다.

수학의 단권화를 처음부터 전부 씹어먹겠다는 생각보다 여러번! 자주! 봐주세요.

① 단기간 (7일 플랜 집중완성)으로 빠르게 채워서 수학의 단권화 완성하기
② 충분한 문제풀이의 양을 확보해서 틀릴 때 마다 내가 틀린 단원을 수학의
　 단권화에 표시하기 (포스트잇 플래그 추천)
③ 틀린 문제를 오답하고, 틀린 문제 복습하고, 수학의 단권화에서 해당 내용
　 개념 복습하기

7일 플랜대로 7일만 하고 끝! 하고 책장 속에 모셔두지 말고, 수학의 단권화를
모두 채운 건 [수학의 단권화]를 오로지 완성했다고 볼 수 없어요.
문제풀이를 하면서 틈틈이 수학의 단권화를 쳐다보고 읽어보기로 우리 약속해요.

나의 약점이 어디인지 파악하고, 그 부분을 탄탄히 다져 놓는다면 어느새 보다
튼튼한 수학실력을 가진 여러분들이 되실 수 있습니다.

꿈꾸는 자에게 길이 될,
김지석

(더 많은 김지석의 칼럼을 보고 싶다면 orbi.kr에서 김지석을 팔로우!)

수학 (상)

「교과서 학습 목표」

1.다항식

☐ 다항식의 덧셈과 뺄셈을 할 수 있다.

☐ 다항식의 곱셈과 나눗셈을 할 수 있다.

☐ 항등식의 의미를 이해한다.

☐ 나머지정리의 의미를 이해하고,
이를 활용하여 문제를 해결할 수 있다.

☐ 다항식의 인수분해를 할 수 있다.

2.방정식과 부등식

☐ 복소수의 뜻을 알고, 그 성질을 이해하고,
사칙계산을 할 수 있다.

☐ 이차방정식의 실근과 허근의 뜻을 안다.

☐ 이차방정식에서 판별식의 의미를 이해하고,
이를 설명할 수 있다.

☐ 이차방정식에서 근과 계수의 관계를 이해한다.

☐ 이차함수와 이차방정식의 관계를 이해한다.

☐ 이차함수의 그래프와 직선의 위치 관계를
이해한다.

☐ 이차함수의 최대, 최소를 이해하고,
이를 활용할 수 있다.

☐ 간단한 삼차방정식과 사차방정식을 풀 수 있다.

☐ 미지수가 2개인 연립이차방정식을 풀 수 있다.

☐ 부등식의 성질을 이해하고, 절댓값을
포함한 일차부등식을 풀 수 있다.

☐ 이차함수와 이차부등식의 관계를 이해하고,
이차부등식과 연립이차부등식을 풀 수 있다.

3.도형의 방정식

☐ 두 점 사이의 거리를 구할 수 있다.

☐ 선분의 내분과 외분을 이해하고,
내분점과 외분점의 좌표를 구할 수 있다.

☐ 여러 가지 직선의 방정식을 구할 수 있다.

☐ 두 직선의 평행 조건과 수직 조건을 이해한다.

☐ 점과 직선 사이의 거리를 구할 수 있다.

☐ 원의 방정식을 구할 수 있다.

☐ 좌표평면에서 원과 직선의
위치 관계를 이해한다.

☐ 평행이동의 의미를 이해한다.

☐ 원점, x축, y축, 직선 $y = x$에 대한
대칭이동의 의미를 이해하고,
이를 설명할 수 있다.

「수학(상)」 Ⅰ.다항식

1 식의 분류- 유리식/무리식

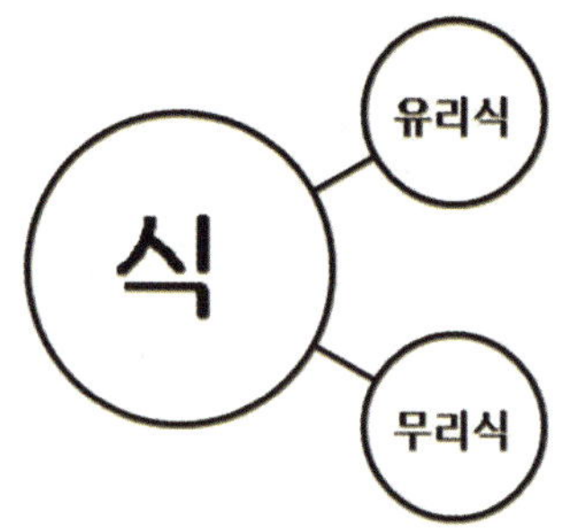

(1)**유리식**: 두 다항식 A, B에 대하여

$\dfrac{A}{B}(B \neq 0)$의 꼴로 나타내어지는 식

①**단항식(항)** : 문자와 수의 곱

②**다항식**: 단항식 또는 단항식들의 합

(2)**무리식**: 유리식으로 나타낼 수 없는 식

2 식의 분류- 등식/부등식

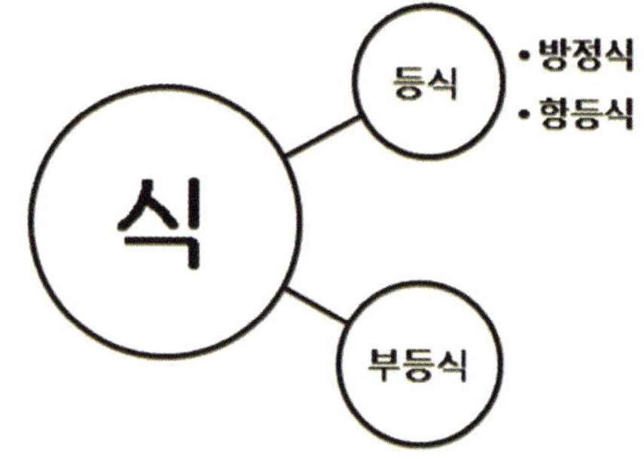

(1)**등식**: 등호(=)로 연결 된 식

①**방정식**: 문자를 포함한 등식에서,

그 문자에 특정한 수만 대입할 때

성립하는 식

근 : 특정한 수. 문자에 대입하면

식이 성립한다.

②**항등식** : 문자를 포함하는 등식에서

그 문자에 어떤 값을 대입해도

항상 성립하는 등식

(2)**부등식**: 부등호를 써서 수나 식의 값의

대소 관계를 나타낸 것

③ 다항식의 뜻

단항식 (항) : 문자와 수의 곱

다항식 : 단항식 또는 단항식들의 합

항의 차수 : 단항식에서 주목하는 문자가
　　　　　곱해진 개수

다항식의 차수 : 다항식에서 주목하는 문자에
　　　　　대하여 차수가 가장 높은 항의 차수

계수 : 단항식에서 주목하는 문자를 제외한
　　　　나머지 부분

상수항 : 주목하는 문자를 포함하지 않은 항

동류항 : 주목하는 문자에 대한 차수가 같은 항

✎ 다항식의 뜻

【ex】 $2x^2y - 3yz + 4$

(1) x에 대한 식에서의 차수 : 2

(2) y에 대한 식에서의 차수 : 1

(3) x에 대한 식에서의 상수항 : $-3yz + 4$

(4) x^2의 계수 : $2y$

(5) y의 계수 : $2x^2 - 3z$

④ 다항식의 덧셈과 곱셈

다항식 A, B, C에 대하여

① 덧셈 교환법칙 $A + B = B + A$

② 덧셈 결합법칙 $(A + B) + C = A + (B + C)$

③ 곱셈 교환법칙 $AB = BA$

④ 곱셈 결합법칙 $(AB)C = A(BC)$

⑤ 곱셈 분배법칙 $A(B + C) = AB + AC$
　　　　　　　　$(A + B)C = AC + BC$

✎ 다항식의 곱셈

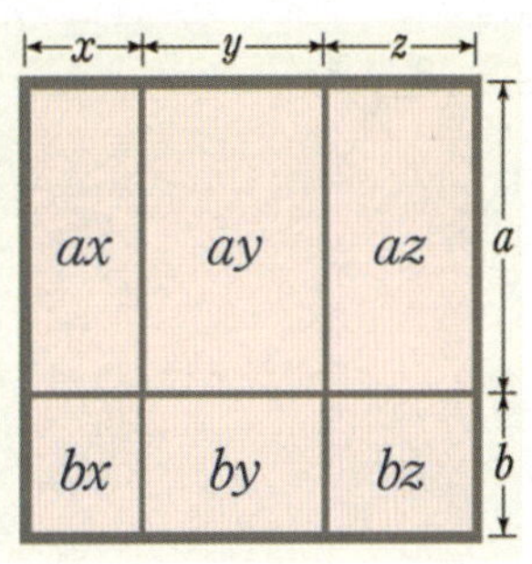

$(a+b)(x+y+z) = ax + ay + az + bx + by + bz$

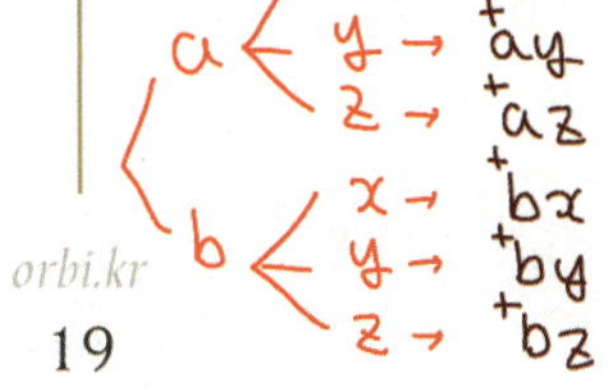

〈식의 곱셈의 실전적 관점〉
각 인수에서 한 항씩 뽑아서
곱한 걸 더한다.

[연구01] 아래는 곱셈 공식의 일부이다.
곱셈 공식의 나머지부분을 쓰시오.

연구 01

5 곱셈 공식

① $(a+b)^2 = a^2 + 2ab + b^2$

② $(a-b)^2 = a^2 - 2ab + b^2$

③ $(a+b)(a-b) = a^2 - b^2$

④ $(x+a)(x+b) = x^2 + (a+b)x + ab$

⑤ $(ax+b)(cx+d) = acx^2 + (ad+bc)x + bd$

⑥ $(a+b)^3 = a^3 + 3a^2b + 3ab^2 + b^3$
$\qquad\quad = a^3 + b^3 + 3ab(a+b)$

⑦ $(a+b)(a^2 - ab + b^2) = a^3 + b^3$

⑧ $(a-b)(a^2 + ab + b^2) = a^3 - b^3$

연구02 x에 관한 사차이상의 다항식 A에 대하여,

① 이차식으로 나눈 나머지

② 삼차식으로 나눈 나머지

의 형태를 쓰시오.

---

6 다항식의 나눗셈

다항식 A를 다항식 $B(\neq 0)$로 나누었을 때의
몫을 Q, 나머지를 R라 하면

$$A = BQ + R$$

몫 / 나머지

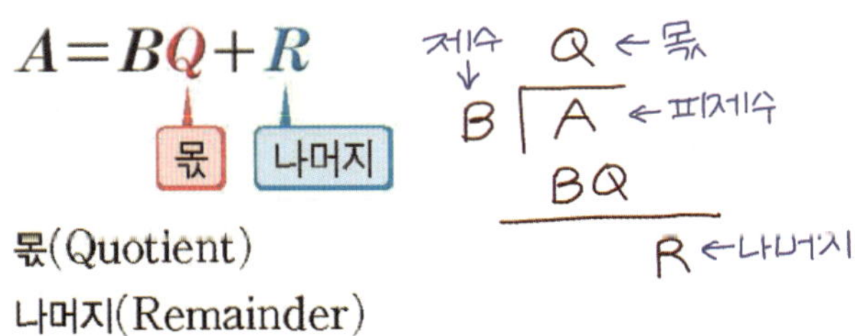

몫(Quotient)
나머지(Remainder)

$$[R의\ 차수] < [B(\neq 0)의\ 차수]$$

연구
02
- 이차식으로 나눈 나머지: $ax+b$
- 삼차식으로 나눈 나머지: ax^2+bx+c

7 조립제법

다항식 $P(x)$를 $x-\alpha$로 나눌 때, 다항식
$P(x)$의 계수와 α만을 이용하여 몫과 나머지를
구하는 방법을 조립제법이라고 한다.

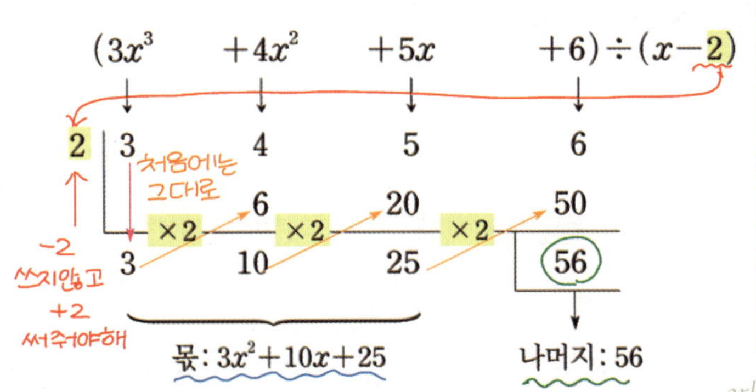

✎ 다항식의 나눗셈

ex)

```
        16
   24 ) 386
        24
        146
        144
          2
```

$$386 = 24 \times 16 + 2$$

ex)

```
            3x² + 10x + 25
   x-2 ) 3x³ + 4x² + 5x + 6
         3x³ - 6x²
              10x² + 5x + 6
              10x² - 20x
                    25x + 6
                    25x - 50
                         56
```

$$3x^3 + 4x^2 + 5x + 6$$
$$= (x-2) \times (3x^2 + 10x + 25) + 56$$

주의!
조립제법에서는 각 항의 계수를 나열할 때,
계수가 0인 것도 반드시 표시해야 한다.

8 항등식의 성질

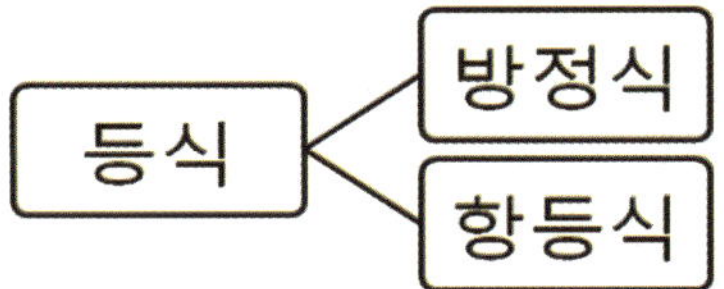

등식 — 방정식 / 항등식

방정식 : 문자를 포함한 등식에서, 그 문자에
특정한 수만 대입할 때 성립하는 식

항등식 : 문자를 포함하는 등식에서, 그 문자에
어떤 값을 대입해도 항상 성립하는 등식

아래 식이 x에 대한 항등식이라면,

① $ax + b = 0 \iff a=0,\ b=0$

② $ax + b = cx + d \iff a=c,\ b=d$

미정계수법 : 항등식의 성질을 이용해, 계수의
값을 구하는 것

① 계수비교 : 양변의 같은 차수를 비교하여
계수를 구함

② 수치대입 : 양변의 문자에 적당한 수를
대입하여 계수를 구함

항등식의 성질

다른식 → 특정한 x만 이 식을 성립시켜!

좌변   우변

ex) $(x+1)^2 = 0 \rightarrow x = -1$

같은식

좌변   우변

ex) $(x+1)^2 = x^2 + 2x + 1 \rightarrow$ 아무 x

x에 관한 방정식

① $ax + b = 0 \rightarrow x = -\dfrac{b}{a}$ (단, $a \neq 0$)

② $ax + b = cx + d$

$\searrow (a-c)x = d - b \rightarrow x = \dfrac{d-b}{a-c}$

(단 $a - c \neq 0$)

ex) $ax^2 + bx + c = 0$

방정식 $\rightarrow x = \dfrac{-b \pm \sqrt{b^2 - 4ac}}{2a}$

항등식 $\rightarrow a=0,\ b=0,\ c=0$

[연구03] 다항식 $f(x)$를 일차식 $x-\alpha$로 나누었을 때 나머지의 값을 쓰고 이를 유도하시오.

[연구04] $f(x)$가 $x-\alpha$로 나누어떨어질 때, $f(\alpha)$의 값을 쓰시오.

---

9 나머지정리와 인수정리

[연구 03] **나머지정리:**

다항식 $f(x)$를 일차식 $x-\alpha$로 나누었을 때 나머지는 $R=f(\alpha)$

[연구 04] **인수정리:**

$f(x)$가 $x-\alpha$로 나누어떨어지면 $f(\alpha)=0$

$f(\alpha)=0$이면 $f(x)$가 $x-\alpha$로 나누어떨어진다.

✎ 나머지정리와 인수정리

$f(x)$를 $(x-\alpha)$로 나누었을 때의

몫을 $Q(x)$, 나머지를 R이면

$$f(x)=(x-\alpha)Q(x)+R$$

$$f(\alpha)=(\alpha-\alpha)Q(\alpha)+R$$

$$=0+R$$

$$f(\alpha)=R$$

10 인수분해

인수 : 곱을 이루는 각 다항식

인수분해 : 하나의 다항식을 여러 다항식의 곱으로 나타내는 것. 전개의 역 과정

① $(a+b)^2 = a^2 + 2ab + b^2$

② $(a-b)^2 = a^2 - 2ab + b^2$

③ $(a+b)(a-b) = a^2 - b^2$

④ $(x+a)(x+b) = x^2 + (a+b)x + ab$

⑤ $(ax+b)(cx+d) = acx^2 + (ad+bc)x + bd$

⑥ $(a+b)^3 = a^3 + 3a^2b + 3ab^2 + b^3$

$$= a^3 + b^3 + 3ab(a+b)$$

⑦ $(a+b)(a^2 - ab + b^2) = a^3 + b^3$

⑧ $(a-b)(a^2 + ab + b^2) = a^3 - b^3$

「수학(상)」 Ⅱ.방정식과 부등식

연구01 빈칸에 알맞은 것을 쓰시오.

1 수의 분류

연구
01

$$
\text{복소수}
\begin{cases}
\text{실수}
\begin{cases}
\text{유리수}
\begin{cases}
\text{정수}
\begin{cases}
\text{자연수(양의 정수)} : 1,\ 2,\ 3,\ \cdots \\
0 \\
\text{음의 정수} : -1,\ -2,\ -3,\ \cdots
\end{cases} \\
\text{정수가 아닌 유리수}
\begin{cases}
\text{유한소수} : \dfrac{1}{2},\ \dfrac{4}{5}, \cdots \\
\text{순환소수} : 0.\dot{2}\dot{3},\ 0.\dot{3}\dot{7}, \cdots
\end{cases}
\end{cases} \\
\text{무리수}
\end{cases} \\
\text{허수}
\end{cases}
$$

유리수 : 정수 $m,\ n$에 대하여 $\dfrac{n}{m}\ (m \neq 0)$꼴로

나타낼 수 있는 수 $\dfrac{\text{정수}}{\text{정수}}$ 꼴!

무리수 : 정수 $m,\ n$에 대하여 $\dfrac{n}{m}\ (m \neq 0)$꼴로

나타낼 수 없는 수

[연구02] 허수단위 i의 뜻을 쓰시오.

---

2 복소수의 뜻

연구 02

허수단위 i: 제곱하여 -1이 되는 수

$(x^2 = -1$의 근. 즉, $i^2 = -1)$

$$i = \sqrt{-1}$$

복소수: 두 실수 a, b에 대하여

$a + bi$ 꼴로 나타낸 수.

$$\underline{a} + \underline{b}i$$
↑   ↑
실수부분 허수부분 (bi 말고 b만!)

$$a + bi = \begin{cases} b = 0 : \text{실수} \\ a = 0,\ b \neq 0 : \text{순허수} \\ a \neq 0,\ b \neq 0 : \text{순허수가 아닌 허수} \end{cases}$$

복소수가 서로 같을 조건:

(단, a, b, c, d가 실수)

① $a + bi = c + di \Leftrightarrow a = c,\ b = d$

② $a + bi = 0 \Leftrightarrow a = 0,\ b = 0$

★ $i < 2i \cdots (\times)$

허수는 대소관계가 없다

(가령, $-i$는 음수가 아니다)

$$[\ i^n = i^{n+4} \quad \text{4의 주기}\ ]$$

$i^1 = i$	$i^5 = i$	$i^9 = i$
$i^2 = -1$	$i^6 = -1$	$i^{10} = -1$
$i^3 = -i$	$i^7 = -i$	$i^{11} = -i$
$i^4 = 1$	$i^8 = 1$	$i^{12} = 1$

수(상)

연구03 아래 복소수의 연산의 식을 완성하시오.

연구04 $z = a + bi$라고 할 때 아래 식을 완성하시오.

① $z + \bar{z} =$

② $z \times \bar{z} =$

---

③ 복소수의 연산

i를 문자와 같이 취급하고,

$i^2 = -1$로 계산한다.

연구 03

① 덧셈 $(a + bi) + (c + di) = (a+c) + (b+d)i$

② 뺄셈 $(a + bi) - (c + di) = (a-c) + (b-d)i$

③ 곱셈 $(a + bi)(c + di) =$ 실실 허허 실허 허실 $(ac-bd) + (ad+bc)i$

④ 나눗셈 $(a + bi) \div (c + di) = \dfrac{ac+bd}{c^2+d^2} + \left(\dfrac{bc-ad}{c^2+d^2}\right)i$

✎ 복소수의 연산

③ 곱셈

$$(a+bi)(c+di) = ac + adi + bci + bdi^2$$
$$= ac + (ad+bc)i - bd$$
$$= (ac-bd) + (ad+bc)i$$

실수부분　　허수부분

④ 나눗셈

$$(a+bi) \div (c+di) = (a+bi) \times \dfrac{1}{c+di}$$
$$= \dfrac{a+bi}{c+di} = \dfrac{(a+bi)(c-di)}{(c+di)(c-di)}$$
$$= \dfrac{(ac+bd) + (-ad+bc)i}{c^2+d^2}$$
$$= \left(\dfrac{ac+bd}{c^2+d^2}\right) + \left(\dfrac{bc-ad}{c^2+d^2}\right)i$$

실수부분　　　허수부분

④ 켤레복소수

$\overline{a + bi} = a - bi$

$a + bi$의 허수부분의 부호를 바꾼 복소수

$z = a + bi$라고 할 때

연구 04

① $z + \bar{z} =$ $2a$ →실수

② $z \times \bar{z} =$ $a^2 + b^2$ →실수

✎ 켤레복소수

① $(a+bi) + (a-bi) = 2a$

② $(a+bi) \times (a-bi) = a^2 - (bi)^2$
$$= a^2 - b^2(-1)$$
$$= a^2 + b^2$$

[연구05] $a > 0$일 때 $-a$의 제곱근은 $\pm\sqrt{a}\,i$인 이유를 쓰시오.

---

5 음수의 제곱근

$a > 0$일 때
① $-a$의 제곱근은 $\pm\sqrt{a}\,i$
② $\sqrt{-a} = \sqrt{a}\,i$

✒ 음수의 제곱근

연구 05

① 제곱근 정의

$-a$의 제곱근은 $x^2 = -a$의 근
방정식

$x = \pm\sqrt{a}\,i$ 대입

$(\pm\sqrt{a}\,i)^2 = a\,i^2 = -a$

6 방정식

등식 ─ 방정식
        └ 항등식

방정식 : 문자를 포함한 등식에서,
   문자에 특정한 수만 대입할 때 성립하는 식

근 : 특정한 수. 문자에 대입하면 식이 성립한다.

실근 : 실수인 근

허근 : 허수인 근

항등식 : 문자를 포함한 등식에서, 문자에
   어떤 값을 넣어도 항상 성립하는 등식.

연구06 이차방정식 $ax^2 + bx + c = 0 \ (a \neq 0)$의
근의 공식을 쓰고, 이를 유도하시오.

7 이차방정식의 풀이

이차방정식 $ax^2 + bx + c = 0 \ (a \neq 0)$

①인수분해 $a(x-\alpha)(x-\beta)=0$

$$\Leftrightarrow x=\alpha \ \text{or} \ x=\beta$$

연구 06

②근의 공식

$$x = \frac{-b \pm \sqrt{b^2-4ac}}{2a}$$

✎ 이차방정식의 풀이

$$ax^2+bx+c=0$$

$$=a\left\{x^2+\frac{b}{a}x\right\}+c=0$$

$$=a\left\{x^2+2\left(\frac{b}{2a}\right)x+\left(\frac{b}{2a}\right)^2\right\}+c-a\left(\frac{b}{2a}\right)^2$$

$$=a\left\{x+\frac{b}{2a}\right\}^2-a\left(\frac{b^2}{4a^2}-\frac{4ac}{4a^2}\right)=0$$

$$\left\{x+\frac{b}{2a}\right\}^2=\frac{b^2-4ac}{4a^2}$$

$$x+\frac{b}{2a}=\pm\sqrt{\frac{b^2-4ac}{4a^2}}$$

$$x=-\frac{b}{2a}\pm\sqrt{\frac{b^2-4ac}{4a^2}}$$

$$=-\frac{b}{2a}\pm\frac{\sqrt{b^2-4ac}}{2a}$$

$$=\frac{-b\pm\sqrt{b^2-4ac}}{2a}$$

연구07 이차방정식 $ax^2 + bx + c = 0$ $(a \neq 0)$의 판별식 D를 쓰고, 판별식의 부호에 따른 근의 종류를 쓰시오.

연구09 아래 근과 계수와의 관계의 식을 완성하고 이를 유도하시오.

연구08 이차방정식 $ax^2 + bx + c = 0$ $(a \neq 0)$의 판별식 D의 부호에 따라 이차방정식의 근이 실근 2개, 중근, 허근 2개로 결정되는 이유를 쓰시오.

---

8 판별식

연구 07

$$D = b^2 - 4ac$$

이차방정식 $ax^2 + bx + c = 0$ $(a \neq 0)$에서 근의 종류는

① $D > 0$: 서로다른 실근 2개

② $D = 0$: 중근 (같은근 2개) 한 개 아님!

③ $D < 0$: 허근 2개

$ax^2 + 2b'x + c = 0$일 때, (b가 짝수일 때)

근의공식 $x = \dfrac{-b' \pm \sqrt{b'^2 - ac}}{a}$

판별식 $D/4 = b'^2 - ac$

판별식

연구 08

$$x = \frac{-b \pm \sqrt{b^2 - 4ac}}{2a} = \frac{-b \pm \sqrt{D}}{2a}$$ 근이므로

① $D > 0$: $\sqrt{b^2 - 4ac} > 0$ 인 실수
→ x는 서로 다른 2개

② $D = 0$: $\sqrt{b^2 - 4ac} = 0$ → $x = -\dfrac{b}{2a}$
중근 (같은근 2개)

③ $D < 0$: $\sqrt{b^2 - 4ac}$ 이 허수 → x는 허수 2개

【ex】 $x = \dfrac{-3 \pm \sqrt{D}}{2}$

① $D = 1 > 0$ → $x = \dfrac{-3 \pm 1}{2} = -1 \ or -2$

② $D = 0$ → $x = -\dfrac{3}{2} = -1.5$

③ $D = -1 < 0$ → $x = \dfrac{-3 \pm i}{2}$

---

9 근과 계수의 관계

연구 09

이차방정식 $ax^2 + bx + c = 0$ $(a \neq 0)$의 두 근을 α, β라 하면

① $\alpha + \beta = -\dfrac{b}{a}$

② $\alpha\beta = \dfrac{c}{a}$

근과 계수와의 관계

$(x - \alpha)(x - \beta) = 0 \Leftrightarrow x^2 - (\alpha + \beta)x + \alpha\beta = 0$

$ax^2 + bx + c = 0 \Leftrightarrow x^2 + \dfrac{b}{a}x + \dfrac{c}{a} = 0$

$x^2 - (\alpha + \beta)x + \alpha\beta$

【ex】$x^2 + 2x + 3 = 0$ 【ex】$2x^2 + 4x + 6 = 0$

① $\alpha + \beta = -2$　　　　　-2

② $\alpha\beta = 3$　　　　　3

[연구10] 삼차방정식 $ax^3 + bx^2 + cx + d = 0$ $(a \neq 0)$의 세 근을 α, β, γ라 할 때, 아래 근과 계수와의 관계의 식을 완성하고 이를 유도하시오.

[연구11] 이차방정식 $ax^2 + bx + c = 0$ $(a \neq 0)$의
① a, b, c가 유리수이면
한 근이 $g + h\sqrt{k}$이면 [　　　]도 근이다.
(단, g, h는 유리수이고 $h \neq 0$, $\sqrt{k}$는 무리수)
② a, b, c가 실수이면 (단, $h \neq 0$)
한 근이 $g + hi$ 이면 [　　　]도 근이다.
(단, g, h는 실수이고 $h \neq 0$)

⑩ 삼차방정식의 근과 계수의 관계

삼차방정식 $ax^3 + bx^2 + cx + d = 0$ $(a \neq 0)$의 세 근을 α, β, γ라 하면

[연구 10]
① $\alpha + \beta + \gamma = -\dfrac{b}{a}$

② $\alpha\beta + \beta\gamma + \gamma\alpha = \dfrac{c}{a}$

③ $\alpha\beta\gamma = -\dfrac{d}{a}$

✎ 삼차방정식의 근과 계수의 관계

$(x-\alpha)(x-\beta)(x-\gamma) = 0$

$\Leftrightarrow x^3 - (\alpha+\beta+\gamma)x^2 + (\alpha\beta+\beta\gamma+\gamma\alpha)x - \alpha\beta\gamma$

$ax^3 + bx^2 + cx + d = 0$

$\Leftrightarrow x^3 + \dfrac{b}{a}x^2 + \dfrac{c}{a}x + \dfrac{d}{a} = 0$

【ex】$2x^3 + 12x^2 + 22x + 6 = 0$
① $\alpha + \beta + \gamma = -\dfrac{12}{2} = -6$
② $\alpha\beta + \beta\gamma + \gamma\alpha = \dfrac{22}{2} = 11$
③ $\alpha\beta\gamma = -\dfrac{6}{2} = -3$

⑪ 켤레근(세트)

이차방정식 $ax^2 + bx + c = 0$ $(a \neq 0)$의

[연구 11]
① a, b, c가 유리수이면
한 근이 $g + h\sqrt{k}$이면 $g - h\sqrt{k}$도 근이다
(단, g, h는 유리수이고 $h \neq 0$, $\sqrt{k}$는 무리수)

② a, b, c가 실수이면
한 근이 $g + hi$ 이면 $g - hi$도 근이다
(단, g, h는 실수이고 $h \neq 0$)

✎ 켤레근(세트)

【ex】

$1 - i \rightarrow 1 + i$

$2 - \sqrt{2} \rightarrow 2 + \sqrt{2}$

$2 \rightarrow ?$

이유)

이차방정식의 근은

$x = \dfrac{-b \pm \sqrt{b^2 - 4ac}}{2a}$ 로 표현되므로

[연구12] 이차함수 $y = ax^2 + bx + c$의 꼭짓점의
좌표를 쓰고, 이를 유도하시오.

⑫ 이차함수의 그래프

① $y = ax^2$ $(a \neq 0)$ 꼭짓점 $(0, 0)$

$a > 0$	$a < 0$

② $y = ax^2 + bx + c$ $(a \neq 0)$

a. 완전제곱꼴   b. 인수분해꼴

꼭짓점 : (m, n) 꼭짓점 : $(\dfrac{\alpha+\beta}{2}, \triangle)$

$y = a(x-m)^2 + n$	$y = a(x-\alpha)(x-\beta)$

[연구 12] $y = ax^2 + bx + c$의 꼭짓점의 좌표

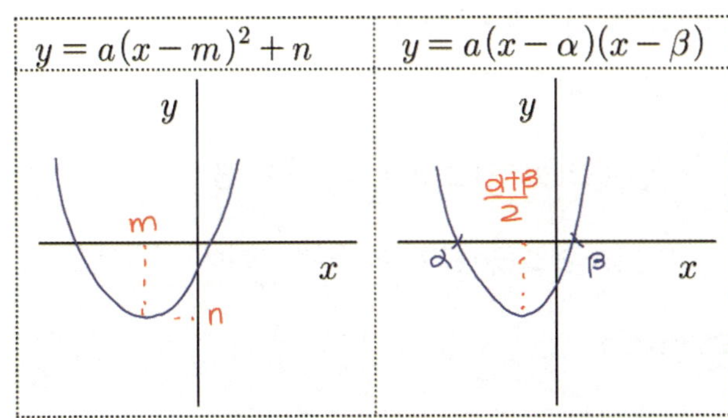

$$\left(-\frac{b}{2a}, \ -\frac{b^2-4ac}{4a}\right) \Leftrightarrow \left(-\frac{b}{2a}, \ -\frac{D}{4a}\right)$$

$a>0$일 때 $D>0$ 이면

y좌표 $= -\dfrac{D}{4a} < 0$ 이어서

근이 2개라고
해석할 수도 있다.

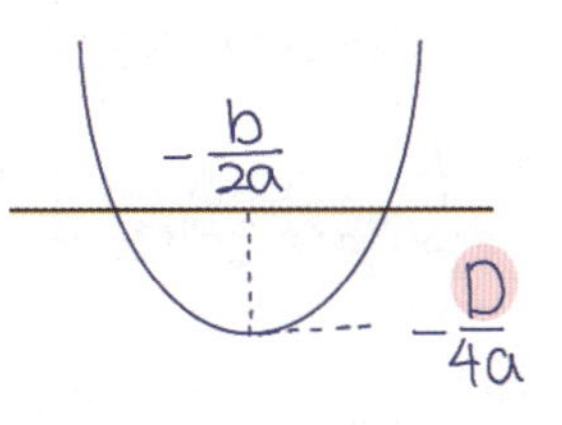

✎ 이차함수의 그래프

[ex] $y = 2x^2$, $y = 1x^2$, $y = \dfrac{1}{2}x^2$

[ex] $y = 3x^2 + 6x - 9$의 꼭짓점

완전제곱꼴 : $y = 3(x+1)^2 - 12 \ \rightarrow \ (-1, -12)$

인수분해꼴 : $y = 3(x+3)(x-1) \rightarrow \left(\dfrac{-3+1}{2}, -12\right)$

▶ $y = ax^2 + bx + c$**의 꼭짓점의 좌표**

$$ax^2 + bx + c$$
$$= a\left\{x^2 + \frac{b}{a}x\right\} + c$$
$$= a\left\{x^2 + 2\left(\frac{b}{2a}\right)x + \left(\frac{b}{2a}\right)^2\right\} + c - a\left(\frac{b}{2a}\right)^2$$
$$= a\left\{x + \frac{b}{2a}\right\}^2 - a\left(\frac{b^2-4ac}{4a^2}\right)$$
$$= a\left\{x + \frac{b}{2a}\right\}^2 - \frac{b^2-4ac}{4a}$$

[연구13] 이차함수 $y = ax^2 + bx + c$의 그래프와 x축의 위치 관계에 따른, 이차방정식 $ax^2 + bx + c = 0$의 판별식 $D = b^2 - 4ac$의 부호를 쓰고, 그 이유를 쓰시오.

① D [ ] 0 : 서로 다른 두 점에서 만난다.

② D [ ] 0 : 한 점에서 만난다(접한다).

③ D [ ] 0 : 만나지 않는다.

---

13 이차함수와 이차방정식의 관계

이차방정식 $ax^2 + bx + c = 0$의

판별식 $D = b^2 - 4ac$일 때,

이차함수 $y = ax^2 + bx + c$의 그래프와

x축의 위치 관계는

연구 13

① $D > 0$: 서로 다른 두 점에서 만난다.

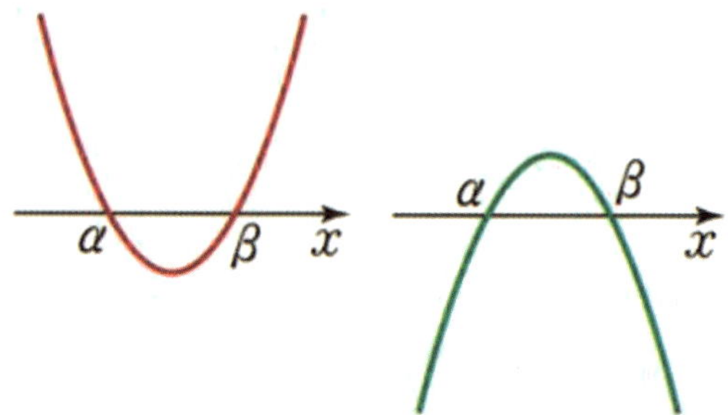

② $D = 0$: 한 점에서 만난다(접한다).

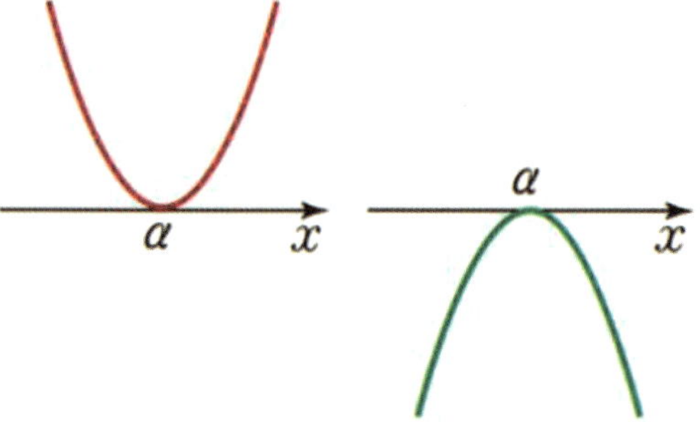

③ $D < 0$: 만나지 않는다.

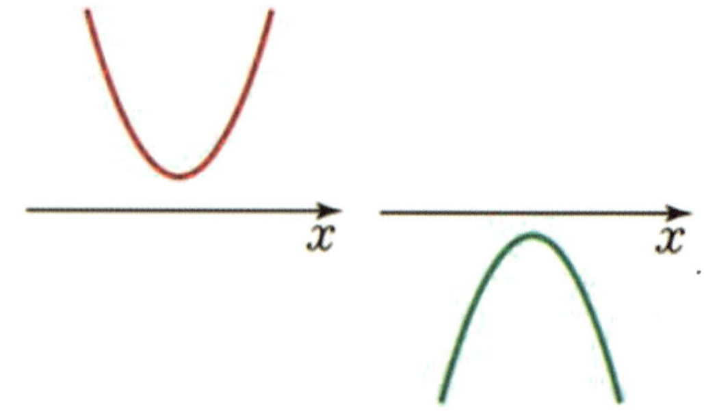

✎ 이차함수와 이차방정식의 관계

① $D > 0$

방정식 $ax^2 + bx + c = 0$ 의
서로 다른 실근 2개 $(x = \alpha, \beta)$

↓

함수 $y = ax^2 + bx + c$ 에서
$y = 0$ 일때 x값 2개 $(x = \alpha, \beta)$

↓

함수의 그래프가 $(\alpha, 0)$ $(\beta, 0)$ 지남

↓

함수의 그래프가 x축과 2점에서 만남

② $D = 0$

방정식 $ax^2 + bx + c = 0$ 의
서로 다른 실근 1개 $(x = \alpha)$

↓

함수 $y = ax^2 + bx + c$ 에서
$y = 0$ 일때 x값 1개 $(x = \alpha)$

↓

함수의 그래프가 $(\alpha, 0)$ 지남

↓

함수의 그래프가 x축과 1점에서 만남

③ $D < 0$

방정식 $ax^2 + bx + c = 0$ 의
서로 다른 실근 0개 (허근 2개)

↓

함수 $y = ax^2 + bx + c$ 에서
$y = 0$ 일때 x값 0개

↓

함수 그래프가 x 절편이 없음

↓

함수 그래프가 x축과 안만남

연구14 두 함수 $y = f(x)$와 $y = g(x)$의 그래프의 교점을 구할 때, $f(x) = g(x)$의 식을 계산하면 구할 수 있는 이유를 쓰시오.

14 이차함수와 직선 사이의 관계

이차함수 $y = ax^2 + bx + c$의 그래프와 직선 $y = mx + n$의 위치 관계는 이차방정식

$$ax^2 + bx + c = mx + n$$

$$\Leftrightarrow ax^2 + (b-m)x + c - n = 0$$

의 판별식을 D라고 할 때

① $D > 0$: 서로 다른 두 점에서 만난다

② $D = 0$: 한 점에서 만난다

③ $D < 0$: 만나지 않는다

$$y = f(x) \neq y = g(x)$$

교점 $\begin{cases} f(x) = y = g(x) \\ ax^2 + bx + c = mx + n \\ ax^2 + (b-m)x + (c-n) = 0 \\ x\text{의 개수} = \text{교점의 개수} \\ \quad = \text{근의 개수} \end{cases}$

D의 부호 $x = \dfrac{-(b-m) \pm \sqrt{D}}{2a}$

✎ 두 그래프의 교점 구하기

두 함수 $y = f(x)$와 $y = g(x)$의 그래프의 교점을 구할 때, $f(x) = g(x)$의 식을 계산하면 구할 수 있는 이유는?

$y = f(x)$를 만족시키는 (x, y)의 모임과 $y = g(x)$를 만족시키는 (x, y)의 모임은 다르다. 그런데 두 그래프의 교점의 좌표는 두 식을 동시에 만족시키는 공통된 (x, y)이다.

따라서 교점에서는 $y = f(x)$의 문자 x, 문자 y와 $y = g(x)$의 문자 x, 문자 y는 같은 문자로 계산을 하는 것이 성립한다.

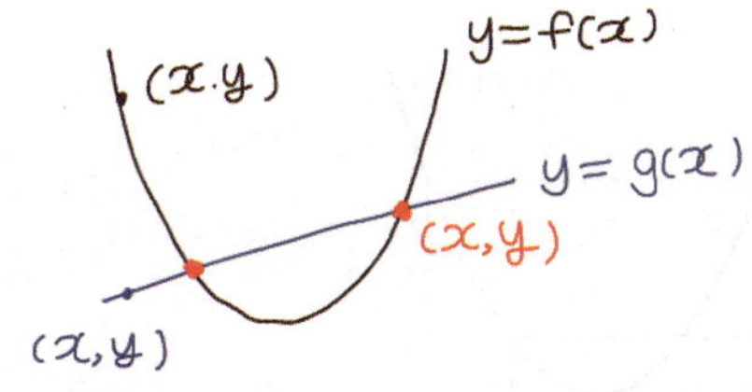

다른 y

$$y = f(x) \ \& \ y = g(x) \ \Rightarrow \ f(x) = g(x)$$

다른 x 〈교점〉 → 같은 x

$$(x, y) \neq (x, y)$$

↓ 〈교점〉 ↓

공통된 (x, y)

$$y = f(x) \quad y = g(x)$$

$$f(x) = y = g(x)$$

15 이차함수의 최대, 최소

① 범위가 없을 때

꼭짓점에서 최댓값이나 최솟값만 갖는다

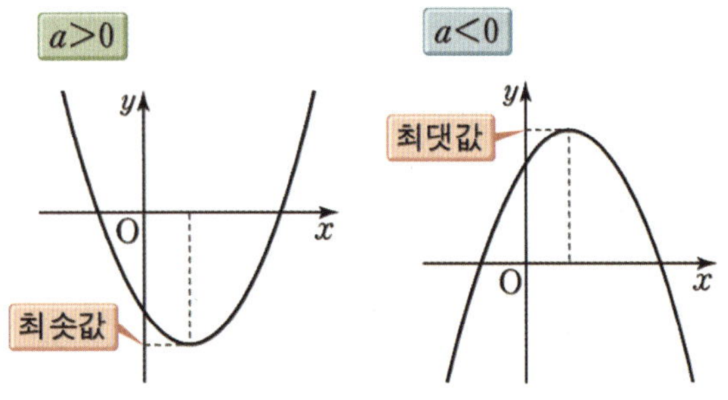

② 범위가 있을 때

a. 범위선 긋고

b. 범위의 중간선 긋고

c. 꼭짓점의 x 좌표 찍고

d. 그래프 그려서 따진다

ex) $-2 \leq x \leq 2$에서 최대최소

(1) $(x-1)^2+2$ (2) $(x+1)^2+2$

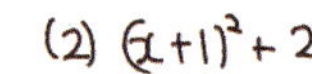
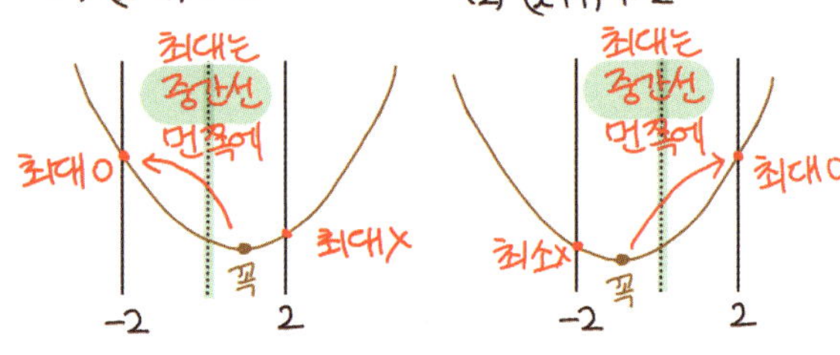

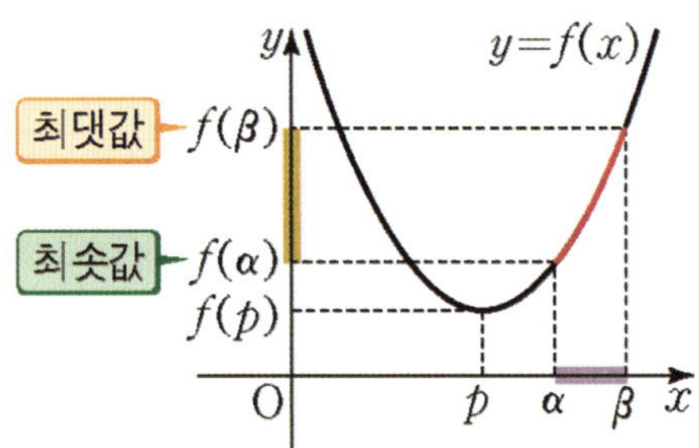

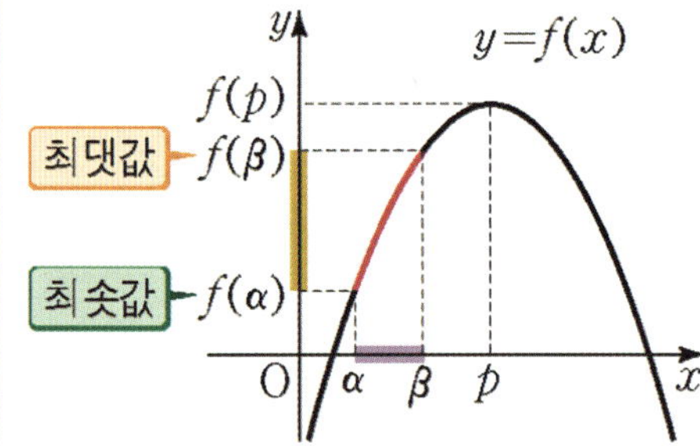

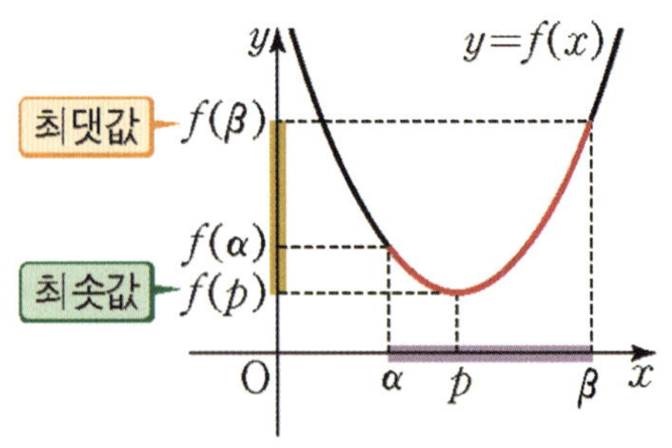

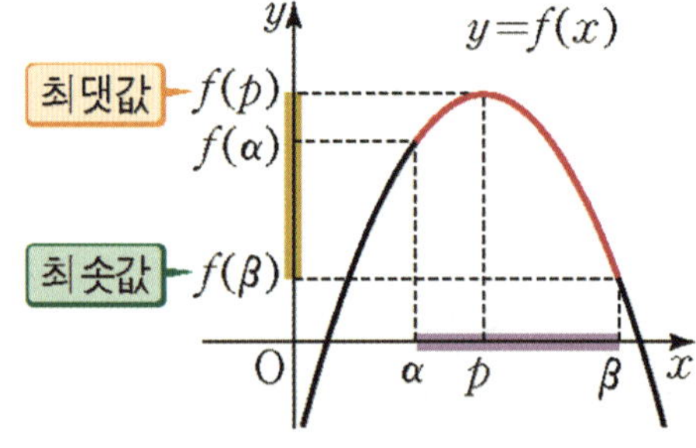

16 고차방정식 풀이

①인수분해

    $1, -1, \pm \dfrac{\text{상수항약수}}{\text{최고차항약수}}$ 대입

    인수를 찾는다

    1차 or 2차 식의 곱으로 만든다

    $(n차식) = (1차식) \times (n-1차식) = 0$

②치환

    내림차순으로 정리

    알맞게 묶기

    공통부분 치환

[연구15] 연립일차방정식 $\begin{cases} ax + by + c = 0 \\ a'x + b'y + c' = 0 \end{cases}$

에서 아래 조건이 성립할 때의 해의 개수를 쓰시오.

① $\dfrac{a}{a'} \neq \dfrac{b}{b'}$

② $\dfrac{a}{a'} = \dfrac{b}{b'} = \dfrac{c}{c'}$

③ $\dfrac{a}{a'} = \dfrac{b}{b'} \neq \dfrac{c}{c'}$

⓱ 연립 일차방정식의 부정, 불능

연립일차방정식 $\begin{cases} ax + by + c = 0 \\ a'x + b'y + c' = 0 \end{cases}$ 에서

[연구 15]

① $\dfrac{a}{a'} \neq \dfrac{b}{b'}$: 해가 오직 한쌍이다

② $\dfrac{a}{a'} = \dfrac{b}{b'} = \dfrac{c}{c'}$: 부정 (해가 무수히 많다)

③ $\dfrac{a}{a'} = \dfrac{b}{b'} \neq \dfrac{c}{c'}$: 불능 (해가 없다)

⓲ 연립 일차방정식

문자수를 줄여나간다!

식3, 문자3

→식2, 문자2

→식1, 문자1

※ 식 n개, 문자 n+1개

각 문자의 값은 구할 수 없으나
각 문자 간의 비율은 구할 수 있다

✎ 연립 일차방정식의 부정, 불능

【ex】① 해가 오직 한쌍이다

$\begin{cases} 2x + y - 4 = 0 \to y = -2x + 4 \\ x - y - 2 = 0 \to y = x - 2 \end{cases}$

$3x + 0 - 6 = 0$

$x = 2, \ y = 0 \to$ 한쌍의 해

한점에서 만난다

② 부정 (해가 무수히 많다)

$\begin{cases} 2x + y - 4 = 0 \to y = -2x + 4 \\ 4x + 2y - 8 = 0 \to y = -2x + 4 \end{cases}$

x2 실수배

실제로 같은식

두직선이 일치한다

③ 불능 (해가 없다)

$\begin{cases} 2x + y - 4 = 0 \to y = -2x + 4 \\ 4x + 2y + 6 = 0 \to y = -2x - 3 \end{cases}$

$\begin{cases} 4x + 2y - 8 = 0 \ \cdots ㉠ \\ 4x + 2y + 6 = 0 \ \cdots ㉡ \end{cases}$

$㉡ - ㉠ = 14 = 0$

모순 → 해가없다 → 평행하다

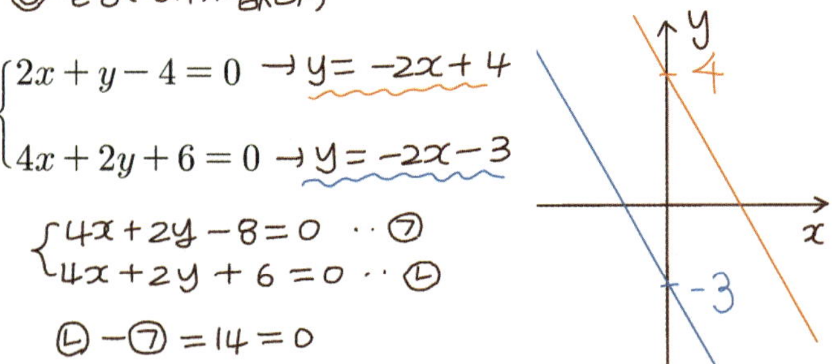

19 부정방정식

방정식의 개수가 미지수의 개수보다 적은 경우 해가 무수히 많아서 해를 정할 수 없는 경우의 방정식

인수×인수=정수(자연수) → 표 그리기

20 부등식의 기본 성질

부등식: 부등호를 써서 수나 식의 값의 대소 관계를 나타낸 것

✎ 허수에 대해서는 대소 관계를 생각하지 않으므로 부등식에 포함된 모든 문자는 실수를 나타내는 것으로 한다.

①$a > b$, $b > c$이면 $a > c$

②$a > b$이면 $a+c > b+c$, $a-c > b-c$

③$a > b$, $c > 0$이면 $ac > bc$, $\dfrac{a}{c} > \dfrac{b}{c}$

④$a > b$, $c < 0$이면 $ac < bc$, $\dfrac{a}{c} < \dfrac{b}{c}$

✎ 부정방정식

【ex】 $xy - 3x + 2y + 1 = 0$, x, y는 정수

$$(x+2)(y-3) = -7$$

$x+2$	1	-1	7	-7
$y-3$	-7	7	-1	1

x	-1	-3	5	-9
y	-4	10	2	4

음수의 대소 판단 주의!

【ex】 $-2 > -\dfrac{1}{2}$ … (×)

$-2 < -\dfrac{1}{2}$ … (○)

연구16 $|x| \leq a \Leftrightarrow -a \leq x \leq a$임을
유도하시오.

---

21 절댓값 부등식

연구 16

절댓값: 수직선 위에서 원점으로부터 어떤 수를
나타내는 점까지의 거리 (+값)

$$|x| = \begin{cases} x & (x \geq 0) \\ -x & (x < 0) \end{cases}$$

절댓값 안이 0이 되는 곳에서 구간을 나누어 푼다.

(단, $0 < a < b$)

① $|x| \leq a \Leftrightarrow -a \leq x \leq a$

② $|x| \geq a \Leftrightarrow x \leq -a$ or $x \geq a$

③ $a \leq |x| \leq b \Leftrightarrow a \leq x \leq b$
  or
  $-b \leq x \leq -a$

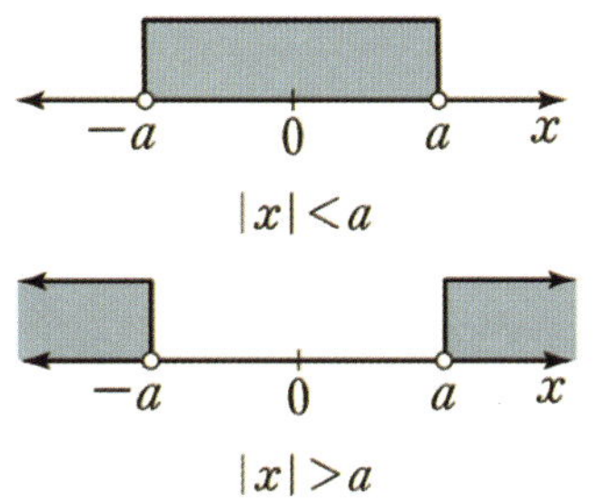

✎ 절댓값 부등식

① $|x| \leq a \Leftrightarrow \begin{cases} x \leq a & (x \geq 0) \\ -x \leq a & (x < 0) \end{cases}$

$\Leftrightarrow \begin{cases} x \leq a & (x \geq 0) \\ x \geq -a & (x < 0) \end{cases}$

$\Leftrightarrow -a \leq x \leq a$

② $|x| \geq a \Leftrightarrow \begin{cases} x \geq a & (x \geq 0) \\ -x \geq a & (x < 0) \end{cases}$

$\Leftrightarrow \begin{cases} x \geq a & (x \geq 0) \\ x \leq -a & (x < 0) \end{cases}$

$\Leftrightarrow x \leq -a$ or $x \geq a$

③ $a \leq |x| \leq b$

$\begin{cases} |x| \leq b \Leftrightarrow -b \leq x \leq b \\ |x| \geq a \Leftrightarrow x \leq -a \text{ or } x \geq a \end{cases}$

$\Leftrightarrow a \leq x \leq b$ or $-b \leq x \leq -a$

22 이차부등식

① $(x-\alpha)(x-\beta) > 0 \Leftrightarrow x < \alpha$ or $x > \beta$

② $(x-\alpha)(x-\beta) < 0 \Leftrightarrow \alpha < x < \beta$

※ 이차부등식의 풀이
　① 인수분해 됨 → 그래프
　② 인수분해 안됨 → 판별식

✐ 이차부등식

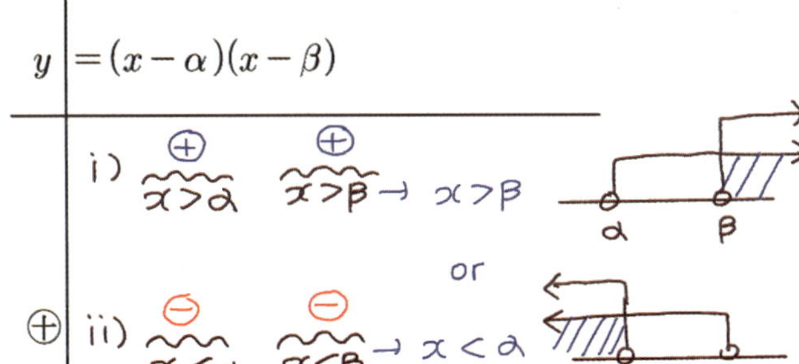

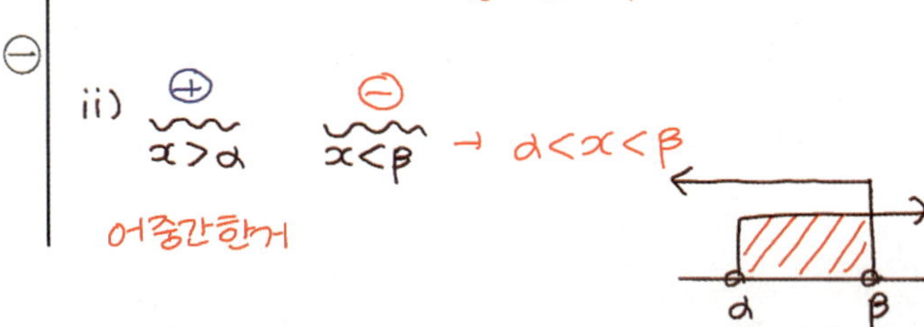

		α		β	
$(x-\alpha)$	$\ominus$	0	$\oplus$	$\oplus$	$\oplus$
$(x-\beta)$	$\ominus$	$\ominus$	$\ominus$	0	$\oplus$
$(x-\alpha)(x-\beta)$	$\oplus$	0	$\ominus$	0	$\oplus$

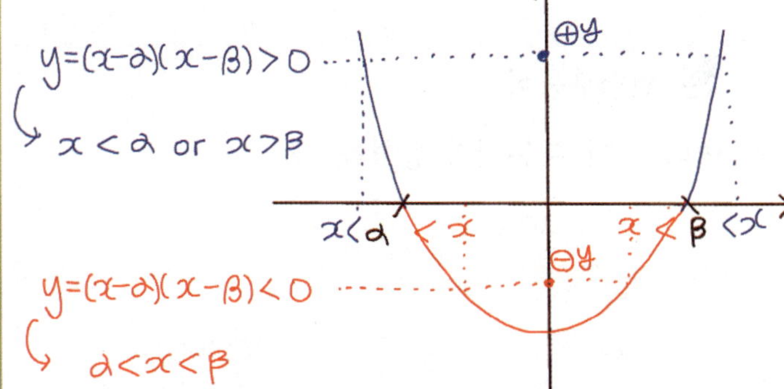

[연구17] 이차함수 $y = ax^2 + bx + c$에 대하여, 빈칸에 알맞은 x의 값이나 범위를 쓰시오.

[연구18] 모든 실수 x에 대하여 $ax^2 + bx + c > 0$일 조건을 2가지 쓰시오.

23 이차함수의 부등식활용

연구 17

$(a > 0)$	$D > 0$	$D = 0$	$D < 0$
$y = f(x)$ 그래프			
$f(x) = 0$	$x = \alpha, \beta$	$x = \alpha$	해는 없다
$f(x) > 0$	$x < \alpha$ or $x > \beta$	$x \neq \alpha$인 모든 실수	모든 실수
$f(x) \geq 0$	$x \leq \alpha$ or $x \geq \beta$	모든실수	모든 실수
$f(x) < 0$	$\alpha < x < \beta$	해는 없다	해는 없다
$f(x) \leq 0$	$\alpha \leq x \leq \beta$	$x = \alpha$	해는 없다

연구 18

모든 실수 x에 대하여

$ax^2 + bx + c > 0$일 조건은

① $a > 0$, $D < 0$

② $a = 0, b = 0, c > 0$ 주의!

연립부등식

여러 가지 부등식이 뭉쳤을 때

① 세로선 그어보고

② 부등식의 조건개수와

③ 세로선과의 교점의 개수와 같아야한다

【ex】 연립부등식

i) $3 \leq x \leq 5$

ii) $x \leq 2$, $x \geq 4$

iii) $x \geq 1$

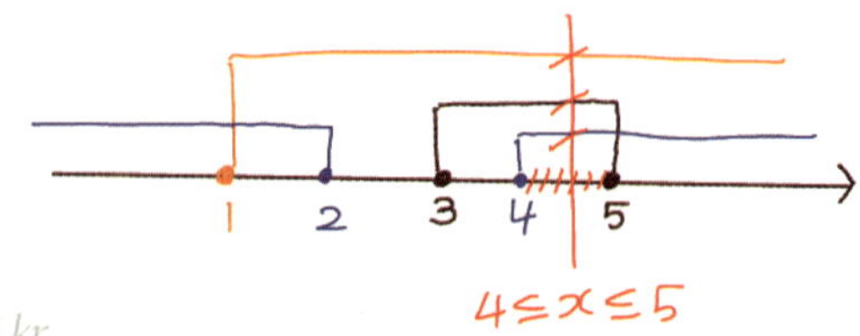

「수학(상)」 Ⅲ.도형의 방정식

연구01 두 점 $A(x_1, y_1)$, $B(x_2, y_2)$ 사이의

거리 $\overline{AB} = \sqrt{(x_2-x_1)^2+(y_2-y_1)^2}$ 임을

유도하시오.

미리 알아야 할 단원
수학(상) – 2.방정식과 부등식

▣ 두 점 사이의 거리

연구
01

① 수직선 위의 두 점 $A(x_1)$, $B(x_2)$ 사이의 거리

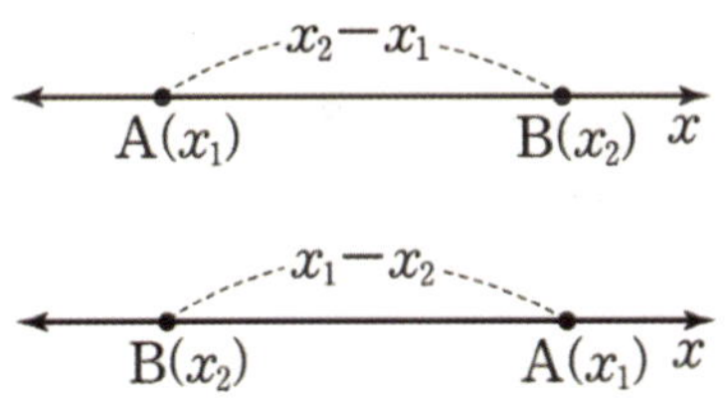

$$\overline{AB} = |x_2-x_1| = |x_1-x_2|$$

②좌표평면 위의 두 점 사이의 거리

두 점 $A(x_1, y_1)$, $B(x_2, y_2)$ 사이의 거리

$$\overline{AB} = \sqrt{(x_2-x_1)^2+(y_2-y_1)^2}$$

✎ 두 점 사이의 거리

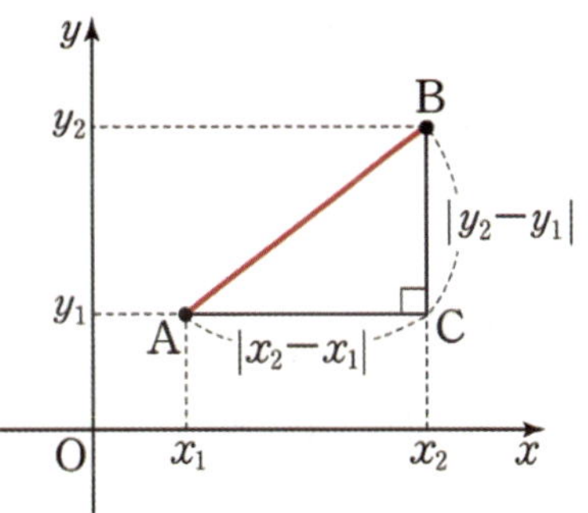

점 C (x_2, y_1) 라고 하자

$$\overline{AB}^2 = \overline{AC}^2 + \overline{BC}^2$$
$$= |x_2-x_1|^2 + |y_2-y_1|^2$$
$$= (x_2-x_1)^2 + (y_2-y_1)^2$$

$$\overline{AB} = \sqrt{(x_2-x_1)^2+(y_2-y_1)^2}$$

② 내분과 외분의 뜻

내분: 수직선 위에서 선분 AB 위의 점 P에 대하여 (단, $m > 0$, $n > 0$)

$$\overline{\text{AP}} : \overline{\text{PB}} = m : n$$

일 때, 점 P는 선분 AB를 $m : n$으로 내분한다고 하며, 점 P를 선분 AB의 내분점이라고 한다.

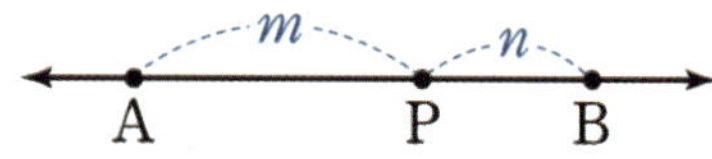

외분: 수직선 위에서 선분 AB의 연장선 위의 점 Q에 대하여 (단, $m > 0$, $n > 0$, $m \neq n$)

$$\overline{\text{AQ}} : \overline{\text{QB}} = m : n$$

일 때, 점 Q는 선분 AB를 $m : n$으로 외분한다고 하며, 점 Q를 선분 AB의 외분점이라고 한다.

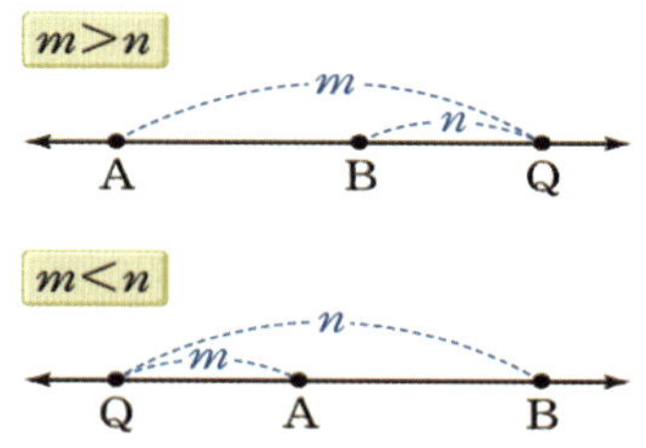

✎ 내분과 외분의 뜻

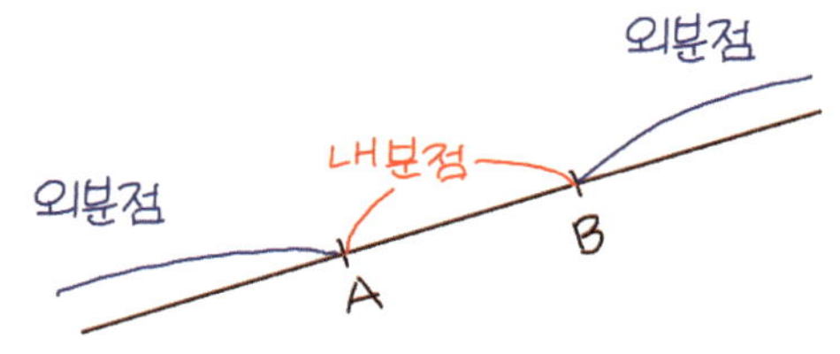

$\overline{\text{AB}}$의 2:1 내분 vs 1:2 내분

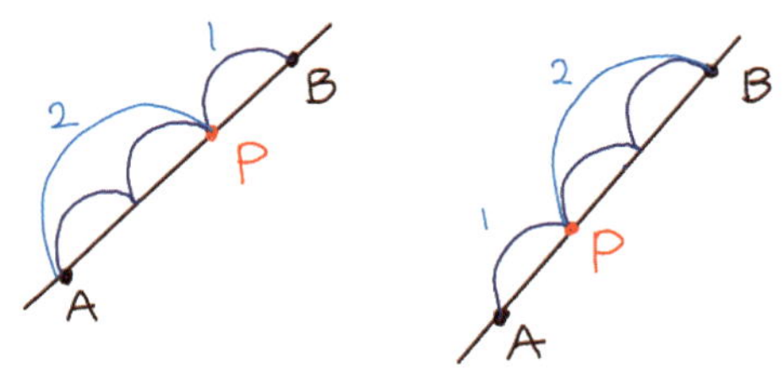

$\overline{\text{AB}}$의 2:1 외분 vs 1:2 외분

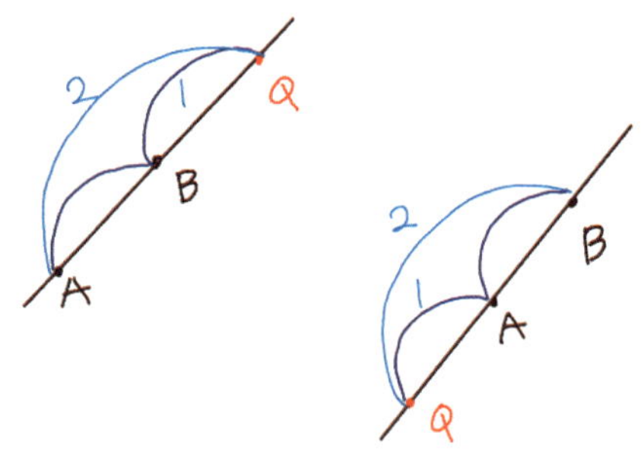

[연구02] 수직선 위의 두 점 $A(x_1)$, $B(x_2)$를 이은 선분 AB를 $m:n$으로 내분하는 점 P를 유도하시오.

[연구03] 수직선 위의 두 점 $A(x_1)$, $B(x_2)$를 이은 선분 AB를 $m:n$으로 외분하는 점 Q를 유도하시오.

---

③ 수직선 위의 내분점과 외분점

수직선 위의 두 점 $A(x_1)$, $B(x_2)$에 대하여 선분 AB를 $m:n\,(m>0,\ n>0)$으로

[연구 02] ① 내분하는 점 P의 좌표는

$$P\left(\frac{mx_2+nx_1}{m+n}\right)$$

[연구 03] ② 외분하는 점 Q의 좌표는 (단, $m \neq n$)

$$Q\left(\frac{mx_2-nx_1}{m-n}\right)$$

✎ 수직선 위의 내분점과 외분점

① **내분점의 좌표**

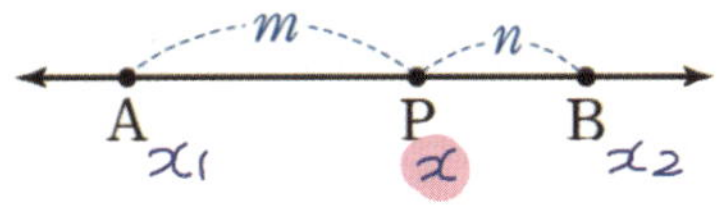

$$\overline{AP}:\overline{PB}=m:n$$
$$(x-x_1):(x_2-x)=m:n$$
$$m(x_2-x)=n(x-x_1)$$
$$x=\frac{mx_2+nx_1}{m+n}$$

② **외분점의 좌표**

$\boxed{m>n}$

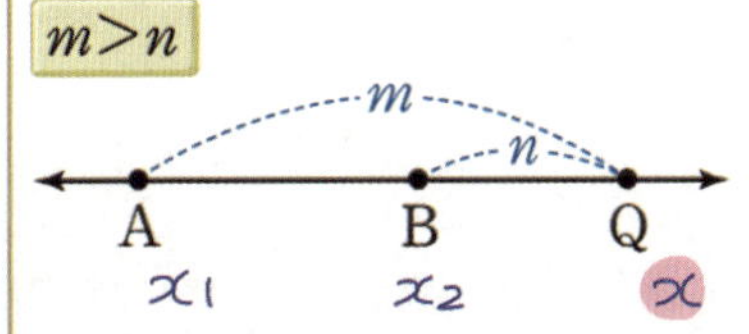

$$\overline{AQ}:\overline{BQ}=m:n$$
$$(x-x_1):(x-x_2)=m:n$$
$$m(x-x_2)=n(x-x_1)$$
$$x=\frac{mx_2-nx_1}{m-n}$$

연구04 좌표평면 위의 세 점 $A(x_1,\ y_1)$, $B(x_2,\ y_2)$, $C(x_3,\ y_3)$을 꼭짓점으로 하는 삼각형 ABC의 무게중심 G의 좌표를 유도하시오.

◢ 좌표평면 위의 내분점과 외분점

좌표평면 위의 두 점 $A(x_1,\ y_1)$, $B(x_2,\ y_2)$에 대하여 선분 AB를 $m : n(m>0,\ n>0)$으로

①내분하는 점 P의 좌표는

$$P\left(\frac{mx_2+nx_1}{m+n},\ \frac{my_2+ny_1}{m+n}\right)$$

②외분하는 점 Q의 좌표는 (단, $m \neq n$)

$$Q\left(\frac{mx_2-nx_1}{m-n},\ \frac{my_2-ny_1}{m-n}\right)$$

③선분 AB의 중점 M은

$$M\left(\frac{x_1+x_2}{2},\ \frac{y_1+y_2}{2}\right)$$

연구 04 ④무게중심의 좌표

좌표평면 위의 세 점 $A(x_1,\ y_1)$, $B(x_2,\ y_2)$, $C(x_3,\ y_3)$을 꼭짓점으로 하는 삼각형 ABC의 무게중심 G의 좌표

$$G\left(\frac{x_1+x_2+x_3}{3},\ \frac{y_1+y_2+y_3}{3}\right)$$

✎ 좌표평면 위의 내분점과 외분점

①내분점 P　　　　②외분점 Q

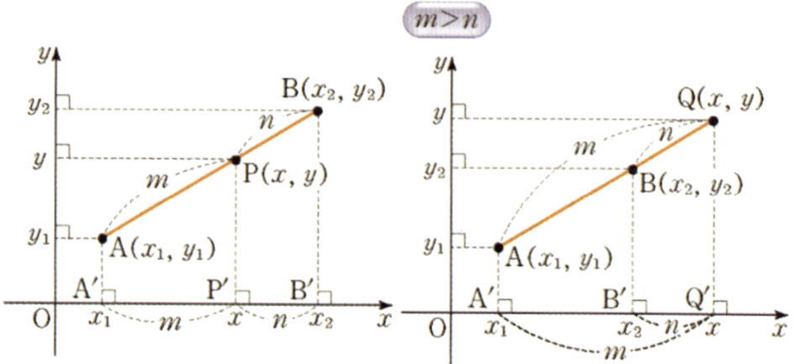

④무게중심의 좌표

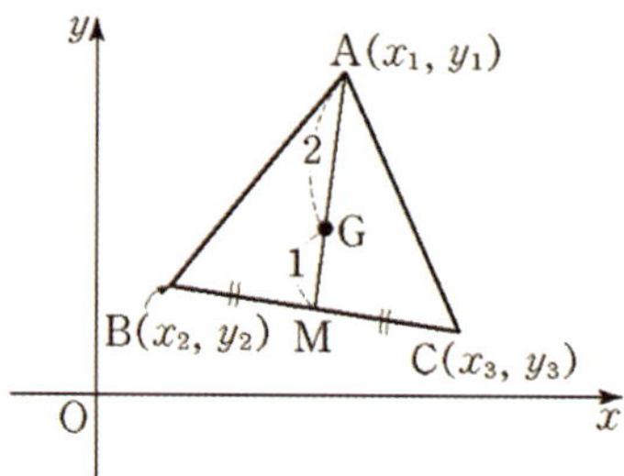

변 BC의 중점을 M이라 하면

$$M\left(\frac{x_2+x_3}{2},\ \frac{y_2+y_3}{2}\right)$$

삼각형 ABC의 무게중심 G의 좌표를 (x, y)라 하면 점 $G(x, y)$는 선분 AM을 $2:1$로 내분하는 점이므로

$$x = \frac{2\times\dfrac{x_2+x_3}{2}+x_1}{2+1} = \frac{x_1+x_2+x_3}{3}$$

$$y = \frac{2\times\dfrac{y_2+y_3}{2}+y_1}{2+1} = \frac{y_1+y_2+y_3}{3}$$

따라서 $G\left(\dfrac{x_1+x_2+x_3}{3},\ \dfrac{y_1+y_2+y_3}{3}\right)$

5 직선의 기울기

$$\text{기울기 } m = \frac{y\text{변화량}}{x\text{변화량}} = \frac{y_2 - y_1}{x_2 - x_1} = \tan\theta$$

$$\downarrow \frac{\triangle y}{\triangle x}$$

A. 수평면에 대해 경사면이 기울어진 정도

B. x값의 변화량에 대한 y값의 변화량의 비율

C. $y = mx + n$의 x계수 m

$$\text{분수}\uparrow = \frac{\text{분자}\uparrow}{\text{분모}} \qquad \text{분수}\downarrow = \frac{\text{분자}}{\text{분모}\uparrow}$$

기울어진정도를 수치화하기!

① 더 가파를수록 큰값 → 높이: 분자

② 덜 가파를수록 작은값 → 밑변: 분모

③ 가파른 정도가 같으면 같은값

$$\Rightarrow \text{기울기} = \frac{\text{높이}}{\text{밑변}} = \frac{y\text{변화량}}{x\text{변화량}}$$

✒ 직선의 기울기

⇒ 기울어진정도를 수치화하기!

①밑변이 같고 높이가 다를 때

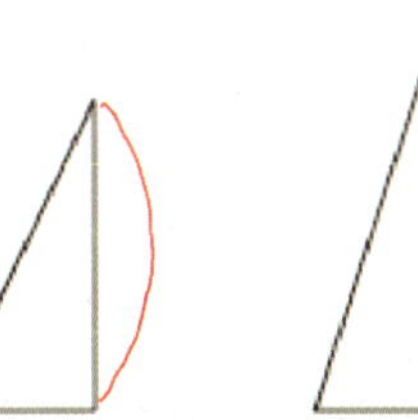

⇒ 높이가 길수록 더 가파르다

②높이가 같고 밑변이 다를 때

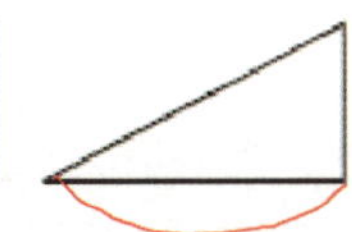
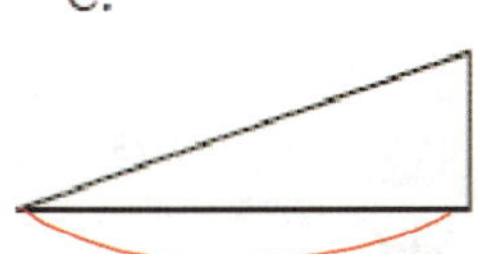

⇒ 밑변이 길수록 덜 가파르다

③밑변과 높이의 비율이 같을 때

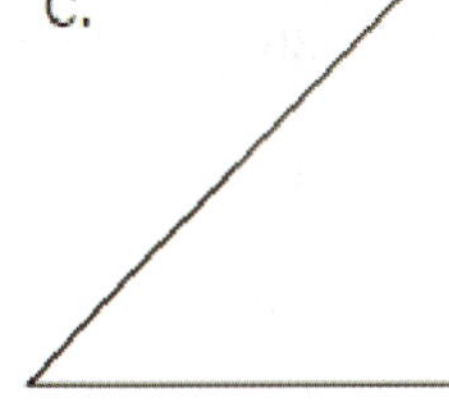

⇒ 가파른정도가 같다

연구05 빈칸에 알맞은 직선의 기울기의 값을 쓰시오.

기울기와 각도

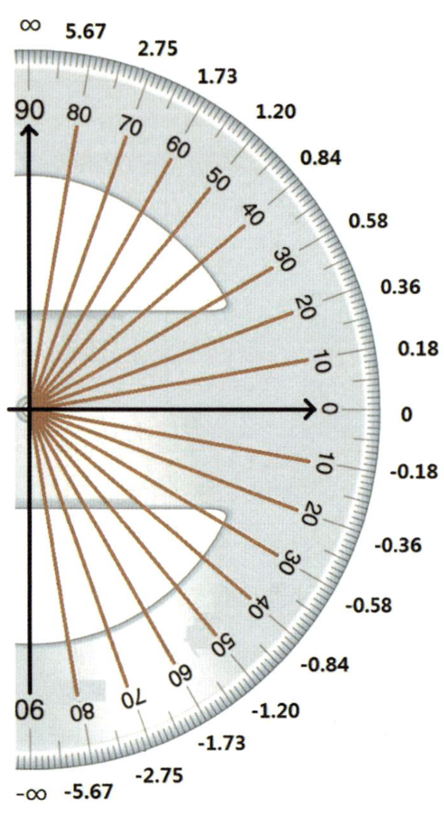

기울기와 각도

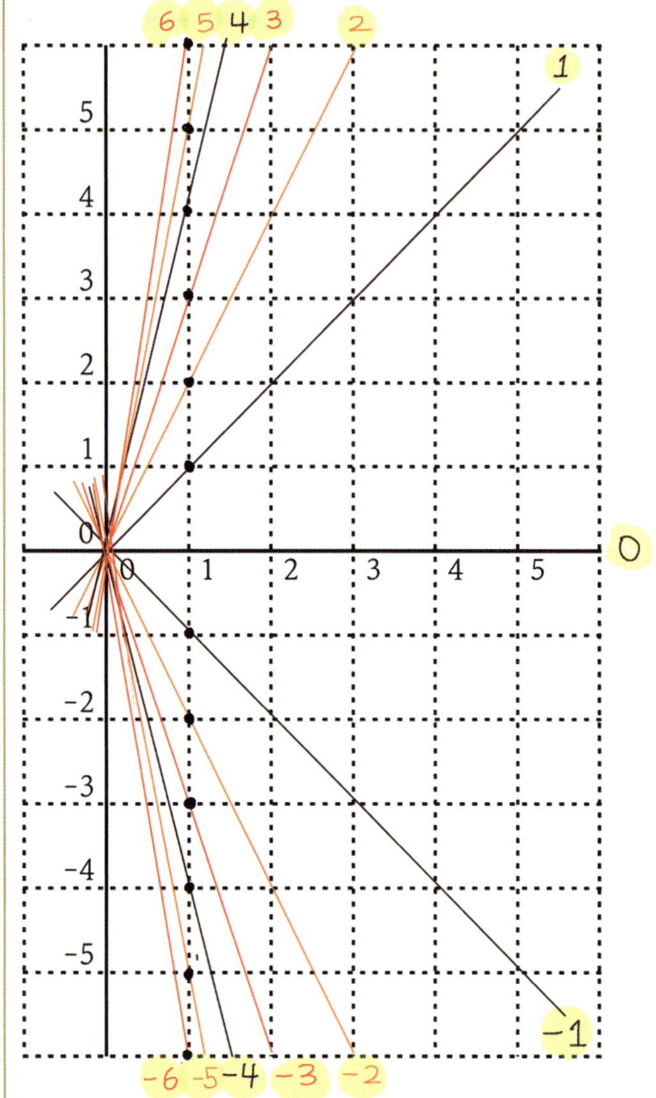

직선과 x축 이루는 각	직선의 기울기
$60°$	$\sqrt{3} = \tan 60°$
$45°$	$1 = \tan 45°$
$30°$	$\dfrac{1}{\sqrt{3}} = \tan 30°$
$0°$	$0 = \tan 0°$
$-30°$	$-\dfrac{1}{\sqrt{3}} = \tan(-30°)$
$-45°$	$-1 = \tan(-45°)$
$-60°$	$-\sqrt{3} = \tan(-60°)$

연구 05

연구06 점 $A(x_1,\ y_1)$을 지나고 기울기가 m인 직선의 방정식이 무엇인지 쓰고, 이를 유도하시오.

연구07 x절편이 a이고 y절편이 b인 직선의 방정식을 쓰시오.

---

6 직선의 방정식

연구 06

① 점 $A(x_1,\ y_1)$을 지나고 기울기가 m인 직선의 방정식은
$$y-y_1=m(x-x_1)$$

② 서로 다른 두 점 $A(x_1,\ y_1)$, $B(x_2,\ y_2)$를 지나는 직선의 방정식은 (단, $x_1 \neq x_2$)
$$y-y_1=\frac{y_2-y_1}{x_2-x_1}(x-x_1)$$

③ 기울기가 m이고, y절편이 n인 직선의 방정식은
$$y=mx+n$$

④ $y=k$ $\qquad\qquad$ $x=k$

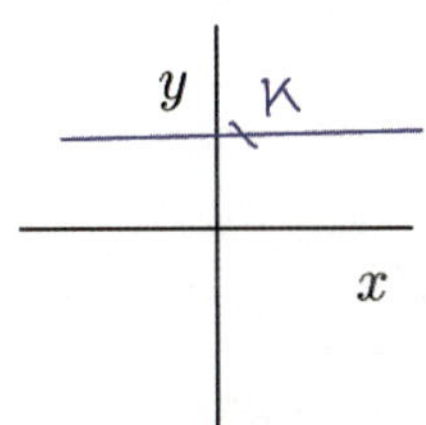
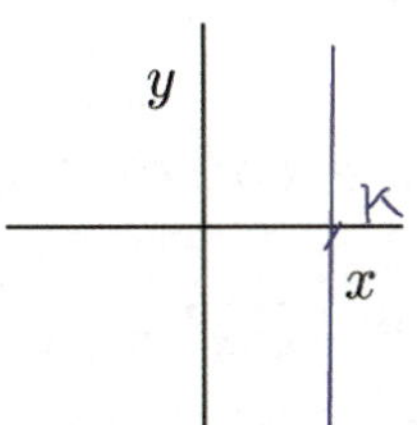

⑤ $ax+by+c=0$ $\qquad$ $y=-\dfrac{a}{b}x-\dfrac{c}{b}$

연구 07

⑥ x절편이 a이고 y절편이 b인 직선의 방정식은
(단, $a \neq 0,\ b \neq 0$)

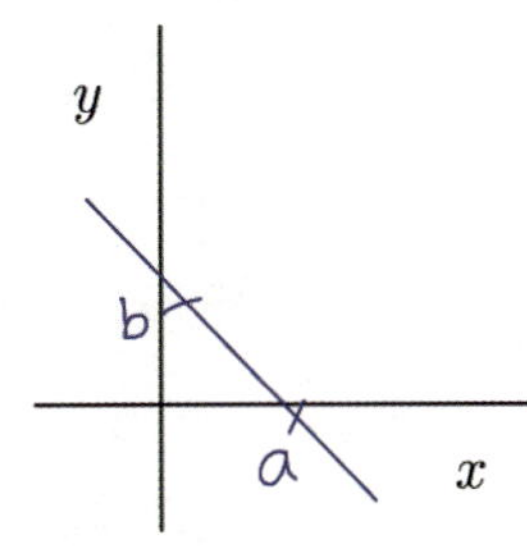

$\dfrac{x}{a}+\dfrac{y}{b}=1$
$\rightarrow (a, 0)$
$(0, b)$ 지남

✎ 직선의 방정식

직선 l 위에 점 A와 다른 임의의 한 점을 $P(x,\ y)$라 하면

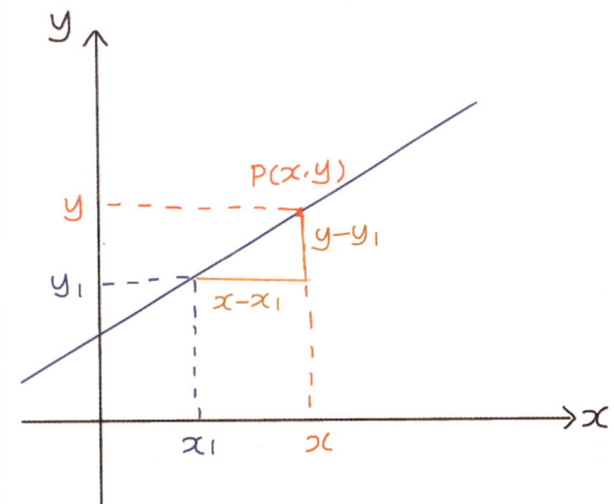

$$\frac{\triangle y}{\triangle x}=m$$
$$\Leftrightarrow \frac{y-y_1}{x-x_1}=m$$
$$\Leftrightarrow y-y_1=m(x-x_1)$$

④ x축: $y=0$
$\quad$ y축: $x=0$

✎ x절편: 그래프가 x축과 만나는 점의 x좌표
y절편: 그래프가 y축과 만나는 점의 y좌표

[연구08] 아래는 두 직선의 위치관계에 대한 표이다. 각 위치 관계마다 빈칸에 알맞은 식을 쓰시오

[연구09] 두 직선 $y = mx + n$, $y = m'x + n'$의 그래프가 수직이 되기 위한 조건을 쓰고, 이를 유도하시오.

7 두 직선의 위치관계

연구 08

	$y = mx + n$ $y = m'x + n'$	$ax + by + c = 0$ $a'x + b'y + c' = 0$
평행	$m = m', n \neq n'$	$\dfrac{a}{a'} = \dfrac{b}{b'} \neq \dfrac{c}{c'}$ (불능)
일치	$m = m', n = n'$	$\dfrac{a}{a'} = \dfrac{b}{b'} = \dfrac{c}{c'}$ (부정)
수직	$m \times m' = -1$	$aa' + bb' = 0$
한 점 만남	$m \neq m'$	$\dfrac{a}{a'} \neq \dfrac{b}{b'}$

※ 불능 : 해가 없음
 부정 : 해가 무수히 많음

✎ 두 직선의 위치관계

연구 09 두 직선의 수직 조건 유도

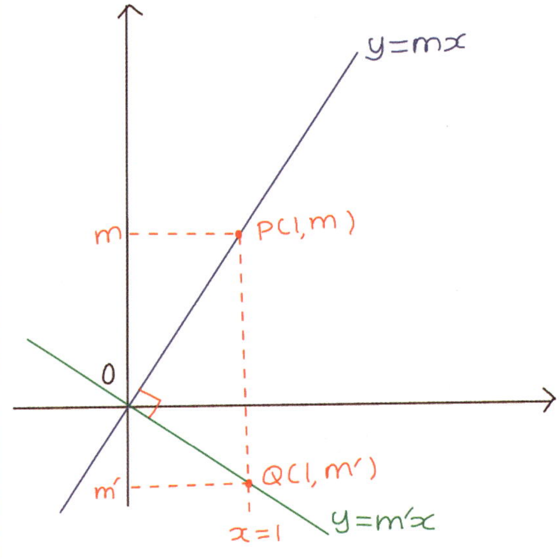

$\overline{OP}^2 = 1^2 + m^2$, $\overline{OQ}^2 = 1^2 + m'^2$

$\overline{PQ}^2 = (m - m')^2$ 이므로

$\overline{OP}^2 + \overline{OQ}^2 = \overline{PQ}^2$

$(1^2 + m^2) + (1^2 + m'^2) = (m - m')^2 \Rightarrow mm' = -1$

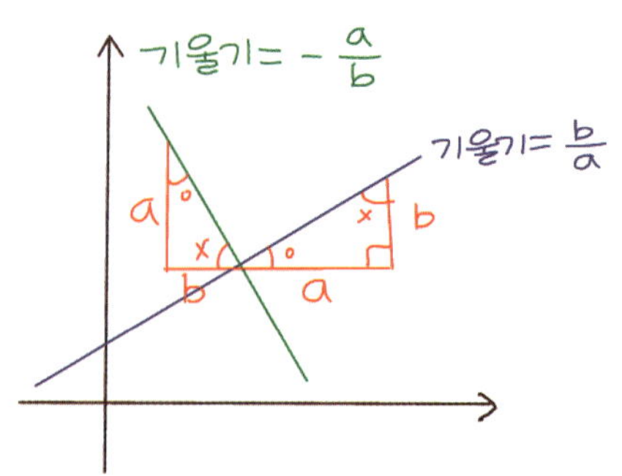

[연구10] 점 $(x_1,\ y_1)$과 직선 $ax+by+c=0$사이의 거리의 값을 쓰시오.

[연구11] 평행한 두 직선 $ax+by+c_1=0$, $ax+by+c_2=0$ 사이의 거리의 값을 쓰고, 이를 유도하시오.

---

8 점과 직선 사이의 거리

연구 10 ① 점 $(x_1,\ y_1)$과 직선 $ax+by+c=0$사이의 거리는

$$d=\frac{|ax_1+by_1+c|}{\sqrt{a^2+b^2}}$$

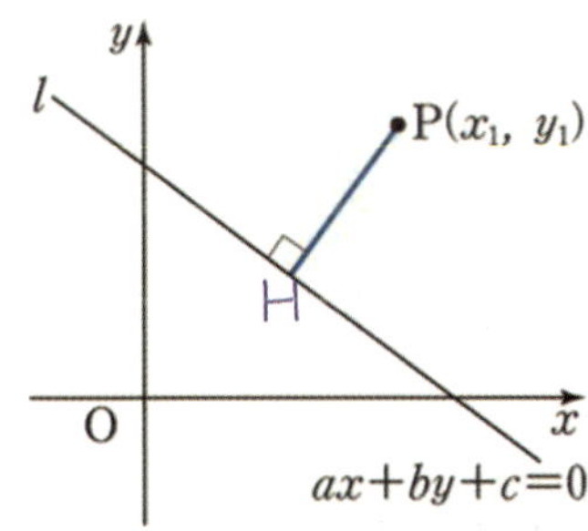

연구 11 ② 평행한 두 직선

$ax+by+c_1=0,\ ax+by+c_2=0$ 사이의 거리는

$$d=\frac{|c_2-c_1|}{\sqrt{a^2+b^2}}$$

⇒ 유도하기

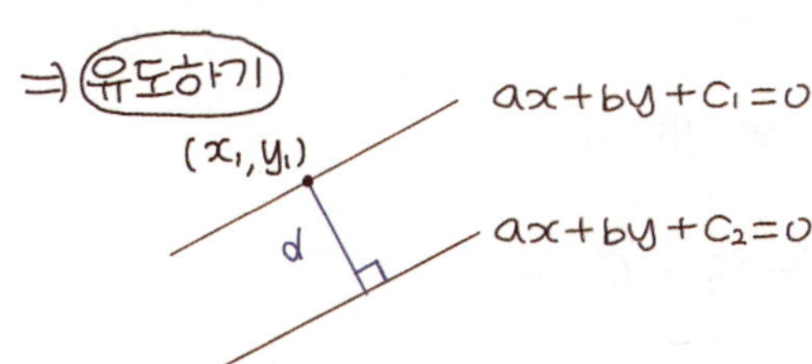

(x_1,y_1)이 $ax+by+c_1=0$ 위의 점이라 할때

{$ax+by+c_1=0$ 와 $ax+by+c_2=0$ 사이의거리}

= {(x_1,y_1)과 $ax+by+c_2=0$ 사이의거리}

$$=\frac{|ax_1+by_1+c_2|}{\sqrt{a^2+b^2}}=\frac{|-c_1+c_2|}{\sqrt{a^2+b^2}}$$

($ax_1+by_1+c_1=0 \rightarrow ax_1+by_1=-c_1$)

✎ 점과 직선 사이의 거리

① 점 $(x_1,\ y_1)$과 직선 $ax+by+c=0$사이의 거리는

i) 선분PH는 직선 l과 수직이다.

ii) P를 지나며 l과 수직인 직선의 식을 구한다

iii) 직선 l과 직선 PH를 연립해서 H의좌표를 구한다

iv) 선분 PH의 길이를 구한다

(계산)

i) 직선 l의 기울기가 $-\dfrac{a}{b}$ 이므로

PH의 기울기는 $\dfrac{b}{a}$

ii) PH: $y-y_1=\dfrac{b}{a}(x-x_1)$

iii) $l:ax+by+c=0$ 와

PH: $y-y_1=\dfrac{b}{a}(x-x_1)$ 를 연립

$$\rightarrow\ x=\frac{b^2x_1-aby_1-ac}{a^2+b^2}$$

iv) $x-x_1=\dfrac{-a(ax_1+by_1+c)}{a^2+b^2}$

$y-y_1=\dfrac{-b(ax_1+by_1+c)}{a^2+b^2}$

$$\overline{PH}=\sqrt{(x-x_1)^2+(y-y_1)^2}$$

$$=\sqrt{\frac{(a^2+b^2)(ax_1+by_1+c)^2}{(a^2+b^2)^2}}$$

$$=\frac{|ax_1+by_1+c|}{\sqrt{a^2+b^2}}$$

연구12 중심이 (a, b), 반지름 길이가 r인 원의 방정식을 쓰고, 이를 유도하시오.

9 원의 방정식

정의: 특정한 한 점으로부터,
그 점과 같은 거리에 있는 점들의 집합

연구 12

① 중심이 (a, b), 반지름 길이가 r인 원의 방정식

$$(x-a)^2+(y-b)^2=r^2$$

② 중심이 $(0, 0)$, 반지름 길이가 r인 원의 방정식

$$x^2+y^2=r^2$$

③ 원의 방정식의 일반형

$$x^2+y^2+Ax+By+C=0$$

※ $(x-a)^2+(y-b)^2=r^2$

$x^2-2ax+a^2+y^2-2by+b^2=r^2$

$x^2+y^2-2ax-2by+a^2+b^2-r^2=0$
$\underbrace{\quad}_{A}\ \underbrace{\quad}_{B}\ \underbrace{\qquad}_{C}$

✎ 원의 방정식

① 중심이 (a, b), 반지름 길이가 r인 원의 방정식

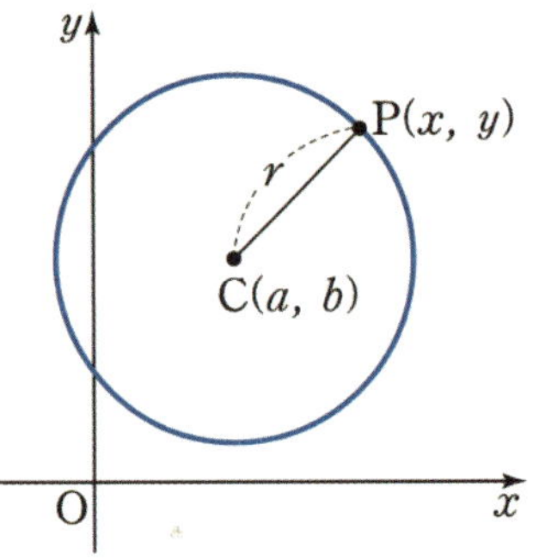

(x,y)가 중심이 (a,b)이고 반지름이 r인 원위의점
$\Leftrightarrow (a,b)$에서 (x,y)까지의 거리가 항상 r
$\Leftrightarrow \sqrt{(x-a)^2+(y-b)^2}=r$
$\Leftrightarrow (x-a)^2+(y-b)^2=r^2$

③ 원의 방정식의 일반형

$$x^2+y^2+Ax+By+C=0$$

$$\left(x+\frac{A}{2}\right)^2+\left(y+\frac{B}{2}\right)^2=\frac{A^2+B^2-4C}{4}$$

↳ 중심이 $\left(-\dfrac{A}{2}, -\dfrac{B}{2}\right)$

반지름이 $\sqrt{\dfrac{A^2+B^2-4C}{4}}$ 인 원

[연구13] 중심이 (a, b)인 원이 있다 이 원이 아래
조건을 만족시킬 때의 원의 방정식을 쓰시오.

① x축에 접함
② y축에 접함
③ x축, y축에 접함 (단, $a, b > 0$)

🔟 원이 x축 또는 y축에 접할 때

① x축에 접함

$$(x-a)^2 + (y-b)^2 = b^2$$

② y축에 접함

$$(x-a)^2 + (y-b)^2 = a^2$$

③ x축, y축에 접함

$$(x-a)^2 + (y-a)^2 = a^2 \quad \text{(제 1,3사분면)}$$

$$(x-a)^2 + (y+a)^2 = a^2 \quad \text{(제 2,4사분면)}$$

🖊 원이 x축 또는 y축에 접할 때

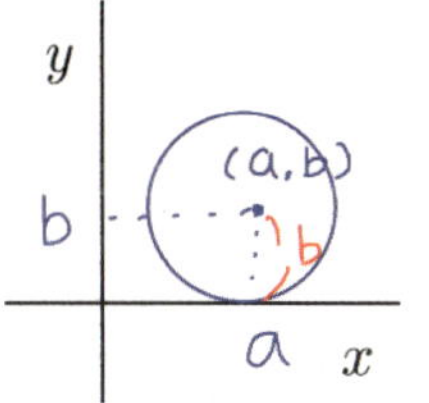

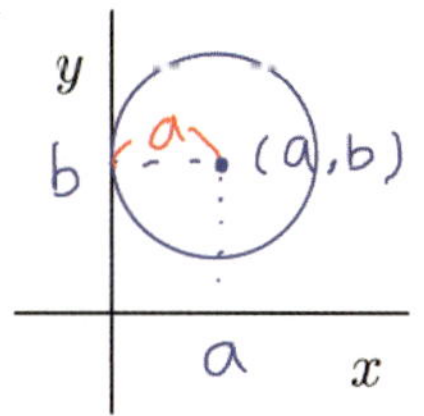

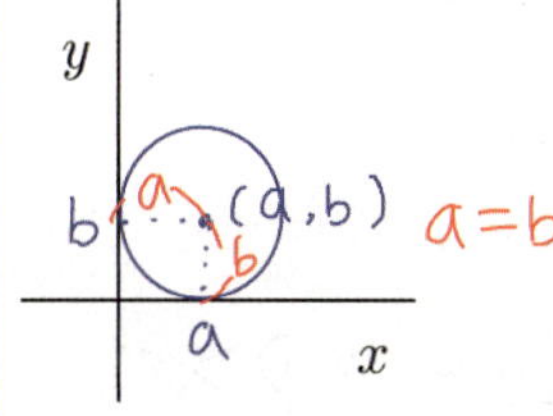

[연구14] 두 원의 중심사이의 거리가 d이고 반지름이 각각 R, r일 때$(R>r)$, 아래 위치 관계에 따른 d, R, r의 관계식을 쓰시오.

[연구15] 원의 중심과 직선사이의 거리가 d, 반지름의 길이가 r일 때, 원과 직선의 교점의 개수를 쓰시오.

⑪ 두 원의 위치관계

두 원의 중심사이의 거리가 d이고
반지름이 각각 R, r일 때 $(R>r)$

연구 14

① 만나지 않음 $d>R+r$

② 한 점에서 만난다(외접) $d=R+r$

③ 서로 다른 두 점에서 만남 $R-r<d<R+r$

④ 한 점에서 만남(내접) $d=R-r$

⑤ 한 원이 다른 원에 포함 $d<R-r$

⑫ 원과 직선의 위치 관계

원의 중심과 직선사이의 거리가 d,
반지름의 길이가 r일 때,

연구 15

① $d < r$: 두점에서 만난다 $(D>0)$

② $d = r$: 한점에서 만난다 $(D=0)$

③ $d > r$: 만나지않는다 $(D<0)$

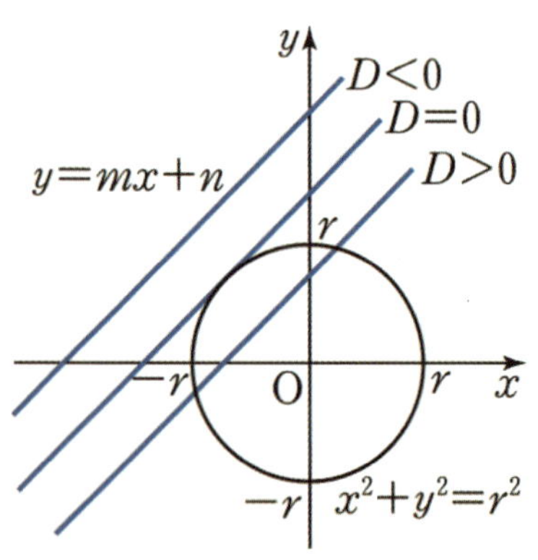

✎ 두 원의 위치관계

		R-r	R+r
			d
	〈외접〉		d
		d	
	〈내접〉	d	
		d	

✎ 원과 직선의 위치 관계

$x^2+y^2=r^2$와 $y=mx+n$ 연립

$x^2+(mx+n)^2=r^2$

$(m^2+1)x^2+2mnx+n^2-r^2=0$

판별식

[연구16] 원 $x^2+y^2=r^2$에서 기울기 m인 접선의 방정식을 쓰고, 이를 유도하시오.

[연구17] 원 $x^2+y^2=r^2$ 위의 점 $(x_1,\ y_1)$에서의 접선의 방정식을 쓰고, 이를 유도하시오.

⑬ 원의 접선의 방정식

✎ 원의 접선의 방정식

[연구 16] ① 원 $x^2+y^2=r^2$에서 기울기 m인 접선의 방정식

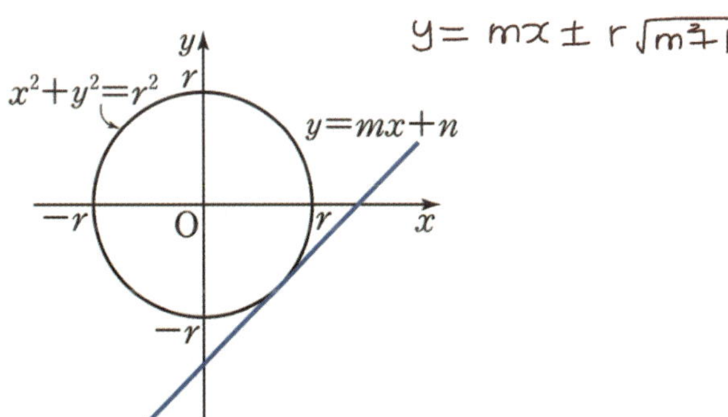

$$y=mx\pm r\sqrt{m^2+1}$$

① 원 $x^2+y^2=r^2$에서 기울기 m인 접선의 방정식

$\{(0,0)$에서 $y=mx+n$ 까지의 거리$\}=\{$원 반지름$\}$

$\Leftrightarrow \dfrac{|n|}{\sqrt{m^2+1}}=r$

$\Leftrightarrow |n|=r\sqrt{m^2+1}$

$\Leftrightarrow n=\pm r\sqrt{m^2+1}$

$\Leftrightarrow y=mx\pm r\sqrt{m^2+1}$

[연구 17] ② 원 $x^2+y^2=r^2$ 위의 점 $(x_1,\ y_1)$에서의 접선

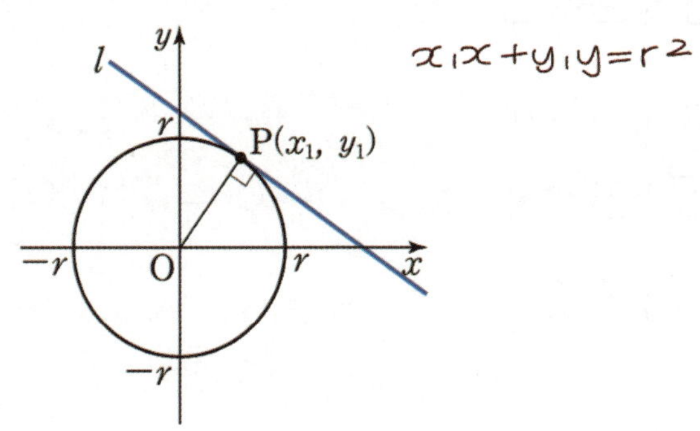

$$x_1x+y_1y=r^2$$

② 원 $x^2+y^2=r^2$ 위의 점 $(x_1,\ y_1)$에서의 접선

l은 OP와 수직

OP의 기울기 $=\dfrac{y_1}{x_1}$

l의 기울기 $=-\dfrac{x_1}{y_1}$

$l:\ y-y_1=-\dfrac{x_1}{y_1}(x-x_1)$

$x_1x+y_1y=x_1^2+y_1^2$

$x_1x+y_1y=r^2$

연구18 x축의 방향으로 a만큼,

y축의 방향으로 b만큼

평행이동 한 것을 쓰시오.

① 점 이동   P(x, y) →

② 도형 이동 $f(x, y) = 0$ →

⅓ 평행이동

x축의 방향으로 a만큼,

y축의 방향으로 b만큼 평행이동

연구 18 ① 점 이동

$$P(x, y) \rightarrow P(x+a, y+b)$$

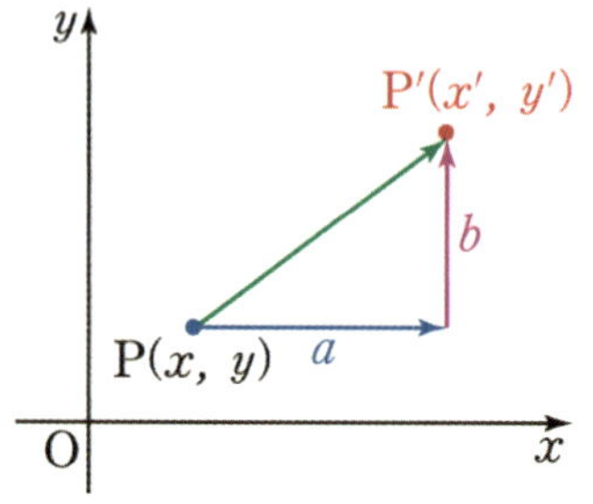

② 도형 이동

$$f(x, y) = 0 \rightarrow f(x-a, y-b) = 0$$

$$y = f(x) \rightarrow y-b = f(x-a)$$

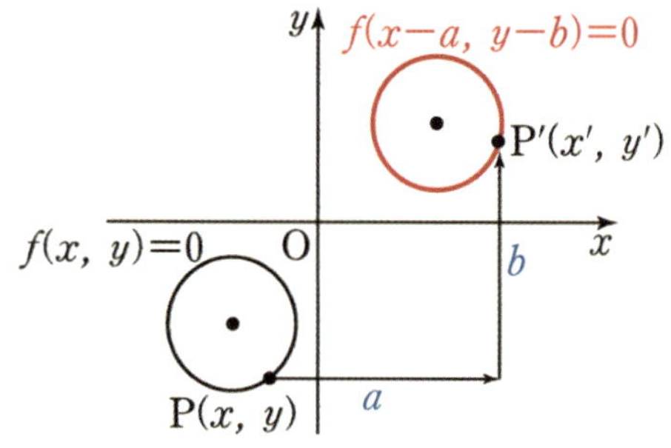

x 자리에 $x-a$를 넣고

y 자리에 $y-b$를 넣는다

✎ 평행이동

【ex】 x축 : $+3$, y축 : -2 평행이동

[점] $(2, 0) \rightarrow (\; 5, -2 \;)$
$$\underset{2+3}{\parallel} \quad \underset{0+(-2)}{\parallel}$$

[도형] $x^2 + y^2 = 4 \rightarrow (x-3)^2 + (y+2)^2 = 4$

식에 들어갈 값은 정해져있다.

식에서는 빼줘야 더해진다

$$x = 2 \longrightarrow x = 2$$
$$x-3 = 2 \longrightarrow x = 5 \qquad \Big\} \; +3$$

대입
$$x \longrightarrow x-3$$

대입
$$y \longrightarrow y-(-2) = y+2$$

$$x^2 + y^2 = 4$$
$$\square^2 + \triangle^2 = 4$$

ex1) $2^2 + 0^2 = 4$ (x, y)

$$\boxed{x}^2 + \triangle\!\!\!\!y^{\,2} = 4 \rightarrow x = 2, \; y = 0 \longrightarrow (2, 0)$$

$$\overset{+3}{\downarrow} \quad \overset{}{\downarrow}{-2}$$

$$\boxed{x-3}^2 + \triangle\!\!\!\!{y+2}^{\,2} = 4 \rightarrow x-3 = 2, \; y+2 = 0 \rightarrow (5, -2)$$

ex2) $\sqrt{3}^2 + 1^2 = 4$ (x, y)

$$\boxed{x}^2 + \triangle\!\!\!\!y^{\,2} = 4 \rightarrow x = \sqrt{3}, \; y = 1 \longrightarrow (\sqrt{3}, 1)$$

$$\overset{+3}{\downarrow} \quad \overset{}{\downarrow}{-2}$$

$$\boxed{x-3}^2 + \triangle\!\!\!\!{y+2}^{\,2} = 4 \rightarrow x-3 = \sqrt{3}, \; y+2 = 1 \rightarrow (3+\sqrt{3}, -1)$$

[연구19] 함수 $y = f(x)$의 그래프가 주기가 p인

함수일 때, 성립하는 식을 쓰시오.

---

15 주기함수

연구 19

$y = f(x)$의 그래프가 주기가 p인 함수일 때

아래 식이 성립한다.

$$f(x+p) = f(x)$$

【ex】$f(x) = -x^2 + 1 \ (-1 \leq x < 1)$이고

$f(x+2) = f(x)$ 일 때

$y = f(x)$의 그래프

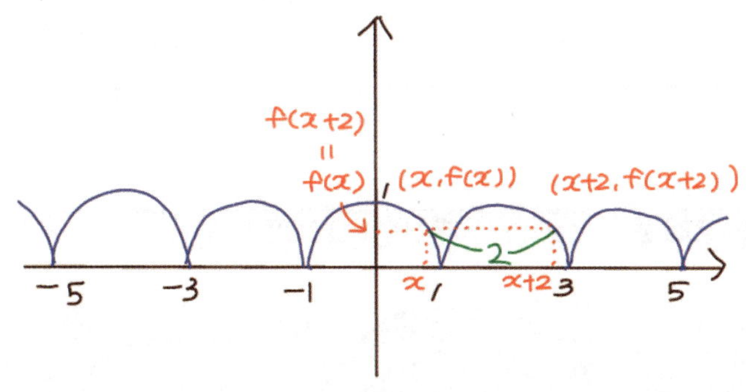

✎ 주기함수

$f(x+p) = f(x)$ 이므로

$y = f(x)$ 의 그래프와 (원래 그래프)

$y = f(x+p)$ 의 그래프가 (x축방향 $-p$만큼
동일하다   평행이동한 그래프)

⇒ $y = f(x)$는 주기가 p인 그래프

16 대칭이동

① 선에 대한 대칭

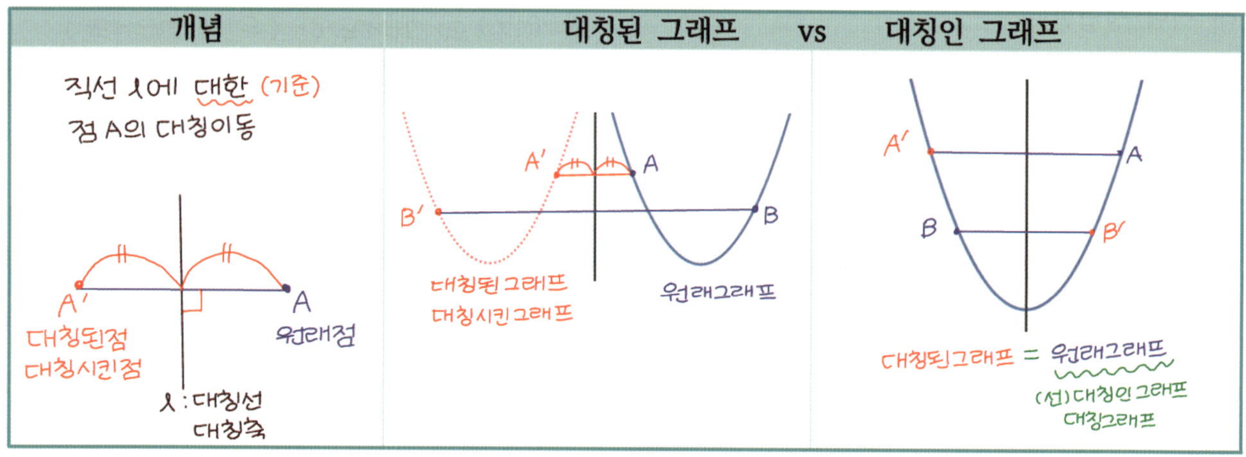

② 점에 대한 대칭

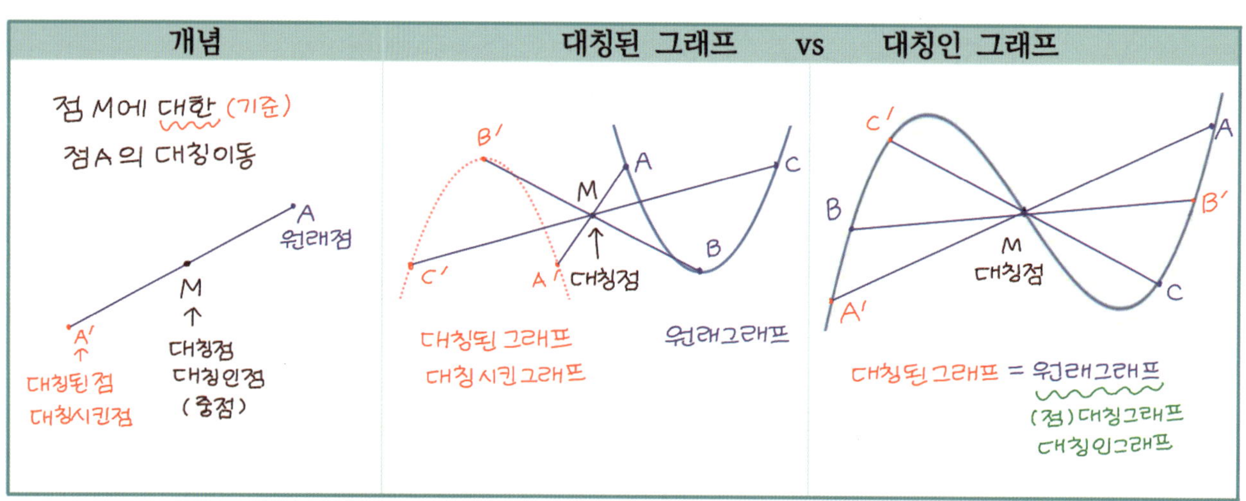

점대칭과 회전

점대칭은
180° 회전과
동일하다!

연구20 대칭 이동한 점 $(x,\ y)$의 좌표와,

도형 $f(x,\ y)=0$의 방정식을 구하고자 한다.

빈칸에 알맞은 것을 쓰시오.

③ 대칭이동된 도형의 좌표와 방정식

다음과 같이 대칭 이동한 점 $(x,\ y)$의 좌표와,

도형 $f(x,\ y)=0$, $y=f(x)$의 방정식

대칭	$P(x,\ y)$	$f(x,\ y)=0$	$y=f(x)$
x축	$(x,\ -y)$	$f(x,-y)=0$	$-y=f(x)$ $\Leftrightarrow y=-f(x)$
y축	$(-x,\ y)$	$f(-x,\ y)=0$	$y=f(-x)$
원점	$(-x,\ -y)$	$f(-x,-y)=0$	$-y=f(-x)$ $\Leftrightarrow y=-f(-x)$
$y=x$	$(y,\ x)$	$f(y,x)=0$	$x=f(y)$ (f역함수 존재하면) $\Leftrightarrow y=f^{-1}(x)$
$x=a$	$(2a-x,\ y)$	$f(2a-x,y)=0$	$y=f(2a-x)$
$y=b$	$(x,\ 2b-y)$	$f(x,2b-y)=0$	$2b-y=f(x)$
점$(a,\ b)$	$(2a-x,\ 2b-y)$	$f(2a-x,2b-y)=0$	$2b-y=f(2a-x)$

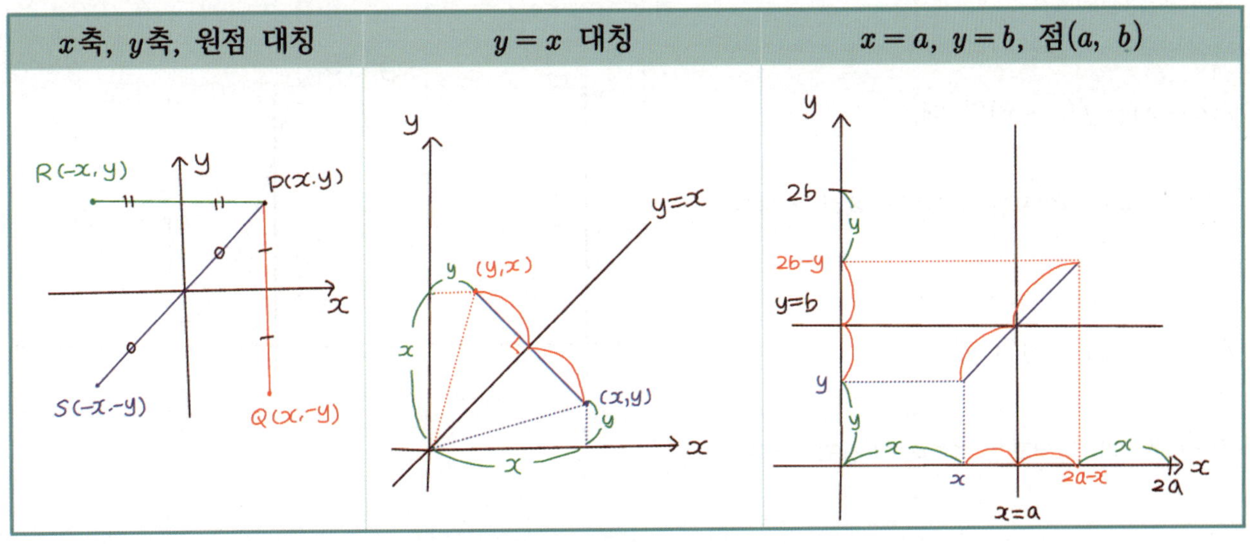

연구21 $f(x) = f(-x)$가 성립할 때, 함수 $y = f(x)$의 그래프는 어떤 형태인지 쓰고, $y = f(x)$가 다항함수일 경우 어떤 항으로 구성되어있는지를 쓰시오.

연구22 $f(a+x) = f(a-x)$일 때, $y = f(x)$의 그래프는 어떤 형태인가?

연구23 $f(x) = f(2a - x)$일 때, $y = f(x)$의 그래프는 어떤 형태인가?

17 y축 대칭함수(우함수)

연구 21 ① $y = f(x)$의 그래프가 y축 대칭일 때 아래 식이 성립한다. 우함수

$$f(x) = f(-x)$$

② 다항함수에서 우함수는

짝수차항 또는 상수항으로 구성된다

【ex】 $y = 2$, $y = x^2 + 1$, $y = x^4 + 2x^2 + 3$

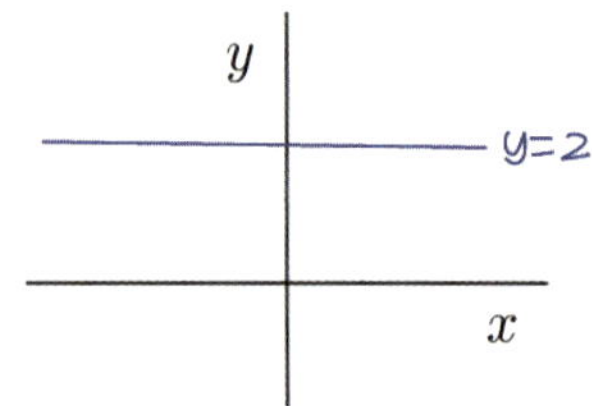

$f(x) = x^2 + 1$
$f(-x) = (-x)^2 + 1$

$f(x) = x^4 + 2x^2 + 3$
$f(-x) = (-x)^4 + 2(-x)^2 + 3$

연구 22 ③ $f(a+x) = f(a-x)$일 때,

$y = f(x)$의 그래프는 $x = a$ 대칭인 그래프

연구 23 ④ $f(x) = f(2a-x)$일 때,

$y = f(x)$의 그래프는 $x = a$ 대칭인 그래프

✎ y축 대칭함수(우함수)

$f(x) = f(-x)$ 이므로

$y = f(x)$의 그래프와 (원래 그래프)

$y = f(-x)$의 그래프가 (y축 대칭된 그래프)

동일하다

$y = f(x)$는 y축 대칭인 그래프

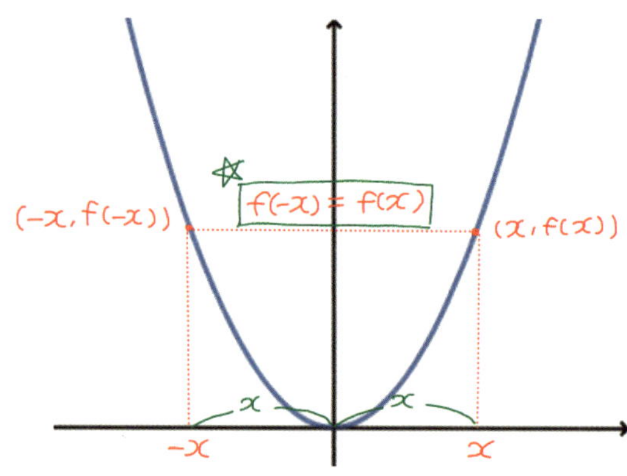

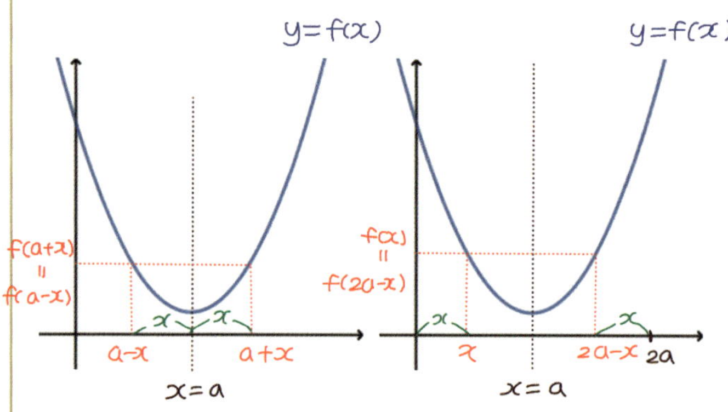

[연구24] $f(x)=-f(-x)$가 성립할 때,
함수 $y=f(x)$의 그래프는 어떤 형태인지 쓰고,
$y=f(x)$가 다항함수일 경우 어떤 항으로
구성되어있는지 쓰시오.

[연구25] $\dfrac{f(a+x)+f(a-x)}{2}=b$ 일 때,
$y=f(x)$의 그래프는 어떤 형태인가?

---

18 원점 대칭함수(기함수)

연구 24

①$y=f(x)$의 그래프가 <u>원점 대칭</u>일 때 아래 식이 성립한다.　기함수
$$f(x)=-f(-x)$$
$$f(-x)=-f(x)$$

②다항함수에서 기함수는
홀수차항으로 구성된다

【ex】 $y=x,\ y=x^3,\ y=x^3+2x$

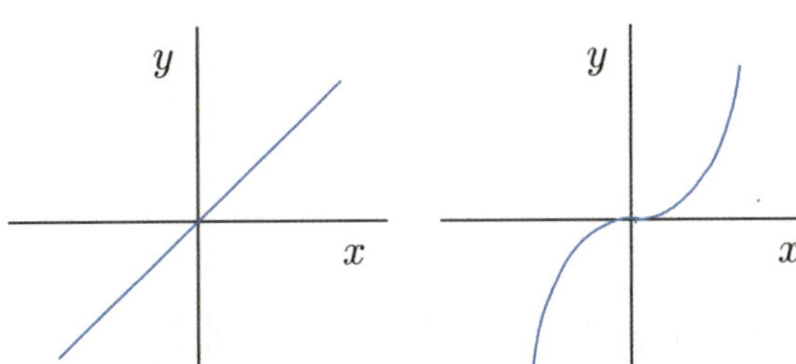

$f(x)=x^3$
$f(-x)=(-x)^3=-x^3=-f(x)$

$f(x)=x^3+2x$
$f(-x)=(-x)^3+2(-x)$
$\quad\quad=-(x^3+2x)=-f(x)$

연구 25

③$\dfrac{f(a+x)+f(a-x)}{2}=b$ 일 때,
$y=f(x)$의 그래프는 (a,b) 대칭이다.

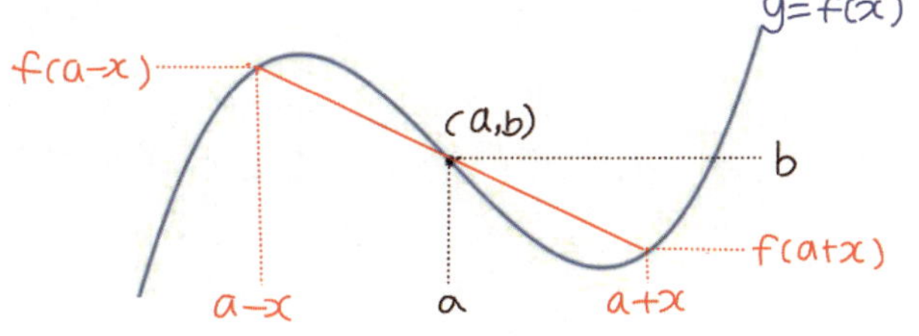

📝 우함수/기함수 판별하는 법

$f(x)$에 $-x$를 대입
$\begin{cases} f(-x)=f(x) \Rightarrow y=f(x)는 \ 우함수 \\ f(-x)=-f(x) \Rightarrow y=f(x)는 \ 기함수 \end{cases}$

✎ 원점 대칭함수(기함수)

$f(x)=-f(-x)$ 이므로

$y=f(x)$의 그래프와 (<u>원래 그래프</u>)

$y=-f(-x)$의 그래프가 (<u>원점 대칭된 그래프</u>)

동일하다

$y=f(x)$는 원점 대칭인 그래프

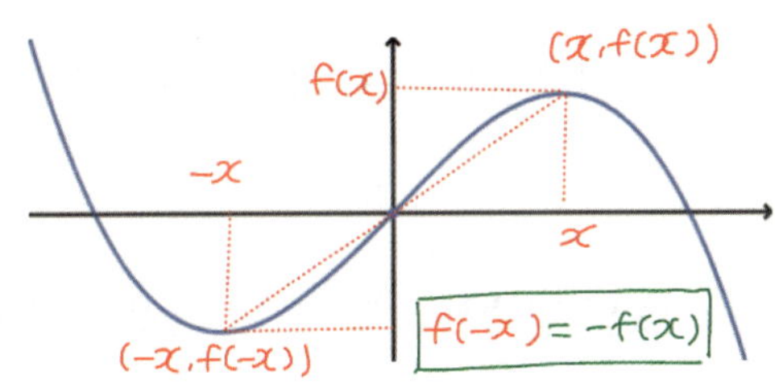

$(a-x, f(a-x))\quad (a+x, f(a+x))$가 어디?

중점 $\left(\dfrac{(a-x)+(a+x)}{2},\ \dfrac{f(a-x)+f(a+x)}{2} \right)$

(a,b) ← 대칭점

※ $f(x)=-f(-x) \Longleftrightarrow f(x)+f(-x)=0$

$\Longleftrightarrow \dfrac{f(0+x)+f(0-x)}{2}=0 \Longleftrightarrow y=f(x)\ (0,0)$대칭

【ex】 $y=x^3+4x^2+2x+1$ 우함수? 기함수?

아무것도 아니다.

🖋 우함수와 기함수의 응용

- {우함수}×{기함수}={기함수}

- {$x = a$ 대칭 함수}×{$(a,\ 0)$ 대칭 함수}={$(a,\ 0)$ 대칭 함수}

- ({우함수})′={기함수} → $\int${기함수}={우함수}

- ({기함수})′={우함수} → $\int${우함수}={기함수}+C

- ({$x = a$ 대칭 함수})′={$(a,\ 0)$ 대칭 함수} → $\int${$(a,\ 0)$ 대칭 함수}={$x = a$ 대칭 함수}

- ({$(a,\ 0)$ 대칭 함수})′={$x = a$ 대칭 함수} → $\int${$x = a$ 대칭 함수}={$(a,\ 0)$ 대칭 함수}+C

🖊 위에는 우함수 기함수에 대한 고난도 문제에서
자주 출제되는 중요한 연산을 모은 것이다.
위에 적은 것만큼은 꼭 숙지하자.
이 이외에도 우함수 기함수에 대한
+, -, ×, ÷, ∘, 미분, 적분 등의 연산으로
다양한 조합이 출제 될 수 있다.
그러나 모든 조합들을 열거하며 미리 외우는 것은 실전적이지가 못하고
앞 페이지의 [우함수/기함수 판별하는 법]을 활용해 판별할 수 있으면 된다.

수학 (하)

「교과서 학습 목표」

1.집합과 명제

- [ ] 집합의 개념을 이해하고, 집합을 표현할 수 있다.
- [ ] 두 집합 사이의 포함 관계를 이해한다.
- [ ] 집합의 연산을 할 수 있다.
- [ ] 명제와 조건의 뜻을 알고,
  '모든', '어떤'을 포함한 명제를 이해한다.
- [ ] 명제의 역과 대우를 이해한다.
- [ ] 필요조건과 충분조건을 이해한다.
- [ ] 절대부등식의 의미를 이해하고,
  간단한 절대부등식을 증명할 수 있다.
- [ ] 대우를 이용한 증명법과 귀류법을 이해한다.

2.함수

- [ ] 함수의 뜻을 알고, 그 그래프를 이해한다.
- [ ] 함수의 합성을 이해하고, 합성함수를 구할 수 있다.
- [ ] 역함수의 뜻을 알고,
  주어진 함수의 역함수를 구할 수 있다.
- [ ] 유리함수 의 그래프를 그릴 수 있고,
  그 그래프의 성질을 이해한다.
- [ ] 무리함수 의 그래프를 그릴 수 있고,
  그 그래프의 성질을 이해한다.

3.경우의 수

- [ ] 합의 법칙과 곱의 법칙을 이해하고,
  이를 이용하여 경우의 수를 구할 수 있다.
- [ ] 순열의 뜻을 알고, 순열의 수를 구할 수 있다.
- [ ] 조합의 뜻을 알고, 조합의 수를 구할 수 있다.

「수학(하)」 Ⅰ.집합과 명제

1 집합의 뜻

집합 : 대상을 명확히 구분할 수 있는 것들의 모임

원소 : 집합을 이루고 있는 대상 하나하나

$a \in A$: a는 집합 A의 원소이다

(a는 집합 A에 속한다)

$a \notin A$: a는 집합 A의 원소가 아니다

(a는 집합 A에 속하지 않는다)

원소나열법 : 모든 원소를 { }안에 나열하는 방법

조건제시법 : 조건으로 원소가 갖는 성질을
나타내는 방법
$\{x \mid x$의 조건$\}$

벤다이어그램 : 집합을 나타낸 그림

공집합 : 원소를 하나도 가지지 않는
집합을 말한다. $\{ \} = \varnothing$

✓ $\{\varnothing\}$는 $\varnothing$ 라는 원소를 하나 가지고
있으므로 공집합이 아니다.

$n(A)$: 집합 A의 원소의 개수

✎ 집합의 뜻

【ex】 집합

5 이하의 자연수의 모임　집합〇

작은 수의 모임　　　　　집합 X

【ex】 홀수의 집합을 A
$1 \in A$, $3 \in A$, $5 \in A$
$2 \notin A$, $4 \notin A$, $6 \notin A$

【ex】 10 이하의 짝수의 집합
$= \{2, 4, 6, 8, 10\}$
$= \{2k \mid 1 \leq k \leq 5, k$는 자연수$\}$
$= \{x \mid x$는 10 이하의 짝수$\}$

2 부분집합

정의: $x \in A$이면 $x \in B$일 때,
　　　A는 B의 부분집합이다

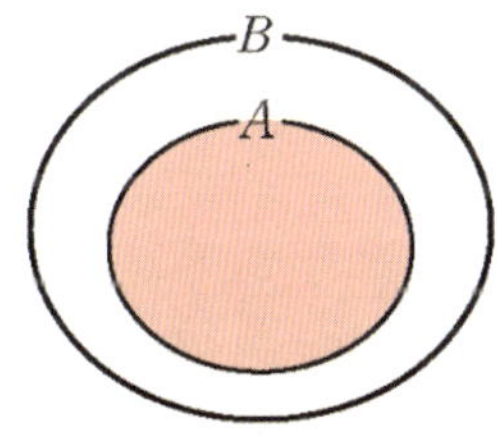

✏ 부분집합이 아닐 때: $A \not\subset B$

① 공집합 $\varnothing$ 는 모든 집합의 부분집합
　　$\varnothing \subset A$, $\varnothing \subset \varnothing$

② 집합 A는 자기 자신 A의 부분집합
　　$A \subset A$

③ $A \subset B$이고 $B \subset A$이면 $A = B$

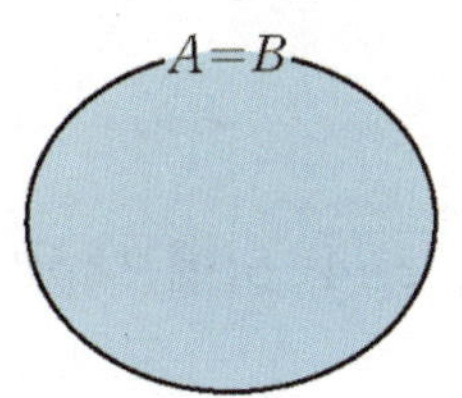

④ 진부분집합: $A \subset B$ 이고 $A \neq B$ 이면
　　　　　　A는 B의 진부분집합

⑤ $A \subset B$이고 $B \subset C$이면 $A \subset C$

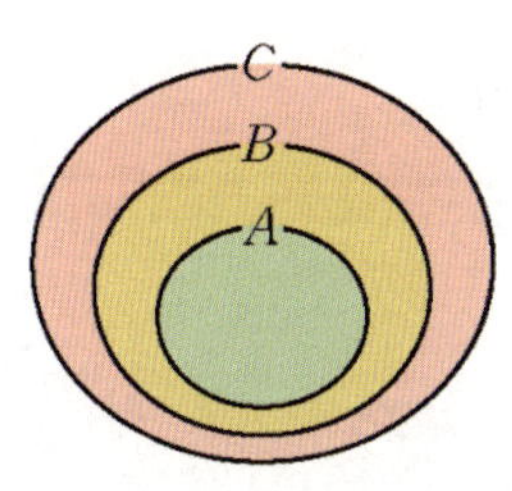

✒ 부분집합

【ex】

$\{3, \ 6, \ 9\} \subset \{3, \ 6, \ 9, \ 12\}$

$\{1, \ 2, \ 3\} \not\subset \{1, \ 3, \ 5, \ 7\}$

$\{3, \ 6, \ 9, \ 12\} \subset \{3, \ 6, \ 9, \ 12\}$

$\varnothing \subset \{3, \ 6, \ 9, \ 12\}$

③ 집합의 연산

합집합 : $A \cup B = \{x \mid x \in A$ 또는 $x \in B\}$

교집합 : $A \cap B = \{x \mid x \in A$ 이고 $x \in B\}$

 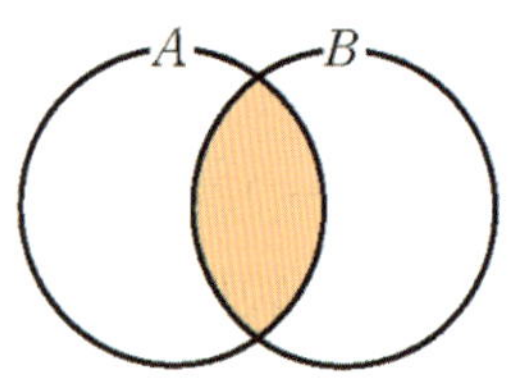

✎ **서로소**: 두 집합 A, B에 공통인 원소가 하나도 없을 때, 두 집합의 관계

$$A \cap B = \varnothing$$

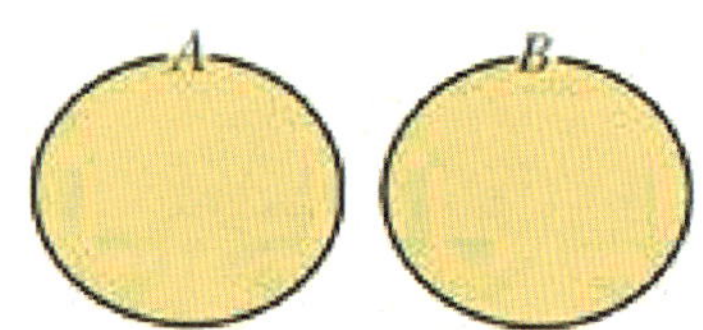

차집합 : $A - B = \{x \mid x \in A$ 이고 $x \notin B\}$

여집합 : $A^c = \{x \mid x \in U$ 이고 $x \notin A\}$

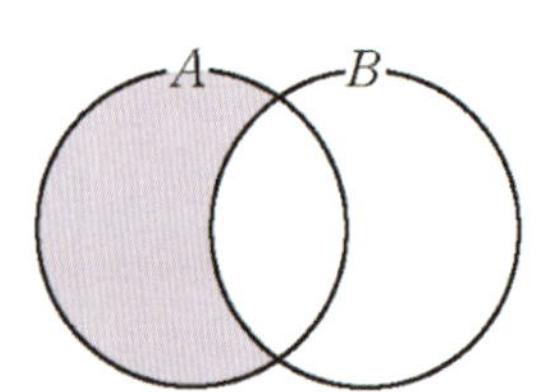 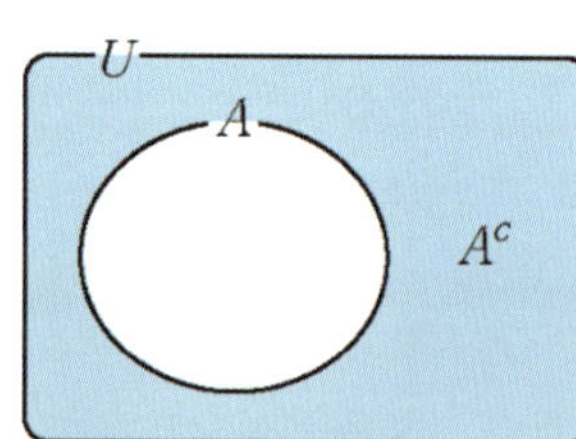

✎ **전체집합**: 주어진 집합에 대하여 그것의 부분집합만을 생각할 때 처음에 주어진 집합을 전체집합이라 하고, 기호 U로 나타낸다

✒ 집합의 연산

【ex】 합집합, 교집합

$A = \{2,\ 4,\ 6\}$, $B = \{1,\ 2,\ 3,\ 6\}$일 때,

$A \cup B = \{1, 2, 3, 4, 6\}$

$A \cap B = \{2, 6\}$

→ "서로소" ← 뜻이 2가지야

i) [약수, 배수] 공약수가 1뿐인 두 자연수의 관계
  ex) 5와 8

ii) [집합] 공통 원소가 없는 두 집합의 관계

【ex】 차집합

$A = \{2,\ 4,\ 6,\ 8,\ 10\}$, $B = \{1,\ 2,\ 4,\ 8\}$에 대하여

$A - B = \{6, 10\}$ $B - A = \{1\}$

【ex】 여집합

전체집합 $U = \{1,\ 2,\ 3,\ 4,\ 5,\ 6,\ 7,\ 8,\ 9\}$

부분집합 $A = \{1,\ 3,\ 5,\ 7,\ 9\}$

U에 대한 A의 여집합은

$A^c = \{2, 4, 6, 8\}$

연구01 전체집합 U와 집합 A에 대하여 빈칸에

알맞은 기호를 쓰시오.

---

1 차집합, 여집합의 성질

연구 01

① $A \cup A^c =$ U

② $A \cap A^c =$ $\emptyset$

③ $(A^c)^c =$ A

④ $A - \emptyset =$ A

⑤ $A - A =$ $\emptyset$

⑥ $\emptyset^c =$ U

⑦ $U^c =$ $\emptyset$

⑧ $A - B =$ A∩B^c

　　　 $= A - (A \cap B)$

　　　 $= (A \cup B) - B$

✎ 차집합, 여집합의 성질

⑦ $A - B = A \cap B^c$

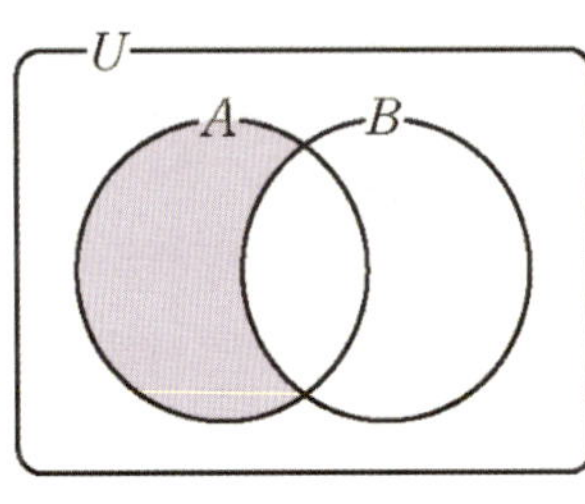

$A - B$

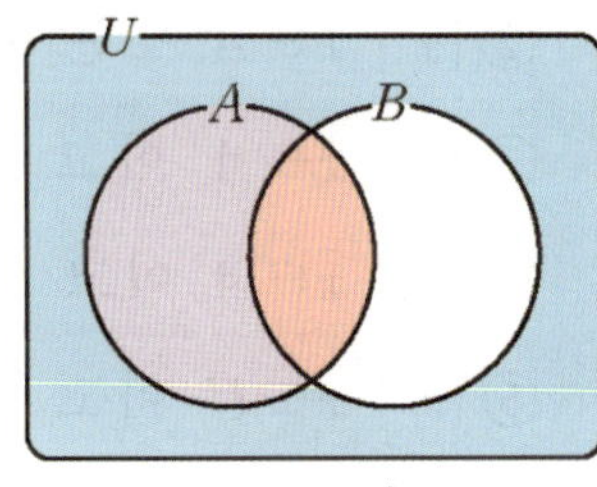

$A \cap B^c$

연구02 두 집합 A, B에 대하여 빈칸에 알맞은 기호를 쓰시오.

연구03 두 집합 A, B에 대하여 $A \subset B$이 성립할 때 빈칸에 알맞은 것을 쓰시오.

연구04 두 집합 A, B가 서로소일 때 빈칸에 알맞은 것을 쓰시오.

연구 02  **집합의 기호**

① $x \in A$이면 $x \in B$이다 $\Leftrightarrow$ $A \subset B$

② $\{x \mid x \in A$ 또는 $x \in B\} = A \cup B$

③ $\{x \mid x \in A$ 이고 $x \in B\} = A \cap B$

④ $\{x \mid x \in A$ 이고 $x \notin B\} = A - B$

⑤ $\{x \mid x \in U$ 이고 $x \notin A\} = A^c$

연구 03 **$A \subset B$이 성립할 때**

① $A \cup B = B$

② $A \cap B = A$

③ $A - B = \emptyset$

④ $B^c \subset A^c$

⑤ $A^c \cup B = U$

연구 04 **두 집합 A, B가 서로소일 때**

① $A \cap B = \emptyset$

② $n(A \cap B) = 0$

③ $A - B = A$

④ $B - A = B$

⑤ $A \subset B^c$

⑥ $B \subset A^c$

벤다이어그램의 일반적인 표현

$A = \{a,\ b,\ c\}$, $B = \{d,\ e\}$

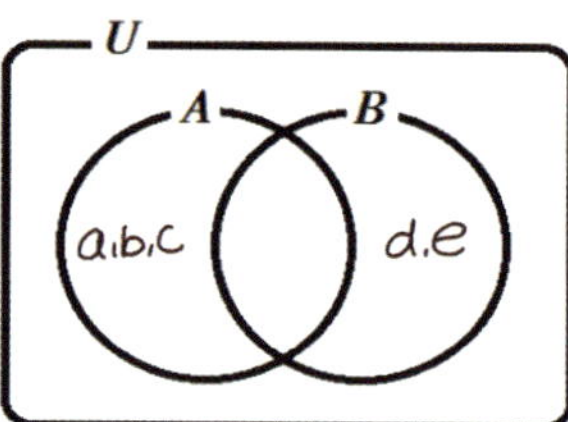

$A = \{a,\ b,\ c\}$, $B = \{a,\ b,\ c,\ d,\ e\}$

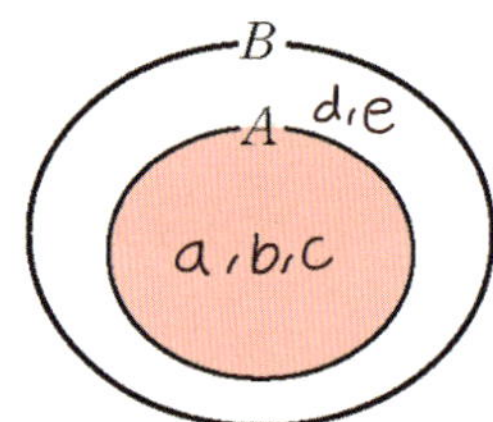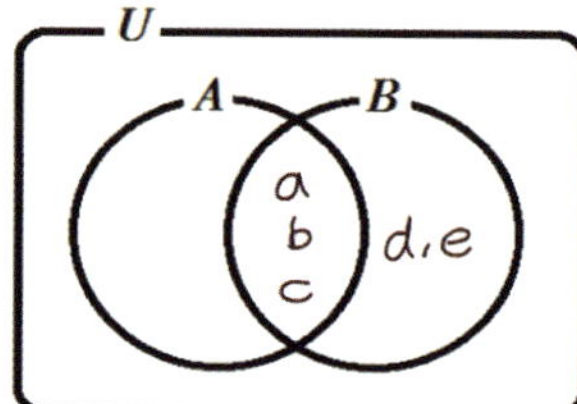

$A = \{a,\ b\}$, $B = \{a,\ b\}$

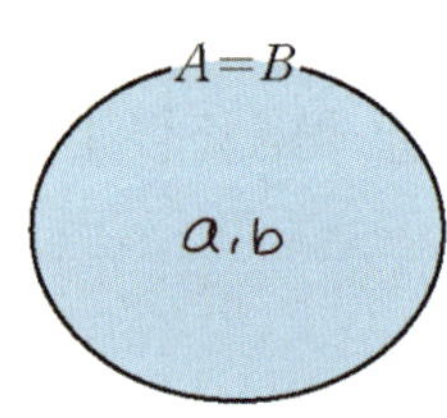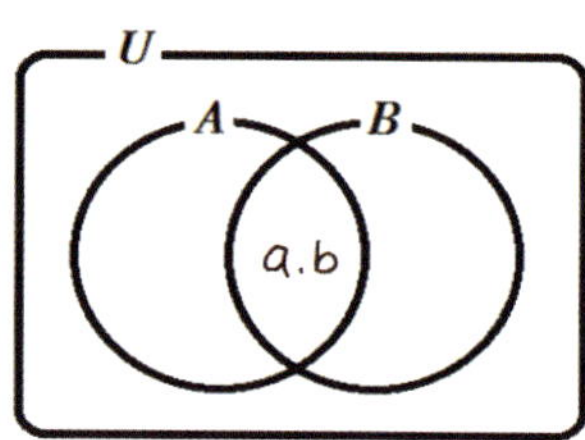

① 개념을 유도할 때

② 고난도 문제에서

두 집합사이의 관계를 모르는 상태에서 벤다이어그램을 그려서 문제를 풀 때

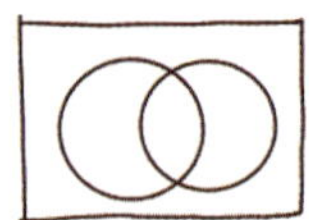

연구05 세 집합 A, B, C에 대하여 빈칸에 알맞은 것을 쓰고, 이를 밴다이어그램을 이용해 설명하시오.

- 결합법칙 $(A \cup B) \cup C = [\qquad]$
- 분배법칙 $A \cap (B \cup C) = [\qquad]$
- 드모르간의 법칙 $(A \cup B)^c = [\qquad]$

---

5 집합의 연산법칙

① **교환법칙**: $A \cup B = B \cup A$, $A \cap B = B \cap A$

② **결합법칙**: $(A \cup B) \cup C = A \cup (B \cup C)$
$(A \cap B) \cap C = A \cap (B \cap C)$

③ **분배법칙**: $A \cup (B \cap C) = (A \cup B) \cap (A \cup C)$
$A \cap (B \cup C) = (A \cap B) \cup (A \cap C)$

④ **드모르간의 법칙**: $(A \cup B)^c = A^c \cap B^c$
$(A \cap B)^c = A^c \cup B^c$

✎ 집합의 연산법칙

① **교환법칙**

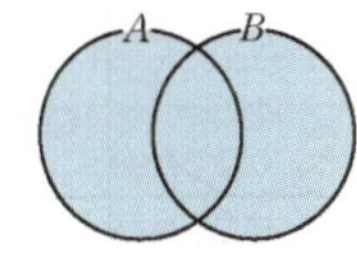
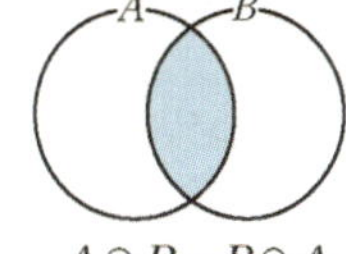

② **결합법칙**

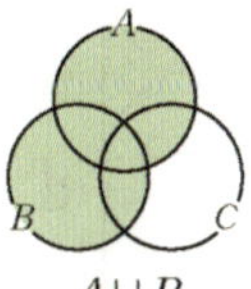
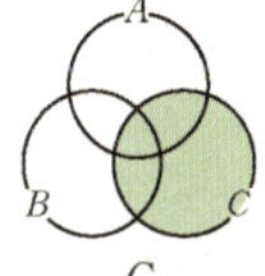

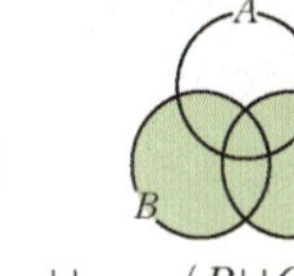

③ **분배법칙**

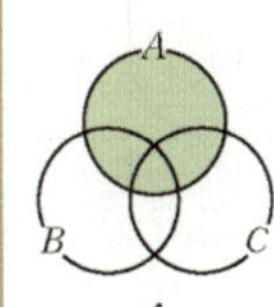

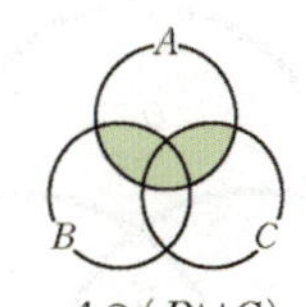

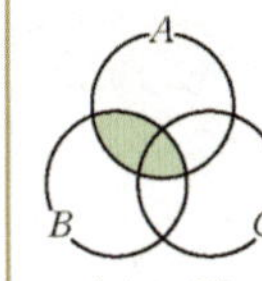
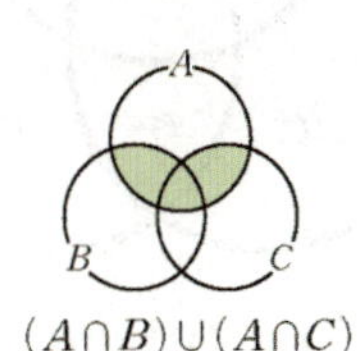

④ **드모르간의 법칙**

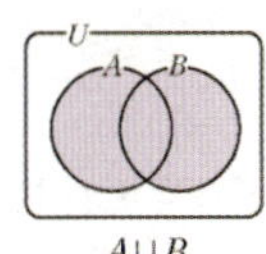
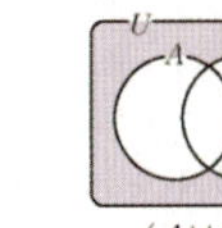

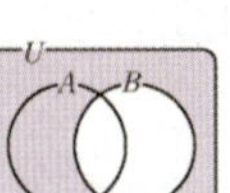
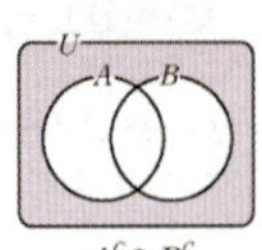

연구06 원소의 개수가 n개인 집합에서
① 부분집합의 개수를 쓰고,
　그 이유를 설명하시오.
② 진부분집합의 개수를 쓰시오.

연구07 두 집합 A, B에 대하여 빈칸에
알맞은 것을 쓰고, 이를 벤다이어그램을 이용해
설명하시오.
- $n(A \cup B) = n(A) + n(B) - [\qquad]$
- $n(A \cup B \cup C) = n(A) + n(B) + n(C) - [\qquad]$

---

6 집합의 개수

원소의 개수가 n개인 집합에서

연구06
① 부분집합의 개수: 2^n개
② 진부분집합의 개수: $2^n - 1$개 ⟶ 공집합 제외…(X) / 자기자신 제외…(O)
③ $n(A^c) = n(U) - n(A)$

연구07
④ $n(A \cup B) = n(A) + n(B) - n(A \cap B)$
⑤ $n(A - B) = n(A) - n(A \cap B)$
　　　　$= n(A) - n(B) \cdots (X)$

⑥ $n(A \cup B \cup C) = n(A) + n(B) + n(C)$
　　　　$- n(A \cap B) - n(B \cap C) - n(C \cap A)$
　　　　$+ n(A \cap B \cap C)$

⑥ $n(A \cup B \cup C)$

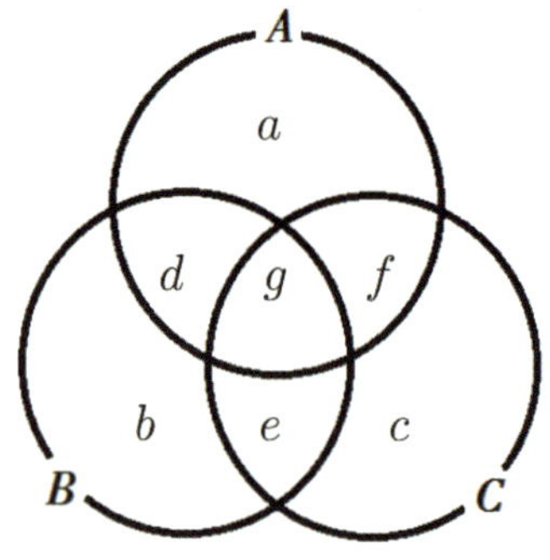

$n(A) + n(B) + n(C)$
$- n(A \cap B) - n(B \cap C) - n(C \cap A)$
$+ n(A \cap B \cap C)$
$= (a + d + f + g) + (b + d + e + g) + (c + e + f + g)$
　$- (d + g) - (e + g) - (f + g) + g$
$= a + b + c + d + e + f + g$
$= n(A \cup B \cup C)$

집합의 개수

원소가 n개인 집합의 부분집합은 아래와 같이
각 원소가 포함되는지 여부로 결정된다.
각 원소마다 포함과 포함되지 않는 것으로 2가지
선택이 있으므로
2가지 선택이 n번 있다. 따라서 부분집합을
만드는 경우의 수는 2^n가지이다.

【ex】 집합 $\{a, b, c\}$의 부분집합

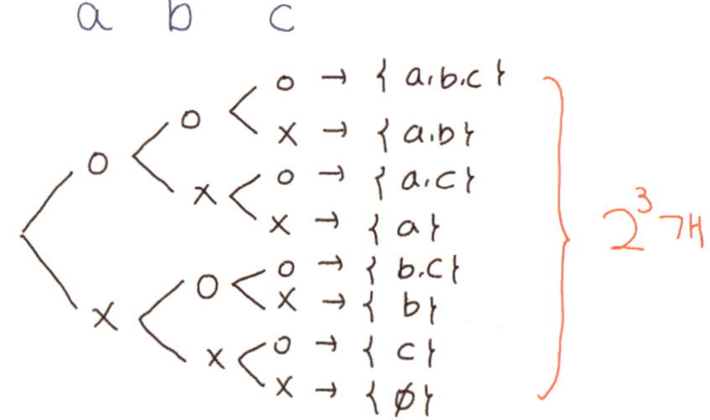

④ $n(A \cup B)$

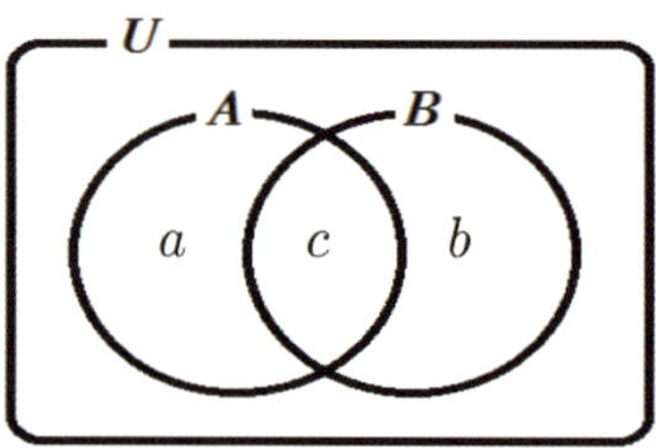

$n(A) + n(B) - n(A \cap B)$
$= (a + c) + (b + c) - c$
$= a + b + c$
$= n(A \cup B)$

연구08 명제의 뜻을 쓰시오.

연구09 ‘p이면 q이다.’ 꼴의 명제에서
p를 [   ], q를 [   ]이라 한다.
빈칸에 알맞은 것을 쓰시오.

연구10 명제나 조건을 부정할 때, 표현이 바뀌는
것으로 짝지어지도록 빈칸에 알맞은 것을 쓰시오.

7 명제의 뜻

연구08
명제 : 참, 거짓을 판별할 수 있는 문장이나 식
명제의 부정: 명제 p에 대하여 ‘p가 아니다’를
p의 부정이라 하며 $\sim p$로 나타낸다. 명제 p가
참이면 $\sim p$는 거짓이고, 명제 p가
거짓이면 $\sim p$는 참이다.

연구09
가정과 결론: ‘p이면 q이다.’ 꼴의 명제에서 p를
가정, q를 결론이라 한다.

$$p \longrightarrow q$$
가정　　결론

$p \to q$: 명제 ‘p이면 q이다’의 기호
$p \Rightarrow q$: 명제 $p \to q$가 참인 걸 나타내는 기호
$p \Leftrightarrow q$: $p \Rightarrow q$이고 $q \Rightarrow p$임을 나타내는 기호
정의 : 용어의 뜻을 간결하고 명확하게 정한 문장
증명 : 명제의 가정으로부터 정의 또는 이미
옳다고 밝혀진 성질을 근거로 하여 결론을
논리적으로 이끌어 내어 그 명제가 참임을
설명하는 과정
정리 : 참임이 증명된 명제 중에서 기본이 되는
것이나 다른 명제를 증명할 때 이용할 수 있는
중요한 명제.

✎ 부정

연구10

p	$\sim p$
이다	아니다
$<$	$\geq$
$>$	$\leq$
$=$	$\neq$
이고, and	또는, or
모든	어떤

✎ 명제의 뜻

【ex】 명제, 명제의 참과 거짓

(1) 12는 3의 배수이다.　참→명제O

(2) $2+5=8$　　거짓→명제O

(3) 광주는 큰 도시이다.　　명제X

(4) 정삼각형은 이등변삼각형이다.
　　참→명제O

【ex】 명제, 명제의 부정

(1) $\sqrt{2}$는 무리수이다.　참→명제P
　$\sqrt{2}$는 무리수가 아니다　거짓→명제$\sim$P

(2) $-2+4 \neq 2$　거짓→명제P
　$-2+4=2$　참→명제$\sim$P

【ex】 명제의 가정과 결론

‘$x=7$이면 $3x+2=25$이다.’　거짓→명제O
　　가정　　　결론

【ex】 정의
정삼각형: 세 변의 길이가 모두 같은 삼각형
이등변삼각형: 두 변의 길이가 같은 삼각형

연구11 조건의 뜻을 쓰시오.

연구12 진리집합의 뜻을 쓰시오.

연구13 각 조건에 대한 진리집합이 짝지어지도록 빈칸에 알맞은 것을 쓰시오.

---

⑧ 조건의 뜻

연구 11 조건 : 포함하고 있는 변수의 값에 따라 참, 거짓이 정해지는 문장이나 식

연구 12 진리집합 : 전체집합의 원소 중에서 조건을 참이 되게 하는 모든 원소의 집합

조건의 부정: 조건 p에 대하여 'p가 아니다.'를 조건 p의 부정이라 하고, 명제의 부정과 마찬가지로 기호로 $\sim p$와 같이 나타낸다.

조건의 부정에 대한 진리집합:

조건 p를 참이 되게 하는 모든 원소의 집합을 P라고 하면 $\sim p$의 진리집합은 P^c이다.

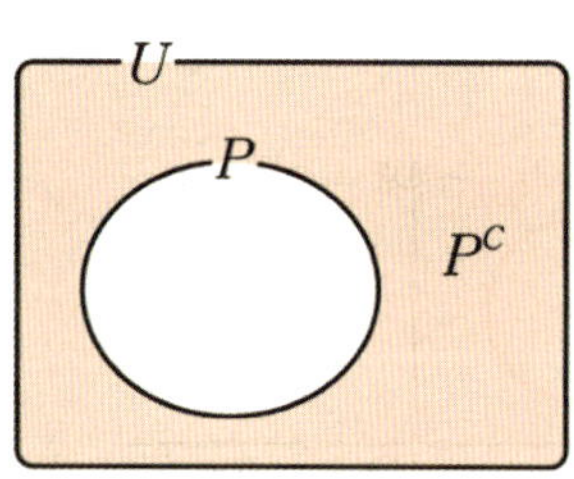

연구 13 조건과 진리집합

p, q	P, Q
$\sim p$	P^c
p or q	$P \cup Q$
p and q	$P \cap Q$
$p \to q$	$P \subset Q$, $Q^c \subset P^c$

✒ 조건의 뜻

【ex】 조건, 진리집합, 조건의 부정

(1) x는 16의 약수이다.　　조건 ○

　　진리집합 $= \{1, 2, 4, 8, 16\}$

　　부정 : x는 16의 약수가 아니다

(2) 17은 소수이다.　　조건 ✕

　　　　　（명제 ○）

(3) $2 + 5 = 9$　　조건 ✕

　　　　（명제 ○）

(4) $x - 3 \leq 7$　　조건 ○

　　진리집합 $= \{x \mid x \leq 10\}$

　　부정 : $x - 3 > 7$

연구14 두 조건 p, q에 대하여 부정이 무엇인지
쓰고 그 이유를 쓰시오.
① 조건 'p 또는 q'의 부정:
② 조건 'p 이고 q'의 부정:

✎ 두 조건 p, q에 대하여

연구 14

① 조건 'p 또는 q'의 부정: `~$P$이고 ~$q$`

② 조건 'p 이고 q'의 부정: `~$P$또는 ~$q$`

✎ 두 조건 p, q에 대하여
전체집합 U에서 두 조건 p, q의 진리집합을
각각 P, Q라고 하자.

① 조건 'p 또는 q'의 부정:

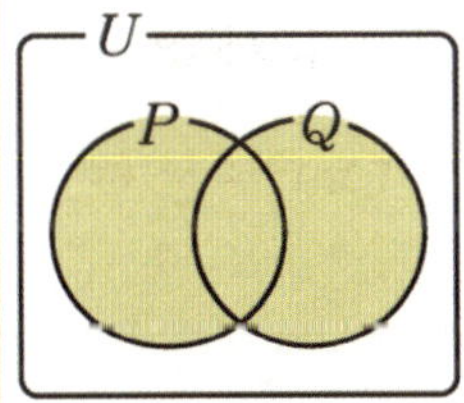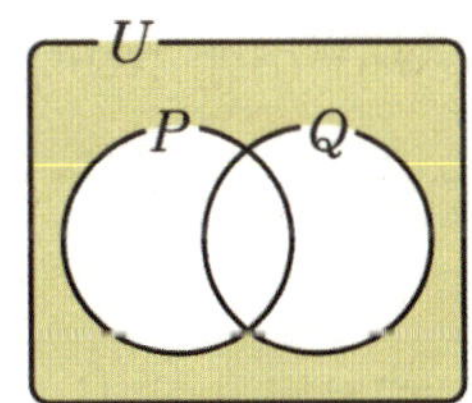

조건 'P 또는 Q'의 진리집합은 $P \cup Q$ 이다.
$(P \cup Q)^c = P^c \cap Q^c$ (∵ 드모르간의 법칙)
따라서 조건 'P 또는 Q'의 부정은
조건 '~P이고 ~Q'이다.

② 조건 'p 이고 q'의 부정:

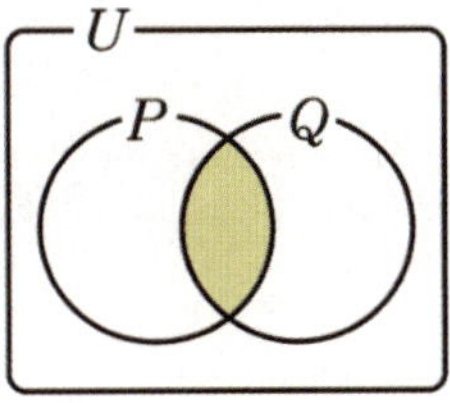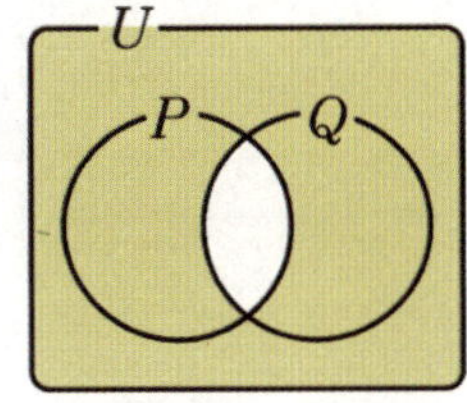

조건 'P 이고 Q'의 진리집합은 $P \cap Q$ 이다.
$(P \cap Q)^c = P^c \cup Q^c$ (∵ 드모르간의 법칙)
따라서 조건 'P 이고 Q'의 부정은
조건 '~P 또는 ~Q' 이다.

[연구15] 명제 '모든 x에 대하여 p이다'가 참일 때, 조건 p의 진리집합 P가 만족하는 식을 쓰시오.

[연구16] 명제 '모든 x에 대하여 p이다'의 부정을 쓰시오.

[연구17] 명제 '어떤 x에 대하여 p이다'가 참일 때, 조건 p의 진리집합 P가 만족하는 식을 쓰시오.

[연구18] 명제 '어떤 x에 대하여 p이다'의 부정을 쓰시오.

---

9 명제 – 모든, 어떤

조건 p의 진리집합을 P라 할 때

[연구15] [연구16] ① '모든 x에 대하여 p이다'

  a. 명제가 참: $P = U$

  b. 명제의 부정: '어떤 x에 대하여 $\sim p$이다'

[연구17] [연구18] ② '어떤 x에 대하여 p이다'

  a. 명제가 참: $P \neq \varnothing$

  b. 명제의 부정: '모든 x에 대하여 $\sim p$이다'

✎ 명제 – 모든, 어떤

【ex】 '모든 실수 x에 대하여 $x - 1 \geq 0$이다.' (명제 / 조건)

$U = \{x \mid x - 1 \geq 0\}$ 이 아니므로 거짓

부정: 어떤 실수 x에 대하여 $x - 1 < 0$이다.

【ex】 '어떤 실수 x에 대하여 $x - 1 \geq 0$이다.'

$\varnothing \neq \{x \mid x - 1 \geq 0\}$ 이므로 참

부정: 모든 실수 x에 대하여 $x - 1 < 0$이다.

연구19 빈칸에 알맞은 기호를 쓰시오.

두 조건 p, q의 진리집합을 각각 P, Q라 할 때

명제 $p \to q$는 참이면 P [　　] Q 이다.

10 명제-가정과 결론의 진리집합

두 조건 p, q의 진리집합을 각각 P, Q라 할 때

연구 19

① $P \subset Q$이면 명제 $p \to q$는 참이다.
　　명제 $p \to q$는 참이면 $P \subset Q$이다.

② $P \not\subset Q$이면 명제 $p \to q$는 거짓이다.
　　명제 $p \to q$는 거짓이면 $P \not\subset Q$이다.

반례: 명제 $p \to q$가 거짓임을 보일 때에는 조건 p는 참이 되게 하지만 조건 q는 거짓이 되게 하는 원소의 예를 들어도 된다. 이와 같은 예를 반례라고 한다.

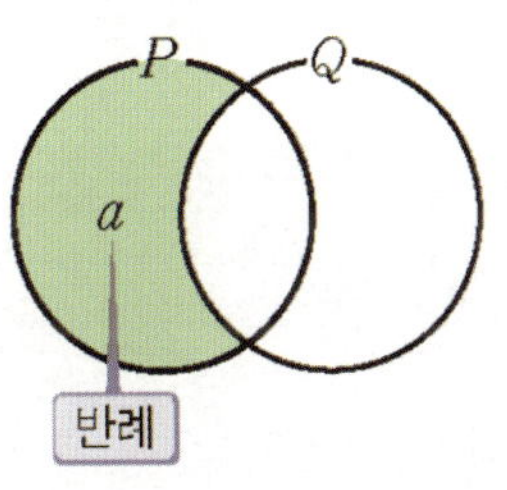

명제-가정과 결론의 진리집합

【ex】n이 5의 약수이면 n은 10의 약수이다.

`P : n은 5의 약수이다.' $P = \{1, 5\}$

`q : n은 10의 약수이다' $Q = \{1, 2, 5, 10\}$

【ex】n이 6의 약수이면 n은 3의 약수이다.

`P : n은 6의 약수이다' $P = \{1, 2, 3, 6\}$

`q : n은 3의 약수이다' $Q = \{1, 3\}$

연구20 빈칸에 알맞은 기호와 문장을 쓰시오.

연구21 빈칸에 [역/대우] 중 알맞은 것을 쓰시오.

어떤 명제가 참이면 그 [　　　]도 참이다.

어떤 명제가 거짓이면 그 [　　　]도 거짓이다.

Ⅱ 명제- 역, 대우

역: 주어진 명제의 가정과 결론을

　　서로 바꾸어 놓은 명제

대우: 주어진 명제의 가정과 결론을

　　각각 부정하여 서로 바꾸어 놓은 명제

연구 20

명제	$p \rightarrow q$	p이면 q이다
역	$q \rightarrow p$	q이면 p이다.
대우	$\sim q \rightarrow \sim p$	q가 아니면 p가 아니다

연구 21 명제와 그 대우는 동치: $p \rightarrow q$

$$\Leftrightarrow \sim q \rightarrow \sim p$$

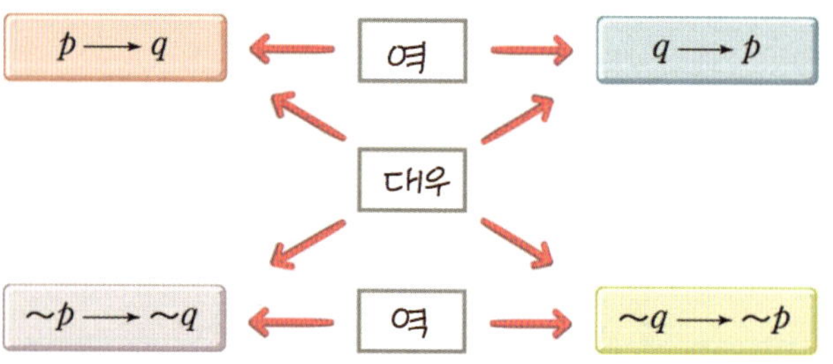

✎ 명제- 역, 대우

【ex】 '$x = 1$이면 $|x| = 1$이다.'　참

역: $|x| = 1$이면 $x = 1$이다. (거짓)

대우: $|x| \neq 1$이면 $x \neq 1$이다. (참)

연구22 두 조건 p, q에 대하여 빈칸에 알맞은 용어를 쓰시오.

① $p \Rightarrow q$일 때,

　p는 q이기 위한 [　　　]

　q는 p이기 위한 [　　　]

② $p \Leftrightarrow q$일 때,

　p는 q이기 위한 [　　　]

　q는 p이기 위한 [　　　]

---

12 명제 - 필요조건과 충분조건

조건 p를 만족하는 진리집합을 P
조건 q를 만족하는 진리집합을 Q라 할 때,

연구 22

① $p \Rightarrow q$일 때, 즉 $P \subset Q$일 때

　P는 Q이기 위한 충분조건
　Q는 P이기 위한 필요조건

② $p \Leftrightarrow q$일 때, 즉 $P = Q$일 때

　P는 Q이기 위한 필요충분조건
　Q는 P이기 위한 필요충분조건

✎ 명제 - 필요조건과 충분조건

【ex】

'$p : n$은 5의 약수이다.' ← 충분조건

'$q : n$은 10의 약수이다.' ← 필요조건

진리집합
$P = \{1, 5\}$
$Q = \{1, 2, 5, 10\}$

【ex】 $p : x = 1$, 　 $q : |x| = 1$ 일 때,

(1) $p \rightarrow q$이기 위해서 추가 조건 필요 없음 (충분함)

　p는 q이기 위한 충분조건

(2) $q \rightarrow p$이기 위해서 추가 조건 필요함 (예 $x > 0$)

　q는 p이기 위한 필요조건

【ex】 두 실수 x, y에 대하여 두 조건 p, q가 다음과 같을 때, p는 q이기 위한 무슨 조건인지 말하여라.

(1) $p : x > 5$, 　　$q : x > 2$ 　충분

(2) $p : x^2 = y^2$, 　　$q : x = y$ 　필요

(3) $p : 3x - 2 = 4$, $q : x = 2$ 　필요충분

🔳 절대부등식

정의: 문자를 포함한 부등식에서 그 문자가 가질 수 있는 어떠한 실수 값을 대입해도 항상 성립하는 부등식

부등식의 증명에 이용되는 실수의 성질:

임의의 실수 $a,\ b$에 대하여

① $a > b \iff a - b > 0$

② $a > 0,\ b > 0$ 일때

$\quad a > b \iff a^2 > b^2 \iff \sqrt{a} > \sqrt{b}$

③ $a^2 + b^2 = 0 \iff a = 0,\ b = 0$

$\qquad\qquad \iff |a| + |b| = 0$

$\qquad\qquad \iff a + bi = 0$

④ $|a|^2 = a^2$

$\quad |ab| = |a||b|$

$\quad \dfrac{|b|}{|a|} = \left|\dfrac{b}{a}\right| \quad (a \neq 0)$

연구23 $\dfrac{a+b}{2} \geq \sqrt{ab}$ 가 성립함을 유도하시오.

---

⑭ 산술평균 ≥ 기하평균

→ 최대, 최소 구할때 사용

$$\dfrac{a+b}{2} \geqq \sqrt{ab} \ , \quad a+b \geqq 2\sqrt{ab}$$

(단, $a>0$, $b>0$, 등호는 $a=b$ 일때 성립)

✎ 산술평균 ≥ 기하평균

연구 23

① 식

$$\dfrac{a+b}{2} \geq \sqrt{ab}$$
$$\Leftrightarrow a+b \geq 2\sqrt{ab}$$
$$\Leftrightarrow \sqrt{a}^2 - 2\sqrt{a}\sqrt{b} + \sqrt{b}^2 \geq 0$$
$$\Leftrightarrow (\sqrt{a}-\sqrt{b})^2 \geq 0$$

② 도형

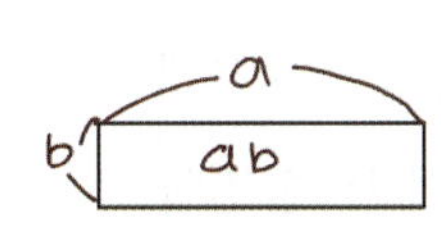

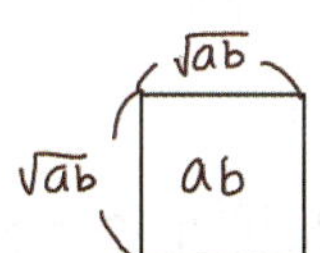

---

⑮ 여러 가지 부등식

① 산술평균 ≥ 기하평균 ≥ 조화평균

$$\dfrac{a+b}{2} \geq \sqrt{ab} \geq \dfrac{2ab}{a+b}$$

(단, $a>0$, $b>0$ · 등호는 $a=b$ 때 성립)

② 코쉬-슈바르츠 부등식

실수 a, b, x, y 에 대하여

$$(a^2+b^2)(x^2+y^2) \geqq (ax+by)^2$$

(단, 등호는 $a:b=x:y$ 일때 성립)

③ $|a|+|b| \geqq |a+b|$

④ $\begin{array}{l} a \leq x \leq b \\ c \leq y \leq d \end{array}$ → 최소 $\leq x \circ y \leq$ 최대

✎ 여러 가지 부등식

【ex】 $-5 \leq x \leq 1$, $-4 \leq y \leq 2$ 일 때
①   ②   ③
$x+y$, $x-y$, xy 의 범위

① $(-5)+(-4) \leq x+y \leq 1+2$

$$-9 \leq x+y \leq 3 \quad \cdots (\text{O})$$

② $(-5)-(-4) \leq x-y \leq 1-2$

$$-1 \leq x-y \leq -1 \quad \cdots (\text{X})$$

y ＼ x	-5	1
-4	-1	⑤
2	⑦	-1

→ $-7 \leq x-y \leq 5$ $\cdots$ (O)

③ $(-5) \times (-4) \leq xy \leq 1 \times 2$

$$20 \leq xy \leq 2 \quad \cdots (\text{X})$$

y ＼ x	-5	1
-4	⑳	-4
2	⑩	2

→ $-10 \leq xy \leq 20$ $\cdots$ (O)

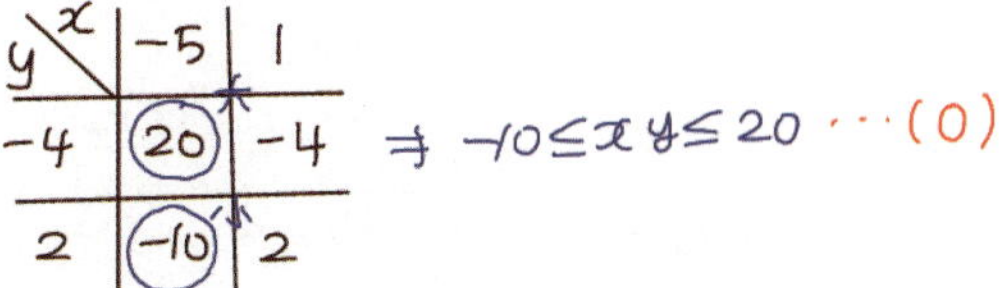

16 여러 가지 증명법

①대우를 이용한 증명

명제와 그 명제의 대우는 참, 거짓이 일치하므로
어떤 명제가 참임을 증명할 때,
그 명제의 대우가 참임을 증명해도 된다.

②귀류법

주어진 명제의 결론을 부정하면 가정에
모순되거나 이미 참이라고 알려진 사실에
모순됨을 유도하여 주어진 명제가 참임을
증명하는 방법

③삼단논법

$p \rightarrow q$이고 $q \rightarrow r$이면 $p \rightarrow r$이다.

「수학(하)」 Ⅱ.함수

미리 알아야 할 단원
수학(상) – 3.도형의 방정식

▣ 함수의 뜻

대응 : 집합 X의 원소가 집합 Y의 원소와 짝이 되는 것을 집합 X에서 집합 Y로의 대응이라고 한다.

함수 : 집합 X의 모든 원소 각각에 대하여 집합 Y의 원소가 하나씩 대응할 때, 이 대응관계 f를 집합 X에서 Y로의 함수라하고, 기호로는 $f : X \rightarrow Y$ 로 나타낸다.

정의역 : 집합 X

공역 : 집합 Y

$y = f(x)$: 함수 f에 의하여 정의역 X의 원소 x가 공역 Y의 원소 y와 대응할 때, 기호 $y = f(x)$로 나타낸다. 이때, $f(x)$를 x에 대한 함숫값이라고 한다.

치역 : 함숫값의 집합, $\{f(x)|x \in X\}$

✎ 주로 정의역과 공역이 실수의 (부분)집합인 함수를 다룬다.

✎ 정의역과 공역이 각각 같은 두 함수 $f : X \rightarrow Y$, $g : X \rightarrow Y$에서 정의역의 모든 원소 x에 대하여 $f(x) = g(x)$일 때, 두 함수 f와 g는 서로 같다고 하고, 기호로 $f = g$라고 한다.

✎ 함수의 뜻

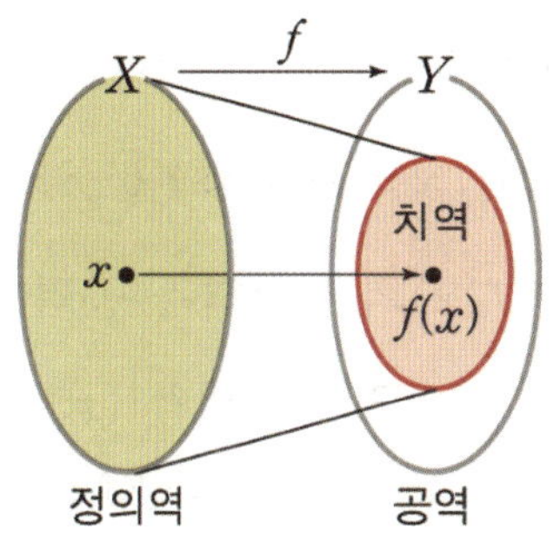

【cx】다음 대응 중에서 함수인 것을 찾고, 그 함수의 정의역, 공역, 치역을 각각 말하여라.

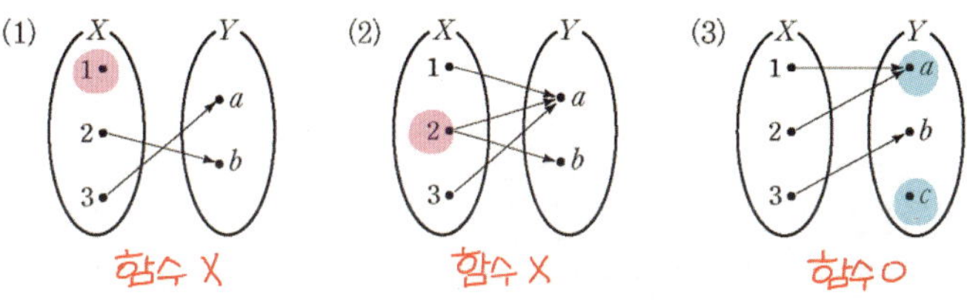

정의역 = $\{1, 2, 3\}$

공역 = $\{a, b, c\}$

치역 = $\{a, b\}$

【ex】정의역이 $\{-1, 0, 1\}$인 두 함수 $f(x) = x$, $g(x) = x^3$는 같은가?

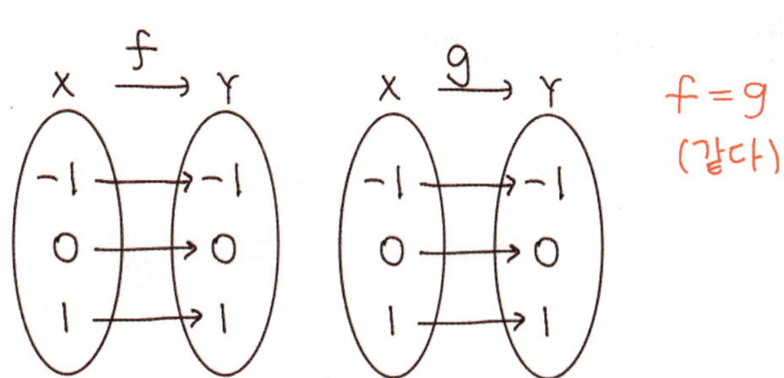

$f = g$
(같다)

연구01 '정의역의 서로 다른 원소에 대하여,
그 함숫값이 서로 다를 때의 함수'의
①용어 ②식 을 쓰시오.

2 함수의 그래프

집합 G를 함수 $y = f(x)$의 그래프라 한다.
$$G = \{\, (x, f(x)) \mid x \in X,\ y \in Y \,\}$$

함수 $y = f(x)$의 정의역과 공역이 실수
전체의 집합일 때, 모든 순서쌍 $(x,\ f(x))$를
좌표평면 위에 나타낸 것을 함수의 그래프라고
부르기도 한다.

함수 판별법
→ 세로선 그어서 여러개면 안돼

함수의 그래프

함수, 함수가 아닌 것

(1) 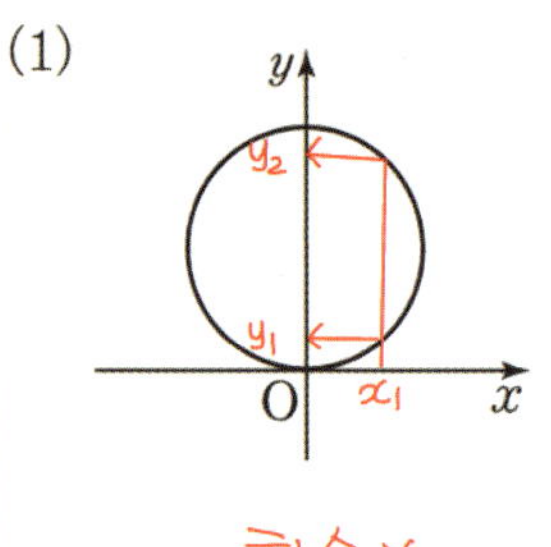
함수 ✕

(2) 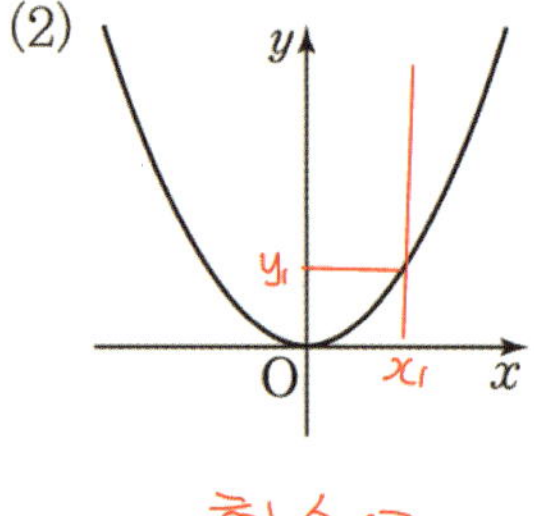
함수 ◯

3 일대일 함수

연구 01 정의역의 서로 다른 원소에 대하여
그 함숫값이 서로 다를 때의 함수
$$x_1 \neq x_2 \rightarrow f(x_1) \neq f(x_2)$$

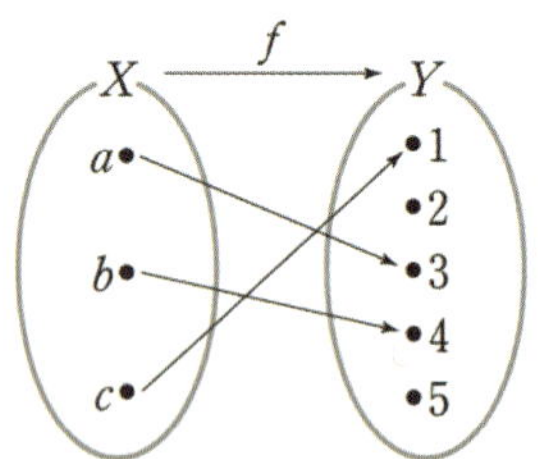

일대일 함수 판별법
→ 가로선 그어서 여러개면 안돼
  (& 세로선 그어서 여러개면 안돼)
→ 연속함수 : 단조 증가 / 단조 감소 그래프

일대일 함수의 그래프

[{실수}→{실수} 연속 함수일 때의 그래프]

(O) 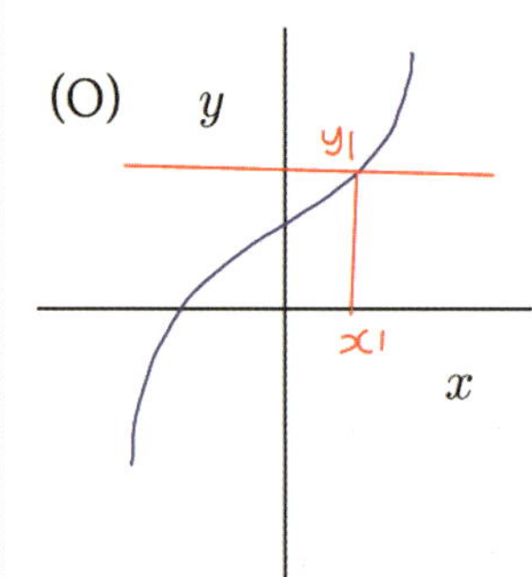

(X) 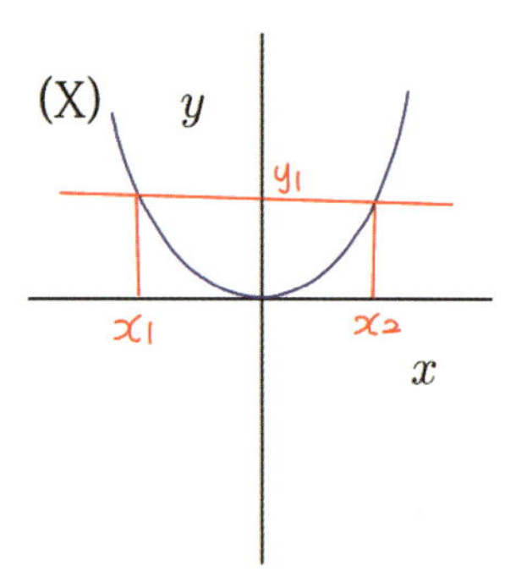

일대일 함수 ◯   일대일 함수 ✕

연구02 '일대일 함수이고, 치역과 공역이 같은 함수'가 무엇인지 알맞은 '용어'를 쓰시오.

연구03 '정의역 X의 모든 원소 x가 공역 Y의 오직 하나의 원소에만 대응될 때의 함수'의
①용어　②식 을 쓰시오.

---

④ 일대일 대응

연구 02

① 일대일함수
② 치역과 공역이 같은 함수　　〕 역함수의 존재조건

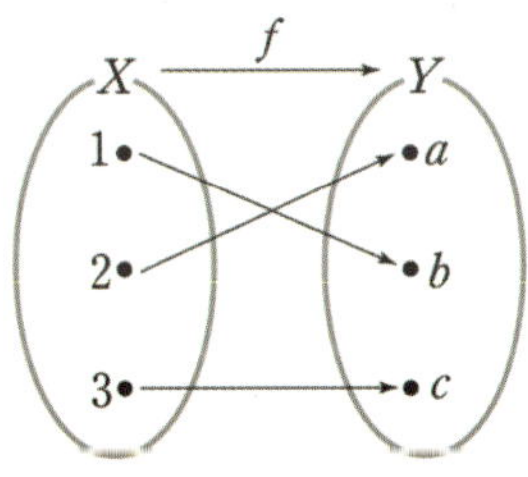

⑤ 상수함수

연구 03

정의역 X의 모든 원소 x가 공역 Y의 오직 하나의 원소에만 대응될 때의 함수

$$f(x) = C$$

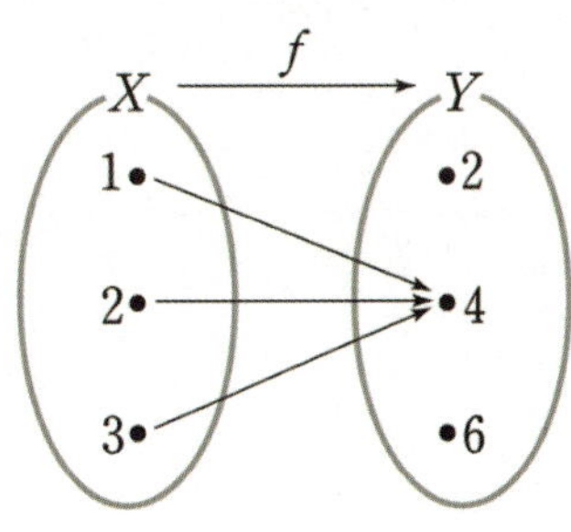

✎ 상수함수의 그래프

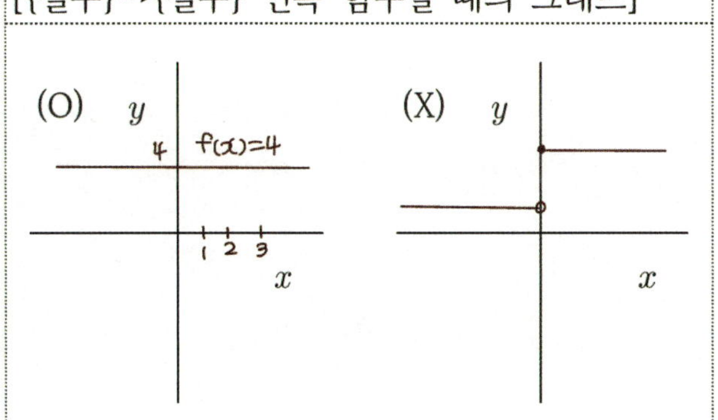

연구04 '정의역과 공역이 같고,

정의역의 임의의 원소에 그 자신을

대응시키는 함수'의

①용어 ②식 을 쓰시오.

---

6 항등함수

연구 04 〉 정의역과 공역이 같고, 정의역의 임의의 원소에 그 자신을 대응시키는 함수

$$f : X \to X, \quad f(x) = x$$

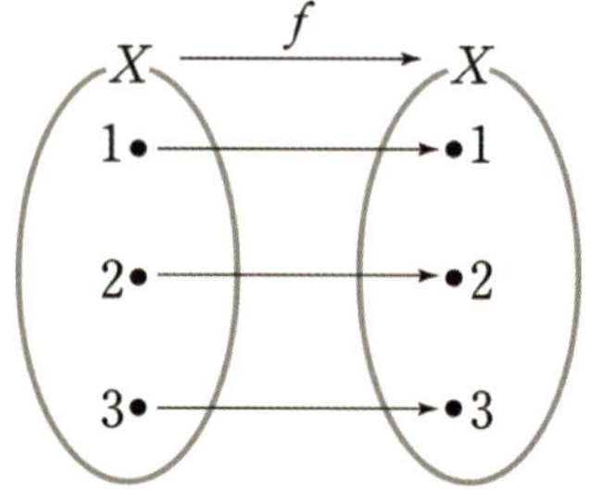

✎ 항등함수의 그래프

[{실수}→{실수} 연속 함수일 때의 그래프]

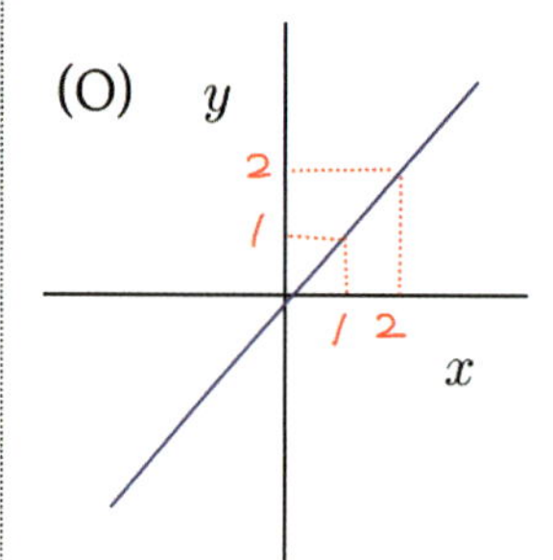

7 합성함수

두 함수 $f : X \to Y$, $g : Y \to Z$가 주어졌을 때 X의 각 원소 x에 대하여 Z의 원소 $g(f(x))$를 대응시키는 새로운 함수를 f와 g의 합성함수라 하고 $g \circ f$ 로 나타낸다.

$$(g \circ f)(x) = g(f(x))$$

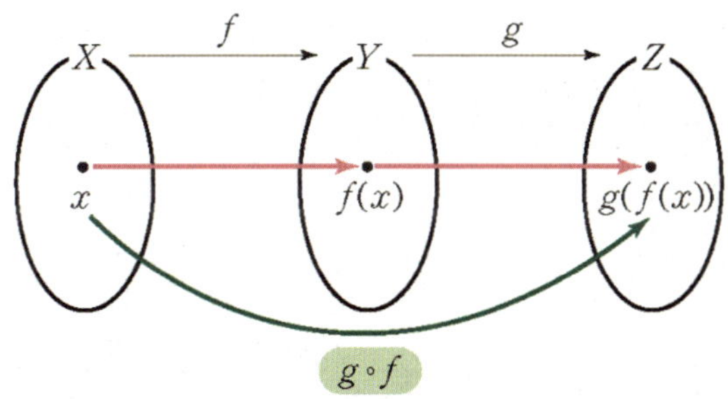

✒ 합성함수

세 집합 $X = \{1, 2, 3\}$, $Y = \{4, 5, 6\}$, $Z = \{7, 8, 9\}$에 대하여 두 함수 $f : X \to Y$, $g : Y \to Z$가 다음과 같이 주어졌다고 하자.

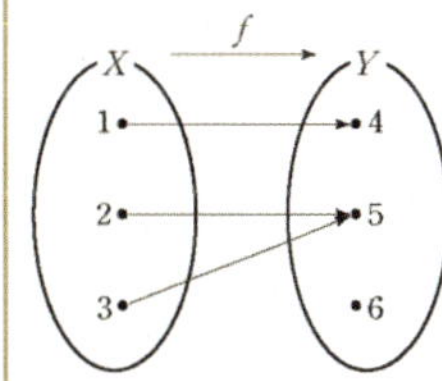
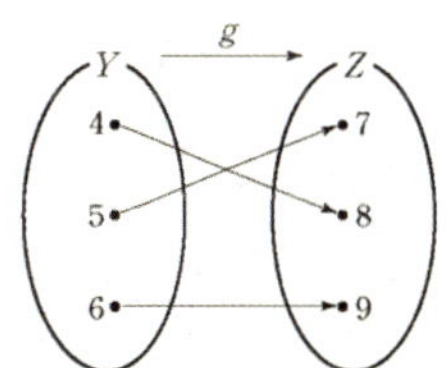
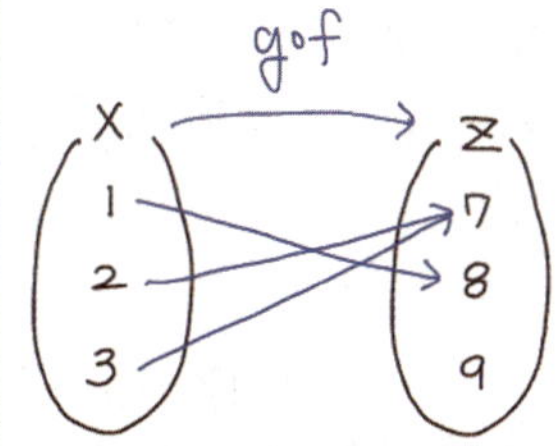

8 합성함수의 성질

① $f \circ g \neq g \circ f$

② $(h \circ g) \circ f = h \circ (g \circ f)$

③ $f \circ I = I \circ f = f$ (I는 항등함수)

✒ 합성함수의 성질

③ $f \circ I = I \circ f = f$ (I는 항등함수)

【ex】$I(x) = x$, $f(x) = 2x + 1$

$(f \circ I)(x) = f(I(x)) = 2I(x) + 1 = 2x + 1$
$$= f(x)$$

$(I \circ f)(x) = I(f(x)) = f(x)$

연구05 함수 f의 역함수 f^{-1}는,

함수 f가 [   ]일 때 존재한다.

9 역함수

함수 $f : X \to Y$가 일대일 대응이고,

Y의 원소 y에 대하여

$y = f(x)$인 X의 원소 x에 대응시키면

Y에서 X로의 함수가 얻어진다.

$$f^{-1} : Y \to X, \quad x = f^{-1}(y)$$

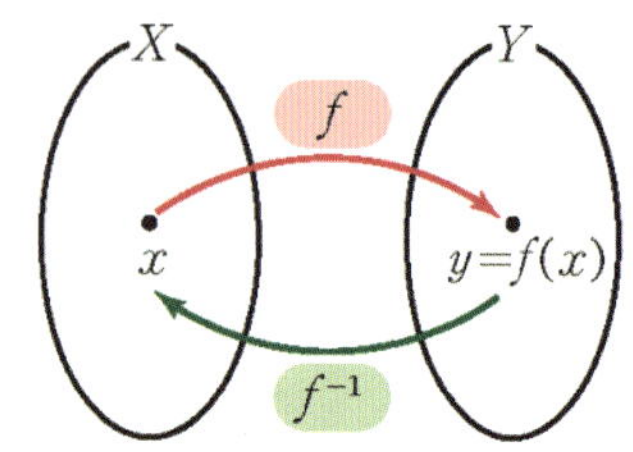

연구 05 ✎ 함수 f의 역함수 f^{-1}는,

함수 f가 일대일 대응일 때 존재한다.

단조증가 / 감소

✎ 역함수

【ex】

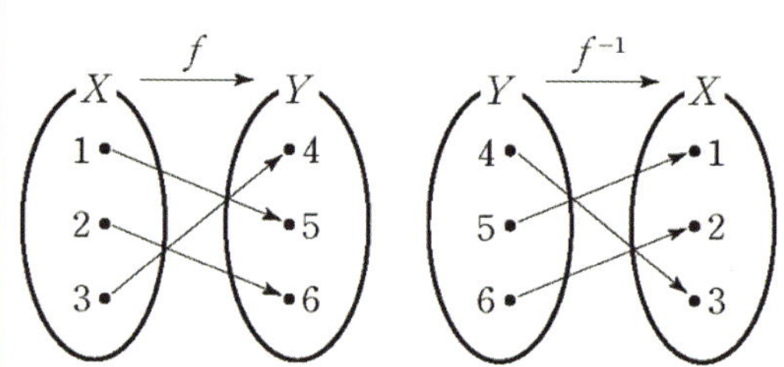

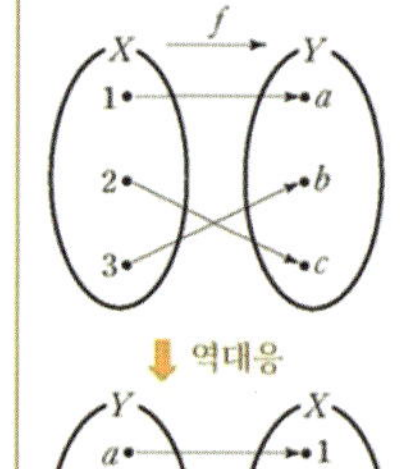

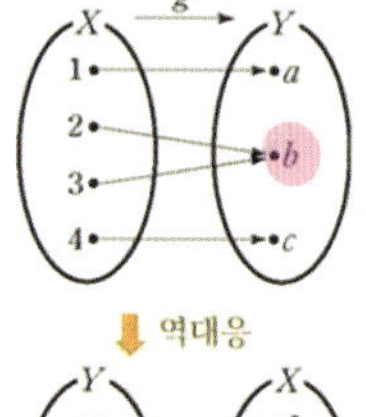
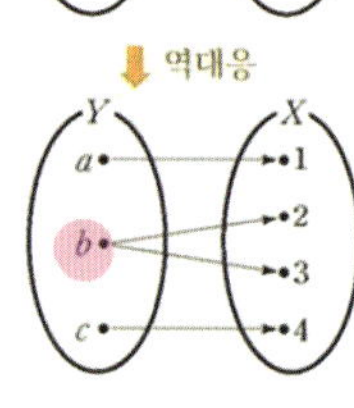

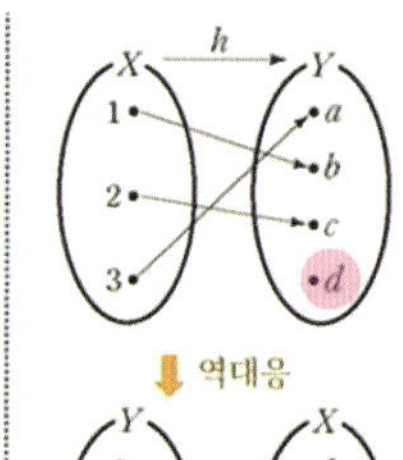
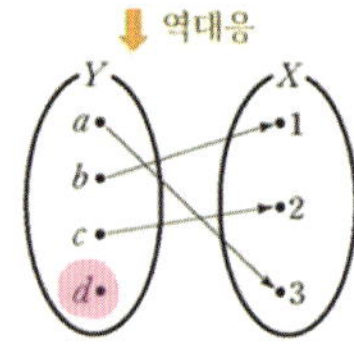

10 역함수 구하는 방법

일반적으로 함수를 나타낼 때,

정의역의 원소를 x, 공역의 원소를 y로

나타내므로 역함수 $x = f^{-1}(y)$에서

x, y를 서로 바꾸어

$y = f^{-1}(x)$와 같이 나타낸다.

✎ 역함수 구하는 방법

【ex】$y = 3x - 1$

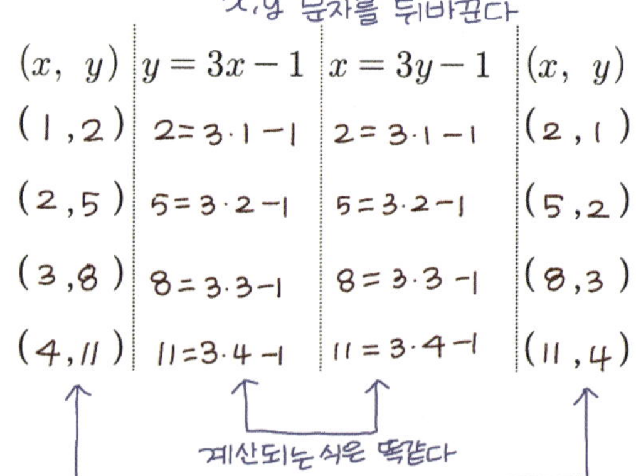

x, y 문자를 뒤바꾼다

(x, y)	$y = 3x - 1$	$x = 3y - 1$	(x, y)
$(1, 2)$	$2 = 3 \cdot 1 - 1$	$2 = 3 \cdot 1 - 1$	$(2, 1)$
$(2, 5)$	$5 = 3 \cdot 2 - 1$	$5 = 3 \cdot 2 - 1$	$(5, 2)$
$(3, 8)$	$8 = 3 \cdot 3 - 1$	$8 = 3 \cdot 3 - 1$	$(8, 3)$
$(4, 11)$	$11 = 3 \cdot 4 - 1$	$11 = 3 \cdot 4 - 1$	$(11, 4)$

[연구06] 빈칸에 알맞은 것을 쓰시오.

① $f(a) = b \Leftrightarrow f^{-1}(b) =$

② $f^{-1} \circ f(x) = f \circ f^{-1}(x) =$

③ $(f^{-1})^{-1} =$

④ $(g \circ f)^{-1} =$

[연구07] $y = f(x)$, $y = f^{-1}(x)$의 그래프는 직선 [　　　]에 대하여 대칭이다.

[연구08] 아래 명제의 참 거짓을 판별하시오.

① f와 $y = x$의 교점은 f와 f^{-1}의 교점이다.

② f와 f^{-1}의 교점은 f와 $y = x$의 교점이다.

---

⑪ 역함수의 성질

연구 06

① $f(a) = b \Leftrightarrow f^{-1}(b) = a$

② $(f^{-1} \cdot f)(x) = (f \circ f^{-1})(x) = x$

③ $(f^{-1})^{-1} = f$

④ $(g \circ f)^{-1} = f^{-1} \circ g^{-1}$ 　　주의! 순서가 뒤바뀐다

⑫ 역함수의 그래프

연구 07

$y = f(x)$ 그래프와 $y = f^{-1}(x)$는 직선 $y = x$에 대하여 대칭이다.

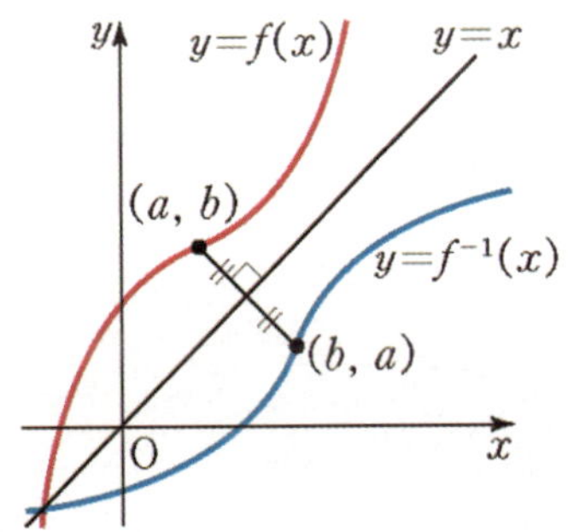

연구 08

f와 $y = x$의 교점 $\underset{\times}{\circ}$ f와 f^{-1}의 교점

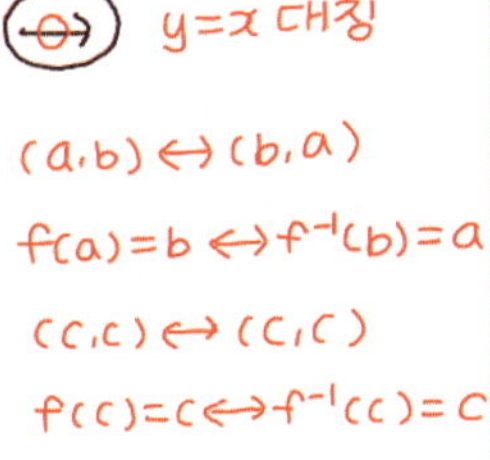

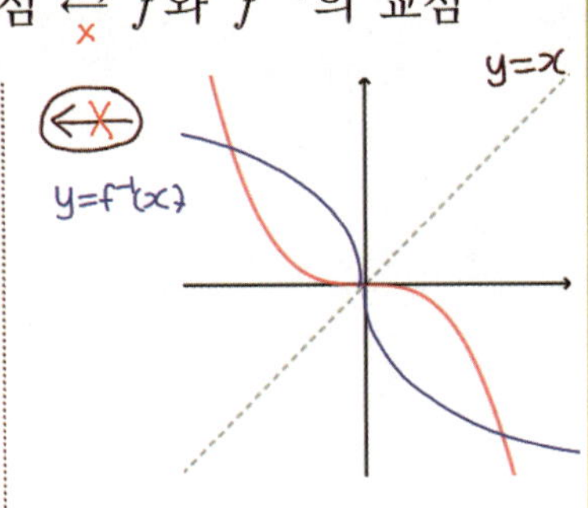

[정리] y=f(x)가 증가함수이면 필요충분조건이 돼!
f와 y=x의 교점 $\underset{}{=}$ f와 f⁻¹의 교점

y=f(x)가 감소함수이면 필요충분조건이 안되는 거고!
f와 y=x의 교점 $\underset{\times}{=}$ f와 f⁻¹의 교점

✎ 역함수의 성질

④ $(g \circ f)^{-1} = f^{-1} \circ g^{-1}$

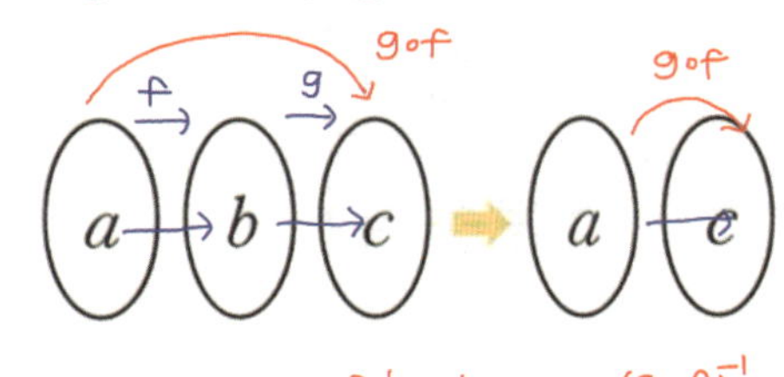

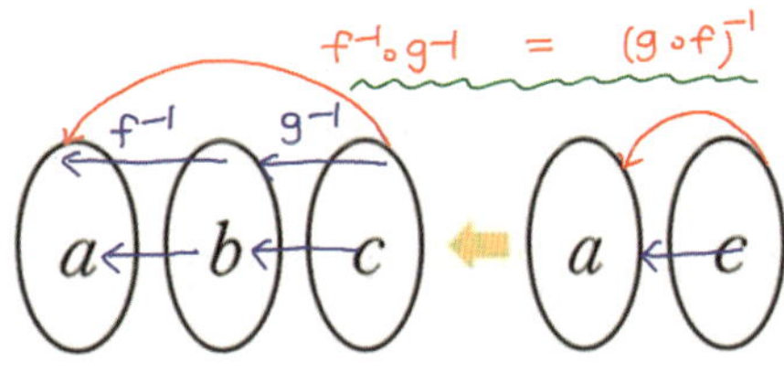

✎ 역함수의 그래프

【ex】$y = x^2$ $(x \geq 0)$

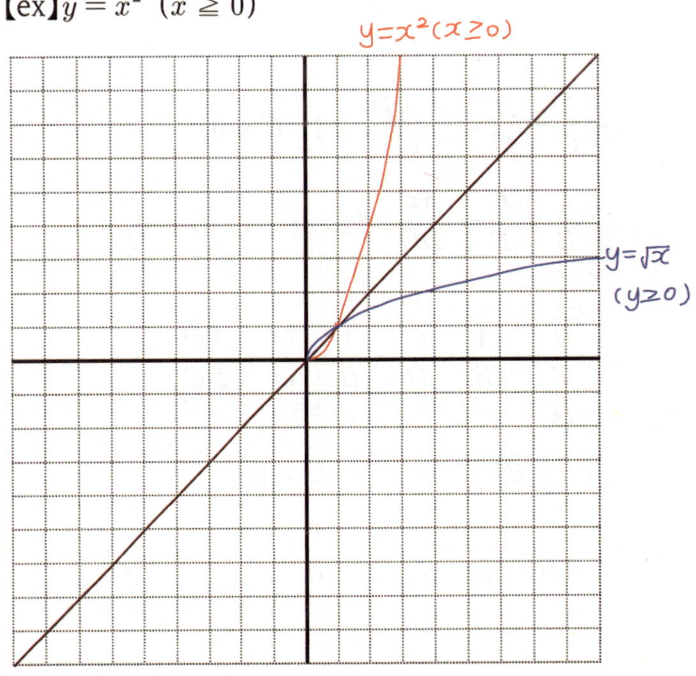

🔢 유리식

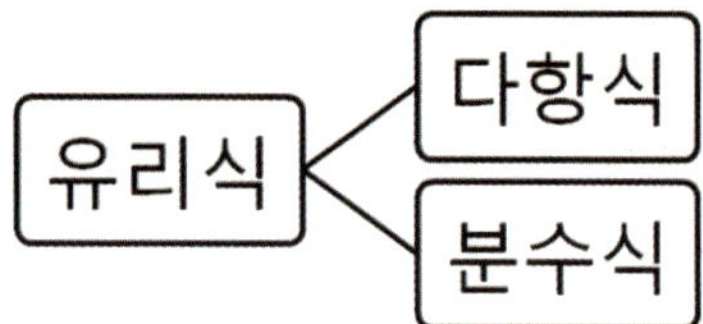

유리식: 두 다항식 A, B에 대하여

$$\frac{A}{B}(B \neq 0)$$의 꼴로 나타내어지는 식

① $\dfrac{A}{B} = \dfrac{A \times C}{B \times C}$

② $\dfrac{A}{B} = \dfrac{A \div C}{B \div C}$

③ $\dfrac{A}{C} + \dfrac{B}{C} = \dfrac{A + B}{C}$

④ $\dfrac{A}{C} - \dfrac{B}{C} = \dfrac{A - B}{C}$ (단, $C \neq 0$)

⑤ $\dfrac{A}{B} \times \dfrac{C}{D} = \dfrac{AC}{BD}$ (단, $B \neq 0$, $D \neq 0$)

⑥ $\dfrac{\dfrac{A}{B}}{\dfrac{C}{D}} = \dfrac{A}{B} \div \dfrac{C}{D} = \dfrac{A}{B} \times \dfrac{D}{C} = \dfrac{AD}{BC}$

(단, $B \neq 0$, $C \neq 0$, $D \neq 0$)

⑦ $\dfrac{1}{AB} = \dfrac{1}{B - A}\left(\dfrac{1}{A} - \dfrac{1}{B}\right)$

🔢 유리식과 비례식

$$a : b = c : d \iff \frac{a}{b} = \frac{c}{d} \iff ad = bc$$

연구09 아래는 $y = \dfrac{k}{x}$ 형태의 식으로 표현되는

함수의 그래프이다. k는 -3, -2, -1, 1, 2, 3

중 하나의 값을 갖을 때, A, B, C, D, E, F

그래프 마다 알맞은 k값을 짝지으시오.

---

15 유리함수

정의 : x에 관한 유리식인 함수

분수함수 : x에 관한 분수식인 함수

① $y = \dfrac{k}{x}$ 의 그래프 $(k \neq 0)$

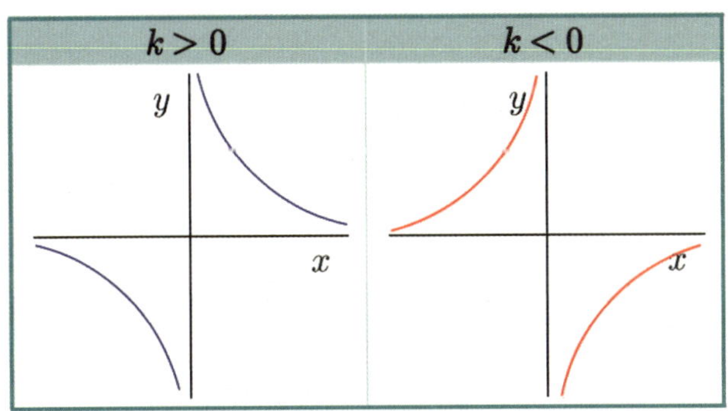

$k > 0$	$k < 0$

a. 정의역: $\{x \mid x \neq 0 \ \text{인 실수}\}$

  치역: $\{y \mid y \neq 0 \ \text{인 실수}\}$

b. 점근선: x축 $(y=0)$, y축 $(x=0)$

c. 대칭: 1. 점 $(0,0)$에 대하여 점 대칭

  2. 직선 $y=x$ 에 대하여 대칭

  3. 직선 $y=-x$ 에대하여 대칭

연구 09

$y = \dfrac{k}{x}$ 그래프 k는 -3, -2, -1, 1, 2, 3

D E F C B A

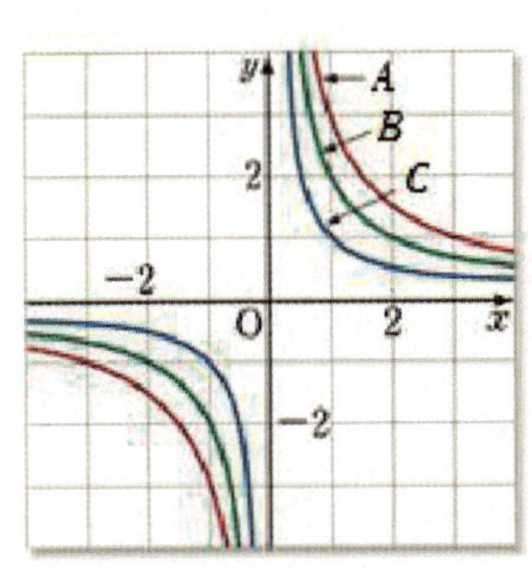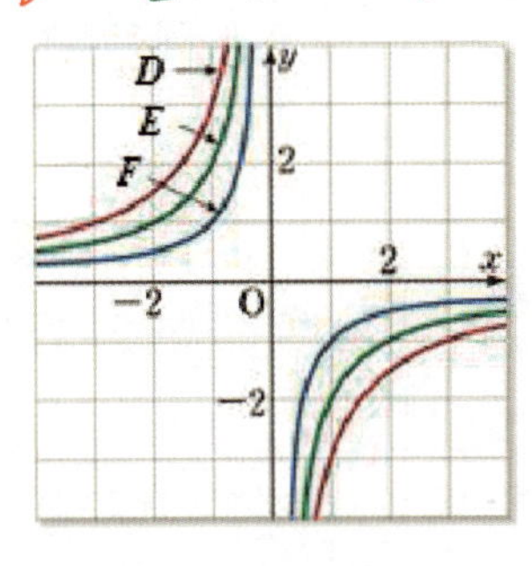

✎ 유리함수

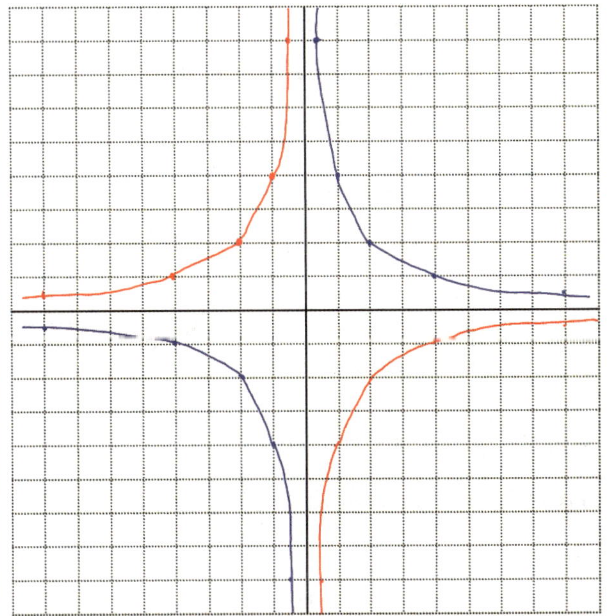

(1) $y = \dfrac{4}{x}$ $\qquad$ (2) $y = -\dfrac{4}{x}$

(x, y)	(x, y)
$\left(x, \dfrac{4}{x}\right)$	$\left(x, -\dfrac{4}{x}\right)$
$\left(-8, -\dfrac{1}{2}\right)$	$\left(-8, \dfrac{1}{2}\right)$
$(-4, -1)$	$(-4, 1)$
$(-2, -2)$	$(-2, 2)$
$(-1, -4)$	$(-1, 4)$
$\left(-\dfrac{1}{2}, -8\right)$	$\left(-\dfrac{1}{2}, 8\right)$
$(0, X)$	$(0, X)$ ← 존재하지 않는다
$\left(\dfrac{1}{2}, 8\right)$	$\left(\dfrac{1}{2}, -8\right)$
$(1, 4)$	$(1, -4)$
$(2, 2)$	$(2, -2)$
$(4, 1)$	$(4, -1)$
$\left(8, \dfrac{1}{2}\right)$	$\left(8, -\dfrac{1}{2}\right)$

[연구10] 함수 $y = \dfrac{k}{x-p} + q$에서 아래 사항에

알맞은 것을 쓰시오.

② $y = \dfrac{k}{x-p} + q$의 그래프 $(k \neq 0)$

$y = \dfrac{k}{x}$의 그래프를 평행이동

x축방향 : $+p$만큼, y축방향 : $+q$만큼

k>0   k<0

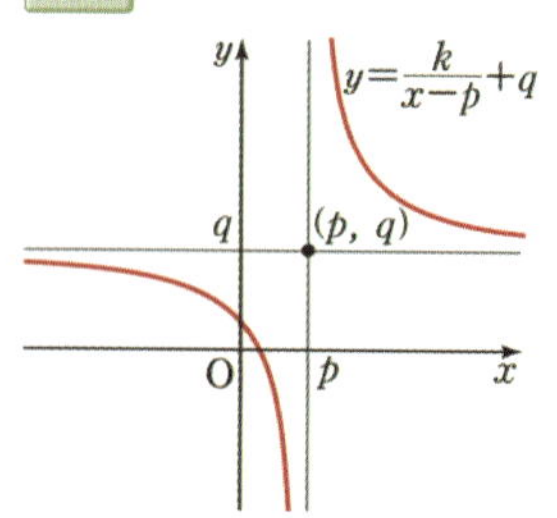

[연구10]

a. 정의역: $\{x \mid x \neq p\ 인\ 실수\}$

치역: $\{y \mid y \neq q\ 인\ 실수\}$

b. 점근선: $x = p,\ y = q$

c. 대칭: 1. 점 (p, q)에 대하여 대칭

2. 직선 $y = 1(x-p) + q$에 대하여 대칭

3. 직선 $y = -1(x-p) + q$에 대하여 대칭

✎ 유리함수 그리기

① 점근선부터 긋기

② x축, y축 긋기

③ x절편 $(y=0)$, y절편 $(x=0)$ 구하기

④ 분자의 부호 $\oplus$ $\ominus$ 따지기

【ex】 $y = \dfrac{2x}{x-2}$

i) $y = \dfrac{2(x-2)+4}{x-2} = \dfrac{2(x-2)}{x-2} + \dfrac{4}{x-2}$

$= \dfrac{4}{x-2} + 2$

✹초스피드 비법

ii) $y = \dfrac{2x}{1 \cdot x-2}$

분모=1
$x-2=1$
$x=3$

$y = \dfrac{\boxed{4}}{x-2} + 2$

$y = 6 = \boxed{4} + 2$

iii) 몫과 나머지

$\dfrac{2x}{x-2} = 2 + \dfrac{4}{x-2}$

몫   나머지

$2x = (x-2) \times 2 + 4$

※ 나머지 정리

$f(x)$를 $x-a$로 나눈 나머지 $f(a)$

$2x$ $x-2$ $2 \cdot 2$

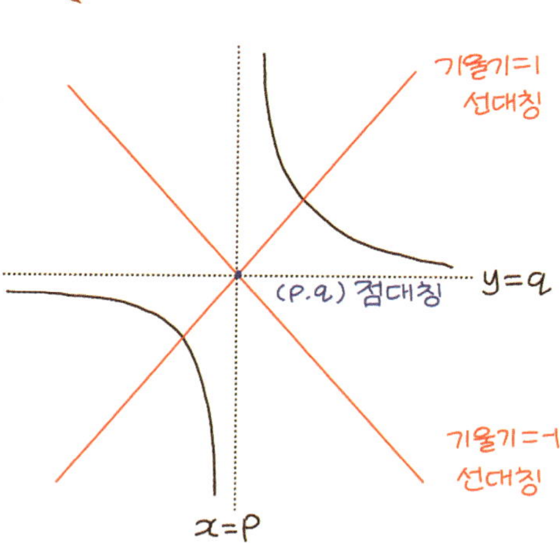

16 무리식

정의: 근호 안에 문자를 포함하는 식 중에서 유리식으로 나타낼 수 없는 식

분모의 유리화: 분모를 근호가 없는 식으로 변형하는 것

① $\dfrac{b}{\sqrt{a}} = \dfrac{b\sqrt{a}}{\sqrt{a}\,\sqrt{a}} = \dfrac{b\sqrt{a}}{a}$

② $\dfrac{c}{\sqrt{a}-\sqrt{b}} = \dfrac{c(\sqrt{a}+\sqrt{b})}{(\sqrt{a}-\sqrt{b})(\sqrt{a}+\sqrt{b})}$

$\qquad = \dfrac{c(\sqrt{a}+\sqrt{b})}{a-b}$

③ $\dfrac{c}{\sqrt{a}+\sqrt{b}} = \dfrac{c(\sqrt{a}-\sqrt{b})}{(\sqrt{a}+\sqrt{b})(\sqrt{a}-\sqrt{b})}$

$\qquad = \dfrac{c(\sqrt{a}-\sqrt{b})}{a-b}$

[연구11] 아래의 A, B, C, D는

$$y = \sqrt{x},\ y = -\sqrt{x},\ y = \sqrt{-x},\ y = -\sqrt{-x}$$

중 하나의 그래프이다. A, B, C, D가 나타내는
방정식을 알맞게 짝지으시오.

---

17 무리함수

정의: x에 관한 무리식인 함수

① $y = \sqrt{x}$ 의 그래프

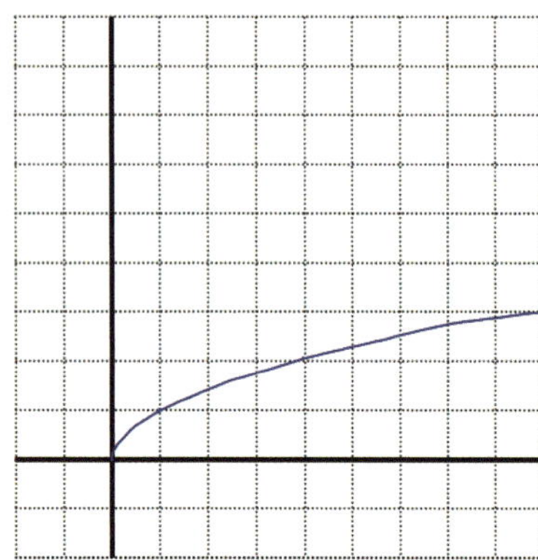

a.정의역: $\{x \mid x \geq 0$ 인 실수$\}$

  치역 : $\{y \mid y \geq 0$ 인 실수$\}$

b.대칭 : $y = x^2\ (x \geq 0)$ 의
        $y = x$ 에 대한 대칭 (역함수)

연구 11 ✎ 그래프 맞는 것 찾기

$$y = \sqrt{x},\ y = -\sqrt{x},\ y = \sqrt{-x},\ y = -\sqrt{-x}$$

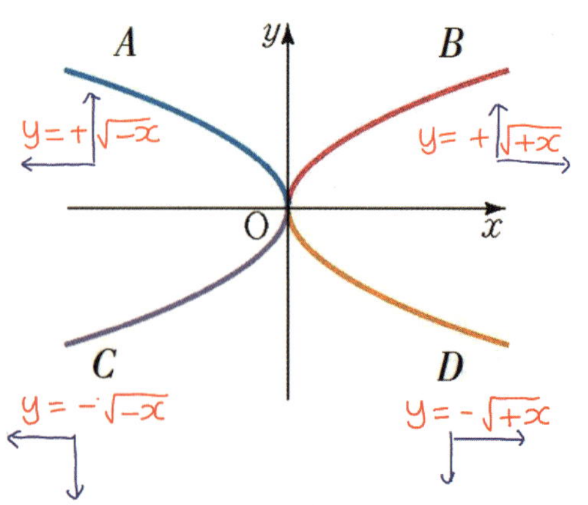

✒ 무리함수

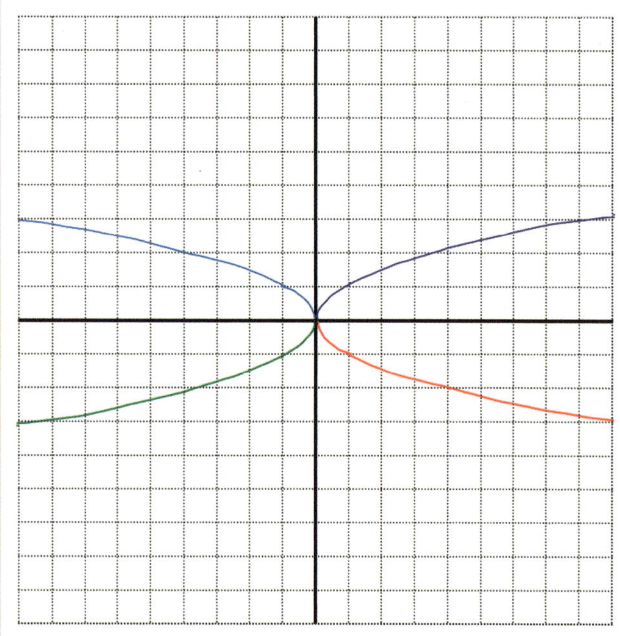

(1) $y = \sqrt{x}$

  $(x.y)$

  $(x.\sqrt{x})$

  $(0,0)$

  $(1,1)$

  $(4,2)$

  $(9,3)$

(2) $y = -\sqrt{x}$

  $(x.y)$

  $(x,-\sqrt{x})$

  $(0,0)$

  $(1,-1)$

  $(4,-2)$

  $(9,-3)$

(3) $y = \sqrt{-x}$

  $(x.y)$

  $(x,\sqrt{-x})$

  $(0,0)$

  $(-1,1)$

  $(-4,2)$

  $(-9,3)$

(4) $y = -\sqrt{-x}$

  $(x.y)$

  $(x,-\sqrt{-x})$

  $(0,0)$

  $(-1,-1)$

  $(-4,-2)$

  $(-9,-3)$

연구12 함수 $y = \sqrt{ax}$ 와 함수 $y = \dfrac{x^2}{a}\,(x \geq 0)$의

그래프는 어떤 관계에 있는지 쓰시오.

---

② $y = \sqrt{ax}$ 의 그래프 $(a \neq 0)$

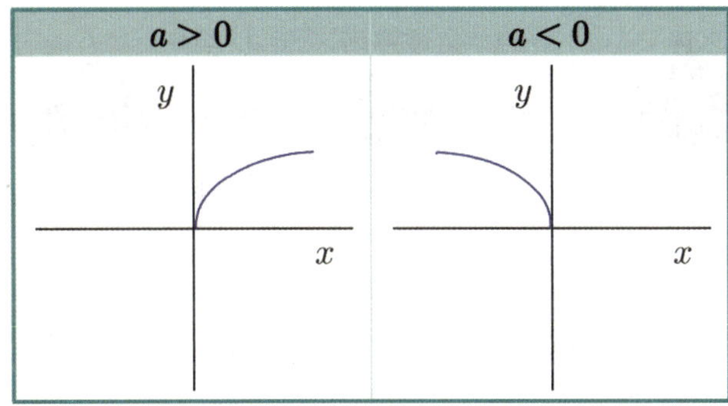

연구 12 · 대칭:

$$y = \sqrt{ax}$$ 의 그래프는

$$y = \frac{1}{a}x^2 \,(x \geq 0)$$ 의

$y = x$ 에 대한 대칭 (역함수)

③ $y = \sqrt{ax+b} + c$의 그래프 $(a \neq 0)$

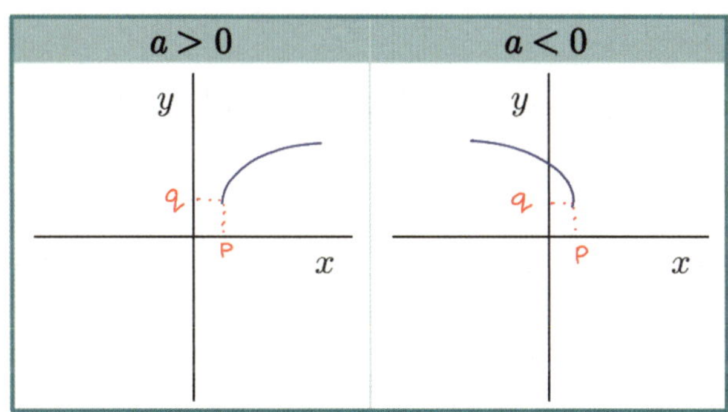

$$y = \sqrt{ax+b} + c$$
$$= \sqrt{a\left(x+\frac{b}{a}\right)} + c$$
$$= \sqrt{a(x-P)} + q$$

$y = \sqrt{ax}$ 의 그래프를 평행이동

x축방향으로 P만큼, y축 방향으로 q만큼

「수학(하)」 Ⅲ.경우의 수

미리 알아야 할 단원
수학(하) - 1.집합과 명제

1 경우의 수

어떤 사건이 일어날 수 있는 모든 가지 수
①빠짐없이 ②중복되지 않게 구해야 한다.

2 합의 법칙 $m+n$

$n(A \cup B) = n(A) + n(B) - n(A \cap B)$

두 사건 A, B가 동시에/함께 일어나지 않고,
사건 A가 일어나는 경우의 수가 m가지이고,
사건 B가 일어나는 경우의 수가 n가지이면,
사건 A또는 B가 일어나는 경우의 수는
$m+n$ 가지이다.

✎ A와 B가 동시에 일어나는 경우가 l가지 있을 때
 A또는 B가 일어나는 경우의 수 : $m+n-l$

3 곱의 법칙 $m \times n$

두 사건 A, B에 대하여
A가 일어나는 경우의 수가 m가지이고,
그 각각에 대하여,
B가 일어나는 경우의 수가 n가지일 때,
A,B가 잇달아 일어나는 경우의 수는
$m \times n$가지이다.

✎ 곱의 법칙

(1)수형도(사전식 배열)　　(2)표(순서쌍)

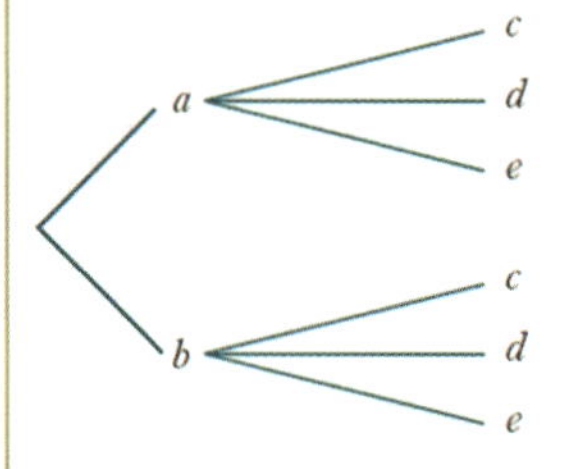

	a	b
c	(a,c)	(b,c)
d	(a,d)	(b,d)
e	(a,e)	(b,e)

$2 \times 3 = 6$개

✎ 식의 곱셈

각 인수에서 한 항씩 뽑아서 곱한 것을 더한 것
Q.$(a+b)(c+d+e)$의 항의 개수? $2 \times 3 = 6$개

$ac+ad+ae+bc+bd+be$

【ex】

Q1.옷 한 개만 고르기　　상의 하의 함께 X

　3+2

Q2.상의 한 게, 하의 한 개 고르기　　상의, 하의 함께 O

　3×2

연구01 자연수 N을 소인수 분해 한 것이
$N = x^a y^b z^c$ (x, y, z는 서로소)일 때,
N의 약수의 개수는 몇 개인가?
또 약수의 총합은 얼마인가?

연구02 서로 다른 n개에서 r개를 택하여 이들의
순서를 생각하여 일렬로 배열하는 순열의 값은?

---

④ 약수의 개수와 총합

연구 01 $N = x^a y^b z^c$의 약수 (단, x, y, z는 서로소)

① N의 약수의 개수 : $(a+1)(b+1)(c+1)$

② N의 약수의 총합 :
$(x^0 + x^1 + x^2 + \cdots + x^a) \times (y^0 + y^1 + \cdots + y^b)$
$\times (z^0 + z^1 + z^2 + \cdots + z^c)$

⑤ 순열 $_nP_r$

연구 02 서로 다른 n개에서 r개를 택하여
이들의 순서를 생각하여 일렬로 배열하는 경우의 수

$$nPr = n(n-1)(n-2) \times \cdots \times (n-r+1)$$
r개

① $nPn = n!$
$\quad = n(n-1)(n-2) \times \cdots \times 3 \times 2 \times 1$

② $nPr = \dfrac{n!}{(n-r)!}$

③ $0! = 1$, $nP_0 = 1$

✎ 약수의 개수와 총합

$144 = 2^4 3^2$의 양의 약수

① 약수의 개수

약수 $= 2^{0\sim4} \, 3^{0\sim2}$

$(4+1)$가지 $\times (2+1)$가지
$= 5 \times 3 = 15$

② 약수의 총합

	3^0	3^1	3^2
2^0			
2^1			
2^2			
2^3			
2^4			

약수의 총합 $= (2^0 + 2^1 + 2^2 + 2^3 + 2^4)(3^0 + 3^1 + 3^2)$

✒ 문제 해결 법

- 함께X → 합
- 함께O → 곱
- 까다로운 것부터
- 이웃O → 한 덩어리
- 이웃X → 사이사이
- 순서가 정해진 것 → 한 가지
- 돼 = 전체 − 안돼
  ① 안 되는 것이 명시
  ② 유형이 너무 많을 때
  (적어도~, ~이상, ~이하)

연구03 서로 다른 n개에서 r개를 택하는 경우의 수는?

연구04 $_nC_r = \dfrac{_nP_r}{r!}$ 인 이유를 쓰시오.

---

6 조합 $_nC_r$

연구 03

순서를 생각하지 않고, 서로 다른 n개에서 r개를 택하는 경우의 수

(=같은 것이 있는 순열)

$$nCr = \frac{nPr}{r!} = \frac{n!}{r!(n-r)!}$$

$$(\ nCr \times r! = nPr \ )$$

① $nCr = nCn-r$

② $nCo = nCn = 1$

＊ 차별 = 다른 자리 배치
　 평등 = 같은 자리 배치

✦✦✦✦
순열　vs　조합

＊　서로 다른 n개
　(차별) r개 선택

$nPr \rightarrow$ Power chabeul
$=$
$nCr \rightarrow$ Chabeul

~~순서 일렬 배열~~　✕

(차별) 다른 자리 배치　$r!$

＊
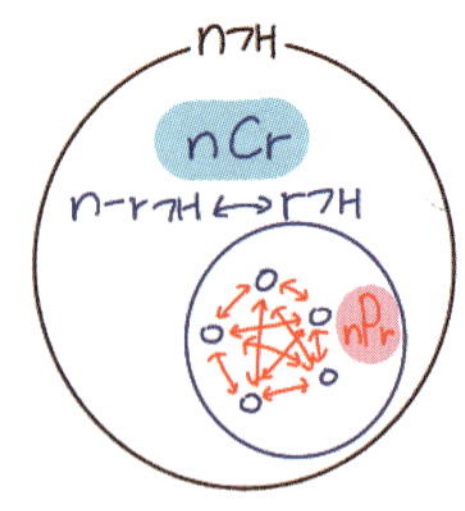

＊ 다른　차별　다른　평등
　　↓　　　　　↓
　　nPr　vs　nCr
　　차별　　　　차별

✎ 조합

(1) [40명 중 반장1, 부반장1, 삼장1 뽑기]

$$40 \times 39 \times 38 = 40P_3$$

(2) [40명 중 3명을 뽑고] & [반장1, 부반장1, 삼장1 배치]

$$N \qquad \times \quad 3 \times 2 \times 1 = N \times 3!$$

↳ 어차피 결과의 경우의 수는 같다

$$N \times 3! = 40P_3$$

$$N = \frac{40P_3}{3!} = 40C_3$$

연구 04 ✎ $_nC_r = \dfrac{_nP_r}{r!}$ 인 이유는?

서로 다른 r개의 순서를 정하는 방법은 $r!$이다.

그런데 $_nP_r$ 은 서로 다른 n개에서 r개를 택하고,

이 r개의 순서를 생각하여

배열하는 방법의 수인 것에 비해,

$_nC_r$ 은 서로 다른 n개에서

r개를 택하기만 하는 것이다.

따라서 $_nC_r \times r! = {_nP_r}$ 이다.

8 분할과 분배

①**분할:** 서로 다른 n개를

p, q, r개$(p+q+r=n)$의

3 묶음으로 나누는 방법의 수

a. $p=q=r$ 일때: $_nC_p \times _{n-p}C_q \times _rC_r \times \frac{1}{3!}$

b. $p=q \neq r$ 일때: $_nC_p \times _{n-p}C_q \times _rC_r \times \frac{1}{2!}$

c. $p \neq q \neq r$ 일때: $_nC_p \times _{n-p}C_q \times _rC_r$

②**분배:** 분할된 3 묶음을 서로 다른 자리에

배치하는 방법의 수

(분할의 방법의 수)$\times 3!$

✎ 분할과 분배

[9명] A B C D E F G H I

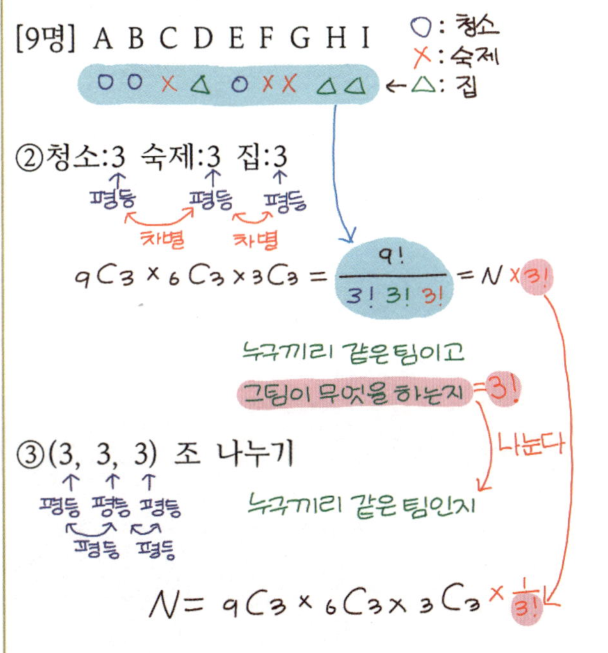

[9명] A B C D E F G H I

[9명] A B C D E F G H I

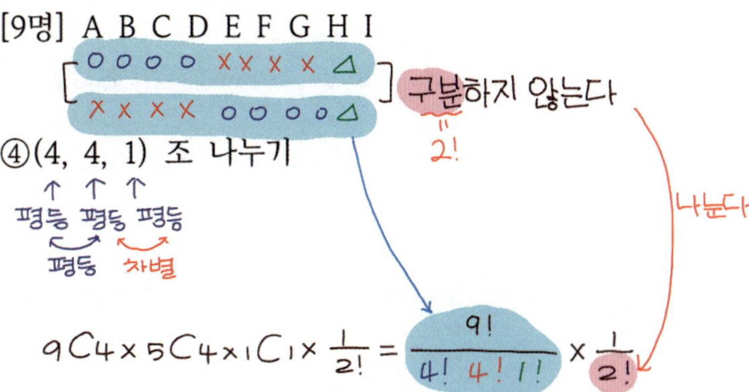

수학 I

「교과서 학습 목표」

1.지수·로그 함수

- □ 거듭제곱과 거듭제곱근의 뜻을 알고,
  그 성질을 이해한다.
- □ 지수가 유리수, 실수까지 확장될 수 있음을
  이해한다.
- □ 지수법칙을 이해하고,
  이를 이용하여 식을 간단히 나타낼 수 있다.
- □ 로그의 뜻을 알고, 그 성질을 이해한다.
- □ 상용로그를 이해하고, 이를 활용할 수 있다.
- □ 지수함수와 로그함수의 뜻을 안다.
- □ 지수함수와 로그함수의 그래프를 그릴 수 있고,
  그 성질을 이해한다.
- □ 지수함수와 로그함수를 활용하여
  문제를 해결할 수 있다.

2.삼각함수

- □ 일반각과 호도법의 뜻을 안다.
- □ 삼각함수의 뜻을 알고, 사인함수, 코사인함수,
  탄젠트함수의 그래프를 그릴 수 있다.
- □ 사인법칙과 코사인법칙을 이해하고,
  이를 활용할 수 있다.

3.수열

- □ 수열의 뜻을 안다.
- □ 등차수열의 뜻을 알고, 일반항, 첫째항부터
  제n항까지의 합을 구할 수 있다.
- □ 등비수열의 뜻을 알고, 일반항, 첫째항부터
  제n항까지의 합을 구할 수 있다.
- □ $\sum$의 뜻을 알고, 그 성질을 이해하고,
  이를 활용할 수 있다.
- □ 여러 가지 수열의 첫째항부터
  제n항까지의 합을 구할 수 있다.
- □ 수열의 귀납적 정의를 이해한다.
- □ 수학적 귀납법의 원리를 이해한다.
- □ 수학적 귀납법을 이용하여 명제를 증명할 수 있다.

「수학 I」 I.지수·로그 함수

연구01 빈칸에 알맞은 것을 쓰시오.

연구02 $a \neq 0$이고, n이 양의 정수일 때

$\cdot\ a^0 = 1 \qquad \cdot\ a^{-n} = \dfrac{1}{a^n}$ 을 유도하시오.

■ 지수법칙

연구 01 $a > 0$, $b > 0$일 때, 임의의 실수 m, n에 대하여

① $a^m a^n = a^{m+n}$

② $(a^m)^n = a^{mn}$

③ $(ab)^n = a^n b^n$

④ $a^m \div a^n = a^{m-n}$

연구 02 ⑤ $a^0 = 1$

⑥ $a^{-n} = \dfrac{1}{a^n}$

지수의 확장과 밑수의 축소

$$a^n$$

밑수	지수
실수	자연수
$a \neq 0$	정수
$a > 0$	유리수
$a > 0$	실수

축소 →

확장 →

ex) 2^3, 0^3, $(-2)^3$

ex) 2^{-3}, 0^{-3}, $(-2)^{-3}$ ← 밑수가 0 이면 모순

ex) $2^{\frac{1}{2}}$, $0^{\frac{1}{2}}$, $(-2)^{\frac{1}{2}}$ ← 밑수가 음수면 허수가 생길 수 있음

$\sqrt{2}i$

✎ 지수법칙

① $4^3 4^2 = (4 \cdot 4 \cdot 4) \cdot (4 \cdot 4) = 4^5 = 4^{3+2}$

② $(4^3)^2 = (4 \cdot 4 \cdot 4) \cdot (4 \cdot 4 \cdot 4) = 4^6 = 4^{3 \times 2}$

③ $(3 \cdot 4)^2 = (3 \cdot 4) \cdot (3 \cdot 4) = (3 \cdot 3) \cdot (4 \cdot 4)$
$= 3^2 4^2$

④ $4^3 \div 4^2 = \dfrac{4 \cdot 4 \cdot 4}{4 \cdot 4} = 4^1 = 4^{3-2}$

⑤ $a^0 \times a^n = a^{0+n} = a^n$

$\therefore a^0 = \dfrac{a^n}{a^n} = 1$

⑥ $a^{-n} \times a^n = a^{-n+n} = a^0 = 1$

$\therefore a^{-n} = \dfrac{1}{a^n}$

$$\underset{a^{-2},}{\underset{\shortparallel}{\frac{1}{a^2}}} \quad \underset{a^{-1},}{\underset{\shortparallel}{\frac{1}{a}}} \quad \underset{a^0,}{\underset{\shortparallel}{1}} \quad a^1, \quad a^2, \quad a^3$$

$\times a \quad \times a \quad \times a \quad \times a \quad \times a$

연구03 a의 n제곱근을 빈칸에 쓰시오.

연구04 다음을 제곱근 기호를 이용해 표현하시오.

② 거듭제곱과 거듭제곱근

①a 의 n 거듭제곱: 실수 a 를 n 번 곱한 a^n

        (a 는 밑, n 는 지수)

②a 의 n 제곱근: $x^n = a$ 가 되는 x

        (n 제곱해서 a 가 되는 것)

연구 03

$x^n = a$	n이 홀수	n이 짝수
$a > 0$	$x = \sqrt[n]{a}$ ⊕ 1개	$x = \sqrt[n]{a}$ ⊕ $x = -\sqrt[n]{a}$ ⊖ 2개
$a = 0$	$x = 0$ 1개	$x = 0$ 1개
$a < 0$	$x = \sqrt[n]{a}$ ⊖ 1개	없다 0개

$\sqrt{a^2} = |a| = \begin{cases} a & (a \geq 0) \\ -a & (a < 0) \end{cases}$

a의 n제곱근 중 음수를 쓰시오.

n홀수: $\sqrt[n]{a}$ (단, $a<0$) $a>0$이면 $\sqrt[n]{a}>0$

n짝수: $-\sqrt[n]{a}$ (단, $a>0$) $a<0$이면 $\sqrt[n]{a}$없다

※ 기호 사용이 일관성이 없다.

✎ 거듭제곱근

②a 의 n 제곱근

a. n 이 홀수인 경우   b. n 이 짝수인 경우

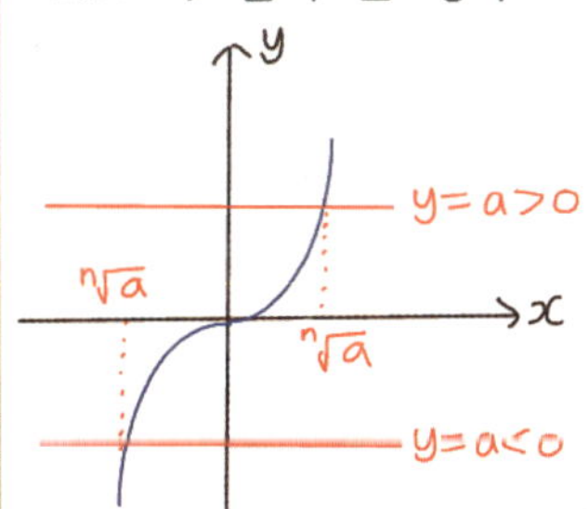

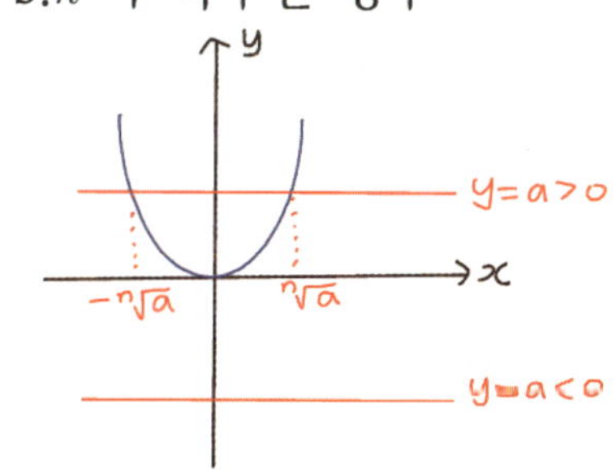

【ex】 다음을 제곱근 기호를 이용해 표현하시오.

연구 04

(1) 64의 2제곱근 중 음수 : $-\sqrt[2]{64} = -8$

(2) 64의 3제곱근 중 음수 : 없다

(3) -64의 3제곱근 중 음수 : $\sqrt[3]{-64} = -4$

(4) -64의 2제곱근 중 음수 : 없다

(5) 64의 2제곱근 중 양수 : $\sqrt[2]{64} = 8$

(6) 64의 3제곱근 중 양수 : $\sqrt[3]{64} = 4$

(7) -64의 3제곱근 중 양수 : 없다

(8) -64의 2제곱근 중 양수 : 없다

[연구05] $a > 0$, $b > 0$이고 m, n이 2 이상의 자연수일 때 다음을 유도하시오.

3 거듭제곱근의 성질

연구 05 ▷ $a > 0$, $b > 0$이고 m, n이 2이상의 자연수일 때,

① $\sqrt[n]{a}\ \sqrt[n]{b} = \sqrt[n]{ab}$

② $\dfrac{\sqrt[n]{a}}{\sqrt[n]{b}} = \sqrt[n]{\dfrac{a}{b}}$

③ $(\sqrt[n]{a})^m = \sqrt[n]{a^m}$

④ $\sqrt[m]{\sqrt[n]{a}} = \sqrt[mn]{a}$

⑤ $\sqrt[n]{a^m} = \sqrt[np]{a^{mp}}$ (p는 양의 정수)

⑥ $a^{\frac{m}{n}} = \sqrt[n]{a^m}$

$a > 0$일경우

$\sqrt[n]{a}$는 n 홀짝 관계없이 "n제곱해서 a가 되는 어떤 양수!"

$a^{\frac{\text{분자}}{\text{분모}}} = \sqrt[\text{분모}]{a^{\text{분자}}}$

✎ 거듭제곱근의 성질

① $(\sqrt[n]{a}\ \sqrt[n]{b})^n = (\sqrt[n]{a})^n(\sqrt[n]{b})^n = ab$ 이므로

$\sqrt[n]{a}\ \sqrt[n]{b} = \sqrt[n]{ab}$ 이다

② $\left(\dfrac{\sqrt[n]{a}}{\sqrt[n]{b}}\right)^n = \dfrac{a}{b}$ 이므로 $\dfrac{\sqrt[n]{a}}{\sqrt[n]{b}} = \sqrt[n]{\dfrac{a}{b}}$ 이다

③ $\left\{(\sqrt[n]{a})^m\right\}^n = \left\{(\sqrt[n]{a})^n\right\}^m = a^m$ 이므로

$(\sqrt[n]{a})^m = \sqrt[n]{a^m}$ 이다

④ $(\sqrt[m]{\sqrt[n]{a}})^{mn} = \left\{(\sqrt[m]{\sqrt[n]{a}})^m\right\}^n = (\sqrt[n]{a})^n = a$ 이므로

$\sqrt[m]{\sqrt[n]{a}} = \sqrt[mn]{a}$ 이다

⑤ $(a^{\frac{m}{n}})^n = a^{\frac{m}{n}\cdot n} = a^m$ 이므로 $a^{\frac{m}{n}} = \sqrt[n]{a^m}$ 이다

[연구06] $a > 0$, $a \neq 1$이고 $N > 0$일 때 $a^x = N$ 을 로그를 이용하여 표현하시오.

[연구07] $\log_a N$에서 밑수조건과 진수조건을 쓰고 이 두 조건이 있어야 하는 이유를 쓰시오.

4 로그의 정의

[연구06]

$a > 0$, $a \neq 1$, $N > 0$일 때,

$$a^x = N \iff x = \log_a N$$

① 밑수조건(a): $a > 0$, $a \neq 1$

② 진수조건(N): $N > 0$

✎ 밑수조건/진수조건

[연구07]

밑수조건과 진수조건이 있어야 하는 이유.

$x = \log_a N \iff a^x = N$ 이므로

i) $a \leq 0$ 이면 진수가 허수가 될 수 있다.

ex) $(-2)^{\frac{1}{2}} = \sqrt{-2} = \sqrt{2}\,i$

ii) $a = 1$ 이면 항상 $N = 1$ 이고 x는 모든 실수가 돼서 로그값이 정의되지 않는다.

ex) $1^3 = 1 \to \log_1 1 = 3$
$1^{100} = 1 \to \log_1 1 = 100$

$\log_1 1$의 값이 정의되지 않는다.

iii) $N \leq 0$ 이면 말이 안된다.

ex) $\log_3 (-2) = x \to 3^x = -2$ 모순
$(\because 3^x > 0)$

연구08 $a > 0$, $a \neq 1$, $x > 0$, $y > 0$이고 k가 임의의 실수일 때 다음 로그의 성질을 유도하시오.

① $\log_a 1 = 0$, $\log_a a = 1$

② $\log_a xy = \log_a x + \log_a y$

③ $\log_a \dfrac{x}{y} = \log_a x - \log_a y$

④ $\log_a x^k = k \log_a x$

5 로그의 성질

연구 08 $a > 0$, $a \neq 1$, $x > 0$, $y > 0$일 때

① $\log_a 1 = 0$, $\log_a a = 1$

② $\log_a xy = \log_a x + \log_a y$

③ $\log_a \dfrac{x}{y} = \log_a x - \log_a y$

④ $\log_a x^k = k \log_a x$ (k는 실수)

⑤ $\log_a b = \dfrac{\log_c b}{\log_c a}$ (b, c는 양수이고 $c \neq 1$)

⑥ $\log_{a^m} x^n = \dfrac{n}{m} \log_a x$

⑦ $a^{\log_c x} = x^{\log_c a}$

✎ 로그의 성질

① $a^0 = 1 \Leftrightarrow \log_a 1 = 0$
   $a^1 = a \Leftrightarrow \log_a a = 1$

② $\log_a x = p$, $\log_a y = q \Leftrightarrow x = a^p$, $y = a^q$
   $xy = a^p a^q = a^{p+q}$
   $p + q = \log_a xy$
   $\log_a x + \log_a y = \log_a xy$

③ $\log_a x = p$, $\log_a y = q \Leftrightarrow x = a^p$, $y = a^q$
   $\dfrac{x}{y} = \dfrac{a^p}{a^q} = a^{p-q}$
   $p - q = \log_a \dfrac{x}{y}$
   $\log_a x - \log_a y = \log_a \dfrac{x}{y}$

④ $\log_a x = p \rightarrow x = a^p$
   $x^k = (a^p)^k = a^{pk}$
   $pk = \log_a x^k$
   $k \log_a x = \log_a x^k$

⑤ $\log_a b = \dfrac{\log_c b}{\log_c a}$ (b, c는 양수이고 $c \neq 1$)

⑥ $\log_{a^m} x^n = \dfrac{n}{m} \log_a x$

⑦ $a^{\log_c x} = x^{\log_c a}$

---

6 상용로그

정의: 밑이 10인 로그 $\log_{10} N = \log N$

⑤ $P = \log_c a$, $q = \log_c b \rightarrow c^P = a$, $c^q = b$

$b = c^q = (c^P)^{\frac{q}{P}} = a^{\frac{q}{P}}$

$\dfrac{q}{P} = \log_a b$

$\dfrac{\log_c b}{\log_c a} = \log_a b$

⑥ $\log_a x = P \rightarrow x = a^P$

$x^n = a^{Pn} = (a^m)^{P\frac{n}{m}}$

$P\dfrac{n}{m} = \log_{a^m} x^n$

$\dfrac{n}{m} \log_a x = \log_{a^m} x^n$

⑦ $\log_c a^{\log_c x} = \log_c x \times \log_c a$ 이고

$\log_c x^{\log_c a} = \log_c a \times \log_c x$ 이므로

$a^{\log_c x} = x^{\log_c a}$ 이다.

수	0	1	2	3	4	5	6	7	8	9
1.0	.0000	.0043	.0086	.0128	.0170	.0212	.0253	.0294	.0334	.0374
1.1	.0414	.0453	.0492	.0531	.0569	.0607	.0645	.0682	.0719	.0755
1.2	.0792	.0828	.0864	.0899	.0934	.0969	.1004	.1038	.1072	.1106
1.3	.1139	.1173	.1206	.1239	.1271	.1303	.1335	.1367	.1399	.1430
1.4	.1461	.1492	.1523	.1553	.1584	.1614	.1644	.1673	.1703	.1732
1.5	.1761	.1790	.1818	.1847	.1875	.1903	.1931	.1959	.1987	.2014
1.6	.2041	.2068	.2095	.2122	.2148	.2175	.2201	.2227	.2253	.2279
1.7	.2304	.2330	.2355	.2380	.2405	.2430	.2455	.2480	.2504	.2529
1.8	.2553	.2577	.2601	.2625	.2648	.2672	.2695	.2718	.2742	.2765
1.9	.2788	.2810	.2833	.2856	.2878	.2900	.2923	.2945	.2967	.2989
2.0	.3010	.3032	.3054	.3075	.3096	.3118	.3139	.3160	.3181	.3201
2.1	.3222	.3243	.3263	.3284	.3304	.3324	.3345	.3365	.3385	.3404
2.2	.3424	.3444	.3464	.3483	.3502	.3522	.3541	.3560	.3579	.3598
2.3	.3617	.3636	.3655	.3674	.3692	.3711	.3729	.3747	.3766	.3784
2.4	.3802	.3820	.3838	.3856	.3874	.3892	.3909	.3927	.3945	.3962
2.5	.3979	.3997	.4014	.4031	.4048	.4065	.4082	.4099	.4116	.4133
2.6	.4150	.4166	.4183	.4200	.4216	.4232	.4249	.4265	.4281	.4298
2.7	.4314	.4330	.4346	.4362	.4378	.4393	.4409	.4425	.4440	.4456
2.8	.4472	.4487	.4502	.4518	.4533	.4548	.4564	.4579	.4594	.4609
2.9	.4624	.4639	.4654	.4669	.4683	.4698	.4713	.4728	.4742	.4757
3.0	.4771	.4786	.4800	.4814	.4829	.4843	.4857	.4871	.4886	.4900
3.1	.4914	.4928	.4942	.4955	.4969	.4983	.4997	.5011	.5024	.5038
3.2	.5051	.5065	.5079	.5092	.5105	.5119	.5132	.5145	.5159	.5172
3.3	.5185	.5198	.5211	.5224	.5237	.5250	.5263	.5276	.5289	.5302
3.4	.5315	.5328	.5340	.5353	.5366	.5378	.5391	.5403	.5416	.5428
3.5	.5441	.5453	.5465	.5478	.5490	.5502	.5514	.5527	.5539	.5551
3.6	.5563	.5575	.5587	.5599	.5611	.5623	.5635	.5647	.5658	.5670
3.7	.5682	.5694	.5705	.5717	.5729	.5740	.5752	.5763	.5775	.5786
3.8	.5798	.5809	.5821	.5832	.5843	.5855	.5866	.5877	.5888	.5899
3.9	.5911	.5922	.5933	.5944	.5955	.5966	.5977	.5988	.5999	.6010
4.0	.6021	.6031	.6042	.6053	.6064	.6075	.6085	.6096	.6107	.6117
4.1	.6128	.6138	.6149	.6160	.6170	.6180	.6191	.6201	.6212	.6222
4.2	.6232	.6243	.6253	.6263	.6274	.6284	.6294	.6304	.6314	.6325
4.3	.6335	.6345	.6355	.6365	.6375	.6385	.6395	.6405	.6415	.6425
4.4	.6435	.6444	.6454	.6464	.6474	.6484	.6493	.6503	.6513	.6522
4.5	.6532	.6542	.6551	.6561	.6571	.6580	.6590	.6599	.6609	.6618
4.6	.6628	.6637	.6646	.6656	.6665	.6675	.6684	.6693	.6702	.6712
4.7	.6721	.6730	.6739	.6749	.6758	.6767	.6776	.6785	.6794	.6803
4.8	.6812	.6821	.6830	.6839	.6848	.6857	.6866	.6875	.6884	.6893
4.9	.6902	.6911	.6920	.6928	.6937	.6946	.6955	.6964	.6972	.6981
5.0	.6990	.6998	.7007	.7016	.7024	.7033	.7042	.7050	.7059	.7067
5.1	.7076	.7084	.7093	.7101	.7110	.7118	.7126	.7135	.7143	.7152
5.2	.7160	.7168	.7177	.7185	.7193	.7202	.7210	.7218	.7226	.7235
5.3	.7243	.7251	.7259	.7267	.7275	.7284	.7292	.7300	.7308	.7316
5.4	.7324	.7332	.7340	.7348	.7356	.7364	.7372	.7380	.7388	.7396

수	0	1	2	3	4	5	6	7	8	9
5.5	.7404	.7412	.7419	.7427	.7435	.7443	.7451	.7459	.7466	.7474
5.6	.7482	.7490	.7497	.7505	.7513	.7520	.7528	.7536	.7543	.7551
5.7	.7559	.7566	.7574	.7582	.7589	.7597	.7604	.7612	.7619	.7627
5.8	.7634	.7642	.7649	.7657	.7664	.7672	.7679	.7686	.7694	.7701
5.9	.7709	.7716	.7723	.7731	.7738	.7745	.7752	.7760	.7767	.7774
6.0	.7782	.7789	.7796	.7803	.7810	.7818	.7825	.7832	.7839	.7846
6.1	.7853	.7860	.7868	.7875	.7882	.7889	.7896	.7903	.7910	.7917
6.2	.7924	.7931	.7938	.7945	.7952	.7959	.7966	.7973	.7980	.7987
6.3	.7993	.8000	.8007	.8014	.8021	.8028	.8035	.8041	.8048	.8055
6.4	.8062	.8069	.8075	.8082	.8089	.8096	.8102	.8109	.8116	.8122
6.5	.8129	.8136	.8142	.8149	.8156	.8162	.8169	.8176	.8182	.8189
6.6	.8195	.8202	.8209	.8215	.8222	.8228	.8235	.8241	.8248	.8254
6.7	.8261	.8267	.8274	.8280	.8287	.8293	.8299	.8306	.8312	.8319
6.8	.8325	.8331	.8338	.8344	.8351	.8357	.8363	.8370	.8376	.8382
6.9	.8388	.8395	.8401	.8407	.8414	.8420	.8426	.8432	.8439	.8445
7.0	.8451	.8457	.8463	.8470	.8476	.8482	.8488	.8494	.8500	.8506
7.1	.8513	.8519	.8525	.8531	.8537	.8543	.8549	.8555	.8561	.8567
7.2	.8573	.8579	.8585	.8591	.8597	.8603	.8609	.8615	.8621	.8627
7.3	.8633	.8639	.8645	.8651	.8657	.8663	.8669	.8675	.8681	.8686
7.4	.8692	.8698	.8704	.8710	.8716	.8722	.8727	.8733	.8739	.8745
7.5	.8751	.8756	.8762	.8768	.8774	.8779	.8785	.8791	.8797	.8802
7.6	.8808	.8814	.8820	.8825	.8831	.8837	.8842	.8848	.8854	.8859
7.7	.8865	.8871	.8876	.8882	.8887	.8893	.8899	.8904	.8910	.8915
7.8	.8921	.8927	.8932	.8938	.8943	.8949	.8954	.8960	.8965	.8971
7.9	.8976	.8982	.8987	.8993	.8998	.9004	.9009	.9015	.9020	.9025
8.0	.9031	.9036	.9042	.9047	.9053	.9058	.9063	.9069	.9074	.9079
8.1	.9085	.9090	.9096	.9101	.9106	.9112	.9117	.9122	.9128	.9133
8.2	.9138	.9143	.9149	.9154	.9159	.9165	.9170	.9175	.9180	.9186
8.3	.9191	.9196	.9201	.9206	.9212	.9217	.9222	.9227	.9232	.9238
8.4	.9243	.9248	.9253	.9258	.9263	.9269	.9274	.9279	.9284	.9289
8.5	.9294	.9299	.9304	.9309	.9315	.9320	.9325	.9330	.9335	.9340
8.6	.9345	.9350	.9355	.9360	.9365	.9370	.9375	.9380	.9385	.9390
8.7	.9395	.9400	.9405	.9410	.9415	.9420	.9425	.9430	.9435	.9440
8.8	.9445	.9450	.9455	.9460	.9465	.9469	.9474	.9479	.9484	.9489
8.9	.9494	.9499	.9504	.9509	.9513	.9518	.9523	.9528	.9533	.9538
9.0	.9542	.9547	.9552	.9557	.9562	.9566	.9571	.9576	.9581	.9586
9.1	.9590	.9595	.9600	.9605	.9609	.9614	.9619	.9624	.9628	.9633
9.2	.9638	.9643	.9647	.9652	.9657	.9661	.9666	.9671	.9675	.9680
9.3	.9685	.9689	.9694	.9699	.9703	.9708	.9713	.9717	.9722	.9727
9.4	.9731	.9736	.9741	.9745	.9750	.9754	.9759	.9763	.9768	.9773
9.5	.9777	.9782	.9786	.9791	.9795	.9800	.9805	.9809	.9814	.9818
9.6	.9823	.9827	.9832	.9836	.9841	.9845	.9850	.9854	.9859	.9863
9.7	.9868	.9872	.9877	.9881	.9886	.9890	.9894	.9899	.9903	.9908
9.8	.9912	.9917	.9921	.9926	.9930	.9934	.9939	.9943	.9948	.9952
9.9	.9956	.9961	.9965	.9969	.9974	.9978	.9983	.9987	.9991	.9996

[연구09] 다음은 지수함수 $y = a^x\ (a > 0,\ a \neq 1)$ 의 성질이다. 그래프를 그리고 빈칸을 채우시오.

---

7 지수함수

지수함수 $y = a^x$의 그래프 $(a > 0,\ a \neq 1)$

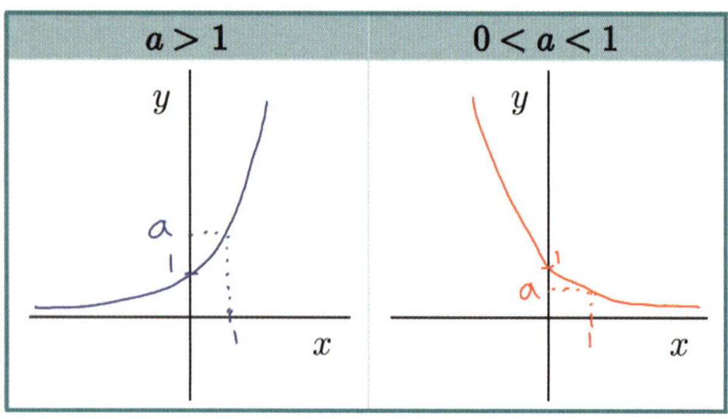

연구 09 ①정의역: $\{x \mid x는 실수\}$

치역: $\{y \mid y > 0인 실수\}$

②$a > 1$일 때,　증가함수

　$0 < a < 1$일 때,　감소함수

③a값과 관계없이 지나는 점: $(0, 1)$

그래프 그릴 때 활용할 점: $(1, a)$

④점근선: x축 $(y = 0)$

⑤$y = a^x$와 $y = \left(\dfrac{1}{a}\right)^x$의 그래프의 관계:

y축 대칭관계 $y = \left(\dfrac{1}{a}\right)^x = a^{-x}$

지수함수

(1) $y = 2^x$ 　　(2) $y = 2^{-x} = \left(\dfrac{1}{2}\right)^x$

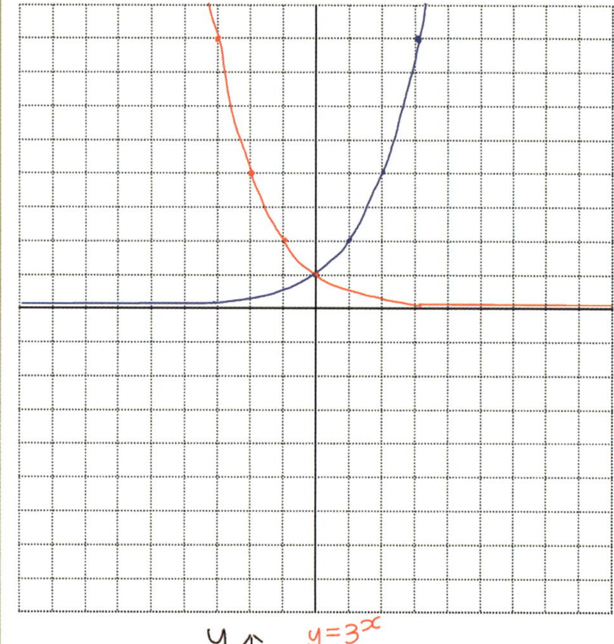

$\begin{cases} y = 2^x \\ y = 3^x \end{cases}$

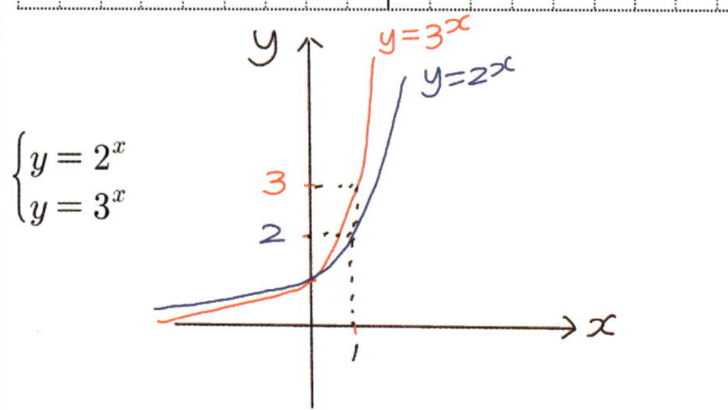

$\begin{cases} y = \left(\dfrac{1}{2}\right)^x \\ y = \left(\dfrac{1}{3}\right)^x \end{cases}$

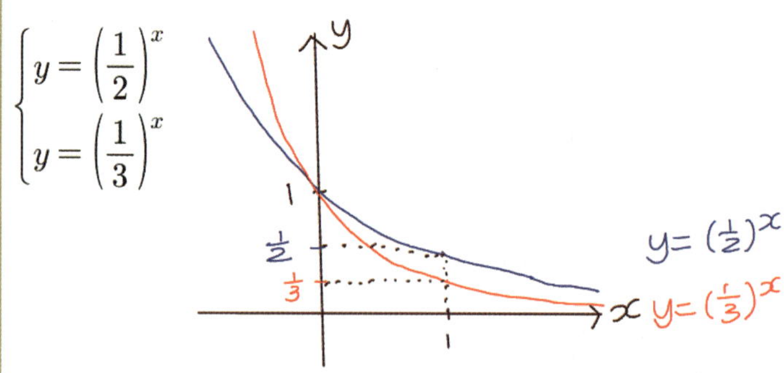

연구10 다음은 로그함수

$y = \log_a x \ (a > 0, \ a \neq 1)$의 성질이다.

그래프를 그리고 빈칸에 알맞은 말을 쓰시오.

---

8 로그함수

로그함수 $y = \log_a x$의 그래프

$(a > 0, \ a \neq 1, \ x > 0)$

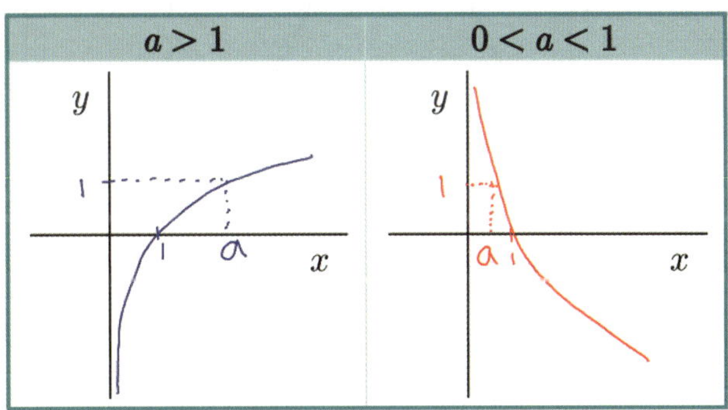

$a > 1$	$0 < a < 1$

연구 10

① 정의역: $\{x \mid x > 0$ 인 실수 $\}$

　치역 : $\{y \mid y$ 는 실수 $\}$

② $a > 1$일 때, 　증가함수

　$0 < a < 1$일 때, 　감소함수

③ a값과 관계없이 지나는 점: (1, 0)

　그래프 그릴 때 활용할 점: (a, 1)

④ 점근선 : y축 $(x = 0)$

⑤ $y = \log_a x$와 $y = \log_{\frac{1}{a}} x$의 그래프의 관계:

　x축 대칭관계 $\quad y = \log_{a^{-1}} x = -\log_a x$

⑥ 함수 $y = a^x$과 $y = \log_a x$의 관계:

　역함수 관계

　($y = x$ 대칭)　역대응 $\begin{cases} y = a^x \\ x = a^y \iff y = \log_a x \end{cases}$

✎ 로그함수

$(1) \, y = \log_2 x$　　　　$(2) \, y = -\log_2 x$

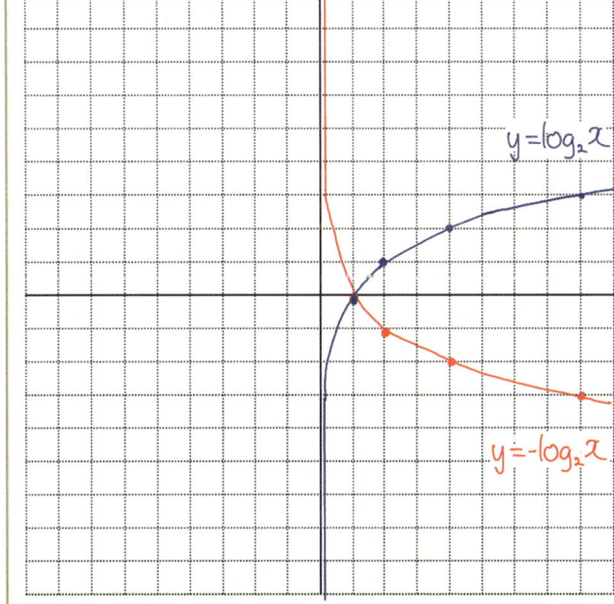

연구11 빈칸에 알맞은 부등식을 쓰시오.

- 임의의 실수 x에 대하여 a^x [　] 0

- $a > 1$일 때, $a^{x_1} < a^{x_2} \Leftrightarrow$

- $0 < a < 1$일 때, $a^{x_1} < a^{x_2} \Leftrightarrow$

---

9 지수방정식과 지수부등식

①지수방정식의 풀이

$$a^{x_1} = a^{x_2} \Leftrightarrow x_1 = x_2 \text{ 또는 } a = 1$$
$$f(x_1) = f(x_2) \Leftrightarrow x_1 = x_2$$

연구 11 ②지수부등식의 성질

a.임의의 실수 x에 대하여 $a^x > 0$

b.$a > 1$일 때, $a^{x_1} < a^{x_2} \Leftrightarrow x_1 < x_2$

c.$0 < a < 1$일 때, $a^{x_1} < a^{x_2} \Leftrightarrow x_1 > x_2$

$$※ f(x) = x^2 \text{ 이면 } f(x_1) = f(x_2) \not\Rightarrow x_1 = x_2$$

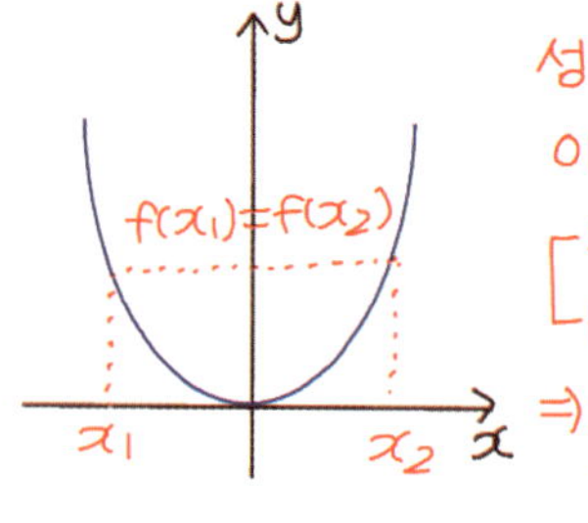

성립하려면 일대일함수
이어야한다.
$$\begin{bmatrix} x_1 \neq x_2 \rightarrow f(x_1) \neq f(x_2) \\ f(x_1) = f(x_2) \rightarrow x_1 = x_2 \end{bmatrix}$$
$\Rightarrow$ 지수함수가 일대일함수
라는게 point !

✒ 지수방정식과 지수부등식

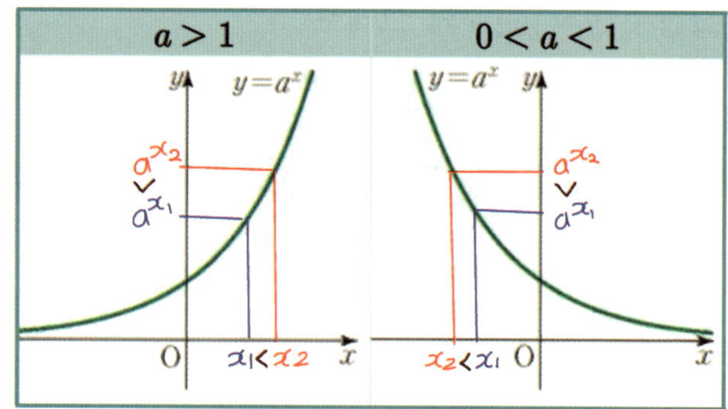

연구12 $a > 0$, $a \neq 1$이고 x_1, $x_2 > 0$일 때

빈칸에 알맞은 부등식을 쓰시오.

- $a > 1$일 때, $\log_a x_1 < \log_a x_2 \Leftrightarrow$

- $0 < a < 1$일 때, $\log_a x_1 < \log_a x_2 \Leftrightarrow$

🔟 로그방정식과 로그부등식

①로그방정식의 성질

$$a.\ \log_a P = q \Leftrightarrow P = a^q$$

$$b.\ \log_a x_1 = \log_a x_2 \Leftrightarrow x_1 = x_2$$

연구 12 ②로그부등식의 성질

$$a.\ a > 1 일\ 때,\quad \log_a x_1 < \log_a x_2 \Leftrightarrow x_1 < x_2$$

$$b.\ 0 < a < 1일\ 때,\quad \log_a x_1 < \log_a x_2 \Leftrightarrow x_1 > x_2$$

🖊 로그방정식과 로그부등식

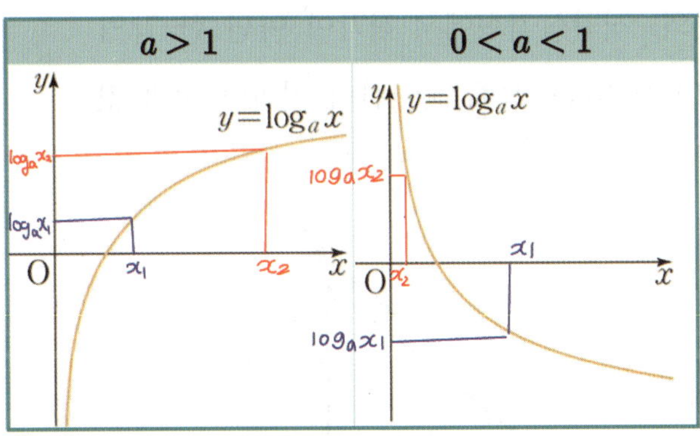

「수학 I」 II.삼각함수

미리 알아야 할 단원
수학(상) － 3.도형의 방정식
수학(하) － 2.함수

① 삼각비의 뜻

정의: 직각삼각형에서 직각이 아닌 한 각의
크기에 따라 정해지는 변의 길이의 비의 값

↳ 각과 변길이의 관계를 구하기

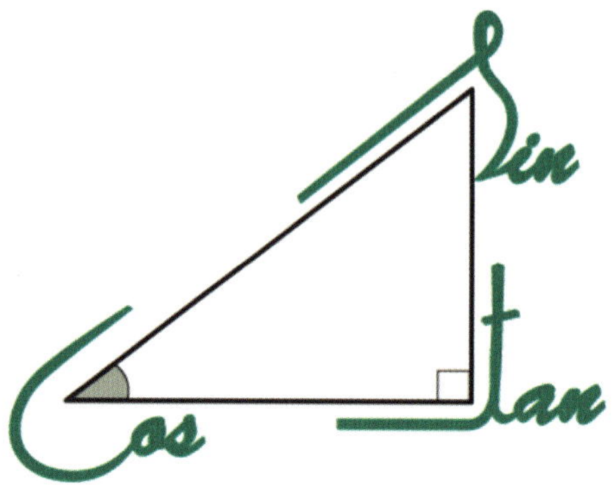

$\angle A$의 사인 : $\sin A = \dfrac{(높이)}{(빗변)}$

$\angle A$의 코사인: $\cos A = \dfrac{(밑변)}{(빗변)}$

$\angle A$의 탄젠트: $\tan A = \dfrac{(높이)}{(밑변)}$

※ 각과 마주보는 변이 높이다

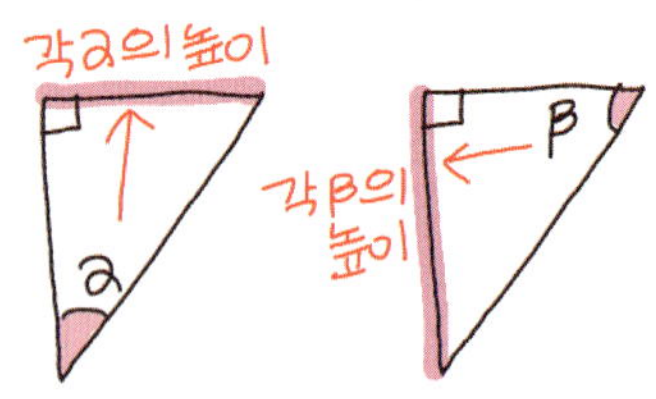

✎ 삼각비의 뜻

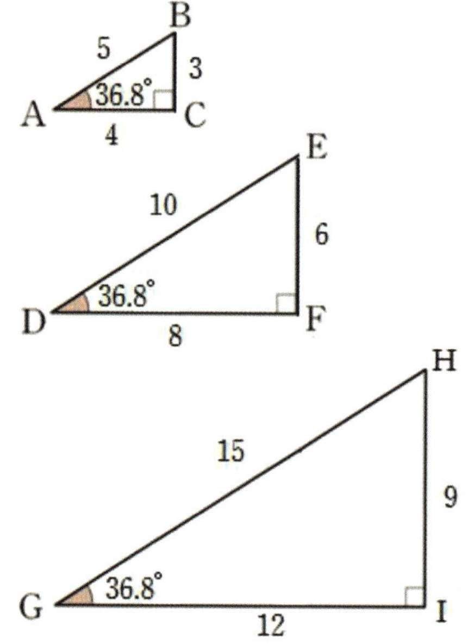

$\dfrac{(높이)}{(빗변)} = \dfrac{\overline{BC}}{\overline{AB}} = \dfrac{\overline{EF}}{\overline{DE}} = \dfrac{\overline{HI}}{\overline{GH}} = \sin 36.8°$

$\dfrac{(밑변)}{(빗변)} = \dfrac{\overline{AC}}{\overline{AB}} = \dfrac{\overline{DF}}{\overline{DE}} = \dfrac{\overline{GI}}{\overline{GH}} = \cos 36.8°$

$\dfrac{(높이)}{(밑변)} = \dfrac{\overline{BC}}{\overline{AC}} = \dfrac{\overline{EF}}{\overline{DF}} = \dfrac{\overline{HI}}{\overline{GI}} = \tan 36.8°$

⇒ 직각 삼각형에서 각의 크기가 같으면 (닮음)
변의 길이는 달라도 변의 길이의 비율이 같다.

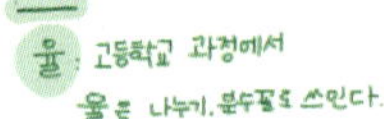
율 : 고등학교 과정에서
율은 나누기, 분수꼴을 쓰인다.

연구01 빈칸에 알맞은 삼각비의 값을 쓰시오.

---

2 삼각비의 값

연구 01

①특수각의 삼각비

삼각비 $\backslash$ A	0°	30°	45°	60°	90°
sin A	0	$\frac{1}{2}$	$\frac{\sqrt{2}}{2}$	$\frac{\sqrt{3}}{2}$	1
cos A	1	$\frac{\sqrt{3}}{2}$	$\frac{\sqrt{2}}{2}$	$\frac{1}{2}$	0
tan A	0	$\frac{\sqrt{3}}{3}$	1	$\sqrt{3}$	없다

※ $\sin\theta$, $\cos\theta$, $\tan\theta$ 셋중 하나만 알면 나머지도 다 알수있다.

②단위원과 삼각비

반지름 길이가 1인 원!

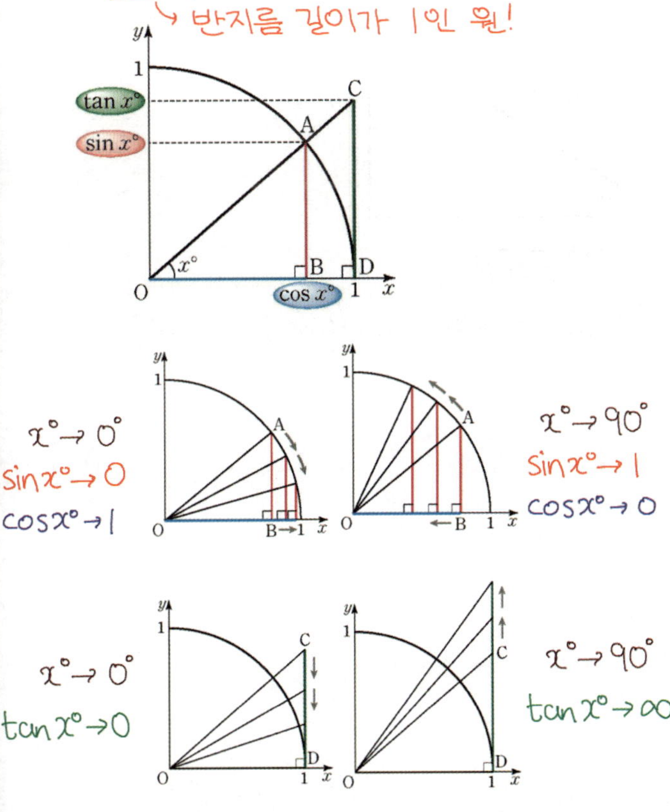

$x° \to 0°$
$\sin x° \to 0$
$\cos x° \to 1$

$x° \to 90°$
$\sin x° \to 1$
$\cos x° \to 0$

$x° \to 0°$
$\tan x° \to 0$

$x° \to 90°$
$\tan x° \to \infty$

✎ 삼각비의 값

①특수각의 삼각비

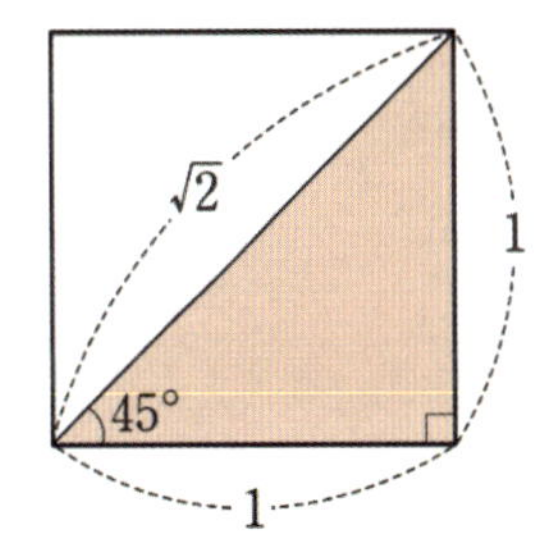

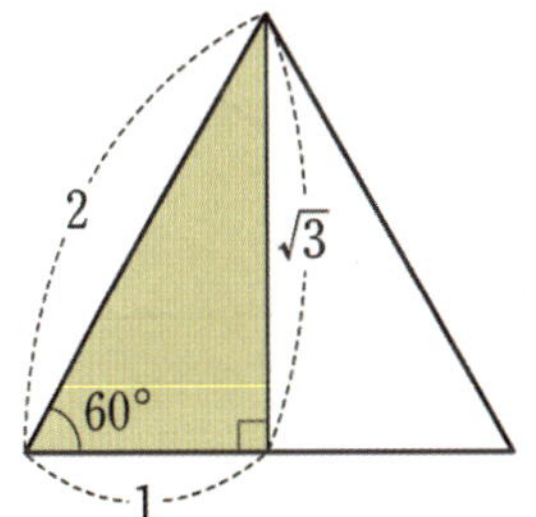

②단위원과 삼각비

$$\sin x° = \frac{\overline{AB}}{\overline{OA}} = \frac{\overline{AB}}{1} = \overline{AB}$$

$$\cos x° = \frac{\overline{OB}}{\overline{OA}} = \frac{\overline{OB}}{1} = \overline{OB}$$

$$\tan x° = \frac{\overline{CD}}{\overline{OD}} = \frac{\overline{CD}}{1} = \overline{CD}$$

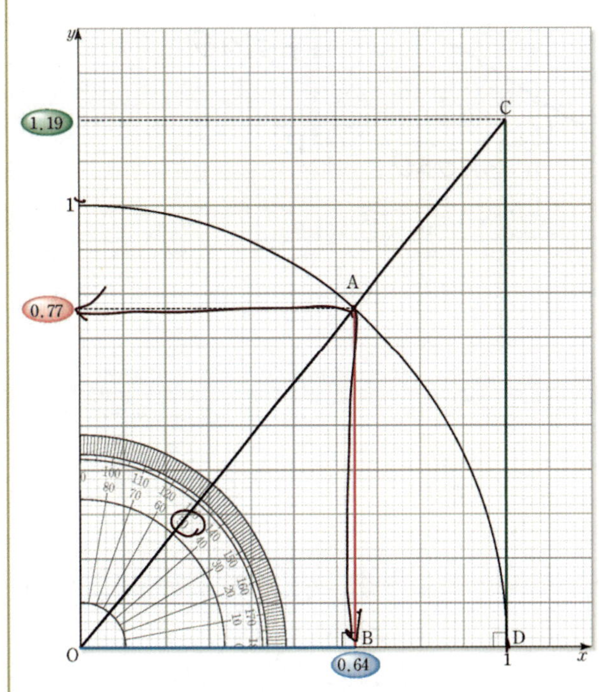

연구02 △ABC에서 ∠A $= \theta$라고 할 때, 나머지 두 변의 길이를 주어진 길이와 θ에 대한 삼각비를 이용해 표현하시오.

3 삼각비의 활용

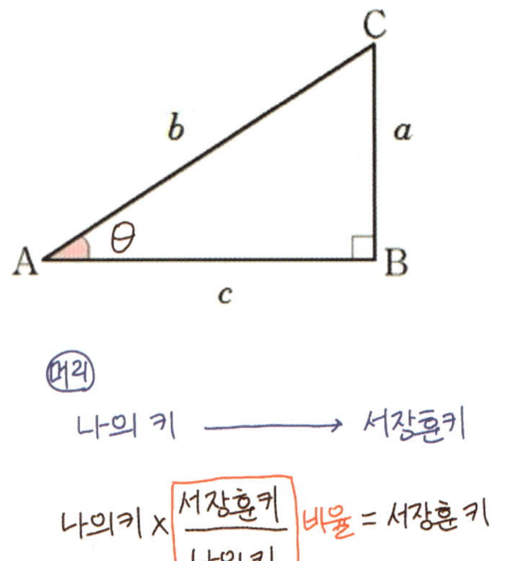

연구 02 ①

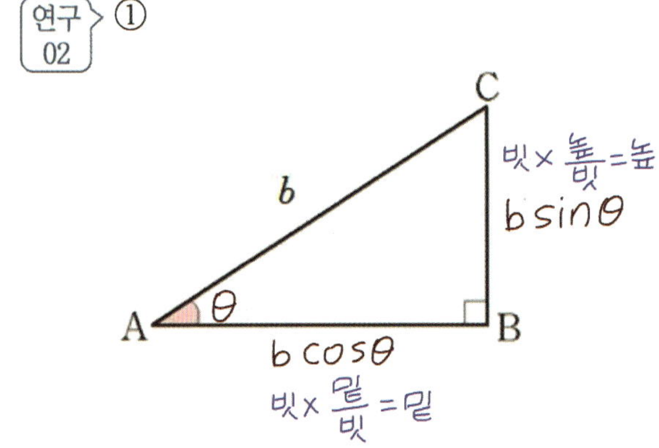

②

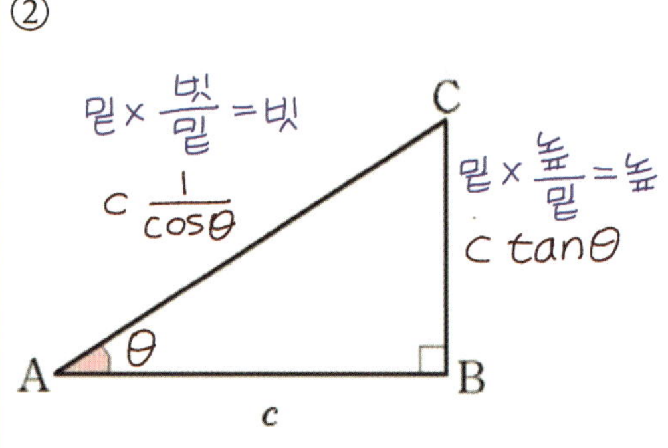

③

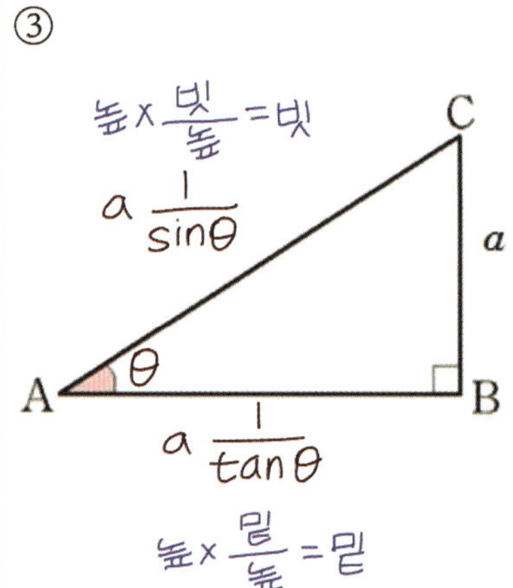

4 일반각

시초선 OX와 동경 OP가 나타내는 한 각의 크기를 $\alpha\degree$ 라 하면 $\angle XOP$의 크기는 일반적으로 아래와 같이 나타낼 수 있다.

$$360\degree \times n + \alpha\degree \quad (\text{단, } n\text{은 정수})$$

↘ 각의 범위를 확장

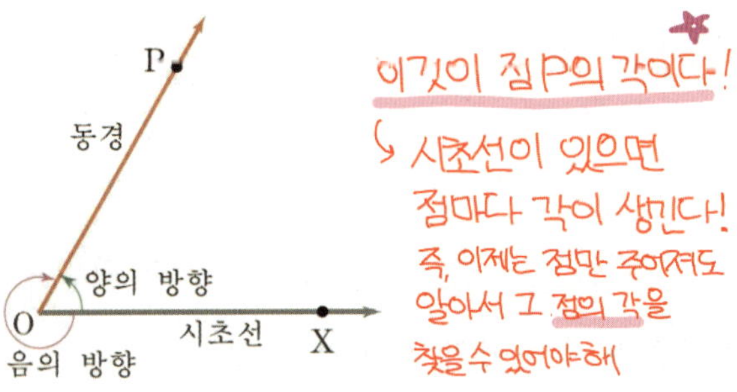

이것이 점 P의 각이다!
↳ 시초선이 있으면 점마다 각이 생긴다!
즉, 이제는 점만 주어져도 알아서 그 점의 각을 찾을 수 있어야 해

📖 동경 OP의 위치가 주어져도 $\angle XOP$의 크기는 하나로 결정되지 않는다.

📖 사분면

2사분면	1사분면
(−, +)	(+, +)
3사분면	4사분면
(−, −)	(+, −)

✒ 일반각

【ex】

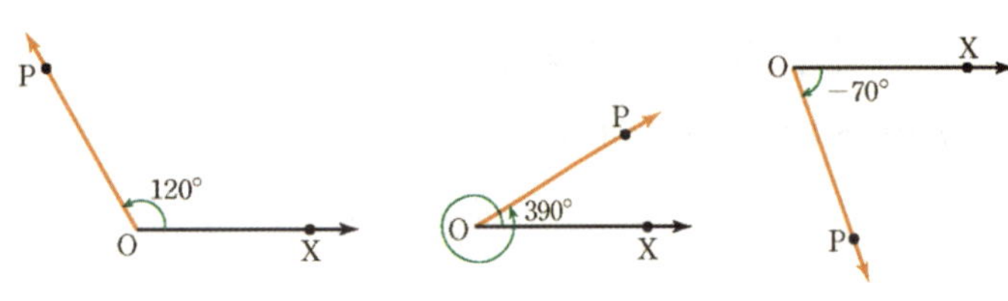

【ex】

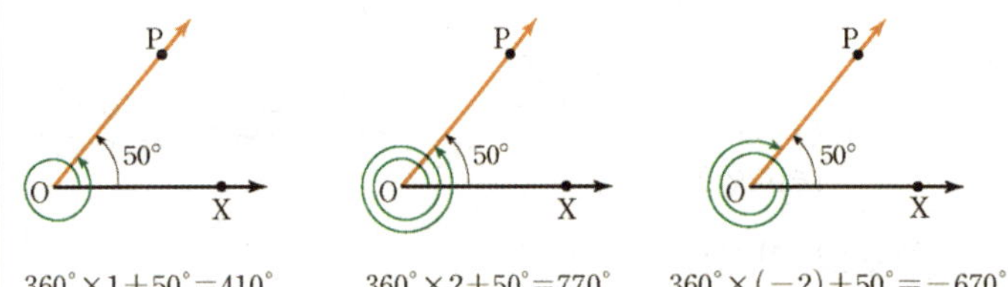

$$360\degree \times 1 + 50\degree = 410\degree \qquad 360\degree \times 2 + 50\degree = 770\degree \qquad 360\degree \times (-2) + 50\degree = -670\degree$$

연구03 중심각 크기 θ를 반지름 길이 r와 호의 길이 l에 관한 식으로 쓰시오.

연구04 1(라디안)을 60분법 각도로 얼마인지, $1°$가 호도법 각도로 얼마인지를 쓰시오.

연구05 부채꼴의 넓이 S를 중심각 크기 θ, 반지름 길이 r, 호의 길이 l를 사용하여 표현하고 이를 유도하시오.

연구06 다음 60분법 각도에 같은 호도법 각도를 빈칸에 쓰시오.

---

5 호도법

호의 길이로 각도를 정하는법

연구 03 r:반지름 길이, θ:중심각 크기, l:호 길이, S:원 넓이

$$\theta = \frac{l}{r} \quad \left(\text{중심각} = \frac{\text{호의길이}}{\text{반지름}}\right)$$

연구 04 ①60분법과 호도법의 사이의 관계

$$1(\text{rad}) = \frac{180°}{\pi} \quad , \quad 1° = \frac{\pi}{180}(\text{rad})$$
(라디안) (라디안)

②호의 길이: $l = r\theta$

연구 05 ③넓이: $S = \frac{1}{2}r^2\theta = \frac{1}{2}rl$

✎ 단위는 곱셈이다.

✎ 각도의 실수화.

π는 각도의 단위가 아니라 $3.14\cdots$ 실수

연구 06

30°	45°	60°	90°	120°	135°	150°	180°
$\frac{\pi}{6}$	$\frac{\pi}{4}$	$\frac{\pi}{3}$	$\frac{\pi}{2}$	$\frac{2\pi}{3}$	$\frac{3\pi}{4}$	$\frac{5\pi}{6}$	π

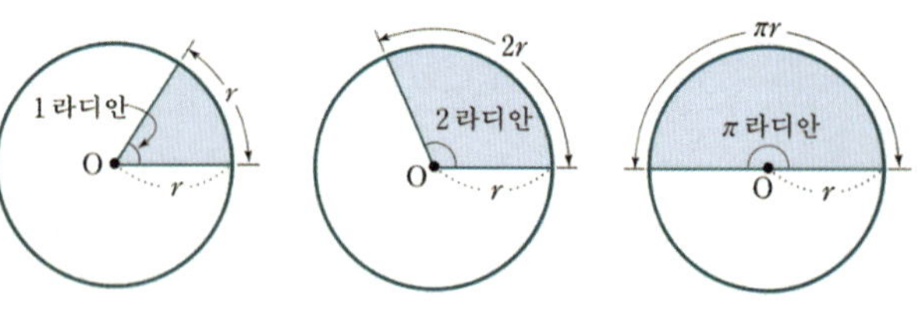

✍ 호도법

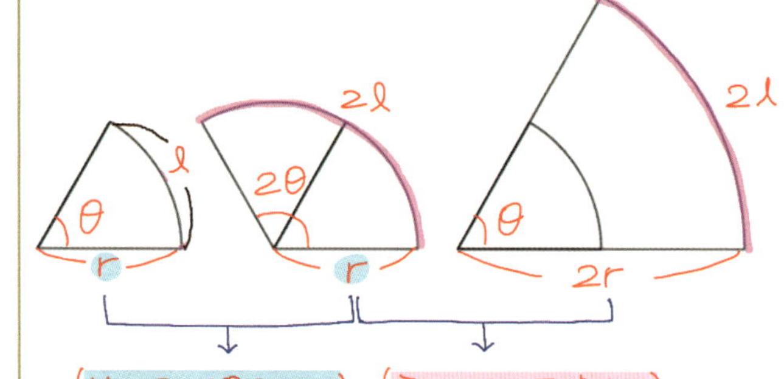

①60분법과 호도법의 사이의 관계

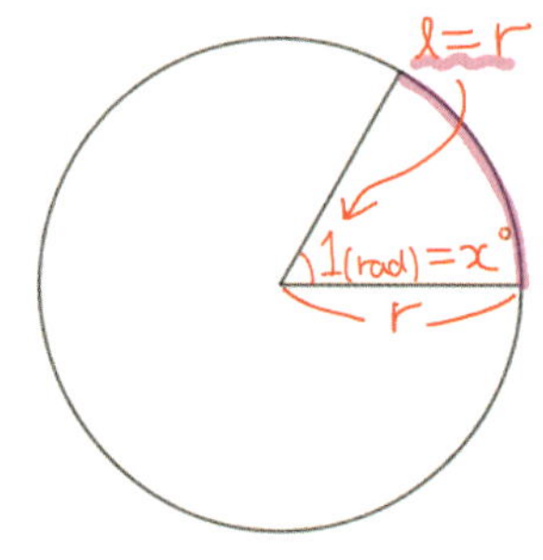

부채꼴 : 원전체
$$x° : 360° = r : 2\pi r$$
$$1(\text{rad}) = x° = \frac{r}{2\pi r} \times 360° = \frac{180°}{\pi}$$
$$\therefore 1 = \frac{180°}{\pi}$$
$$\pi = 180° = 180 \times 1°$$
$$1° = \frac{\pi}{180}$$

③넓이

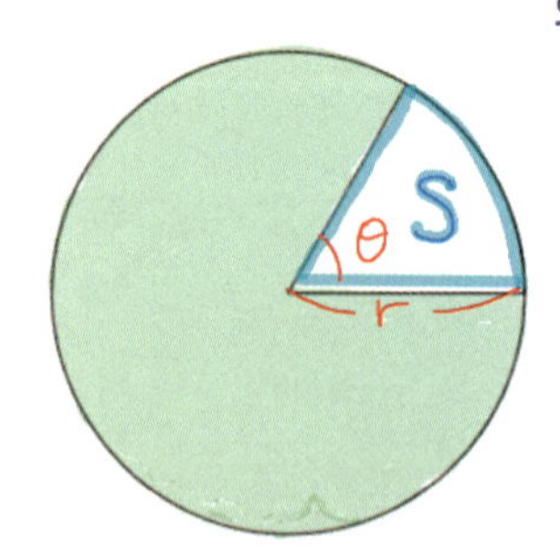

부채꼴 : 원전체
$$S : \pi r^2 = \theta : 2\pi$$
$$S = \frac{1}{2\pi}\pi r^2 \theta = \frac{1}{2}r^2\theta$$
$$= \frac{1}{2}r(r\theta)$$
$$= \frac{1}{2}rl$$

[연구07] 좌표평면에서 x축의 양의 방향을 시초선으로 할 때, 점 $P(x,y)$에 대하여 동경 OP의 각도가 θ이고 $r=\sqrt{x^2+y^2}$일 때 $\sin\theta$, $\cos\theta$, $\tan\theta$의 값을 쓰시오.

[연구08] θ가 동경 OP에 대한 각이고 점 $P(x,y)$가 각 사분면에 있을 때의 $\sin\theta$, $\cos\theta$, $\tan\theta$의 부호를 아래의 빈칸에 쓰시오.

---

⑥ 삼각함수의 정의

'점의 각'과 'x좌표, y좌표, 점까지의 거리'의 관계 구하기

연구 07 좌표평면에서 x축의 양의 방향을 시초선으로 할 때, 점 $P(x,y)$에 대하여 동경 OP의 각도가 θ이고 $r=\sqrt{x^2+y^2}$일 때

(점까지의 거리)

$$\sin\theta=\frac{y}{r},\quad \cos\theta=\frac{x}{r},\quad \tan\theta=\frac{y}{x}$$

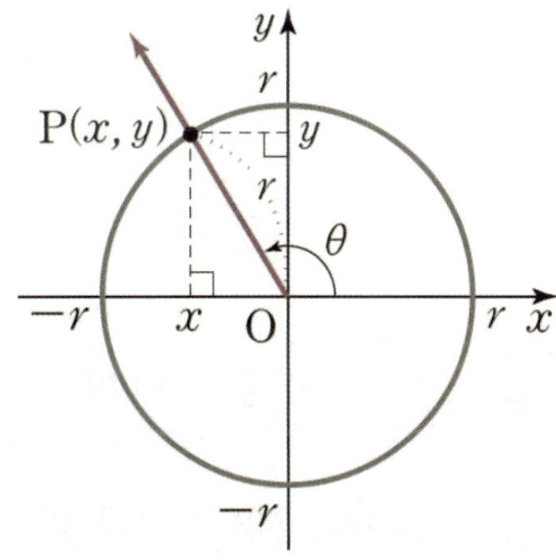

①삼각함수의 부호

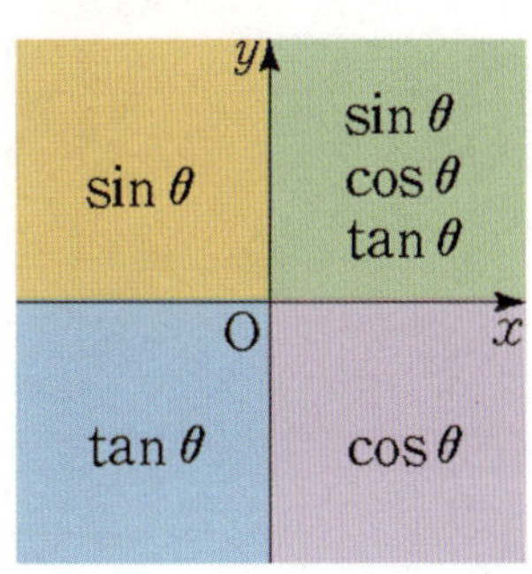

✎ 삼각함수의 정의

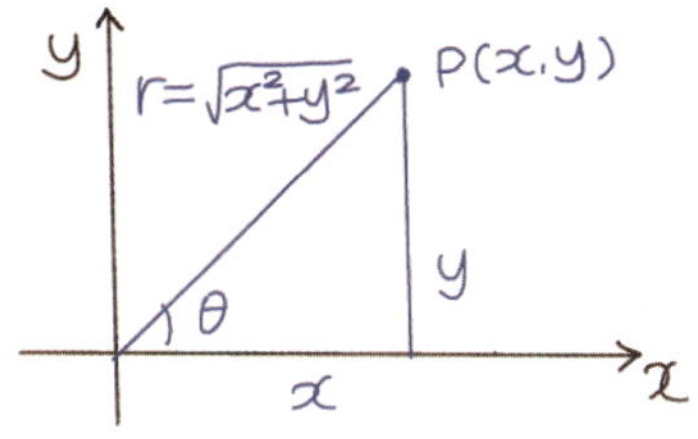

중학교 삼각비 vs 고등학교 삼각함수
직각삼각형에서   점에서 (직각삼각형 없어도 됨)
(θ가 0°∼90°만 됨)   (θ가 일반각 다 됨)

$$\sin\theta=\frac{높이}{빗변}=\frac{점\,y좌표}{점까지\,거리}=\frac{y}{r}=\sin\theta$$

$$\cos\theta=\frac{밑변}{빗변}=\frac{점\,x좌표}{점까지\,거리}=\frac{x}{r}=\cos\theta$$

$$\tan\theta=\frac{높이}{밑변}=\frac{점\,y좌표}{점\,x좌표}=\frac{y}{x}=\tan\theta$$

연구 08 ①삼각함수의 부호

사분면	x	y	$\sin\theta=\dfrac{y}{r}$	$\cos\theta=\dfrac{x}{r}$	$\tan\theta=\dfrac{y}{x}$
1	+	+	+	+	+
2	−	+	+	−	−
3	−	−	−	−	+
4	+	−	−	+	−

얼싸안고

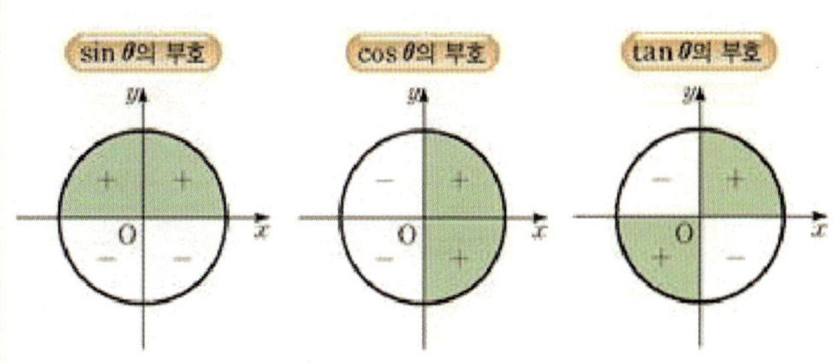

[연구09] 다음 삼각함수 사이의 관계를 유도하시오.

① $\tan\theta = \dfrac{\sin\theta}{\cos\theta}$

② $\sin^2\theta + \cos^2\theta = 1$

[연구10] 중심이 원점 O이고 반지름의 길이가 r인 원 위에 있는 점 P에 대하여, 동경 OP의 각이 θ일 때, 점 P의 좌표를 쓰시오.

---

7 삼각함수 사이의 관계

연구09

① $\tan\theta = \dfrac{\sin\theta}{\cos\theta}$

② $\sin^2\theta + \cos^2\theta = 1$

주의!

$(\sin\theta)^2 = \sin\theta^2 \cdots (\times)$

$(\sin\theta)^2 = \sin^2\theta \cdots (\bigcirc)$

$\sin(\theta^2) = \sin\theta^2 \cdots (\bigcirc)$

삼각함수 사이의 관계

연구10

$P(x,\ y),\ r = \sqrt{x^2 + y^2}$ 일 때,

$\sin\theta = \dfrac{y}{r},\ \cos\theta = \dfrac{x}{r},\ \tan\theta = \dfrac{y}{x}$ 이다.

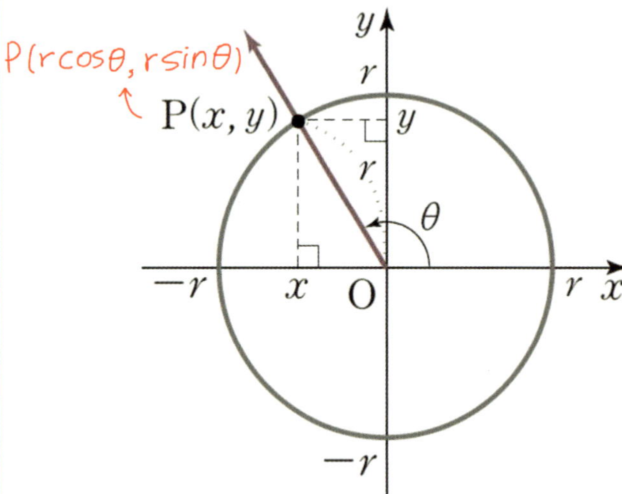

① $\dfrac{\sin\theta}{\cos\theta} = \dfrac{\frac{y}{r}}{\frac{x}{r}} = \dfrac{y}{x} = \tan\theta$

② $\sin^2\theta + \cos^2\theta = \left(\dfrac{y}{r}\right)^2 + \left(\dfrac{x}{r}\right)^2$

$\qquad = \dfrac{y^2 + x^2}{r^2} = \dfrac{r^2}{r^2} = 1$

[연구11] 아래 단위원에 표시되어 있는 모든 60분법 각도에 대하여
① 호도법 각 ② 점의 좌표를 모두 쓰시오.

[연구12] 아래 표에 알맞은 값을 쓰시오.

[연구11] **단위원** (원점으로 중심으로 하고 반지름의 길이가 1인 원)

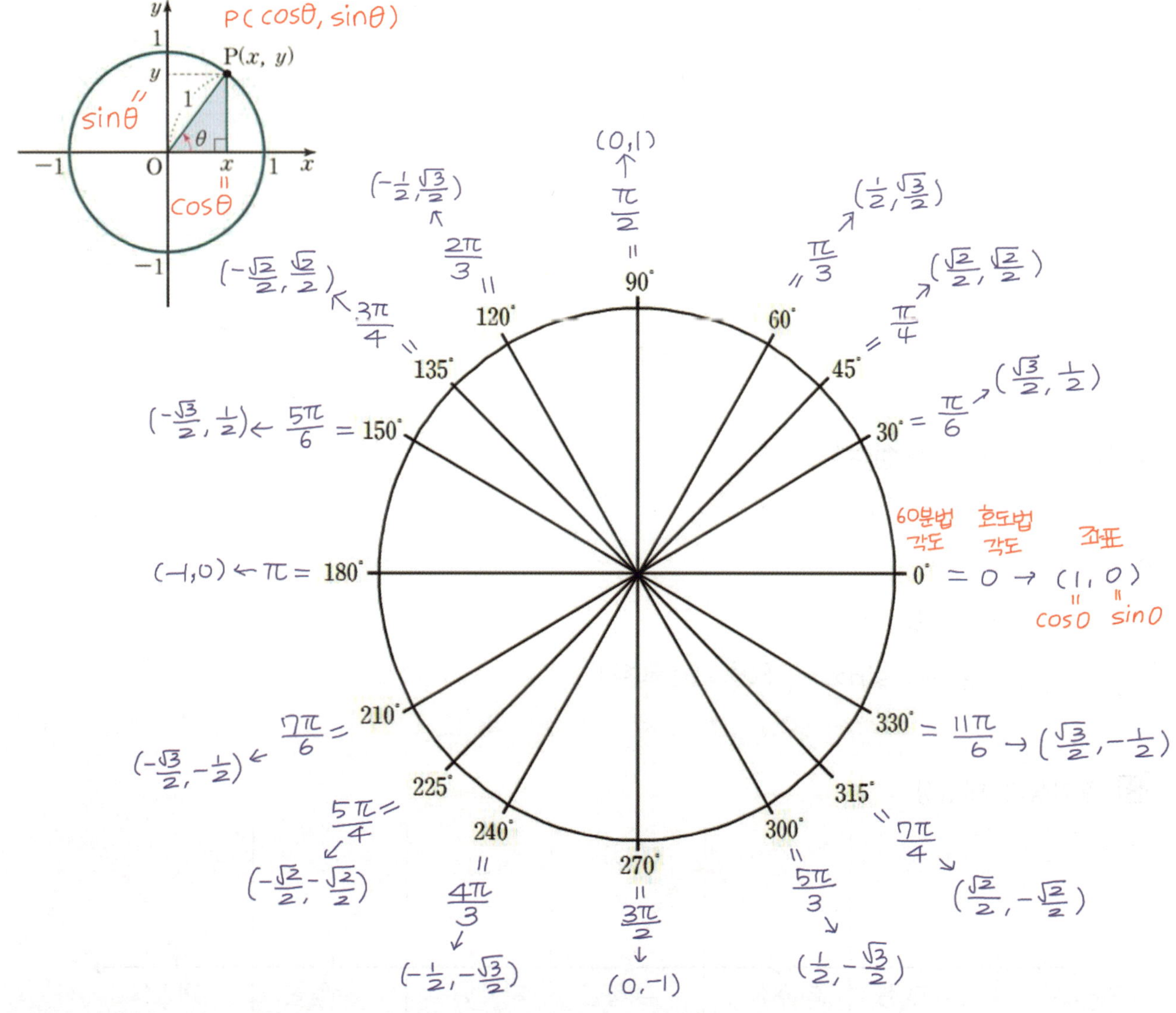

[연구12]

θ	0	$\frac{\pi}{6}$	$\frac{\pi}{3}$	$\frac{\pi}{2}$	$\frac{2\pi}{3}$	$\frac{5\pi}{6}$	π	$\frac{7\pi}{6}$	$\frac{4\pi}{3}$	$\frac{3\pi}{2}$	$\frac{5\pi}{3}$	$\frac{11\pi}{6}$	2π
$\sin\theta$	0	$\frac{1}{2}$	$\frac{\sqrt{3}}{2}$	1	$\frac{\sqrt{3}}{2}$	$\frac{1}{2}$	0	$-\frac{1}{2}$	$-\frac{\sqrt{3}}{2}$	-1	$-\frac{\sqrt{3}}{2}$	$-\frac{1}{2}$	0
$\cos\theta$	1	$\frac{\sqrt{3}}{2}$	$\frac{1}{2}$	0	$-\frac{1}{2}$	$-\frac{\sqrt{3}}{2}$	-1	$-\frac{\sqrt{3}}{2}$	$-\frac{1}{2}$	0	$\frac{1}{2}$	$\frac{\sqrt{3}}{2}$	1

연구13 함수 $y = \sin x$의 그래프에서

아래 사항에 알맞은 것을 쓰시오.

a.정의역:　　　b.치 역:

c.주 기:　　　d.대칭성:

---

8 삼각함수의 그래프

① $y = \sin x$의 그래프

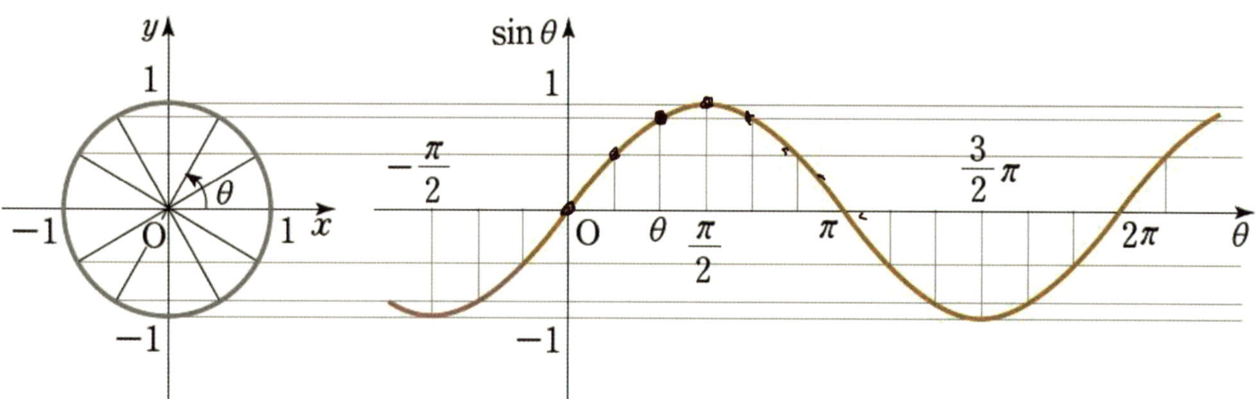

연구 13

a.정의역:　$\{ x \mid x는 실수 \}$

b.치 역:　$\{ y \mid -1 \leq y \leq 1 인 실수 \}$

c.주 기:　2π

d.대칭성:　원점대칭 (기함수)

$$\sin(-x) = -\sin x \quad \left(f(-x) = -f(x) \right)$$

주기성과 대칭성

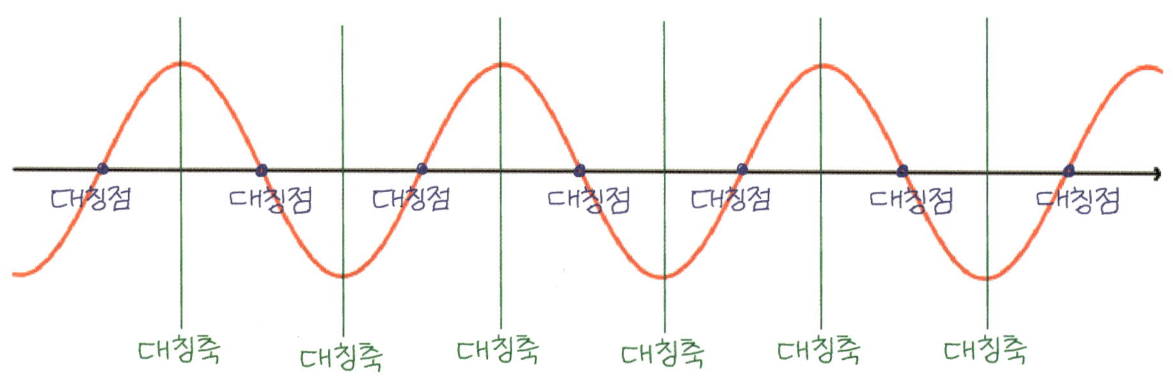

✿

$\sin$함수와 $\cos$함수는 원점과 y축 이외에도
무수히 많은 대칭점과 대칭축이 있다!
(고난도 문제 출제 Point!)

연구14 함수 $y = \cos x$의 그래프에서 아래 사항에 알맞은 것을 쓰시오.

a.정의역:　　b.치　역:

c.주　기:　　d.대칭성:

연구15 두 함수 $y = \sin x$와 $y = \cos x$의 그래프는 [　　　　]이동 관계이다.

② $y = \cos x$의 그래프

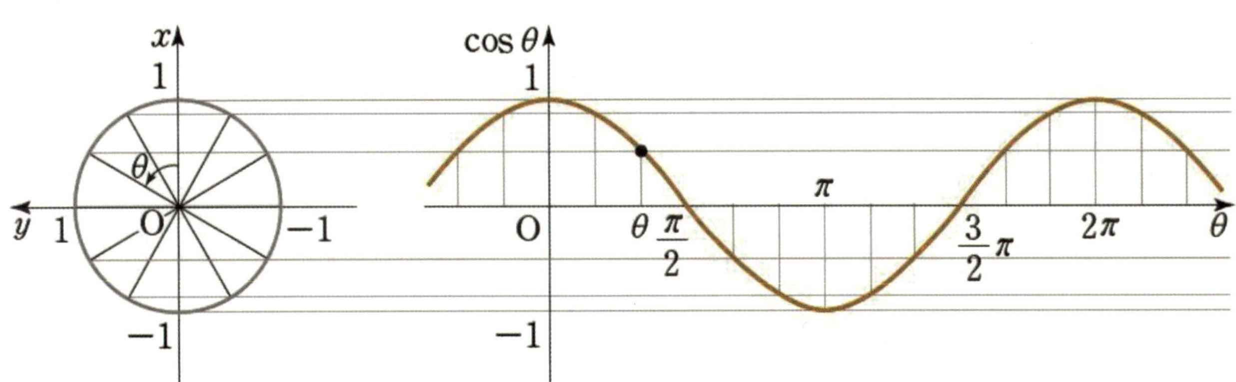

연구
14

a.정의역: $\{x \mid x$는 실수$\}$

b.치　역: $\{y \mid -1 \le y \le 1$ 인 실수$\}$

c.주　기: 2π

d.대칭성: y축 대칭 (우함수)

$$\cos(-x) = \cos x \quad (f(-x) = f(x))$$

연구
15

$y = \sin x$와 $y = \cos x$의 그래프의 관계

⇒ 평행이동관계

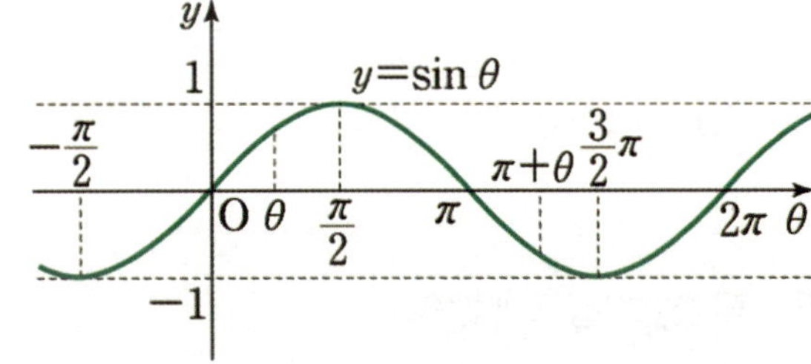

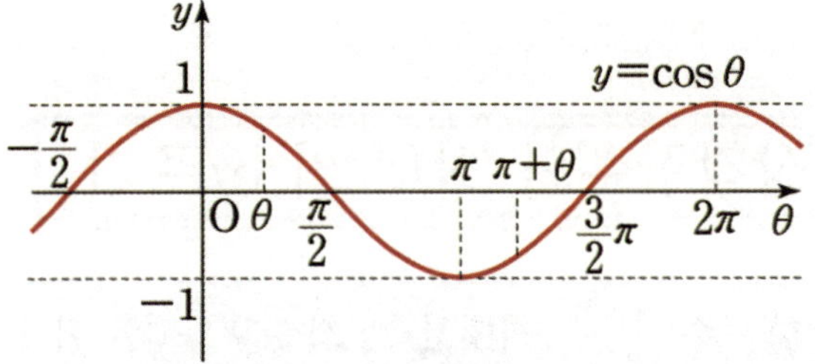

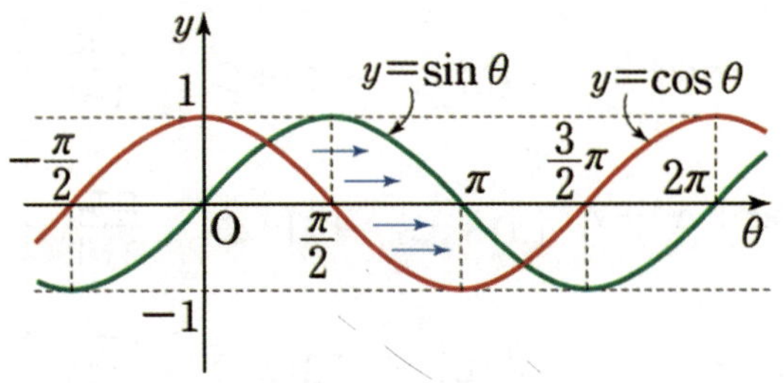

[연구16] 함수 $y = \tan x$ 의 그래프에서 아래 사항에 알맞은 것을 쓰시오.

a.정의역:　　　b.치　역:

c.주　기:　　　d.대칭성:

[연구17] 빈칸에 알맞은 것을 쓰시오.

함 수	최댓값	최솟값	주 기
$a\sin(bx+\alpha)+c$			
$a\cos(bx+\alpha)+c$			
$a\tan(bx+\alpha)+c$			

③ $y = \tan x$ 의 그래프

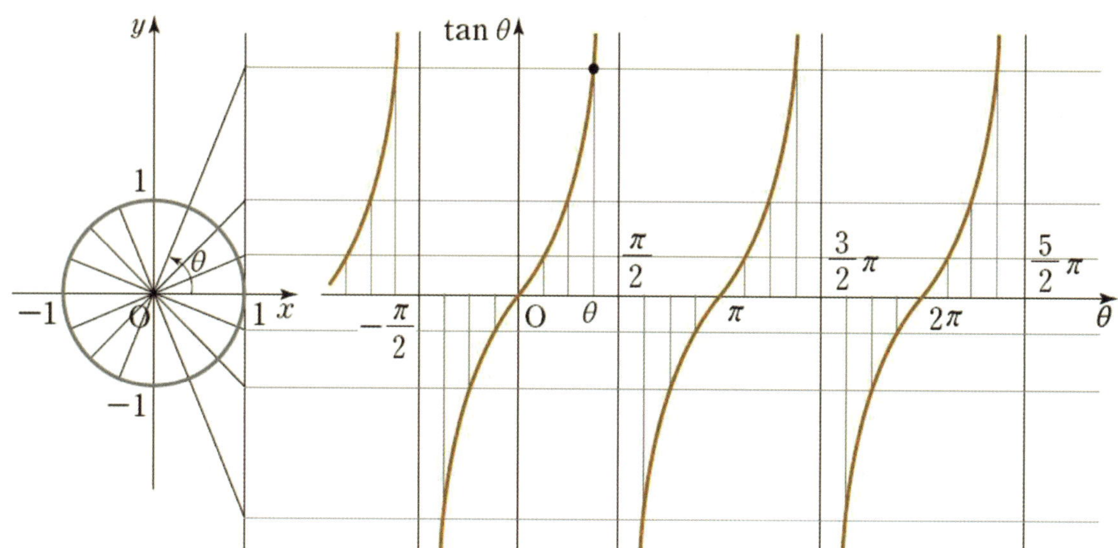

[연구 16]

a.정의역: $\left\{ x \mid x \neq n\pi + \dfrac{\pi}{2} \, (n은 정수) 인 \ 실수 \right\}$

b.치　역: $\{ y \mid y는 실수 \}$　　점근선: $x = n\pi + \dfrac{\pi}{2}$

c.주　기: π

d.대칭성: 원점대칭 (기함수)

$$\tan(-x) = -\tan x$$

9　삼각함수의 최대/최소/주기

[연구 17]

함 수	최댓값	최솟값	주 기
$a\sin(bx+\alpha)+c$	$\lvert a \rvert + c$	$-\lvert a \rvert + c$	$\dfrac{2\pi}{\lvert b \rvert}$
$a\cos(bx+\alpha)+c$	$\lvert a \rvert + c$	$-\lvert a \rvert + c$	$\dfrac{2\pi}{\lvert b \rvert}$
$a\tan(bx+\alpha)+c$	없다	없다	$\dfrac{\pi}{\lvert b \rvert}$

연구18 $y=f(x)$의 그래프에 대한 $y=f(px)$의 그래프의 특징을 쓰시오.

연구19 $y=f(x)$의 그래프에 대한 $y=pf(x)$의 그래프의 특징을 쓰시오.

🖋 $f(x)=f(x+p)$ 그래프

$f(x)=-\sqrt{1-x^2}\ (-1\le x<1)$

이고 $f(x)=f(x+2)$

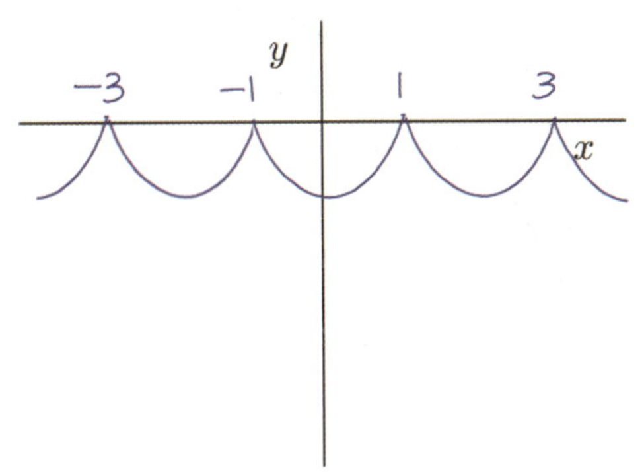

🖋 $y=f(px)$ 그래프

연구 18 $\rangle$ $y=f(x)$의 그래프에 대한

$y=f(px)$의 그래프의 특징:

$y=f(x)$의 그래프의 x좌표를 $\frac{1}{p}$배한 것이다

$$x^2+(y+1)^2=1 \qquad a^2+(b+1)^2=1 \quad (a,b)$$

$$(2x)^2+(y+1)^2=1 \qquad \left(2\cdot\frac{a}{2}\right)^2+(b+1)^2=1 \quad \left(\frac{a}{2},b\right)$$

$$\left(\frac{1}{2}x\right)^2+(y+1)^2=1 \qquad \left(\frac{1}{2}\cdot 2a\right)^2+(b+1)^2=1 \quad (2a,b)$$

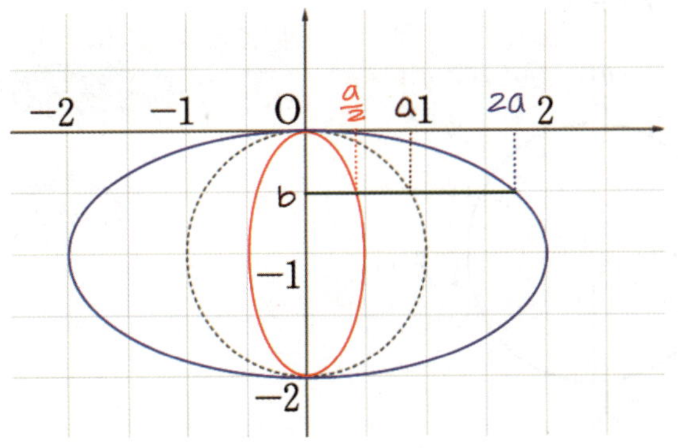

🖋 $y=pf(x)$ 그래프

연구 19 $\rangle$ $y=f(x)$의 그래프에 대한

$y=pf(x)$의 그래프의 특징:

$y=f(x)$의 그래프의 y좌표를 p배한 것이다

$$y=x^2 \qquad = 1\cdot x^2 \qquad (a,b)=(a,a^2)$$

$$y=(2x)^2 \qquad = 4\cdot x^2 \qquad (a,4b)=(a,4a^2)$$

$$y=\left(\frac{1}{2}x\right)^2 \qquad = \frac{1}{4}x^2 \qquad \left(a,\frac{1}{4}b\right)=\left(a,\frac{1}{4}a^2\right)$$

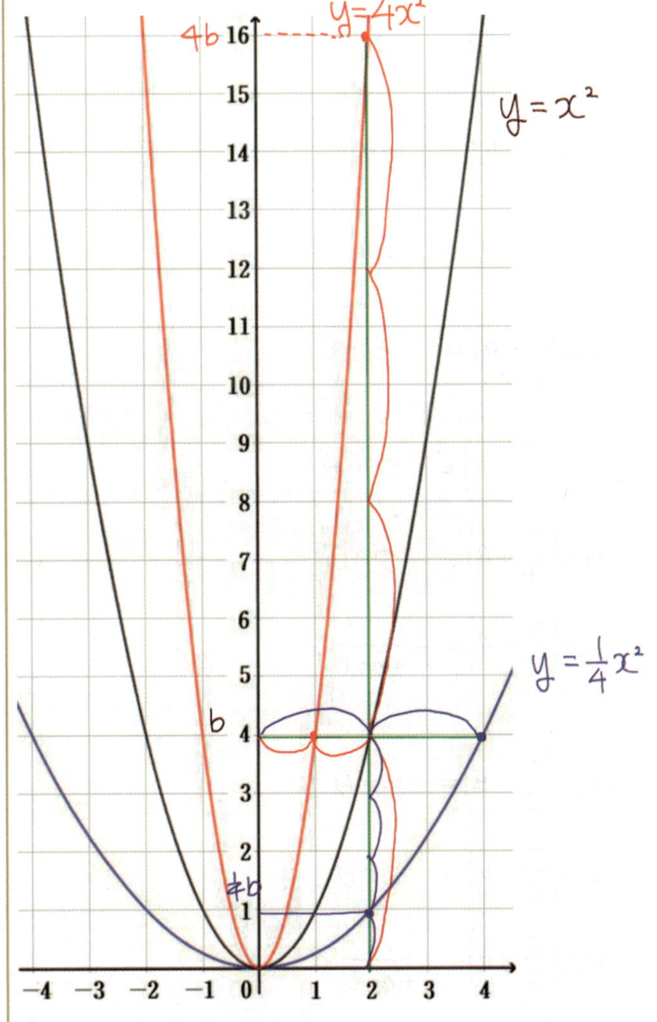

연구20~24 빈칸에 알맞은 것을 쓰고 이 식이
성립하는 이유를 단위원을 이용해 표현하시오.

10 삼각함수의 성질

① $\sin(2n\pi + \theta) = \sin\theta$
$\cos(2n\pi + \theta) = \cos\theta$
$\tan(2n\pi + \theta) = \tan\theta$

연구 20
② $\sin(-\theta) = -\sin\theta$
$\cos(-\theta) = \cos\theta$
$\tan(-\theta) = -\tan\theta$

연구 21
③ $\sin(\pi + \theta) = -\sin\theta$
$\cos(\pi + \theta) = -\cos\theta$
$\tan(\pi + \theta) = \tan\theta$

연구 22
④ $\sin(\pi - \theta) = \sin\theta$
$\cos(\pi - \theta) = -\cos\theta$
$\tan(\pi - \theta) = -\tan\theta$

연구 23
⑤ $\sin\left(\dfrac{\pi}{2} + \theta\right) = \cos\theta$
$\cos\left(\dfrac{\pi}{2} + \theta\right) = -\sin\theta$
$\tan\left(\dfrac{\pi}{2} + \theta\right) = -\dfrac{1}{\tan\theta}$

연구 24
⑥ $\sin\left(\dfrac{\pi}{2} - \theta\right) = \cos\theta$
$\cos\left(\dfrac{\pi}{2} - \theta\right) = \sin\theta$
$\tan\left(\dfrac{\pi}{2} - \theta\right) = \dfrac{1}{\tan\theta}$

✎ 삼각함수의 성질

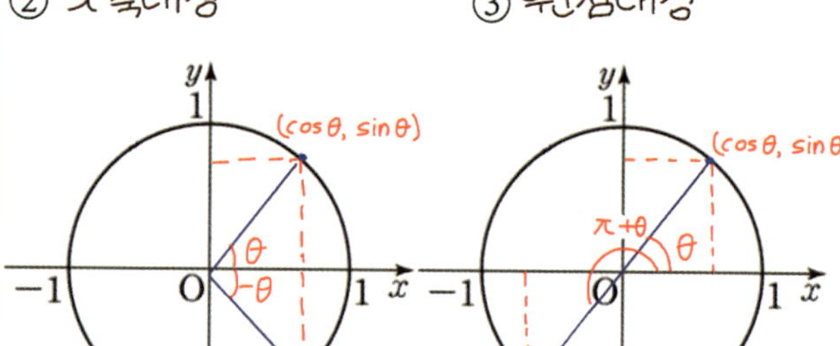

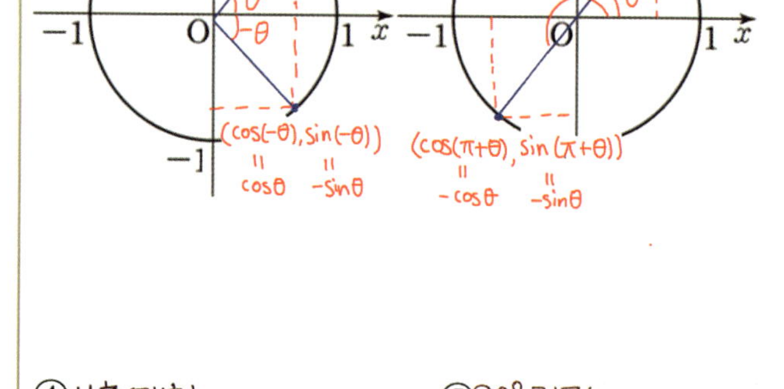

$\sin\left(\dfrac{\pi}{2} + \theta\right) = a = \cos\theta$

$\cos\left(\dfrac{\pi}{2} + \theta\right) = -b = -\sin\theta$

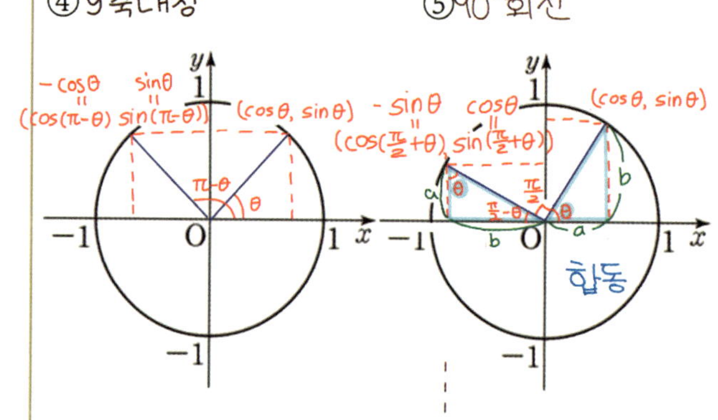

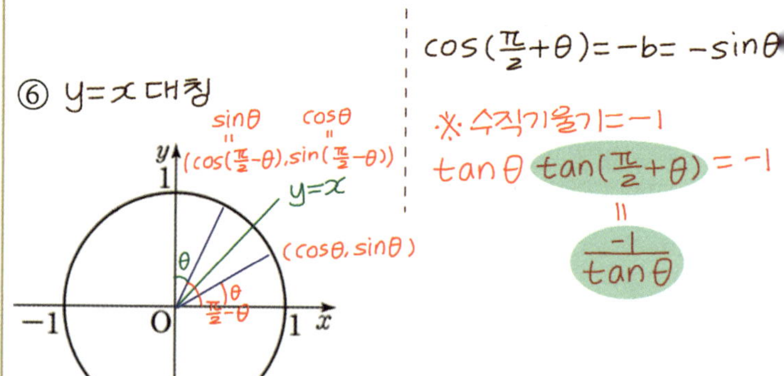

⑪ 삼각함수의 변환

$$\boxed{}\left(\frac{\pi}{2}\times n\pm\theta\right)=\pm\boxed{}(\theta)$$

예각

$\oplus$

① 종류 : n이 짝수→그대로 $\sin\to\cos$
                              $\cos\to\sin$
    n이 홀수→바꿈 $\tan\to\cot$

tan 역수

② 부호 : θ가 예각일 때를 기준으로

$$\boxed{}\left(\frac{\pi}{2}\times n\pm\theta\right)\text{의 부호를 붙인다.}$$

(사분면 활용)

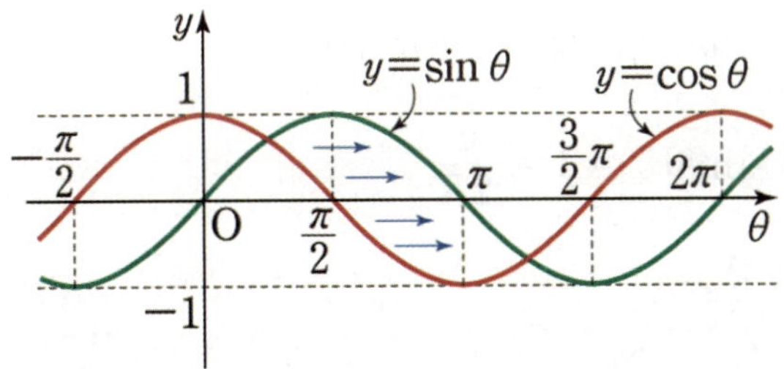

⑫ 삼각방정식/삼각부등식

① 그래프 이용

② 단위원 이용 $\cos x=X$로, $\sin x=Y$ 치환

✎ 삼각함수의 변환

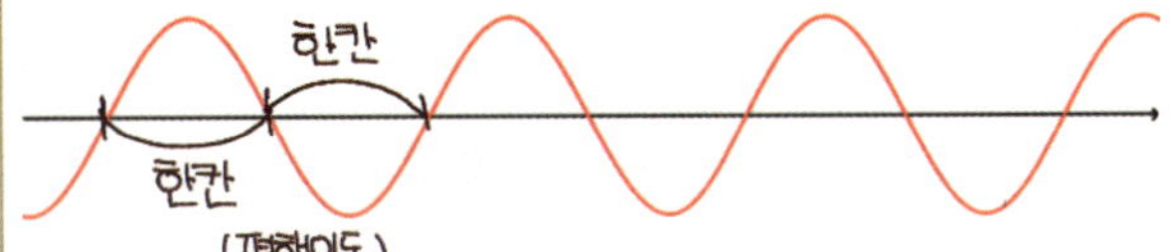

짝수 칸 이동: 그대로

홀수 칸 이동: 반대로

반 칸 이동: 종류 바꿈

$$\sin\left(\frac{\pi}{2}\times\text{짝}\pm\theta\right)=\pm\sin\theta$$

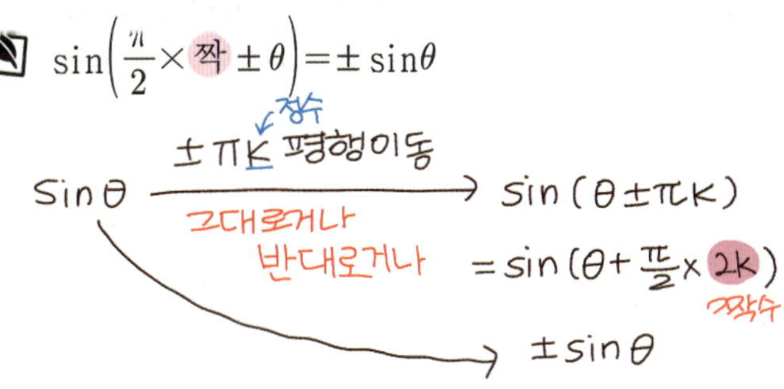

$$\sin\left(\frac{\pi}{2}\times 2k-\theta\right)=\sin\left\{-\left(\theta-\frac{\pi}{2}\times 2k\right)\right\}$$

$$=-\sin\left(\theta-\frac{\pi}{2}\times 2k\right)$$

$$=-(\pm\sin\theta)=\pm\sin\theta$$

$$\sin\left(\frac{\pi}{2}\times\text{홀}\pm\theta\right)=\pm\cos\theta$$

$$\sin\theta \xrightarrow{\;\pm(\text{플}+\pi K)\text{평행이동}\;} \sin\{\theta\pm(\text{플}+\pi K)\}$$

$$=\sin\{\theta\pm\text{플}(1+2K)\}$$

홀수

$$\sin\theta \xrightarrow{\;\pm\text{플}\;} \pm\cos\theta \xrightarrow{\;\pm\pi K\;} \pm\cos\theta$$

연구25 △ABC에서 아래 사인법칙이 성립함을
유도하시오. (단, R는 외접원의 반지름)

$$\frac{a}{\sin A} = \frac{b}{\sin B} = \frac{c}{\sin C} = 2R$$

🔢 사인법칙

△ABC에서

$$\frac{a}{\sin A} = \frac{b}{\sin B} = \frac{c}{\sin C} = 2R$$

(단, R는 외접원의 반지름)

① $\sin A = \dfrac{a}{2R}$, $\sin B = \dfrac{b}{2R}$, $\sin C = \dfrac{c}{2R}$

② $a : b : c = \sin A : \sin B : \sin C$

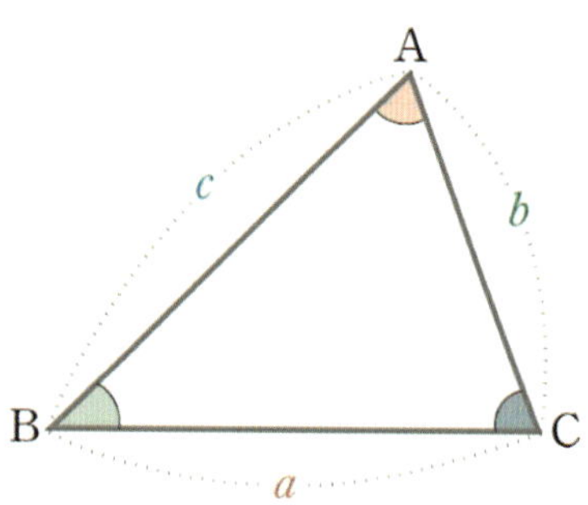

예) Sin법칙 cos법칙 적용법

단서   답

[Sin법칙] * 2변 1각 → 1각
          * 1변 2각 → 1변
          * 외접원

[cos법칙] * 2변 1각 → 1변
          * 3변 → 각

✒️ 사인법칙

연구 25

(i) $A < 90°$ 일 때

∠BCA' = 90° 가 되도록 원 위에 점 A'을 잡
으면 $A = A'$이고 $\overline{BA'} = 2R$이므로

$$\sin A = \sin A' = \frac{a}{2R}$$

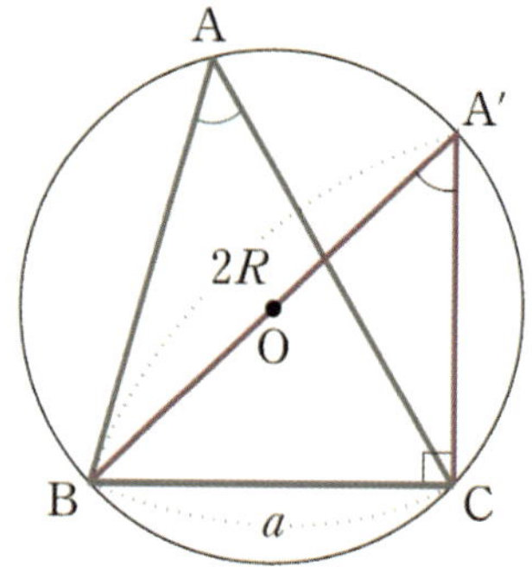

(ii) $A = 90°$ 일 때 $a = 2R$이므로

$$\sin A = \sin 90° = 1 = \frac{a}{2R}$$

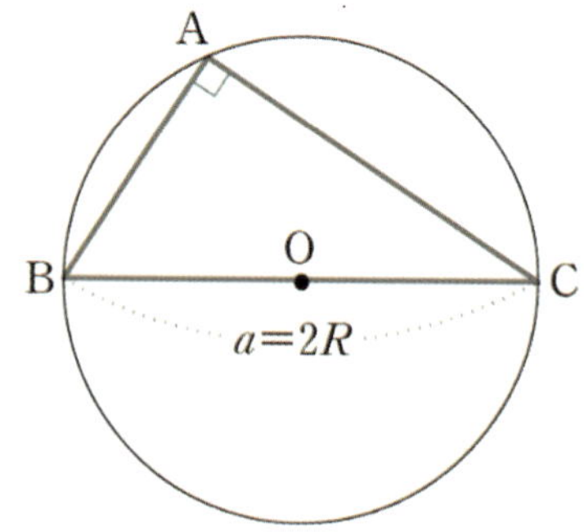

 **연구26** △ABC에 대하여 사인법칙을 활용하여

① b를 이용해 a를 표현하시오.

② c를 이용해 a를 표현하시오.

연구
26 📝 **사인법칙의 실전 적용**

(iii) $A > 90°$일 때

$\angle \mathrm{BCA'} = 90°$가 되도록 원 위에 점 $\mathrm{A'}$을 잡으면

$A = 180° - A'$이고 $\overline{\mathrm{BA'}} = 2R$이므로

$$\sin A = \sin(180° - A') = \sin A' = \frac{a}{2R}$$

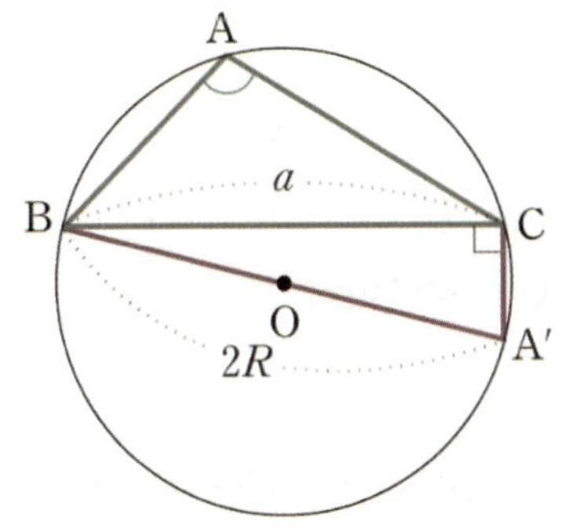

(ⅰ), (ⅱ), (ⅲ)에서 $\angle A$의 크기에 관계없이

$\sin A = \dfrac{a}{2R}$, 즉 $\dfrac{a}{\sin A} = 2R$가 성립한다.

같은 방법으로 $\dfrac{b}{\sin B} = 2R$, $\dfrac{c}{\sin C} = 2R$이다.

따라서 $\dfrac{a}{\sin A} = \dfrac{b}{\sin B} = \dfrac{c}{\sin C} = 2R$이다.

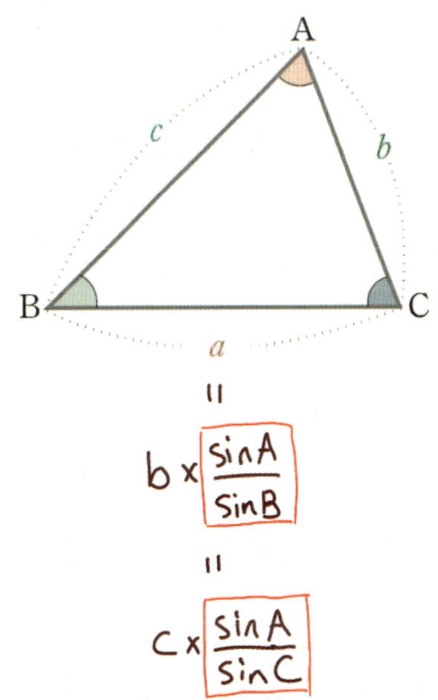

연구27 △ABC에서 아래 코사인법칙이 성립함을
유도하시오.

$$b^2 = a^2 + c^2 - 2ac\cos B$$

---

14 코사인법칙

△ABC에서

$$a^2 = b^2 + c^2 - 2bc\cos A \iff \cos A = \frac{b^2 + c^2 - a^2}{2bc}$$

$$b^2 = c^2 + a^2 - 2ca\cos B \iff \cos B = \frac{a^2 + c^2 - b^2}{2ac}$$

$$c^2 = a^2 + b^2 - 2ab\cos C \iff \cos C = \frac{a^2 + b^2 - c^2}{2ab}$$

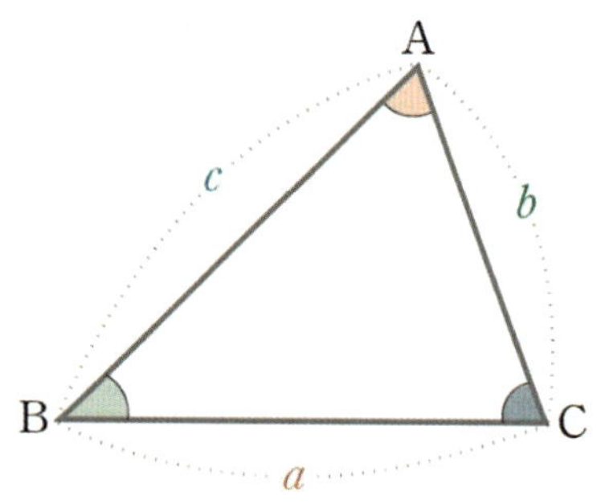

✎ 코사인법칙

연구 27

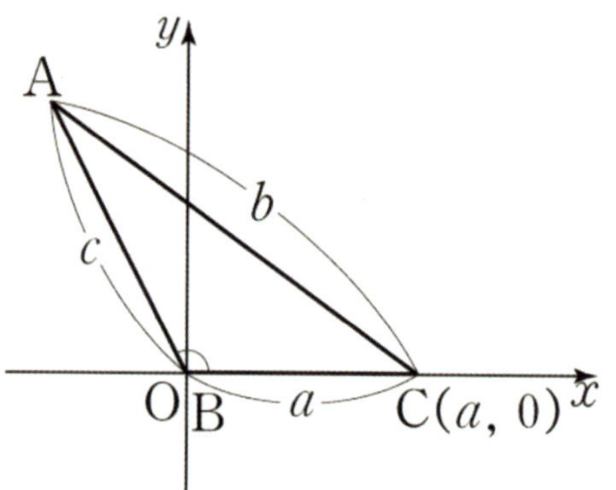

점B를 원점, 점 C(a,0) 이라 할때,
점A의 좌표는 A(c cosB, c sinB)이다.
피타고라스 정리에 의하여

$b^2 = \overline{AC}^2 = (a - c\cos B)^2 + (0 - c\sin B)^2$

$\qquad = a^2 - 2ac\cos B + c^2\cos^2 B + c^2\sin^2 B$

$\qquad = a^2 - 2ac\cos B + c^2(\cos^2 B + \sin^2 B)$

$\qquad = a^2 + c^2 - 2ac\cos B$

위와같은 방법으로 다음을 보일 수 있다.

$a^2 = b^2 + c^2 - 2bc\cos A$

$c^2 = a^2 + b^2 - 2ab\cos C$

연구28 $\triangle ABC$가 아래와 같은 조건을 만족시킬 때, $\triangle ABC$의 넓이를 쓰시오.

① 밑변 a와 높이 h가 주어질 때

② 두 변의 길이와 그 낀 각을 알 때

③ 내접원의 반지름 r과 세 변이 주어질 때

④ 외접원의 반지름 R과 세 변이 주어질 때

⑤ 세 변의 길이를 알 때 (헤론의 공식)

15 삼각형의 넓이

연구 28

① 밑변과 높이가 주어질 때
$$S = \tfrac{1}{2}ah$$

② 두 변의 길이와 그 낀 각을 알 때
$$S = \tfrac{1}{2}ab\sin C = \tfrac{1}{2}bc\sin A = \tfrac{1}{2}ca\sin B$$

③ 내접원의 반지름 r과 세 변이 주어질 때
$$S = \tfrac{1}{2}r(a+b+c)$$

④ 외접원의 반지름 R과 세 변이 주어질 때
$$S = \frac{abc}{4R} = \tfrac{1}{2}ab\cdot\frac{c}{2R} = \tfrac{1}{2}ab\sin C$$

⑤ 세 변의 길이를 알 때 (헤론의 공식)
$$S = \sqrt{s(s-a)(s-b)(s-c)}$$
$$\left(\text{단, } s = \frac{a+b+c}{2}\right)$$

✎ 삼각형의 넓이

(i) B가 예각인 경우

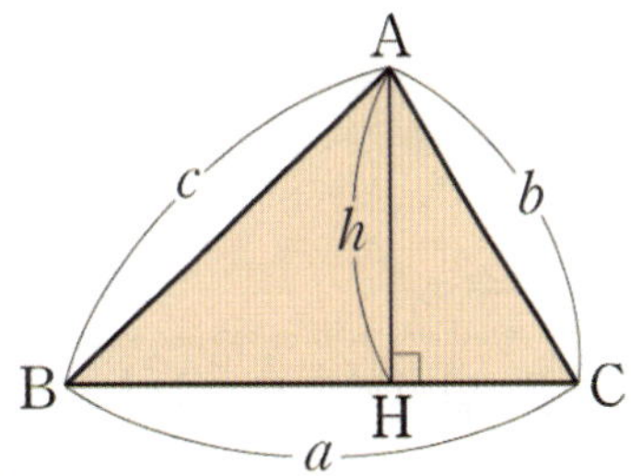

$$h = c\sin B$$
$$\therefore \triangle ABC = \tfrac{1}{2}ah = \tfrac{1}{2}ac\sin B$$

(ii) B가 둔각인 경우

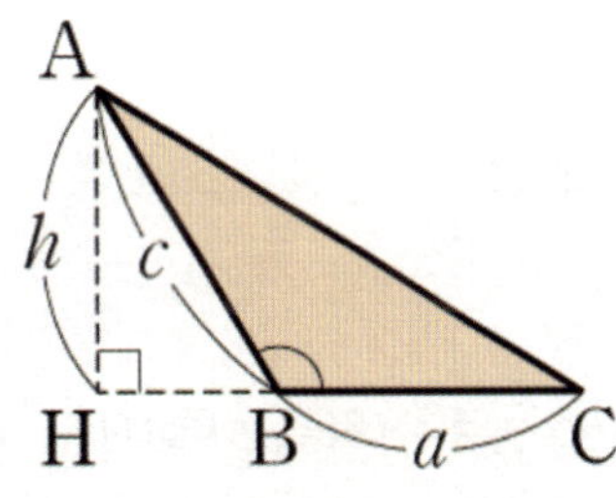

$$h = c\sin(180^\circ - B) = c\sin B$$
$$\therefore \triangle ABC = \tfrac{1}{2}ah = \tfrac{1}{2}ac\sin B$$

「수학 I」 III.수열

[연구01] 등차수열의 정의를 쓰시오.

[연구02] 첫째항이 a이고, 공차가 d인 등차수열 $\{a_n\}$의 일반항 a_n의 식을 유도하시오.

[연구03] b가 a와 c의 등차중항일 때 성립하는 식을 쓰고 이를 유도하시오.

■ 수열의 뜻

$$a_1 , a_2 , a_3 \cdots , a_n , \cdots$$

수열 : 수의 나열

항 : 수열을 이루는 각각의 수

일반항 a_n : 수열의 각 항을 일반적으로 나타냄

■ 등차수열

연구 01 정의: 첫째항에 차례로 일정한 수를 더하여 만들어진 수열

공차: 일정한 수 $a_{n+1} - a_n = d$

연구 02 일반항: $a_n = a_1 + (n-1)d$

연구 03 등차중항: 세 수 a, b, c가 등차수열을 이룰때 b를 a와 c의 등차중항이라 한다.
$$2b = a + c$$

【ex】 $a_1 = -1$, 공차 4.
a_n? $(1, -1)$ 기울기
일차함수로 해석 $a_n = 4n - 5$
$f(x) = 4x - 5$

$(1, -1)$

【ex】 $a_4 = 2$, $a_{11} = 16$.
공차? $(4, 2)$ $(11, 16)$
기울기 $= \dfrac{16 - 2}{11 - 4}$
$d = 2$

✎ 등차수열

일반항:

$$a_1 \qquad\qquad = a_1 + 0 \cdot d$$
$$a_2 = a_1 + d = a_1 + d = a_1 + 1 \cdot d$$
$$a_3 = a_2 + d = a_1 + d + d = a_1 + 2 \cdot d$$
$$a_4 = a_3 + d = a_1 + d + d + d = a_1 + 3 \cdot d$$
$$\vdots$$
$$a_n = a_{n-1} + d = a_1 + (d + \cdots + d) = a_1 + (n-1)d$$

항번호에서 -1

등차중항:

$$b = a + d, \quad c = a + 2d \text{ 이므로}$$
$$2b = 2(a + d) = 2a + 2d$$
$$a + c = a + (a + 2d) = 2a + 2d$$
$$2b = a + c$$

[연구04] 등차수열 $\{a_n\}$의 첫째항부터 제 n항까지의 합 S_n을 유도하시오.

[연구05] 일반항 a_n과 수열 $\{a_n\}$의 첫째항부터 제n항까지의 합 S_n의 관계를 쓰시오.

---

③ 등차수열의 합

[연구 04] 공차가 d인 등차수열의 첫째항부터 n항까지의 합

$$S_n = \frac{a_1 + a_n}{2} \times n \qquad \text{합 = 평균 × 개수}$$

$$S_n = \frac{n\{2a_1 + (n-1)d\}}{2}$$

$$S_n = \frac{d}{2}n^2 + \left(a_1 - \frac{d}{2}\right)n + 0$$

↑ 이차식   ↑ 공차 절반   ↑ 상수 = 0

【ex】 $a_1 = -1$, 공차 4. S_n?

$$S_n = \frac{4}{2}n^2 + (-3)n$$

이차함수로 해석

④ 일반항과 합의 관계

[연구 05]

① $a_1 = S_1$

② $a_n = S_n - S_{n-1}$ (단, $n \geq 2$)   주의!

✎ 등차수열의 합

첫번째 항부터

$$S_n = a_1 + (a_1 + d) + (a_1 + 2d) + \cdots + (a_n - 2d) + (a_n - d) + a_n$$

마지막 항부터

$$S_n = a_n + (a_n - d) + (a_n - 2d) + \cdots + (a_1 + 2d) + (a_1 + d) + a_1$$

$$2S_n = (a_1 + a_n) + (a_1 + a_n) + \cdots + (a_1 + a_n)$$

$$= (a_1 + a_n) \times n \qquad n개$$

따라서

$$S_n = \frac{a_1 + a_n}{2} \times n$$

$$= \frac{a_1 + (a_1 + (n-1)d)}{2} \times n = \frac{n\{2a_1 + (n-1)d\}}{2}$$

✎ 일반항과 합의 관계

$$a_n = S_n - S_{n-1}$$

$$= (a_1 + a_2 + \cdots + a_{n-1} + a_n)$$

$$- (a_1 + a_2 + \cdots + a_{n-1})$$

주의!

$n = 1$인 경우

$$a_1 = S_1 - S_0 \quad (모순)$$

$$\therefore a_1 = S_1$$

연구06 등비수열의 정의를 쓰시오.

연구07 첫째항이 a이고, 공비가 r인 등비수열 $\{a_n\}$의 일반항 a_n의 식을 유도하시오.

연구08 b가 a와 c의 등비중항일 때, 성립하는 식을 쓰고 이를 유도하시오.

---

5 등비수열

연구 06 정의: 첫째항부터 각항의 바로 앞항에 일정한수 곱하여 만들어진수열

공비: 일정한수 $\dfrac{a_{n+1}}{a_n}=r$

연구 07 일반항: $a_n = a_1 r^{n-1}$

연구 08 등비중항: 세수 a, b, c가 등비수열을 이룰때 b를 a와 c의 등비중항이라고 한다
$\to b^2 = ac$

원리합계

a를 $p\%$ 증가시키면 : $a\left(1+\dfrac{P}{100}\right)$

a를 $p\%$씩 n번 증가시키면 : $a\left(1+\dfrac{P}{100}\right)^n$

a를 $p\%$씩 n번 감소시키면 : $a\left(1-\dfrac{P}{100}\right)^n$

$a_1 = a$
$a_{n+1} = a\left(1+\dfrac{P}{100}\right)^n$
$\parallel$
r
공비

등비수열

일반항:

$$a_1 \qquad\qquad\qquad = a_1 r^0$$
$$a_2 = a_1 \times r = a_1 \times r \qquad = a_1 r^1$$
$$a_3 = a_2 \times r = a_1 \times r \times r \qquad = a_1 r^2$$
$$a_4 = a_3 \times r = a_1 \times r \times r \times r = a_1 r^3$$
$$\vdots$$
$$a_n = a_{n-1} \times r = a_1 r \times \cdots \times r = a_1 r^{n-1}$$

항번호에서 -1

등비중항:

$b = ar,\ c = ar^2$ 이므로
$b^2 = (ar)^2 = a^2 r^2$
$ac = a(ar^2) = a^2 r^2$

원리합계

【ex】 100원, 이자 10%

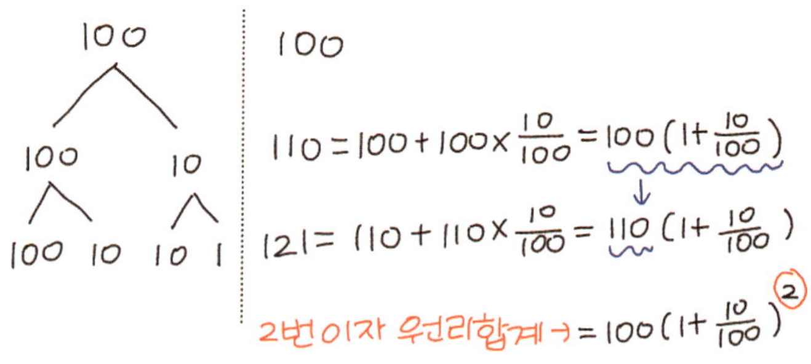

[연구09] 첫째항이 a 이고, 공비가 r 인 등비수열의 첫째항부터 제n항까지의 합 S_n 을 유도하시오.

[연구10] 아래 시그마식을 +기호로 풀어서 쓰시오.

① $\sum\limits_{k=1}^{n} a_k$ ② $\sum\limits_{n=1}^{k} a_n$ ③ $\sum\limits_{k=1}^{n} a_n$ ④ $\sum\limits_{n=1}^{k} a_k$

6 등비수열의 합

[연구 09] 첫째항이 a 공비가 r 인 등비수열의 n 항까지의 합

① $r \neq 1$ 이면

$$S_n = \frac{a(1-r^n)}{1-r} = \frac{a(r^n-1)}{r-1}$$

② $r = 1$ 이면

$$S_n = na$$

등비수열의 합

$$S_n = a + ar + ar^2 + \cdots + ar^{n-2} + ar^{n-1}$$
$$rS_n = ar + ar^2 + ar^3 + \cdots + ar^{n-1} + ar^n$$

$$S_n - rS_n = (1-r)\,S_n = a(1-r^n)$$

(i) $r \neq 1$

$$S_n = \frac{a(1-r^n)}{1-r} = \frac{a(r^n-1)}{r-1}$$

(ii) $r = 1$

$$S_n = a + a + a + \cdots + a + a = na$$

7 합의 기호 Σ 의 뜻

수열 $\{a_n\}$ 에서 첫째항부터 제 n항까지의 합

$$S_n = a_1 + a_2 + a_3 + \cdots + a_n = \sum\limits_{k=1}^{n} a_k$$

[연구 10] 【ex】 아래 시그마 식을 +기호로 풀어서 쓰시오.

① $\sum\limits_{k=1}^{n} a_k = a_1 + a_2 + a_3 + \cdots + a_n = S_n$

② $\sum\limits_{n=1}^{k} a_n = a_1 + a_2 + a_3 + \cdots + a_k = S_k$

③ $\sum\limits_{k=1}^{n} a_n = a_n + a_n + a_n + \cdots + a_n = n a_n$

④ $\sum\limits_{n=1}^{k} a_k = a_k + a_k + a_k + \cdots + a_k = k a_k$

합의 기호 Σ 의 뜻

수열 $\{a_n\}$ 의 첫째항부터 n항까지의 합을 기호로 나타내면?
$$S_n = a_1 + a_2 + a_3 + \cdots + a_n$$

수열 $\{b_n\}$ 의 첫째항부터 n항까지의 합을 기호로 나타내면?
$$S_n = b_1 + b_2 + b_3 + \cdots + b_n$$

$a_5 + a_6 + a_7 + \cdots + a_{12}$ 을 기호로 나타내면?

$$S_{12} - S_4 = \sum\limits_{k=5}^{12} a_k$$

새로운 기호가 필요하다!

① 어떤 수열인지?

② 몇 번째 항부터 몇 번째 항까지 더하는지?

[연구11] 다음을 유도하시오.

[연구12] 빈칸에 알맞은 값을 쓰시오.

---

8 Σ의 성질

연구 11

① $\displaystyle\sum_{k=1}^{n}(a_k+b_k)=\sum_{k=1}^{n}a_k+\sum_{k=1}^{n}b_k$

② $\displaystyle\sum_{k=1}^{n}(a_k-b_k)=\sum_{k=1}^{n}a_k-\sum_{k=1}^{n}b_k$

③ $\displaystyle\sum_{k=1}^{n}ca_k=c\sum_{k=1}^{n}a_k$ (단, c는 상수)

④ $\displaystyle\sum_{k=1}^{n}c=cn$

연구 12

【ex】 빈칸에 알맞은 값을 쓰시오.

① $\displaystyle\sum_{k=1}^{n}a_k=\sum_{k=1}^{n-1}a_k+[\ a_n\ ]$

① $\displaystyle\sum_{k=1}^{n}a_k=\sum_{k=1}^{m}a_k+\sum_{k=[m+1]}^{n}a_k$ (단, $m<n$)

③ $\displaystyle\sum_{k=1}^{n}a_{k+m}=\sum_{k=[l+m]}^{[n+m]}a_k$

④ $\displaystyle\sum_{k=1}^{2n}a_k=\sum_{k=1}^{[n]}a_{2k-1}+\sum_{k=1}^{[n]}a_{2k}$

✎ Σ의 성질

① $\displaystyle\sum_{k=1}^{n}(a_k+b_k)$

$=(a_1+b_1)+(a_2+b_2)+(a_3+b_3)+\cdots+(a_n+b_n)$

$=(a_1+a_2+a_3+\cdots+a_n)+(b_1+b_2+b_3+\cdots+b_n)$

$=\displaystyle\sum_{k=1}^{n}a_k+\sum_{k=1}^{n}b_k$

② $\displaystyle\sum_{k=1}^{n}(a_k-b_k)$

$=(a_1-b_1)+(a_2-b_2)+(a_3-b_3)+\cdots+(a_n-b_n)$

$=(a_1+a_2+a_3+\cdots+a_n)-(b_1+b_2+b_3+\cdots+b_n)$

$=\displaystyle\sum_{k=1}^{n}a_k-\sum_{k=1}^{n}b_k$

③ $\displaystyle\sum_{k=1}^{n}ca_k$

$=ca_1+ca_2+ca_3+\cdots+ca_n$

$=c(a_1+a_2+a_3+\cdots+a_n)$

$=c\displaystyle\sum_{k=1}^{n}a_k$

④ $\displaystyle\sum_{k=1}^{n}c=c+c+c+\cdots+c=cn$

[연구13] 빈칸에 알맞은 식을 쓰시오.

① $\displaystyle\sum_{k=1}^{n} k =$

② $\displaystyle\sum_{k=1}^{n} k^2 =$

③ $\displaystyle\sum_{k=1}^{n} k^3 =$

[연구14] $\dfrac{1}{A \cdot B} = \dfrac{1}{B-A}\left(\dfrac{1}{A} - \dfrac{1}{B}\right)$ 를 유도하시오.

[연구15] 아래 식을 계산하시오.

① $\displaystyle\sum_{k=1}^{n} kn^2 =$

② $\displaystyle\sum_{n=1}^{k} kn^2 =$

---

9 자연수의 거듭제곱의 합

① $\displaystyle\sum_{k=1}^{n} k = \dfrac{n(n+1)}{2}$

② $\displaystyle\sum_{k=1}^{n} k^2 = \dfrac{n(n+1)(2n+1)}{6}$

③ $\displaystyle\sum_{k=1}^{n} k^3 = \left\{\dfrac{n(n+1)}{2}\right\}^2$

(교과서에서 이에 대한 직접적인 유도과정은 다루지 않고, 뒤에 나오는 수학적 귀납법을 제시한 후 예제로 유도하도록 하는 것이 일반적이다.

$\displaystyle\sum_{k=1}^{n} (a_k - a_{k+1}) = a_1 - a_{n+1}$

[연구 14]

$\dfrac{1}{AB} = \dfrac{1}{B-A}\left(\dfrac{1}{A} - \dfrac{1}{B}\right)$

$= \dfrac{1}{B-A} \times \dfrac{B-A}{AB} = \dfrac{1}{AB}$

[연구 15] 【ex】 아래 식을 계산하시오.

① $\displaystyle\sum_{k=1}^{n} kn^2 = n^2 \sum_{k=1}^{n} k = n^2\dfrac{n(n+1)}{2} = \dfrac{n^3(n+1)}{2}$

② $\displaystyle\sum_{n=1}^{k} kn^2 = k\sum_{n=1}^{k} n^2 = k\dfrac{k(k+1)(2k+1)}{6}$

$= \dfrac{k^2(k+1)(2k+1)}{6}$

자연수의 거듭제곱의 합

① 등차수열의 합의 공식을 이용하면

$$\sum_{k=1}^{n} k = 1+2+3+\cdots+n = \dfrac{n(n+1)}{2}$$

② $(k+1)^3 - k^3 = 3k^2 + 3k + 1$

→ $k=1$일 때, $\quad 2^3 - 1^3 = 3 \cdot 1^2 + 3 \cdot 1 + 1$

$\quad k=2$일 때, $\quad 3^3 - 2^3 = 3 \cdot 2^2 + 3 \cdot 2 + 1$

$\quad k=3$일 때, $\quad 4^3 - 3^3 = 3 \cdot 3^2 + 3 \cdot 3 + 1$

$\qquad \vdots \qquad\qquad\qquad \vdots$

$\quad k=n$일 때, $(n+1)^3 - n^3 = 3n^2 + 3n + 1$

→ $(n+1)^3 - 1^3$

$\quad = 3(1^2 + 2^2 + \cdots + n^2) + 3(1 + 2 + \cdots + n)$

$\qquad\qquad\qquad\qquad + (1 + 1 + \cdots + 1)$

$\quad = 3\displaystyle\sum_{k=1}^{n} k^2 + 3 \cdot \dfrac{n(n+1)}{2} + n$

→ $\displaystyle\sum_{k=1}^{n} k^2 = \dfrac{1}{3}\left\{(n+1)^3 - 3 \cdot \dfrac{n(n+1)}{2} - n - 1\right\}$

$\qquad = \dfrac{n(n+1)(2n+1)}{6}$

연구16 수학적 귀납법이 무엇인지 서술하시오.

연구17 수열의 귀납적 정의가 무엇인지 서술하시오.

연구18 등차수열의 점화식 2가지를 쓰시오.

연구19 등비수열의 점화식 2가지를 쓰시오.

---

10 수학적 귀납법

연구 16 자연수 n에 대하여 명제 $P(n)$이 성립함을 보이려 할 때

① $P(1)$이 성립함을 보인다.

② $P(k)$가 성립한다고 가정할때 $P(k+1)$이 성립함을 보인다.

⇒ 명제 $P(n)$은 모든 자연수 n에 대하여 성립한다.

11 수열의 귀납적 정의(점화식)

연구 17 첫째항과 이웃하는 두 항 사이의 관계식으로 수열을 정의하는 것

① 첫째항 a_1 의 값

② 두 항 a_n, a_{n+1} 사이의 관계식

연구 18 등차수열의 점화식

① $a_{n+1} = a_n + d$

② $2a_{n+1} = a_n + a_{n+2}$

연구 19 등비수열의 점화식

① $a_{n+1} = ra_n$

② $a_{n+1}^2 = a_n a_{n+2}$

✎ 수학적 귀납법

EX) 공부결심맨

* 1/1 공부X ⇒ 1/1 공부X
* 전날 공부X → 다음날 공부X
  1/2 공부X
  1/3 공부X
* 맨날 공부X ⇐ 1/4 공부X

$P(n) : F(n) = G(n)$ "참"임을 증명하라

$P(1) : F(1) = G(1)$

$P(k) : F(k) = G(k)$ 가정 ... 가정

$P(k+1) :$ [$F(k)$ 변형 = $G(k)$ 변형] 가정 활용
$F(k+1) = G(k+1)$

실제 증명은 이 순서로 쓰게 돼!

$F(k+1) = F(k)$ 변형] 가정 활용
$= G(k)$ 변형
$= G(k+1)$

역대 수능·모의고사 기출 문항 출제 의도

Ⅰ.지수·로그 함수

[출제의도] 거듭제곱근의 정의를 이용하여 조건을 만족시키는 미지수의 값을 구하는 문제를 해결한다.
[출제의도] 지수법칙을 이용하여 식의 값을 계산하는 문제를 해결한다.
[출제의도] 로그의 성질을 이용하여 식의 값을 계산하는 문제를 해결한다.
[출제의도] 지수함수의 그래프 이해하는 문제를 해결한다.
[출제의도] 지수함수의 그래프 이용하여 주어진 부등식의 참, 거짓을 판별하는 문제를 해결한다.
[출제의도] 지수가 포함된 방정식과 부등식의 해를 구하는 문제를 해결한다.
[출제의도] 로그함수의 그래프 이해하는 문제를 해결한다.
[출제의도] 로그함수의 그래프 이용하여 주어진 부등식의 참, 거짓을 판별하는 문제를 해결한다.
[출제의도] 로그가 포함된 방정식과 부등식의 해를 구하는 문제를 해결한다.
[출제의도] 지수함수와 로그함수의 그래프의 대칭 관계를 이용하여 문제를 해결한다.

Ⅱ.삼각함수

[출제의도] 호도법을 활용하여 문제를 해결한다.
[출제의도] 삼각함수의 정의를 이해하는 문제를 해결한다.
[출제의도] 삼각함수 사이의 관계를 이해하는 문제를 해결한다.
[출제의도] 삼각함수의 성질을 이해하여 주어진 조건을 만족시키는 값을 구하는 문제를 해결한다.
[출제의도] 삼각함수의 그래프를 이해하여 교점의 개수를 구하는 문제를 해결한다.
[출제의도] 삼각함수의 주기성을 이용하여 주어진 조건을 만족시키는 자연수의 개수를 구하는 문제를 해결한다.
[출제의도] 삼각함수의 최댓값과 최솟값을 구하는 문제를 해결한다.
[출제의도] 삼각함수가 포함된 방정식과 부등식의 해를 구하는 문제를 해결한다.
[출제의도] 사인법칙을 이용하여 삼각형의 외접원의 반지름의 길이를 구하는 문제를 해결한다.
[출제의도] 사인법칙과 코사인법칙을 이용하여 선분의 길이를 구하는 문제를 해결한다.
[출제의도] 사인법칙과 코사인법칙을 이용하여 삼각형의 넓이 구하는 문제를 해결한다.

Ⅲ.수열

[출제의도] 등차수열과 등비수열의 일반항을 구하는 문제를 해결한다.
[출제의도] 등차수열과 등비수열의 공차와 공비를 구하는 문제를 해결한다.
[출제의도] 등차수열과 등비수열의 합을 이용하여 문제를 해결한다.
[출제의도] 등차중항과 등비중항을 이용하여 수열의 항의 값을 구하는 문제를 해결한다.
[출제의도] 도형에 활용된 수열에 관련된 문제를 해결한다.
[출제의도] 주어진 두 수열의 관계를 이해하여 수열의 항의 값을 구하는 문제를 해결한다.
[출제의도] 수열의 합과 일반항 사이의 관계를 이용하여 문제를 해결한다.
[출제의도] 합의 기호의 성질을 이용하여 수열의 합을 구하는 문제를 해결한다.
[출제의도] 자연수의 거듭제곱의 합을 계산하여 값을 구하는 문제를 해결한다.
[출제의도] 수열의 귀납적 정의를 이용하여 수열의 항을 구하는 문제를 해결한다.
[출제의도] 수학적 귀납법을 이용하여 명제를 증명하는 문제를 해결한다.

수학 II

「교과서 학습 목표」

1.함수의 극한

□ 함수의 극한의 뜻을 안다.

□ 함수의 극한에 대한 성질을 이해하고,
여러 가지 함수의 극한값을 구할 수 있다.

□ 함수의 연속의 뜻을 안다.

□ 연속함수의 성질을 이해하고,
이를 활용할 수 있다.

2. 미분법

□ 미분계수의 뜻을 알고, 그 값을 구할 수 있다.

□ 미분계수의 기하학적 의미를 안다.

□ 미분가능성과 연속성의 관계를 이해한다.

□ 함수 $y = x^n$ (n은 양의 정수)의
도함수를 구할 수 있다.

□ 함수의 실수배, 합, 차, 곱의 미분법을 알고,
다항함수의 도함수를 구할수 있다.

□ 접선의 방정식을 구할 수 있다.

□ 함수에 대한 평균값 정리를 이해한다.

□ 함수의 증가와 감소, 극대와 극소를
판정하고 설명할 수 있다.

□ 함수의 그래프의 개형을 그릴 수 있다.

□ 방정식과 부등식에 활용할 수 있다.

□ 속도와 가속도에 대한 문제에 활용할 수 있다.

3.적분법

□ 부정적분의 뜻을 안다.

□ 함수의 실수배 합, 차의 부정적분을 알고,
다항함수의 부정적분을 구할 수 있다.

□ 정적분의 뜻을 안다.

□ 부정적분과 정적분의 관계를 이해하고,
이를 이용하여 정적분을 구할 수 있다.

□ 곡선으로 둘러싸인 도형의 넓이를 구할 수 있다.

□ 정적분을 활용하여
속도와 거리에 대한 문제를 해결할 수 있다.

「수학Ⅱ」 Ⅰ.함수의 극한

미리 알아야 할 단원
수학(상) - 3.도형의 방정식
수학(하) - 2.함수

1 극한의 개념

무한대 : ∞ 한없이 커지는 상태를 나타내는
      기호

수렴 : 어떠한 변수가 어떤 일정한 수에 한없이
      가까워지는 일

발산 : 수렴하지 않음

극한(값) : 그 일정한 수.

    (변수의 값이 아니야)

2 함수의 수렴 (1)

함수 $f(x)$에서 x가 한없이 커질 때, $x \to \infty$
$f(x)$의 값이 일정한 값 α에 $f(x) \to \alpha$
한없이 가까워지면, 차이가 그 어떤 양수보다 작다
$f(x)$는 α에 수렴한다고 한다.
    극한값

$$\begin{cases} x \to \infty \text{ 일때 } f(x) \to \alpha \\ \lim_{x \to \infty} f(x) = \alpha \end{cases}$$

$$f(x) \longrightarrow \alpha$$
$$\lim_{x \to \infty} f(x)$$
함수값
함수의 극한값
함수의 목표값이라고
이해해도 좋아!

✎ 함수의 수렴 (1)

$$x \to \infty$$
$$\begin{cases} \dfrac{1}{x} \to 0 \\ \dfrac{1}{1}, \dfrac{1}{2}, \dfrac{1}{3} \cdots \dfrac{1}{x} \cdots \to 0 \end{cases}$$

$$\lim_{x \to \infty} \dfrac{1}{x} \fallingdotseq 0 \cdots (\times) \qquad \dfrac{1}{x} \fallingdotseq 0 \cdots (\bigcirc)$$

$$\lim_{x \to \infty} \dfrac{1}{x} = 0 \cdots (\bigcirc) \qquad \dfrac{1}{x} = 0 \cdots (\times)$$

$ex) \left| \dfrac{1}{x} - 0 \right| < 0.00000000001$

우변이 아무리 작은 양수라도 x가 충분히 크면 성립
차이가 그 어떤 양수보다 작다

$$\dfrac{1}{x} \longrightarrow 0$$
$$\lim_{x \to \infty} \dfrac{1}{x}$$

[연구01] $x = a$에서 함수 $f(x)$의 극한값 α가 존재한다는 것의 기호와 뜻을 쓰시오.

---

3 함수의 수렴 (2)

[연구 01] 함수 $f(x)$에서 x가 a가 아닌 값을 가지면서 a에 한없이 가까워 질 때, $x \to a \ (x \neq a)$ $f(x)$의 값이 일정한 값 α에 한없이 가까워지면, $f(x)$는 α에 수렴한다고 한다. α를 $x = a$에서 $f(x)$의 극한값 또는 극한이라고 한다.

$$\lim_{x \to a} f(x) = \alpha$$

$x \to a$ 는 x의 값이 a에 한 없이 가까워짐을 뜻하므로 $x \neq a$이다.

✎ 함수의 수렴 (2)

【ex】 $f(x) = \dfrac{x^2 - 1}{x - 1}$

$f(x) = \dfrac{(x-1)(x+1)}{x-1} = x+1 \ (x \neq 1)$

$f(x) = 2 \cdots (\text{X}) \quad f(x) \fallingdotseq 2 \cdots (\text{O}) \quad f(x) \neq 2$

$\lim\limits_{x \to 1} f(x) = 2 \cdots (\text{O}) \quad \lim\limits_{x \to 1} f(x) \fallingdotseq 2 \cdots (\text{X})$

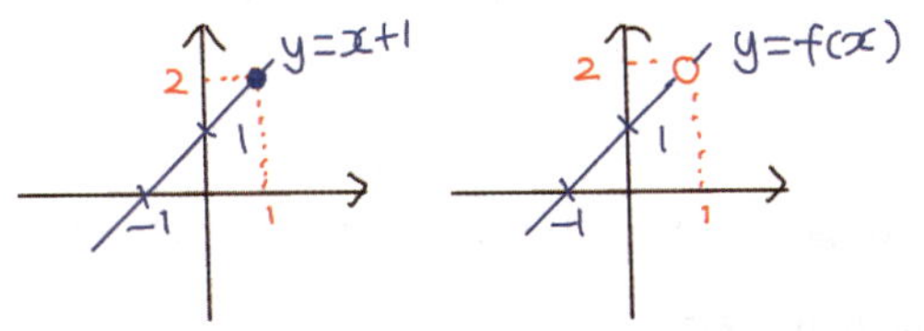

$\lim\limits_{x \to 1} f(x) = \lim\limits_{x \to 1} \dfrac{(x-1)(x+1)}{x-1} = \lim\limits_{x \to 1} (x+1) = 2$
$(x \neq 1) \quad (x+1 \neq 2)$

【ex】 $f(x) = \begin{cases} x+1 & (x \neq 1) \\ 3 & (x = 1) \end{cases}$ 일 때

$f(1) = 3 \qquad \lim\limits_{x \to 1} f(x) = 2$

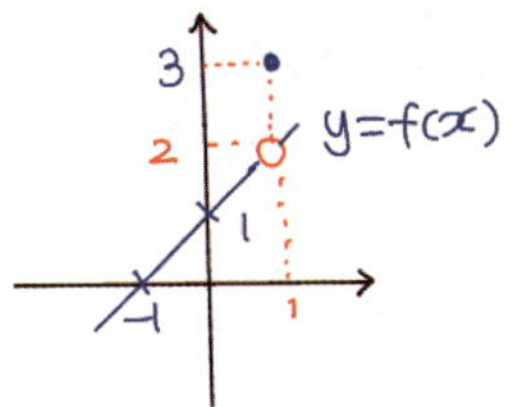

✡ $=$ 과 $\fallingdotseq$의 차이를 선명하게 구분하도록 하자!

4 함수의 발산

함수 $f(x)$에서 x가 a가 아닌 값을 가지면서 a에 한없이 가까워 질 때, $f(x)$의 절대 값이 한없이 커질 때 무한대로 발산한다고 한다.

$$\lim_{x \to a} f(x) = \begin{cases} \infty & \Rightarrow \ 양의무한대로\ 발산 \\ -\infty & \Rightarrow \ 음의무한대로\ 발산 \end{cases}$$

✎ $x \to a$ 를 $x \to a-$, $x \to a+$, $x \to \infty$, $x \to -\infty$ 로 바꾸어도 성립

✎ 함수의 발산

【ex】 $f(x) = \dfrac{1}{|x|}$ 　　　【ex】 $f(x) = -\dfrac{1}{|x|}$

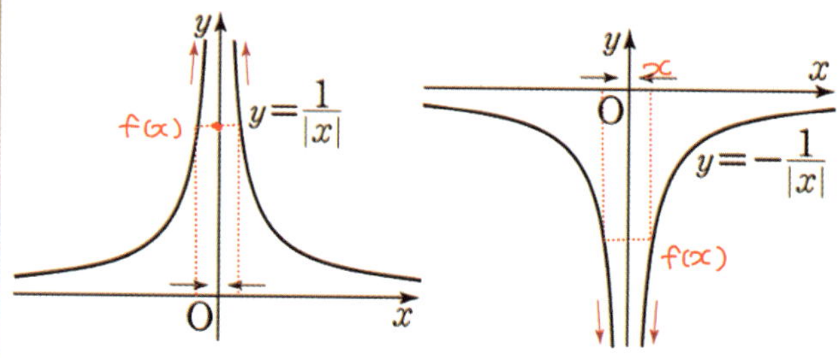

$$\lim_{x \to 0} \frac{1}{|x|} = \infty$$

$$\lim_{x \to 0} \left(-\frac{1}{|x|}\right) = -\infty$$

5 좌극한과 우극한

$x \to a-$: x가 a보다 작으면서

　　　　a에 한없이 가까워진다.

$x \to a+$: x가 a보다 크면서

　　　　a에 한없이 가까워진다.

① 좌극한 $\displaystyle \lim_{x \to a-} f(x) = \alpha$

x가 a보다 작으면서 a에 한없이 가까워질 때,
$f(x)$가 일정한 값 α에 한없이 가까워진다.

② 우극한 $\displaystyle \lim_{x \to a+} f(x) = \alpha$

x가 a보다 크면서 a에 한없이 가까워질 때,
$f(x)$가 일정한 값 α에 한없이 가까워진다.

③ 극한값의 존재 $\Longleftrightarrow$ 좌극한과 우극한이 동일

$$\lim_{x \to a} f(x) = \alpha \Longleftrightarrow \lim_{x \to a-} f(x) = \lim_{x \to a+} f(x) = \alpha$$

✎ 좌극한과 우극한

【ex】 $f(x) = \begin{cases} -x & (x \le 1) \\ x-1 & (x > 1) \end{cases}$

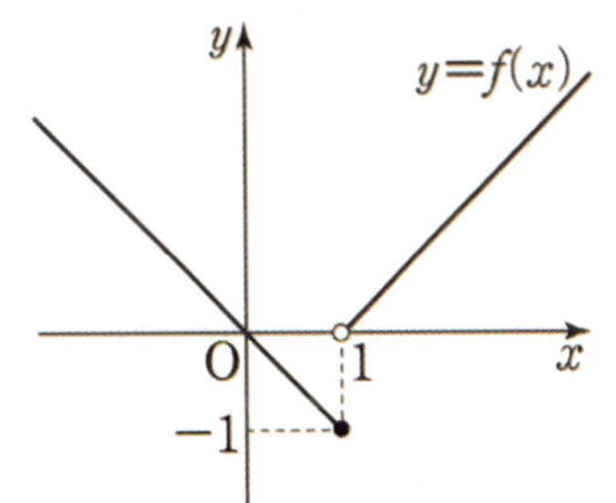

$$\lim_{x \to 1-} f(x) = \lim_{x \to 1-} (-x) = -1$$

$$\lim_{x \to 1+} f(x) = \lim_{x \to 1+} (x-1) = 0$$

$$\lim_{x \to 1} f(x) \quad \text{하나의 값이 없다}$$
$$\Longleftrightarrow \text{존재하지 않는다}$$

【ex】

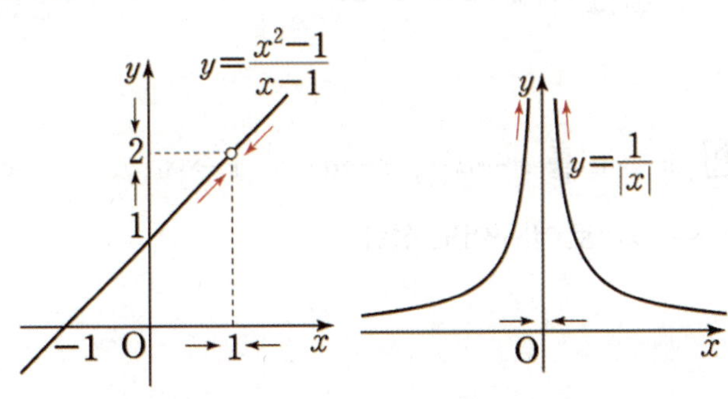

$$\lim_{x \to 1-} f(x) = 2$$
$$\lim_{x \to 1+} f(x) = 2$$
$$\lim_{x \to 1} f(x) = 2$$

$x=1$에서 $f(x)$의
극한값 존재

$$\lim_{x \to 0-} f(x) = \infty$$
$$\lim_{x \to 0+} f(x) = \infty$$
$$\lim_{x \to 0} f(x) \;\; \text{없다} \;\; \text{주의!}$$

좌우가 같더라도
수렴하지 않으면
극한값은 없는 것이다

[연구02] 아래 함수의 극한의 성질이 성립할 조건을 쓰시오.

[연구03] $\lim\limits_{x \to a} f(x) = \alpha$, $\lim\limits_{x \to a} g(x) = \beta$ 일 때,

- $f(x) < g(x)$ 이면 $\lim\limits_{x \to a} f(x)$ [   ] $\lim\limits_{x \to a} g(x)$ 이다.

- $f(x) < h(x) < g(x)$ 이고 $\alpha = \beta$ 이면 $\lim\limits_{x \to a} h(x) = [$ $]$ 이다.

⬛ 6 함수의 극한에 관한 성질

[연구 02] $\lim\limits_{x \to a} f(x) = \alpha$, $\lim\limits_{x \to a} f(x) = \beta$ (수렴) 일때

① $\lim\limits_{x \to a} c f(x) = c \lim\limits_{x \to a} f(x) = c\alpha$ (단, c 는 상수)

② $\lim\limits_{x \to a} \{f(x) + g(x)\} = \lim\limits_{x \to a} f(x) + \lim\limits_{x \to a} g(x) = \alpha + \beta$

③ $\lim\limits_{x \to a} \{f(x) - g(x)\} = \lim\limits_{x \to a} f(x) - \lim\limits_{x \to a} g(x) = \alpha - \beta$

④ $\lim\limits_{x \to a} f(x) g(x) = \lim\limits_{x \to a} f(x) \lim\limits_{x \to a} g(x) = \alpha\beta$

⑤ $\lim\limits_{x \to a} \dfrac{f(x)}{g(x)} = \dfrac{\lim\limits_{x \to a} f(x)}{\lim\limits_{x \to a} g(x)} = \dfrac{\alpha}{\beta}$ (단, $\beta \neq 0$)

[연구 03] ⑥ $f(x) < g(x)$ 이면
$$\lim\limits_{x \to a} f(x) \leq \lim\limits_{x \to a} g(x)$$
(같을 수 있음)

⑦ $f(x) < h(x) < g(x)$ 이고 $\alpha = \beta$ 이면
$$\Rightarrow \lim\limits_{x \to a} h(x) = \alpha \text{ 이다}$$

✒ $x \to a$ 를 $x \to a-$, $x \to a+$, $x \to \infty$, $x \to -\infty$ 로 바꾸어도 성립

✎ 함수의 극한에 관한 성질

④ $\lim\limits_{x \to a} f(x)g(x) = \lim\limits_{x \to a} f(x) \lim\limits_{x \to a} g(x) = \alpha\beta$

ex) $f(x) = |x-a|$, $g(x) = \dfrac{1}{|x-a|}$ 일때,

$1 = \lim\limits_{x \to a} |x-a| \dfrac{1}{|x-a|} \neq 0 \times \infty = 0$

$\lim\limits_{x \to a} g(x) = \infty$ 이므로
$g(x)$ 는 극한값이 존재하지않는다.
이 성질은 곱해진 함수의
극한값이 존재할 때만 성립하는것!

⑤ 왜 분모가 0이면 안되는가?
$$0 \times \frac{2}{0} = 0 \times k$$
$$2 = 0 \to \text{모순}$$

⑥ ex) $x \to \infty$ 일때
$$\frac{1}{x} < \frac{2}{x} \quad \leftarrow \text{함숫값은 같을수없다}$$
$$\lim\limits_{x \to \infty} \frac{1}{x} = \lim\limits_{x \to \infty} \frac{2}{x} = 0 \quad \leftarrow \text{극한값은 같을수있다.}$$

⑦ $f(x) < h(x) < g(x)$

$$\lim\limits_{x \to a} f(x) \leq \lim\limits_{x \to a} h(x) \leq \lim\limits_{x \to a} g(x)$$
$$\shortparallel \qquad\qquad \shortparallel \qquad\qquad \shortparallel$$
$$\alpha \qquad\qquad \alpha \qquad\qquad \beta = \alpha$$

연구04 다음 가정에 대한 결론으로 알맞은 것을 쓰고 이를 유도하시오.

① $\lim\limits_{x \to a} \dfrac{f(x)}{g(x)} = \alpha$ 이고 $\lim\limits_{x \to a} g(x) = 0$ 이면

② $\lim\limits_{x \to a} \dfrac{f(x)}{g(x)} = \alpha \neq 0$ 이고 $\lim\limits_{x \to a} f(x) = 0$ 이면

③ $\lim\limits_{x \to a} f(x) = \infty$ 이고 $\lim\limits_{x \to a} f(x)g(x) = \alpha$ 이면

---

7 극한의 성질의 활용

연구 04

① $\lim\limits_{x \to a} \dfrac{f(x)}{g(x)} = \alpha$ 이고 $\lim\limits_{x \to a} g(x) = 0$ 이면

$\Rightarrow \lim\limits_{x \to a} f(x) = 0$

② $\lim\limits_{x \to a} \dfrac{f(x)}{g(x)} = \alpha \neq 0$ 이고 $\lim\limits_{x \to a} f(x) = 0$ 이면

$\Rightarrow \lim\limits_{x \to a} g(x) = 0$

③ $\lim\limits_{x \to a} f(x) = \infty$ 이고 $\lim\limits_{x \to a} f(x)g(x) = \alpha$ 이면

$\Rightarrow \lim\limits_{x \to a} g(x) = 0$

✒ 극한의 성질의 활용

① $\lim\limits_{x \to a} f(x) = \lim\limits_{x \to a} \left\{ \dfrac{f(x)}{g(x)} \times g(x) \right\}$

$= \lim\limits_{x \to a} \dfrac{f(x)}{g(x)} \times \lim\limits_{x \to a} g(x) = \alpha \times 0 = 0$

$\ast$ $\lim\limits_{x \to a} \dfrac{f(x)}{g(x)}$ 가 극한값을 가지므로 $\lim$ 을 각각 씌울 수 있는 거야
　　 수렴조건이 없으면 각각 극한을 씌우면 안되는 거임!!

② $\lim\limits_{x \to a} \dfrac{g(x)}{f(x)} = \lim\limits_{x \to a} \dfrac{1}{\left(\frac{f(x)}{g(x)}\right)} = \dfrac{\lim\limits_{x \to a} 1}{\lim\limits_{x \to a} \frac{f(x)}{g(x)}}$

$= \dfrac{1}{\alpha}$

$\lim\limits_{x \to a} g(x) = \lim\limits_{x \to a} \left\{ \dfrac{g(x)}{f(x)} \times f(x) \right\}$

$= \lim\limits_{x \to a} \dfrac{g(x)}{f(x)} \times \lim\limits_{x \to a} f(x) = \dfrac{1}{\alpha} \times 0 = 0$

③ $\lim\limits_{x \to a} f(x) = \infty$ 이므로 $\lim\limits_{x \to a} \dfrac{1}{f(x)} = 0$ 이다.

$\lim\limits_{x \to a} g(x) = \lim\limits_{x \to a} \left\{ f(x)g(x) \times \dfrac{1}{f(x)} \right\}$

$= \lim\limits_{x \to a} f(x)g(x) \times \lim\limits_{x \to a} \dfrac{1}{f(x)}$

$= \alpha \times 0 = 0$

8 함수의 극한 문제를 풀 때

부정꼴을 → 확정꼴로 바꿔야 한다.

식을 수렴하는 형태로 바꾸는 게 핵심

① $\dfrac{\infty}{\infty}$: 분모 분자를 (최)고차항으로 나눈다.

② $\infty - \infty$: 최고차항으로 묶는다.

③ $\sqrt{\infty} - \infty$: 유리화

④ $\infty \times 0$: 통분, 인수분해, 약분

⑤ $\dfrac{0}{0}$: 약분

🖋 분수의 크기

$분수\uparrow = \dfrac{분자\uparrow}{분모}$ $분수\downarrow = \dfrac{분자\downarrow}{분모}$

$분수\downarrow = \dfrac{분자}{분모\uparrow}$ $분수\uparrow = \dfrac{분자}{분모\downarrow}$

【ex】

$\downarrow\dfrac{1}{10000}\uparrow\ \dfrac{1}{1000},\ \dfrac{1}{100},\ \dfrac{1}{10},\ \dfrac{1}{1},\ \dfrac{1}{0.1},\ \dfrac{1}{0.01},\ \dfrac{1}{0.001},\ \uparrow\dfrac{1}{0.0001}\downarrow$

$\parallel$ 　　　　　　　　　　　　　　　　　　　　　$\parallel$
0.0001 　←――――――――――→ 10000

작아진다　　　　　커진다

🖋 함수의 극한 문제를 풀 때

🖋 부정꼴 vs 확정꼴
정할 수 없음 → 이게 문제에 나온다

$\infty + \infty \to \infty$	$0 + 0 \to 0$	$0 + a \to a$	$\infty + a \to \infty$	$\infty + 0 \to \infty$
$\infty - \infty \to ?$	$0 - 0 \to 0$	$0 - a \to -a$	$\infty - a \to \infty$	$\infty - 0 \to \infty$
$\infty \times \infty \to \infty$	$0 \times 0 \to 0$	$0 \times a \to 0$	$\infty \times a \to \infty$	$\infty \times 0$

$\dfrac{\infty}{\infty} \to ?$　$\dfrac{0}{0} \to ?$　$\dfrac{a}{0}\uparrow \to \infty$　$\dfrac{\infty\uparrow}{a} \to \infty$　$\dfrac{\infty\uparrow}{0}\downarrow \to \infty$

$\dfrac{0}{a} \to 0$　$\dfrac{a}{\infty\uparrow} \to 0$　$\dfrac{0\downarrow}{\infty\uparrow} \to 0$

【ex】 $x \to \infty$ 일 때

$\infty + \infty \to \infty$	$\dfrac{0}{0} \to ?$	$\infty \times 0 \to ?$
$x + 2x = 3x \to \infty$	$\dfrac{\left(\frac{1}{x}\right)}{\left(\frac{1}{x}\right)} = 1$	$x \times \dfrac{1}{x} = 1$
$2x + x = 3x \to \infty$		$x \times \dfrac{1}{x^2} = \dfrac{1}{x} \to 0$
$x + x^2 = x + x^2 \to \infty$		$x^2 \times \dfrac{1}{x} = x \to \infty$
$\infty - \infty \to ?$	$\dfrac{\left(\frac{1}{x}\right)}{\left(\frac{1}{x^2}\right)} = x \to \infty$	
$x - 2x = -x \to -\infty$		
$2x - x = x \to \infty$		
$x - x = 0$		
$\dfrac{\infty}{\infty} \to ?$	$\dfrac{\left(\frac{1}{x^2}\right)}{\left(\frac{1}{x}\right)} = \dfrac{1}{x} \to 0$	
$\dfrac{x}{x} = 1$		
$\dfrac{x^2}{x} = x \to \infty$		
$\dfrac{x}{x^2} = \dfrac{1}{x} \to 0$		

부정꼴? 형태의 함수의 극한
얼마든지 값이 변할수 있어
그래서, 꼭! 확정꼴 형태로
바꿔야 해!

연구05 함수 $f(x)$가 $x=a$에서 연속이 되도록
하는 조건을 쓰시오.

연구 05

9 $f(x)$가 $x=a$에서 연속

① $f(a)$가 존재

② $\lim\limits_{x \to a} f(x)$가 존재 ($\lim\limits_{x \to a+} f(x) = \lim\limits_{x \to a-} f(x)$)

③ $\lim\limits_{x \to a} f(x) = f(a)$

①,②,③ 모든 조건이 충족해야 $f(x)$가 $x=a$에서 연속이라 할수있어!

10 연속함수의 뜻

어떤 구간에 속하는 모든 점에서 연속일 때,
함수가 그 구간에서 연속 또는 연속함수라고
한다.

$[a, b] = \{ x \mid a \leq x \leq b \}$ 닫힌구간(폐구간)

$[a, b) = \{ x \mid a \leq x < b \}$ 반닫힌(열린)구간

$(a, b] = \{ x \mid a < x \leq b \}$ 반닫힌(열린)구간

$(a, b) = \{ x \mid a < x < b \}$ 열린구간(개구간)

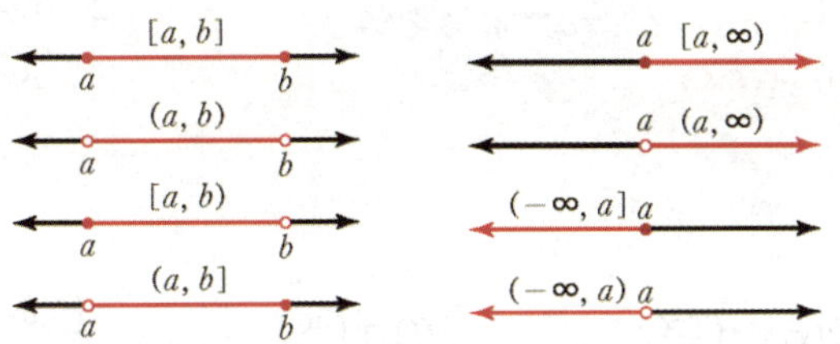

$f(x)$: 폐구간 $[a, b]$에서 연속

① 개구간 (a, b)에서 연속 이고,

② $\lim\limits_{x \to a+} f(x) = f(a)$, $\lim\limits_{x \to b-} f(x) = f(b)$

좌극한조건 면제 　 우극한조건 면제

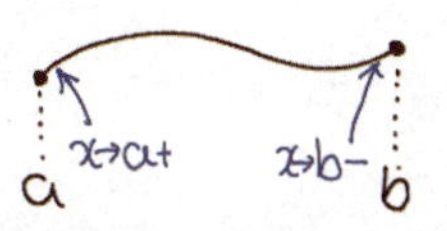

✎ $f(x)$가 $x=a$에서 연속

① $f(a)$가 없다면?　② $\lim\limits_{x \to a} f(x)$가 존재 X ?　③ $\lim\limits_{x \to a} f(x) = f(a)$가 아니면?

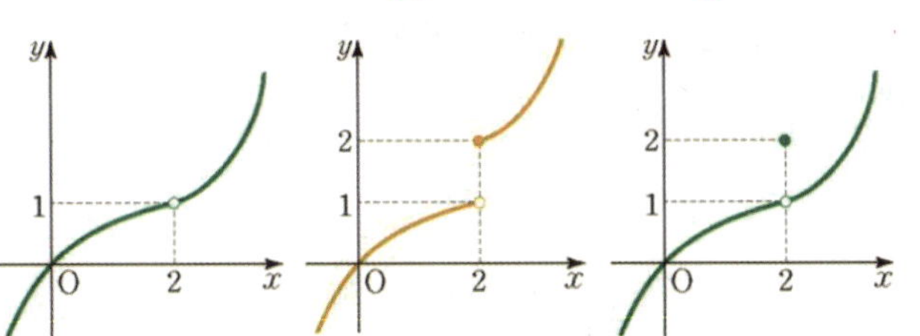

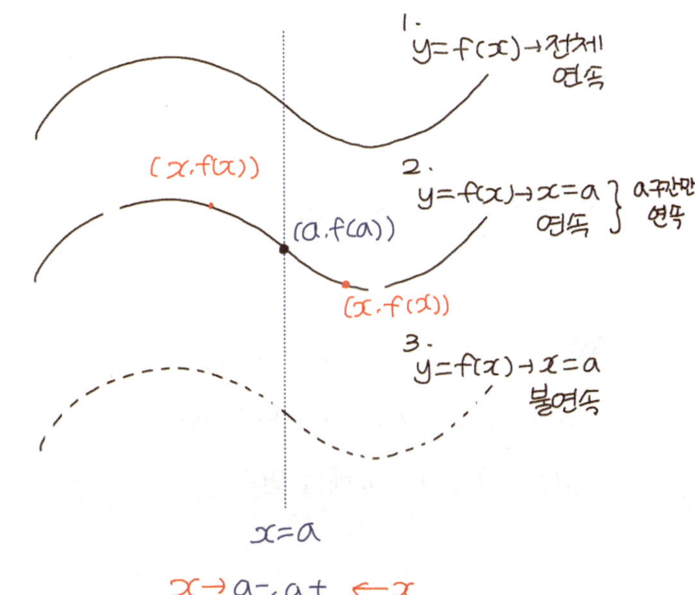

$x = a$

$x \to a-, a+ \leftarrow x$

$f(x) \to f(a) \quad \leftarrow f(x)$

$\lim\limits_{x \to a-} f(x) = f(a) = \lim\limits_{x \to a+} f(x)$

(일상) "연속" = 점끼리 붙어있다

(수학) "연속" = 점끼리 붙어있다? 말이안됨
　　　　↳ 점끼리 한없이 가깝다

"$f(x)$가 $x=a$에서 연속"
점 $(a, f(a))$ 좌우에 한없이 가까운점이있다
차이가 그 어떤 양수보다 작다

연구06 $x=a$ 에서 연속인 두 함수 $f(x)$, $g(x)$에 대하여 다음 함수도 $x=a$에서 연속임을 유도하시오.

⑪ 연속함수의 성질

연구 06 ── $f(x)$와 $g(x)$가 $x=a$에서 연속이면, 다음 함수도 $x=a$에서 연속이다.

① $y=f(x) \pm g(x)$

② $y=cf(x)$ (단, c는 상수)

③ $y=f(x)g(x)$

④ $y=\dfrac{f(x)}{g(x)}$ $(g(a) \neq 0)$

✎ $f(x)$가 $x=a$에서 연속이고
$g(x)$가 $x=f(a)$에서 연속이면
$g(f(x))$는 $x=a$에서 연속

✎ 연속함수의 성질

point

$\lim\limits_{x\to a} f(x)=f(a)$ 이고 $\lim\limits_{x\to a} g(x)=g(a)$ 일때

$\lim\limits_{x\to a} h(x)=h(a)$ 라는것을 보여라!

① $\lim\limits_{x\to a}\{f(x)+g(x)\} = \lim\limits_{x\to a}f(x) + \lim\limits_{x\to a}g(x)$

수렴할때 극한의성질

연쪽의 정의

$\lim\limits_{x\to a} h(x) = f(a)+g(a)$

$h(a)$

② $\lim\limits_{x\to a} cf(x) = c\lim\limits_{x\to a}f(x) = cf(a)$

수렴할때 극한의 성질   연쪽의 정의

$\lim\limits_{x\to a} h(x)$ $h(a)$

③ $\lim\limits_{x\to a} f(x)g(x) = \lim\limits_{x\to a}f(x) \times \lim\limits_{x\to a}g(x) = f(a)g(a)$

수렴할때 극한의 성질   연쪽의 정의

$\lim\limits_{x\to a} h(x)$ $h(a)$

④ $\lim\limits_{x\to a} \dfrac{f(x)}{g(x)} = \dfrac{\lim\limits_{x\to a}f(x)}{\lim\limits_{x\to a}g(x)} = \dfrac{f(a)}{g(a)}$

수렴할때 극한의성질   연쪽의 정의

$\lim\limits_{x\to a} h(x)$ $h(a)$

연구07 함수 $f(x)$가 $x = a$에서만 불연속이고
함수 $g(x)$가 연속함수일 때,
함수 $f(x)g(x)$가 실수 전체에서 연속이기 위해
성립하는 조건을 쓰고 이를 유도하시오.
($x = a$에서 $f(x)$의 좌극한, 우극한이 각각
존재는 경우만 유도하자)

연구08 연속함수 $g(x)$와 $h(x)$에 대하여, 함수

$$f(x) = \begin{cases} g(x) & (x \leq a) \\ h(x) & (x > a) \end{cases}$$

가 실수 전체에서 연속일 조건을 쓰고 이를
유도하시오.

연구 07

조건) $g(a) = 0$

유도)

$h(x) = f(x)g(x)$ 라 하자

i) $x \neq a$ 일때
$f(x)$, $g(x)$ 가 연속이므로 $h(x)$는 연속

ii) $x = a$ 일때
$f(x)$ 는 불연속이므로
$f(a) = A$, $\lim\limits_{x \to a-} f(x) = B$, $\lim\limits_{x \to a+} f(x) = C$ 라 하면
$A \neq B \neq C$.
$g(x)$ 는 연속이므로
$g(a) = \lim\limits_{x \to a-} g(x) = \lim\limits_{x \to a+} g(x)$

$h(a) = f(a)g(a) = Ag(a)$

$\lim\limits_{x \to a-} h(x) = \lim\limits_{x \to a-} f(x)g(x)$
$\qquad = \lim\limits_{x \to a-} f(x) \lim\limits_{x \to a-} g(x) = Bg(a)$

$\lim\limits_{x \to a+} h(x) = \lim\limits_{x \to a+} f(x)g(x)$
$\qquad = \lim\limits_{x \to a+} f(x) \lim\limits_{x \to a+} g(x) = Cg(a)$

$\therefore Ag(a) = Bg(a) = Cg(a)$ 이므로
$\quad g(a) = 0$

연구 08

조건) $g(a) = h(a)$

유도)

i) $x \neq a$ 일때
$g(x)$, $h(x)$ 가 연속이므로 $f(x)$는 연속

ii) $x = a$ 일때
$f(a) = g(a)$

$\lim\limits_{x \to a-} f(a) = \lim\limits_{x \to a-} g(x) = g(a)$
$\qquad (\because g(x) \text{ 연속함수})$

$\lim\limits_{x \to a+} f(a) = \lim\limits_{x \to a+} h(x) = h(a)$
$\qquad (\because h(x) \text{ 연속함수})$

$\therefore g(a) = h(a)$

[연구09] 최대·최소의 정리를 쓰시오.

---

⑫ 최대·최소 정리

[연구 09] 함수 $f(x)$가 폐구간 $[a, b]$에서 연속이면,
$f(x)$는 이 구간에서 반드시 최댓값과 최솟값을
가진다.

✎ 최대·최소 정리

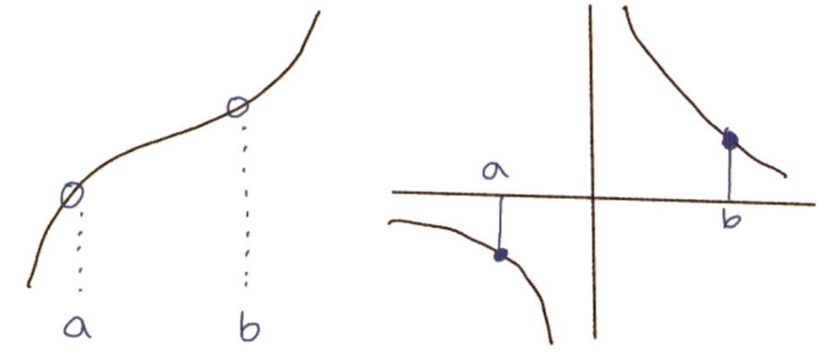

연구10 사잇값 정리를 쓰시오.

연구11 함수 $f(x)$가 폐구간 $[a, b]$에서 연속이고 $f(a) \times f(b) < 0$일 때, 성립하는 것을 쓰시오.

13 사잇값 정리

연구
10

함수 $f(x)$가 폐구간 $[a, b]$에서 연속이고 $f(a) \neq f(b)$이면, $f(a)$와 $f(b)$ 사이의 임의의 값 k에 대하여 다음을 만족시키는 c가 열린구간 (a, b)에 적어도 하나 존재한다.

$$f(c) = k$$

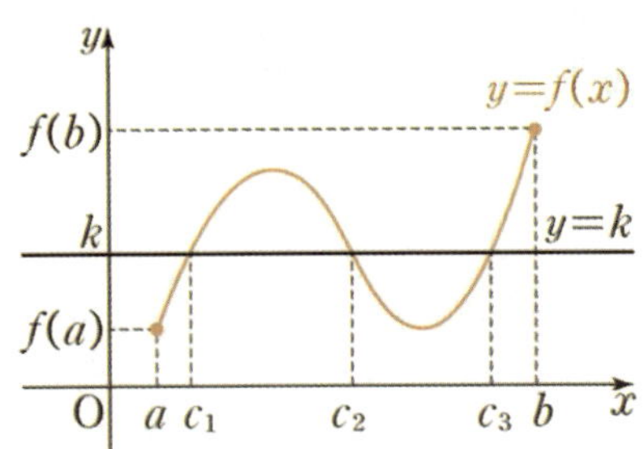

연구
11

함수 $f(x)$가 폐구간 $[a, b]$에서 연속이고 $f(a) \times f(b) < 0$이면?

$f(x) = 0$ 방정식 근이

개구간 (a,b)에 적어도 하나 존재

✎ 사잇값 정리

불연속이면? f(c)=k인 c가 없음

ex)

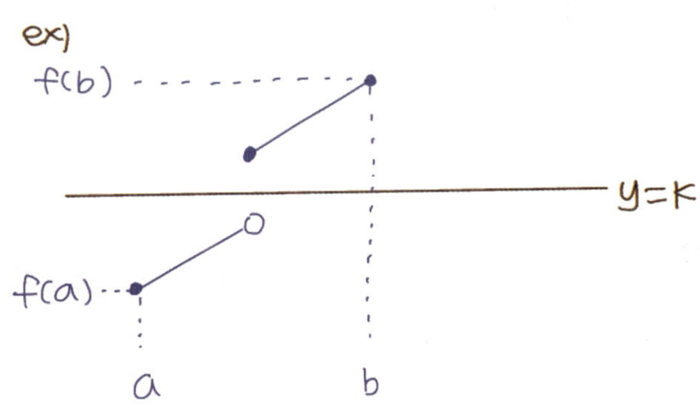

수능 고난도 문제에서 근을 찾는 방법으로 자주 나오니 확실히 알기 하기!

$f(a)\,f(b) < 0$

i) ⊕ ⊖

ii) ⊖ ⊕

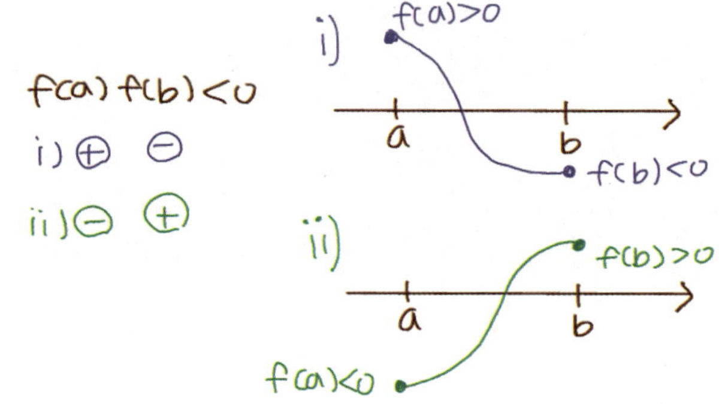

「수학Ⅱ」 Ⅱ.미분법

연구01 함수 $y = f(x)$에서 x의 값이 a에서 b까지 변할 때 평균변화율을 구하시오.

미리 알아야 할 단원
수학2 - 1.함수의 극한

▮ 평균변화율

연구 01 함수 $y = f(x)$ 에서 x의 값이 a에서 b까지 변할 때의 평균변화율은

$$\frac{\triangle y}{\triangle x} = \frac{f(b) - f(a)}{b - a} = \frac{f(a + \triangle x) - f(a)}{a + \triangle x - a}$$

✎ x의 증분 $\triangle x$에 대한 y의 증분 $\triangle y$의 비율
$(\triangle x = b - a,\ \triangle y = f(b) - f(a))$

✎ 평균변화율

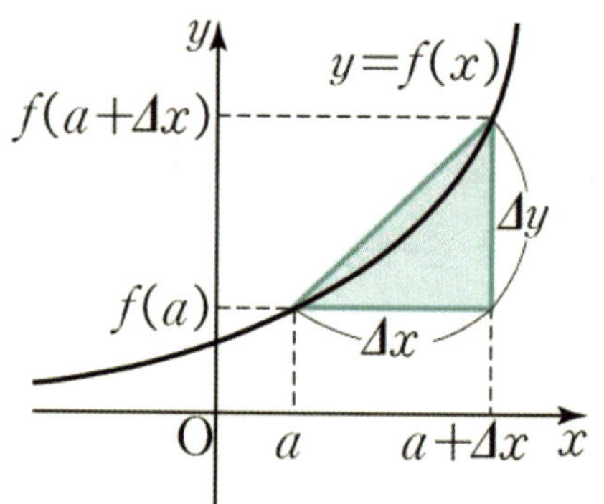

연구02 함수 $f(x)$의 $x=a$에서의

①미분계수 ②좌미분계수 ③우미분계수

를 쓰시오.

---

2 미분계수

함수 $f(x)$의 $x=a$에서의

연구 02

①미분계수 (순간변화율)

$$f'(a) = \lim_{\Delta x \to 0} \frac{\Delta y}{\Delta x}$$

$$= \lim_{\Delta x \to 0} \frac{f(a+\Delta x)-f(a)}{a+\Delta x - a}$$

$$= \lim_{x \to a} \frac{f(x)-f(a)}{x-a}$$

②좌미분계수: $\lim\limits_{x \to a-} \dfrac{f(x)-f(a)}{x-a}$ (왼쪽접선)

③우미분계수: $\lim\limits_{x \to a+} \dfrac{f(x)-f(a)}{x-a}$ (오른쪽접선)

기하학적인 의미:

　곡선 $y=f(x)$ 위의 점 $(a, f(a))$에서의

　접선의 기울기

미분계수

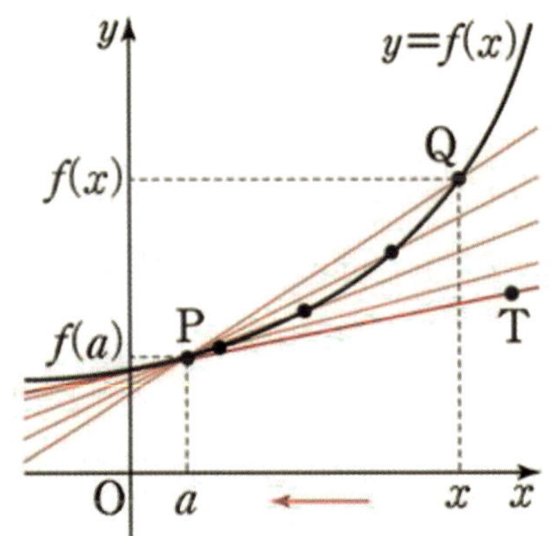

함수 $f(x)$의 $x=a$에서의 좌극한

$= $ 함수값의 좌극한 $= \lim\limits_{x \to a-} f(x)$　다르다!

함수 $f(x)$의 $x=a$에서의 좌미분계수

$= $ 함수의 변화율의 좌극한 $= \lim\limits_{x \to a-} \dfrac{f(x)-f(a)}{x-a}$　같다!

함수 $g(x) = \dfrac{f(x)-f(a)}{x-a}$ 의 $x=a$에서의 좌극한

$= \lim\limits_{x \to a-} g(x) = \lim\limits_{x \to a-} \dfrac{f(x)-f(a)}{x-a}$

[연구03] 함수 $f(x)$의 $x=a$에서의 미분가능하다는 것의

①정의를 쓰고

②조건을 쓰고

③조건을 유도하시오.

[연구04] 함수 $y=f(x)$가 $x=a$에서

①미분가능하면 연속인가? 아니라면 예를 드시오.

②연속이면 미분가능한가? 아니라면 예를 드시오.

3 미분 가능성

[연구 03]

①정의: 극한값 $f'(a)$가 존재

②조건:

  (1) 함수 $f(x)$가 $x=a$에서 연속이다

  (2) 좌미분계수와 우미분계수가 같다

함수 $f(x)$가 $x=a$에서의 미분계수 $f'(a)$가 존재할 때, 함수 $f(x)$는 $x=a$에서 미분가능하다고 말한다.

함수 $f(x)$가 어떤 구간에 속하는 모든 x값에서 미분가능할 때, 함수 $f(x)$는 그 구간에서 미분가능하다고 한다.

함수 $f(x)$가 정의역에 속하는 모든 x값에서 미분가능할 때, 함수 $f(x)$는 미분가능한 함수라고 한다.

[연구 04]

$y=f(x)$가 $x=a$에서

미분가능 $\underset{\times}{\overset{\circ}{\rightleftarrows}}$ 연속

반례) $f(x)=|x-a|$ (연속함수)

$$f'(a)=\lim_{x\to a}\frac{f(x)-f(a)}{x-a} \text{ 존재} \times$$

(미분불가)

좌극한, 우극한 값이 다르기 때문에 극한값이 존재하지 않는다.

✎ 미분 가능성

③조건 유도하기

극한값 $f'(a)=\lim_{x\to a}\dfrac{f(x)-f(a)}{x-a}$ 가 존재하면

조건 (1)

(방법1)

$\{분모\}=\{x-a\}\to 0$ 이므로

$\{분자\}=\{f(x)-f(a)\}\to 0$ 이다. ∞방지!

따라서 $\lim_{x\to a}\{f(x)-f(a)\}=0$

결국 $\lim_{x\to a}f(x)=f(a)$ 이므로

함수 $f(x)$는 $x=a$에서 연속이다.

조건 (1)

(방법2)

$$\lim_{x\to a}\frac{f(x)-f(a)}{x-a}\times\lim_{x\to a}(x-a)=f'(a)\times 0$$

$$=\lim_{x\to a}\left\{\frac{f(x)-f(a)}{x-a}\times(x-a)\right\}=0$$

$$=\lim_{x\to a}\{f(x)-f(a)\}=0$$

결국 $\lim_{x\to a}f(x)=f(a)$ 이므로

함수 $f(x)$가 $x=a$에서 연속이다

연구05 미분가능한 함수 $g(x)$와 $h(x)$에 대하여, 함수

$$f(x) = \begin{cases} g(x) & (x \leq a) \\ h(x) & (x > a) \end{cases}$$

가 실수 전체에서 미분가능할 조건을 쓰고 이를 유도하시오.

연구06 함수 $y = f(x)$의 도함수의 기호와 정의를 쓰시오.

연구 05

조건 ① $g(a) = h(a)$ ($\because f(x)$가 연속)
조건 ② $g'(a) = h'(a)$

$$\lim_{x \to a^-} \frac{f(x) - f(a)}{x - a} = \lim_{x \to a^-} \frac{g(x) - g(a)}{x - a} = g'(a)$$

($\because g(x)$가 미분가능)

$$\lim_{x \to a^+} \frac{f(x) - f(a)}{x - a} = \lim_{x \to a^+} \frac{h(x) - h(a)}{x - a} = h'(a)$$

($\because h(x)$가 미분가능)

(2) $\dfrac{f(x) - f(a)}{x - a}$ 의 $x = a$ 에서의

좌극한과 우극한이 같다.

$$\lim_{x \to a^-} \frac{f(x) - f(a)}{x - a} = \lim_{x \to a^+} \frac{f(x) - f(a)}{x - a}$$

$x = a$ 에서 $\left(\dfrac{f(x) - f(a)}{x - a} \text{의} \atop \text{좌극한} \right)$ $\quad$ $\left(\dfrac{f(x) - f(a)}{x - a} \text{의} \atop \text{우극한} \right)$

$= \left(f(x) \text{의} \atop \text{좌미분계수} \right)$ $\quad$ $\left(f(x) \text{의} \atop \text{우미분계수} \right)$

---

4 도함수

i 함수 $f(x)$에서 도함수 $f'(x)$를 구하는 것을 $f(x)$를 x에 대하여 '미분한다'고 하고, 그 계산법을 '미분법'이라 한다.

연구 06

$y = f(x)$가 미분가능한 함수일 때

$$\lim_{\Delta x \to 0} \frac{f(x + \Delta x) - f(x)}{x + \Delta x - x} = \lim_{\Delta x \to 0} \frac{\Delta y}{\Delta x}$$

$$= \frac{d}{dx} f(x) = \frac{df(x)}{dx} = \frac{dy}{dx}$$

$$= f'(x) = y'$$

idea 기울기의 함수

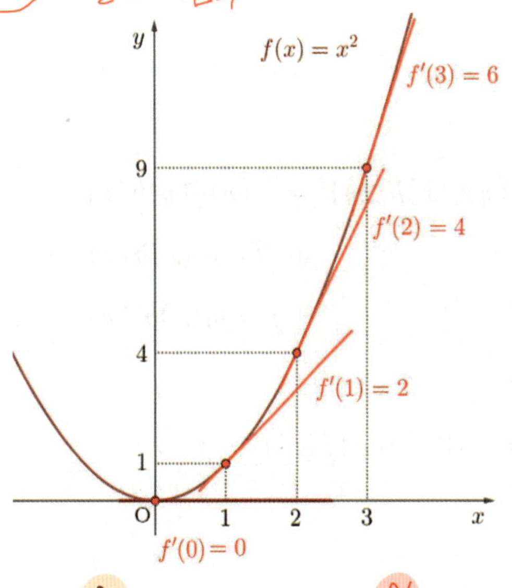

연구07 미분가능한 두 함수 $f(x)$, $g(x)$에 대하여 아래 식이 성립함을 유도하시오.

① $\{c\}' = 0$

② $\{x^n\}' = nx^{n-1}$

③ $\{cf(x)\}' = cf'(x)$

---

5 미분법의 공식

연구 07 ▷ 미분가능한 두 함수 $f(x)$, $g(x)$에 대하여

① $\{c\}' = 0$

② $\{x^n\}' = nx^{n-1}$

③ $\{cf(x)\}' = cf'(x)$

④ $\{f(x)+g(x)\}' = f'(x)+g'(x)$

⑤ $\{f(x)-g(x)\}' = f'(x)-g'(x)$

⑥ $\{f(x)g(x)\}' = f'(x)g(x)+f(x)g'(x)$

⑦ $\{f(x)g(x)h(x)\}' = f'(x)g(x)h(x)$
$$+ f(x)g'(x)h(x)$$
$$+ f(x)g(x)h'(x)$$

⑧ $(\{f(x)\}^n)' = n\{f(x)\}^{n-1}f'(x)$

미분법의 공식

① $y = f(x) = c$

$$f'(x) = \lim_{\Delta x \to 0} \frac{\Delta y}{\Delta x} = \lim_{\Delta x \to 0} \frac{f(x+\Delta x)-f(x)}{x+\Delta x - x}$$

$$= \lim_{\Delta x \to 0} \frac{c-c}{\Delta x} = 0$$

② $y = f(x) = x^n$

$$f'(x) = \lim_{\Delta x \to 0} \frac{\Delta y}{\Delta x} = \lim_{\Delta x \to 0} \frac{f(x+\Delta x)-f(x)}{x+\Delta x - x}$$

$$= \lim_{\Delta x \to 0} \frac{(x+\Delta x)^n - x^n}{x+\Delta x - x}$$

$$= \lim_{\Delta x \to 0} \frac{\{(x+\Delta x)-x\}\{(x+\Delta x)^{n-1}+(x+\Delta x)^{n-2}x^1+\cdots+x^{n-1}\}}{\Delta x}$$

$$= \lim_{\Delta x \to 0} \{(x+\Delta x)^{n-1}+(x+\Delta x)^{n-2}x^1+\cdots+x^{n-1}\}$$

$$= \underbrace{x^{n-1}+x^{n-1}+x^{n-1}+\cdots+x^{n-1}}_{n개} = n \cdot x^{n-1}$$

③ $y = cf(x)$

$$\{cf(x)\}' = \lim_{\Delta x \to 0} \frac{\Delta y}{\Delta x}$$

$$= \lim_{\Delta x \to 0} \frac{cf(x+\Delta x)-cf(x)}{x+\Delta x - x}$$

$$= c \lim_{\Delta x \to 0} \frac{f(x+\Delta x)-f(x)}{x+\Delta x - x} = cf'(x)$$

④ $\{f(x)+g(x)\}' = f'(x)+g'(x)$

⑤ $\{f(x)-g(x)\}' = f'(x)-g'(x)$

⑥ $\{f(x)g(x)\}' = f'(x)g(x)+f(x)g'(x)$

---

④ $y = f(x)+g(x)$

$$\{f(x)+g(x)\}' = \lim_{\Delta x \to 0}\frac{\Delta y}{\Delta x}$$

$$= \lim_{\Delta x \to 0}\frac{\{f(x+\Delta x)+g(x+\Delta x)\}-\{f(x)+g(x)\}}{x+\Delta x - x}$$

$$= \lim_{\Delta x \to 0}\frac{\{f(x+\Delta x)-f(x)\}+\{g(x+\Delta x)-g(x)\}}{x+\Delta x - x}$$

$$= \lim_{\Delta x \to 0}\frac{f(x+\Delta x)-f(x)}{x+\Delta x - x} + \lim_{\Delta x \to 0}\frac{g(x+\Delta x)-g(x)}{x+\Delta x - x}$$

$$= f'(x)+g'(x)$$

⑤ $y = f(x)-g(x)$

$$\{f(x)-g(x)\}' = \lim_{\Delta x \to 0}\frac{\Delta y}{\Delta x}$$

$$= \lim_{\Delta x \to 0}\frac{\{f(x+\Delta x)-g(x+\Delta x)\}-\{f(x)-g(x)\}}{x+\Delta x - x}$$

$$= \lim_{\Delta x \to 0}\frac{\{f(x+\Delta x)-f(x)\}-\{g(x+\Delta x)-g(x)\}}{x+\Delta x - x}$$

$$= \lim_{\Delta x \to 0}\frac{f(x+\Delta x)-f(x)}{x+\Delta x - x} - \lim_{\Delta x \to 0}\frac{g(x+\Delta x)-g(x)}{x+\Delta x - x}$$

$$= f'(x)-g'(x)$$

⑥ $y = f(x)g(x)$

$$\{f(x)g(x)\}' = \lim_{\Delta x \to 0}\frac{\Delta y}{\Delta x}$$

$$-f(x)g(x+\Delta x) \\ +f(x)g(x+\Delta x)$$

$$= \lim_{\Delta x \to 0}\frac{f(x+\Delta x)g(x+\Delta x)-f(x)g(x)}{x+\Delta x - x}$$

$$= \lim_{\Delta x \to 0}\frac{f(x+\Delta x)g(x+\Delta x)-f(x)g(x+\Delta x)}{x+\Delta x - x}$$

$$+ \lim_{\Delta x \to 0}\frac{f(x)g(x+\Delta x)-f(x)g(x)}{x+\Delta x - x}$$

$$= \lim_{\Delta x \to 0}\frac{f(x+\Delta x)-f(x)}{x+\Delta x - x}\times g(x+\Delta x)$$

$$+ \lim_{\Delta x \to 0}f(x)\times\frac{g(x+\Delta x)-g(x)}{x+\Delta x - x}$$

$$= \lim_{\Delta x \to 0}\frac{f(x+\Delta x)-f(x)}{x+\Delta x - x}\times \lim_{\Delta x \to 0}g(x+\Delta x)$$

$$+ \lim_{\Delta x \to 0}f(x)\times\lim_{\Delta x \to 0}\frac{g(x+\Delta x)-g(x)}{x+\Delta x - x}$$

$$= f'(x)g(x)+f(x)g'(x)$$

`연구08` 곡선 $y = f(x)$ 위의 점 $(a, f(a))$에서의 접선의 방정식을 쓰시오.

`연구09` 최대·최소의 정리를 쓰시오.

`연구10` 사이값 정리를 쓰시오.

---

⑥ 접선의 방정식

`연구 08` 곡선 $y = f(x)$ 위의 점 $P(a, f(a))$ 에서의 접선의 방정식은

$$y - f(a) = f'(a)(x - a)$$

✎ '사잇값의 정리'가

'롤의 정리'와 '평균값의 정리'와는 관계가 없지만, 'c가 열린구간 (a, b)에 적어도 하나 존재한다'는 결론이 비슷하니 잘 비교해서 보자. 그래야 실전에서 잘 쓸 수 있다!

`연구 09` 🖋 **최대·최소의 정리** → 롤의 정리 조건 ① 관련

함수 $f(x)$가 폐구간 $[a, b]$에서 연속이면 $f(x)$는 이 구간에서 반드시 최댓값과 최솟값을 가진다

`연구 10` 🖋 **사이값 정리**

함수 $f(x)$가 폐구간 $[a, b]$에서 연속이고 $f(a) \neq f(b)$ 이면, $f(a)$와 $f(b)$ 사이의 임의의 값 K에 대하여 다음을 만족하는 c가 열린 구간 (a, b)에 적어도 하나 존재한다.

$$f(c) = K$$

※ 미분불가하면 → 롤의 정리 조건 ② 관련

$$f(x) = -|x - c|$$

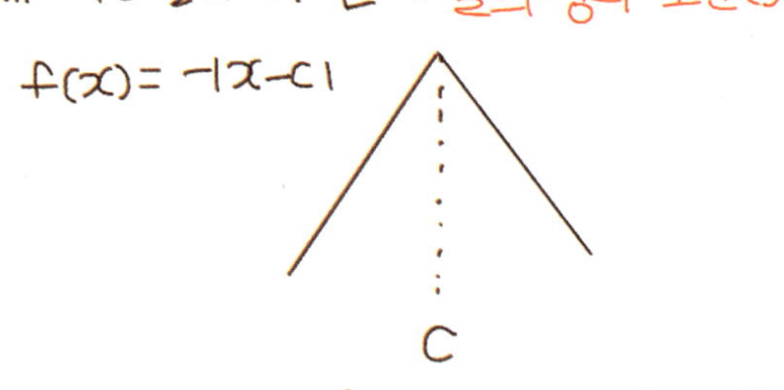

$$0 \leq \lim_{x \to c-} \frac{f(x) - f(c)}{x - c} \neq \lim_{x \to c+} \frac{f(x) - f(c)}{x - c} \leq 0$$

$$\underset{+1}{\parallel} \qquad \underset{\text{다를 수 있다!}}{\uparrow} \qquad \underset{-1}{\parallel}$$

[연구11] 롤의 정리를 쓰시오

[연구12] 롤의 정리를 유도하시오.

---

7 롤의 정리

[연구 11] 함수 $f(x)$가 (조건①) 페구간 $[a, b]$에서 연속이고

(조건②) 개구간 (a, b)에서 미분가능할 때, (최대최소 정리)

(조건③) $f(a) = f(b)$이면

$\frac{\triangle y}{\triangle x} = f'(c) = 0 \ (a < c < b)$인 c가 개구간 (a, b)에 (최대 or 최소)

적어도 하나 존재한다.

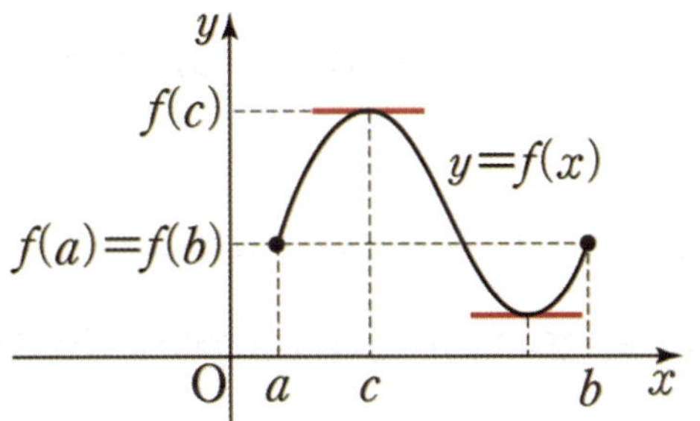

롤의 정리 조건③관련

$\because f(a) \neq f(b)$ VS $f(a) = f(b)$

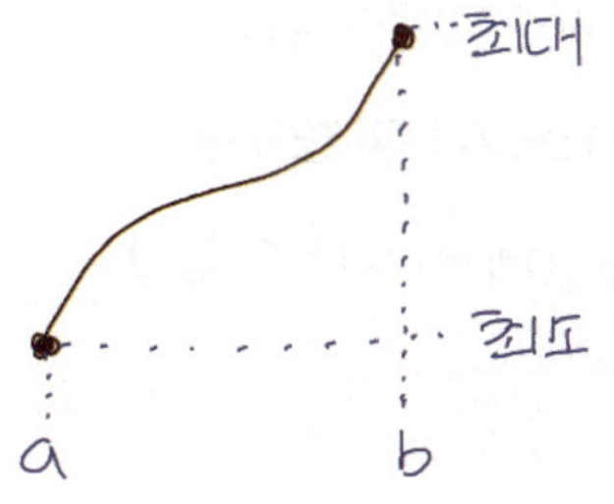

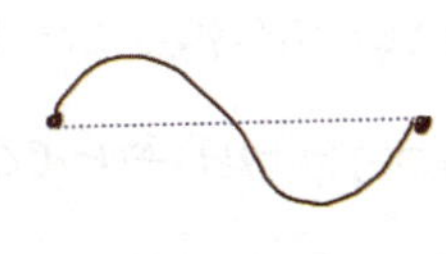

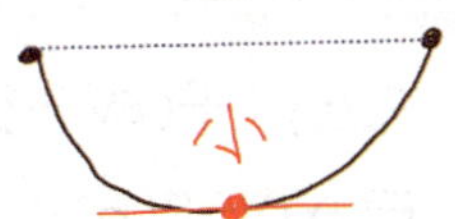

⇓ VS ⇓

최대 최소가 양끝점이어서 중간에 최대와 최소가 없을 수 있다

양끝점을 제외한 중간에서 반드시 최대나 최소를 갖는다

✎ 롤의 정리

[연구 12]

(i) 함수 $f(x)$가 상수함수

개구간 (a, b)의 모든점에서 $f(x) = C$이므로

개구간 (a, b)에 속하는 모든 x에 대하여

$f'(x) = 0$

(ii) 함수 $f(x)$가 상수함수가 아닌 경우

$f(a) = f(b)$ 이므로 양끝점 제외한 ($\because$ 조건②)

$x = C \ (a < C < b)$ 에서 최댓값 또는 최솟값을

갖는다 ($\because$ 조건①)

(ㄱ) $x = C$ 에서 최댓값일때

$f(x) \leq f(C)$ $(a < x < b)$

$\triangle y = f(x) - f(C) \leq 0$

i) $x < C \ (x - C < 0)$ ii) $x > C \ (x - C > 0)$

$0 \leq \lim\limits_{x \to C^-} \frac{f(x) - f(C)}{x - C} = \lim\limits_{x \to C^+} \frac{f(x) - f(C)}{x - C} \leq 0$

↑ 미분가능 하므로 ($\because$ 조건②)

$0 \leq \lim\limits_{x \to C} \frac{f(x) - f(C)}{x - C} \leq 0$

$\therefore f'(C) = 0$

(ㄴ) $x = C$에서 최솟값일때 :

(ㄱ)과 같은 방법 으로 한다

[연구13] 평균값의 정리를 쓰시오.

[연구14] 평균값의 정리를 유도하시오.

[연구15] 함수 $f(x)$가 어떤 구간에서
①증가한다는 것의 정의를 쓰시오.
②감소한다는 것의 정의를 쓰시오.

---

8 평균값의 정리

[연구 13] 함수 $f(x)$가 폐구간 $[a, b]$에서 연속이고 개구간 (a, b)에서 미분가능하면

$$\frac{f(b)-f(a)}{b-a}=f'(c) \quad (단, \ a<c<b)$$

인 c가 개구간 (a, b) 안에 적어도 하나 존재한다.

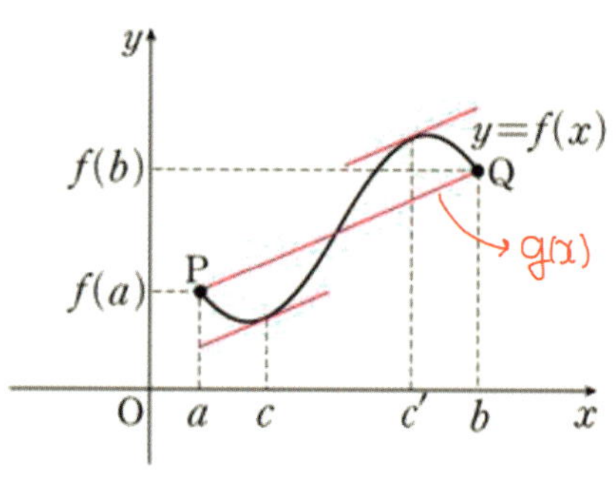

✒ 평균값의 정리

[연구 14]

(단계1) $(a, f(a))$, $(b, f(b))$를 지나는 직선의 방정식을 $y=g(x)$ 라고하자

$$\frac{f(b)-f(a)}{b-a}=k \ 일때$$

$$g(x)는 \ k(x-a)+f(a)$$

$$(g(a)=f(a), \ g(b)=f(b), \ g'(x)=k)$$

(단계2) $F(x)=f(x)-g(x)$

$F(x)$는 폐구간 $[a, b]$에서 연속이다.

$(\because f(x)$는 폐구간 $[a, b]$에서 연속
$g(x)$는 폐구간 $[a, b]$에서 연속 $)$

$F(x)$는 개구간 (a, b)에서 미분가능이다.

$(\because f(x)$는 개구간 (a, b)에서 미분가능
$g(x)$는 개구간 (a, b)에서 미분가능 $)$

$F(a)=F(b)$

$(\because F(a)=f(a)-g(a)=0$
$F(b)=f(b)-g(b)=0)$

(결론) $F'(c)=0$ 인 c가 개구간 (a, b)에 적어도 하나 존재 (롤의정리)

$F(x)=f(x)-g(x)$ 이므로

$F'(x)=f'(x)-g'(x) \to F'(c)=f'(c)-g'(c)=0$

$$f'(c)=g'(c)=k=\frac{f(b)-f(a)}{b-a}$$

[연구16] 함수 $f(x)$가 어떤 구간에서 미분가능하고, 그 구간의 모든 x에 대하여 $f'(x) > 0$이면 $f(x)$는 이 구간에서 증가함을 유도하시오.

[연구17] 미분가능한 함수 $f(x)$에 대하여 다음 명제의 참 거짓을 판별하시오.

① $y = f(x)$가 증가함수이면 $f'(x) > 0$이다.

② $f'(x) > 0$이면 $y = f(x)$가 증가함수이다.

③ $y = f(x)$가 증가함수이면 $f'(x) \geq 0$이다.

④ $f'(x) \geq 0$이면 $y = f(x)$가 증가함수이다.

---

⑨ 함수의 증가와 감소

함수 $f(x)$가 어떤 구간의 임의의 두 수 x_1, x_2에 대하여

[연구15] **함수의 증가:** $x_1 < x_2$ 이면 $f(x_1) < f(x_2)$
왼 오른 아래 위

함수의 감소: $x_1 < x_2$ 이면 $f(x_1) > f(x_2)$
왼 오른 위 아래

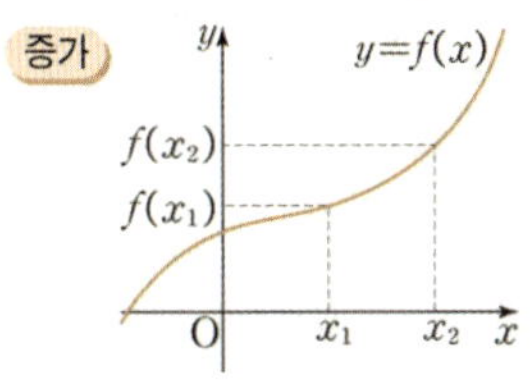

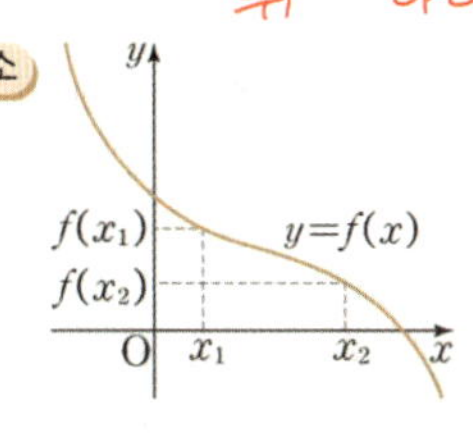

함수 $f(x)$가 어떤 구간에서 미분가능하고, 그 구간에서

[연구16] ① $f'(x) > 0$이면
$f(x)$는 그 구간에서 증가

② $f'(x) < 0$이면
$f(x)$는 그 구간에서 감소

[연구17] $f(x)$ 증가 $\overset{\times}{\underset{\circ}{\rightleftarrows}}$ $f'(x) > 0$

$f(x)$ 증가 $\overset{\circ}{\underset{\times}{\rightleftarrows}}$ $f'(x) \geq 0$

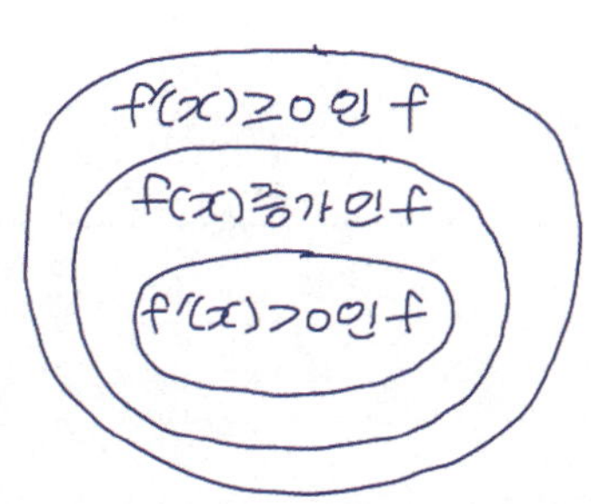

✎ 함수의 증가와 감소

유도

① 구간의 임의의 두 수 x_1, x_2에 대하여 $x_1 < x_2$ 라고 하자

평균값의 정리에 의하여

$$\frac{f(x_2) - f(x_1)}{x_2 - x_1} = f'(c) 인 c 가$$

구간에 적어도 하나 존재한다. ⎫ 개념

$f'(x) > 0$ 이므로 $f'(c) > 0$ 이고
$x_2 - x_1 > 0$ 이므로
$f(x_2) - f(x_1) > 0$ 이다. ⎫ 조건

결국 $x_1 < x_2$ 일때, $f(x_1) < f(x_2)$ ⎫ 정의

반례

※ $f(x) = x^3$ 증가함수 → $f'(x) = 3x^2 > 0$
$x_1 < x_2 \Rightarrow f(x_1) < f(x_2)$
$x_1^3 < x_2^3$
$f'(0) = 0$ 모순

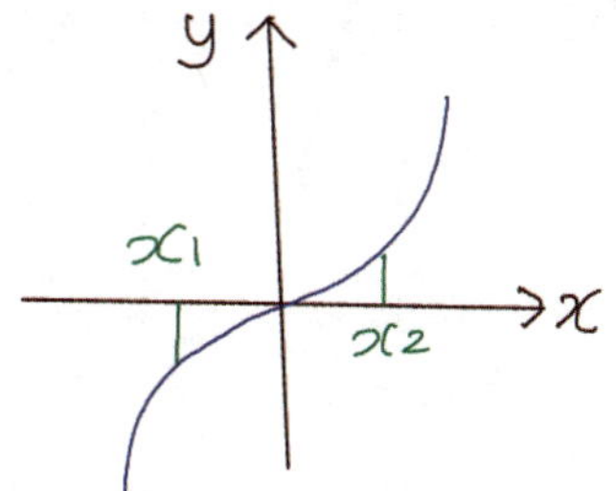

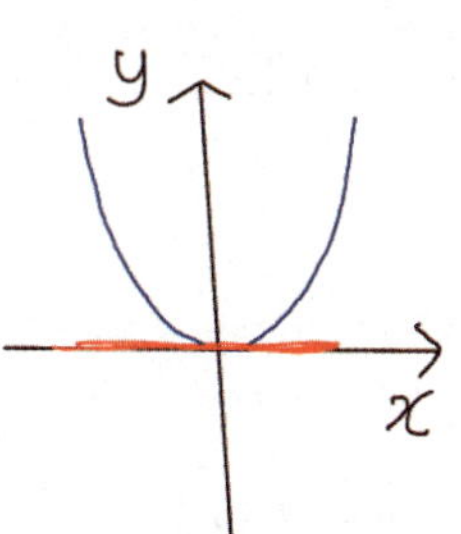

※ $f'(x) \geq 0$ ⟶ $f(x)$증가함수 모순!

ex) 닥스훈트 곡선

$f(x_1) = f(x_2)$
x_1 x_2
안뇽

[연구18] 삼차함수 $y = f(x)$에 대하여 도함수

$y = f'(x)$의 그래프가 다음과 같을 때 알맞은

그래프 개형을 그리시오.

연구18 ✎ 3차함수의 그래프 개형

$f(x) = ax^3 + bx^2 + cx + d$ 일 때, $f'(x) = 3ax^2 + 2bx + c$ 이므로

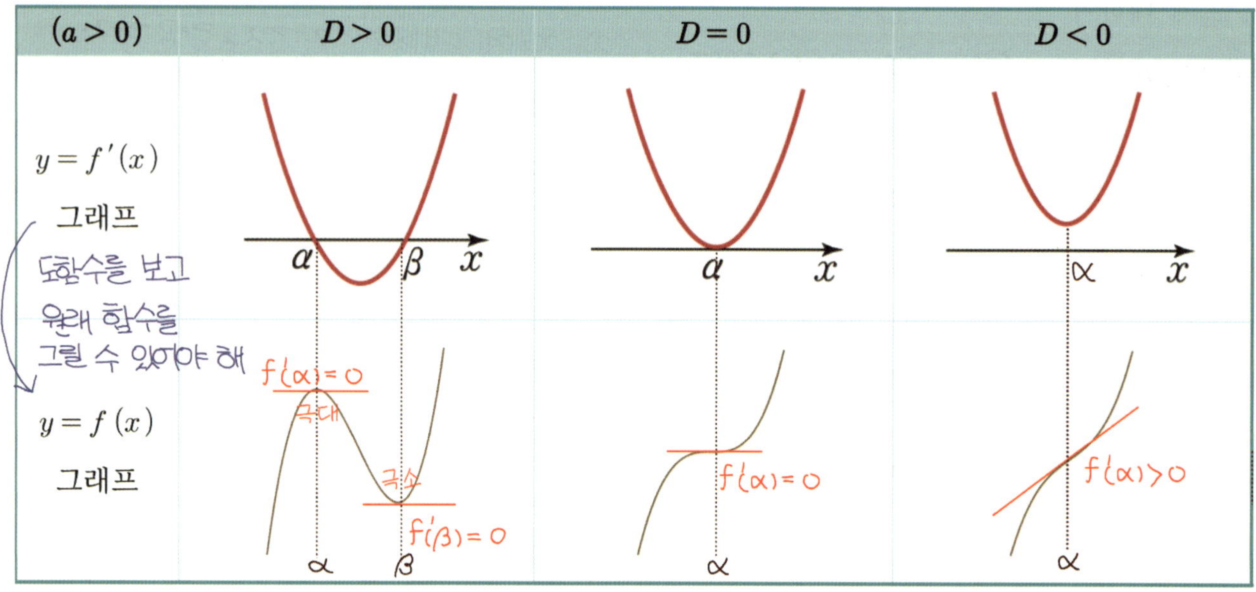

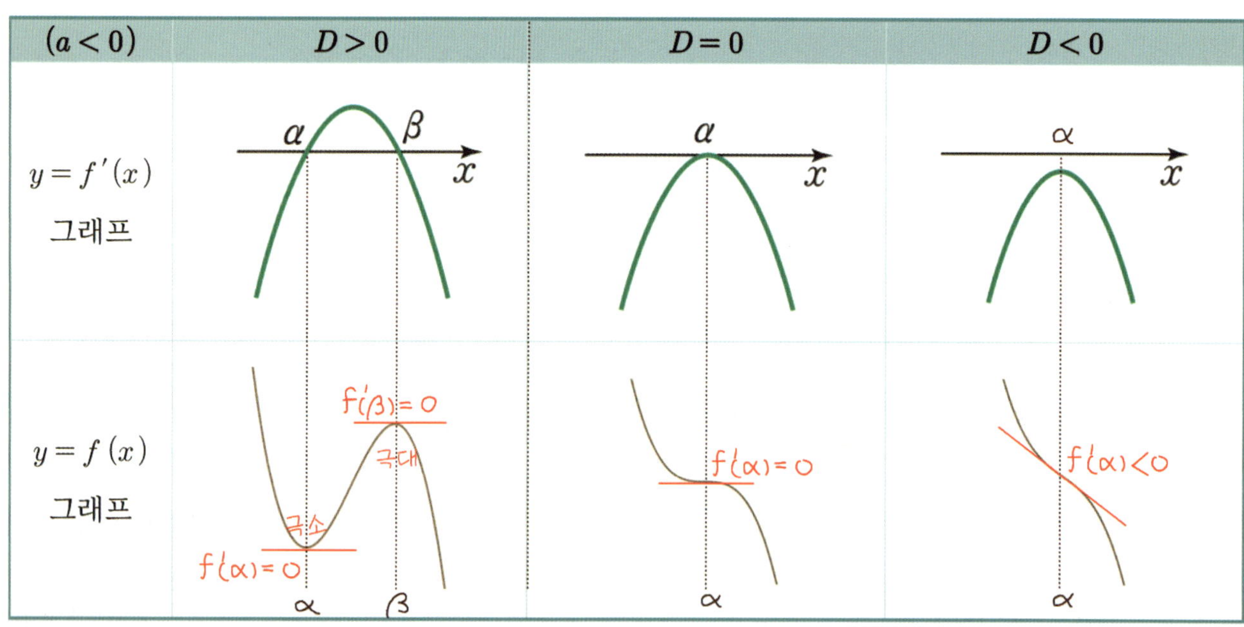

① 대칭성

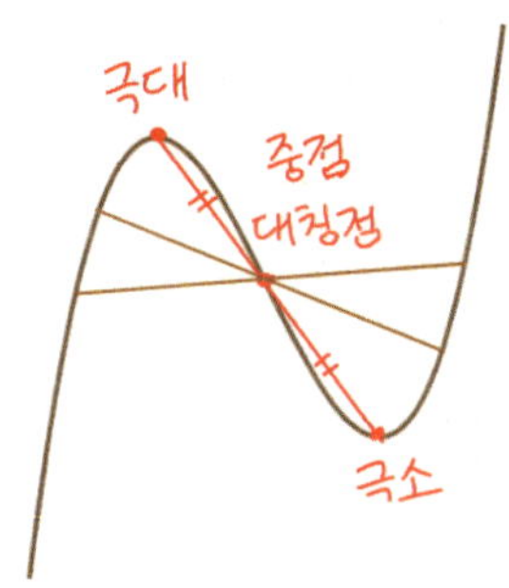

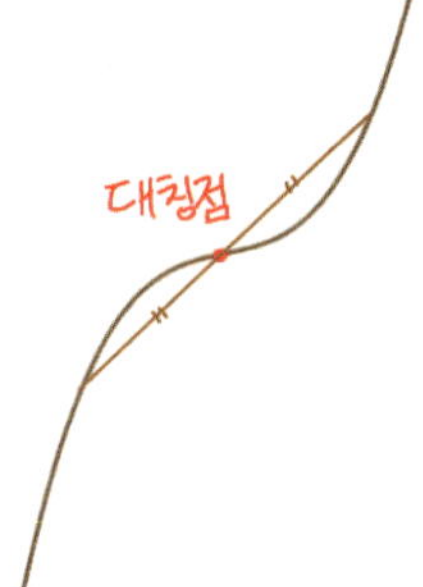

② $\sqrt{3} : 1$

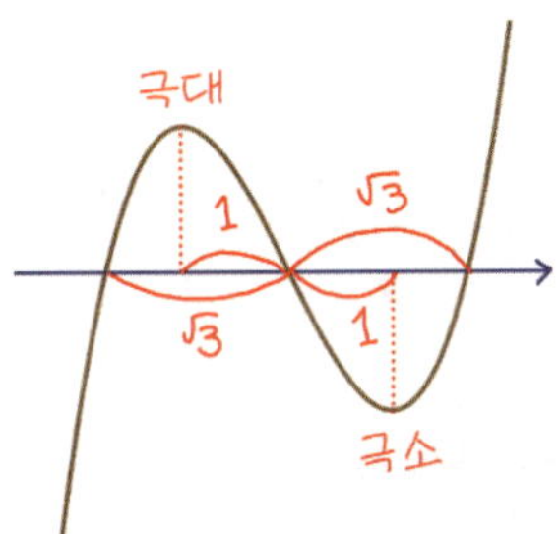

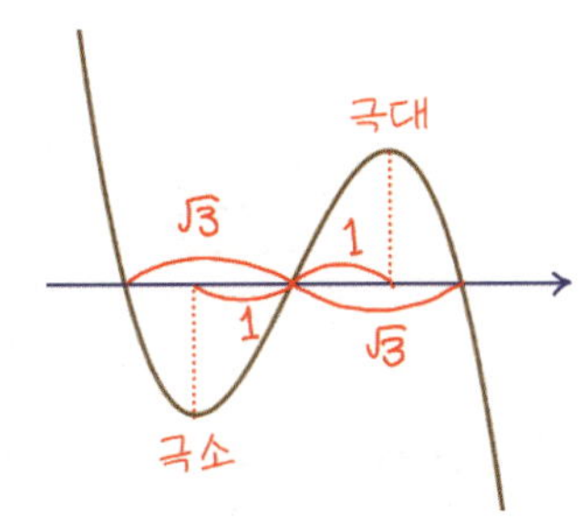

③ $2 : 1$

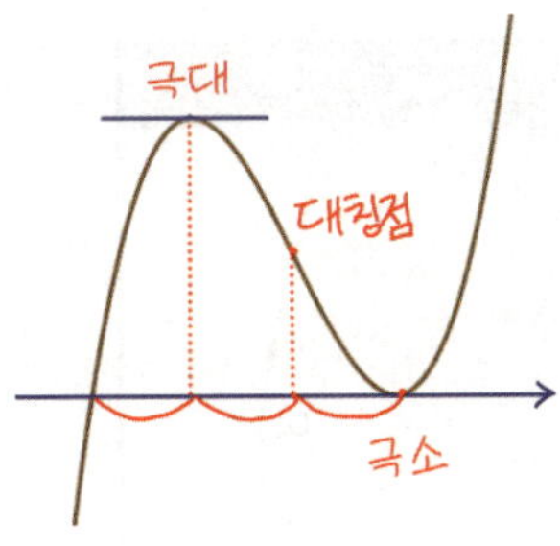

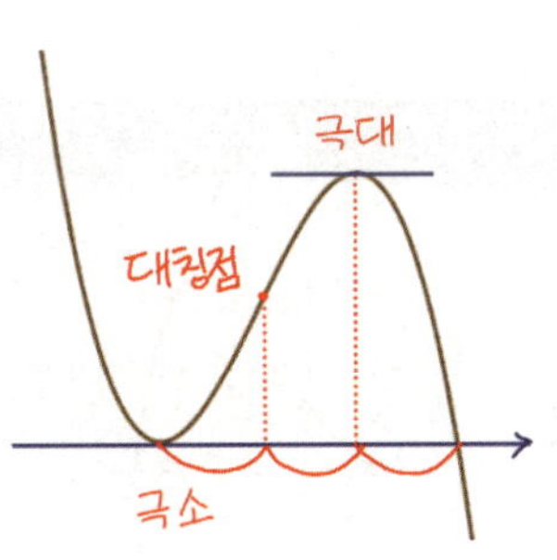

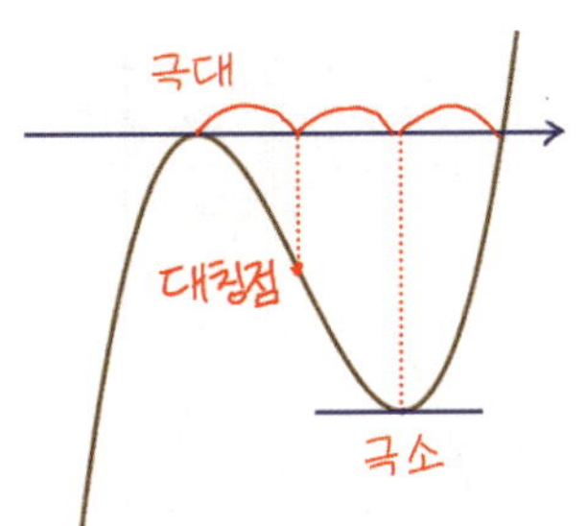

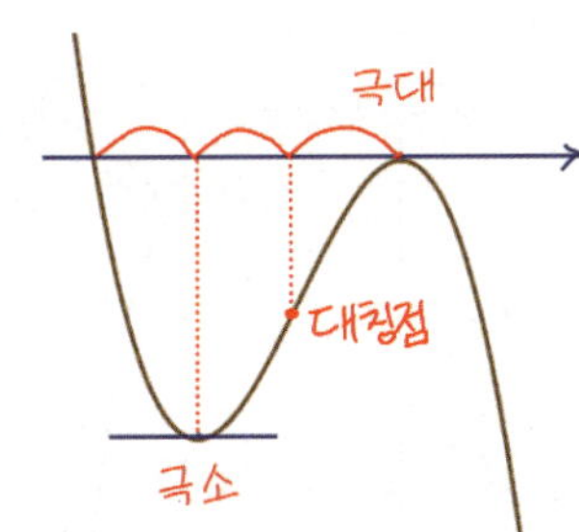

④ 확장

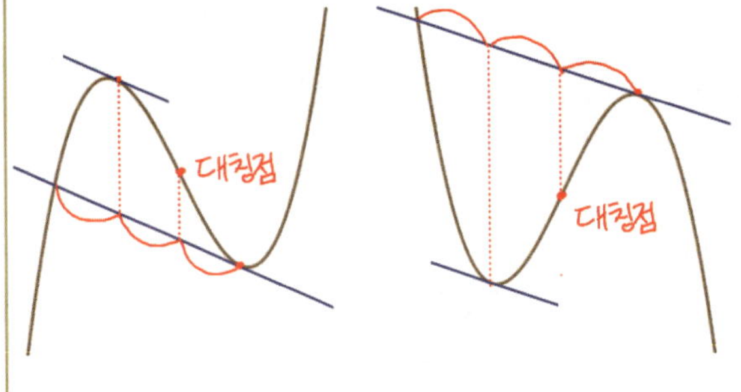

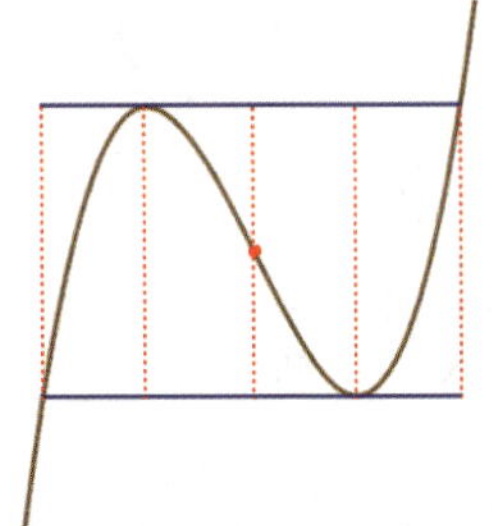

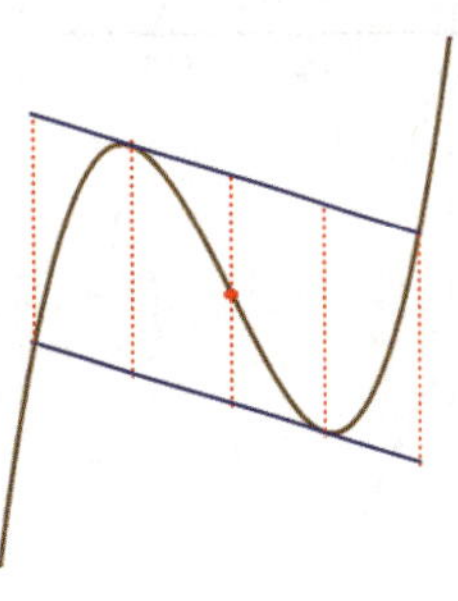

📝 4차함수의 그래프 개형

$f(x) = ax^4 + bx^3 + cx^2 + dx + e$ 일 때, $f'(x) = 4ax^3 + 3bx^2 + 2cx + d$ 이므로

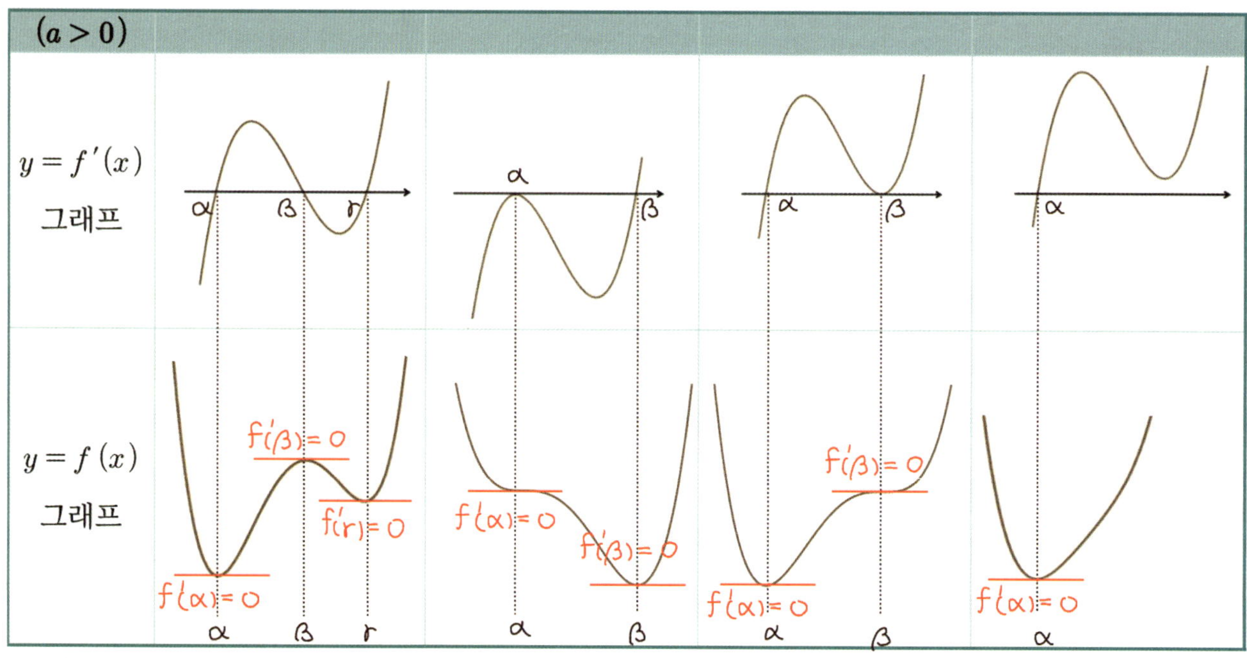

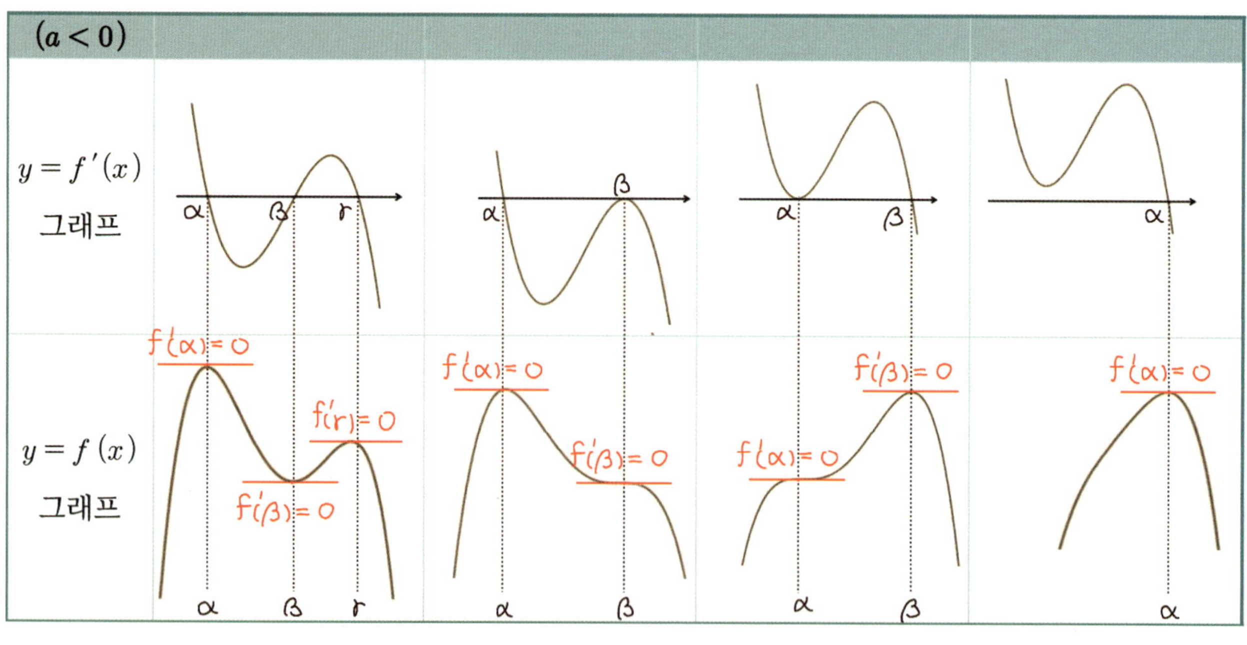

[연구19] 다항함수 $f(x)$가 아래와 같이 표현될 때, $x = \alpha$ 좌우에서 $f(x)$ 그래프의 부호변화 여부를 쓰시오. (단, $g(\alpha) \neq 0$)

① $f(x) = (x - \alpha)^{\text{짝}} g(x)$

② $f(x) = (x - \alpha)^{\text{홀}} g(x)$

[연구20] 다항함수 $f(x)$의 그래프가 $x = a$에서 x축에 접할 때, $f(x) = (x - a)^2 g(x)$이 성립함을 유도하시오.

---

① 대칭성

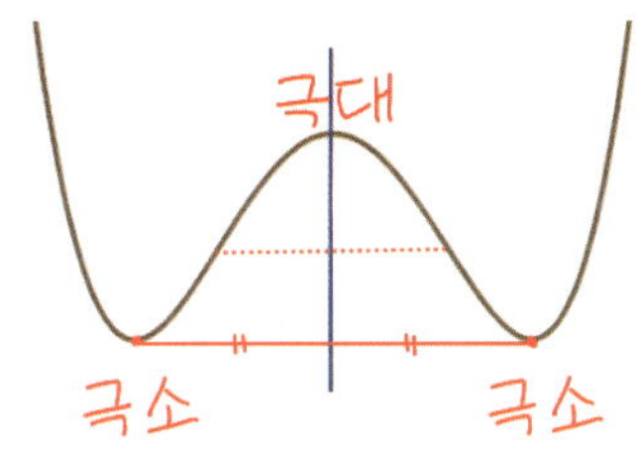

② $\sqrt{2} : 1$

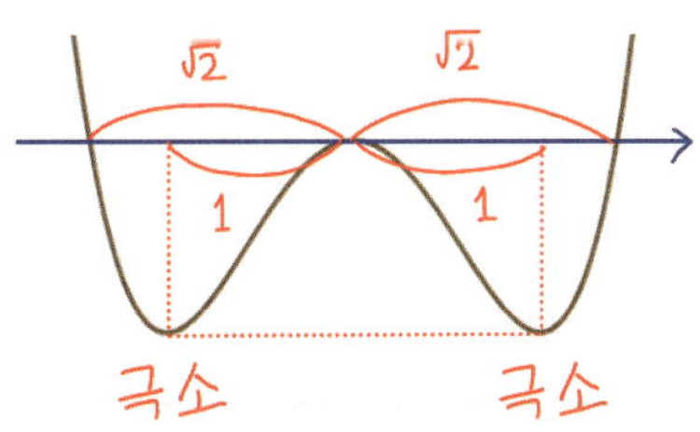

③ $3 : 1$

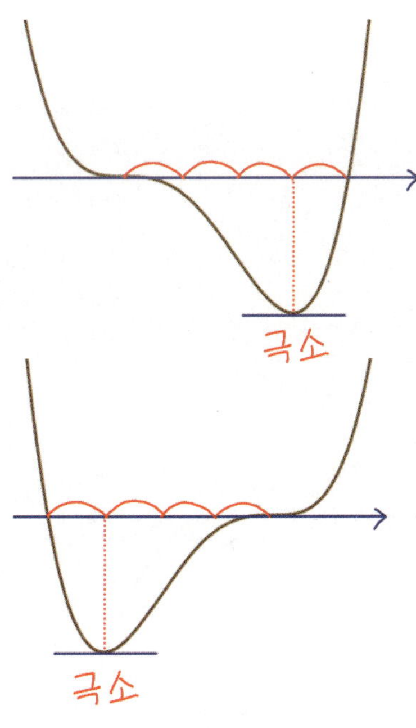

연구 19 **인수의 차수와 그래프 부호 변화**

$$f(x) = (x - \alpha)^{\text{짝}} g(x) \quad \text{vs} \quad f(x) = (x - \alpha)^{\text{홀}} g(x)$$

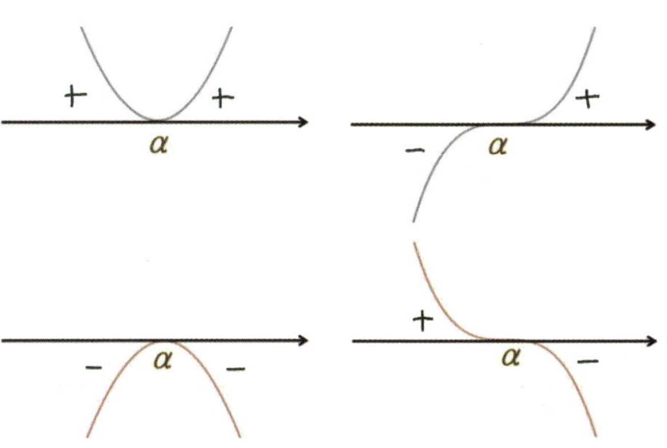

연구 20 $f(x)$의 그래프가 $x = a$에서 x축에 접한다.

$\Leftrightarrow f(a) = 0,\ f'(a) = 0$

$\Leftrightarrow f(x) = (x - a)^2 g(x)$ (단, $f(x)$는 다항함수)

$f(a) = 0$ 이므로

$f(x) = (x - a) h(x)$

$f'(x) = 1 \cdot h(x) + (x - a) h'(x)$

$f'(a) = 0$ 이므로

$f'(a) = h(a) + 0 \cdot h'(a) = h(a) = 0$

$\therefore h(x) = (x - a) g(x)$

$\therefore f(x) = (x - a)^2 g(x)$

✎ 부호를 활용한 그래프 개형

(1) $y = a(x-\alpha)(x-\beta)$

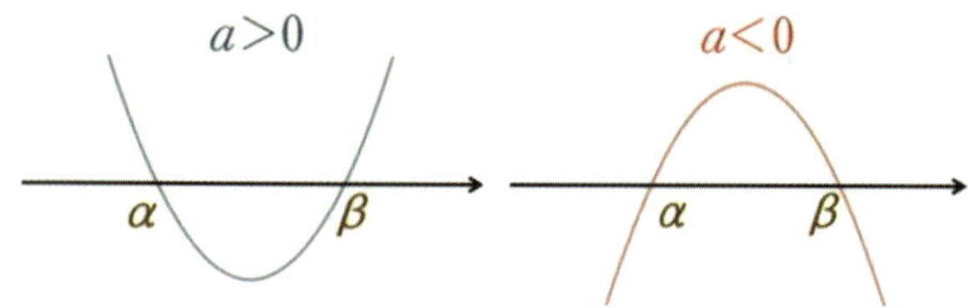

(2) $y = a(x-\alpha)^2$

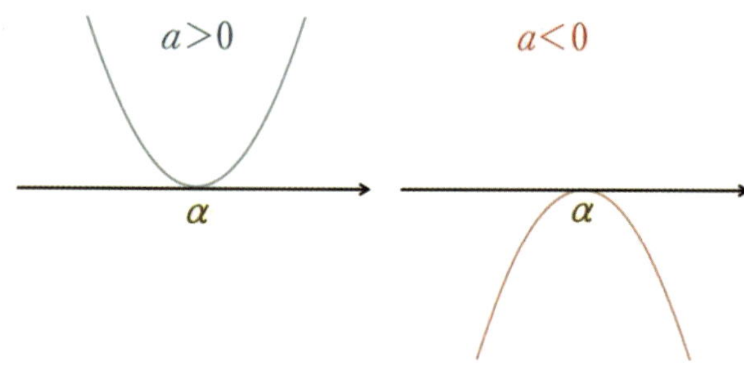

(3) $y = a(x-\alpha)(x-\beta)(x-\gamma)$

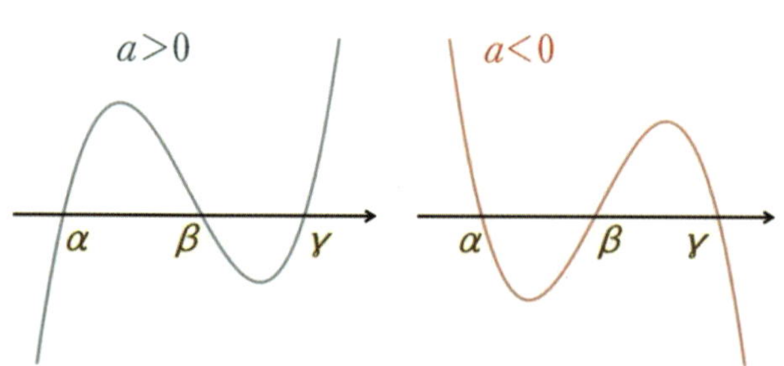

(4) $y = a(x-\alpha)(x-\beta)^2$

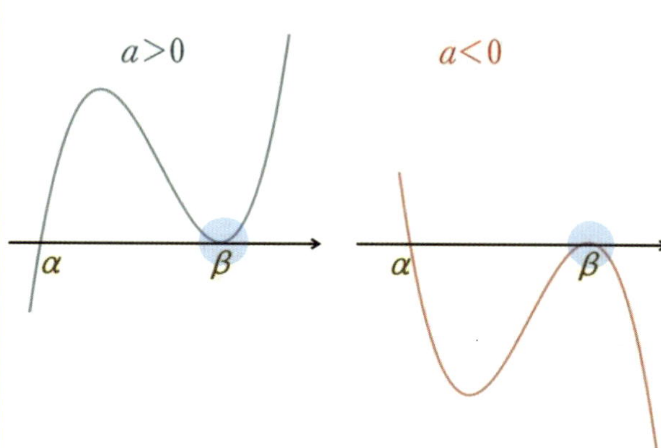

(5) $y = a(x-\alpha)^2(x-\beta)$

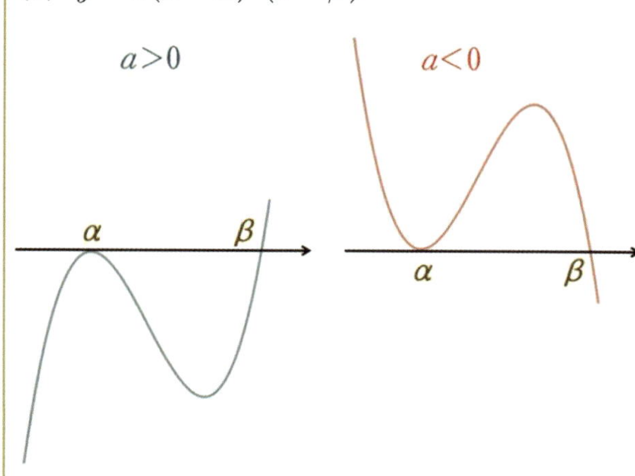

(6) $y = a(x-\alpha)^3$

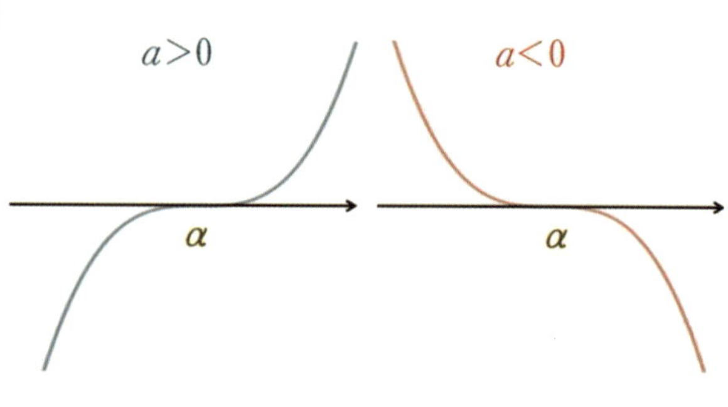

(7) $y = a(x-\alpha)(x-\beta)(x-\gamma)(x-\delta)$

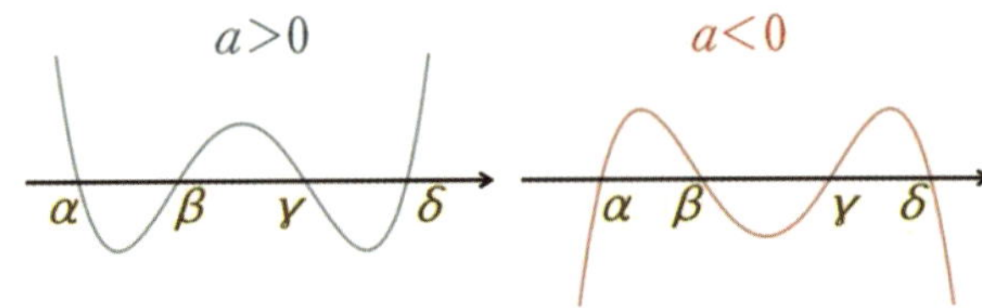

(11) $y = a(x-\alpha)(x-\beta)^3$

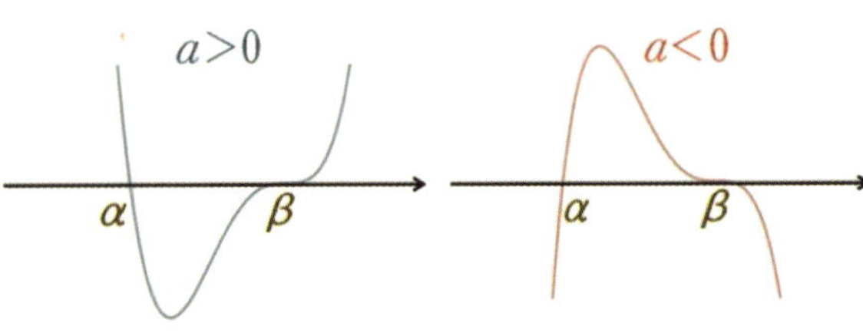

(8) $y = a(x-\alpha)(x-\beta)(x-\gamma)^2$

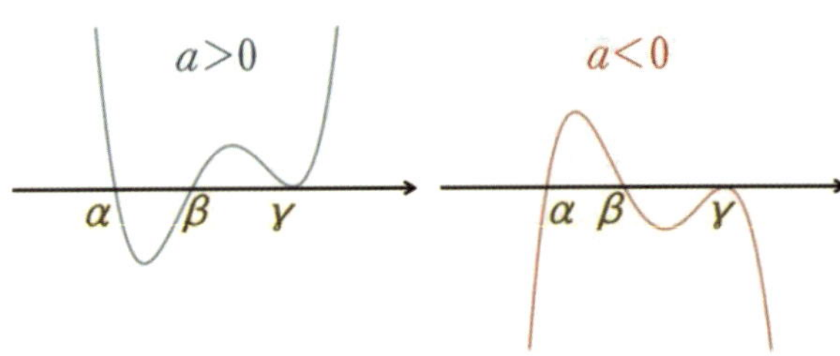

(12) $y = a(x-\alpha)^3(x-\beta)$

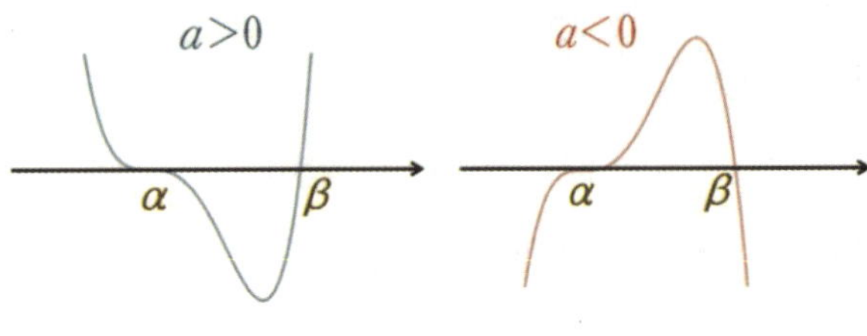

(9) $y = a(x-\alpha)(x-\beta)^2(x-\gamma)$

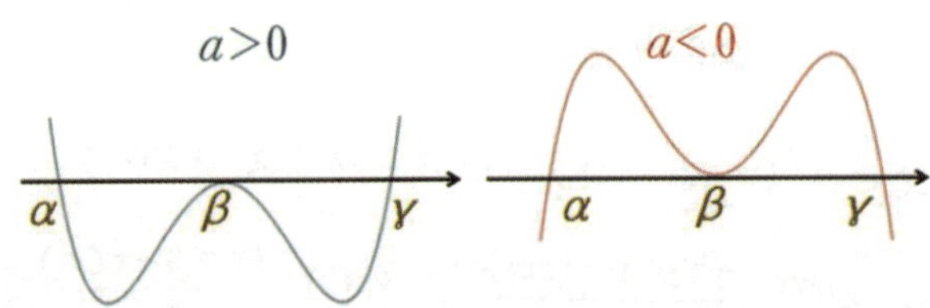

(13) 다음은 $y = x^3$과 $y = x^4$의 그래프의 일부이다.
$y = x^3$에 해당되는 부분과 $y = x^4$에 해당되는
부분으로 알맞은 것을 짝지으시오.

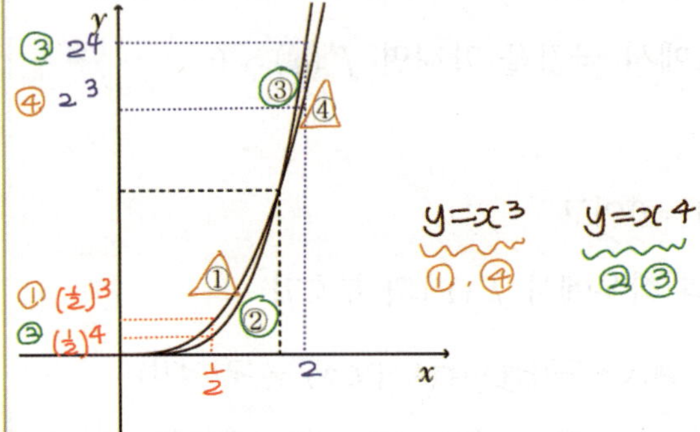

(10) $y = a(x-\alpha)^2(x-\beta)^2$

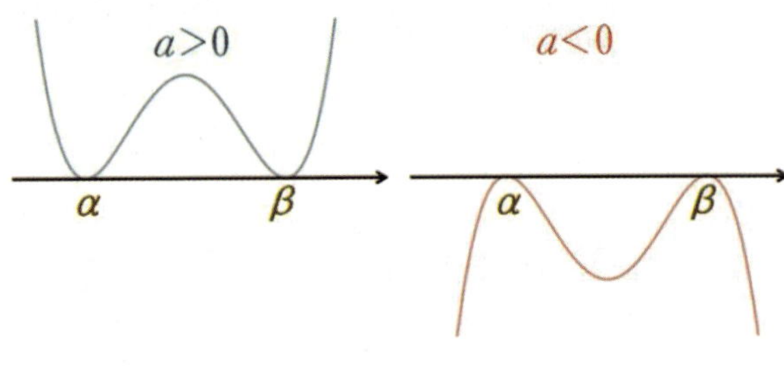

[연구21] 함수의 극대와 극소의 정의를 쓰시오.

[연구22] 함수 $f(x)$가 $x = a$에서 미분가능하고, $x = a$에서 극값을 가지면 $f'(a) = 0$임을 유도하시오.

---

⑩ 함수의 극대와 극소

함수 $f(x)$가 $x = a$를 포함하는 어떤 열린구간에 속하는 모든 x에 대하여

[연구21]

극대 : $f(a) \geq f(x)$일 때,

  $f(x)$는 $x = a$에서 극대라고 한다.

극댓값 : 극대일 때의 함수값. $f(a)$

극소 : $f(a) \leq f(x)$일 때,

  $f(x)$는 $x = a$에서 극소라고 한다.

극솟값 : 극소일 때의 함수값. $f(a)$

극값 : 극댓값과 극솟값을 통틀어

  극값이라 한다.

  (함수의 증감이 바뀌는 점에서의 값)

[연구22]

①함수 $y = f(x)$가 $x = a$에서 미분가능하고,

  $x = a$에서 극값을 가지면 $f'(a) = 0$

②$f'(a) = 0$이고,

  $x = a$의 좌우에서 $f'(x)$의 부호가

(1) $\oplus$에서 $\ominus$ 변하면 $f(a)$는 극댓값

(2) $\ominus$에서 $\oplus$ 변하면 $f(a)$는 극솟값

✎ 함수의 극대와 극소

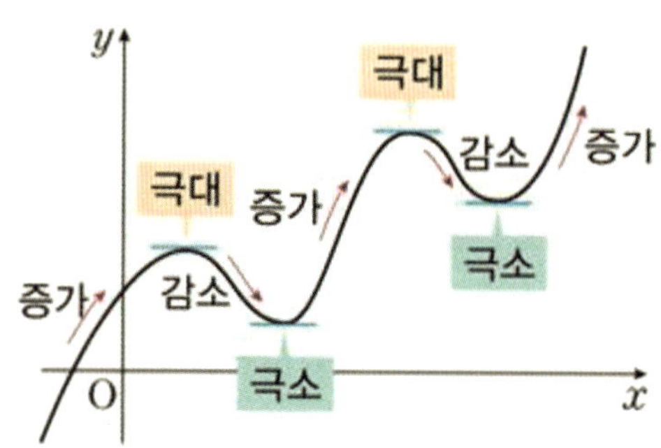

① $f(a)$가 극댓값이라 가정

  $f(x)$는 $x=a$ 포함하는 충분히 작은

  개구간에서 최댓값

  $f(x) \leq f(a)$

  $f(x) - f(a) \leq 0$

i) $x < a$ $(x-a < 0)$ ii) $x > a$ $(x-a > 0)$

$0 \leq \lim\limits_{x \to a-} \dfrac{f(x)-f(a)}{x-a} = \lim\limits_{x \to a+} \dfrac{f(x)-f(a)}{x-a} \leq 0$

  미분가능하므로

$0 \leq f'(a) \leq 0$

$\therefore f'(a) = 0$

[연구23] 다음 명제의 참 거짓을 판별하시오.

① $x=a$에서 $f(x)$가 극값을 가지면 $f'(a)=0$이다.

② $f'(a)=0$이면 $x=a$에서 $f(x)$가 극값을 가진다.

연구 20 ❧ $x=a$에서 $f(x)$가 극값 ✳ $f'(a)=0$

❧ $x=a$에서 $f(x)$가 극값 ✳ $f'(a)=0$

✳) 반례

$$f(x)=|x|=\begin{cases} -x & (x\le 0) \\ x & (x>0) \end{cases} \qquad f'(x)=\begin{cases} -1 & (x<0) \\ 1 & (x>0) \end{cases}$$

$x=0$에서 극값

$f'(0)$ 없다

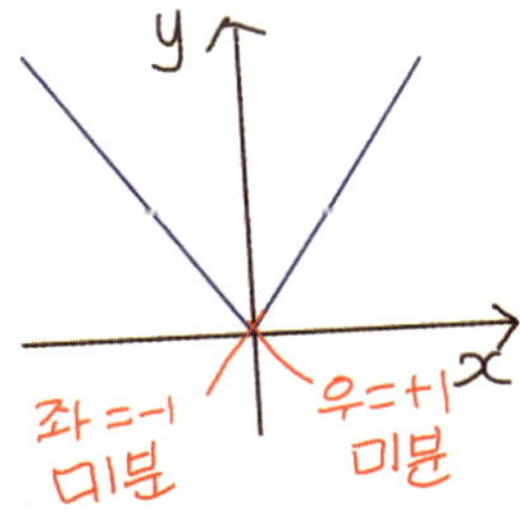

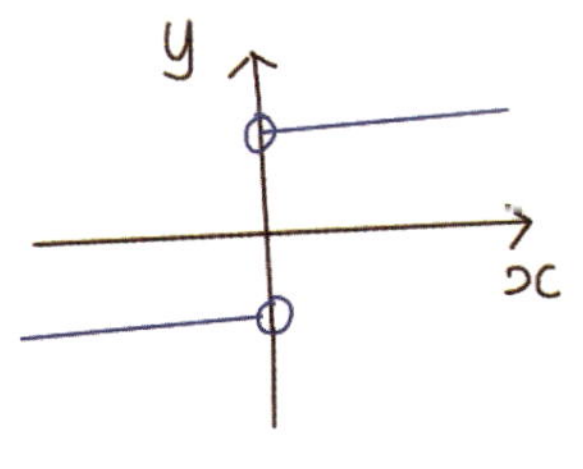

← 반례

$f(x)=x^3 \longrightarrow f'(x)=3x^2$

$x=0$ 에서 극값 X $\longleftarrow f'(0)=0$

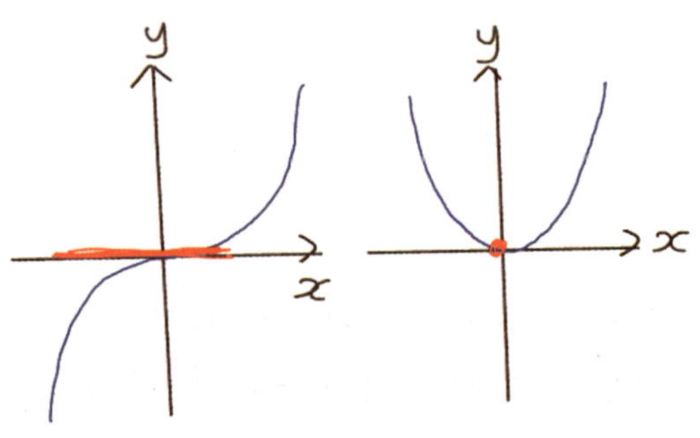

〈추가조건〉

$y=f(x)$ 미분가능하면

$x=a$ 에서 $f(x)$가극값 $\circ\!\!\!-\!\!\!-$ $f'(a)=0$

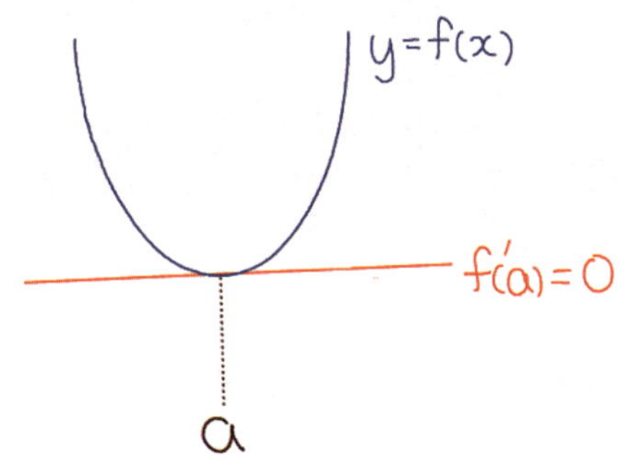

❧ $x=a$에서 $f(x)$가 극값 $\frac{0}{0}$ $f'(x)$ 부호변화
(단, 상수 구간이 없을 경우) 대체로 ($f'(x)$ 연속)
$f'(a)=0$

연구24 삼차함수 $f(x)$가 극값을 가질 때,

아래 경우마다 $f(x)=0$의 근의 종류를 쓰시오.

① (극댓값)×(극솟값)<0

② (극댓값)×(극솟값)$=0$

③ (극댓값)×(극솟값)>0

---

11 방정식에의 활용

방정식 $f(x)=0$의 실근은

함수 $y=f(x)$의 그래프와

x축$(y=0)$과의 교점의 x좌표이다.

방정식 $f(x)=g(x)$의 실근은 두 함수

$y=f(x)$, $y=g(x)$의 그래프의 교점의

x좌표이다.

연구 21 삼차함수 $f(x)$가 극값을 가질 때,

① (극댓값)×(극솟값)<0 서로 다른 세 실근

② (극댓값)×(극솟값)$=0$ 한 실근과 중근

③ (극댓값)×(극솟값)>0 한 실근과 두 허근

12 부등식에의 활용

①어떤 구간에서 부등식 $f(x)>0$이

성립함을 보이려면

주어진 구간에서 $y=f(x)$의

최솟값>0임을 보이면 된다.

②어떤 구간에서 부등식 $f(x)>g(x)$이

성립함을 보이려면

$h(x)=f(x)-g(x)$로 놓고,

주어진 구간에서 $y=h(x)$의

최솟값>0임을 보이면 된다.

✎ 방정식에의 활용

①
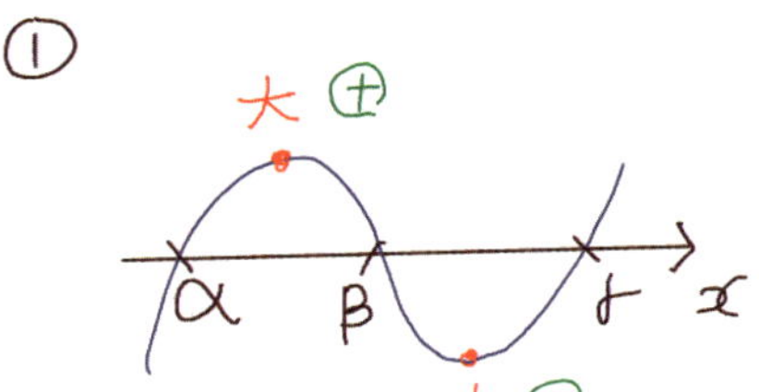

②
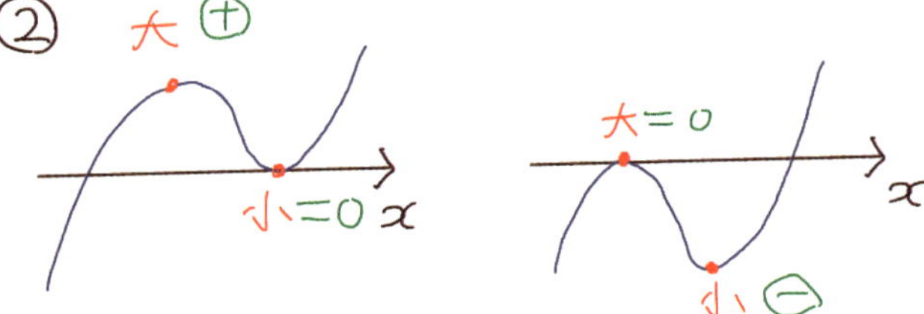

③
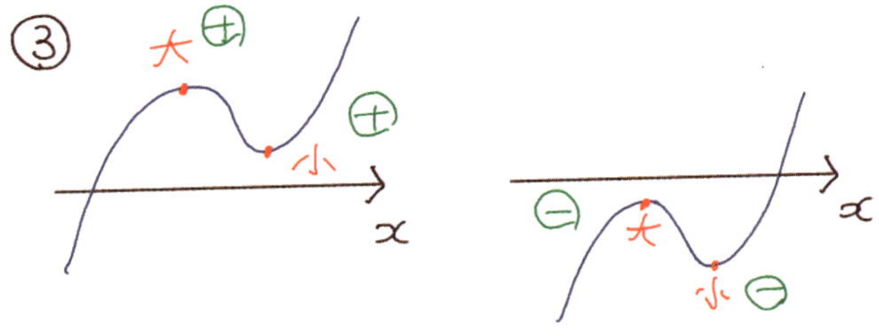

i 교과서 미분 단원 후반부에 있는 <속도와 가속도> 내용은 학습의 효율성을 위해 적분 단원의 <속도와 거리>내용과 통합하여 적분단원 마지막에 배치하였다.

「수학Ⅱ」 Ⅲ.적분법

미리 알아야 할 단원
수학2 – 2.미분법

▣ 부정적분

정의 : 함수 $f(x)$를 도함수로 가지는 함수.
즉, $F'(x) = f(x)$ 가 되는 함수 $F(x)$를 $f(x)$의
부정적분(원시함수)라 한다.

미분의 역과정

$$F'(x) = f(x)$$

$$\Leftrightarrow \int f(x)dx = F(x) + C$$

(단, C는 적분상수)

✎ 부정적분

$$\{x^2\}' = 2x \;\rightarrow\; \int 2xdx = x^2 + 0$$

$$\{x^2 + 1\}' = 2x \;\rightarrow\; \int 2xdx = x^2 + 1$$

$$\{x^2 + 33\}' = 2x \;\rightarrow\; \int 2xdx = x^2 + 33$$

정할 수 없다!

연구01 두 함수 $f(x)$, $g(x)$에 대하여 다음이 성립함을 유도하시오.

① $\displaystyle\int x^n \, dx = \frac{x^{n+1}}{n+1} + C$ (단, n은 자연수)

② $\displaystyle\int k f(x) \, dx = k \int f(x) \, dx$ (단, k는 상수)

③ $\displaystyle\int \{ f(x) + g(x) \} \, dx = \int f(x) \, dx + \int g(x) \, dx$

④ $\displaystyle\int \{ f(x) - g(x) \} \, dx = \int f(x) \, dx - \int g(x) \, dx$

---

② 부정적분의 성질

① $\displaystyle\int x^n \, dx = \frac{x^{n+1}}{n+1} + C$ (단, n은 자연수) [연구 01]

$\displaystyle\int dx = x + c$

② $\displaystyle\int k f(x) \, dx = k \int f(x) \, dx$ (단, k는 상수)

③ $\displaystyle\int \{ f(x) + g(x) \} \, dx = \int f(x) \, dx + \int g(x) \, dx$

④ $\displaystyle\int \{ f(x) - g(x) \} \, dx = \int f(x) \, dx - \int g(x) \, dx$

$\displaystyle\int \{ f(x) g(x) \} \, dx \neq \int f(x) \, dx \int g(x) \, dx$

✎ 부정적분의 성질

① $\{ x^{n+1} \}' = (n+1) x^n$

$\left\{ \dfrac{1}{n+1} x^{n+1} \right\}' = \dfrac{1}{n+1} (n+1) x^n = x^n$

② $F'(x) = f(x) \rightarrow F(x) = \int f(x) \, dx$

$\{ k F(x) \}' = k F'(x) = k f(x)$

$k F(x) = \int k f(x) \, dx$

$k \int f(x) \, dx = \int k f(x) \, dx$

③ $F'(x) = f(x) \rightarrow F(x) = \int f(x) \, dx$

$G'(x) = g(x) \rightarrow G(x) = \int g(x) \, dx$

$\{ F(x) + G(x) \}' = F'(x) + G'(x) = f(x) + g(x)$

$F(x) + G(x) = \int f(x) + g(x) \, dx$

$\int f(x) \, dx + \int g(x) \, dx = \int (f(x) + g(x)) \, dx$

연구02 $\{F(x)\}' = f(x)$일 때 $F(b) - F(a)$의

기하학적인 의미를 쓰시오.

(단, $f(x) > 0$, $b > a$)

---

3 정적분(미적분의 기본정리)

연구 02

함수 $f(x)$가 폐구간 $[a, b]$에서 연속이고
$f(x)$의 한 부정적분을 $F(x)$라고 할 때,

$$\int_a^b f(x)\,dx = \left[F(x)\right]_a^b = F(b) - F(a)$$

부정적분 $\int f(x)\,dx$ 는 함수

정적분 $\int_a^b f(x)\,dx$ 는 상수

정적분의 값은 아래끝 a, 위끝 b 만으로
결정되므로 적분변수와는 관계가 없다.
(But 부정적분은 변수와 관계가 있다)

$$\int_a^b f(x)\,dx = \int_a^b f(t)\,dt = \int_a^b f(y)\,dy = \cdots$$

$$\|\qquad\qquad\|\qquad\qquad\|$$

$$\left[F(x)\right]_a^b \qquad \left[F(t)\right]_a^b \qquad \left[F(y)\right]_a^b$$

$$\|\qquad\qquad\|\qquad\qquad\|$$

$$F(b)-F(a) \qquad F(b)-F(a) \qquad F(b)-F(a)$$

<부정적분>

vs $\int f(x)\,dx \qquad \int f(t)\,dt$

$$\|\qquad\qquad x \neq t \text{이면} \qquad \|$$

$$F(x) \qquad\qquad \neq \qquad\qquad F(t)$$

✎ 정적분(미적분의 기본정리)

$\{F(x)\}' = f(x)$일 때 $F(b) - F(a)$의 기하학적인
의미 (단, $f(x) > 0$, $b > a$)

↳ $y = f(x)$의 구간 $[a, b]$ 아래쪽 넓이

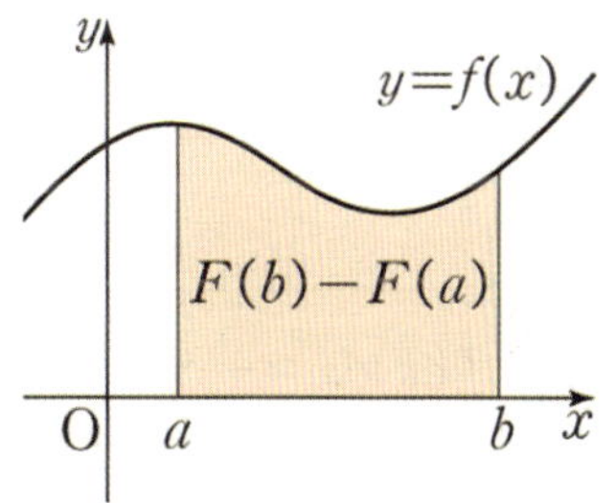

도함수의 넓이는 원시함수의 높이차

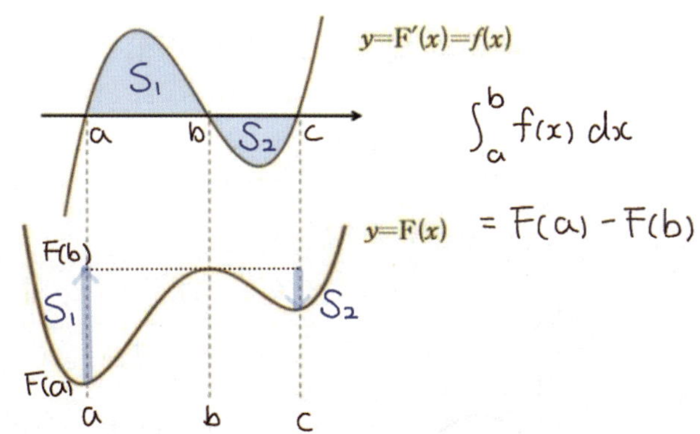

$$\int_a^b f(x)\,dx = F(a) - F(b)$$

[ex] $\int tx^2\,dx$ vs $\int tx^2\,dt$

상수 ← 적분변수   상수 ← 적분변수

$$t\int x^2\,dx \qquad x^2\int t\,dt$$

$$t\frac{1}{3}x^3 + C \qquad x^2\frac{1}{2}t^2 + C$$

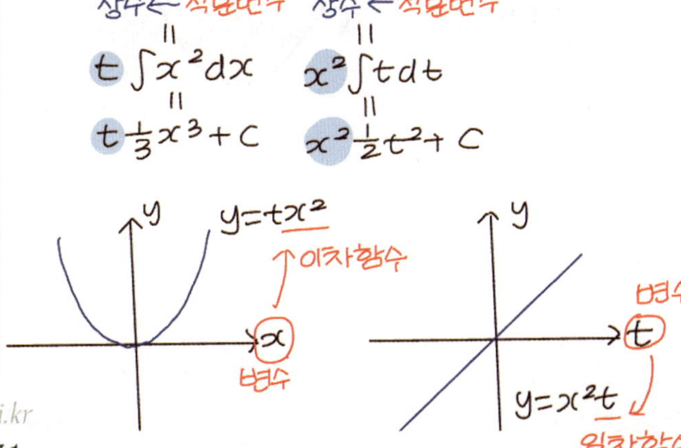

[연구03] 함수 $f(x)$가 연속이고 $S(t)$가 $y=f(x)$와 x축 및 $x=a$와 $x=t$로 둘러싸인 도형의 넓이라고 하자(단, $t \geq a$). $f(x) \geq 0$일 때

$$\int_a^t f(x)dx = S(t)$$ 임을 유도하시오.

④ 정적분의 의미

함수 $f(x)$가 연속이고 $S(t)$가 $y=f(x)$와 x축 및 $x=a$와 $x=t$로 둘러싸인 도형의 넓이라고 하자. (단, $t \geq a$)

① $f(x) \geq 0$일 때 $\displaystyle\int_a^t f(x)dx = S(t)$

② $f(x) \leq 0$일 때 $\displaystyle\int_a^t f(x)dx = -S(t)$

③ 함수 $f(x)$가 양인 부분의 넓이를 S_1, $f(x)$가 음인 부분의 넓이를 S_2라고 하자.

$$\int_a^b f(x)dx = S_1 - S_2$$

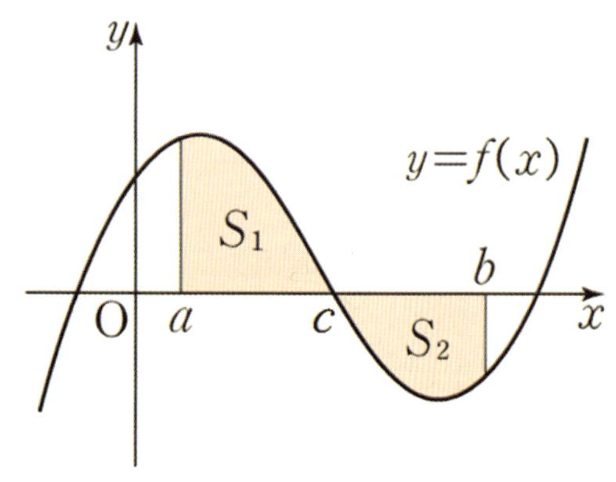

✎ 정적분의 의미

① $f(x) \geq 0$일 때 $S(t) = \int_a^t f(x)dx$ 임을 유도해보자!

[연구 03]

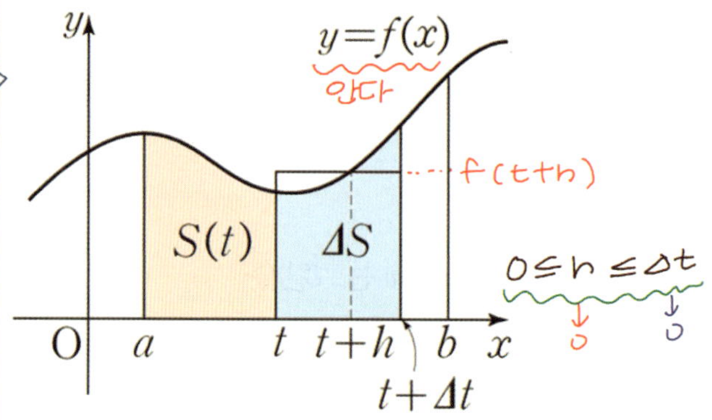

$\Delta S = S(t+\Delta t) - S(t) = f(t+h)\Delta t$

세 변을 Δt로 나눈다

$\dfrac{\Delta S}{\Delta t} = \dfrac{S(t+\Delta t) - S(t)}{\Delta t} = \dfrac{f(t+h)\Delta t}{\Delta t}$

$\displaystyle\lim_{\Delta t \to 0}\dfrac{\Delta S}{\Delta t} = \lim_{\Delta t \to 0}\dfrac{S(t+\Delta t) - S(t)}{t+\Delta t - t} = \lim_{\Delta t \to 0} f(t+h)$

$\Leftrightarrow h \to 0$

$\dfrac{dS}{dt} = S'(t) = f(t)$

넓이 —미분→ 길이
모른다 ←적분— 안다

모르는 넓이를 알고 있는 길이로 구한다!

$S(t) = \int f(t)dt = F(t) + C = F(t) - F(a)$

$\left(\begin{array}{l} S(a) = 0 = F(a) + C \\ \quad \downarrow \\ \quad C = -F(a) \end{array}\right)$

$= \Big[F(x)\Big]_a^t$

$= \int_a^t f(x)dx$

[연구04] 함수 $f(x)$가 연속이고 $S(t)$가 $y=f(x)$와 x축 및 $x=a$와 $x=t$로 둘러싸인 도형의 넓이라고 하자(단, $t \geq a$). $f(x) \leq 0$일 때

$$\int_a^t f(x)dx = -S(t)$$ 임을 유도하시오.

[연구05] 함수 $y=f(x)$의 그래프가 아래 그림과 같을 때 $\int_a^b f(x)dx = S_1 - S_2$임을 유도하시오.

(단, S_1은 양인 부분의 넓이, S_2는 음인 부분의 넓이)

연구 04 ② $f(x) \leq 0$일 때

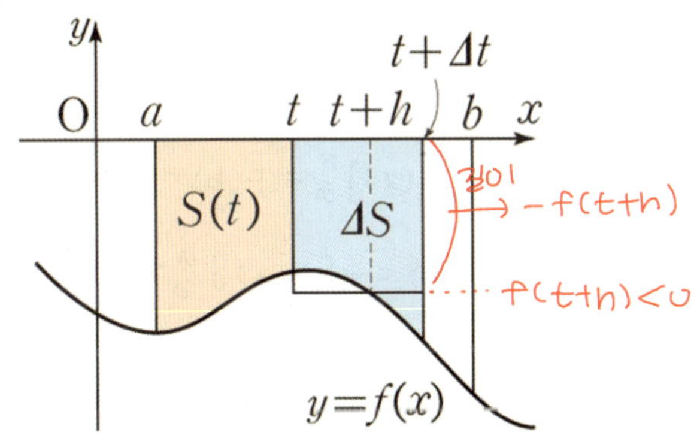

연구 05 ③ $f(x)$는 닫힌 구간 $[a, c]$에서 $f(x) \geq 0$이고, 닫힌 구간 $[c, b]$에서 $f(x) \leq 0$이다.

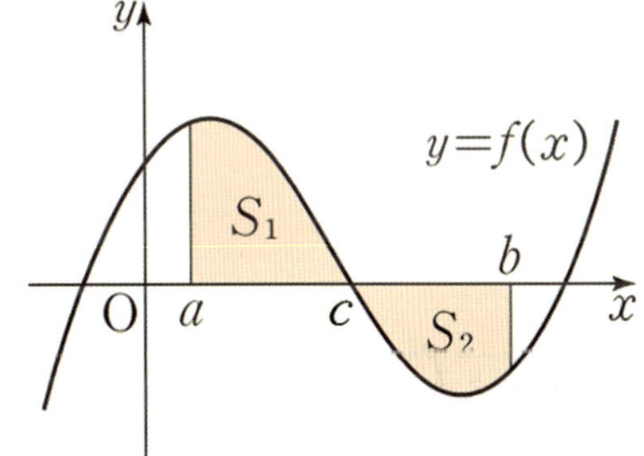

$$\frac{\Delta S}{\Delta t} = \frac{S(t+\Delta t) - S(t)}{\Delta t} = \frac{-f(t+h)\,\Delta t}{\Delta t}$$

$$\lim_{\Delta t \to 0}\frac{\Delta S}{\Delta t} = \lim_{\Delta t \to 0}\frac{S(t+\Delta t) - S(t)}{t+\Delta t - t} = \lim_{\Delta t \to 0}\{-f(t+h)\}$$
$$\Leftrightarrow h \to 0$$

$$\frac{dS}{dt} = S'(t) = -f(t)$$

넓이 —미분→ 길이
모른다 ←적분— 안다

$$S(t) = \int -f(t)dt = -\int f(t)dt = -\{F(t) + C\}$$

$$\left(\begin{array}{l} S(a) = 0 = -\{F(a) + C\} \\ \downarrow \\ C = -F(a) \end{array} \right.$$
$$\begin{array}{l} = -\{F(t) - F(a)\} \\ = -\Big[F(x)\Big]_a^t \\ = -\int_a^t f(x)dx \end{array}$$

$$\int_a^t f(x)dx = -S(t)$$

$$\int_a^b f(x)dx = \Big[F(x)\Big]_a^b = F(b) - F(a)$$

$$= \{F(b) - F(c)\} + \{F(c) - F(a)\}$$

$$= \int_a^c f(x)dx + \int_c^b f(x)dx$$

$$= S_1 + (-S_2)$$

$$= S_1 - S_2$$

[연구06] 두 함수 $f(x)$, $g(x)$가 세 실수 a, b, c를 포함하는 구간에서 연속일 때 다음을 유도하시오.

5 정적분의 성질 (1)

① $\int_a^a f(x)\,dx = 0$

② $\int_a^b f(x)\,dx = -\int_b^a f(x)\,dx$

③ $\int_a^b k f(x)\,dx = k\int_a^b f(x)\,dx$ (단, k는 상수)

④ $\int_a^b \{f(x)+g(x)\}\,dx = \int_a^b f(x)\,dx + \int_a^b g(x)\,dx$

⑤ $\int_a^b \{f(x)-g(x)\}\,dx = \int_a^b f(x)\,dx - \int_a^b g(x)\,dx$

⑥ $\int_a^b f(x)\,dx = \int_a^c f(x)\,dx + \int_c^b f(x)\,dx$

✎ 정적분의 성질 (1)

연구 06

① $\int_a^a f(x)\,dx = \big[F(x)\big]_a^a = F(a)-F(a) = 0$

② $\int_a^b f(x)\,dx = \big[F(x)\big]_a^b = F(b)-F(a)$
$= -\{F(a)-F(b)\} = -\big[F(x)\big]_b^a = -\int_b^a f(x)\,dx$

③ $\int_a^b K f(x)\,dx = \big[KF(x)\big]_a^b = KF(b)-KF(a)$
$= K\{F(b)-F(a)\} = K\big[F(x)\big]_a^b = K\int_a^b f(x)\,dx$

④ $\int_a^b \{f(x)+g(x)\}\,dx = \big[F(x)+G(x)\big]_a^b$
$= \{F(b)+G(b)\} - \{F(a)+G(a)\}$
$= \{F(b)-F(a)\} + \{G(b)-G(a)\}$
$= \big[F(x)\big]_a^b + \big[G(x)\big]_a^b$
$= \int_a^b f(x)\,dx + \int_a^b g(x)\,dx$

⑤ ④와 같은 방법으로 유도

⑥ $\int_a^c f(x)\,dx + \int_c^b f(x)\,dx = \big[F(x)\big]_a^c + \big[F(x)\big]_c^b$
$= \{F(c)-F(a)\} + \{F(b)-F(c)\}$
$= F(b)-F(a) = \big[F(x)\big]_a^b$
$= \int_a^b f(x)\,dx$

연구07 아래 식에서 빈칸에 알맞은 것을 쓰고
이를 유도하시오.

---

6 정적분의 성질 (2)

연구 07

① 함수 $f(x)$가 우함수이면

$$\int_{-a}^{a} f(x)\,dx = 2\int_{0}^{a} f(x)\,dx$$

② 함수 $f(x)$가 기함수이면

$$\int_{-a}^{a} f(x)\,dx = 0$$

【ex】 함수 $f(x)$가 $x=p$에 대하여 대칭일 때,

$$\int_{p-a}^{p+a} f(x)\,dx = 2\int_{p}^{p+a} f(x)\,dx$$

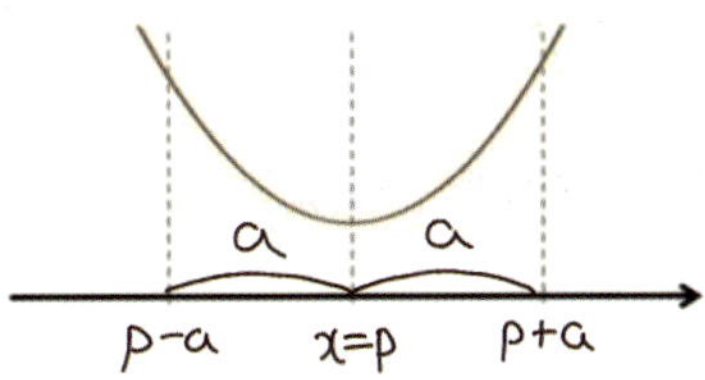

【ex】 함수 $f(x)$ 점 $(p,\ q)$에 대하여 대칭일 때,

$$\int_{p-a}^{p+a} f(x)\,dx = 2aq$$

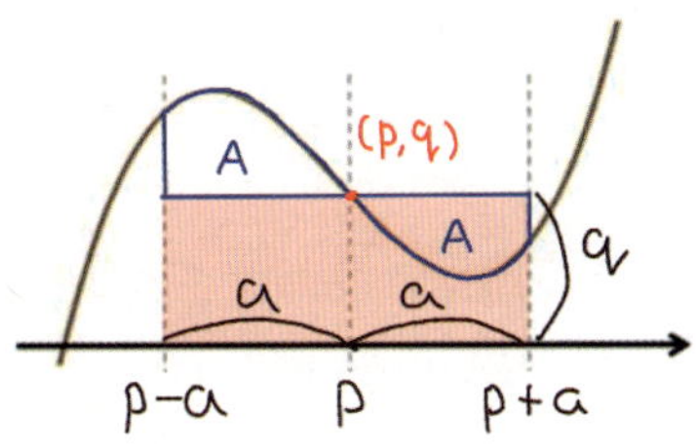

✎ 60쪽 수학1 '우함수와 기함수의 응용'에
관련 내용이 있으니 꼭 함께 볼 것!

✎ 정적분의 성질 (2)

①

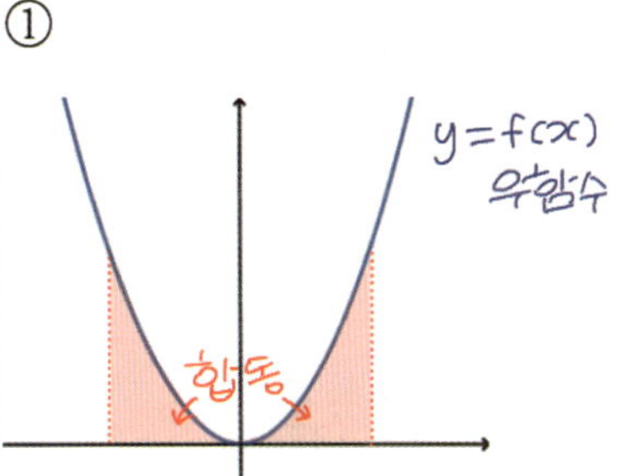

$$\int_{-a}^{a} f(x)\,dx = \int_{-a}^{0} f(x)\,dx + \int_{0}^{a} f(x)\,dx$$

$$= \int_{0}^{a} f(x)\,dx + \int_{0}^{a} f(x)\,dx = 2\int_{0}^{a} f(x)\,dx$$

②

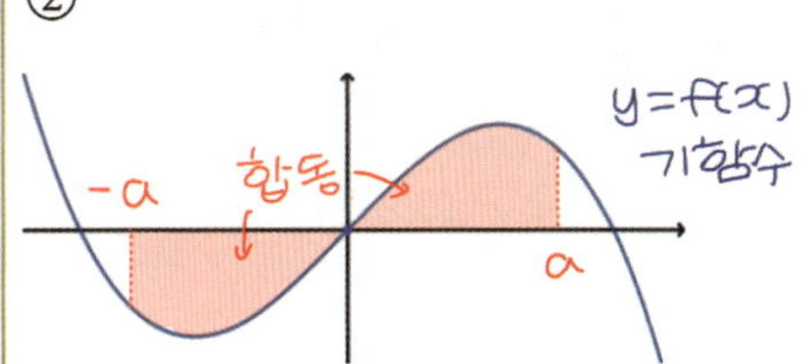

$$\int_{-a}^{a} f(x)\,dx = \int_{-a}^{0} f(x)\,dx + \int_{0}^{a} f(x)\,dx$$

$$= -\int_{0}^{a} f(x)\,dx + \int_{0}^{a} f(x)\,dx = 0$$

✎ $$\int_{a}^{b} f(x)\,dx = \int_{a+p}^{b+p} f(x-p)\,dx$$

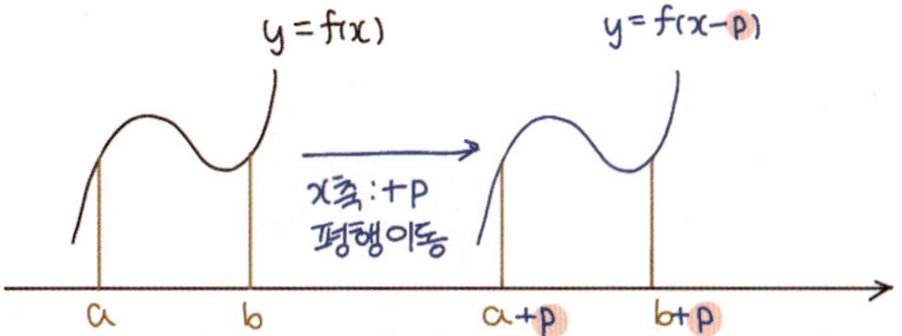

연구08 아래 식에서 빈칸에 알맞은 것을 쓰고
이를 유도하시오.

7 정적분의 성질 (3)

① $\dfrac{d}{dx}\displaystyle\int_a^x f(t)\,dt = f(x) \cdots (\text{O})$
$\qquad\qquad\qquad = f(t) \cdots (\text{X})$

② $\displaystyle\lim_{x \to a}\dfrac{1}{x-a}\int_a^x f(t)\,dt = f(a)$

③ $\displaystyle\int_\alpha^\beta a(x-\alpha)(x-\beta)\,dx = -\dfrac{a}{6}(\beta-\alpha)^3$
$\qquad\qquad\qquad\qquad \hookrightarrow \text{six!}$

④ $\displaystyle\int_\alpha^\beta a(x-\alpha)^2(x-\beta)\,dx = -\dfrac{a}{12}(\beta-\alpha)^4$
$\qquad\qquad\qquad\qquad \hookrightarrow \text{twelve!}$

문제에서 $g(x) = \displaystyle\int_a^x f(t)\,dt$ 가 나왔을 때

※ ① $g(a) = 0$

② $g'(x) = f(x)$

【ex】

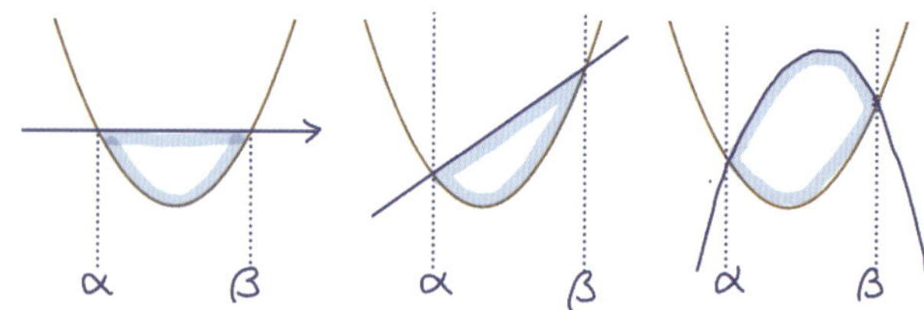

$\text{넓이} = \dfrac{|a|}{6}(\beta-\alpha)^3, \quad \dfrac{|a|}{6}(\beta-\alpha)^3, \quad \dfrac{\text{최고차 계수차}}{6}(\beta-\alpha)^3$

【ex】

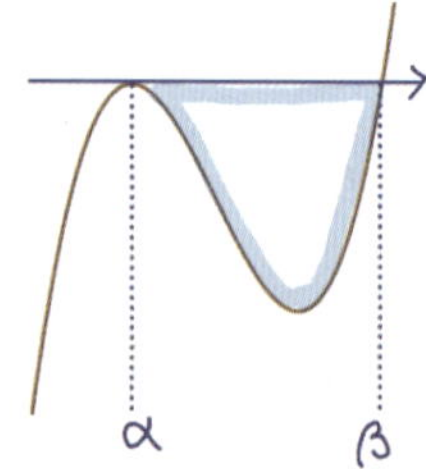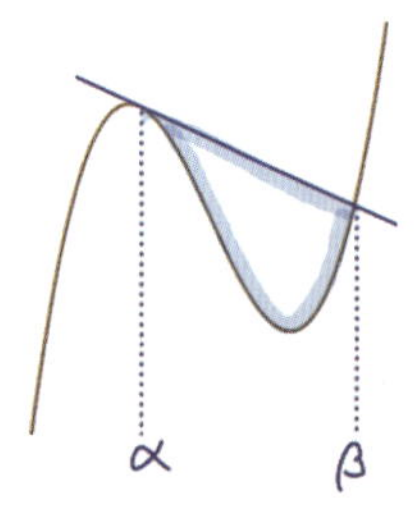

$\text{넓이} = \dfrac{|a|}{12}(\beta-\alpha)^4, \qquad \dfrac{|a|}{12}(\beta-\alpha)^4$

✒ 정적분의 성질 (3)

연구 08

① $\dfrac{d}{dx}\displaystyle\int_a^x f(t)\,dt = \left\{\int_a^x f(t)\,dt\right\}' = \left\{\left[F(t)\right]_a^x\right\}'$
$\qquad = \left\{F(x) - F(a)\right\}' = f(x)$

② $\displaystyle\lim_{x \to a}\dfrac{1}{x-a}\int_a^x f(t)\,dt = \lim_{x \to a}\dfrac{1}{x-a}\left[F(t)\right]_a^x$
$\qquad = \displaystyle\lim_{x \to a}\dfrac{F(x)-F(a)}{x-a} = F'(a) = f(a)$

③ $\displaystyle\int_\alpha^\beta a(x-\alpha)(x-\beta)\,dx = \int_\alpha^\beta a\left\{x^2-(\alpha+\beta)x+\alpha\beta\right\}dx$
$\qquad = \left[a\left\{\dfrac{1}{3}x^3 - \dfrac{\alpha+\beta}{2}x^2 + \alpha\beta x\right\}\right]_\alpha^\beta$
$\qquad = -\dfrac{a}{6}(\beta-\alpha)^3$

④ ③과 같이 계산

연구09 함수 $f(x)$가 구간 $[a, b]$에서 연속일 때, 곡선 $y = f(x)$와 x축 및 두 직선 $x = a$, $x = b$로 둘러싸인 도형의 넓이 S는

$$S = \int_a^b |f(x)|\, dx$$ 임을 유도하시오.

---

8 곡선과 x축으로 둘러싸인 도형의 넓이

구간 $[a, b]$에서 연속인 함수 $y = f(x)$와 x축 및 $x = a$, $x = b$로 둘러싸인 도형의 넓이 S는

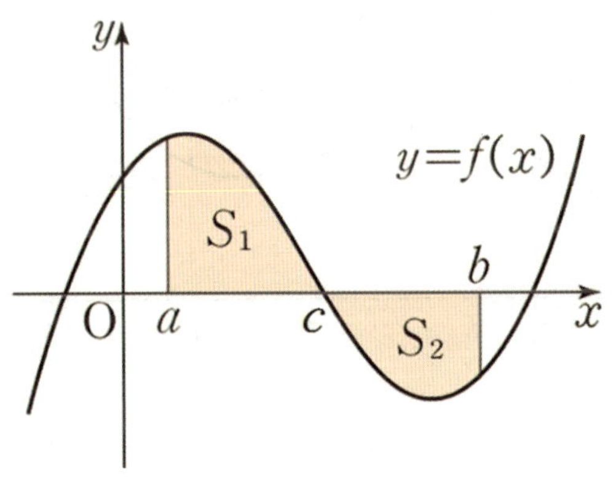

$$S = \int_a^b |f(x)|\, dx$$

연구 09

✎ 곡선과 x축으로 둘러싸인 도형의 넓이

함수 $f(x)$가

닫힌 구간 $[a, c]$에서 $f(x) \geq 0$이고,

닫힌 구간 $[c, b]$에서 $f(x) \leq 0$라고 하자.

$$\int_a^b |f(x)|\, dx$$
$$= \int_a^c |f(x)|\, dx + \int_c^b |f(x)|\, dx$$
$$= \int_a^c f(x)\, dx + \int_c^b \{-f(x)\}\, dx$$
$$= \int_a^c f(x)\, dx - \int_c^b f(x)\, dx$$
$$= S_1 - (-S_2)$$
$$= S_1 + S_2$$

연구10 구간 $[a, b]$에서 연속인 두 곡선

$y = f(x)$, $y = g(x)$ 및 두 직선 $x = a$, $x = b$로

둘러싸인 도형의 넓이 S는

$$S = \int_a^b |f(x) - g(x)|\, dx$$ 임을 유도하시오.

⑨ 두 곡선으로 둘러싸인 도형의 넓이

두 곡선 $y = f(x)$ 와 $y = g(x)$ 및 두 직선

$x = a$, $x = b$ (단, $a < b$)로 둘러싸인 도형의 넓이

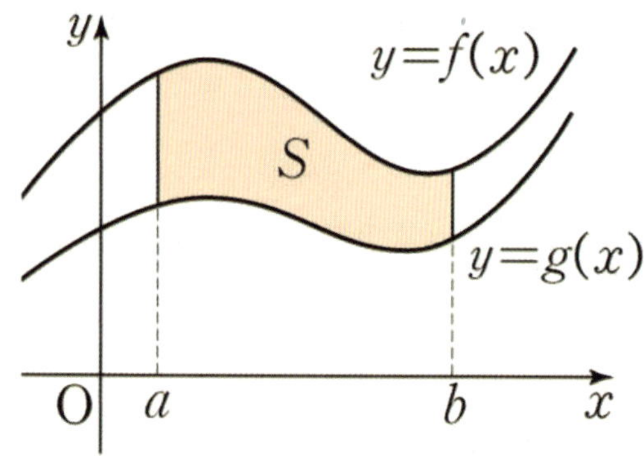

$$S = \int_a^b |f(x) - g(x)|\, dx$$

✎ 두 곡선으로 둘러싸인 도형의 넓이

연구 10

(i) 구간 $[a, b]$에서 $0 \le g(x) \le f(x)$일 때

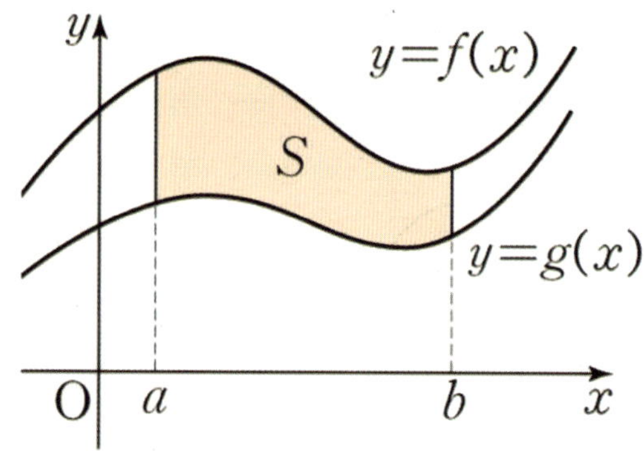

$$S = \int_a^b f(x)\, dx - \int_a^b g(x)\, dx$$

$$= \int_a^b \{f(x) - g(x)\}\, dx$$

$$= \int_a^b |f(x) - g(x)|\, dx$$

(ii) 구간 $[a, b]$에서 $g(x) \leq f(x)$이고
$g(x)$ 또는 $f(x)$가 음의 값을 가질 때

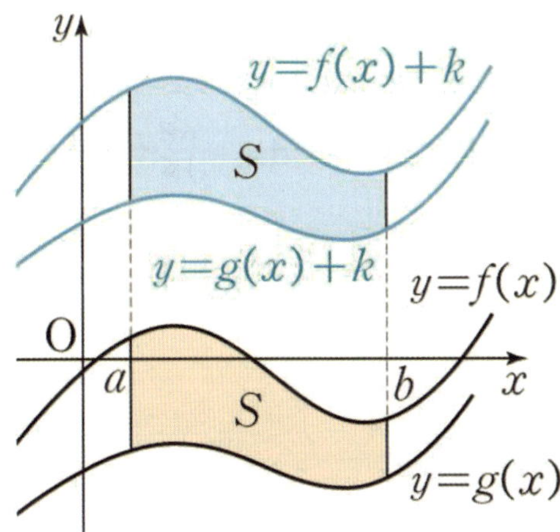

구간 $[a,b]$에서 (충분히 큰 상수 k)

$0 \leq g(x) + k \leq f(x) + k$

$S = \int_a^b \{f(x)+k\}dx - \int_a^b \{g(x)+k\}dx$

$\quad = \int_a^b [\{f(x)+k\} - \{g(x)+k\}]dx$

$\quad = \int_a^b \{f(x)-g(x)\}dx$

$\quad = \int_a^b |f(x)-g(x)|dx$

(iii) 닫힌 구간 $[a, c]$에서 $f(x) \geq g(x)$이고,
닫힌 구간 $[c, b]$에서 $f(x) \leq g(x)$일 때,

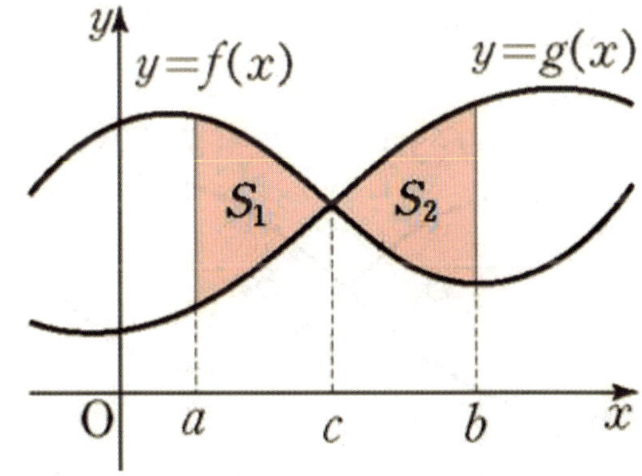

$S = S_1 + S_2$

$\quad = \int_a^c \{f(x)-g(x)\}dx + \int_c^b \{g(x)-f(x)\}dx$

$\quad = \int_a^c |f(x)-g(x)|dx + \int_c^b |f(x)-g(x)|dx$

$\quad = \int_a^b |f(x)-g(x)|dx$

[연구11] 두 함수 $y=f(x)$와 $y=g(x)$에 대하여

그래프가 아래 그림과 같을 때

다음 식이 성립함을 유도하시오.

$$\int_a^b \{f(x)-g(x)\}dx = S_1 - S_2$$

---

⑩ 두 함수의 차의 적분

두 함수 $y=f(x)$와 $y=g(x)$에 대하여
닫힌 구간 $[a,\ c]$에서 $f(x) \geq g(x)$이고,
닫힌 구간 $[c,\ b]$에서 $f(x) \leq g(x)$이다.

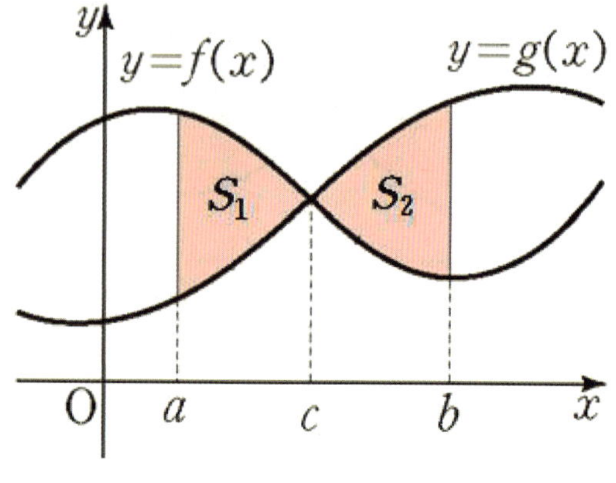

$$\int_a^b \{f(x)-g(x)\}dx = S_1 - S_2$$

✎ 두 함수의 차의 적분

연구 11

$$\int_a^b \{f(x)-g(x)\}dx$$

$$= \int_a^c \{f(x)-g(x)\}dx + \int_c^b \{f(x)-g(x)\}dx$$

$$= \int_a^c \{f(x)-g(x)\}dx - \int_c^b \{g(x)-f(x)\}dx$$

$$= S_1 - S_2$$

연구12 함수 $x = g(y)$가 연속이고 $S(t)$가

$x = g(y)$와 y축 및 두 직선 $y = b$, $y = t$로

둘러싸인 도형의 넓이라고 하자. $x = g(y) \geq 0$일

때 $\displaystyle\int_{b}^{t} g(y)\,dy = S(t)$ 임을 유도하시오.

---

11 곡선과 y축으로 둘러싸인 도형의 넓이

함수 $x = g(y)$가 연속이고 $S(t)$가 $x = g(y)$와

y축 및 두 직선 $y = b$, $y = t$로 둘러싸인 도형의

넓이라고 하자.

① $x = g(y) \geq 0$일 때 $\displaystyle\int_{b}^{t} g(y)\,dy = S(t)$

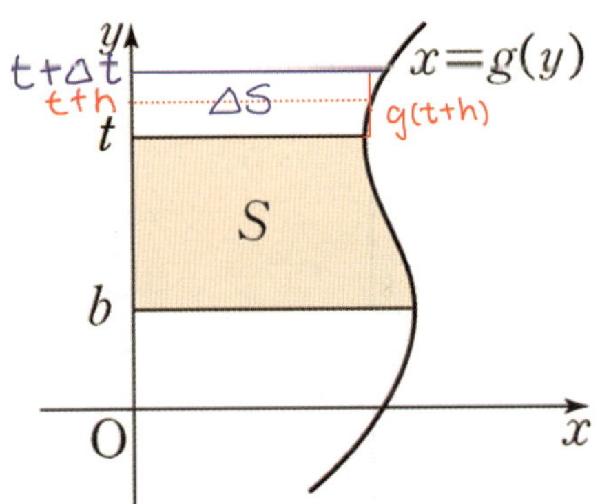

② $x = g(y) \leq 0$일 때 $\displaystyle\int_{b}^{t} g(y)\,dy = -S(t)$

함수 $x = g(y)$가 양인 부분의 넓이를 S_1,

$x = g(y)$가 음인 부분의 넓이를 S_2라고 하자.

③ $\displaystyle\int_{b}^{c} g(y)\,dy = S_1 - S_2$

④ $\displaystyle\int_{b}^{c} |g(y)|\,dy = S_1 + S_2 = S$

✒ 곡선과 y축으로 둘러싸인 도형의 넓이

① $x = g(y) \geq 0$일 때 $\displaystyle\int_{b}^{t} g(y)\,dy = S(t)$

연구 12

$\Delta S = S(t+\Delta t) - S(t) = g(t+h)\Delta t$

$\dfrac{\Delta S}{\Delta t} = \dfrac{S(t+\Delta t) - S(t)}{\Delta t} = \dfrac{g(t+h)\Delta t}{\Delta t}$ 세 변을 Δt로 나누기

$\displaystyle\lim_{\Delta t \to 0} \dfrac{\Delta S}{\Delta t} = \lim_{\Delta t \to 0} \dfrac{S(t+\Delta t) - S(t)}{t + \Delta t - t} = \lim_{\Delta t \to 0} g(t+h)$

$\Leftrightarrow h \to 0$

$\dfrac{dS}{dt} = S'(t) = g(t)$

넓이 미분 길이
모른다 적분 안다

$\left(0 \leq h \leq \Delta t \right)$
$\quad\quad\ \downarrow \quad\ \downarrow$
$\quad\quad\ 0 \quad\ 0$

모르는 넓이를 알고 있는 길이로 구한다!

$S(t) = \displaystyle\int g(t)\,dt = G(t) + C = G(t) - G(b)$

$\left(\begin{array}{l} S(b) = 0 = G(b) + C \\ \\ C = -G(b) \end{array} \right)$

$\quad = \Big[G(y) \Big]_{b}^{t}$

$\quad = \displaystyle\int_{b}^{t} g(y)\,dy$

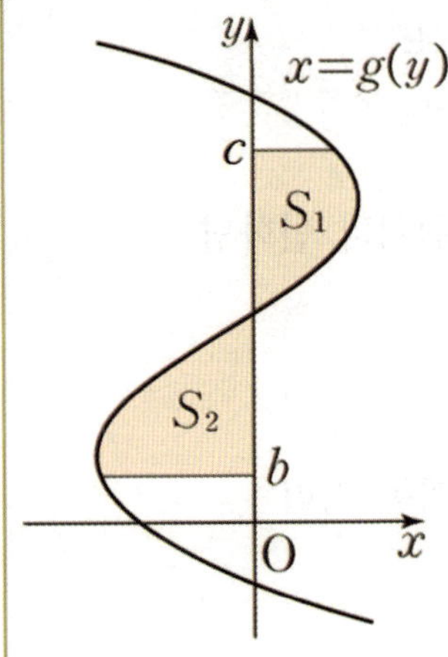

⑫ 직선 위의 운동

위치(좌표), 이동 거리

위치변화량

평균속력 : 이동 거리의 평균변화율$= \dfrac{\text{이동 거리}}{\text{시간변화량}}$

평균속도 : 위치의 평균변화율$= \dfrac{\text{위치의 변화량}}{\text{시간변화량}}$

(순간)속력 : 속도의 절댓값(거리의 변화율)

(순간)속도 : 위치의 순간변화율

평균가속도 : 속도의 평균변화율

(순간)가속도 : 속도의 순간변화율

시각	위치	속도	속력	가속도
t	$S(t)$	$v(t)$	$\lvert v(t)\rvert$	$a(t)$

① 시각 t에서 $t+\Delta t$까지의 점 P의 평균속도:

$$\dfrac{\Delta S}{\Delta t} = \dfrac{S(t+\Delta t)-S(t)}{t+\Delta t -t}$$

② 시각 t에서의 점 P의 속도:

$$V(t)= \lim_{\Delta t \to 0}\dfrac{\Delta S}{\Delta t} = \dfrac{dS(t)}{dt}=S'(t)$$

③ 시각 t에서의 점 P의 가속도:

$$a(t)= \lim_{\Delta t \to 0}\dfrac{\Delta V}{\Delta t} = \dfrac{dV(t)}{dt}=V'(t)$$

④ 시각 t에서의 위치:

$$S(t) = S(t_0) + \int_{t_0}^{t} V(t)\,dt$$

⑤ $t=a$에서 $t=b$까지의 위치의 변화량:

$$\Delta S = \int_{a}^{b} V(t)\,dt$$

⑥ $t=a$에서 $t=b$까지의 이동 거리:

$$l = \int_{a}^{b} \lvert V(t)\rvert\,dt$$

✎ 직선 위의 운동 (1)

✍ 운동방향=속도부호

$v(t)$가 양(+)이면 +방향으로 움직이고,

$v(t)$가 음(-)이면 -방향으로 움직인다.

원시함수   도함수
↓   ↓
$S(t)$ $S'(t)=V(t)$

운동방향	위치(좌표)	속도부호
⊕	증가	⊕
⊖	감소	⊖

【ex】

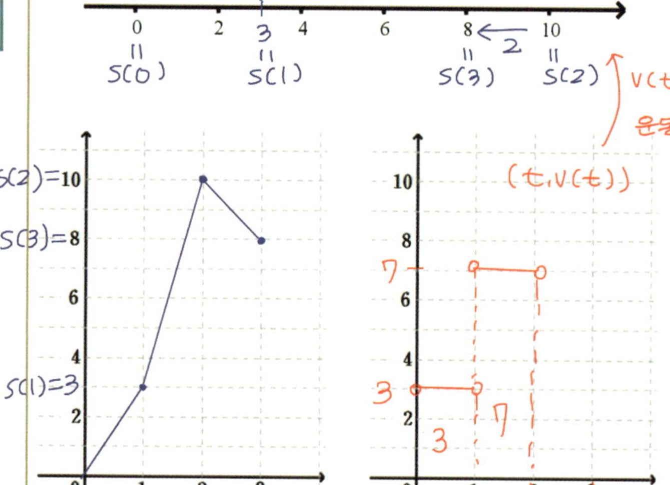

$$* \int_{1}^{2} V(t)\,dt = 7$$
$$= \left[S(t)\right]_{1}^{2} = S(2)-S(1) = 10-3$$

$$* \int_{2}^{3} V(t)\,dt = -2$$
$$= \left[S(t)\right]_{2}^{3} = S(3)-S(2) = 8-10$$

$$* \int_{0}^{3} V(t)\,dt = 3+7-2 = 8$$
$$= \left[S(t)\right]_{0}^{3} = S(3)-S(0) = 8-0$$

$$* \int_{0}^{3} \lvert V(t)\rvert\,dt = 3+7+2$$

✎ 직선 위의 운동 (2)

【ex】 위치 $= S(t) = -5t^2 + 30t$

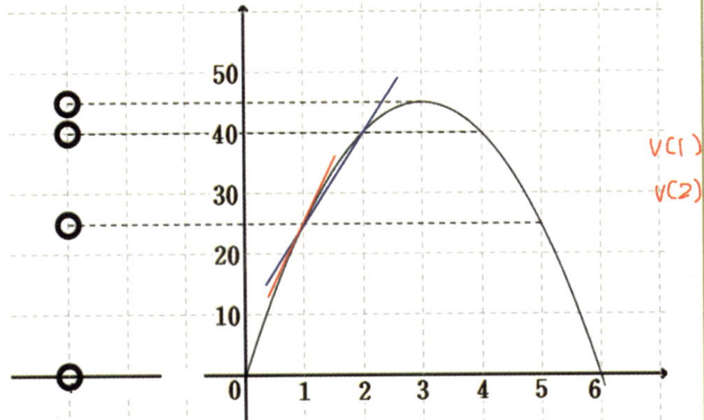

속도 $= v(t) = -10t + 30$ 　　가속도 $= a(t) = -10$

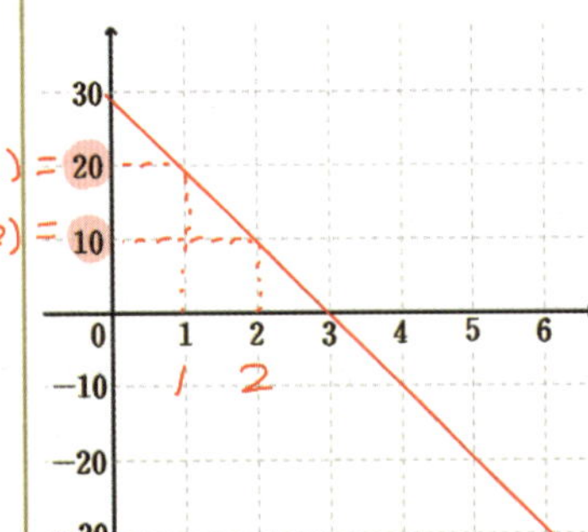

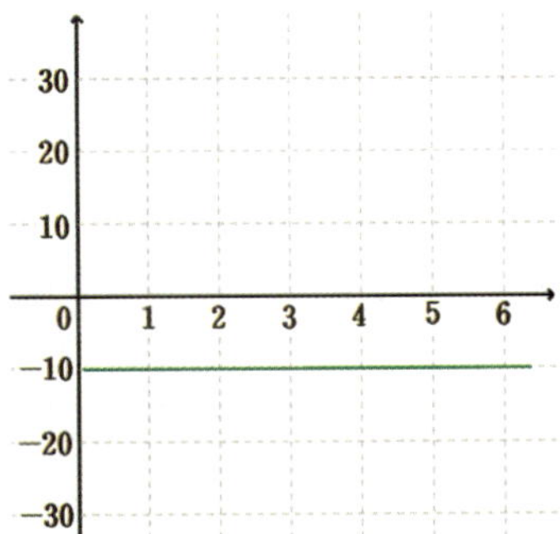

①평균속도

$$\{1 \sim 2\text{초}\} = \frac{S(2) - S(1)}{2 - 1}$$

$$= \frac{40 - 25}{2 - 1} = 15[m/s]$$

$$\{1 \sim (1 + \triangle t)\text{초}\} = \frac{S(1 + \triangle t) - S(1)}{(1 + \triangle t) - 1}$$

$$= 20 - 5\triangle t$$

②(순간)속도

$$\{1\text{초}\} = \lim_{\triangle t \to 0}(20 - 5\triangle t) = 20$$

$$\{t\text{초}\} = S'(t) = v(t)$$

④위치　⑤위치변화

$$\int_1^2 v(t)dt = [S(t)]_1^2 = S(2) - S(1)$$

$$= 40 - 25 = 15$$

$$S(2) = S(1) + \int_1^2 v(t)dt$$

$$S(t) = S(t_0) + \int_{t_0}^t v(t)dt$$

*평균가속도

$$\{1 \sim 2\text{초}\} = \frac{v(2) - v(1)}{2 - 1}$$

$$= \frac{10 - 20}{2 - 1} = -10$$

③순간가속도

$$\{t\text{초}\} = \lim_{\triangle t \to 0}\frac{v(t + \triangle t) - v(t)}{t + \triangle t - t} = v'(t) = a(t)$$

⑥이동거리

$$\int_2^4 v(t)dt = S(4) - S(2) = 0$$

$$= \int_2^4 |v(t)|dt = \int_2^3 v(t)dt + \int_3^4 -v(t)dt$$

$$= \{S(3) - S(2)\} - \{S(4) - S(3)\}$$

$$= 5 - (-5) = 10$$

역대 수능·모의고사 기출 문항 출제 의도

Ⅰ.함수의 극한

[출제의도] 함수의 극한값을 계산하는 문제를 해결한다.
[출제의도] 함수의 그래프로부터 좌극한과 우극한을 구하는 문제를 해결한다.
[출제의도] 함수의 극한의 성질을 활용하여 문제를 해결한다.
[출제의도] 도형의 성질을 이용하여 함수의 극한 문제를 해결한다.
[출제의도] 주어진 조건을 만족시키는 함수의 극한값 구하는 문제를 해결한다.
[출제의도] 함수의 연속에 대한 성질을 이해하는 문제를 해결한다.
[출제의도] 연속함수의 정의를 이해하여 함숫값을 구하는 문제를 해결한다.
[출제의도] 함수의 연속성을 이해하여 함수의 연속성을 판단하는 문제를 해결한다.
[출제의도] 함수의 연속을 이용하여 추론하는 문제를 해결한다.

Ⅱ.미분법

[출제의도] 미분계수의 정의를 이해하여 미분계수의 값을 구하는 문제를 해결한다.
[출제의도] 미분계수의 정의를 이해하여 미지수의 값을 구하는 문제를 해결한다.
[출제의도] 함수의 곱의 미분법을 이용하여 미분계수를 구하는 문제를 해결한다.
[출제의도] 도함수를 이용하여 부등식과 관련된 문제를 해결한다.
[출제의도] 도함수를 이용하여 미분가능한 함수의 성질을 추론하는 문제를 해결한다.
[출제의도] 접선의 방정식을 이용하여 문제를 해결한다.
[출제의도] 접선을 이용하여 주어진 부등식을 만족시키는 함수를 구하는 문제를 해결한다.
[출제의도] 평균변화율과 미분계수를 이용하여 미지수의 값을 구하는 문제를 해결한다.
[출제의도] 함수의 증가, 감소와 도함수의 관계를 이용하여 미지수의 값을 구하는 문제를 해결한다.
[출제의도] 함수의 그래프를 이용하여 함수의 극댓값과 극솟값을 구하는 문제를 해결한다.
[출제의도] 미분을 이용하여 함수가 극대일 조건을 이해하는 문제를 해결한다.
[출제의도] 미분을 이용하여 주어진 방정식이 실근을 가질 조건을 구하는 문제를 해결한다.
[출제의도] 조건을 만족시키는 함수의 그래프를 추론하여 극댓값을 구하는 문제를 해결한다.
[출제의도] 미분을 이용하여 속도와 가속도에 대한 문제를 해결한다.

Ⅲ.적분법

[출제의도] 부정적분을 이용하여 함숫값을 구하는 문제를 해결한다.
[출제의도] 부정적분과 정적분의 성질을 이용하여 함숫값을 구한다.
[출제의도] 정적분의 성질을 이용하여 함수의 미정계수를 구하는 문제를 해결한다.
[출제의도] 정적분을 이용하여 곡선과 x축으로 둘러싸인 부분의 넓이를 구하는 문제를 해결한다.
[출제의도] 정적분을 이용하여 곡선과 직선으로 둘러싸인 부분의 넓이를 구하는 문제를 해결한다.
[출제의도] 정적분과 미분의 관계를 이용하여 함숫값 구하는 문제를 해결한다.
[출제의도] 평행이동을 이용하여 정의된 함수의 그래프를 추론하여 정적분의 값을 구한다.
[출제의도] 함수의 연속성과 적분의 성질을 이용하여 문제를 해결한다.
[출제의도] 주어진 조건을 만족시키는 함수를 구한 후 정적분의 값을 구하는 문제를 해결한다.
[출제의도] 수직선 위를 움직이는 점의 속도가 주어져 있을 때 위치를 구하는 문제를 해결한다.
[출제의도] 속도와 거리의 성질을 이용하여 거리 구하는 문제를 해결한다.

확률과 통계

「교과서 학습 목표」

1.경우의 수

- □ 원순열, 중복순열, 같은 것이 있는 순열을
  이해하고, 그 순열의 수를 구할 수 있다.
- □ 중복조합을 이해하고,
  그 조합의 수를 구할 수 있다.
- □ 이항정리를 이해한다.
- □ 이항정리를 이용하여
  여러 가지 문제를 해결할 수 있다.

2.확률

- □ 통계적 확률과 수학적 확률의 의미를 이해한다.
- □ 확률의 기본 성질을 이해한다.
- □ 확률의 덧셈정리를 이해하고, 이를 활용할 수 있다.
- □ 여사건의 확률의 뜻을 알고, 이를 활용할 수 있다.
- □ 조건부확률의 뜻을 알고, 이를 구할 수 있다.
- □ 확률의 곱셈정리를 이해하고,
  이를 활용할 수 있다.
- □ 사건의 독립과 종속의 의미를 이해하고,
  이를 설명할 수 있다.

3.통계

- □ 확률변수와 확률분포의 뜻을 안다.
- □ 이산확률변수의 기댓값(평균)과 표준편차를
  구할 수 있다.
- □ 이항분포의 뜻을 알고, 평균과 표준편차를
  구할 수 있다.
- □ 정규분포의 뜻을 알고, 그 성질을 이해한다.
- □ 모집단과 표본의 뜻을 알고,
  표본평균과 모평균의 관계를 이해한다.
- □ 모평균을 추정하고, 그 결과를 해석할 수 있다.

「확률과 통계」 Ⅰ.경우의 수

연구01 서로 다른 n개를 원형으로 배열하는 순열의 값은?

연구02 n개 중에 서로 같은 것이 각각 p개, q개, $\cdots$, r개씩 있을 때, n개를 모두 택하여 만들 수 있는 순열의 값은?

1 원순열

연구 01 서로 다른 n개를 원형으로 배열하는 순열의 수
(단, 회전하여 일치하는 것은 같은 것으로 본다.)

$$(n-1)!$$

✎ 원순열

(기준 잡을 수 있는 경우의 수)
×(나머지는 그냥 순열)

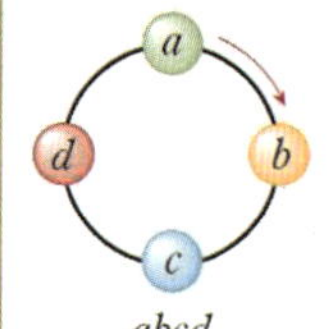
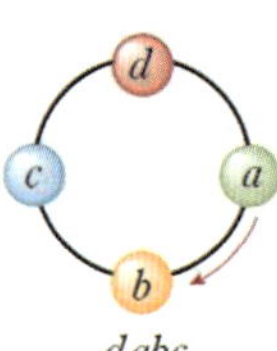
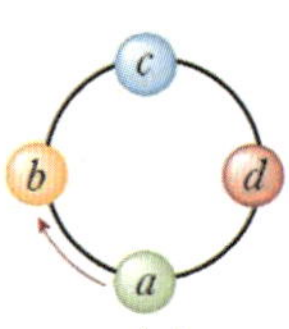
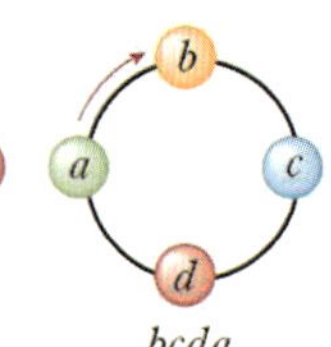

2 같은 것이 있는 순열

연구 02 n개 중에 서로 같은 것이
각각 p개, q개, $\cdots$, r개씩 있을 때
(단, $n = p + q + \cdots + r$)
n개를 모두 택하여 만들 수 있는 순열의 수는

$$\frac{n!}{p!\,q!\cdots r!}$$

✎ 같은 것이 있는 순열

$[a_1,\ a_2,\ b]\quad 3!=N\times2!$

$a_1\,a_2\,b$	$a\,b\,a_2$	$b\,a_1\,a_2$
$a_2\,a_1\,b$	$a_2\,b\,a_1$	$b\,a_2\,a_1$
$a\,a\,b$	$a\,b\,a$	$b\,a\,a$

$[a,\ a,\ b]\quad N=\dfrac{3!}{2!}$

$[a,\ a,\ a,\ b,\ b]\qquad\qquad [a_1,\ a_2,\ a_3,\ b_1,\ b_2]$

$3!\left\{\begin{array}{l} a_1\ a_2\ a_3\ b_1\ b_2 \\ a_1\ a_3\ a_2\ b_1\ b_2 \\ a_2\ a_1\ a_3\ b_1\ b_2 \\ a_2\ a_3\ a_1\ b_1\ b_2 \\ a_3\ a_1\ a_2\ b_1\ b_2 \\ a_3\ a_2\ a_1\ b_1\ b_2 \end{array}\right.\qquad \begin{array}{l} a_1\ a_2\ a_3\ b_2\ b_1 \\ a_1\ a_3\ a_2\ b_2\ b_1 \\ a_2\ a_1\ a_3\ b_2\ b_1 \\ a_2\ a_3\ a_1\ b_2\ b_1 \\ a_3\ a_1\ a_2\ b_2\ b_1 \\ a_3\ a_2\ a_1\ b_2\ b_1 \end{array}$

$$2!$$

[연구03] 서로 다른 n개 중에서 중복을 허용하여 r개를 택하는 순열의 값은?

[연구04] 서로 다른 n개에서 중복을 허용하여 r개를 택하는 조합의 값을 쓰시오.

[연구05] 빈칸에 알맞은 것을 쓰시오.

---

3 중복순열

[연구 03] 서로 다른 n개 중에서 중복을 허용하여 r개를 택하는 순열

$$n\Pi r = \underbrace{n \times n \times n \times \cdots \times n}_{r\text{개}} = n^r$$

4 중복조합

[연구 04] 서로 다른 n개에서 중복을 허용하여 r개를 택하는 조합의 경우의 수

$$nHr = {}_{n+r-1}C_r$$

이렇게
다른 통 3개는
같은 칸막이 2개
로 고칠 수 있어!

✎ 중복조합

[연구 05] 서로 다른 n개에서 중복을 허용하여 r개를 택하는 조합의 경우의 수

= 서로 [같은/(다른)] [n]개의 상자에

서로 [(같은)/다른] [r]개의 물건을 넣는 경우의 수

= 서로 [(같은)/다른] [n-1]개의 칸막이와

서로 [(같은)/다른] [r]개의 동그라미를 배열하는 경우의 수

【ex】 세 종류의 필기도구 연필, 색연필, 볼펜을 파는 문구점에서 5개의 필기도구를 사는 경우의 수를 구하여라.

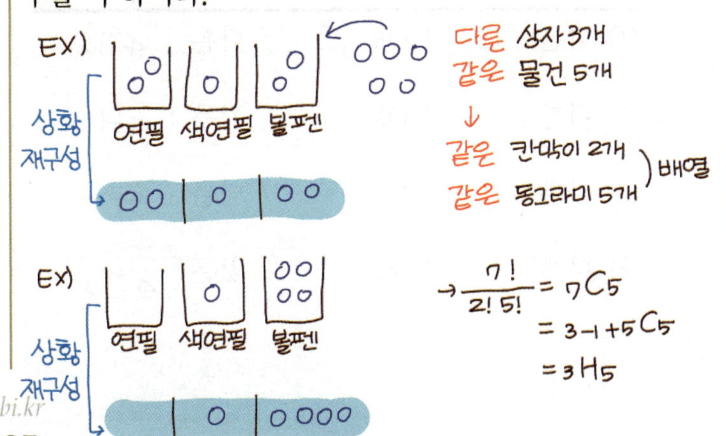

🪶 중복순열 vs 중복조합 vs 분할

연구 06

✏ 문제 상황 1

통 3개에 / 공 6개를 / 빈 통 / 넣는다.

① 다른 / 다른 / Ok	$_3\Pi_6$
② 다른 / 다른 / No	
③ 다른 / 같은 / Ok	$_3H_6$
④ 다른 / 같은 / No	$_3H_6 - 3$
⑤ 같은 / 다른 / Ok	
⑥ 같은 / 다른 / No	
⑦ 같은 / 같은 / Ok	단순열거
⑧ 같은 / 같은 / No	단순열거

② 6개를 3개로 분할 ×3!

⑤ 6개를 3개로 분할 +2개로분할+1개로분할

⑥ 6개를 3개로 분할

✏ 문제 상황 2

3개에서 6개를 / 중복 선택 / 자리에 배치한다.

① 다른 / Ok / 다른	$_3\Pi_6$
② 다른 / Ok / 같은	$_3H_6$

✏ 문제 상황 3

4개에서 2개를 / 중복 선택 / 자리에 배치한다.

① 다른 / Ok / 다른	$_4\Pi_2$
② 다른 / Ok / 같은	$_4H_2$
③ 다른 / No / 다른	$_4P_2$
④ 다른 / No / 같은	$_4C_2$

---

① 중복순열 $_n\Pi_r$

서로 다른 n개에서
중복을 허용하여 r개를 택하여
이들의 순서를 생각하여 일렬로 배열하는 것

② 중복조합 $_nH_r$

서로 다른 n개에서
중복을 허용하여 r개를 택하는 조합

③ 분할

서로 다른 n개를 r개의 묶음으로 나누는 방법의 수

④ 순열 $_nP_r$

서로 다른 n개에서 r개를 택하여
이들의 순서를 생각하여 일렬로 배열하는 경우의 수

⑤ 조합 $_nC_r$

순서를 생각하지 않고, 서로 다른 n개에서
r개를 택하는 경우의 수

① 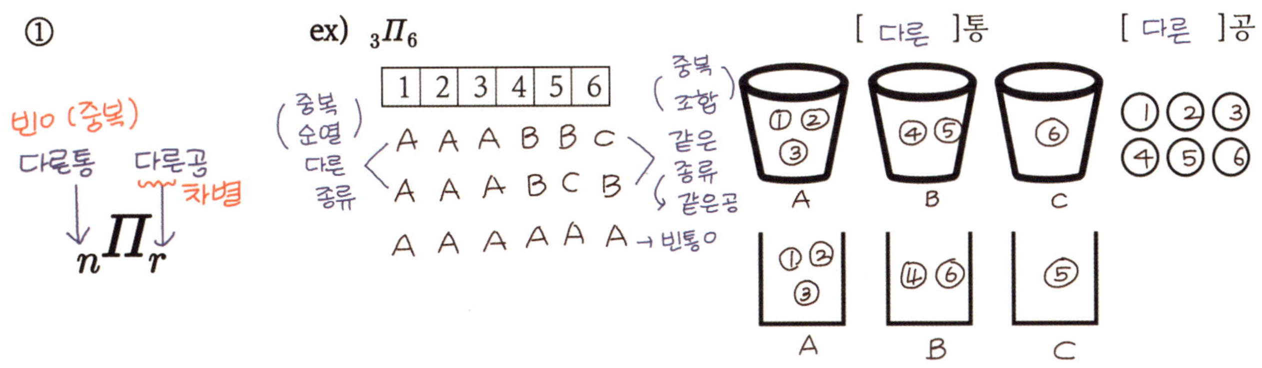

② 

③ 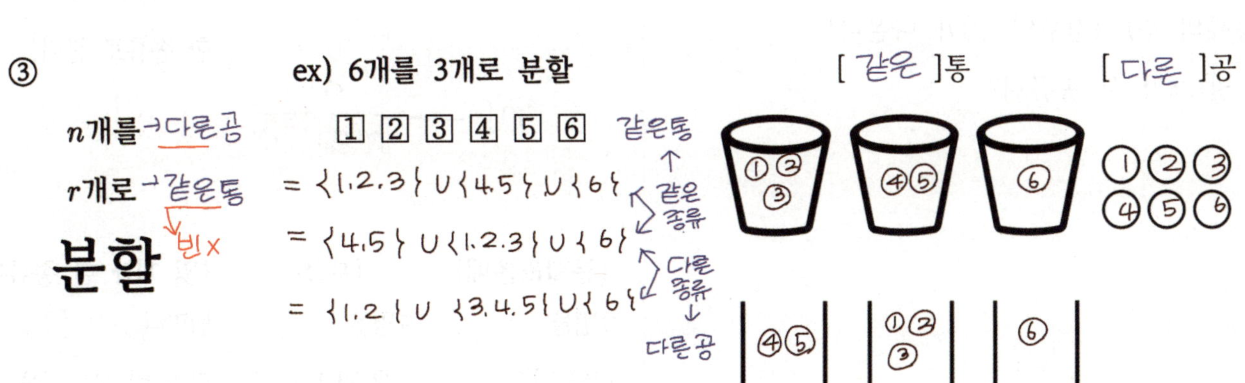

🖋 경우의 수 ⊞ ⊟ ⊠ ⊡

⊞ A 또는 B가 일어날 때 (함께X)

⊟ 전체에서 안 되는 것 제외할 때

⊠ A, B가 모두 일어날 때 (함께O)

    (다른 자리에 다른 물건을 배치할 때)

⊡ (출제자의 주관이) 여러 가지였던 걸

    한 종류로 보고 1번만 셀 때

🖋 개수 세기

①경우의 수: 주관적 개수 = 종류의 수

②확률: 객관적 개수

(전체 개수)=(종류의 수)X(한 종류에 몇 개)

$$（종류의 수）=\frac{（전체\ 개수）}{（한\ 종류에\ 몇\ 개）}$$

⇒ (전체 개수)를

(한 종류가 되는 것의 개수)로 나누면

(종류의 수)=(경우의 수)가 나온다!

⇒ 몇 개가 한 종류니?

✏ ⊡분석

{순열}	{조합}	{몇 개가 한 종류니?}
서로 다른 n개	서로 다른 n개	r개 끼리
r개 선택	r개 선택	자리 바꾸는 것을
다른 자리 배치		(경우의 수= $r!$)
		한 종류로 본다!

$$nPr \xrightarrow{차별} nCr = \frac{nPr}{r!} \quad 나눈다!$$

{순열}	{원순열}	{몇 개가 한 종류니?}
서로 다른 n개	서로 다른 n개	회전해서 겹치는 것을
다른 자리 배치	원형 배치	(경우의 수= n)
		한 종류로 본다!

$$n! \longrightarrow (n-1)! = \frac{n!}{n} \quad 나눈다!$$

{순열}	{같은 것 순열}	{몇 개가 한 종류니?}
서로 다른 n개	$p, q, \cdots, r$개	같은 것끼리 자리
다른 자리 배치	같은 것	바꾸는 것을
	다른 자리 배치	(경우의수
		$= p!\,q! \cdots r!$)
		한 종류로 본다!

$$n! \longrightarrow \frac{n!}{p!\,q! \cdots r!} \quad 나눈다!$$

{분할&분배}	{분할}	{몇 개가 한 종류니?}
9명을	9명을	팀끼리
다른 자리	3개 팀 나누기	자리 바꾸는 것을
배치된		(경우의 수= $3!$)
3개 팀 나누기		한 종류로 본다!

$$_9C_3 \cdot {_6}C_3 \cdot {_3}C_3 \longrightarrow {_9}C_3 \cdot {_6}C_3 \cdot {_3}C_3 \cdot \frac{1}{3!} \quad 나눈다!$$

[연구07] n이 자연수일 때 $(a+b)^n$를 이항정리를
활용하여 전개한 식을 쓰시오.

---

5 이항정리

연구
07

$(a+b)^n$

$= {}_nC_0a^0b^n + {}_nC_1a^1b^{n-1} + \cdots + {}_nC_ra^rb^{n-r} + \cdots + {}_nC_na^nb^0$

$$= \sum_{r=0}^{n} {}_nC_r \cdot a^r \cdot b^{n-r}$$

주의! 1부터가 아니라 0부터야!

☆☆☆

〈이항정리의 원리〉

① 차수 = 문자가 곱해진 개수
   = 인수의 개수

② 계수 = 문자앞에 곱해진숫자
   = 동류항의 개수
   = 문자를 배열하는경우의수
   = 같은 것이 있는순열
   = 조합

③

차수=n

$$(a+b)^n = \cdots + \frac{n!}{r!(n-r)!} a^r b^{n-r} + \cdots$$

$\| $

nCr ← a를 r개,
b를 $n-r$개
배열하는 경우의수

✎ 이항정리

🖋 식의 곱셈이란?

각 인수에서 한 항씩 뽑아서
곱한 것을 더한 것이다.

$(a+b)(c+d+e)$

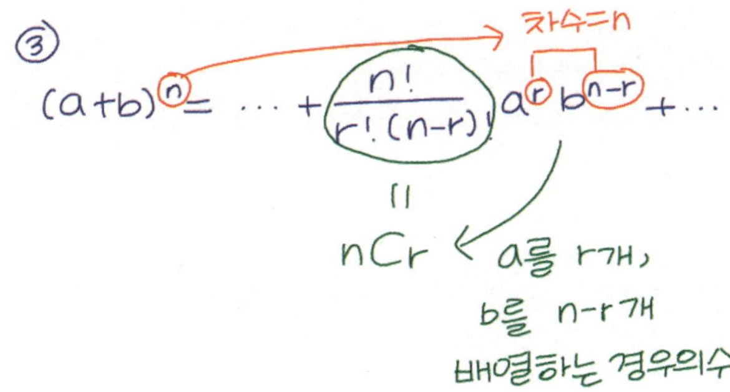

$$
\begin{array}{ccc}
a & c & \to ac \\
 & & + \\
a & d & \to ad \\
 & & + \\
a & e & \to ae \\
 & & + \\
b & c & \to bc \\
 & & + \\
b & d & \to bd \\
 & & + \\
b & e & \to be
\end{array}
$$

EX) $(a+b)(a+b)(a+b) = (a+b)^3$

$$
\begin{array}{cccl}
b & b & b & \to b^3 \quad -1\cdot b^3 \\
a & b & b & \to ab^2 \\
b & a & b & \to ab^2 \quad 3a^1b^2 \\
b & b & a & \to ab^2 \\
a & a & b & \to a^2b \\
a & b & a & \to a^2b \quad 3a^2b^1 \\
b & a & a & \to a^2b \\
a & a & a & \to a^3 \quad -1\cdot a^3
\end{array}
$$

6 이항정리의 성질

①이항계수는 좌우대칭이다. $\Leftrightarrow {}_nC_r = {}_nC_{n-r}$

②파스칼의 삼각형 ${}_{n-1}C_{r-1} + {}_{n-1}C_r = {}_nC_r$

$n=0$	1
$n=1$	1 1
$n=2$	1 2 1
$n=3$	1 3 3 1
$n=4$	1 4 6 4 1
$n=5$	1 5 10 10 5 1

$\Rightarrow$

	1
	${}_1C_0$ ${}_1C_1$
	${}_2C_0$ ${}_2C_1$ ${}_2C_2$
	${}_3C_0$ ${}_3C_1$ ${}_3C_2$ ${}_3C_3$
	${}_4C_0$ ${}_4C_1$ ${}_4C_2$ ${}_4C_3$ ${}_4C_4$
	${}_5C_0$ ${}_5C_1$ ${}_5C_2$ ${}_5C_3$ ${}_5C_4$ ${}_5C_5$

③ ${}_nC_0 + {}_nC_1 + {}_nC_2 + \cdots + {}_nC_n = 2^n$

(부분집합의 개수)

④ ${}_nC_0 - {}_nC_1 + {}_nC_2 - {}_nC_3 + \cdots + (-1)^n {}_nC_n = 0$

⑤ n이 홀수일 때

$${}_nC_0 + {}_nC_2 + {}_nC_4 + \cdots + {}_nC_{n-1}$$

$$= {}_nC_1 + {}_nC_3 + {}_nC_5 + \cdots + {}_nC_n = 2^{n-1}$$

⑥ n이 짝수일 때

$${}_nC_0 + {}_nC_2 + {}_nC_4 + \cdots + {}_nC_n$$

$$= {}_nC_1 + {}_nC_3 + {}_nC_5 + \cdots + {}_nC_{n-1} = 2^{n-1}$$

연구08 다음 식을 유도하시오.

① 이항계수는 좌우대칭이다. $\Leftrightarrow {}_nC_r = {}_nC_{n-r}$

② 파스칼의 삼각형 ${}_{n-1}C_{r-1} + {}_{n-1}C_r = {}_nC_r$

③ ${}_nC_0 + {}_nC_1 + {}_nC_2 + \cdots + {}_nC_n = 2^n$

④ ${}_nC_0 - {}_nC_1 + {}_nC_2 - {}_nC_3 + \cdots + (-1)^n {}_nC_n = 0$

⑤ n이 홀수일 때

$${}_nC_0 + {}_nC_2 + {}_nC_4 + \cdots + {}_nC_{n-1}$$

$$= {}_nC_1 + {}_nC_3 + {}_nC_5 + \cdots + {}_nC_n = 2^{n-1}$$

✎ 이항정리의 성질

연구 08

① $nCr = \dfrac{nPr}{r!} = \dfrac{n!}{r!(n-r)!}$

$nCn-r = \dfrac{nPn-r}{(n-r)!} = \dfrac{n!}{(n-r)!\{n-(n-r)\}!}$

$= \dfrac{n!}{(n-r)!\,r!} = nCr$

② $n-1Cr-1 + n-1Cr$

$= \dfrac{(n-1)!}{(r-1)!(n-r)!} + \dfrac{(n-1)!}{r!(n-r-1)!}$

$= \dfrac{(n-1)!}{(r-1)!(n-r-1)!}\left(\dfrac{1}{n-r} + \dfrac{1}{r}\right)$

$= \dfrac{(n-1)!}{(r-1)!(n-r-1)!} \times \dfrac{r+n-r}{(n-r)\,r}$

$= \dfrac{n!}{r!(n-r)!} = nCr$

③ $(a+b)^n = nC_0\,a^0 b^n + nC_1\,a^1 b^{n-1} + nC_2\,a^2 b^{n-2} + \cdots + nC_n\,a^n b$

$a=1,\ b=1$ 대입

$(1+1)^n = nC_0 + nC_1 + nC_2 + \cdots + nC_n$

$\therefore\ nC_0 + nC_1 + nC_2 + \cdots + nC_n = 2^n$

④ $(a+b)^n = nC_0\,a^0 b^n + nC_1\,a^1 b^{n-1} + nC_2\,a^2 b^{n-2} + \cdots + nC_n\,a^n b^0$

$a=-1,\ b=1$ 대입

$(-1+1)^n = nC_0 - nC_1 + nC_2 - nC_3 + \cdots + (-1)^n nC_n$

$\therefore\ nC_0 - nC_1 + nC_2 - nC_3 + \cdots + (-1)^n nC_n = 0$

⑤ ④에서

$nC_0 - nC_1 + nC_2 - nC_3 + \cdots - nC_n = 0$ ← 홀수, 이항

$nC_0 + nC_2 + nC_4 + \cdots + nC_{n-1}$ ⋯ ㉠ (짝수)

$= nC_1 + nC_3 + nC_5 + \cdots + nC_n$ ⋯ ㉡ (홀수)

결국 ㉠ = ㉡ 이고 ③에서 ㉠ + ㉡ = 2^n

$2㉠ = 2^n \Rightarrow ㉠ = 2^{n-1}$

「확률과 통계」 Ⅱ.확률

미리 알아야 할 단원
수학(하) – 1.집합과 명제
확통 – 1.경우의 수

■1 확률의 뜻

시행 : 동일한 조건 아래 반복될 수 있으며 그
　　　결과가 우연에 의하여 결정되는 실험이나 관찰
표본공간 : 어떤 시행에서 일어날 수 있는
　　　모든 결과들의 집합
사건 : 표본공간의 부분집합
근원 사건 : 한 개의 원소로 이루어진 사건
배반사건 $(A \cap B = \varnothing)$: 두 사건 A, B가
　　　동시에 일어나지 않을 때
　　　이 두 사건을 배반사건이라 함.
여사건(A^c): 표본공간 S에 대하여
　　　사건 A가 일어나지 않을 사건
※ $A \cup B$:합사건 $A \cap B$:곱사건 $\varnothing$:공사건
수학적확률 : 하나의 시행에서
　　　일어날 수 있는 사건 전체를 S라 할 때,
　　　일어날 수 있는 모든 경우의 수는 $n(S)$이고,
　　　사건 A가 일어날 경우의 수는 $n(A)$라 하자.
　　　이 때, 이 시행에서 기본적인 사건들이
　　　같은 정도로 기대된다고 하면

$$P(A) = \frac{n(A)}{n(S)}$$

통계적확률 : 어떤 시행을 n번 반복할 때
　　　사건 A가 r_n번 일어날 때,

　　　n을 충분히 크게 함에 따라 상대도수 $\dfrac{r_n}{n}$이

　　　일정한 값 P에 가까워지면
　　　P를 사건 A가 일어날 통계적 확률이라 함.

✎ 확률의 뜻

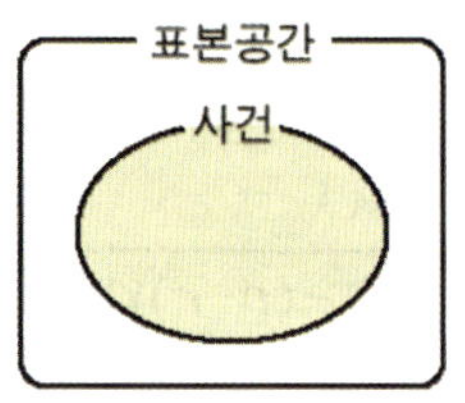

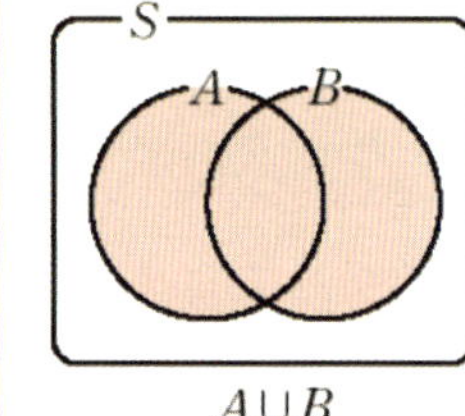

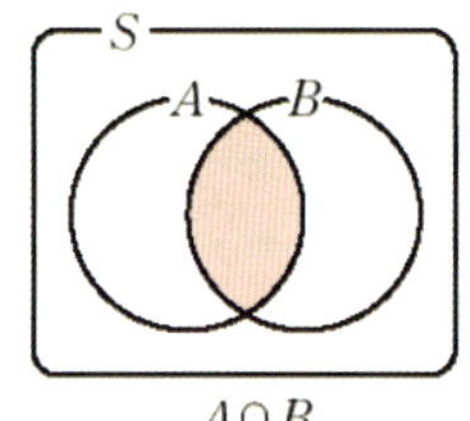

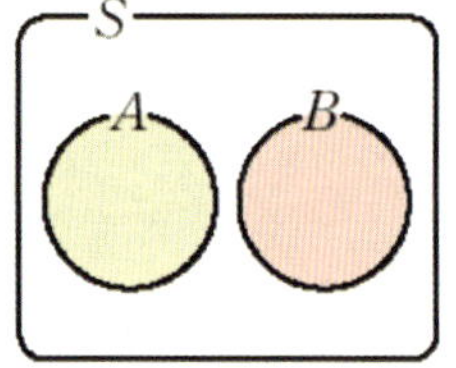

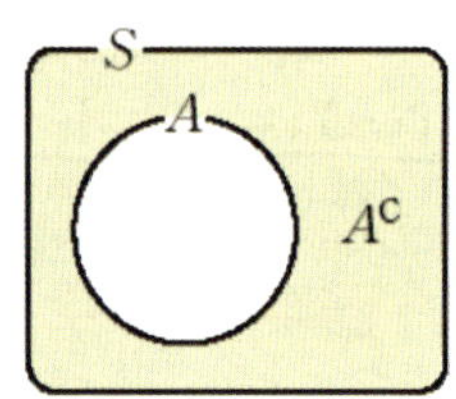

✒ 통계적 확률

동전 한 개를 던질 때, 앞면이 나오는 상대도수

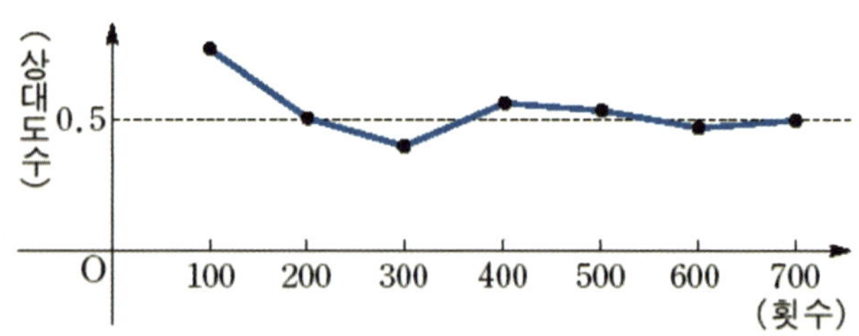

연구01 다음을 유도하시오.

① 임의의 사건 A에 대하여 $0 \leq P(A) \leq 1$

② 반드시 일어나는 사건 S에 대하여 $P(S) = 1$

③ 절대로 일어나지 않는 사건 $\varnothing$에 대하여
$$P(\varnothing) = 0$$

연구02 두 사건 A, B에 대하여 다음을 보이시오.

① $P(A \cup B) = P(A) + P(B) - P(A \cap B)$

② $P(A \cup B) = P(A) + P(B)$ ($A \cap B = \varnothing$ 일 때)

③ $P(A^C) = 1 - P(A)$

---

② 확률의 기본 성질

① 임의의 사건 A에 대하여
$$0 \leq P(A) \leq 1$$
② 반드시 일어나는 사건 S에 대하여
$$P(S) = 1$$
③ 절대로 일어나지 않는 사건 $\varnothing$에 대하여
$$P(\varnothing) = 0$$

✎ 확률의 기본 성질

① $0 \leq n(A) \leq n(S)$

$$0 \leq \frac{n(A)}{n(S)} \leq 1$$

$$0 \leq P(A) \leq 1$$

② $P(S) = \dfrac{n(S)}{n(S)} = 1$

③ $P(\varnothing) = \dfrac{n(\varnothing)}{n(S)} = 0$

③ 확률의 덧셈정리

사건 A 또는 B가 일어날 확률,

사건 A, B 중 적어도 한쪽이 일어날 확률

① $P(A \cup B) = P(A) + P(B) - P(A \cap B)$

② $P(A \cup B) = P(A) + P(B)$

$\quad$ (단, $A \cap B = \varnothing$)

③ $P(A^C) = 1 - P(A)$

✎ **여사건의 확률:**

$\quad$ 사건 A가 일어나지 않을 확률

✎ 확률의 덧셈정리

① $P(A \cup B) = \dfrac{n(A \cup B)}{n(S)}$

$$= \frac{n(A) + n(B) - n(A \cap B)}{n(S)}$$

$$= \frac{n(A)}{n(S)} + \frac{n(B)}{n(S)} - \frac{n(A \cap B)}{n(S)}$$

$$= P(A) + P(B) - P(A \cap B)$$

② $P(A \cup B) = P(A) + P(B) - P(A \cap B)$ 에서

$A \cap B = \varnothing$ 이어서 $P(A \cap B) = 0$ 이므로

$P(A \cup B) = P(A) + P(B)$

③ $P(S) = P(A \cup A^C) = P(A) + P(A^C) = 1$

$\quad$ ($\because A \cup A^C = S$, $A \cap A^C = \varnothing$)

$\quad P(A^C) = 1 - P(A)$

연구03 두 사건 A, B에 대하여 아래 식이 성립함을 유도하시오. (단, $P(A) \neq 0$)

$$P(B|A) = \frac{P(A \cap B)}{P(A)}$$

연구04 두 사건 A, B에 대하여 아래 식이 성립함을 유도하시오.

(단, $P(A) \neq 0$, $P(B) \neq 0$)

$$P(A \cap B) = P(A)P(B|A) = P(B)P(A|B)$$

---

4 조건부 확률

> 연구 03

두 사건 A, B에 대하여 사건 A가 일어났다는 조건 아래, 사건 B가 일어날 확률을 사건 A가 일어났을 때의 사건 B의 조건부 확률이라 함. (단, $P(A) > 0$)

$$P(B|A) = \frac{n(A \cap B)}{n(A)} = \frac{P(A \cap B)}{P(A)}$$

✎ 조건부 확률

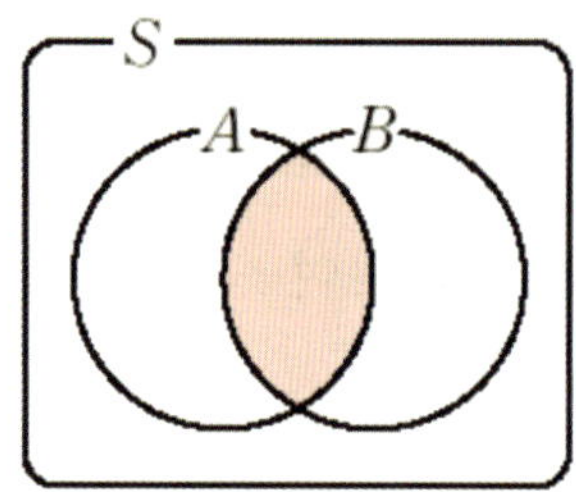

$$P(B|A) = \frac{n(A \cap B)}{n(A)} = \frac{\dfrac{n(A \cap B)}{n(S)}}{\dfrac{n(A)}{n(S)}}$$

$$= \frac{P(A \cap B)}{P(A)}$$

5 확률의 곱셈정리

> 연구 04

두 사건 A, B가 동시에 일어날 확률은

$$P(A \cap B) = P(A)\,P(B|A)$$
$$= P(B)\,P(A|B)$$

✎ 확률의 곱셈정리

$$P(B|A) = \frac{P(A \cap B)}{P(A)}$$

$$P(A \cap B) = P(A)\,P(B|A)$$

$$P(A|B) = \frac{P(A \cap B)}{P(B)}$$

$$P(A \cap B) = P(B)\,P(A|B)$$

연구05 두 사건 A, B에 대하여
$(P(A) \neq 0,\ P(B) \neq 0)$
① 서로 독립인 것의 정의를 쓰시오.
② 두 사건이 서로 독립일 때,
$P(A \cap B) = P(A)P(B)$이 성립함을 유도하시오.

연구06 한 번의 시행에서 사건 A가 일어날
확률이 p일 때, n번의 독립시행에서 사건 A가
일어나는 횟수가 r일 확률을 쓰시오.

6 사건의 독립과 종속

독립: 사건A의 발생여부가 사건B가
일어날 확률에 영향을 주지 않을 때,
두 사건 A, B는 서로 독립이다.
① $P(B) = P(B|A) = P(B|A^C)$
② $P(A \cap B) = P(A) \times P(B)$

종속: 사건A의 발생 여부에 따라 사건B가
일어날 확률이 달라질 때
사건A와 사건 B는 종속이다.
① $P(B) \neq P(B|A) \neq P(B|A^C)$
② $P(A \cap B) \neq P(A) \times P(B)$

✎ 사건의 독립과 종속

독립②
$$P(B|A) = \frac{P(A \cap B)}{P(A)}$$
$$P(A \cap B) = P(A) \times P(B|A) = P(A)P(B)$$
$$(\because P(B) = P(B|A))$$

★★★
〈독립 자료 해석 방법〉

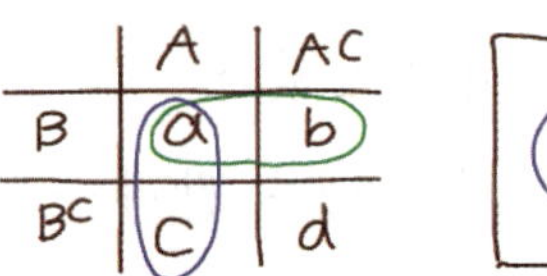

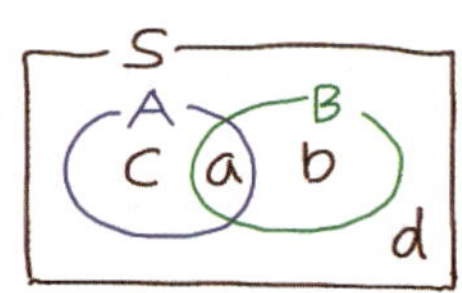

$$\begin{bmatrix} a:b=c:d \iff \dfrac{a}{b} = \dfrac{c}{d} \\ a:c=b:d \iff \dfrac{a}{c} = \dfrac{b}{d} \end{bmatrix}$$

[참고]
가로끼리 비율이 같고
세로끼리 비율이 같다

7 독립시행의 확률

정의: 한 번의 시행에서
사건 A가 일어날 확률이 p일 때,
n번의 독립시행에서
사건 A가 일어나는 횟수를
r이라 하면
이때의 확률 P_r은

$$P_r = {}_nC_r\, p^r q^{n-r} \quad (q = 1-P)$$

✎ 독립시행의 확률

【ex】 4회중 2회 성공할 확률 $\rightarrow P(O) = \frac{1}{3}$

(성공: 주사위 던져서 3배수)

1회	2회	3회	4회
O	O	X	X
O	X	O	X
O	X	X	O
X	O	O	X
X	X	O	O
X	O	X	O

$P(O \cap O \cap X \cap X) = P(O)P(O)P(X)P(X) = \left(\frac{1}{3}\right)^2\left(\frac{2}{3}\right)^2$

$P(O \cap X \cap O \cap X) = P(O)P(X)P(O)P(X) = \left(\frac{1}{3}\right)^2\left(\frac{2}{3}\right)^2$

$\dfrac{4!}{2!\,2!} = {}_4C_2$

$$\begin{aligned} &\left(\tfrac{1}{3}\right)^2\left(\tfrac{2}{3}\right)^2 \\ &+ \\ &\vdots \\ &+ \left(\tfrac{1}{3}\right)^2\left(\tfrac{2}{3}\right)^2 \end{aligned}$$

$$\therefore\ {}_4C_2\left(\tfrac{1}{3}\right)^2\left(\tfrac{2}{3}\right)^2$$

「확률과 통계」 Ⅲ.통계

[연구01] 이산확률변수 X의 평균

$\mathrm{E}(X)$의 정의를 쓰시오.

미리 알아야 할 단원
확통 – 2.확률

---

1 확률변수의 뜻

확률변수 : 표본공간의 각 원소에 하나의

실수값을 대응시켜주는 것.

이산확률변수 : 유한 개의 값 $x_1,\ \cdots,\ x_n$을

가지는 확률변수

연속확률변수 : 어떤 구간의 모든 실수값을

가지는 확률변수

확률분포 : 확률변수 X가 가지는 값과

그 값을 가질 확률과의 대응 관계

확률질량함수 : 이산확률변수가 정의역인 확률함수

확률밀도함수 : 연속확률변수가 정의역인 확률함수

2 이산확률분포의 성질

① $0 \le \mathrm{P}(X = x_i) = p_i \le 1$

② $\displaystyle\sum_{i=1}^{n} p_i = p_1 + p_2 + \cdots + p_n = 1$

③ $\displaystyle\mathrm{P}(x_a \le X \le x_b) = \sum_{i=a}^{b} \mathrm{P}(X = x_i)$

3 평균

연구 01

$E(X) = m = x_1 P_1 + x_2 P_2 + \cdots + x_n P_n$

$\displaystyle = \sum_{i=1}^{n} x_i P_i$

✎ 이산확률분포의 성질

식: $\mathrm{P}(X = x_i) = p_i$ (단, $i = 1,\ 2,\ \cdots,\ n$)

표:

X	x_1	x_2	$\cdots$	x_i	$\cdots$	x_n	합계
$\mathrm{P}(X = x_i)$	p_1	p_2	$\cdots$	p_i	$\cdots$	p_n	1

그래프:

✎ 평균

등급	1등	2등	3등	꼴등	합계
상금	10000	5000	1000	0	
장수	1	5	55	39	100
$\mathrm{P}(X = x)$	$\dfrac{1}{100}$	$\dfrac{5}{100}$	$\dfrac{55}{100}$	$\dfrac{39}{100}$	1

확률변수 (→ 상금)

평균 $= \dfrac{10000 \times 1 + 5000 \times 5 + 1000 \times 55 + 0 \times 39}{100}$

$= 10000 \times \dfrac{1}{100} + 5000 \times \dfrac{5}{100} + 1000 \times \dfrac{55}{100} + 0 \times \dfrac{39}{100}$

[연구02] 이산확률변수 X의

분산 $\mathrm{V}(X)$과 표준편차 $\sigma(X)$의 정의를 쓰시오.

---

④ 분산과 표준편차

[연구 02]

분산: $\mathrm{V}(X) = E((X-m)^2) = E(X^2) - \{E(X)\}^2$

$$= \sum_{i=1}^{n} (x_i - m)^2 p_i$$

표준편차: $\sigma(X) = \sqrt{\mathrm{V}(X)}$

🖋 확률변수가 조작됐을 때의 확률분포

X	x_1	x_2	$\cdots$	x_i	$\cdots$	x_n	합계
$\mathrm{P}(X=x_i)$	p_1	p_2	$\cdots$	p_i	$\cdots$	p_n	1

$X-m$	x_1-m	x_2-m	$\cdots$	x_i-m	$\cdots$	x_n-m	합계
$\mathrm{P}(X-m=x_i-m)$	p_1	p_2	$\cdots$	p_i	$\cdots$	p_n	1

$(X-m)^2$	$(x_1-m)^2$	$(x_2-m)^2$	$\cdots$	$(x_i-m)^2$	$\cdots$	$(x_n-m)^2$	합계
$\mathrm{P}((X-m)^2=(x_i-m)^2)$	p_1	p_2	$\cdots$	p_i	$\cdots$	p_n	1

↳ 확률변수를 변형시켜도
대응되는 확률은 바뀌지 않는다

✏ 확률과 통계 과목에서 Σ 사용

개정 교육과정에서 수학1을 학습하지 않고
확률과 통계를 학습하는 경우를 가정하여
교과서에서 수열의 합 기호 Σ를 사용하지 않고
$+\cdots+$만을 이용하여 표현한다.
하지만 현실적으로 수학1을 하지 않은 채로
확률과 통계를 학생은 없을 것이다.
따라서 $+\cdots+$만을 이용하여 개념을 유도하는 건
지극히 비효율적이고 현실에 맞지 않다.
그래서 본 책에서는 개념유도과정에서
Σ 기호를 사용하였다.

✒ 분산과 표준편차

1반 성적

X 1반	68	69	70 (평균)	71	72
$X-m$ 편차	-2	-1	0	$+1$	$+2$
$(X-m)^2$ 편차^2	4	1	0	1	4
$\mathrm{P}(X)$ 확률	$\frac{1}{5}$	$\frac{1}{5}$	$\frac{1}{5}$	$\frac{1}{5}$	$\frac{1}{5}$
$\mathrm{V}(X)$ 분산	$4\cdot\frac{1}{5}+1\cdot\frac{1}{5}+0\cdot\frac{1}{5}+1\cdot\frac{1}{5}+4\cdot\frac{1}{5}$				

$$= \frac{4+1+0+1+4}{5} = 2$$

2반 성적

Y 2반	60	65	70 (평균)	75	80
$Y-m$ 편차	-10	-5	0	$+5$	$+10$
$(Y-m)^2$ 편차^2	100	25	0	25	100
$\mathrm{P}(Y)$ 확률	$\frac{1}{5}$	$\frac{1}{5}$	$\frac{1}{5}$	$\frac{1}{5}$	$\frac{1}{5}$
$\mathrm{V}(Y)$ 분산	$100\cdot\frac{1}{5}+25\cdot\frac{1}{5}+0\cdot\frac{1}{5}+25\cdot\frac{1}{5}+100\cdot\frac{1}{5}$				

$$= \frac{100+25+0+25+100}{5} = 50$$

1반 보너스 +10점

$X+10$ 1반	78	79	80 (평균)	81	82
편차	-2	-1	0	$+1$	$+2$
편차^2	4	1	0	1	4
$\mathrm{P}(X+10)$ 확률	$\frac{1}{5}$	$\frac{1}{5}$	$\frac{1}{5}$	$\frac{1}{5}$	$\frac{1}{5}$
$\mathrm{V}(X+10)$ 분산	2				

1반 점수 2배

$2X$ 1반	136	138	140 (평균)	142	144
편차 (2배)	-4	-2	0	$+2$	$+4$
편차^2 (4배)	16	4	0	4	16
$\mathrm{P}(2X)$ 확률	$\frac{1}{5}$	$\frac{1}{5}$	$\frac{1}{5}$	$\frac{1}{5}$	$\frac{1}{5}$
$\mathrm{V}(2X)$ 분산	$\frac{16+4+0+4+16}{5} = 8$ (4배)				

Q1. 아이들 점수를 모두 10점씩 보너스로

준다면 반 평균은? 반 분산은?

$$E(X+10) = E(X)+10 , \quad \mathrm{V}(X+10) = \mathrm{V}(X)$$

Q2. 아이들 점수를 모두 2배씩 해준다면

반 평균은? 반 분산은?

$$E(2X) = 2E(X) , \quad \mathrm{V}(2X) = 2^2\mathrm{V}(X)$$

연구03 다음을 유도하시오.

① $E(aX+b)=aE(X)+b$

② $V(aX+b)=a^2V(X)$

③ $\sigma(aX+b)=|a|\sigma(X)$

④ $V(X)=E(X^2)-\{E(X)\}^2$

---

5 평균/분산/표준편차의 성질

연구 03

$E(X)$ 평균, $V(X)$ 분산, $\sigma(X)$ 표준편차

① $E(aX+b)=aE(X)+b$

② $V(aX+b)=a^2V(X)$

③ $\sigma(aX+b)=|a|\sigma(X)$

④ $V(X)=E(X^2)-\{E(X)\}^2$

⑤ $E(X^2)=V(X)+\{E(X)\}^2$

✎ 평균/분산/표준편차의 성질

$y_i=ax_i+b$

$\rightarrow P(Y=y_i)=P(X=x_i)=p_i$

① $E(Y)=\sum\limits_{i=1}^{n} y_i p_i = \sum\limits_{i=1}^{n}(ax_i+b)p_i$

$\qquad = a\sum\limits_{i=1}^{n} x_i p_i + b\sum\limits_{i=1}^{n} p_i = aE(X)+b$

② $V(Y)=\sum\limits_{i=1}^{n}\{y_i-E(Y)\}^2 p_i$

$\qquad = \sum\limits_{i=1}^{n}\{(ax_i+b)-(am+b)\}^2 p_i$

$\qquad = a^2\sum\limits_{i=1}^{n}(x_i-m)^2 p_i = a^2V(X)$

③ $\sigma(ax+b)=\sqrt{V(ax+b)}$

$\qquad = \sqrt{a^2V(X)}$

$\qquad = |a|\sigma(X)$

④ $V(X)=E((X-m)^2)=\sum\limits_{i=1}^{n}(x_i-m)^2 p_i$

$\qquad = \sum\limits_{i=1}^{n} x_i^2 p_i - 2m\sum\limits_{i=1}^{n} x_i p_i + m^2\sum\limits_{i=1}^{n} p_i$

$\qquad = \sum\limits_{i=1}^{n} x_i^2 p_i - 2m\cdot m + m^2\cdot 1$

$\qquad = E(X^2)-m^2$

$\qquad = E(X^2)-\{E(X)\}^2$

[연구04] 이항분포의 정의를 쓰고 식으로 표현하시오.

[연구05] 확률변수 X가 $B(n,\ p)$을 따를 때,
① $E(X)$　② $V(X)$　③ $\sigma(X)$
를 쓰시오.

[연구06] '큰 수의 법칙'을 쓰시오.

6 이항분포 $B(n,p)$

[연구04] 이항분포의 정의:

한 번의 시행에서

사건 A가 일어날 확률이 p일 때,

n번의 독립시행에서

사건 A가 일어나는 횟수를

확률변수 X라 하면

이때의 확률분포를 이항분포라고 한다.

$$P(X=x) = {}_nC_x p^x q^{n-x} \quad (q=1-p)$$

[연구05]
①**평균:** $E(X)=np$

②**분산:** $V(X)=npq$

③**표준편차:** $\sigma(X)=\sqrt{npq}$

7 큰 수의 법칙

[연구06] 어떤 시행에서 사건 A가 일어나는 수학적 확률이 p이고, n번의 독립시행에서 사건 A가 일어나는 횟수를 X라고 하면, 임의의 양수 h에 대하여 n의 값이 한없이 커질수록

$$P\left(\left|\frac{X}{n}-p\right|<h\right)\text{는 1에 한 없이 가까워진다.}$$

✎ 이항분포 $B(n,p)$

독립시행의 확률 정의:

한 번의 시행에서

사건 A가 일어날 확률이 p일 때,

n번의 독립시행에서

사건 A가 일어나는 횟수를

r이라 하면

이때의 확률 P_r은

$$P_r = {}_nC_r p^r q^{n-r} \quad (q=1-p)$$

이항분포의 표현

① 식: $P(X=x) = {}_nC_x p^x q^{n-x} \quad (q=1-p)$

② 표:

X	0	1	$\cdots$	x	$\cdots$	n	계
$P(X=x)$	${}_nC_0 p^0 q^n$	${}_nC_1 p^1 q^{n-1}$	$\cdots$	${}_nC_x p^x q^{n-x}$	$\cdots$	${}_nC_n p^n q^0$	1

③ 기호: $B(n,\ p)$

✎ 큰 수의 법칙

[ex] $X \sim B\left(n,\ \dfrac{1}{6}\right)$, $P\left(\left|\dfrac{X}{n}-\dfrac{1}{6}\right|<0.1\right)$

(i) $n=10$: $P\left(\left|\dfrac{X}{10}-\dfrac{1}{6}\right|<0.1\right)=0.614$

(ii) $n=30$: $P\left(\left|\dfrac{X}{30}-\dfrac{1}{6}\right|<0.1\right)=0.784$

(iii) $n=50$: $P\left(\left|\dfrac{X}{50}-\dfrac{1}{6}\right|<0.1\right)=0.946$

8 연속확률분포

연속확률변수 : 어떤 구간의 모든 실수값을
가지는 확률변수

확률밀도함수 : 연속확률변수가 정의역인 확률함수

구간 $\alpha \le x \le \beta$의 모든 값을 가지는

연속확률변수 X의 확률밀도함수 $f(x)$의 성질

① $f(x) \ge 0$

② $y = f(x)$의 그래프와 x축 사이의 넓이는 1

③ $\mathrm{P}(a \le X \le b)$는 구간 $a \le x \le b$에서

  $y = f(x)$의 그래프와 x축 사이의 넓이

연속확률분포

통계: 확률을 몽땅 다 하기

확률분포: 확률변수 → 확률 대응(함수 관계)

이산확률분포 vs 연속확률분포	
변수: 이산확률 변수 (유한개의 값)	변수: 연속확률 변수 (무한개의 값)
함수: 확률질량함수	함수: 확률밀도함수
대표예시) 이항분포	대표예시) 정규분포
표 $\begin{array}{c\|cccc} X & x_1 & x_2 & \cdots & x_n \\ \hline & p_1 & p_2 & \cdots & p_n \end{array}$	표 ✕
그래프	그래프
그래프에서 확률의 값을 나타내는 것은? y값	그래프에서 확률의 값을 나타내는 것은? 그래프의 밑넓이 (y값: 의미 없음)
$\mathrm{P}(X = x_i) = p_i \ge 0$	$\mathrm{P}(X = x_i) = 0$
$\mathrm{P}(x_i \le X \le x_j)$ $= p_i + \cdots + p_j$	$\mathrm{P}(x_i \le X \le x_j)$ $= \displaystyle\int_{x_i}^{x_j} f(x)\, dx$

연구07 확률밀도함수 $f(x)$가 정규분포를 따를 때
$f(x)$의 그래프의 특징으로 알맞은 것을 쓰시오.

---

9 정규분포

자연현상이나 사회현상을 측정할 때, 그 확률밀도함수가 그림과 같은 종 모양에 가까운 경우가 많다. 연속확률변수 X의 확률밀도함수 $f(x)$가

$$f(x) = \frac{1}{\sqrt{2\pi}\,\sigma} e^{-\frac{(x-m)^2}{2\sigma^2}} \quad (e = 2.718\cdots)$$

와 같을 때, X의 분포를 정규분포라고 한다.

$N(m, \sigma^2)$: 확률변수 X가 평균 m, 분산 σ^2인 정규분포를 따른다.

연구 07
① 대칭성: $x = m$
  점근선: x축

② 곡선과 x축 사이의 넓이: 1

③ m이 일정할 때의 곡선의 모양
  σ값이 커지면: 양쪽으로 퍼진다
  σ값이 작아지면: 뾰족해진다

④ σ가 일정할 때, m이 변하면:
  대칭축의 위치는 바뀌지만 곡선의 모양은 같다

⑤ $P(a \leq X \leq b)$: 구간 $a \leq x \leq b$ 에서
  $y = f(x)$의 그래프와 x축 사이의 넓이

✎ 정규분포

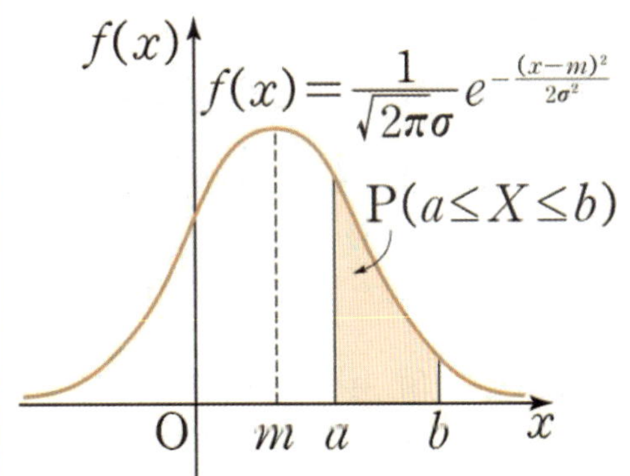

③

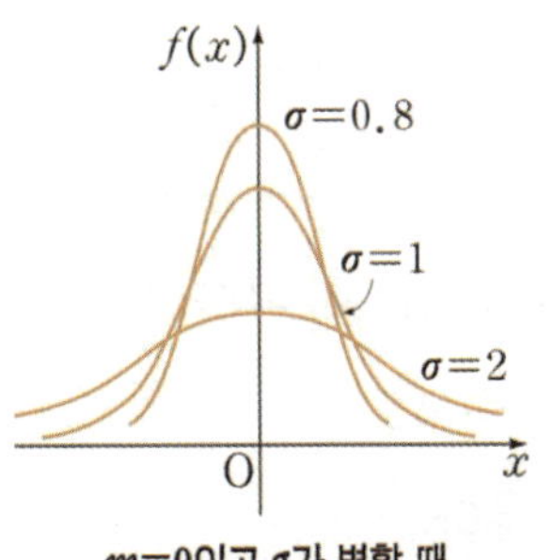

$m=0$이고 σ가 변할 때

④

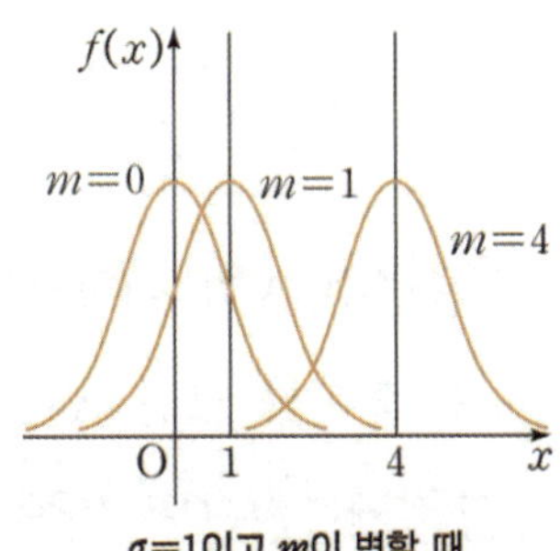

$\sigma=1$이고 m이 변할 때

연구08 확률변수 X가 $N(m, \sigma^2)$을 따를 때, $Z = \dfrac{X-m}{\sigma}$ 이면 확률변수 Z가 $N(0, 1)$을 따르는 이유를 쓰시오.

연구09 확률변수 X가 이항분포 $B(n, p)$를 따를 때 n이 충분히 크면 X는 근사적으로 [ ]분포 [ ]을 따른다.

---

10 표준정규분포

정의: 정규분포 $N(0, 1^2)$

　평균이 $m=0$, 표준편차가 $\sigma=1$인 정규분포

표준화 : 확률변수 X가 정규분포 $N(m, \sigma^2)$을 따를 때, 확률변수 Z를 $Z = \dfrac{X-m}{\sigma}$ 라 하면 Z는 표준정규분포 $N(0, 1^2)$을 따른다.

$$P(a \le x \le b) = P\left(\dfrac{a-m}{\sigma} \le z \le \dfrac{b-m}{\sigma}\right)$$

11 이항분포와 정규분포의 관계

연구 09 확률변수 X가 이항분포 $B(n, p)$를 따를 때 n이 충분히 크면 X는 근사적으로 정규분포 $N(np, npq)$ 따른다

(평균: $E(X) = np$　분산: $V(X) = npq$)

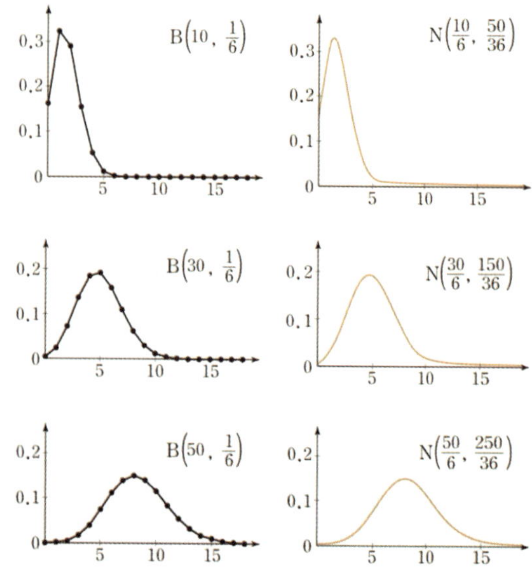

✎ 표준정규분포

연구 08

$$E(Z) = E\left(\frac{x-m}{\sigma}\right) = E\left(\frac{1}{\sigma}x - \frac{m}{\sigma}\right)$$
$$= \frac{1}{\sigma}E(x) - \frac{m}{\sigma} = \frac{m}{\sigma} - \frac{m}{\sigma} = 0$$

$$V(Z) = V\left(\frac{x-m}{\sigma}\right) = V\left(\frac{1}{\sigma}x - \frac{m}{\sigma}\right) = \frac{1}{\sigma^2}V(x)$$
$$= \frac{1}{\sigma^2}\cdot\sigma^2 = 1$$

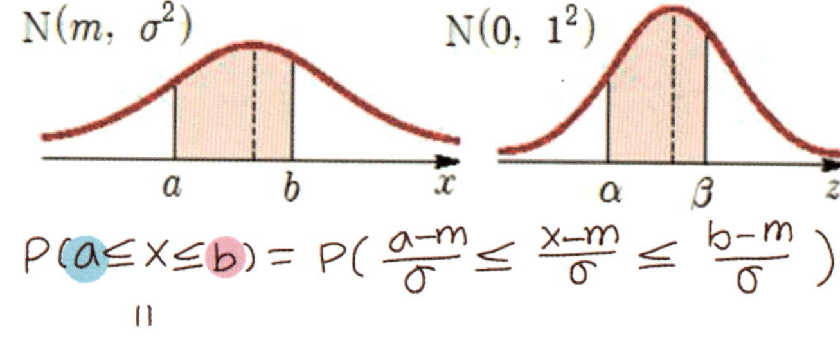

$$P(a \le X \le b) = P\left(\frac{a-m}{\sigma} \le \frac{x-m}{\sigma} \le \frac{b-m}{\sigma}\right)$$
$$\|$$
$$P(m+\alpha\sigma \le X \le m+\beta\sigma) = P(\alpha \le Z \le \beta)$$

$$\frac{a-m}{\sigma} = \alpha \rightarrow a = m + \alpha\sigma$$
$$\frac{b-m}{\sigma} = \beta \rightarrow b = m + \beta\sigma$$

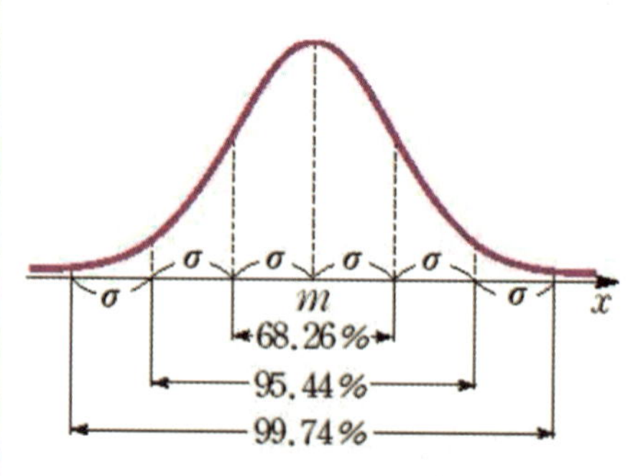

표준정규분포표

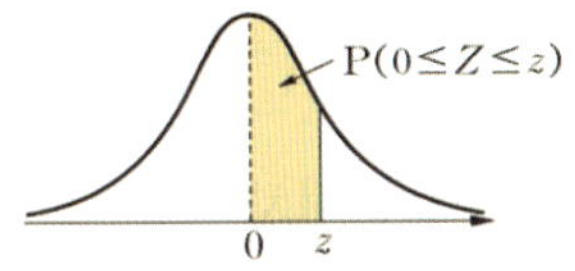

z	0	1	2	3	4	5	6	7	8	9
0.0	.0000	.0040	.0080	.0120	.0160	.0199	.0239	.0279	.0319	.0359
0.1	.0398	.0438	.0478	.0517	.0557	.0596	.0636	.0675	.0714	.0753
0.2	.0793	.0832	.0871	.0910	.0948	.0987	.1026	.1064	.1103	.1141
0.3	.1179	.1217	.1255	.1293	.1331	.1368	.1406	.1443	.1480	.1517
0.4	.1554	.1591	.1628	.1664	.1700	.1736	.1772	.1808	.1844	.1879
0.5	.1915	.1950	.1985	.2019	.2054	.2088	.2123	.2157	.2190	.2224
0.6	.2257	.2291	.2324	.2357	.2389	.2422	.2454	.2486	.2518	.2549
0.7	.2580	.2611	.2642	.2673	.2704	.2734	.2764	.2794	.2823	.2852
0.8	.2881	.2910	.2939	.2967	.2995	.3023	.3051	.3078	.3106	.3133
0.9	.3159	.3186	.3212	.3238	.3264	.3289	.3315	.3340	.3365	.3389
1.0	.3413	.3438	.3461	.3485	.3508	.3531	.3554	.3577	.3599	.3621
1.1	.3643	.3665	.3686	.3708	.3729	.3749	.3770	.3790	.3810	.3830
1.2	.3849	.3869	.3888	.3907	.3925	.3944	.3962	.3980	.3997	.4015
1.3	.4032	.4049	.4066	.4082	.4099	.4115	.4131	.4147	.4162	.4177
1.4	.4192	.4207	.4222	.4236	.4251	.4265	.4279	.4292	.4306	.4319
1.5	.4332	.4345	.4357	.4370	.4382	.4394	.4406	.4418	.4429	.4441
1.6	.4452	.4463	.4474	.4484	.4495	.4505	.4515	.4525	.4535	.4545
1.7	.4554	.4564	.4573	.4582	.4591	.4599	.4608	.4616	.4625	.4633
1.8	.4641	.4649	.4656	.4664	.4671	.4678	.4686	.4693	.4699	.4706
1.9	.4713	.4719	.4726	.4732	.4738	.4744	.4750	.4756	.4761	.4767
2.0	.4772	.4778	.4783	.4788	.4793	.4798	.4803	.4808	.4812	.4817
2.1	.4821	.4826	.4830	.4834	.4838	.4842	.4846	.4850	.4854	.4857
2.2	.4861	.4864	.4868	.4871	.4875	.4878	.4881	.4884	.4887	.4890
2.3	.4893	.4896	.4898	.4901	.4904	.4906	.4909	.4911	.4913	.4916
2.4	.4918	.4920	.4922	.4925	.4927	.4929	.4931	.4932	.4934	.4936
2.5	.4938	.4940	.4941	.4943	.4945	.4946	.4948	.4949	.4951	.4952
2.6	.4953	.4955	.4956	.4957	.4959	.4960	.4961	.4962	.4963	.4964
2.7	.4965	.4966	.4967	.4968	.4969	.4970	.4971	.4972	.4973	.4974
2.8	.4974	.4975	.4976	.4977	.4977	.4978	.4979	.4980	.4980	.4981
2.9	.4981	.4982	.4983	.4983	.4984	.4984	.4985	.4985	.4986	.4986
3.0	.4987	.4987	.4987	.4988	.4988	.4989	.4989	.4989	.4990	.4990
3.1	.4990	.4991	.4991	.4991	.4992	.4992	.4992	.4992	.4993	.4993
3.2	.4993	.4993	.4994	.4994	.4994	.4994	.4994	.4995	.4995	.4995
3.3	.4995	.4995	.4996	.4996	.4996	.4996	.4996	.4996	.4996	.4997

[연구10] 크기 n인 임의표본을 $X_1, X_2, \cdots, X_n$라

할 때 다음 값을 쓰시오.

①표본의 평균

②표본의 표준편차

---

⑫ 통계적 추정

전수조사 : 통계 조사에서 대상으로 삼은 집단
　　　　 전체를 조사하는 것

표본조사 : 대상으로 삼은 집단의 일부를 조사하는 것

모집단 : 통계조사에서 대상이 되는 집단 전체

표본 : 표본조사를 하는 경우 조사하기 위하여
　　　 모집단에서 추출한 부분집합

표본의 크기 : 표본의 원소의 개수

임의추출 : 모집단에서 편중되지 않게, 무작위로 추출

임의표본 : 임의추출에 의하여 만들어진 표본

복원추출 : 한 번 추출된 원소를 다시 되돌려
　　　　 놓은 후 다음 원소를 뽑음

비복원추출 : 되돌려 놓지 않고 다음 원소를 뽑음

---

⑬ 모집단과 표본의 분포

모평균: $\mathrm{E}(X) = m.$

모표준편차: $\sigma(X) = \sigma$

임의추출한 크기가 n인 표본

$X_1, X_2, \cdots, X_n$에서

【연구 10】

표본평균:

$$\overline{X} = \frac{1}{n}(X_1 + X_2 + \cdots + X_n) = \frac{1}{n}\sum_{i=1}^{n} X_i$$

표본표준편차:

$$S = \sqrt{S^2} = \sqrt{\frac{1}{n}\sum_{i=1}^{n}(X_i - \overline{X})^2}$$

✎ 통계적 추정

모집단의 분포:　　　**모평균**　　　　**모표준편차**

전교생 점수

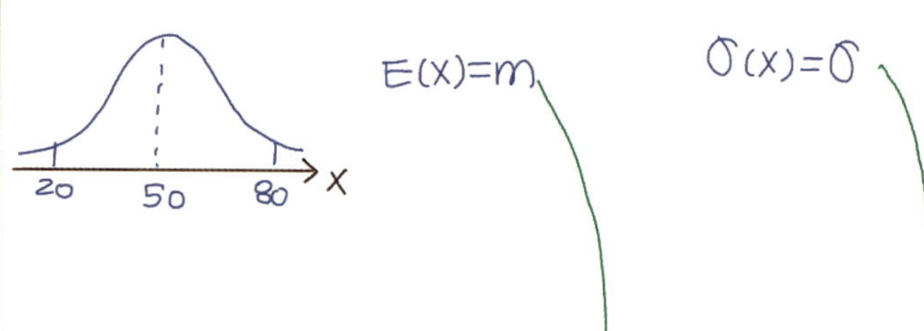

표본(집단)의 분포:　　**표본평균**　　　**표본표준편차**

5반 점수

(운이 나쁘지 않다면)

근삿값
↓
$\overline{X} \fallingdotseq m$　　　　$S \fallingdotseq \sigma$

상수(표본 1개) → 모평균추정

변수(표본 여러개) → 표본평균의 평균

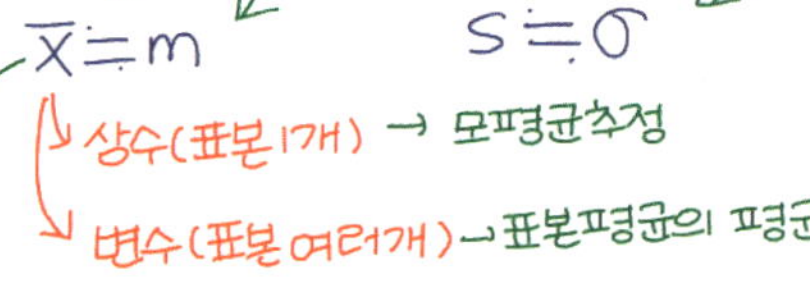

표본평균의 분포:　**표본평균의 평균**　**표본평균의 표준편차**

반별 평균 점수

이중적인 평균

당연히 작아지겠지

$$E(\overline{X}) = m \qquad \sigma(\overline{X}) = \frac{\sigma}{\sqrt{n}}$$

완벽히 같은값　　　표본의 크기 (반의 원수)

46　50　54　$\overline{X}$

여기 있는 모든값이 표본평균값이다!

※ 표본의 개수 (반 개수)

연구11 빈칸에 알맞은 것을 쓰시오.

연구12 빈칸에 알맞은 것을 쓰시오.

연구13 표본의 크기 n, 표본평균 $\overline{X}$

- 모집단의 분포가 정규분포 $N(m, \sigma^2)$이면 $\overline{X}$는 어떤 분포를 따르는가?
- 모집단의 분포가 정규분포가 아니면 $\overline{X}$는 근사적으로 어떤 분포를 따르는가? (단, 표본의 크기 n이 충분히 크다.)

---

14 표본평균의 분포

연구 11 ① 모평균 m, 모표준편차 σ인 모집단에서 크기 n인 임의표본을 복원추출할 때,

표본평균의 평균 : $E(\overline{x}) = m$

표본평균의 표준편차 : $\sigma(\overline{x}) = \dfrac{\sigma}{\sqrt{n}}$

표본평균의 분산 : $V(\overline{x}) = \dfrac{\sigma^2}{n}$

연구 13 ② 모집단의 분포가 정규분포이면

$\overline{X}$는 정규분포 $N\left(m, \dfrac{\sigma^2}{n}\right)$을 따른다.

③ 모집단의 분포가 정규분포가 아닐 때도 표본의 크기 n이 충분히 크면 $\overline{X}$의 분포는 근사적으로

정규분포 $N\left(m, \dfrac{\sigma^2}{n}\right)$를 따른다.

✎ 표본평균의 분포

연구 12 아래는 확률변수 X에 대한 확률분포이다.

X	1	2	3	4	합계
$P(x)$	$\dfrac{1}{4}$	$\dfrac{1}{4}$	$\dfrac{1}{4}$	$\dfrac{1}{4}$	1

이 분포를 모집단의 확률분포로 하여 복원추출로 만든 크기가 2인 표본의 평균을 $\overline{X}$라고 하자. 이때, $\overline{X}$의 확률분포를 표로 나타내시오.

X_2 \ X_1	1	2	3	4
1	1	1.5	2	2.5
2	1.5	2	2.5	3
3	2	2.5	3	3.5
4	2.5	3	3.5	4

$$\overline{X} = \dfrac{X_1 + X_2}{2}$$

$\overline{X}$	1	1.5	2	2.5	3	3.5	4	합계
$P(\overline{x})$	$\dfrac{1}{16}$	$\dfrac{2}{16}$	$\dfrac{3}{16}$	$\dfrac{4}{16}$	$\dfrac{3}{16}$	$\dfrac{2}{16}$	$\dfrac{1}{16}$	1

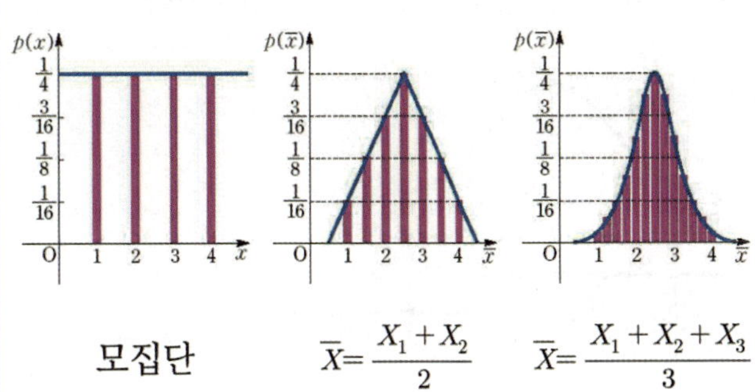

[연구14] 평균이 m이고 표준편차가 σ인 정규분포를 따르는 모집단에서 임의추출한 크기 n인 표본 X_1, X_2, $\cdots$, X_n의 평균을 $\overline{X}$라고 할 때 다음을 구하시오.

①모평균 m의 신뢰도 95 %인 신뢰구간:

②신뢰구간의 길이:

③오차한계:

15 모평균의 추정

연구 14 크기가 n인 표본의 평균이 $\bar{x}$이고, 모표준편차가 σ일 때

모평균의 95%신뢰구간:
$$\overline{X}-1.96\frac{\sigma}{\sqrt{n}} \leq m \leq \overline{X}+1.96\frac{\sigma}{\sqrt{n}}$$

모평균의 99%신뢰구간:
$$\overline{X}-2.58\frac{\sigma}{\sqrt{n}} \leq m \leq \overline{X}+2.58\frac{\sigma}{\sqrt{n}}$$

신뢰구간의 길이: $2\times1.96\frac{\sigma}{\sqrt{n}}$, $2\times2.58\frac{\sigma}{\sqrt{n}}$

오차한계: $1.96\frac{\sigma}{\sqrt{n}}$, $2.58\frac{\sigma}{\sqrt{n}}$

✎ 일반적으로 $\overline{X}$는 확률변수를 나타내고 $\bar{x}$는 상수를 나타낸다.

✎ 신뢰도의 의미

크기 n인 표본을 여러 번 추출하여 신뢰구간을 만들 때, 모평균 m을 포함하는 것이 약 95%이다.

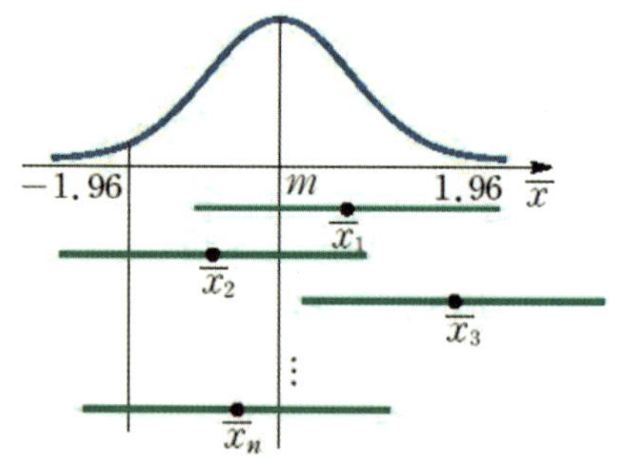

✎ 모평균의 추정

모집단의 분포

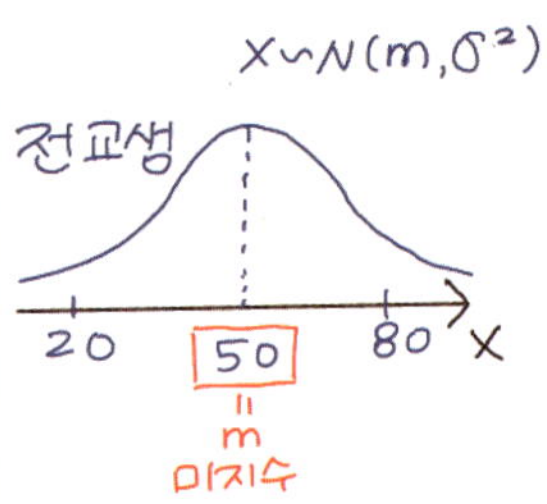

표본평균의 분포

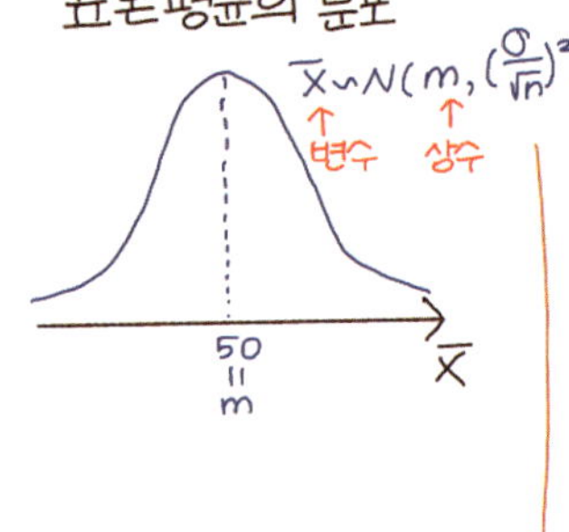

표본의 분포

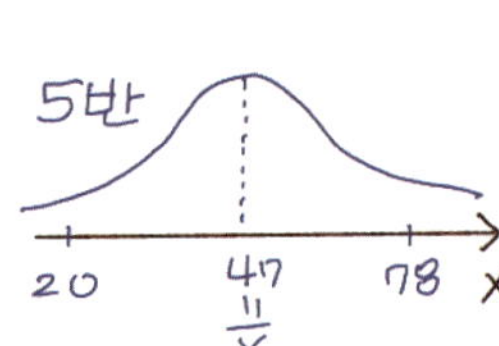

가짜표본평균의 분포

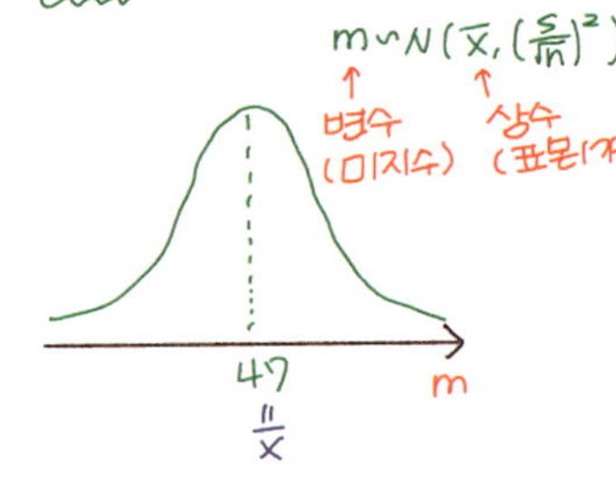

$P(a \leq m \leq b) = 0.95 = 95\%$

구간 $[a, b] = ?$

평균의 분포

표본평균의 분포

가짜표본평균의 분포

$P(\frac{a-\bar{x}}{\frac{s}{\sqrt{n}}} \leq \frac{m-\bar{x}}{\frac{s}{\sqrt{n}}} \leq \frac{b-\bar{x}}{\frac{s}{\sqrt{n}}})$

$= P(-1.96 \leq Z \leq 1.96)$

$\frac{a-\bar{x}}{\frac{s}{\sqrt{n}}} = -1.96 \rightarrow a = \bar{x}-1.96\frac{s}{\sqrt{n}}$

$\frac{b-\bar{x}}{\frac{s}{\sqrt{n}}} = 1.96 \rightarrow b = \bar{x}+1.96\frac{s}{\sqrt{n}}$

	상수	변수
원래	m	$\bar{x}$ (표본여러개)
가짜	$\bar{x}$	m $E(m)=\bar{x}$

$\overline{X} \sim N(m, (\frac{\sigma}{\sqrt{n}})^2)$

$m \sim N(\bar{x}, (\frac{s}{\sqrt{n}})^2)$

$P(a \leq m \leq b)$
$= P(\overline{X}-1.96\frac{s}{\sqrt{n}} \leq m \leq \overline{X}+1.96\frac{s}{\sqrt{n}})$
$P(\overline{X}-1.96\frac{\sigma}{\sqrt{n}} \leq m \leq \overline{X}+1.96\frac{\sigma}{\sqrt{n}})$

역대 수능·모의고사 기출 문항 출제 의도

Ⅰ.경우의 수

[출제의도] 같은 것이 있는 순열을 이용하여 문제를 해결한다.

[출제의도] 원순열을 이용하여 문제를 해결한다.

[출제의도] 중복순열을 이해하여 경우의 수를 구하는 문제를 해결한다.

[출제의도] 중복조합을 이용하여 조건을 만족시키는 경우의 수를 구하는 문제를 해결한다.

[출제의도] 중복순열과 중복조합의 값을 계산하는 문제를 해결한다.

[출제의도] 이항정리를 이용하여 전개식의 계수를 구하는 문제를 해결한다.

Ⅱ.확률

[출제의도] 확률의 뜻 이해하는 문제를 해결한다.

[출제의도] 확률의 덧셈정리를 이용하여 확률을 구하는 문제를 해결한다.

[출제의도] 여사건의 확률을 이용하여 문제를 해결한다.

[출제의도] 조건부확률을 이용하여 확률을 구하는 문제를 해결한다.

[출제의도] 사건의 종속과 독립을 이해하는 문제를 해결한다.

[출제의도] 독립시행의 확률을 이용하여 실생활 문제를 해결한다.

Ⅲ.통계

[출제의도] 확률분포가 표로 주어진 이산확률변수의 평균과 분산을 구하는 문제를 해결한다.

[출제의도] 이항분포를 따르는 확률변수의 평균과 분산을 구하는 문제를 해결한다.

[출제의도] 이항분포의 분산을 이용하여 시행 횟수를 구하는 문제를 해결한다.

[출제의도] 확률밀도함수의 그래프를 이용하여 확률을 구하는 문제를 해결한다.

[출제의도] 정규분포의 성질을 이해하여 문제를 해결한다.

[출제의도] 정규분포와 표준정규분포표를 이용하여 확률을 구하는 문제를 해결한다.

[출제의도] 표본평균의 확률분포를 이용하여 확률을 구하는 문제를 해결한다.

[출제의도] 표본평균을 이용하여 모평균의 신뢰구간을 구하는 문제를 해결한다.

① 수능 문제의 출제 의도 파악이 잘된다 !

　수능은 교과개념을 제대로 이해했는지 확인하기 위해 내는 것이라 문제풀이과정을 개념유도과정과 유사하게 출제한다. 개념 연구를 하면 문제 풀 때 출제자의 의도에 맞게 접근법을 금방 찾아내게 된다!

② 문제에 개념 적용이 잘된다!

맨날 해설지를 보면서 "아! 그렇구나"해도 직접 풀지는 못하는 학생들!
백지에 유도과정을 쓸 줄 모르니까 문제에 개념을 어떻게 쓸 줄 모르지!

③ 여러가지 공식이 적용된 최고난도 문제풀이가 잘된다!

A, B, C 세 가지 공식을 따로 알고 있으면 공식을 하나만 적용하는 단순계산문제 밖에 못푼다!
A→B→C로 유도되는 과정을 알아야 A, B, C공식이 모두 적용되는 문제에서 식을 어떻게 조합하고 합쳐야 풀 수 있는지를 알 수 있다!

놓쳤던 1%를 채운다!
상위 1%의 3초 개념 점검!
수능과 논술을 한번에!

개념 연구

▌개념 연구 학습법

- Step1. 개념 연구의 질문을 읽으며 답을 모르는 문항을 찾아내고 ·표시를 한다.
  (이것이 너의 개념이 빵구난 부분!)

- Step2. 수학의 단권화 개념 총정리에서 √표시에 해당하는 개념을 찾아본다.
  (책에 전부다 표시되어 있어!)

- Step3. 백지에 완벽한 답을 쓸 수 있을 때까지 √표시 질문들을 계속 복습한다.
  (그럼 너는 진정한 개념 마스터!)

나의 개념 이해도를 ☑체크해보자! □X □△ □완성○

수학(상)
Ⅰ.다항식

── 연구01　□X □△ □○ ──

아래는 곱셈 공식의 일부이다.
곱셈 공식의 나머지부분을 쓰시오.

① $(a+b)^2 =$

② $(a-b)^2 =$

③ $(a+b)(a-b) =$

④ $(x+a)(x+b) =$

⑤ $(ax+b)(cx+d) =$

⑥ $(a+b)^3 =$

⑦ $(a+b)(a^2-ab+b^2) =$

⑧ $(a-b)(a^2+ab+b^2) =$

정답 ▷ p.20

── 연구02　□X □△ □○ ──

x에 관한 사차이상의 다항식 A에 대하여,
①이차식으로 나눈 나머지
②삼차식으로 나눈 나머지
의 형태를 쓰시오.

정답 ▷ p.21

── 연구03　□X □△ □○ ──

다항식 $f(x)$를 일차식 $x-\alpha$로 나누었을 때
나머지의 값을 쓰고 이를 유도하시오.

정답 ▷ p.23

── 연구04　□X □△ □○ ──

$f(x)$가 $x-\alpha$로 나누어떨어질 때, $f(\alpha)$의 값을
쓰시오.

정답 ▷ p.23

수학(상)
Ⅱ.방정식과 부등식

── 연구01　□X □△ □○ ──

빈칸에 알맞은 것을 쓰시오.

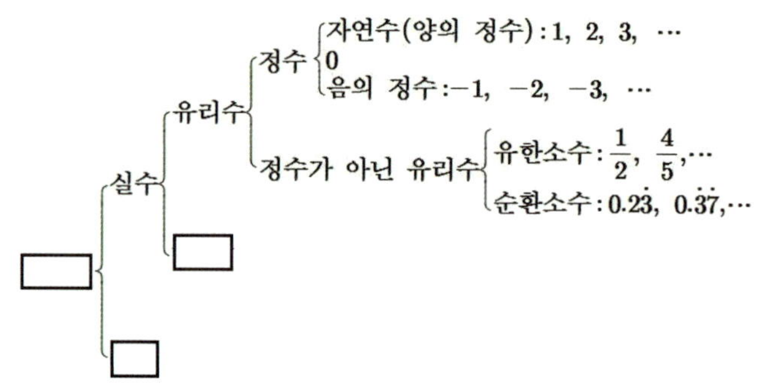

정답 ▷ p.24

── 연구02　□X □△ □○ ──

허수단위 i의 뜻을 쓰시오.

정답 ▷ p.25

── 연구03　□X □△ □○ ──

아래 복소수의 연산의 식을 완성하시오.

①덧셈　$(a+bi)+(c+di) =$

②뺄셈　$(a+bi)-(c+di) =$

③곱셈　$(a+bi)(c+di) =$

④나눗셈　$(a+bi) \div (c+di) =$

정답 ▷ p.26

── 연구04　□X □△ □○ ──

$z=a+bi$라고 할 때 아래 식을 완성하시오.

① $z+\bar{z} =$

② $z \times \bar{z} =$

정답 ▷ p.26

☑X ➡ ☑△ ➡ ☑완성○ 될 때까지 복습하자!

— 연구05 □X □△ □○ —

$a > 0$일 때 $-a$의 제곱근은 $\pm \sqrt{a}\,i$인 이유를 쓰시오.

정답 ▷ p.27

— 연구06 □X □△ □○ —

이차방정식 $ax^2 + bx + c = 0$ $(a \neq 0)$의 근의 공식을 쓰고, 이를 유도하시오.

정답 ▷ p.28

— 연구07 □X □△ □○ —

이차방정식 $ax^2 + bx + c = 0$ $(a \neq 0)$의 판별식 D를 쓰고, 판별식의 부호에 따른 근의 종류를 쓰시오.

① $D > 0$:

② $D = 0$:

③ $D < 0$:

정답 ▷ p.29

— 연구08 □X □△ □○ —

이차방정식 $ax^2 + bx + c = 0$ $(a \neq 0)$의 판별식 D의 부호에 따라 이차방정식의 근이 실근 2개, 중근, 허근 2개로 결정되는 이유를 쓰시오.

정답 ▷ p.29

— 연구09 □X □△ □○ —

이차방정식 $ax^2 + bx + c = 0$ $(a \neq 0)$의 두 근을 α, β라 할 때, 아래 근과 계수와의 관계의 식을 완성하고 이를 유도하시오.

① $\alpha + \beta = \boxed{}$

② $\alpha\beta = \boxed{}$

정답 ▷ p.29

— 연구10 □X □△ □○ —

삼차방정식 $ax^3 + bx^2 + cx + d = 0$ $(a \neq 0)$의 세 근을 α, β, γ라 할 때, 아래 근과 계수와의 관계의 식을 완성하고 이를 유도하시오.

① $\alpha + \beta + \gamma = \boxed{}$

② $\alpha\beta + \beta\gamma + \gamma\alpha = \boxed{}$

③ $\alpha\beta\gamma = \boxed{}$

정답 ▷ p.29

— 연구11 □X □△ □○ —

이차방정식 $ax^2 + bx + c = 0$ $(a \neq 0)$의

① a, b, c가 유리수이면
한 근이 $g + h\sqrt{k}$이면 $\boxed{}$도 근이다.
(단, g, h는 유리수이고 $h \neq 0$, $\sqrt{k}$는 무리수)

② a, b, c가 실수이면
한 근이 $g + hi$이면 $\boxed{}$도 근이다.
(단, g, h는 실수이고 $h \neq 0$)

정답 ▷ p.30

나의 개념 이해도를 ☑체크해보자! □X □△ □완성○

── 연구12 □X □△ □○ ──

이차함수 $y = ax^2 + bx + c$의 꼭짓점의 좌표를 쓰고, 이를 유도하시오.

정답 ▷ p.31

── 연구13 □X □△ □○ ──

이차함수 $y = ax^2 + bx + c$의 그래프와 x축의 위치 관계에 따른, 이차방정식 $ax^2 + bx + c = 0$의 판별식 $D = b^2 - 4ac$의 부호를 쓰고, 그 이유를 쓰시오.

① D [ ] 0 : 서로 다른 두 점에서 만난다.
② D [ ] 0 : 한 점에서 만난다(접한다).
③ D [ ] 0 : 만나지 않는다.

정답 ▷ p.32

── 연구14 □X □△ □○ ──

두 함수 $y = f(x)$와 $y = g(x)$의 그래프의 교점을 구할 때, $f(x) = g(x)$의 식을 계산하면 구할 수 있는 이유를 쓰시오.

정답 ▷ p.33

── 연구15 □X □△ □○ ──

연립일차방정식 $\begin{cases} ax + by + c = 0 \\ a'x + b'y + c' = 0 \end{cases}$ 에서 아래 조건이 성립할 때의 해의 개수를 쓰시오.

① $\dfrac{a}{a'} \neq \dfrac{b}{b'}$

② $\dfrac{a}{a'} = \dfrac{b}{b'} = \dfrac{c}{c'}$

③ $\dfrac{a}{a'} = \dfrac{b}{b'} \neq \dfrac{c}{c'}$

정답 ▷ p.36

── 연구16 □X □△ □○ ──

$|x| \leq a \iff -a \leq x \leq a$임을 유도하시오.

정답 ▷ p.38

── 연구17 □X □△ □○ ──

이차함수 $y = ax^2 + bx + c$에 대하여, 빈칸에 알맞은 x의 값이나 범위를 쓰시오.

$(a > 0)$	$D > 0$	$D = 0$	$D < 0$
$y = f(x)$ 그래프			
$f(x) = 0$			
$f(x) > 0$			
$f(x) \geq 0$			
$f(x) < 0$			
$f(x) \leq 0$			

정답 ▷ p.40

── 연구18 □X □△ □○ ──

모든 실수 x에 대하여 $ax^2 + bx + c > 0$일 조건을 2가지 쓰시오.

정답 ▷ p.40

☑X ➡ ☑△➡ ☑완성○ 될 때까지 복습하자!

수학(상)
Ⅲ.도형의 방정식

── 연구01 □X □△ □○ ──

두 점 $A(x_1,\ y_1)$, $B(x_2,\ y_2)$ 사이의 거리
$\overline{AB}=\sqrt{(x_2-x_1)^2+(y_2-y_1)^2}$ 임을 유도하시오.

정답 ▷ p.41

── 연구02 □X □△ □○ ──

수직선 위의 두 점 $A(x_1)$, $B(x_2)$를 이은 선분 AB를 $m:n$으로 내분하는 점 P를 유도하시오.

정답 ▷ p.43

── 연구03 □X □△ □○ ──

수직선 위의 두 점 $A(x_1)$, $B(x_2)$를 이은 선분 AB를 $m:n$으로 외분하는 점 Q를 유도하시오.

정답 ▷ p.43

── 연구04 □X □△ □○ ──

좌표평면 위의 세 점 $A(x_1,\ y_1)$, $B(x_2,\ y_2)$, $C(x_3,\ y_3)$을 꼭짓점으로 하는 삼각형 ABC의 무게중심 G의 좌표를 유도하시오.

정답 ▷ p.44

── 연구05 □X □△ □○ ──

빈칸에 알맞은 직선의 기울기의 값을 쓰시오.

직선과 x축 이루는 각	직선의 기울기
$60°$	
$45°$	
$30°$	
$0°$	
$-30°$	
$-45°$	
$-60°$	

정답 ▷ p.45

── 연구06 □X □△ □○ ──

점 $A(x_1,\ y_1)$을 지나고 기울기가 m인 직선의 방정식이 무엇인지 쓰고, 이를 유도하시오.

정답 ▷ p.47

나의 개념 이해도를 ☑체크해보자! □X □△ □완성○

연구07 □X □△ □○

x절편이 a이고 y절편이 b인 직선의 방정식을 쓰시오.

정답 ▷ p.47

연구08 □X □△ □○

아래는 두 직선의 위치관계에 대한 표이다. 각 위치 관계마다 빈칸에 알맞은 식을 쓰시오

위치 관계	$y = mx + n$ $y = m'x + n'$	$ax + by + c = 0$ $a'x + b'y + c' = 0$
일치		
평행		
한 점 만남		
수직		

정답 ▷ p.48

연구09 □X □△ □○

두 직선 $y = mx + n$, $y = m'x + n'$의 그래프가 수직이 되기 위한 조건을 쓰고, 이를 유도하시오.

정답 ▷ p.48

연구10 □X □△ □○

점 $(x_1,\ y_1)$과 직선 $ax + by + c = 0$사이의 거리의 값을 쓰시오.

정답 ▷ p.49

연구11 □X □△ □○

평행한 두 직선 $ax + by + c_1 = 0$, $ax + by + c_2 = 0$ 사이의 거리의 값을 쓰고, 이를 유도하시오.

정답 ▷ p.49

연구12 □X □△ □○

중심이 $(a,\ b)$, 반지름 길이가 r인 원의 방정식을 쓰고, 이를 유도하시오.

정답 ▷ p.50

☑X ➡ ☑△➡ ☑완성○ 될 때까지 복습하자!

연구13 □X □△ □○

중심이 (a, b)인 원이 있다 이 원이 아래 조건을 만족시킬 때의 원의 방정식을 쓰시오.
① x축에 접함
② y축에 접함
③ x축, y축에 접함 (단, $a, b > 0$)

정답 ▷ p.51

연구14 □X □△ □○

두 원의 중심사이의 거리가 d이고 반지름이 각각 R, r일 때$(R > r)$, 아래 위치 관계에 따른 d, R, r의 관계식을 쓰시오.
① 만나지 않음
② 한 점에서 만난다(외접)
③ 서로 다른 두 점에서 만남
④ 한 점에서 만남(내접)
⑤ 한 원이 다른 원에 포함

정답 ▷ p.52

연구15 □X □△ □○

원의 중심과 직선사이의 거리가 d, 반지름의 길이가 r일 때, 원과 직선의 교점의 개수를 쓰시오.
① $d < r$:
② $d = r$:
③ $d > r$:

정답 ▷ p.52

연구16 □X □△ □○

원 $x^2 + y^2 = r^2$에서 기울기 m인 접선의 방정식을 쓰고, 이를 유도하시오.

정답 ▷ p.53

연구17 □X □△ □○

원 $x^2 + y^2 = r^2$ 위의 점 (x_1, y_1)에서의 접선의 방정식을 쓰고, 이를 유도하시오.

정답 ▷ p.53

연구18 □X □△ □○

x축의 방향으로 a만큼, y축의 방향으로 b만큼 평행이동 한 것을 쓰시오.
① 점 이동 $\mathrm{P}(x, y)$ →
② 도형 이동 $f(x, y) = 0$ →

정답 ▷ p.54

연구19 □X □△ □○

함수 $y = f(x)$의 그래프가 주기가 p인 함수일 때, 성립하는 식을 쓰시오.

정답 ▷ p.54

나의 개념 이해도를 ☑체크해보자! □X □△ □완성○

연구20 □X □△ □○

대칭 이동한 점 $(x,\ y)$의 좌표와, 도형
$f(x,\ y)=0$의 방정식을 구하고자 한다.
빈칸에 알맞은 것을 쓰시오.

대칭	$\mathrm{P}(x,\ y)$	$f(x,\ y)=0$	$y=f(x)$
x축			
y축			
원점			
$y=x$			
$x=a$			
$y=b$			
점$(a,\ b)$			

정답 ▷ p.57

연구21 □X □△ □○

$f(x)=f(-x)$가 성립할 때, 함수 $y=f(x)$의
그래프는 어떤 형태인지 쓰고,
$y=f(x)$가 다항함수일 경우 어떤 항으로
구성되어있는지를 쓰시오.

정답 ▷ p.58

연구22 □X □△ □○

$f(a+x)=f(a-x)$일 때, $y=f(x)$의 그래프는
어떤 형태인가?

연구23 □X □△ □○

$f(x)=f(2a-x)$일 때, $y=f(x)$의 그래프는
어떤 형태인가?

정답 ▷ p.58

연구24 □X □△ □○

$f(x)=-f(-x)$가 성립할 때,
함수 $y=f(x)$의 그래프는 어떤 형태인지 쓰고,
$y=f(x)$가 다항함수일 경우 어떤 항으로
구성되어있는지 쓰시오.

정답 ▷ p.59

연구25 □X □△ □○

$\dfrac{f(a+x)+f(a-x)}{2}=b$ 일 때,
$y=f(x)$의 그래프는 어떤 형태인가?

정답 ▷ p.59

☑X ➡ ☑△ ➡ ☑완성○ 될 때까지 복습하자!

수학(하)
Ⅰ.집합과 명제

── 연구01 □X □△ □○ ──

전체집합 U와 집합 A에 대하여 빈칸에 알맞은 기호를 쓰시오.

① $A \cup A^c =$ ☐

② $A \cap A^c =$ ☐

③ $(A^c)^c =$ ☐

④ $A - \varnothing =$ ☐

⑤ $A - A =$ ☐

⑥ $\varnothing^c =$ ☐

⑦ $U^c =$ ☐

⑧ $A - B = A \cap$ ☐

　　$=$ ☐ $- (A \cap B)$

　　$= (A \cup B) -$ ☐

정답 ▷ p.65

── 연구02 □X □△ □○ ──

두 집합 A, B에 대하여 빈칸에 알맞은 기호를 쓰시오.

① $x \in A$이면 $x \in B$이다 $\Leftrightarrow$ ☐

② $\{x \mid x \in A$ 또는 $x \in B\} =$ ☐

③ $\{x \mid x \in A$ 이고 $x \in B\} =$ ☐

④ $\{x \mid x \in A$ 이고 $x \notin B\} =$ ☐

⑤ $\{x \mid x \in U$ 이고 $x \notin A\} =$ ☐

정답 ▷ p.66

── 연구03 □X □△ □○ ──

두 집합 A, B에 대하여 $A \subset B$이 성립할 때 빈칸에 알맞은 것을 쓰시오.

① $A \cup B =$ ☐

② $A \cap B =$ ☐

③ $A - B =$ ☐

④ $B^c \subset$ ☐

⑤ $A^c \cup B =$ ☐

정답 ▷ p.66

── 연구04 □X □△ □○ ──

두 집합 A, B가 서로소일 때 빈칸에 알맞은 것을 쓰시오.

① $A \cap B =$ ☐

② $n(A \cap B) =$ ☐

③ $A - B =$ ☐

④ $B - A =$ ☐

⑤ $A \subset$ ☐

⑥ $B \subset$ ☐

정답 ▷ p.66

── 연구05 □X □△ □○ ──

세 집합 A, B, C에 대하여 빈칸에 알맞은 것을 쓰고, 이를 밴다이어그램을 이용해 설명하시오.

- 결합법칙 $(A \cup B) \cup C =$ ☐
- 분배법칙 $A \cap (B \cup C) =$ ☐
- 드모르간의 법칙 $(A \cup B)^c =$ ☐

정답 ▷ p.67

나의 개념 이해도를 ☑체크해보자! □X □△ □완성○

── 연구06   □X □△ □○ ──

원소의 개수가 n개인 집합에서
①부분집합의 개수를 쓰고, 그 이유를
설명하시오.
②진부분집합의 개수를 쓰시오.

정답 ▷ p.68

── 연구07   □X □△ □○ ──

두 집합 A, B에 대하여 빈칸에 알맞은 것을
쓰고, 이를 밴다이어그램을 이용해 설명하시오.

- $n(A \cup B) = n(A) + n(B) - \boxed{}$
- $n(A \cup B \cup C) = n(A) + n(B) + n(C) - \boxed{}$

정답 ▷ p.68

── 연구08   □X □△ □○ ──

명제의 뜻을 쓰시오.

정답 ▷ p.69

── 연구09   □X □△ □○ ──

'p이면 q이다.' 꼴의 명제에서
p를 $\boxed{}$, q를 $\boxed{}$이라 한다.
빈칸에 알맞은 것을 쓰시오.

정답 ▷ p.69

── 연구10   □X □△ □○ ──

명제나 조건을 부정할 때, 표현이 바뀌는 것으로
짝지어지도록 빈칸에 알맞은 것을 쓰시오.

p	$\sim p$
이다	
$<$	
$>$	
$=$	
이고, and	
모든	

정답 ▷ p.69

── 연구11   □X □△ □○ ──

조건의 뜻을 쓰시오.

정답 ▷ p.70

── 연구12   □X □△ □○ ──

진리집합의 뜻을 쓰시오.

정답 ▷ p.70

── 연구13   □X □△ □○ ──

각 조건에 대한 진리집합이 짝지어지도록 빈칸에
알맞은 것을 쓰시오.

p, q	P, Q
$\sim p$	
p or q	
p and q	
$p \rightarrow q$	

정답 ▷ p.70

☑X ➡ ☑△➡ ☑완성○ 될 때까지 복습하자!

연구14 □X □△ □○

두 조건 p, q에 대하여 부정이 무엇인지 쓰고 그 이유를 쓰시오.

①조건 'p 또는 q'의 부정:

②조건 'p 이고 q'의 부정:

정답 ▷ p.71

연구15 □X □△ □○

명제 '모든 x에 대하여 p이다'가 참일 때, 조건 p의 진리집합 P가 만족하는 식을 쓰시오.

정답 ▷ p.72

연구16 □X □△ □○

명제 '모든 x에 대하여 p이다'의 부정을 쓰시오.

정답 ▷ p.72

연구17 □X □△ □○

명제 '어떤 x에 대하여 p이다'가 참일 때, 조건 p의 진리집합 P가 만족하는 식을 쓰시오.

정답 ▷ p.72

연구18 □X □△ □○

명제 '어떤 x에 대하여 p이다'의 부정을 쓰시오.

정답 ▷ p.72

연구19 □X □△ □○

빈칸에 알맞은 기호를 쓰시오.

두 조건 p, q의 진리집합을 각각 P, Q라 할 때

명제 $p \rightarrow q$는 참이면 $P\square Q$이다.

정답 ▷ p.73

연구20 □X □△ □○

빈칸에 알맞은 기호와 문장을 쓰시오.

명제	$p \rightarrow q$	p이면 q이다
역		
대우		

정답 ▷ p.74

연구21 □X □△ □○

빈칸에 역/대우 중 알맞은 것을 쓰시오.

어떤 명제가 참이면 그 [　　]도 참이다.

어떤 명제가 거짓이면 그 [　　]도 거짓이다.

정답 ▷ p.74

연구22 □X □△ □○

두 조건 p, q에 대하여 빈칸에 알맞은 것을 쓰시오.

①$p \Rightarrow q$일 때,

p는 q이기 위한 [　　]

q는 p이기 위한 [　　]

②$p \Leftrightarrow q$일 때,

p는 q이기 위한 [　　]

q는 p이기 위한 [　　]

정답 ▷ p.75

연구23 □X □△ □○

$\dfrac{a+b}{2} \geq \sqrt{ab}$가 성립함을 유도하시오.

정답 ▷ p.77

나의 개념 이해도를 ☑체크해보자! □X □△ □완성○

수학(하)
Ⅱ.함수

── 연구01 □X □△ □○ ──

'정의역의 서로 다른 원소에 대하여, 그 함숫값이 서로 다를 때의 함수'의
①용어 ②식을 쓰시오.

정답 ▷ p.80

── 연구02 □X □△ □○ ──

'일대일 함수이고, 치역과 공역이 같은 함수'가 무엇인지 알맞은 용어를 쓰시오.

정답 ▷ p.81

── 연구03 □X □△ □○ ──

'정의역 X의 모든 원소 x가 공역 Y의 오직 하나의 원소에만 대응될 때의 함수'의
①용어 ②식을 쓰시오.

정답 ▷ p.81

── 연구04 □X □△ □○ ──

'정의역과 공역이 같고, 정의역의 임의의 원소에 그 자신을 대응시키는 함수'의
①용어 ②식을 쓰시오.

정답 ▷ p.82

── 연구05 □X □△ □○ ──

함수 f의 역함수 f^{-1}는, 함수 f가 ☐일 때 존재한다.

정답 ▷ p.84

── 연구06 □X □△ □○ ──

빈칸에 알맞은 것을 쓰시오.
① $f(a) = b \Leftrightarrow f^{-1}(b) = $ ☐
② $f^{-1} \circ f(x) = f \circ f^{-1}(x) = $ ☐
③ $(f^{-1})^{-1} = $ ☐
④ $(g \circ f)^{-1} = $ ☐

정답 ▷ p.85

☑X ➡ ☑△ ➡ ☑완성○ 될 때까지 복습하자!

--- 연구07 □X □△ □O ---

$y = f(x)$, $y = f^{-1}(x)$의 그래프는
직선 □에 대하여 대칭이다.

정답 ▷ p.85

--- 연구08 □X □△ □O ---

아래 명제의 참 거짓을 판별하시오.
① f와 $y = x$의 교점은 f와 f^{-1}의 교점이다.
② f와 f^{-1}의 교점은 f와 $y = x$의 교점이다.

정답 ▷ p.85

--- 연구09 □X □△ □O ---

아래는 $y = \dfrac{k}{x}$ 형태의 식으로 표현되는 함수의
그래프이다. k는 $-3, -2, -1, 1, 2, 3$ 중
하나의 값을 갖을 때, A, B, C, D, E, F
그래프 마다 알맞은 k값을 짝지으시오.

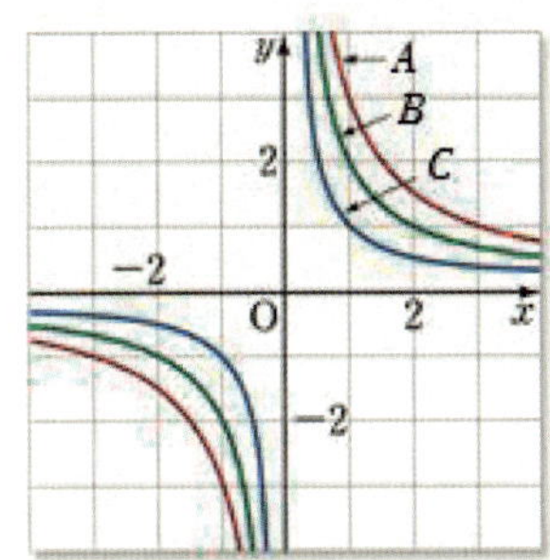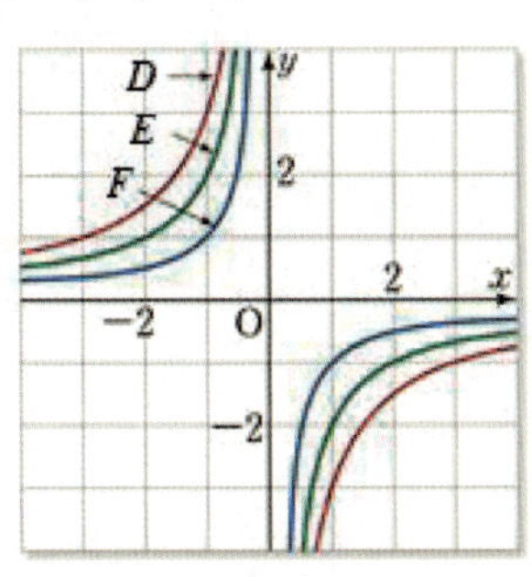

정답 ▷ p.87

--- 연구10 □X □△ □O ---

함수 $y = \dfrac{k}{x - p} + q$에서 아래 사항에 알맞은
것을 쓰시오.
a.정의역:
　치역:
b.점근선:
c.대칭:

정답 ▷ p.88

--- 연구11 □X □△ □O ---

아래의 A, B, C, D는 $y = \sqrt{x}$, $y = -\sqrt{x}$,
$y = \sqrt{-x}$, $y = -\sqrt{-x}$ 중 하나의 그래프이다.
A, B, C, D가 나타내는 방정식을 알맞게
짝지으시오.

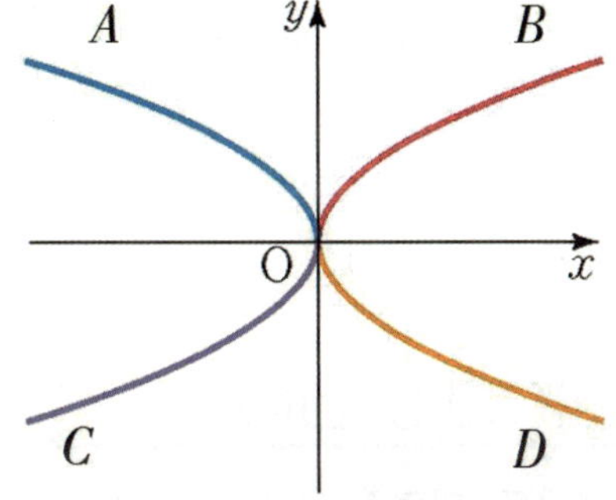

정답 ▷ p.90

--- 연구12 □X □△ □O ---

함수 $y = \sqrt{ax}$ 와 함수 $y = \dfrac{x^2}{a}\,(x \geq 0)$의
그래프는 어떤 관계에 있는지 쓰시오. (단,
$a \neq 0$)

정답 ▷ p.91

나의 개념 이해도를 ☑체크해보자! □X □△ □완성○

<table>
<tr><td>

수학(하)
Ⅲ.경우의 수

</td><td>

수학 I
Ⅰ.지수함수와 로그함수

</td></tr>
</table>

── 연구01 □X □△ □○ ──

자연수 N을 소인수 분해 한 것이
$N = x^a y^b z^c (x,\ y,\ z$는 서로소)일 때, N의
약수의 개수는 몇 개인가? 또 약수의 총합은
얼마인가?

정답 ▷ p.93

── 연구02 □X □△ □○ ──

서로 다른 n개에서 r개를 택하여 이들의 순서를
생각하여 일렬로 배열하는 순열의 값은?

정답 ▷ p.93

── 연구03 □X □△ □○ ──

서로 다른 n개에서 r개를 택하는 경우의 수는?

정답 ▷ p.94

── 연구04 □X □△ □○ ──

$_nC_r = \dfrac{_nP_r}{r!}$ 인 이유를 쓰시오.

정답 ▷ p.94

── 연구01 □X □△ □○ ──

$a > 0,\ b > 0$일 때, 임의의 실수 $m,\ n$에 대하여
다음 식이 성립한다. 빈칸에 알맞은 것을 쓰시오.

① $a^m a^n =$

② $(a^m)^n =$

③ $(ab)^n =$

④ $a^m \div a^n =$

⑤ $a^0 =$

⑥ $a^{-n} =$

정답 ▷ p.98

── 연구02 □X □△ □○ ──

$a \neq 0$이고, n이 양의 정수일 때 다음을
유도하시오.

- $a^0 = 1$
- $a^{-n} = \dfrac{1}{a^n}$

정답 ▷ p.98

☑X ➡ ☑△ ➡ ☑완성○ 될 때까지 복습하자!

연구03 □X □△ □○

a의 n제곱근을 빈칸에 쓰시오.

$x^n = a$	n이 홀수	n이 짝수
$a > 0$		
$a = 0$		
$a < 0$		

정답 ▷ p.99

연구04 □X □△ □○

다음을 제곱근 기호를 이용해 표현하시오.
(1) 64의 2제곱근 중 음수 :
(2) 64의 3제곱근 중 음수 :
(3) -64의 3제곱근 중 음수 :
(4) -64의 2제곱근 중 음수 :
(5) 64의 2제곱근 중 양수 :
(6) 64의 3제곱근 중 양수 :
(7) -64의 3제곱근 중 양수 :
(8) -64의 2제곱근 중 양수 :

정답 ▷ p.99

연구05 □X □△ □○

$a > 0$, $b > 0$이고 m, n이 2 이상의 자연수일 때 다음을 유도하시오.

① $\sqrt[n]{a}\,\sqrt[n]{b} = \sqrt[n]{ab}$

② $\dfrac{\sqrt[n]{b}}{\sqrt[n]{a}} = \sqrt[n]{\dfrac{b}{a}}$

③ $\left(\sqrt[n]{a}\right)^m = \sqrt[n]{a^m}$

④ $\sqrt[m]{\sqrt[n]{a}} = \sqrt[mn]{a}$

⑤ $\sqrt[n]{a^m} = \sqrt[np]{a^{mp}}$ (p는 양의 정수)

⑥ $a^{\frac{m}{n}} = \sqrt[n]{a^m}$

정답 ▷ p.100

연구06 □X □△ □○

$a > 0$, $a \neq 1$이고 $N > 0$일 때 $a^x = N$ 을 로그를 이용하여 표현하시오.

정답 ▷ p.101

연구07 □X □△ □○

$\log_a N$에서 밑수조건 $a > 0$, $a \neq 1$과 진수조건 $N > 0$이 있어야 하는 이유를 쓰시오.

정답 ▷ p.101

나의 개념 이해도를 ☑체크해보자! □X □△ □완성○

— 연구08   □X □△ □○ —

$a > 0$, $a \neq 1$, $x > 0$, $y > 0$이고 k가 임의의 실수일 때 다음 로그의 성질을 유도하시오.

① $\log_a 1 = 0$, $\log_a a = 1$

② $\log_a xy = \log_a x + \log_a y$

③ $\log_a \dfrac{x}{y} = \log_a x - \log_a y$

④ $\log_a x^k = k \log_a x$

⑤ $\log_a b = \dfrac{\log_c b}{\log_c a}$ (b, c는 양수이고 $c \neq 1$)

⑥ $\log_{a^m} x^n = \dfrac{n}{m} \log_a x$

⑦ $a^{\log_c x} = x^{\log_c a}$

정답 ▷ p.102

— 연구09   □X □△ □○ —

다음은 지수함수 $y = a^x$ $(a > 0,\ a \neq 1)$의 성질이다. 그래프를 그리고 빈칸을 채우시오.

①정의역:

　치역:

②$a > 1$일 때, [　　　]함수

　$0 < a < 1$일 때, [　　　]함수

③a값과 관계없이 지나는 점:

❖ 그래프 그릴 때 활용할 점:

④점근선:

⑤$y = a^x$와 $y = \left(\dfrac{1}{a}\right)^x$의 그래프의 관계:

정답 ▷ p.106

— 연구10   □X □△ □○ —

다음은 로그함수

$y = \log_a x$ $(a > 0,\ a \neq 1)$의 성질이다. 그래프를 그리고 빈칸에 알맞은 말을 쓰시오.

①정의역:

　치역 :

②$a > 1$일 때, [　　　]함수

　$0 < a < 1$일 때, [　　　]함수

③a값과 관계없이 지나는 점:

❖ 그래프 그릴 때 활용할 점:

④점근선 :

⑤$y = \log_a x$와 $y = \log_{\frac{1}{a}} x$의 그래프의 관계:

⑥함수 $y = a^x$과 $y = \log_a x$의 관계:

정답 ▷ p.107

— 연구11   □X □△ □○ —

빈칸에 알맞은 부등호를 쓰시오.

• 임의의 실수 x에 대하여 $a^x \boxed{} 0$

• $a > 1$일 때, $a^{x_1} < a^{x_2} \iff$

• $0 < a < 1$일 때, $a^{x_1} < a^{x_2} \iff$

정답 ▷ p.108

— 연구12   □X □△ □○ —

$a > 0$, $a \neq 1$이고 x_1, $x_2 > 0$일 때 빈칸에 알맞은 부등식을 쓰시오.

• $a > 1$일 때,

$$\log_a x_1 < \log_a x_2 \iff$$

• $0 < a < 1$일 때,

$$\log_a x_1 < \log_a x_2 \iff$$

정답 ▷ p.109

☑X ➡ ☑△ ➡ ☑완성○ 될 때까지 복습하자!

수학 I
Ⅱ.삼각함수

── 연구01　□X □△ □○ ──

빈칸에 알맞은 것을 쓰시오.

삼각비 $\backslash$ A	0°	30°	45°	60°	90°
$\sin A$					
$\cos A$					
$\tan A$					

정답 ▷ p.111

── 연구02　□X □△ □○ ──

$\angle B = 90°$ 인 $\triangle ABC$에서 $\angle A = \theta$라고 할 때, 나머지 두 변의 길이를 주어진 길이와 θ에 대한 삼각비를 이용해 표현하시오.

① 　　　　　　　②

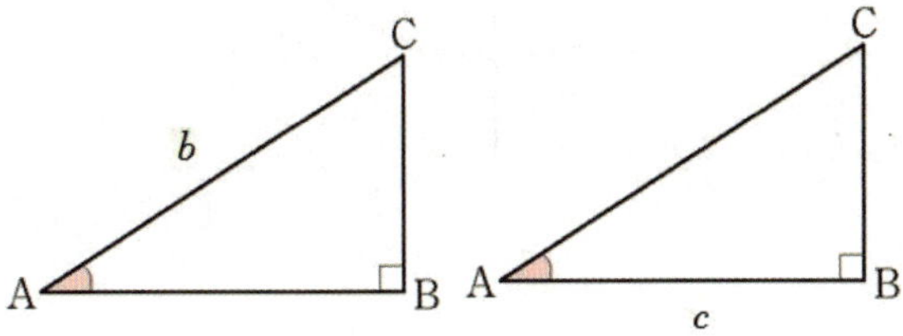

③

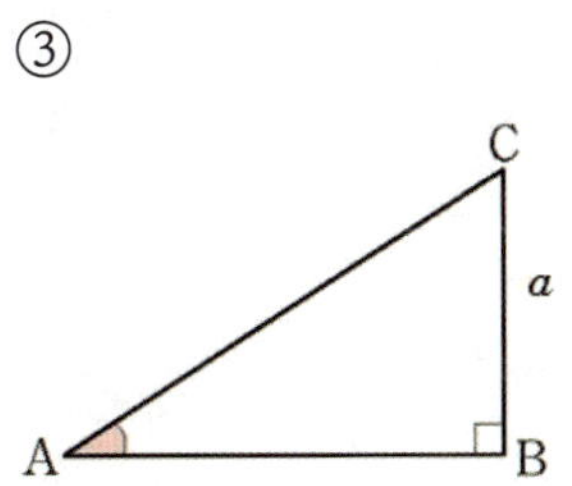

정답 ▷ p.112

── 연구03　□X □△ □○ ──

중심각 크기 θ를 반지름 길이 r와 호의 길이 l에 관한 식으로 쓰시오.

정답 ▷ p.114

── 연구04　□X □△ □○ ──

1(라디안)을 60분법 각도로 얼마인지, $1°$ 가 호도법 각도로 얼마인지를 쓰시오.

정답 ▷ p.114

── 연구05　□X □△ □○ ──

부채꼴의 넓이 S를 중심각 크기 θ, 반지름 길이 r, 호의 길이 l를 사용하여 표현하고 이를 유도하시오.

정답 ▷ p.114

나의 개념 이해도를 ☑체크해보자! □X □△ □완성○

─── 연구06 □X □△ □○ ───

다음 60분법 각도에 같은 호도법 각도를 빈칸에 쓰시오.

30°	45°	60°	90°	120°	135°	150°	180°

정답 ▷ p.114

─── 연구07 □X □△ □○ ───

좌표평면에서 x축의 양의 방향을 시초선으로 할 때, 점 $P(x,y)$에 대하여 동경 OP의 각도가 θ이고 $r = \sqrt{x^2+y^2}$ 일 때 $\sin\theta$, $\cos\theta$, $\tan\theta$의 값을 쓰시오.

정답 ▷ p.115

─── 연구08 □X □△ □○ ───

θ가 동경 OP에 대한 각이고 점 $P(x,y)$가 각 사분면에 있을 때의 $\sin\theta$, $\cos\theta$, $\tan\theta$의 부호를 아래의 빈칸에 쓰시오.

사분면	$\sin\theta$	$\cos\theta$	$\tan\theta$
1			
2			
3			
4			

정답 ▷ p.115

─── 연구09 □X □△ □○ ───

다음 삼각함수 사이의 관계를 유도하시오.

① $\tan\theta = \dfrac{\sin\theta}{\cos\theta}$

② $\sin^2\theta + \cos^2\theta = 1$

정답 ▷ p.116

─── 연구10 □X □△ □○ ───

중심이 원점 O이고 반지름의 길이가 r인 원 위에 있는 점 P에 대하여, 동경 OP의 각이 θ일 때, 점 P의 좌표를 쓰시오.

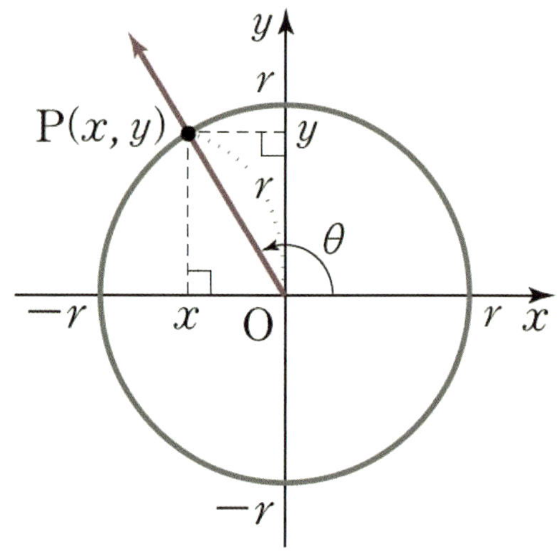

정답 ▷ p.117

☑X ➡ ☑△ ➡ ☑완성○ 될 때까지 복습하자!

연구11   □X □△ □○

아래 단위원에 표시되어 있는 모든 60분법
각도에 대하여
① 호도법 각   ② 점의 좌표
를 모두 쓰시오.

정답 ▷ p.117

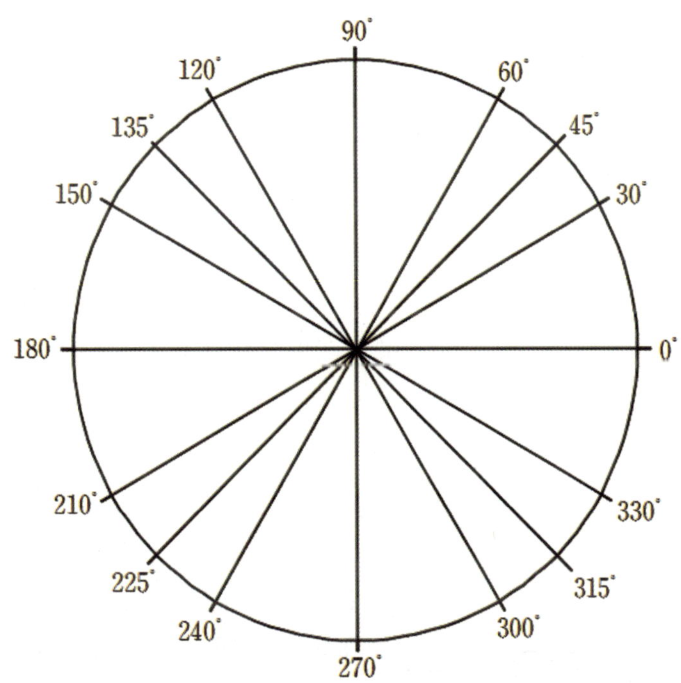

연구12   □X □△ □○

아래 표에 알맞은 값을 쓰시오.

θ	0	$\dfrac{\pi}{6}$	$\dfrac{\pi}{3}$	$\dfrac{\pi}{2}$	$\dfrac{2\pi}{3}$	$\dfrac{5\pi}{6}$	π	$\dfrac{7\pi}{6}$	$\dfrac{4\pi}{3}$	$\dfrac{3\pi}{2}$	$\dfrac{5\pi}{3}$	$\dfrac{11\pi}{6}$	2π
$\sin\theta$													
$\cos\theta$													

정답 ▷ p.117

나의 개념 이해도를 ☑체크해보자! □X □△ □완성○

연구13   □X □△ □○

함수 $y = \sin x$의 그래프에서 아래 사항에 알맞은 것을 쓰시오.

a.정의역:

b.치 역:

c.주 기:

d.대칭성:

정답 ▷ p.118

연구14   □X □△ □○

함수 $y = \cos x$의 그래프에서 아래 사항에 알맞은 것을 쓰시오.

a.정의역:

b.치 역:

c.주 기:

d.대칭성:

정답 ▷ p.119

연구15   □X □△ □○

두 함수 $y = \sin x$와 $y = \cos x$의 그래프는 ☐ 이동 관계이다.

정답 ▷ p.119

연구16   □X □△ □○

함수 $y = \tan x$의 그래프에서 아래 사항에 알맞은 것을 쓰시오.

a.정의역:

b.치 역:

c.주 기:

d.대칭성:

정답 ▷ p.119

연구17   □X □△ □○

빈칸에 알맞은 것을 쓰시오.

함 수	최댓값	최솟값	주 기
$a\sin(bx+\alpha)+c$			
$a\cos(bx+\alpha)+c$			
$a\tan(bx+\alpha)+c$			

정답 ▷ p.120

연구18   □X □△ □○

$y = f(x)$의 그래프에 대한 $y = f(px)$의 그래프의 특징을 쓰시오.

정답 ▷ p.121

연구19   □X □△ □○

$y = f(x)$의 그래프에 대한 $y = pf(x)$의 그래프의 특징을 쓰시오.

정답 ▷ p.121

연구20   □X □△ □○

빈칸에 알맞은 것을 쓰고 이 식이 성립하는 이유를 단위원을 이용해 표현하시오.

$\sin(-\theta) = $ ☐

$\cos(-\theta) = $ ☐

$\tan(-\theta) = $ ☐

정답 ▷ p.122

☑X ➡ ☑△ ➡ ☑완성○ 될 때까지 복습하자!

연구21 □X □△ □○

빈칸에 알맞은 것을 쓰고 이 식이 성립하는
이유를 단위원을 이용해 표현하시오.

$\sin(\pi+\theta) = \boxed{}$

$\cos(\pi+\theta) = \boxed{}$

$\tan(\pi+\theta) = \boxed{}$

정답 ▷ p.122

연구22 □X □△ □○

빈칸에 알맞은 것을 쓰고 이 식이 성립하는
이유를 단위원을 이용해 표현하는

$\sin(\pi-\theta) = \boxed{}$

$\cos(\pi-\theta) = \boxed{}$

$\tan(\pi-\theta) = \boxed{}$

정답 ▷ p.122

연구23 □X □△ □○

빈칸에 알맞은 것을 쓰고 이 식이 성립하는
이유를 단위원을 이용해 표현하시오.

$\sin\left(\dfrac{\pi}{2}+\theta\right) = \boxed{}$

$\cos\left(\dfrac{\pi}{2}+\theta\right) = \boxed{}$

$\tan\left(\dfrac{\pi}{2}+\theta\right) = \boxed{}$

정답 ▷ p.122

연구24 □X □△ □○

빈칸에 알맞은 것을 쓰고 이 식이 성립하는
이유를 단위원을 이용해 표현하시오.

$\sin\left(\dfrac{\pi}{2}-\theta\right) = \boxed{}$

$\cos\left(\dfrac{\pi}{2}-\theta\right) = \boxed{}$

$\tan\left(\dfrac{\pi}{2}-\theta\right) = \boxed{}$

정답 ▷ p.122

연구25 □X □△ □○

$\triangle ABC$에서 아래 사인법칙이 성립함을
유도하시오. (단, R는 외접원의 반지름)

$$\frac{a}{\sin A} = \frac{b}{\sin B} = \frac{c}{\sin C} = 2R$$

($\triangle ABC$의 각이 예각일 때만 유도하면 됩니다.)

연구26 □X □△ □○

$\triangle ABC$에 대하여 사인법칙을 활용하여

① b를 이용해 a를 표현하시오.

② c를 이용해 a를 표현하시오.

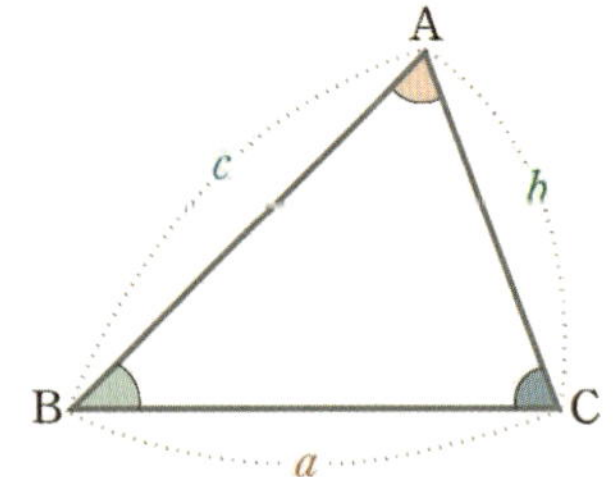

정답 ▷ p.124

연구27 □X □△ □○

$\triangle ABC$에서 아래 코사인법칙이 성립함을
유도하시오.

$$b^2 = a^2 + c^2 - 2ac\cos B$$

정답 ▷ p.126

연구28 □X □△ □○

$\triangle ABC$가 아래와 같은 조건을 만족시킬 때,
$\triangle ABC$의 넓이를 쓰시오.

①밑변 a와 높이 h가 주어질 때

②두 변의 길이와 그 낀 각을 알 때

③내접원의 반지름 r과 세 변이 주어질 때

④외접원의 반지름 R과 세 변이 주어질 때

⑤세 변의 길이를 알 때 (헤론의 공식)

정답 ▷ p.127

나의 개념 이해도를 ☑체크해보자! □X □△ □완성○

수학 I
Ⅲ.수열

— 연구01   □X □△ □○ —

등차수열의 정의를 쓰시오.

정답 ▷ p.128

— 연구02   □X □△ □○ —

첫째항이 a이고, 공차가 d인 등차수열 $\{a_n\}$의 일반항 a_n의 식을 유도하시오.

정답 ▷ p.128

— 연구03   □X □△ □○ —

b가 a와 c의 등차중항일 때 성립하는 식을 쓰고 이를 유도하시오.

정답 ▷ p.128

— 연구04   □X □△ □○ —

등차수열 $\{a_n\}$의 첫째항부터 제 n항까지의 합 S_n을 유도하시오.

정답 ▷ p.129

— 연구05   □X □△ □○ —

일반항 a_n과 수열 $\{a_n\}$의 첫째항부터 제n항까지의 합 S_n의 관계를 쓰시오.

정답 ▷ p.129

— 연구06   □X □△ □○ —

등비수열의 정의를 쓰시오.

정답 ▷ p.130

— 연구07   □X □△ □○ —

첫째항이 a이고, 공비가 r인 등비수열 $\{a_n\}$의 일반항 a_n의 식을 유도하시오.

정답 ▷ p.130

— 연구08   □X □△ □○ —

b가 a와 c의 등비중항일 때, 성립하는 식을 쓰고 이를 유도하시오.

정답 ▷ p.130

— 연구09   □X □△ □○ —

첫째항이 a이고, 공비가 r인 등비수열의 첫째항부터 제n항까지의 합 S_n을 유도하시오.

정답 ▷ p.131

— 연구10   □X □△ □○ —

아래 시그마 식을 +기호로 풀어서 쓰시오.

① $\displaystyle\sum_{k=1}^{n} a_k =$

② $\displaystyle\sum_{n=1}^{k} a_n =$

③ $\displaystyle\sum_{k=1}^{n} a_n =$

④ $\displaystyle\sum_{n=1}^{k} a_k =$

정답 ▷ p.132

☑X ➡ ☑△ ➡ ☑완성〇 될 때까지 복습하자!

── 연구11 □X □△ □〇 ──

다음을 유도하시오.

① $\displaystyle\sum_{k=1}^{n}(a_k+b_k)=\sum_{k=1}^{n}a_k+\sum_{k=1}^{n}b_k$

② $\displaystyle\sum_{k=1}^{n}(a_k-b_k)=\sum_{k=1}^{n}a_k-\sum_{k=1}^{n}b_k$

③ $\displaystyle\sum_{k=1}^{n}ca_k=c\sum_{k=1}^{n}a_k$ (단, c는 상수)

④ $\displaystyle\sum_{k=1}^{n}c=cn$

정답 ▷ p.132

── 연구12 □X □△ □〇 ──

아래 빈칸에 알맞은 값을 쓰시오.

① $\displaystyle\sum_{k=1}^{n}a_k=\sum_{k=1}^{n-1}a_k+[\qquad]$

① $\displaystyle\sum_{k=1}^{n}a_k=\sum_{k=1}^{m}a_k+\sum_{k=[\ \ ]}^{n}a_k$ (단, $m<n$)

③ $\displaystyle\sum_{k=1}^{n}a_{k+m}=\sum_{k=[\ \ ]}^{[\ \ ]}a_k$

④ $\displaystyle\sum_{k=1}^{2n}a_k=\sum_{k=1}^{[\ \ ]}a_{2k-1}+\sum_{k=1}^{[\ \ ]}a_{2k}$

정답 ▷ p.132

── 연구13 □X □△ □〇 ──

빈칸에 알맞은 식을 쓰시오.

① $\displaystyle\sum_{k=1}^{n}k=\boxed{}$

② $\displaystyle\sum_{k=1}^{n}k^2=\boxed{}$

③ $\displaystyle\sum_{k=1}^{n}k^3=\boxed{}$

정답 ▷ p.133

── 연구14 □X □△ □〇 ──

$\dfrac{1}{A\cdot B}=\dfrac{1}{B-A}\left(\dfrac{1}{A}-\dfrac{1}{B}\right)$를 유도하시오.

정답 ▷ p.133

── 연구15 □X □△ □〇 ──

아래 시그마 식을 계산하시오.

① $\displaystyle\sum_{k=1}^{n}kn^2=$

② $\displaystyle\sum_{n=1}^{k}kn^2=$

정답 ▷ p.133

── 연구16 □X □△ □〇 ──

수학적 귀납법이 무엇인지 서술하시오.

정답 ▷ p.134

── 연구17 □X □△ □〇 ──

수열의 귀납적 정의가 무엇인지 서술하시오.

정답 ▷ p.134

── 연구18 □X □△ □〇 ──

등차수열의 점화식 2가지를 쓰시오.

정답 ▷ p.134

── 연구19 □X □△ □〇 ──

등비수열의 점화식 2가지를 쓰시오.

정답 ▷ p.134

나의 개념 이해도를 ☑체크해보자! □X □△ □완성○

수학 Ⅱ
Ⅰ. 함수의 극한

— 연구01   □X □△ □○ —

$x = a$에서 함수 $f(x)$의 극한값 α가 존재한다는 것의 뜻을 쓰시오.

정답 ▷ p.139

— 연구02   □X □△ □○ —

아래 함수의 극한의 성질이 성립할 조건을 쓰시오.

① $\lim\limits_{x \to a} k f(x) = k \lim\limits_{x \to a} f(x)$ (단, k는 상수)

② $\lim\limits_{x \to a} \{f(x) + g(x)\} = \lim\limits_{x \to a} f(x) + \lim\limits_{x \to a} g(x)$

③ $\lim\limits_{x \to a} \{f(x) - g(x)\} = \lim\limits_{x \to a} f(x) - \lim\limits_{x \to a} g(x)$

④ $\lim\limits_{x \to a} f(x) g(x) = \lim\limits_{x \to a} f(x) \cdot \lim\limits_{x \to a} g(x)$

⑤ $\lim\limits_{x \to a} \dfrac{f(x)}{g(x)} = \dfrac{\lim\limits_{x \to a} f(x)}{\lim\limits_{x \to a} g(x)}$

(단, $g(x) \neq 0$, $\lim\limits_{x \to a} g(x) \neq 0$)

정답 ▷ p.142

— 연구03   □X □△ □○ —

$\lim\limits_{x \to a} f(x) = \alpha$, $\lim\limits_{x \to a} g(x) = \beta$ (수렴할 때)일 때, 빈칸에 알맞은 것을 쓰시오.

• $f(x) < g(x)$이면 $\lim\limits_{x \to a} f(x) \boxed{\phantom{<}} \lim\limits_{x \to a} g(x)$이다.

• $f(x) < h(x) < g(x)$이고 $\alpha = \beta$ 이면 $\lim\limits_{x \to a} h(x) = \boxed{}$이다.

정답 ▷ p.142

— 연구04   □X □△ □○ —

다음 가정에 대한 결론으로 알맞은 것을 쓰고 이를 유도하시오.

① $\lim\limits_{x \to a} \dfrac{f(x)}{g(x)} = \alpha$ 이고 $\lim\limits_{x \to a} g(x) = 0$ 이면

② $\lim\limits_{x \to a} \dfrac{f(x)}{g(x)} = \alpha \neq 0$ 이고 $\lim\limits_{x \to a} f(x) = 0$ 이면

③ $\lim\limits_{x \to a} f(x) = \infty$ 이고 $\lim\limits_{x \to a} f(x) g(x) = \alpha$ 이면

정답 ▷ p.143

— 연구05   □X □△ □○ —

함수 $f(x)$가 $x = a$에서 연속이 되도록 하는 조건을 쓰시오.

정답 ▷ p.145

☑X ➡ ☑△➡ ☑완성○ 될 때까지 복습하자!

연구06 □X □△ □○

$x = a$ 에서 연속인 두 함수 $f(x)$, $g(x)$에 대하여 다음 함수도 $x = a$에서 연속임을 유도하시오.

① $y = f(x) \pm g(x)$

② $y = cf(x)$ (단, c는 상수)

③ $y = f(x)g(x)$

④ $y = \dfrac{f(x)}{g(x)}$　$(g(a) \neq 0)$

정답 ▷ p.146

연구07 □X □△ □○

함수 $f(x)$가 $x = a$에서만 불연속이고 함수 $g(x)$가 연속함수일 때, 함수 $f(x)g(x)$가 실수 전체에서 연속이기 위해 성립하는 조건을 쓰고 이를 유도하시오. ($x = a$에서 $f(x)$의 좌극한, 우극한이 각각 존재는 경우만 유도하자.)

정답 ▷ p.147

연구08 □X □△ □○

함수 $g(x)$와 $h(x)$가 연속함수일 때, 함수

$$f(x) = \begin{cases} g(x) & (x \leq a) \\ h(x) & (x > a) \end{cases}$$

가 실수 전체에서 연속일 조건을 쓰고 이를 유도하시오.

정답 ▷ p.147

연구09 □X □△ □○

최대·최소의 정리를 쓰시오.

정답 ▷ p.148

연구10 □X □△ □○

사이값 정리를 쓰시오.

정답 ▷ p.149

연구11 □X □△ □○

함수 $f(x)$가 폐구간 $[a, b]$에서 연속이고 $f(a) \times f(b) < 0$일 때, 성립하는 것을 쓰시오.

정답 ▷ p.149

나의 개념 이해도를 ☑체크해보자! □X □△ □완성○

수학 Ⅱ
Ⅱ.미분법

── 연구01 □X □△ □○ ──

함수 $y = f(x)$에서 x의 값이 a에서 b까지 변할 때 평균변화율을 구하시오.

정답 ▷ p.150

── 연구02 □X □△ □○ ──

함수 $f(x)$의 $x = a$에서의
① 미분계수
② 좌미분계수
③ 우미분계수 를 쓰시오.

정답 ▷ p.151

── 연구03 □X □△ □○ ──

함수 $f(x)$의 $x = a$에서의 미분가능하다는 것의
① 정의를 쓰고
② 조건을 쓰고
③ 조건을 유도하시오.

정답 ▷ p.152

── 연구04 □X □△ □○ ──

함수 $y = f(x)$가 $x = a$에서
① 미분가능하면 연속인가? 아니라면 예를 드시오.
② 연속이면 미분가능한가? 아니라면 예를 드시오.

정답 ▷ p.152

── 연구05 □X □△ □○ ──

미분가능한 함수 $g(x)$와 $h(x)$에 대하여, 함수
$$f(x) = \begin{cases} g(x) & (x \leq a) \\ h(x) & (x > a) \end{cases}$$
가 실수 전체에서 미분가능할 조건을 쓰고 이를 유도하시오.

정답 ▷ p.153

── 연구06 □X □△ □○ ──

함수 $y = f(x)$의 도함수의 기호와 정의를 쓰시오.

정답 ▷ p.153

── 연구07 □X □△ □○ ──

미분가능한 두 함수 $f(x)$, $g(x)$에 대하여 아래 식이 성립함을 유도하시오.
① $\{c\}' = 0$
② $\{x^n\}' = nx^{n-1}$
③ $\{cf(x)\}' = cf'(x)$
④ $\{f(x) + g(x)\}' = f'(x) + g'(x)$
⑤ $\{f(x) - g(x)\}' = f'(x) - g'(x)$
⑥ $\{f(x)g(x)\}' = f'(x)g(x) + f(x)g'(x)$

정답 ▷ p.154

── 연구08 □X □△ □○ ──

곡선 $y = f(x)$ 위의 점 $(a, f(a))$에서의 접선의 방정식을 쓰시오.

정답 ▷ p.156

☑X ➡ ☑△ ➡ ☑완성○ 될 때까지 복습하자!

연구09 □X □△ □○

최대·최소의 정리를 쓰시오.

정답 ▷ p.156

연구10 □X □△ □○

사이값 정리를 쓰시오.

정답 ▷ p.156

연구11 □X □△ □○

롤의 정리를 쓰시오

정답 ▷ p.157

연구12 □X □△ □○

롤의 정리를 유도하시오.

정답 ▷ p.157

연구13 □X □△ □○

평균값의 정리를 쓰시오.

정답 ▷ p.158

연구14 □X □△ □○

평균값의 정리를 유도하시오.

정답 ▷ p.158

연구15 □X □△ □○

함수 $f(x)$가 어떤 구간에서

① 증가한다는 것의 정의를 쓰시오.

② 감소한다는 것의 정의를 쓰시오.

정답 ▷ p.159

연구16 □X □△ □○

함수 $f(x)$가 어떤 구간에서 미분가능하고, 그 구간의 모든 x에 대하여 $f'(x) > 0$이면 $f(x)$는 이 구간에서 증가함을 유도하시오.

※ $f'(x) < 0$이면 $f(x)$는 이 구간에서 감소한다.

정답 ▷ p.159

연구17 □X □△ □○

미분가능한 함수 $f(x)$에 대하여 다음 명제의 참 거짓을 판별하시오.

① $y = f(x)$가 증가함수이면 $f'(x) > 0$이다.

② $f'(x) > 0$이면 $y = f(x)$가 증가함수이다.

③ $y = f(x)$가 증가함수이면 $f'(x) \geq 0$이다.

④ $f'(x) \geq 0$이면 $y = f(x)$가 증가함수이다.

정답 ▷ p.159

나의 개념 이해도를 ☑체크해보자! □X □△ □완성○

┌── 연구18   □X □△ □○ ──┐

삼차함수 $y = f(x)$에 대하여 도함수
$y = f'(x)$의 그래프가 다음과 같을 때 알맞은
그래프 개형을 그리시오.

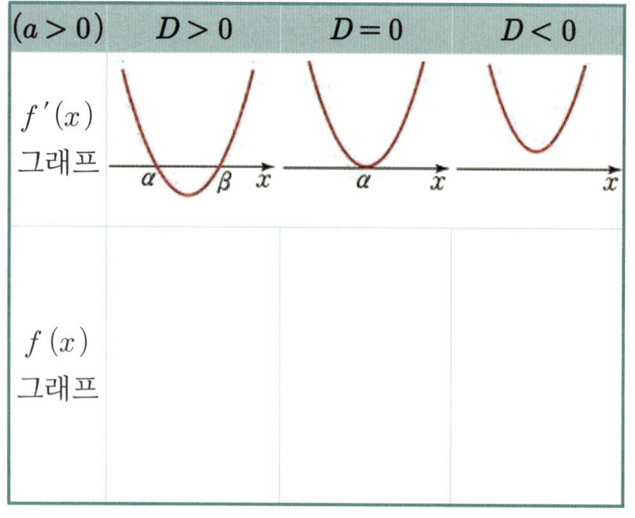

정답 ▷ p.160

┌── 연구19   □X □△ □○ ──┐

다항함수 $f(x)$가 아래와 같이 표현될 때, $x = \alpha$
좌우에서 $f(x)$ 그래프의 부호변화 여부를
쓰시오. (단, $g(\alpha) \neq 0$)
① $f(x) = (x - \alpha)^{\text{짝}} g(x)$
② $f(x) = (x - \alpha)^{\text{홀}} g(x)$

정답 ▷ p.163

┌── 연구20   □X □△ □○ ──┐

다항함수 $f(x)$의 그래프가 $x = a$에서 x축에
접할 때, $f(x) = (x - a)^2 g(x)$이 성립함을
유도하시오.

정답 ▷ p.163

┌── 연구21   □X □△ □○ ──┐

함수의 극대와 극소의 정의를 쓰시오.

정답 ▷ p.166

┌── 연구22   □X □△ □○ ──┐

함수 $f(x)$가 $x = a$에서 미분가능하고,
$x = a$에서 극값을 가지면 $f'(a) = 0$임을
유도하시오.

정답 ▷ p.166

┌── 연구23   □X □△ □○ ──┐

다음 명제의 참 거짓을 판별하시오.
① $x = a$에서 $f(x)$가 극값을 가지면
  $f'(a) = 0$이다.
② $f'(a) = 0$이면
  $x = a$에서 $f(x)$가 극값을 가진다.

정답 ▷ p.167

┌── 연구24   □X □△ □○ ──┐

삼차함수 $f(x)$가 극값을 가질 때,
아래 경우마다 $f(x) = 0$의 근의 종류를 쓰시오.
① (극댓값) × (극솟값) < 0
② (극댓값) × (극솟값) = 0
③ (극댓값) × (극솟값) > 0

정답 ▷ p.168

☑X ➡ ☑△➡ ☑완성○ 될 때까지 복습하자!

수학 II
III. 적분법

— 연구01   □X □△ □○ —

두 함수 $f(x)$, $g(x)$에 대하여 다음이 성립함을 유도하시오.

① $\displaystyle\int x^n\,dx = \frac{x^{n+1}}{n+1} + C$ (단, n은 자연수)

② $\displaystyle\int k\,f(x)\,dx = k\int f(x)\,dx$ (단, k는 상수)

③ $\displaystyle\int \{f(x)+g(x)\}\,dx = \int f(x)\,dx + \int g(x)\,dx$

④ $\displaystyle\int \{f(x)-g(x)\}\,dx = \int f(x)\,dx - \int g(x)\,dx$

정답 ▷ p.170

— 연구02   □X □△ □○ —

$\{F(x)\}' = f(x)$일 때 $F(b)-F(a)$의 기하학적인 의미를 쓰시오. (단, $f(x) > 0$, $b > a$)

정답 ▷ p.171

— 연구03   □X □△ □○ —

함수 $f(x)$가 연속이고 $S(t)$가 $y = f(x)$와 x축 및 $x = a$와 $x = t$로 둘러싸인 도형의 넓이라고 하자(단, $t \geq a$). $f(x) \geq 0$일 때

$$\int_a^t f(x)\,dx = S(t)$$ 임을 유도하시오.

(단, $\displaystyle\int_a^b f(x)\,dx = [F(x)]_a^b = F(b) - F(a)$ 이다)

정답 ▷ p.172

— 연구04   □X □△ □○ —

함수 $f(x)$가 연속이고 $S(t)$가 $y = f(x)$와 x축 및 $x = a$와 $x = t$로 둘러싸인 도형의 넓이라고 하자(단, $t \geq a$). $f(x) \leq 0$일 때

$$\int_a^t f(x)\,dx = -S(t)$$ 임을 유도하시오.

정답 ▷ p.173

나의 개념 이해도를 ☑체크해보자! □X □△ □완성○

연구05 □X □△ □○

함수 $y = f(x)$의 그래프가 아래 그림과 같을 때 $\int_a^b f(x)dx = S_1 - S_2$임을 유도하시오. (단, S_1은 양인 부분의 넓이, S_2는 음인 부분의 넓이)

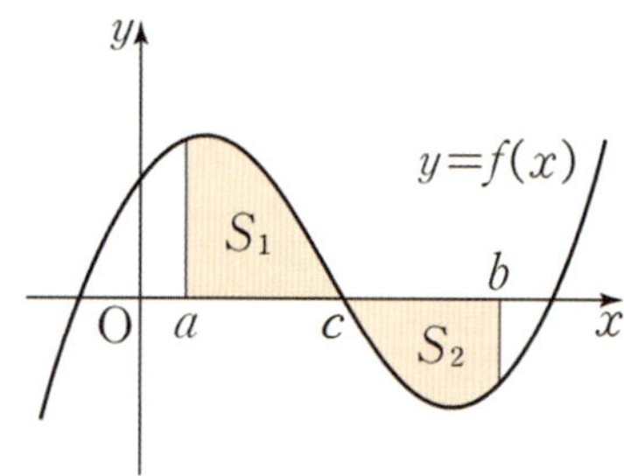

정답 ▷ p.173

연구06 □X □△ □○

두 함수 $f(x)$, $g(x)$가 세 실수 a, b, c를 포함하는 구간에서 연속일 때 다음을 유도하시오.

① $\displaystyle\int_a^a f(x)\,dx = 0$

② $\displaystyle\int_a^b f(x)\,dx = -\int_b^a f(x)\,dx$

③ $\displaystyle\int_a^b k f(x)\,dx = k\int_a^b f(x)\,dx$ (단, k는 상수)

④ $\displaystyle\int_a^b \{f(x) + g(x)\}\,dx = \int_a^b f(x)\,dx + \int_a^b g(x)\,dx$

⑤ $\displaystyle\int_a^b \{f(x) - g(x)\}\,dx = \int_a^b f(x)\,dx - \int_a^b g(x)\,dx$

정답 ▷ p.174

연구07 □X □△ □○

아래 식에서 빈칸에 알맞은 것을 쓰고 이를 유도하시오.

① 함수 $f(x)$가 우함수이면

$$\int_{-a}^a f(x)\,dx = \boxed{}$$

② 함수 $f(x)$가 기함수이면

$$\int_{-a}^a f(x)\,dx = \boxed{}$$

정답 ▷ p.175

연구08 □X □△ □○

아래 식에서 빈칸에 알맞은 것을 쓰고 이를 유도하시오.

① $\displaystyle\frac{d}{dx}\int_a^x f(t)\,dt = \boxed{}$

② $\displaystyle\lim_{x \to a}\frac{1}{x-a}\int_a^x f(t)\,dt = \boxed{}$

③ $\displaystyle\int_\alpha^\beta a(x-\alpha)(x-\beta)\,dx = \boxed{}$

정답 ▷ p.176

연구09 □X □△ □○

함수 $f(x)$가 구간 $[a, b]$에서 연속일 때, 곡선 $y = f(x)$와 x축 및 두 직선 $x = a$, $x = b$로 둘러싸인 도형의 넓이 S는 $S = \displaystyle\int_a^b |f(x)|\,dx$ 임을 유도하시오. (단, $f(x)$는 닫힌 구간 $[a, c]$에서 $f(x) \geq 0$이고, 닫힌 구간 $[c, b]$에서 $f(x) \leq 0$이다.)

정답 ▷ p.177

☑X ⟹ ☑△ ⟹ ☑완성○ 될 때까지 복습하자!

연구10 □X □△ □○

구간 $[a, b]$에서 연속인 두 곡선 $y=f(x)$, $y=g(x)$ 및 두 직선 $x=a$, $x=b$로 둘러싸인 도형의 넓이 S는 $S=\displaystyle\int_a^b |f(x)-g(x)|\,dx$임을 유도하시오.

정답 ▷ p.178

연구12 □X □△ □○

함수 $x=g(y)$가 연속이고 $S(t)$가 $x=g(y)$와 y축 및 두 직선 $y=b$, $y=t$로 둘러싸인 도형의 넓이라고 하자. $x=g(y) \geq 0$일 때

$$\int_b^t g(y)\,dy = S(t)$$ 임을 유도하시오.

정답 ▷ p.181

연구11 □X □△ □○

두 함수 $y=f(x)$와 $y=g(x)$에 대하여 그래프가 아래 그림과 같을 때, 다음 식이 성립함을 유도하시오.

$$\int_a^b \{f(x)-g(x)\}\,dx = S_1 - S_2$$

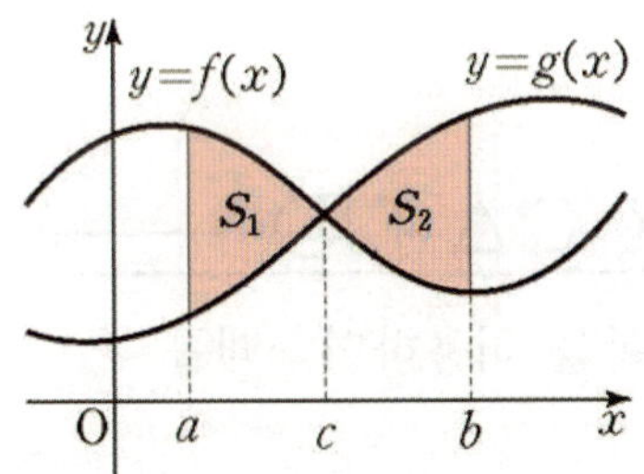

정답 ▷ p.180

연구13 □X □△ □○

시각 t에서의 위치를 $S(t)$, 속도를 $v(t)$, 가속도를 $a(t)$라고 하자.

① 시각 t에서 $t+\Delta t$까지의 점 P의 평균속도를 위치 $S(t)$를 이용해 표현하시오.

② 시각 t에서의 점 P의 속도를 위치 $S(t)$를 이용해 표현하시오.

③ 시각 t에서의 점 P의 가속도를 속도 $v(t)$를 이용해 표현하시오.

④ 시각 t에서의 위치를 속도 $v(t)$와 위치 $S(t_0)$를 이용해 표현하시오.

⑤ $t=a$에서 $t=b$까지의 위치의 변화량을 속도 $v(t)$를 이용해 표현하시오.

⑥ $t=a$에서 $t=b$까지의 이동 거리를 속도 $v(t)$를 이용해 표현하시오.

정답 ▷ p.182

나의 개념 이해도를 ☑체크해보자! ☐X ☐△ ☐완성○

확률과 통계
Ⅰ.경우의 수

── 연구01   ☐X ☐△ ☐○ ──

서로 다른 n개를 원형으로 배열하는 순열의 값은?

정답 ▷ p.186

── 연구02   ☐X ☐△ ☐○ ──

n개 중에 서로 같은 것이 각각 p개, q개, $\cdots$, r개씩 있을 때, n개를 모두 택하여 만들 수 있는 순열의 값은?

정답 ▷ p.186

── 연구03   ☐X ☐△ ☐○ ──

서로 다른 n개 중에서 중복을 허용하여 r개를 택하는 순열의 값은?

정답 ▷ p.187

── 연구04   ☐X ☐△ ☐○ ──

서로 다른 n개에서 중복을 허용하여 r개를 택하는 조합의 값을 쓰시오.

정답 ▷ p.187

── 연구05   ☐X ☐△ ☐○ ──

서로 다른 n개에서 중복을 허용하여 r개를 택하는 조합의 경우의 수
= 서로 [같은/다른] [　]개의 상자에
서로 [같은/다른] [　]개의 물건을 넣는 경우의 수
= 서로 [같은/다른] [　]개의 칸막이와
서로 [같은/다른] [　]개의 동그라미를 배열하는 경우의 수

정답 ▷ p.187

☑X ➡ ☑△ ➡ ☑완성○ 될 때까지 복습하자!

연구06　□X　□△　□○

각 문제 상황에 맞는 공식을 쓰시오. 　정답 ▷ p.188

문제 상황 1
① 다른 종류의 통 3개에 다른 종류의 공 6개를 넣는 경우의 수를 구하시오. (단, 빈 통이 있을 수 있다.)
② 다른 종류의 통 3개에 다른 종류의 공 6개를 넣는 경우의 수를 구하시오. (단, 빈 통이 없도록 한다.)
③ 다른 종류의 통 3개에 같은 종류의 공 6개를 넣는 경우의 수를 구하시오. (단, 빈 통이 있을 수 있다.
④ 다른 종류의 통 3개에 같은 종류의 공 6개를 넣는 경우의 수를 구하시오. (단, 빈 통이 없도록 한다.)
⑤ 같은 종류의 통 3개에 다른 종류의 공 6개를 넣는 경우의 수를 구하시오. (단, 빈 통이 있을 수 있다.
⑥ 같은 종류의 통 3개에 다른 종류의 공 6개를 넣는 경우의 수를 구하시오. (단, 빈 통이 없도록 한다.)
⑦ 같은 종류의 통 3개에 같은 종류의 공 6개를 넣는 경우의 수를 구하시오. (단, 빈 통이 있을 수 있다.
⑧ 같은 종류의 통 3개에 같은 종류의 공 6개를 넣는 경우의 수를 구하시오. (단, 빈 통이 없도록 한다.)

문제 상황 2
① 다른 3개에서 중복 허용해 6개를 선택하여 다른 자리에 배치하는 경우의 수를 구하시오.
② 다른 3개에서 중복 허용해 6개를 선택하여 같은 자리에 배치하는 경우의 수를 구하시오.

문제 상황 3
① 다른 4개에서 중복 허용해 2개를 선택하여 다른 자리에 배치하는 경우의 수를 구하시오.
② 다른 4개에서 중복 허용해 2개를 선택하여 같은 자리에 배치하는 경우의 수를 구하시오.
③ 다른 4개에서 중복 없이 2개를 선택하여 다른 자리에 배치하는 경우의 수를 구하시오.
④ 다른 4개에서 중복 없이 2개를 선택하여 같은 자리에 배치하는 경우의 수를 구하시오.

연구07　□X　□△　□○

n이 자연수일 때 $(a+b)^n$를 이항정리를 활용하여 전개한 식을 쓰시오.

정답 ▷ p.191

연구08　□X　□△　□○

다음 식을 유도하시오.
① 이항계수는 좌우대칭이다. $\Leftrightarrow {}_nC_r = {}_nC_{n-r}$
② 파스칼의 삼각형 ${}_{n-1}C_{r-1} + {}_{n-1}C_r = {}_nC_r$
③ ${}_nC_0 + {}_nC_1 + {}_nC_2 + \cdots + {}_nC_n = 2^n$
④ ${}_nC_0 - {}_nC_1 + {}_nC_2 - {}_nC_3 + \cdots + (-1)^n {}_nC_n = 0$
⑤ n이 홀수일 때
$${}_nC_0 + {}_nC_2 + {}_nC_4 + \cdots + {}_nC_{n-1}$$
$$= {}_nC_1 + {}_nC_3 + {}_nC_5 + \cdots + {}_nC_n = 2^{n-1}$$

정답 ▷ p.192

나의 개념 이해도를 ☑체크해보자! □X □△ □완성○

확률과 통계
Ⅱ.확률

─── 연구01   □X □△ □○ ───

다음을 유도하시오.
① 임의의 사건 A에 대하여 $0 \le P(A) \le 1$
② 반드시 일어나는 사건 S에 대하여 $P(S) = 1$
③ 절대로 일어나지 않는 사건 $\varnothing$에 대하여
　$P(\varnothing) = 0$

정답 ▷ p.195

─── 연구02   □X □△ □○ ───

두 사건 A, B에 대하여 다음을 보이시오.
① $P(A \cup B) = P(A) + P(B) - P(A \cap B)$
② $P(A \cup B) = P(A) + P(B)$
　$(A \cap B = \varnothing$ 일 때)
③ $P(A^C) = 1 - P(A)$

정답 ▷ p.195

─── 연구03   □X □△ □○ ───

두 사건 A, B에 대하여 아래 식이 성립함을
유도하시오. (단, $P(A) \ne 0$)

$$P(B|A) = \frac{P(A \cap B)}{P(A)}$$

정답 ▷ p.196

─── 연구04   □X □△ □○ ───

두 사건 A, B에 대하여 아래 식이 성립함을
유도하시오. (단, $P(A) \ne 0$, $P(B) \ne 0$)
$$P(A \cap B) = P(A)P(B|A) = P(B)P(A|B)$$

정답 ▷ p.196

─── 연구05   □X □△ □○ ───

두 사건 A, B에 대하여
$(P(A) \ne 0, \ P(B) \ne 0)$
① 서로 독립인 것의 정의를 쓰시오.
② 두 사건이 서로 독립일 때,
$P(A \cap B) = P(A)P(B)$이 성립함을 유도하시오.

정답 ▷ p.197

─── 연구06   □X □△ □○ ───

한 번의 시행에서 사건 A가 일어날 확률이 p일
때, n번의 독립시행에서 사건 A가 일어나는
횟수가 r일 확률을 쓰시오.

정답 ▷ p.197

☑X ➡ ☑△➡ ☑완성○ 될 때까지 복습하자!

확률과 통계
Ⅲ.통계

— 연구01 ☐X ☐△ ☐○ —

이산확률변수 X의 평균 $E(X)$의 정의를 쓰시오.

정답 ▷ p.198

— 연구02 ☐X ☐△ ☐○ —

이산확률변수 X의
분산 $V(X)$과 표준편차 $\sigma(X)$의 정의를 쓰시오.

정답 ▷ p.199

— 연구03 ☐X ☐△ ☐○ —

다음을 유도하시오.
① $E(aX+b) = aE(X)+b$
② $V(aX+b) = a^2V(X)$
③ $\sigma(aX+b) = |a|\sigma(X)$
④ $V(X) = E(X^2) - \{E(X)\}^2$

정답 ▷ p.200

— 연구04 ☐X ☐△ ☐○ —

이항분포의 정의를 쓰고 식으로 표현하시오.

정답 ▷ p.201

— 연구05 ☐X ☐△ ☐○ —

확률변수 X가 $B(n,\ p)$을 따를 때,
① $E(X)$, ② $V(X)$, ③ $\sigma(X)$ 를 쓰시오.

정답 ▷ p.201

— 연구06 ☐X ☐△ ☐○ —

'큰 수의 법칙'을 쓰시오.

정답 ▷ p.201

— 연구07 ☐X ☐△ ☐○ —

확률밀도함수 $f(x)$가 정규분포를 따를 때
$f(x)$의 그래프의 특징으로 알맞은 것을 쓰시오.
① 대칭성:
   점근선:
② 곡선과 x축 사이의 넓이:
③ m이 일정할 때의 곡선의 모양
   σ값이 커지면:
   σ값이 작아지면:
④ σ가 일정할 때, m이 변하면:
⑤ $P(a \le X \le b)$:

정답 ▷ p.203

나의 개념 이해도를 ☑체크해보자! □X □△ □완성○

── 연구08 □X □△ □○ ──

확률변수 X가 $N(m,\sigma^2)$을 따를 때,

$Z=\dfrac{X-m}{\sigma}$ 이면 확률변수 Z가 $N(0,1)$을 따르는

이유를 쓰시오.

정답 ▷ p.204

── 연구09 □X □△ □○ ──

확률변수 X가 이항분포 $B(n,p)$를 따를 때 n이 충분히 크면 X는 근사적으로

[   ]분포 [   ]을 따른다.

정답 ▷ p.204

── 연구10 □X □△ □○ ──

크기 n인 임의표본을 $X_1, X_2, \cdots, X_n$라 할 때 다음 값을 쓰시오.
①표본의 평균
②표본의 표준편차

정답 ▷ p.206

── 연구11 □X □△ □○ ──

모평균 m, 모표준편차 σ인 모집단에서
  크기 n인 임의표본을 복원추출할 때,
· 표본평균의 평균 :
· 표본평균의 표준편차 :
· 표본평균의 분산 :

정답 ▷ p.206

── 연구12 □X □△ □○ ──

아래는 확률변수 X에 대한 확률분포이다.

X	1	2	3	4	합계
$P(X=x)$	$\dfrac{1}{4}$	$\dfrac{1}{4}$	$\dfrac{1}{4}$	$\dfrac{1}{4}$	1

이 분포를 모집단의 확률분포로 하여 복원추출로 만든 크기가 2인 표본의 평균을 $\overline{X}$라고 하자. 이 때, $\overline{X}$의 확률분포를 표로 나타내시오.

정답 ▷ p.207

── 연구13 □X □△ □○ ──

평균이 m이고 분산이 σ^2인 모집단에서 크기 n인 임의 표본을 복원 추출할 때,
표본평균을 $\overline{X}$라고 하자.
· 모집단의 분포가 정규분포 $N(m,\sigma^2)$이면 $\overline{X}$는 어떤 분포를 따르는가?
· 모집단의 분포가 정규분포가 아니면 $\overline{X}$는 근사적으로 어떤 분포를 따르는가?
     (단, 표본의 크기 n이 충분히 크다.)

정답 ▷ p.207

── 연구14 □X □△ □○ ──

평균이 m이고 표준편차가 σ인 정규분포를 따르는 모집단에서 임의추출한 크기 n인 표본 $X_1, X_2, \cdots, X_n$의 평균을 $\overline{X}$라고 할 때 다음을 구하시오.
①모평균 m의 신뢰도 95%인 신뢰구간:
②신뢰구간의 길이:
③오차한계:

정답 ▷ p.208

수학 개념어 사전

- Stepl. self Test!
  〈빈칸책〉에서 오른쪽 설명에 맞는 개념어를 생각나는 대로 적어본다.

- Step2. 채점하기
  〈답지책〉을 보고 틀린 개념어는 √체크하고 단권화 노트에서 해당 페이지를 정독한다.

- Step3. 복습 하기
  [step2]에서 체크한 개념어를 수시로 읽으며 체화한다.

- 문제를 풀다 막히는 단어가 있을 때, 수학 개념어 사전을 참조하기!
  개념어 사전에서 뜻을 찾아보고! 꼭 수학의 단권화 본문을 한 번 훑어보기!

001. (순간)가속도
[수Ⅱ〉미분법] p.182

001. ▷ 속도의 순간변화율

002. 가정
[수하〉집합과명제] p.73

002. ▷ 'p이면 q이다.' 꼴의 명제에서 p를 지칭하는 용어

003. 감소
[수Ⅱ〉미분법] p.159

003. ▷ 함수 $f(x)$에 대하여, 어떤 구간의 임의의 두 수 x_1, x_2에 대하여 $x_1 \langle x_2$일 때 $f(x_1) > f(x_2)$가 성립하면, 함수 $f(x)$는 그 구간에서 □□라고 한다.

004. 같은 것이 있는 순열
[확통〉경우의수] p.186

004. ▷ n개 중에 서로 같은 것이 각각 p개, q개, $\cdots$, r개씩 있을 때 (단, $n = p + q + \cdots + r$)
n개를 모두 택하여 만들 수 있는 순열의 수는 $\dfrac{n!}{p!q! \cdots r!}$

005. 개구간
[수Ⅱ〉함수의극한] p.145

005. ▷ $\{x \mid a < x < b\}$ (열린구간과 동일)

006. 거듭제곱
[수Ⅰ〉지수로그함수] p.99

006. ▷ a의 n 거듭제곱: 실수 a를 n번 곱한 a^n

007. 거듭제곱근
[수Ⅰ〉지수로그함수] p.99

007. ▷ a의 n 제곱근: $x^n = a$가 되는 x (n 제곱해서 a가 되는 것) (방정식 $x^n = a$의 근)

008. 결론
[수하〉집합과명제] p.73

008. ▷ 'p이면 q이다.' 꼴의 명제에서 q를 지칭하는 용어

009. 경우의 수
[수하〉경우의수] p.92

009. ▷ 어떤 사건이 일어날 수 있는 모든 가지 수.
① 빠짐없이 ② 중복되지 않게 구해야 한다.

010. 계수
[수상〉다항식] p.21

010. ▷ 단항식에서 주목하는 문자를 제외한 나머지 부분

011. 계수 비교법(미정계수법)
[수상〉다항식] p.22

011. ▷ 양변의 같은 차수를 비교하여 계수를 구함

수학 개념어 사전

012. ▷ 두 사건 A와 B가 동시에 일어나는 사건 (교집합과 동일)

013. ▷ 두 사건 A, B에 대하여
A가 일어나는 경우의 수가 m가지이고, 그 각각에 대하여,
B가 일어나는 경우의 수가 n가지일 때,
A,B가 잇달아 일어나는 경우의 수는 $m \times n$가지이다.

014. ▷ 등비수열에서 곱해지는 일정한 수

015. ▷ 어떤 시행에서 절대로 일어나지 않는 사건 (공집합과 동일)

016. ▷ 등차수열에서 더해지는 일정한 수

017. ▷ $\{x \mid x \in A$ 이고 $x \in B\}$

018. ▷ 닫힌구간, 열린구간, 반닫힌구간, 반열린구간을
통틀어 부르는 말

019. ▷ 주어진 명제의 결론을 부정하면 가정에 모순되거나 이미
참이라고 알려진 사실에 모순됨을 유도하여 주어진 명제가
참임을 증명하는 방법

020. ▷ 극댓값과 극솟값을 통틀어 부르는 용어

021. ▷ 함수 $f(x)$가 $x = a$를 포함하는 어떤 열린구간에 속하는 모든
x에 대하여 $f(a) \geq f(x)$일 때, $f(x)$는 $x = a$에서 □□라고
한다.

022. ▷ 극대일 때의 함숫값

023. ▷ 함수 $f(x)$가 $x = a$를 포함하는 어떤 열린구간에 속하는 모든
x에 대하여 $f(a) \leq f(x)$일 때, $f(x)$는 $x = a$에서 □□라고
한다.

024. 극솟값
[수Ⅱ〉미분법] p.166

024. ▷ 극소일 때의 함숫값

025. 극한(값)
[수Ⅱ〉함수의극한] p.138

025. ▷ 어떠한 변수가 어떤 일정한 수에 한없이 가까워질 때, 그 일정한 수

026. 근
[수상〉방정식과부등식] p.27

026. ▷ 방정식에서 문자에 대입하면 식이 성립되는 특정한 수

027. 근과 계수의 관계
[수상〉방정식과부등식] p.29

027. ▷ 이차방정식 $ax^2 + bx + c = 0 \ (a \neq 0)$의 두 근을 α, β라 하면

① $\alpha + \beta = -\dfrac{b}{a}$, ② $\alpha\beta = \dfrac{c}{a}$

▷ 삼차방정식 $ax^3 + bx^2 + cx + d = 0 \ (a \neq 0)$의 세 근을 α, β, γ라 하면

① $\alpha + \beta + \gamma = -\dfrac{b}{a}$, ② $\alpha\beta + \beta\gamma + \gamma\alpha = \dfrac{c}{a}$, ③ $\alpha\beta\gamma = -\dfrac{d}{a}$

028. 근원사건
[확통〉확률] p.194

028. ▷ 한 개의 원소로 이루어진 사건

029. 근의 공식
[수상〉방정식과부등식] p.28

029. ▷ 이차방정식 $ax^2 + bx + c = 0$의 근을 구하는 공식

$$x = \frac{-b \pm \sqrt{b^2 - 4ac}}{2a}$$

030. 기댓값 E(X)
[확통〉통계] p.198

030. ▷ $\mathrm{P}(X = x_i) = p_i$ (단, $i = 1, 2, \cdots, n$)라고 할 때,

$$\sum_{i=1}^{n} x_i p_i \ (\text{평균과 동일})$$

031. 기울기
[수상〉도형의방정식] p.45

031. ▷ 수평면에 대해 경사면이 기울어진 정도
▷ x값의 변화량에 대한 y값의 변화량의 비율

032. 기함수
[수상〉도형의방정식] p.59

032. ▷ 원점에 대하여 대칭인 함수

033. 내림차순
[중학수학]

033. ▷ 다항식에서, 차수가 높은 항부터 차례로 낮은 차의 항으로 쓰는 일

034. 나머지정리
[수상〉다항식] p.23

034. ▷ 다항식 $f(x)$를 일차식 $x-\alpha$로 나누었을 때 나머지는 $R=f(\alpha)$이다.

035. 내분(점)
[수상〉도형의방정식] p.42

035. ▷ 수직선 위에서 선분 AB 위의 점 P에 대하여 (단, $m>0$, $n>0$) $\overline{AP}:\overline{PB}=m:n$ 일 때, 점 P는 선분 AB를 $m:n$으로 □□한다고 하며, 점 P를 선분 AB의 □□점이라고 한다.

036. 내심
[중학수학]

036. ▷ 내접원의 중심 (모든 각의 이등분선이 만나는 점)

037. 내접
[수상〉도형의방정식] p.52

037. 도형이 다른 도형과 접할 때, 안쪽에서 접하는 것 (↔외접)

038. 내항
[중학수학]

038. ▷ 비례식에서, 안쪽에 있는 두 항. a:b=c:d에서 b와 c (↔외항)

039. 다항식
[수상〉다항식] p.19

039. ▷ 단항식들의 합

040. 단위원
[수Ⅰ〉삼각함수] p.117

040. ▷ 원점으로 중심으로 하고 반지름의 길이가 1인 원

041. 단항식
[수상〉다항식] p.19

041. ▷ 문자와 수의 곱 (항과 동일)

042. 닫힌구간 [수Ⅱ]〉함수의극한] p.145	**042.** ▷ $\{x \mid a \leq x \leq b\}$ (폐구간과 동일)
043. 대응 [수하]〉함수] p.79	**043.** ▷ 집합 X의 원소가 집합 Y의 원소와 짝이 되는 것을 집합 X에서 집합 Y로의 □□이라고 한다.
044. 대칭이동 [수상]〉도형의방정식] p.56	**044.** ▷ 도형을 주어진 점 또는 직선에 대하여 대칭인 도형으로 옮기는 것
045. 도함수 [수Ⅱ]〉미분법] p.153	**045.** ▷ 미분가능한 함수 $y = f(x)$의 정의역에서 각 원소 x에 미분계수 $f'(x)$를 대응시켜 만든 새로운 함수
046. 독립(사건) [확통]〉확률] p.197	**046.** ▷ 사건 A의 발생여부가 사건 B가 일어날 확률에 영향을 주지 않을 때, 두 사건 A, B는 서로 □□이다. $P(B) = P(B \mid A)$
047. 독립시행의 확률 [확통]〉확률] p.197	**047.** ▷ 한 번의 시행에서 사건 A가 일어날 확률이 p일 때, n번의 독립시행에서 사건 A가 일어나는 횟수를 r이라 하면 이때의 확률 P_r은 $P_r = {}_nC_r p^r q^{n-r}$ $(q = 1 - p)$
048. 동경 [수Ⅰ]〉삼각함수] p.113	**048.** ▷ 일반각에서 각의 크기를 결정하는 선
049. 동류항 [수상]〉다항식] p.19	**049.** ▷ 주목하는 문자에 대한 차수가 같은 항
050. 드모르간의 법칙 [수하]〉집합과명제] p.67	**050.** ▷ $(A \cup B)^c = A^c \cap B^c$, $(A \cap B)^c = A^c \cup B^c$
051. 등비수열 [수Ⅰ]〉수열] p.130	**051.** ▷ 첫째항부터 각 항의 바로 앞의 항에 일정한 수를 곱하여 만들어진 수열
052. 등비중항 [수Ⅰ]〉수열] p.130	**052.** ▷ 세수 a, b, c가 등비수열을 이룰 때, b를 a와 c의 □□이라고 한다.
053. 등식 [수상]〉다항식] p.18	**053.** ▷ 등호(=)로 연결 된 식

054. 등차수열
[수Ⅰ>수열] p.128

054. ▷ 첫째항에 차례로 일정한 수를 더하여 만들어진 수열

055. 등차중항
[수Ⅰ>수열] p.128

055. ▷ 세수 a, b, c가 등차수열을 이룰 때, b를 a와 c의 □□이라고 한다.

ㄹ

056. 라디안 rad
[수Ⅰ>삼각함수] p.114

056. ▷ 호도법의 단위

057. 로그
[수Ⅰ>지수로그함수] p.101

057. ▷ 거듭제곱의 식 $a^x = N$를 지수를 중심으로 $x = \log_a N$로 표현하는 기호

058. 롤의 정리
[수Ⅱ>미분법] p.157

058. ▷ 함수 $f(x)$가 폐구간 $[a, b]$에서 연속이고 개구간 (a, b)에서 미분가능할 때,
$f(a) = f(b)$이면 $f'(c) = 0 \ (a < c < b)$인 c가 개구간 (a, b)에 적어도 하나 존재한다.

ㅁ

059. 명제
[수하>집합과명제] p.69

059. ▷ 참, 거짓을 판별할 수 있는 문장이나 식

060. 모분산
[확통>통계] p.206

060. ▷ 모집단의 분산

061. 모집단
[확통>통계] p.206

061. ▷ 통계조사에서 대상이 되는 집단 전체

062. 모평균
[확통〉통계] p.206

062. ▷ 모집단의 평균

063. 모표준편차
[확통〉통계] p.206

063. ▷ 모집단의 표준편차

064. 무게중심
[중학수학]

064. ▷ 삼각형의 세 개의 꼭짓점에서 대변에 내린 중선은 한 점에서 만나게 되고 이때의 교점. 각각의 중선의 길이를 2 : 1로 내분하는 점이기도 하다.

065. 무리수
[수상〉방정식과부등식] p.24

065. ▷ 정수 m, n에 대하여 $\dfrac{n}{m}\,(m \neq 0)$꼴로 나타낼 수 없는 수

066. 무리식
[수하〉함수] p.89

066. ▷ 유리식으로 나타낼 수 없는 식

067. 무리함수
[수하〉함수] p.89

067. ▷ x에 관한 무리식인 함수

068. 무한대 ∞
[수Ⅱ〉함수의극한] p.138

068. ▷ 한없이 커지는 상태를 나타내는 기호

069. 미분계수
[수Ⅱ〉미분법] p.151

069. ▷ 함수 $f(x)$의 $x=a$에서의 미분계수는 (순간변화율과 동일)
$$f'(a) = \lim_{\Delta x \to 0} \frac{\Delta y}{\Delta x} = \lim_{\Delta x \to 0} \frac{f(a+\Delta x) - f(a)}{a+\Delta x - a} = \lim_{x \to a} \frac{f(x) - f(a)}{x-a}$$

070. 미분법
[수Ⅱ〉미분법] p.153

070. ▷ 미분가능한 어떤 함수에서 그 도함수를 구하는 계산법

071. 미분한다
[수Ⅱ〉미분법] p.153

071. ▷ 미분가능한 어떤 함수에서 그 도함수를 구하는 일

072. 미정계수법
[수상〉다항식] p.22

072. ▷ 항등식의 성질을 이용해, 계수의 값을 구하는 것

073. 밑
[수Ⅰ〉지수로그함수] p.98

073. ▷ a^n 꼴에서 a
▷ $\log_a N$ 꼴에서 a

074. 반닫힌(반열린) 구간

　，

[수Ⅱ>함수의극한] p.145

074. ▷ $\{x \mid a \le x < b\}$, $\{x \mid a < x \le b\}$

075. 반례

[수하>집합과명제] p.78

075. ▷ 어떤 명제가 참이 아님을 증명하기 위해 필요한 예

076. 발산

[수Ⅱ>함수의극한] p.138

076. ▷ 수렴하지 않음

077. 방정식

[수상>방정식과부등식] p.27

077. ▷ 문자를 포함한 등식에서, 그 문자에 특정한 수만 대입할 때 성립하는 식

078. 배반사건

[확통>확률] p.194

078. ▷ 두 사건 A, B가 동시에 일어나지 않을 때 이 두 사건을 배반사건이라 함. (두 집합의 서로소와 동일)

079. 번분수식

[수하>함수] p.86

079. ▷ 분자 또는 분모에 또 다른 분수식을 포함한 유리식

$$\frac{\dfrac{A}{B}}{\dfrac{C}{D}} = \frac{A}{B} \div \frac{C}{D} = \frac{A}{B} \times \frac{D}{C} = \frac{AD}{BC}$$

080. 벤다이어그램

[수하>집합과명제] p.62

080. ▷ 집합을 나타낸 그림

081. 변곡점

[미적>미분법] p.238

081. ▷ 곡선의 오목과 볼록이 바뀌는 지점

082. (순간)변화율

[미적>미분법] p.230

082. ▷ 변화율 $= \dfrac{\text{변화량}}{\text{변화량}}$

▷ $B = f(A)$일 때, A에 대한 B의 (순간)변화율 :

$$\lim_{\Delta A \to 0} \frac{\Delta B}{\Delta A} = \lim_{\Delta A \to 0} \frac{f(A + \Delta A) - f(A)}{A + \Delta A - A}$$

083. 복소수

[수상>방정식과부등식] p.25

083. ▷ 두 실수 a, b에 대하여 $a + bi$ 꼴로 나타낸 수

084. **복원추출**
[확통>통계] p.206

084. ▷ 한 번 추출된 원소를 다시 되돌려 놓은 후 다음 원소를 뽑음

085. **부등식**
[수상>방정식과부등식] p.39

085. ▷ 부등호를 써서 수나 식의 값의 대소 관계를 나타낸 것

086. **부분집합**
[수하>집합과명제] p.63

086. ▷ $x \in A$이면 $x \in B$일 때, A는 B의 □□이다. $A \subset B$ 또는 $B \supset A$

087. **부정**
[수하>집합과명제] p.69

087. ▷ 명제(or조건) p에 대하여 'p가 아니다'를 p의 □□이라 하며 $\sim p$로 나타낸다.

088. **부정(不定)**
[수상>방정식과부등식] p.36

088. ▷ 방정식에서 해가 무수히 많음

089. **부정방정식**
[수상>방정식과부등식] p.37

089. ▷ 방정식의 개수가 미지수의 개수보다 적은 경우 해가 무수히 많아서 해를 정할 수 없는 경우의 방정식

090. **부정적분**
[수Ⅱ>적분법] p.169

090. ▷ 함수 $f(x)$를 도함수로 가지는 함수. 즉, $F'(x) = f(x)$가 되는 함수 $F(x)$를 $f(x)$의 □□라 한다.

091. **부채꼴**
[중학수학]

091. ▷ 원의 두 반지름과 그 호로 둘러싼 도형

092. **분배**
[수하>경우의수] p.95

092. ▷ 분할된 묶음을 서로 다른 자리에 배치하는 방법의 수

093. **분산 V(X)**
[확통>통계] p.199

093. ▷ $\mathrm{P}(X = x_i) = p_i$ (단, $i = 1, 2, \cdots, n$) 라고 할 때, $\mathrm{E}\big((X - m)^2\big) = \sum_{i=1}^{n}(x_i - m)^2 p_i$의 값

094. **분수함수**
[수하>함수] p.87

094. ▷ x에 관한 분수식인 함수

095. **분할**
[수하>경우의수] p.95

095. ▷ 서로 다른 n개를 k개의 묶음으로 나누는 방법의 수

096. **불능(不能)**
[수상>방정식과부등식] p.36

096. ▷ 방정식에서 해가 없음

097. 불연속
[수Ⅱ〉함수의극한] p.145

097. ▷ 연속이 아님

098. 비례식
[중학수학]

098. ▷ 두 개의 비가 같음을 나타내는 식. a:b=c:d 꼴

099. 비복원추출
[확통〉통계] p.206

099. ▷ 되돌려 놓지 않고 다음 원소를 뽑음

100. 사건
[확통〉확률] p.194

100. ▷ 표본공간의 부분집합

101. 사인 sin
[수Ⅰ〉삼각함수] p.115

101. ▷ 좌표평면에서 x축의 양의 방향을 시초선으로 할 때, 점 $P(x,y)$에 대하여 동경 OP의 각도가 θ이고 $r=\sqrt{x^2+y^2}$일 때, $\dfrac{y}{r}$의 값

102. 사인법칙
[수Ⅰ〉삼각함수] p.124

102. ▷ $\triangle$ABC에서 $\dfrac{a}{\sin A}=\dfrac{b}{\sin B}=\dfrac{c}{\sin C}=2R$ (단, R는 외접원의 반지름)

103. 사잇값의 정리
[수Ⅱ〉함수의극한] p.149

103. ▷ 함수 $f(x)$가 폐구간 $[a,\ b]$에서 연속이고 $f(a)\neq f(b)$이면, $f(a)$와 $f(b)$ 사이의 임의의 값 k에 대하여 다음을 만족시키는 c가 열린구간 $(a,\ b)$에 적어도 하나 존재한다.
$$f(c)=k$$

104. 산술평균과 기하평균의 관계
[수하〉집합과명제] p.77

104. ▷ $\dfrac{a+b}{2}\geq\sqrt{ab}$ (단, $a>0$, $b>0$. 등호는 $a=b$일 때 성립)

105. **삼각비**
[수Ⅰ〉삼각함수] p.110

105. ▹ 직각삼각형에서 직각이 아닌 한 각의 크기에 따라 정해지는 변의 길이의 비의 값

106. **삼각함수**
[수Ⅰ〉삼각함수] p.115

106. ▹ sin, cos, tan 등의 함수를 통틀어 부르는 함수

107. **삼단논법**
[수하〉집합과명제] p.78

107. ▹ $p \rightarrow q$이고 $q \rightarrow r$이면 $p \rightarrow r$이다.

108. **상수함수**
[수하〉함수] p.81

108. ▹ 정의역 X의 모든 원소 x가 공역 Y의 오직 하나의 원소에만 대응될 때의 함수 $f(x) = c$

109. **상수항**
[수상〉다항식] p.19

109. ▹ 주목하는 문자를 포함하지 않은 항

110. **상용로그**
[수Ⅰ〉지수로그함수] p.103

110. ▹ 밑이 10인 로그 $\log_{10} N = \log N$

111. **서로소**
[수하〉집합과명제] p.64

111. ▹ 집합: 두 집합 A, B에 공통인 원소가 하나도 없을 때, 두 집합의 관계
▹ 약수 배수: 두 자연수가 공약수가 1밖에 없을 때, 두 수의 관계

112. **소수**
[중학수학]

112. ▹ 약수가 1과 자기 자신뿐인 자연수

113. **(순간)속도**
[수Ⅱ〉미분법] p.182

113. ▹ 시간에 대한 위치의 순간변화율

114. **(순간)속력**
[수Ⅱ〉미분법] p.182

114. ▹ 속도의 절댓값

115. **수렴**
[수Ⅱ〉함수의극한] p.138

115. ▹ 어떠한 변수가 어떤 일정한 수에 한없이 가까워지는 일

116. **수열**
[수Ⅰ〉수열] p.128

116. ▹ 수의 나열

117. 수열의 귀납적 정의 (점화식)
[수 I 〉수열] p.134

117. ▷ 첫째항과 이웃하는 두 항 사이의 관계식으로 수열을 정의하는 것

118. 수치 대입법 (미정계수법)
[수상〉다항식] p.22

118. ▷ 양변의 문자에 적당한 수를 대입하여 계수를 구함

119. 수학적 귀납법
[수 I 〉수열] p.134

119. ▷ 자연수 n에 대하여 명제 $P(n)$이 성립함을 보이려 할 때
① $P(1)$이 성립함을 보인다.
② $P(k)$가 성립한다고 가정할 때 $P(k+1)$이 성립함을 보인다.
⇒ 명제 $P(n)$은 모든 자연수 n에 대하여 성립한다.

120. 수학적 확률
[확통〉확률] p.194

120. ▷ 하나의 시행에서 일어날 수 있는 사건 전체를 S라 할 때, 일어날 수 있는 모든 경우의 수는 $n(S)$이고, 사건 A가 일어날 경우의 수는 $n(A)$라 하자. 이 때, 이 시행에서 기본적인 사건들이 같은 정도로 기대된다고 하면

$$P(A) = \frac{n(A)}{n(S)}$$

121. 순간변화율
[수 II 〉미분법] p.151

121. ▷ 미분계수와 동일

122. 순열
[수하〉경우의수] p.93

122. ▷ 서로 다른 n개에서 r개를 택하여 이들의 순서를 생각하여 일렬로 배열하는 경우의 수

123. 순허수
[수상〉방정식과부등식] p.25

123. ▷ 복소수 $a+bi$에서 실수부분 $a=0$이고 허수부분 $b \neq 0$인 허수. (bi 꼴)

124. 시그마 Σ
[수 I 〉수열] p.131

124. ▷ 수열의 합을 나타내는 기호

125. 시초선
[수 I 〉삼각함수] p.113

125. ▷ 일반각에서 기준이 되는 선

126. 시행
[확통〉확률] p.194

126. ▷ 동일한 조건 아래 반복될 수 있으며 그 결과가 우연에 의하여 결정되는 실험이나 관찰

127. 실근
[수상〉방정식과부등식] p.27

127. ▷ 실수인 근

128. 실수
[수상〉방정식과부등식] p.24

128. ▷ 유리수와 무리수의 총칭 (↔허수)

129. 실수부분
[수상〉방정식과부등식] p.25

129. ▷ 복소수 $a+bi$에서 실수 a

ㅇ

130. (허수단위)
[수상〉방정식과부등식] p.25

130. ▷ 제곱하여 −1이 되는 수

131. 약분
[중학수학]

131. ▷ 분수의 분모와 분자를 공약수로 나누어 간단히 만듦

132. 약수
[중학수학]

132. ▷ 어떤 정수를 나누어 떨어지게 하는 0이 아닌 정수

133. 여사건
[확통〉확률] p.194

133. ▷ 표본공간 S에 대하여 사건 A가 일어나지 않을 사건 (여집합과 동일)

134. 여집합
[수하〉집합과명제] p.64

134. ▷ $\{x \mid x \in U$ 이고 $x \notin A\}$

135. 역
[수하〉집합과명제] p.74

135. ▷ 주어진 명제의 가정과 결론을 서로 바꾸어 놓은 명제

136. 역함수
[수하〉함수] p.84

136. ▷ 함수 $f : X \to Y$가 일대일 대응이고, Y의 원소 y에 대하여 $y = f(x)$인 X의 원소 x에 대응시키면 Y에서 X로의 함수가 얻어진다. $f^{-1} : Y \to X,\ x = f^{-1}(y)$

137. 연립방정식
[수상〉방정식과부등식] p.36

137. ▷ 2개 이상의 미지수를 포함하는 2개 이상의 방정식의 쌍이 주어지고, 미지수가 주어진 모든 방정식을 동시에 만족할 것이 요구되어 있을 때, 이 방정식의 쌍

138. 연립부등식
[수상〉방정식과부등식] p.40

138. ▷ 2개 이상의 미지수를 포함하는 2개 이상의 부등식의 쌍이 주어지고, 미지수가 주어진 모든 부등식을 동시에 만족할 것이 요구되어 있을 때, 이 부등식의 쌍

139. 연속
[수Ⅱ〉함수의극한] p.145

139. ▷ 함수 $f(x)$가 $x = a$에서
① $f(a)$가 존재, ② $\lim_{x \to a} f(x)$가 존재, ③ $\lim_{x \to a} f(x) = f(a)$

140. 연속함수
[수Ⅱ〉함수의극한] p.146

140. ▷ 모든 점에서 연속일 때의 함수

141. 연속확률변수
[확통〉통계] p.202

141. ▷ 어떤 구간의 모든 실수값을 가지는 확률변수

142. 열린구간
[수Ⅱ〉함수의극한] p.145

142. ▷ $\{x \mid a < x < b\}$ (개구간과 동일)

143. 오름차순
[중학수학]

143. ▷ 다항식에서, 차수가 낮은 항부터 차례로 높은 차의 항으로 쓰는 일

144. 완전제곱식
[중학수학]

144. ▷ 식의 제곱 형태로 표현된 식. (식)^2 꼴

145. 외분(점)
[수상〉도형의방정식] p.42

145. ▷ 수직선 위에서 선분 AB의 연장선 위의 점 Q에 대하여 (단, $m > 0$, $n > 0$, $m \neq n$)
$$\overline{AQ} : \overline{QB} = m : n$$
일 때, 점 Q는 선분 AB를 $m : n$으로 □□한다고 하며, 점 Q를 선분 AB의 □□이라고 한다.

146. 외심
[중학수학]

146. ▷ 외접원의 중심. 모든 변의 수직이등분선이 만나는 점.

147. 외접
[수상〉도형의방정식] p.52

147. ▷ 도형이 다른 도형과 접할 때, 바깥쪽에서 접하는 것 (↔내접)

148. 외항
[중학수학]

148. ▷ 비례식에서 양 끝에 있는 두 개의 항. 즉 a:b=c:d의 a와 d (↔내항)

149. 우극한
[수Ⅱ〉함수의극한] p.141

149. ▷ x가 a보다 크면서 a에 한없이 가까워질 때 $f(x)$가 일정한 값 α에 한없이 가까워지는 경우, 그 α 값

150. **우함수**
[수상〉도형의방정식] p.58

150. ▷ y축에 대하여 대칭인 함수

151. **원**
[수상〉도형의방정식] p.50

151. ▷ 특정한 한 점으로부터, 그 점과 같은 거리에 있는 점들의 집합

152. **원소**
[수하〉집합과명제] p.62

152. ▷ 집합을 이루고 있는 대상 하나하나

153. **원소나열법**
[수하〉집합과명제] p.62

153. ▷ 모든 원소를 { }안에 나열하는 방법

154. **원순열**
[확통〉경우의수] p.186

154. ▷ 서로 다른 n개를 원형으로 배열하는 순열의 수 (단, 회전하여 일치하는 것은 같은 것으로 본다.) $(n-1)!$

155. **유리수**
[수상〉방정식과부등식] p.24

155. ▷ 정수 $m,\ n$에 대하여 $\dfrac{n}{m}\ (m \neq 0)$꼴로 나타낼 수 있는 수

156. **유리식**
[수하〉함수] p.86

156. ▷ 두 다항식 $A,\ B$에 대하여 $\dfrac{A}{B}(B \neq 0)$의 꼴로 나타내어지는 식

157. **유리함수**
[수하〉함수] p.87

157. ▷ x에 관한 유리식인 함수

158. **육십분법**
[수ㅣ〉삼각함수] p.114

158. ▷ 원의 둘레를 360등분 하여 각 혹에 대한 중심각의 크기를 1도로 정의하여 각의 크기를 나타내는 방법

159. **이산확률변수**
[확통〉통계] p.198

159. ▷ 유한 개의 값 $x_1,\ \cdots,\ x_n$을 가지는 확률변수

160. **이항계수**
[확통〉경우의수] p.191

160. ▷ 자연수 n에 대하여 $(a+b)^n$의 전개식에서 각 항의 계수

161. **이항분포 B(n, p)**
[확통〉통계] p.201

161. ▷ 한 번의 시행에서 사건 A가 일어날 확률이 p일 때, n번의 독립시행에서 사건 A가 일어나는 횟수를 확률변수 X라 할 때, 이때의 확률분포
$$P(X=x) = {}_n C_x\, p^x q^{n-x}\ (q = 1-p)$$

162. ▷ 자연수 n에 대하여 $(a+b)^n$의 전개식을 조합의 수를 이용하여 나타내는 정리

163. ▷ 곱을 이루는 각 다항식

164. ▷ 하나의 다항식을 여러 다항식의 곱으로 나타내는 것. 전개의 역 과정

165. ▷ $f(x)$가 $x-\alpha$로 나누어떨어지면 $f(\alpha)=0$ & $f(\alpha)=0$이면 $f(x)$가 $x-\alpha$로 나누어떨어진다.

166. ▷ ①일대일 함수이고, ②치역과 공역이 같은 함수

167. ▷ 정의역의 서로 다른 원소에 대하여 그 함숫값이 서로 다를 때의 함수
$$x_1 \neq x_2 \rightarrow f(x_1) \neq f(x_2)$$

168. ▷ 시초선 OX와 동경 OP가 나타내는 한 각의 크기를 $\alpha°$ 라 하면 $\angle XOP$의 크기를 아래와 같이 일반적으로 나타내는 것
$$360° \times n + \alpha° \quad (단,\ n은\ 정수)$$

169. ▷ 수열의 각 항을 일반적으로 나타냄

170. ▷ 모집단에서 편중되지 않게, 무작위로 추출

171. ▷ 임의추출에 의하여 만들어진 표본

172. 자취
[중학수학]

172. ▷ 어떤 일정한 조건을 만족시키는 점들의 집합

173. 적분
[수Ⅱ〉적분법] p.169

173. ▷ 부정적분과 정적분을 통틀어 부르는 말

174. 전수조사
[확통〉통계] p.206

174. ▷ 통계 조사에서 대상으로 삼은 집단 전체를 조사하는 것

175. 전체집합
[수하〉집합과명제] p.64

175. ▷ 주어진 집합에 대하여 그것의 부분집합만을 생각할 때 처음에 주어진 집합을 □□이라 하고, 기호 U로 나타낸다.

176. 절대부등식
[수하〉집합과명제] p.76

176. ▷ 문자를 포함한 부등식에서 그 문자가 가질 수 있는 어떠한 실수 값을 대입해도 항상 성립하는 부등식

177. 절댓값
[수상〉방정식과부등식] p.38

177. ▷ 수직선 위에서 원점으로부터 어떤 수를 나타내는 점까지의 거리 (+값)

178. 절편
[수상〉도형의방정식] p.47

178. ▷ x절편: 그래프가 x축과 만나는 점의 x좌표
▷ y절편: 그래프가 y축과 만나는 점의 y좌표

179. 점근선
[수하〉함수] p.87

179. ▷ 곡선 위의 점이 한없이 가까워지는 직선

**180. 점화식
(수열의 귀납적 정의)**
[수Ⅰ〉수열] p.134

180. ▷ 첫째항과 이웃하는 두 항 사이의 관계식으로 수열을 정의하는 것

181. 정규분포 N(m, σ^2)
[확통〉통계] p.203

181. ▷ 자연현상이나 사회현상을 측정할 때, 그 확률밀도함수가 그림과 같은 종 모양에 가까운 경우가 많다. 연속확률변수 X의 확률밀도함수 $f(x)$가 아래와 같을 때, X의 분포

$$f(x) = \frac{1}{\sqrt{2\pi}\,\sigma}e^{-\frac{(x-m)^2}{2\sigma^2}} \quad (e = 2.718\cdots)$$

182. ▷ 참임이 증명된 명제 중에서 기본이 되는 것이나 다른 명제를 증명할 때 이용할 수 있는 중요한 명제

183. ▷ 용어의 뜻을 간결하고 명확하게 정한 문장

184. ▷ 함수 $f : X \to Y$에서 집합 X

185. ▷ 함수 $f(x)$가 폐구간 $[a,b]$에서 연속이고 $f(x)$의 한 부정적분을 $F(x)$라고 할 때,

$$\int_a^b f(x)\,dx = [F(x)]_a^b = F(b) - F(a)$$

186. ▷ 포함하고 있는 변수의 값에 따라 참, 거짓이 정해지는 문장이나 식

187. ▷ 두 사건 A, B에 대하여 사건 A가 일어났다는 조건 아래, 사건 B가 일어날 확률 (단, $P(A) > 0$)

$$P(A|B) = \frac{n(A \cap B)}{n(A)} = \frac{P(A \cap B)}{P(A)}$$

188. ▷ 조건으로 원소가 갖는 성질을 나타내는 방법 $\{x \mid x$의 조건$\}$

189. ▷ 다항식 $P(x)$를 $x - \alpha$로 나눌 때, 다항식 $P(x)$의 계수와 α만을 이용하여 몫과 나머지를 구하는 방법

190. ▷ 순서를 생각하지 않고, 서로 다른 n개에서 r개를 택하는 경우의 수

191. ▷ 사건 A의 발생 여부에 따라 사건 B가 일어날 확률이 달라질 때 사건 A와 사건 B는 □□이다. $P(B) \neq P(B \mid A)$

192. ▷ x가 a보다 작으면서 a에 한없이 가까워질 때 $f(x)$가 일정한 값 α에 한없이 가까워지는 경우, 그 α 값

193. ▷ 어떤 주기를 가지고 함숫값이 반복되는 함수. $y = f(x)$의 그래프가 주기가 p인 함수일 때 아래 식이 성립한다.
$$f(x+p) = f(x)$$

194. **중근**
[중학수학]

194. ▷ 2차 이상의 방정식이 2개 이상의 같은 근(해)을 가질 때, 이 근을 일컫는 말

195. **중복순열**
[확통〉경우의수] p.187

195. ▷ 서로 다른 n개 중에서 중복을 허용하여 r개를 택하는 순열
$$_n\Pi_r = n \times n \times \cdots \times n = n^r$$

196. **중복조합**
[확통〉경우의수] p.187

196. ▷ 서로 다른 n개에서 중복을 허용하여 r개를 택하는 조합의 경우의 수 $_nH_r = _{n+r-1}C_r$

197. **중선**
[중학수학]

197. ▷ 삼각형의 한 꼭짓점과 그 대변의 중점을 이은 선분

198. **증가**
[수Ⅱ〉미분법] p.159

198. ▷ 함수 $f(x)$에 대하여, 어떤 구간의 임의의 두 수 x_1, x_2에 대하여 $x_1 \langle x_2$일 때 $f(x_1) < f(x_2)$가 성립하면, 함수 $f(x)$는 그 구간에서 □□라고 한다.

199. **증명**
[수하〉집합과명제] p.71

199. ▷ 명제의 가정으로부터 정의 또는 이미 옳다고 밝혀진 성질을 근거로 하여 결론을 논리적으로 이끌어 내어물전 그 명제가 참임을 설명하는 과정

200. **지수**
[수Ⅰ〉지수로그함수] p.98

200. ▷ a^n 꼴에서 n

201. **진리집합**
[수하〉집합과명제] p.70

201. ▷ 전체집합의 원소 중에서 조건을 참이 되게 하는 모든 원소의 집합

202. **진부분집합**
[수하〉집합과명제] p.63

202. ▷ $A \subset B$이고 $A \neq B$이면, A는 B의 □□

203. **진수**
[수Ⅰ〉지수로그함수] p.101

203. ▷ $\log_a N$ 꼴에서 N

204. **집합**
[수하〉집합과명제] p.62

204. ▷ 대상을 명확히 구분할 수 있는 것들의 모임

205. 차수
[수상〉다항식] p.19

205. ▹ 단항식에서 주목하는 문자가 곱해진 개수

206. 차집합
[수하〉집합과명제] p.64

206. ▹ $\{x \mid x\in A$ 이고 $x\notin B\}$

207. 최대공약수
[중학수학]

207. ▹ 0이 아닌 두 개 이상의 정수의 공통되는 약수 중에서 가장 큰 수

208. 최대·최소 정리
[수Ⅱ〉함수의극한] p.148

208. ▹ 함수 $f(x)$가 폐구간 $[a,\ b]$에서 연속이면, $f(x)$는 이 구간에서 반드시 최댓값과 최솟값을 가진다.

209. 최소공배수
[중학수학]

209. ▹ 2개 이상의 수의 공배수 가운데서 최소인 것

210. 추정
[확통〉통계] p.208

210. ▹ 표본을 조사해 얻은 정보를 이용하여 모집단의 특징을 나타내는 값을 추측하는 것

211. 충분조건
[수하〉집합과명제] p.75

211. ▹ $p\Rightarrow q$일 때, p는 q이기 위한 □□

212. 치역
[수하〉함수] p.79

212. ▹ 함숫값의 집합 $\{f(x)\mid x\in X\}$

213. 켤레근
[수상〉방정식과부등식] p.30

213. ▹ 이차방정식 $ax^2+bx+c=0\ (a\neq 0)$의
① $a,\ b,\ c$가 유리수이면 한 근이 $g+h\sqrt{k}$이면 $g-h\sqrt{k}$도 근이다.
(단, $g,\ h$는 유리수이고 $h\neq 0$, $\sqrt{k}$는 무리수)
② $a,\ b,\ c$가 실수이면 한 근이 $g+hi$ 이면 $g-hi$도 근이다.
(단, $g,\ h$는 실수이고 $h\neq 0$)

214. ▷ $a+bi$의 허수부분의 부호를 바꾼 복소수. $\overline{a+bi} = a-bi$

215. ▷ 좌표평면에서 x축의 양의 방향을 시초선으로 할 때, 점 $P(x,y)$에 대하여 동경 OP의 각도가 θ이고 $r = \sqrt{x^2+y^2}$ 일 때, $\dfrac{x}{r}$의 값

216. ▷ $\triangle ABC$에서 $a^2 = b^2 + c^2 - 2bc\cos A$

217. ▷ 실수 a, b, x, y에 대하여
$(a^2+b^2)(x^2+y^2) \geq (ax+by)^2$
(단, 등호는 $a : b = x : y$일 때, 성립)

218. ▷ 어떤 시행에서 사건 A가 일어나는 수학적 확률이 p이고, n번의 독립시행에서 사건 A가 일어나는 횟수를 X라고 하면, 임의의 양수 h에 대하여 n의 값이 한없이 커질수록 $P\left(\left|\dfrac{X}{n}-p\right| < h\right)$는 1에 한 없이 가까워진다.

219. ▷ 좌표평면에서 x축의 양의 방향을 시초선으로 할 때, 점 $P(x,y)$에 대하여 동경 OP의 각도가 θ일 때, $\dfrac{y}{x}$의 값

220. ▷ 어떤 시행을 n번 반복할 때 사건 A가 r_n번 일어날 때, n을 충분히 크게 함에 따라 상대도수 $\dfrac{r_n}{n}$이 일정한 값 P에 가까워지면 P를 사건 A가 일어날 □□이라 함

221. 파스칼의 삼각형
[확통〉경우의수] p.192

222. 판별식
[수상〉방정식과부등식] p.29

223. 평균 E(X)
[확통〉통계] p.198

224. 평균값 정리
[수Ⅱ〉미분법] p.158

225. 평균변화율
[수Ⅱ〉미분법] p.150

226. 평균속도
[수Ⅱ〉미분법] p.182

227. 평균속력
[수Ⅱ〉미분법] p.182

228. 평행이동
[수상〉도형의방정식] p.54

229. 폐구간
[수Ⅱ〉함수의극한] p.145

230. 표본
[확통〉통계] p.206

---

221. ▹ $_{n-1}C_{r-1} + {_{n-1}C_r} = {_nC_r}$ 가 성립하는 이항계수의 성질을 삼각형 형태로 표현한 것

222. ▹ 이차방정식 $ax^2 + bx + c = 0$의 근의 종류를 판별하는 공식 $D = b^2 - 4ac$

223. ▹ $P(X = x_i) = p_i$ (단, $i = 1, 2, \cdots, n$)라고 할 때, $\sum_{i=1}^{n} x_i p_i$ (기댓값과 동일)

224. ▹ 함수 $f(x)$가 폐구간 $[a, b]$에서 연속이고 개구간 (a, b)에서 미분가능하면 아래 조건을 만족하는 c가 개구간 (a, b) 안에 적어도 하나 존재한다.
$$\frac{f(b) - f(a)}{b - a} = f'(c) \ (단, \ a < c < b)$$

225. ▹ 함수 $y = f(x)$ 에서 x의 값이 a에서 b까지 변할 때 아래의 값
$$\frac{\Delta y}{\Delta x} = \frac{f(b) - f(a)}{b - a} = \frac{f(a + \Delta x) - f(a)}{a + \Delta x - a}$$

226. ▹ 위치의 평균변화율 $= \dfrac{위치의\ 변화량}{시간변화량}$

227. ▹ 이동 거리의 평균변화율 $= \dfrac{이동\ 거리}{시간변화량}$

228. ▹ 도형을 일정한 방향으로 일정한 거리만큼 이동하는 것

229. ▹ $\{x \mid a \leq x \leq b\}$ (닫힌구간과 동일)

230. ▹ 표본조사를 하는 경우 조사하기 위하여 모집단에서 추출한 부분집합

231. **표본공간**
[확통〉확률] p.194

231. ▹ 어떤 시행에서 일어날 수 있는 모든 결과들의 집합

232. **표본분산 S^2**
[확통〉통계] p.206

232. ▹ $S^2 = \dfrac{1}{n-1} \sum_{i=1}^{n} (X_i - \overline{X})^2$

233. **표본의 크기**
[확통〉통계] p.206

233. ▹ 표본의 원소의 개수

234. **표본조사**
[확통〉통계] p.206

234. ▹ 대상으로 삼은 집단의 일부를 조사하는 것.

235. **표본평균**
[확통〉통계] p.206

235. ▹ 모집단에서 임의추출한 크기가 n인 표본 $X_1, X_2, \cdots, X_n$에서

$$\overline{X} = \frac{1}{n}(X_1 + X_2 + \cdots + X_n) = \frac{1}{n} \sum_{i=1}^{n} X_i$$

236. **표본평균의 평균**
[확통〉통계] p.207

236. ▹ 표본평균의 분포에서의 평균

237. **표본평균의 분산**
[확통〉통계] p.207

237. ▹ 표본평균의 분포에서의 분산

238. **표본평균의 표준편차**
[확통〉통계] p.207

238. ▹ 표본평균의 분포에서의 표준편차

239. **표본표준편차 S**
[확통〉통계] p.206

239. ▹ 모집단에서 임의추출한 크기가 n인 표본 $X_1, X_2, \cdots, X_n$에서

$$S = \sqrt{S^2} = \sqrt{\frac{1}{n-1} \sum_{i=1}^{n} (X_i - \overline{X})^2}$$

240. **표준정규분포 N(0, 1)**
[확통〉통계] p.204

240. ▹ 평균이 $m=0$, 표준편차가 $\sigma=1$인 정규분포

241. **표준편차 σ(X)**
[확통〉통계] p.199

241. ▹ $P(X = x_i) = p_i$ (단, $i = 1, 2, \cdots, n$) 라고 할 때,

$$\sqrt{\mathrm{E}\big((X-m)^2\big)} = \sqrt{\sum_{i=1}^{n} (x_i - m)^2 p_i}$$

242. **표준화**
[확통〉통계] p.204

242. ▹ 정규분포 $N(m, \sigma^2)$를 따르는 확률변수 X를 표준정규분포 $N(0, 1^2)$를 따르는 확률변수 Z로 바꾸는 것

ㅎ

243. ▷ $p \Rightarrow q$일 때, q는 p이기 위한 □□

244. ▷ $p \Leftrightarrow q$일 때, p는 q이기 위한 필요충분조건이고 q는 p이기 위한 □□

245. ▷ 집합 X의 모든 원소 각각에 대하여 집합 Y의 원소가 하나씩 대응할 때, 이 대응관계 f를 집합 X에서 Y로의 □□라 하고, 기호로는 $f : X \to Y$ 로 나타낸다.

246. ▷ 함수 $f(x)$에서 x가 a가 아닌 값을 가지면서 a에 한없이 가까워 질 때, $f(x)$의 값이 일정한 값 α에 한없이 가까워지는 경우, 그 α값

247. ▷ 함수 f에 의하여 정의역 X의 원소 x가 공역 Y의 원소 y와 대응할 때, 기호 $y = f(x)$로 나타낸다. 이때, $f(x)$를 x에 대한 □□이라고 한다.

248. ▷ 두 사건 A 또는 B가 일어나는 사건 (합집합과 동일)

249. ▷ 두 함수 $f : X \to Y$, $g : Y \to Z$가 주어졌을 때 X의 각 원소 x에 대하여 Z의 원소 $g(f(x))$를 대응시키는 새로운 함수를 f와 g의 합성함수라 하고 $g \circ f$ 로 나타낸다. $(g \circ f)(x) = g(f(x))$

250. ▷ 두 사건 A, B가 동시에/함께 일어나지 않고, 사건 A가 일어나는 경우의 수가 m가지이고, 사건 B가 일어나는 경우의 수가 n가지이면, 사건 A또는 B가 일어나는 경우의 수는 $m + n$가지이다.

251. ▷ $\{x \mid x \in A$ 또는 $x \in B\}$

252. ▷ 다항식의 항 [수상〉다항식] p.17 : 문자와 수의 곱
▷ 수열의 항 [수Ⅰ〉수열] p.126 : 수열을 이루는 각각의 수

253. **항등식**
[수상〉다항식] p.22

253. ▷ 문자를 포함하는 등식에서 그 문자에 어떤 값을 대입해도 항상 성립하는 등식

254. **항등함수**
[수하〉함수] p.82

254. ▷ 정의역과 공역이 같고, 정의역의 임의의 원소에 그 자신을 대응시키는 함수

$$f : X \to X, \quad f(x) = x$$

255. **허근**
[수상〉방정식과부등식] p.27

255. ▷ 허수인 근

256. **허수**
[수상〉방정식과부등식] p.25

256. ▷ 복소수 $a + bi$에서 허수부분 $b \neq 0$인 수

257. **허수단위**
[수상〉방정식과부등식] p.25

257. ▷ 제곱하여 -1이 되는 수

258. **허수부분**
[수상〉방정식과부등식] p.25

258. ▷ 복소수 $a + bi$에서 실수 b

259. **헤론의 공식**
[수 Ⅰ〉삼각함수] p.127

259. ▷ $\triangle ABC$의 넓이 S는

$$S = \sqrt{s(s-a)(s-b)(s-c)} \quad (\text{단}, \ s = \frac{a+b+c}{2})$$

260. **호도법**
[수 Ⅰ〉삼각함수] p.114

260. ▷ 부채꼴에서 중심각의 크기를 $\dfrac{\text{호의 길이}}{\text{반지름}}$로 나타내는 방법

261. **확률**
[확통〉확률] p.194

261. ▷ '수학적 확률'과 '통계적 확률' 통틀어 부르는 말

262. **확률밀도함수**
[확통〉통계] p.202

262. ▷ 연속확률변수가 정의역인 확률함수

263. **확률변수**
[확통〉통계] p.198

263. ▷ 표본공간의 각 원소에 하나의 실수값을 대응시켜주는 것.

264. **확률분포**
[확통〉통계] p.198

264. ▷ 확률변수 X가 가지는 값과 그 값을 가질 확률과의 대응 관계

265. **확률질량함수**
[확통〉통계] p.198

265. ▷ 이산확률변수가 정의역인 확률함수

평가원 Big-Data x 풀컬러 손해설

서울대 수교과 x EBS-i x Orbi

Kim Ji Suk Free Pass

국내 주요대학 합격 시 100% 환급

Kim Ji Suk - Curriculum

수학의 단권화

"개념간의 연결고리, 밑 빠진 독 수리하게 해주셔서 고마워요."

#독학 #인강 #과목당 3일완성 #하루 3시간30분
#개념+실전개념

수능 한권

"풀컬러 손해설과 데이터 분석으로 한 눈에 흡수되는 평가원"

#독학 #인강 #과목당 6일완성 #하루 3시간30분
#문제풀이 #기출정리

도형의 필연성

"도형분석 15가지 도구정리, 수능 도형 총론"

#독학 #인강 #7시간완성 #수능도형의 모든 것

그래프 테크닉

"[수 Ⅱ] [미적분] 미분법 적분법 고난도 문항"

#인강 #과목당 9시간 완성 #그래프 초고난도까지 #그래프 스킬 #그래프 도구정리

고난도 정신

"고난도 테마별 약점 극복"

#인강 #14번 #15번 #21번 #22번 #29번 #30번

경향 13 Minor Trend

경향13 수능 출제 난이도

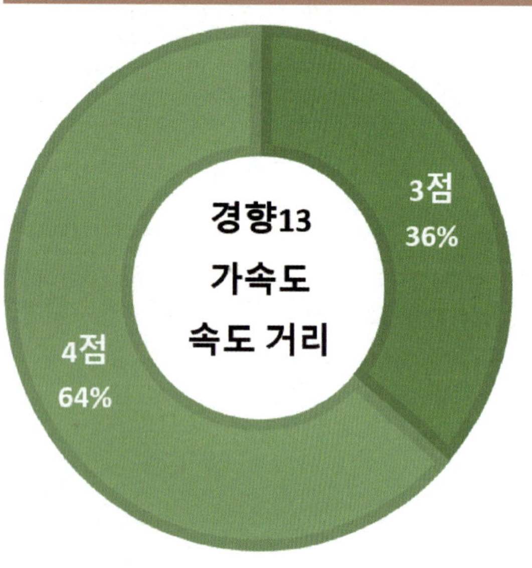

경향13 수능별 데이터 (1)

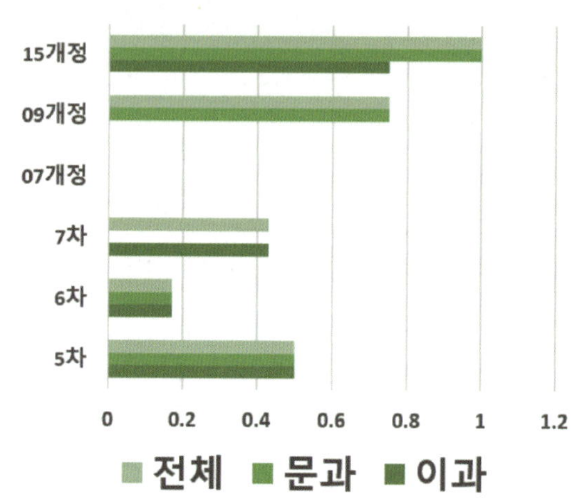

COMMENT

7차 교육과정 전후로 종종 나오다가 11수능에서 고난도 문항이 나온 뒤 나오지 않았다. 하지만 09개정 교육과정에서 종종 쉽게 출제되다가 15개정 교육과정에서 매해 4점 문제로 출제되면서 완전히 부활한 경향이다. 22수능에서 고난도 문항이 출제되었고 평가원 모의고사와 수능에서 계속 출제되었으니 반드시 알아야 한다. 개념을 탄탄하게 공부하는 것이 무엇보다 중요하다. 워크북 문항까지 빠짐없이 풀어보자.

경향13 수능 출제 전망

15개정 교육과정 적분 중요도 상승
현재까지 100% 출제

경향13 적분법 단원 내 출제 비율

21.54%

경향13 수능별 데이터 (2)

현교육과정
경향13 수능중요도

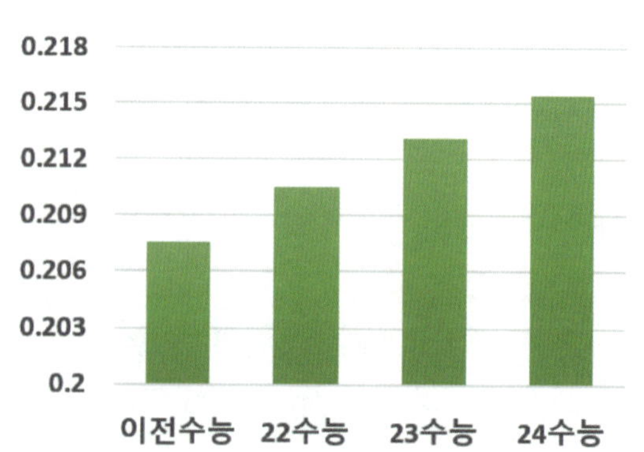

경향13 대표문제분석 064

64. [2005년 수능 (가)형 4번]
다음은 '가'지점에서 출발하여 '나'지점에 도착할 때까지 직선 경로를 따라 이동한 세 자동차 A, B, C의 시간 t에 따른 속도 v를 각각 나타낸 그래프이다.

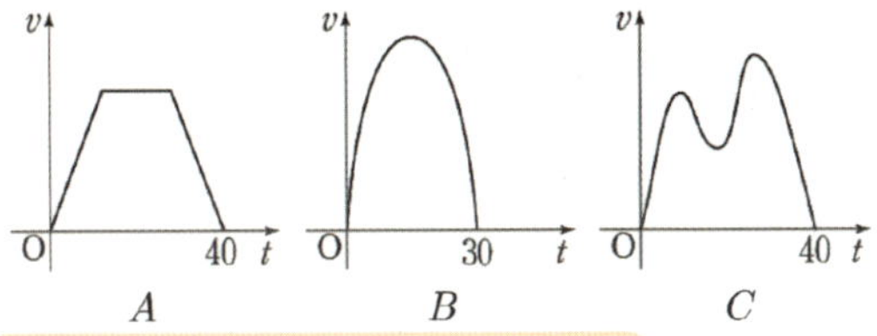

'가'지점에서 출발하여 '나'지점에 도착할 때까지의 상황에 대한 <보기>의 설명 중 옳은 것을 모두 고른 것은? [3점]

[보 기]

ㄱ. A와 C의 평균속도는 같다.
ㄴ. B와 C 모두 가속도가 0인 순간이 적어도 한 번 존재한다.
ㄷ. A, B, C 각각의 속도 그래프와 t 축으로 둘러싸인 영역의 넓이는 모두 같다.

① ㄱ   ② ㄷ   ③ ㄱ, ㄴ   ④ ㄴ, ㄷ   ⑤ ㄱ, ㄴ, ㄷ

A, B, C의 속도의 식을 각각 $f(t)$, $g(t)$, $h(t)$라 하자.

ㄱ. (참)
A와 C의 위치변화량, 이동시간이 같으므로 평균속도는 같다.

ㄴ. (참)

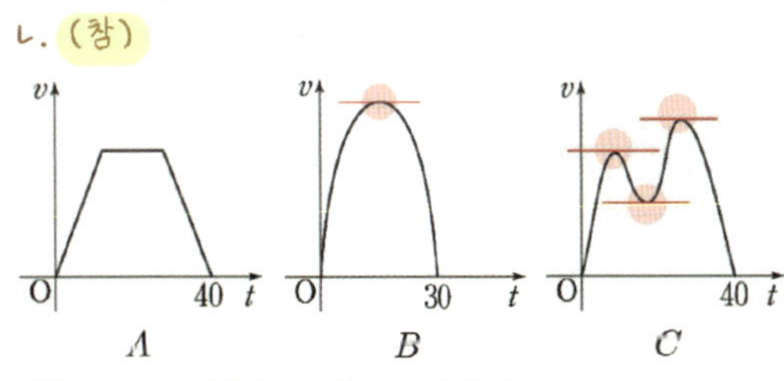

$g'(t) = 0$, $h'(t) = 0$일 때 가속도 = 0
∴ B는 한 번, C는 세 번 존재

ㄷ. (참)
속도 그래프와 t 축으로 둘러싸인 영역의 넓이
⇔ 이동거리
세 그래프 모두 운동방향(=속도의 부호)
이 바뀌지 않으므로 이동거리와 위치변화량이 일치한다.
위치변화량이 모두 같으므로 둘러싸인 영역의 넓이는 모두 같다.

Analysis

식 없이 그래프 개형만 주어진 만큼, 계산해서 푸는 것이 아니라고 처음부터 인식해야 한다. 시간-속도 그래프 해석만으로 풀어야 한다.

복습	1회	2회	3회	4회	5회
채점 O△X					

1등급

123. [2022년 9월 (공통) 14번]

최고차항의 계수가 1이고 $f(0) = 0$, $f(1) = 0$인 삼차함수 $f(x)$에 대하여 함수 $g(t)$를

$$g(t) = \int_t^{t+1} f(x)dx - \int_0^1 |f(x)|dx$$

라 할 때, <보기>에서 옳은 것만을 있는 대로 고른 것은? [4점]

―――〈 보 기 〉―――

ㄱ. $g(0) = 0$이면 $g(-1) < 0$이다.

ㄴ. $g(-1) > 0$이면 $f(k) = 0$을 만족시키는 $k < -1$인 실수 k가 존재한다.

ㄷ. $g(-1) > 1$이면 $g(0) < -1$이다.

① ㄱ ② ㄱ, ㄴ ③ ㄱ, ㄷ
④ ㄴ, ㄷ ⑤ ㄱ, ㄴ, ㄷ

함수 $f(x)$는 최고차항의 계수가 1이고 $f(0) = 0$, $f(1) = 0$이므로

$$f(x) = x(x-1)(x-k)$$

ⅰ) $k < 0$인 경우

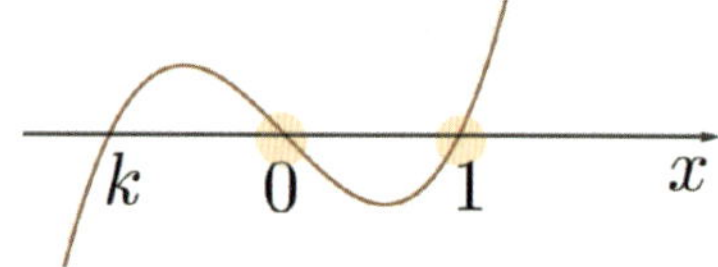

ⅱ) $k = 0$인 경우

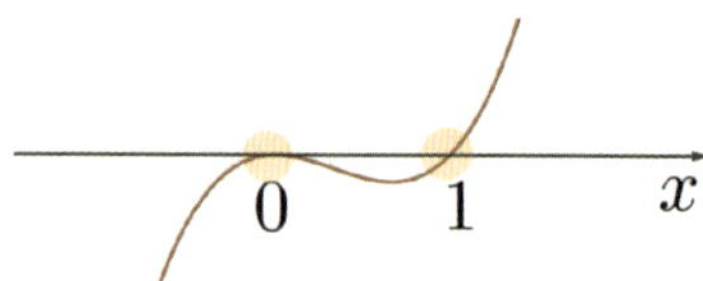

ⅲ) $0 < k < 1$인 경우

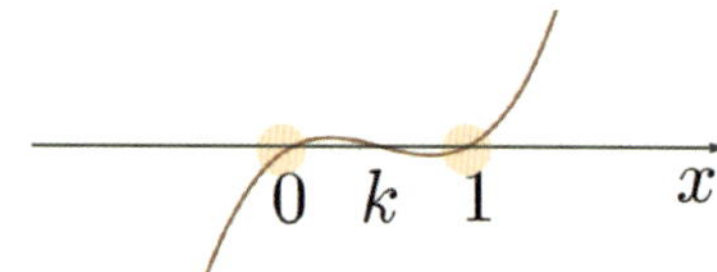

ⅳ) $k = 1$인 경우

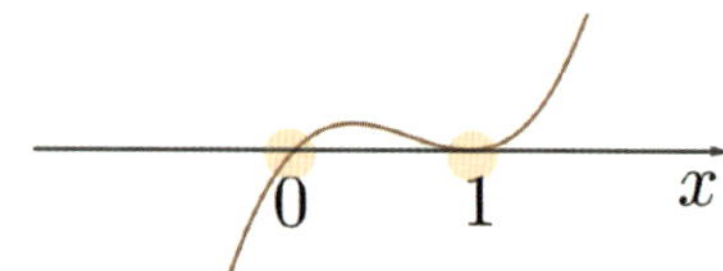

ⅴ) $k > 1$인 경우

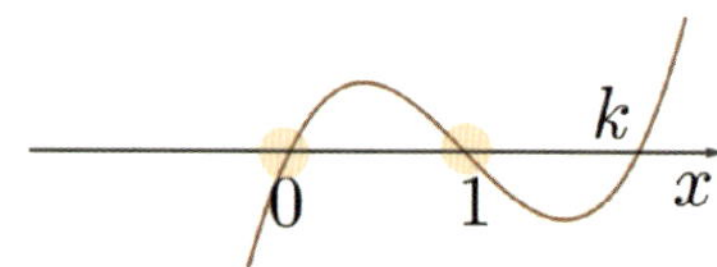

수능을 한 권에

ㄱ. (참)

$$g(0) = \int_0^1 f(x)dx - \int_0^1 |f(x)|dx = 0$$

$$\Leftrightarrow \int_0^1 f(x)dx = \int_0^1 |f(x)|dx$$

$\therefore \ 0 \le x \le 1$일 때 $f(x) \ge 0$이므로

함수 $y = f(x)$의 그래프의 개형은 아래와 같다.

iv) $k = 1$인 경우

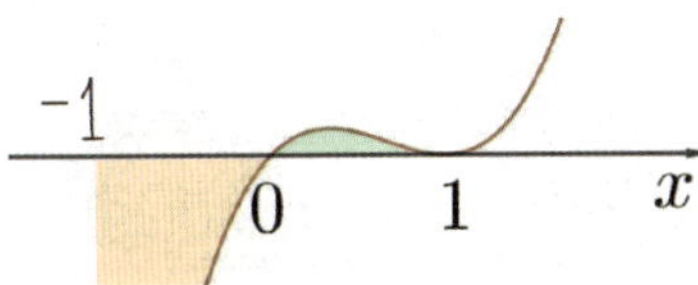

v) $k > 1$인 경우

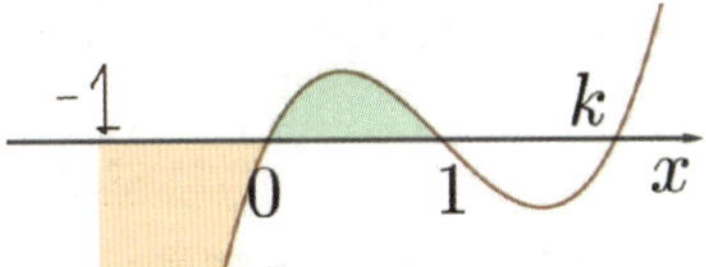

$$g(-1) = \int_{-1}^0 f(x)dx - \int_0^1 |f(x)|dx < 0$$

$$\Leftrightarrow \underset{\ominus}{\int_{-1}^0 f(x)dx} < \underset{\oplus}{\int_0^1 |f(x)|dx}$$

ㄴ. (참)

$$g(-1) = \int_{-1}^0 f(x)dx - \int_0^1 |f(x)|dx > 0$$

$$\Leftrightarrow \int_{-1}^0 \overset{\oplus}{f(x)}dx > \int_0^1 |f(x)|dx \ge 0$$

i) $k < 0$인 경우

$k = -1$이면 삼차함수의 대칭성에 의해 S_1, S_2두 넓이가

같다. $\displaystyle\int_{-1}^0 f(x)dx = \int_0^1 |f(x)|dx$

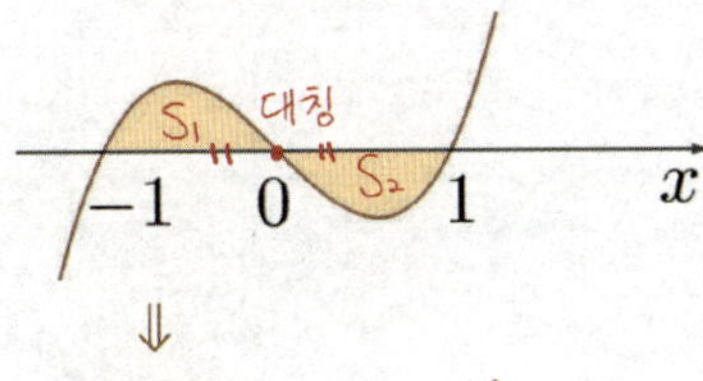

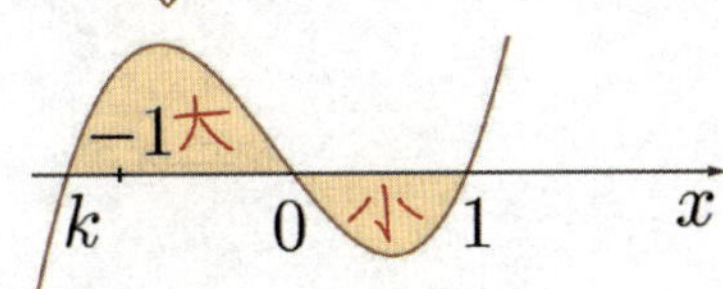

$\therefore \ k < -1$인 실수 k가 존재

ㄷ. (참)

$g(-1) > 0$이면 $0 \le x \le 1$일 때 $f(x) \le 0$이므로

$$g(-1) = \int_{-1}^0 f(x)dx - \int_0^1 |f(x)|dx > 1$$

$$= \int_{-1}^0 f(x)dx + \int_0^1 f(x)dx = \int_{-1}^1 f(x)dx$$

$$= \int_{-1}^1 x(x-1)(x-k)dx$$

$$= \int_{-1}^1 \{x^3 - (k+1)x^2 + kx\}dx$$

$$= 2\int_0^1 \{-(k+1)x^2\}dx$$

$$= 2\left[-\frac{k+1}{3}x^3\right]_0^1$$

$$= -\frac{2(k+1)}{3} > 1$$

$$\therefore \ k < -\frac{5}{2}$$

$$g(0) = \int_0^1 f(x)dx - \int_0^1 |f(x)|dx$$

$$= \int_0^1 f(x)dx + \int_0^1 f(x)dx = 2\int_0^1 f(x)dx$$

$$= 2\int_0^1 \{x^3 - (k+1)x^2 + ax\}dx$$

$$= 2\left[\frac{1}{4}x^4 - \frac{k+1}{3}x^3 + \frac{k}{2}x^2\right]_0^1$$

$$= 2\left(\frac{1}{4} - \frac{k+1}{3} + \frac{k}{2}\right)$$

$$= \frac{2k-1}{6} < \frac{2\left(-\frac{5}{2}\right)-1}{6} = -1$$

수능한권

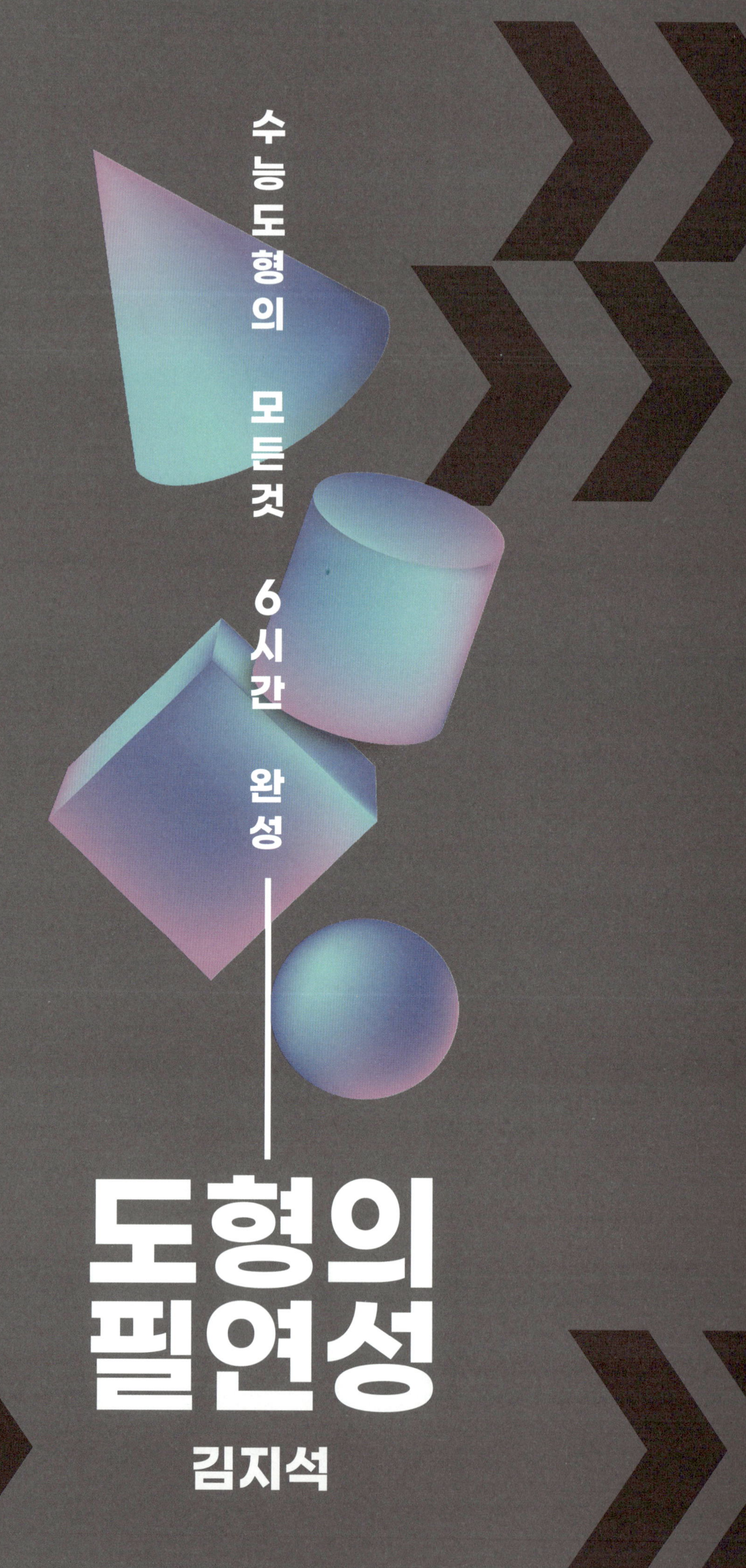
수 능 도 형 의   모 든 것   6 시 간   완 성
도형의
필연성
김지석

수능 도형에 필요한 15가지 도구정리

중학도형부터 초고난도 도형문제까지

도형총론 + 고난도 연습문제

풀컬러 손해설로 독학 6시간 완성

기간한정 전자책 1,000원

상 장

종 목 : 수학의 단권화   성 명 :

   위 학생은 강인한 끈기와 인내로 마침내 수학의 단권화를 완성하여 수능 대박의 초석이 되는 탄탄한 개념을 다졌고 수능 날 대박을 터트릴 예정이기에 이 상장을 주어 격하게 칭찬합니다.

년 월 일

너를 응원하는 김지석

Editor_ Jelly, Anne, Piter, Henry
Designer _ 박봄이
이 책은 아모레퍼시픽의 아리따글꼴을 사용하여 디자인 되었습니다.